香港史新編

HONG KONG HISTORY : NEW PERSPECTIVES

香港史新編

HONG KONG HISTORY : NEW PERSPECTIVES

上 冊

主編

王賡武

三聯書店（香港）有限公司

責任編輯　梁偉基

封面設計　鍾文君

書　　名　**香港史新編**增訂版（上冊）

主　　編　王賡武

執行主編　鄭德華

執行主編助理　符愔暢

出　　版　三聯書店（香港）有限公司

香港北角英皇道 499 號北角工業大廈 20 樓

Joint Publishing (H.K.) Co., Ltd.

20/F., North Point Industrial Building,

499 King's Road, North Point, Hong Kong

香港發行　香港聯合書刊物流有限公司

香港新界荃灣德士古道 220-248 號 16 樓

印　　刷　美雅印刷製本有限公司

香港九龍觀塘榮業街 6 號 4 樓 A 室

版　　次　2017 年 1 月香港第一版第一次印刷

2022 年 1 月香港第一版第二次印刷

規　　格　16 開（187 × 245 mm）上冊 492 面

國際書號　ISBN 978-962-04-3885-1（套裝）

© 2017 Joint Publishing (H.K.) Co., Ltd.

Published & Printed in Hong Kong

目錄

序

　　人類和國家的歷史值得反覆書寫，因為總有新資料可以研究和介紹，總有新進展影響我們的觀點，而且年輕一代歷史學家也總是認為他們的前輩所敘述的故事不夠準確。香港的歷史也不例外，不管是作為臨時避風港、深水碼頭、繁華貿易中心、被驅逐者的避難地、世界級大都會、工業和國際金融中心、復興和創造文化的舞台，還是作為自由與勇氣的象徵。

　　的確，文字記載的香港歷史幾經變化，上面提到的不同稱謂都在不同時期被使用過。一些最早的和最著名的歷史學家都側重講述英國方面的故事。這種情況也屬自然，因為關於香港開埠首一百年的關鍵文獻都被英國人保存着，而且英國人為建立香港殖民地和貿易港所做的一切都記錄得尤其完備有序。行政與制度的變遷和經濟的興衰，這些都是英國和西方歷史學家描述得最多的題目，而其他學者則更為關注中國與英國在香港問題上的連續劇。香港問題從來沒有失去吸引力，而且它一直是眾多歷史學家所重視的主要課題之一。

　　當為數不少的中國人在香港島和九龍地區作永久定居的時候，那裡的社會史和文化史似乎是割裂的。一方面，那裡存在一個“浮動的世界”，它由官員、商人、富人或受過教育的過客、傳教士、教師和記者組成。這些人把香港作為在東西方之間、在中國沿海與亞洲其他地區之間、在私人與公共部門之間開展廣泛活動的基地。另一方面，那裡也有已經存在了多個世紀的古老村落和漁村。那裡的人們有自己組織嚴密的世系家族和傳統社會結構，他們不需要外來的干預，也竭力維護依照自己固有方式生活下去的權利。

　　第二次世界大戰結束後，香港社會產生根本的變化。貧弱的中國開始恢復活力，而不列顛則從強盛帝國衰落下來，成為一個貿易國家。冷戰給軍事集團之間帶來新的全球競爭，它也在西方自由資本主義和蘇維埃共產主義之間劃出一條戰線。在 50 年代，香港便成為敵對雙方交界線上的一個焦點。

　　安置從中國大陸湧入的成千上萬的中國人，使香港開始產生新的結構變化。

這一事件既考驗着英國人的司法和行政技能,同時對中國移民也是一場挑戰,看他們如何在亞洲冷戰的政治和經濟支柱地區謀求新生。兩者分別成功克服 50 和 60 年代的巨大壓力,導致了香港地區兩部分屬地的整合。香港－九龍的現代化精英人物與移民勞工共同面對土著居民,終於使他們的寶貴土地開放給不可抗拒的現代工商世界。

外來移民安頓下來,土著居民對外開放。通過不斷一體化的教育體系,一種新的社會意識開始形成。到 70 年代,一種源自中國價值觀的、獨特的香港意識出現了。它與英國和中國大陸的主流意識不同。新出現的詞彙"香港人"便概括了這種特性,而這種特性也決定了我們需要對迄今為止所書寫的香港歷史進行徹底評估。新的一代歷史學家,包括許多香港大學和中文大學的學者,開始了重新講述香港故事的跋涉。他們的多數貢獻來自他們對香港華人的關注:他們是怎樣組成的?是甚麼力量驅使他們奮力向前?又是甚麼能夠喚起他們心底的回應?他們有甚麼話要為自己說?與此同時,西方的歷史學家們仍舊關心香港作為政治和經濟實體所取得的成就;而首先是中國大陸,其次是台灣的歷史學家們,則開始有興趣從中國人的角度來撰寫香港歷史。但是,嶄新的觀點還是主要來自那些當地的歷史學家們,他們使我們明瞭"香港人"概念的由來,以及他們走上前台的經過。

我有幸與許多香港歷史學家會面,也有幸拜讀他們的著作。這些歷史學家大多是在二次大戰後成長起來的。他們嘗試以不同的聲音表述他們對自己城市的所知、所思和所感。他們的著作受到廣泛讚賞,因此他們要以成熟的論證來介紹豐富多彩的香港歷史。當我被邀請同他們一起考慮如何編寫今日香港新歷史的時候,我非常高興有機會分享他們的自豪和熱情。

今天,要求某一個人能公正地概括有關香港歷史的所有過程似不實際,以集體的努力來明辨香港全部歷史的規模和複雜性,才是開始這項事業的最佳方式。在確定了論述範圍和內容之後,我們邀請了二十多位學者參加寫作隊伍,並最終寫就本書的所有章節。我相信,這些文章呈現了香港生活與社會、努力與成功的不同畫面。它們不僅加深了我們對香港的理解,也給前輩歷史學家構築起來的骨架增添了許多血肉。我謹將此書推薦給你們,它是我們所需的香港全史的良好開篇。

王賡武

新加坡東亞政治經濟研究所

1996 年 10 月

第一章

香港考古成果及其啟示

區家發

一·概說

　　香港位於中國南海之濱，珠江口的東岸，西與澳門遙遙相對，北與深圳市接壤，面積 1,060 公里。

　　田野考古資料表明，香港與中國各地一樣有着悠久的歷史文化。遠在距今 6,000 年前的新石器時代中期，內地的先民已陸續遷徙至這塊土地上，從事漁獵採集等活動，創建原始家園，揭開了香港文明史的序幕。在香港島的春坎灣，南丫島的深灣、大灣，大嶼山的東灣、蟹地灣和新界屯門湧浪等古文化遺址的早期文化層中，就遺留着他們的足跡與文化。到了新石器時代晚期，又新遷來了一批使用幾何印紋陶的古越人，在各港灣的沙堤上或台地上，建立氏族聚落，使曾經靜寂了一段時期的香港從新熱鬧起來。這個時期的居民點已相當密集，社會經濟文化各方面都有較大的發展。主要表現在：遺址較多，幾乎較大的海灣沙堤上都有發現；遺址的面積也較大，文化層堆積較厚，遺跡遺物豐富。例如新界屯門湧浪遺址，面積達 1 萬平方米，文化層堆積厚達兩米。居住區內遺留着一排排的相互疊壓的殘爐灶、數萬件用作烹飪的陶器和用作燒烤的爐箅殘片；大量的網墜、矢鏃等捕魚工具和用於開木料而損壞的斧、錛、鑿等石器；最重要的是還有房子柱洞遺跡和一批墓葬。從這些資料看來，香港早在石器時代已是一個頗為興旺的漁村漁港。但是，由於自然環境的制約，原始農業發展緩慢，史前文化一直沒有得到高度的發展，直至戰國晚年還未最後脫離原始社會的範疇。

　　秦始皇（前 259 — 前 210）戍邊開發嶺南是香港獲得較大發展的轉捩點。秦始

圖 1.1 屯門湧浪遺址全貌

圖 1.2 1990 年利榮森博士與大灣遺址發掘主持人研究出土文物

皇“三十三年（前 214），發諸嘗逋亡人、贅、賈人略取陸梁地，為桂林、象郡、南海，以適遣戍”。[1] 今香港地區當時屬南海郡番禺縣轄地。自這次戍邊開發後，大批中土人士帶來了中原的文化和生產技術，加速了嶺南地區經濟文化的發展。郡縣的設置，又使境內深居溪洞的各部越人逐漸轉變為郡縣的編民，與南下定居的中土人士通婚融合，為創造絢麗多姿的嶺南文明奠定了基礎。

漢武帝（前 156—前 87）在番禺設置鹽官，統營食鹽的生產與銷售，治所在今深圳市南頭鎮。香港地區為當時主要鹽場之一，從此進入較大的發展期。1955 年九龍深水埗李鄭屋村發現之東漢磚室墓，可能就是鹽官或其家屬的墓塚。自漢以後，香港的煮鹽業歷久不衰，唐宋時尤盛。在港九新界和離島的大小港灣的沙堤上，均遺留着大量的隋唐以後與製鹽業有關的殼灰窰遺址和遺物足可為證。

香港之屯門，是廣州之外港。自漢代以來都是對外貿易的通道。既是補給站，又是航運交通的樞紐。香港自唐朝始在屯門設軍鎮或軍寨以保護航行於沿海和往返廣州的中外商舶，地位相當重要。

香港雖然是彈丸之地，但憑着地理環境的優勢，特別是勤勞的人民，自古以來不僅是一個漁村漁港，也是中國重要的鹽業生產基地和江海交通運輸的樞紐。

二‧香港考古的成果

（一）香港考古簡史

香港的田野考古調查是 1926 年英人韓義理（Heanley, C.M., 1877—1970）、蕭思雅（Shellshear, J., 1885—1958）開始的。1930 至 1950 年間，中外學者如韓、蕭兩氏和施戈斐侶（Schofield, Walter, 1888—1968）、芬戴禮（Finn, D. J., 1886—1936）、陳公哲等人在香港繼續進行考古調查，[2] 發現了約二十多處史前文化遺址。其中大嶼山石壁東灣、南丫島大灣等遺址還做了發掘。搜集到一批陶器、玉石器和青銅器，都很有歷史研究價值。但可惜限於當時的考古發掘水平，致遺物出土的層位不明；同時，這批文物除少部分保留於香港博物館外，其餘均已散佚，有些已落

（1）《史記》，卷 6，〈秦始皇本紀〉，頁 253。

（2）Meacham ,W., "A Summary of Archaeological Materials Excavated in Hong Kong," in Birch, A., etc. (eds.), *Research Materials for Hong Kong Studies*, 1984, pp.15–20.

入大英博物館、美國哈佛大學人類學博物館和私人手裡。縱使如此，他們都是香港史前考古的開拓者，對香港考古學是有貢獻的，應予以肯定。

　　1950 年以後，香港有識之士對田野考古也開始重視起來。1955 年李鄭屋興建徙置區，在平整土地時發現一座東漢磚室墓，香港大學林仰山（Drake, F. S.）即組成考古隊進行清理發掘。墓室作十字形，出土陶器、銅器共 58 件，轟動一時，更引起香港文物考古界對田野考古調查發掘的興趣。[3] 1958 至 1959 年間，香港大學組成考古隊發掘大嶼山萬角咀遺址。[4] 1967 年香港一批文物愛好者在香港大學考古隊的基礎上組成香港考古學會。該會首項工作是 1968 年發掘大嶼山蟹地灣遺址。[5] 1972 至 1976 年該學會多次組織發掘了南丫島深灣遺址，發掘出幾個不同文化時期的相互疊壓的文化層，把香港的史前史推至五千至六千年前。秦維廉氏（Meacham, W.）於 1978 年編成《南丫島深灣考古遺址調查報告》。[6]

　　1976 年香港政府在港人的熱切要求下，在政府市政總署建置古物古蹟辦事處，頒佈《古物古蹟條例》。古物古蹟辦事處成立最初的五年間，只有執行秘書一名和三個助手，除處理一些行政事務工作外，根本不可能配合龐大的基建工程作好考古調查發掘工作。幸好首任執行秘書巴德醫生（Dr. Bard, Solomon）是一個愛好研究中國歷史文物的學者，他在任的七年間（1976—1983）對港九及新界的圍村、祠堂、書室、廟宇、古代摩崖石刻、碑刻、炮台和西式舊樓作了較詳細的調查，並於 1991 年出版《香港文物志》專著。[7] 他所調查過的古蹟古建築有些已列入保護單位，有些已修葺加固。1982 至 1985 年間，香港政府委託英人蒲國傑（Peacock, B. A. V.）作全港考古調查，1986 年發掘屯門湧浪遺址。蒲氏於 1986 年完成《香港田野考古調查報告》。[8] 這個報告給今後配合基建工程進行搶救發掘提供了重要的資料。可惜限於人手不足，調查不夠深入，已調查發現的古文化遺址，也由於試掘的面積太小，其地層情況與文化內涵均沒有取得足夠的資料。但無論如何，蒲氏的考古調查仍是最有系統的一次。

　　1987 年以後，香港的田野考古文物保護工作有較大的進展。1987 至 1988 年，

（3）　屈志仁：《李鄭屋漢墓》，1970 年。

（4）　Davis, S. G. and Tregear, M., *Man Kok Tsui*, 1961.

（5）　Williams, B.,“Hai Dei Wan,”*JHKAS*, 8:27－51,1980.

（6）　秦維廉編：《南丫島深灣考古遺址調查報告》，《香港考古學會專刊》，第 3 本，1978 年。

（7）　白德著，招紹瓚譯：《香港文物志》，1991 年。

（8）　Peacock, B.A.V., *Report of the Hong Kong Archaeological Survey*, Vol. 3/3, 1986, p.402.

香港考古學會先後兩次發掘大嶼山石壁東灣遺址，[9] 1989 年香港中文大學中國文化研究所中國考古藝術研究中心聯同深圳博物館、廣州中山大學人類學系對東灣遺址作第三次發掘。從第一、二次發掘的簡報，可知該遺址的文化層堆積厚達三米，包括新石器時代中期至隋唐各個時代的文化層序。其出現之文化間歇層，證明了深灣遺址 D 層 "是完全無人聚居及砂土堆積時期" 的正確論斷。文化間歇層的確認，是香港考古學上的重要突破。1990 年北山堂基金會資助香港中文大學中國文化研究所和廣州中山大學人類學系共同開展環珠江口史前文化學術研究，第一個項目是發掘南丫島大灣遺址。[10] 1992 年該兩單位召開 "環珠江口史前文化國際學術研討會"，並出版圖錄。[11] 1989 年冬至 1990 年春古物古蹟辦事處聯同香港中文大學中國文化研究所主持發掘龍鼓灘遺址，這是首次由政府文物管理機構配合基建工程主持較大型的考古發掘，成績令人滿意。香港政府開始重視田野考古工作並組織主持，這是非常可喜的開端。

1991 年和 1992 年香港的田野考古工作非常繁忙。為配合新機場和港口發展計劃的龐大工程搶救歷史文物，古物古蹟辦事處委託香港考古學會發掘赤鱲角之蝦螺灣、過路灣、虎地灣和深灣村諸古文化遺址；委託香港中文大學中國文化研究所在大嶼山北部作考古調查並作重點發掘，均搶救了不少重要的歷史文物。1992 年至 1993 年春，古物古蹟辦事處配合中華電力公司在屯門爛角咀興建發電廠工程，大面積發掘了湧浪史前文化遺址，出土遺蹟遺物之多，為香港歷次發掘中僅見。

香港的田野考古調查發掘工作，近年獲得了較大發展，是形勢使然。一是社會上要求保護歷史文物的呼聲愈來愈強烈；二是香港考古專業人員逐步壯大；三是使用土地之商人認識提高，願意資助考古調查發掘經費；四是香港文物管理機構的華籍官員努力爭取的結果。但港英政府對香港的文物保護工作是不夠認真重視的，這從用於文物保護的經費微不足道足以說明。古蹟古建築的維修、田野考古發掘的費用多仰賴於香港皇家賽馬會、工商業機構和社會人士的贊助。直至 20 世紀 90 年代中葉，古物古蹟辦事處只有行政管理官員，沒有設立如文物工作隊或考古研究所之類的文物事業機構，所以仍然沒有長遠的工作目標和計劃。古物

（9）　區家發、鄧聰：〈香港大嶼山東灣新石器時代沙丘遺址的發掘〉，《紀念馬壩人化石發現 30 周年文集》，1988 年，頁 208－216；區家發、鄧聰等：〈香港石壁東灣新石器時代遺址 ── 1987－1988 年兩次發掘綜合報告〉，《香港考古學會會刊》，12 期，1989 年，頁 45－69。

（10）　區家發等：〈香港南丫島大灣遺址發掘簡報〉，《南中國及鄰近地區古文化研究》，1994 年，頁 195－208。

（11）　鄧聰、區家發（編）：《環珠江口史前文物圖錄》，1991 年。

諮詢委員會曾建議香港政府設置文物工作隊，專責配合基建作田野調查、發掘工作，或利用衛奕信文物信託基金組織社會力量進行一次全面的文物普查，使香港文物保護工作逐漸納入正軌。

（二）古文化遺址的調查發掘

香港的史前文化遺址多分佈於各港灣的沙堤或沙壩上。從地理環境觀察，九龍半島和香港島一帶應是該類遺址最密集的地方，可惜大部分早已被城市發展破壞殆盡。幸而在離島和新界較偏僻的地區仍有一些保存較好，現已發現的考古遺址絕大部分是在這些地方。根據古物古蹟辦事處統計，經初步登記的考古遺址和古代石刻共有 100 處。比較重要的古文化遺址概況如下：

遺址名稱	所在地	調查與發掘情況	時代	備註
東灣	大嶼山	1937 至 1990 年經施戈斐侶、陳公哲及香港考古學會、中文大學多次發掘	新石器時代至漢唐各時期	破壞嚴重，僅存小部分新石器時代文化層
萬角咀	大嶼山	1958 年經香港大學發掘	新石器時代至漢代各時期	
蟹地灣	大嶼山	1968 至 1979 年經香港考古學會多次發掘	新石器時代至漢代各時期	已破壞無存
白芒	大嶼山	1992 年中文大學在受基建影響地區進行搶救發掘	新石器時代至漢代各時期	未發掘地區，保存良好
沙螺灣	大嶼山	1992 年中文大學調查發現，經測試證明文化層堆積深厚，遺物豐富	新石器時代至漢代各時期	保存良好
扒頭鼓	大嶼山	1992 年中文大學曾作試掘	新石器時代	
沙螺灣西	大嶼山	1993 年經古物古蹟辦事處作搶救發掘	新石器時代	此遺址將被夷平
竹篙灣	大嶼山	1986 至 1992 年經香港考古學會和古物古蹟辦事處多次發掘	明代	受發展影響，已無存

遺址名稱	所在地	調查與發掘情況	時代	備註
深灣	南丫島	1971 至 1976 年經香港考古學會 5 次發掘	新石器時代至夏商周或以後時期	此遺址面積大，遺留多個不同歷史時期的文化堆積層，甚具考古價值
大灣	南丫島	1933 至 1990 年經芬載禮、香港考古學會和中文大學多次發掘		破壞嚴重，上文化層多已不存，只剩早期文化層
榕樹灣（沙埔）	南丫島	香港考古學會在 1980 年代曾多次發掘	新石器時代至夏商周或以後時期	遺址現多已被現代建築物覆蓋
洪聖爺	南丫島	1933 和 1938 年經芬載禮和陳公哲先後發掘	新石器時代至夏商周或以後時期	
蘆鬚城	南丫島	1976 至 1978 年經香港考古學會發掘	新石器時代至夏商周或以後時期	遺址尚存較完整的殼灰窰數座
過路灣	赤鱲角	1992 年香港考古學會作全面搶救發掘	新石器時代至夏商周或以後時期	受發展影響，遺址全部被毀
深灣	赤鱲角	1992 年香港考古學會作全面搶救發掘	新石器時代至夏商周或以後時期	受發展影響，遺址全部被毀
虎地灣	赤鱲角	1992 年香港考古學會作全面搶救發掘	新石器時代至夏商周或以後時期	受發展影響，遺址全部被毀
蝦螺灣	赤鱲角	1992 年香港考古學會發現 10 餘座饅頭形古窰，據說窰旁邊有鐵渣，疑是冶鐵爐	C14 測定是元代	有待研究
春坎灣	香港島	1974 至 1977 年經巴德主持發掘	新石器時代	已為公園所覆蓋
鯆魚灣	長洲	1982 年香港考古學會進行試掘	新石器時代	正受發展威脅
西灣	長洲	1980 年代香港考古學會進行多次試掘	新石器時代	受發展影響，已毀滅無存
湧浪	屯門	1986 年古物古蹟辦事處委託考古顧問進行試掘，1992 至 1993 年古物古蹟辦事處和香港考古學會分別進行全面搶救發掘	新石器時代	受發展影響，已毀滅無存
龍鼓灘	屯門	1989 至 1990 年古物古蹟辦事處在發展工程影響地區進行搶救發掘	新石器時代	屬私人土地，現存的多為近代村屋覆蓋

遺址名稱	所在地	調查與發掘情況	時代	備註
龍鼓上灘	屯門	1989 至 1990 年香港考古學會進行搶救性發掘	新石器時代至秦漢各時期	大部分已受發展影響，破壞無存
沙柳塘	馬灣	1991 年中文大學作調查試掘。1992 年香港博物館作全面搶救發掘	新石器時代至秦漢各時期	受發展影響，現已毀滅無存

附注：已列入法定古蹟和唐宋以後的蠔灰窰不計入內。
資料來源：古物古蹟辦事處。

（三）古蹟古建築的調查與保護

　　自 1976 年香港政府建置古物古蹟辦事處，對區內古蹟、古建築的保護是有一定成績的。首任執行秘書巴德親自對境內的歷史古蹟、古代建築物作了初步調查，提出了全面保護意見。其繼任人葉祖康和先後主管歷史建築組之嚴瑞源、陳瑞山等人對此工作也執行甚力，使到許多古蹟和歷史建築物陸續列為法定古蹟，得到了維修和保護。香港建築署長陳一新和建築師林社鈴，為使這些維修的歷史建築物能按原來的面貌恢復，亦付出了不少心血。曾任香港大學建築系高級講師、古物諮詢委員會主席的龍炳頤對中國傳統民居建築素有研究，對香港的歷史建築物的保護也貢獻了不少力量。現在，經香港政府修葺後的古蹟、歷史建築，已成為中外遊客尋幽探勝的好去處。

　　截至 1993 年底，香港古物監督宣佈列為法定的古蹟、古建築物共 49 處，其中古代石刻九處、炮台遺蹟四處、古墓一處、陶瓷遺址一處、廟宇三處、祠堂書室八處、村屋六處、西式舊樓 14 處、其他古蹟三處。[12] 1993 年 12 月，古物古蹟辦事處更把已修葺完竣的位於元朗屏山的聚星樓、鄧氏宗祠、愈喬二公祠、覲廷書室、清暑軒、洪聖宮等古蹟古建築聯成一體，組成元朗屏山文物徑。既保護了歷史古蹟，也成為中外遊客新的旅遊點，有着重大的意義。

（12）文康廣播科古物古蹟辦事處（編）：《香港文物》，1992 年 1 期。

香港法定古蹟一覽表（一）

名稱	所在地	類別	時代	法定古蹟日期	保護情況	備注
大浪灣石刻	香港島	石刻	待考	1978.10	已加木柵保護	
滘西洲石刻	滘西洲	石刻	待考	1979.1		
東龍洲石刻	東龍島	石刻	待考	1979.1	保存良好	
大廟灣石刻	大廟灣	碑記	待考	1979.1	保存良好	碑文記述鹽官嚴益彰到訪經過
石壁石刻	大嶼山	石刻	待考	1979.4	已加鐵柵保護	
蒲台石刻	蒲台島	石刻	待考	1979.4	保存良好	
長洲石刻	長洲	石刻	待考	1982.1	已加膠玻璃保護	
黃竹坑石刻	香港仔	石刻	待考	1984.11	保存尚好	
龍蝦灣石刻	清水灣	石刻	待考	1983.3	侵蝕嚴重	
東龍炮台	東龍洲	炮台	康熙年間（1662—1722）	1980.8	已廢，僅存遺址，已建上蓋保護	曾發掘
分流炮台	大嶼山	炮台	清初	1981.11	僅剩遺址，已修葺保護	
東涌炮台	大嶼山	炮台	道光二十年（1840）	1979.8	已修建，保存良好	
東涌小炮台	大嶼山	炮台	嘉慶二十二年（1817）	1983.11	已廢，僅剩遺址	
三棟屋	荃灣	村屋	清末	1981.3	現已重修，現為三棟屋博物館	
上村	西貢	村屋	清末	1981.11	現已重修為上村民俗文化館	
海壩村古屋	荃灣	村屋	民國初年	1986.7	已修葺，保存良好	
覲龍圍門樓	粉嶺	村屋	清初	1988.3	保存尚好，圍內之舊村屋尚存幾座	
羅屋	柴灣	村屋	清末	1989.11	已重建，現為民俗文化館	
王屋村古屋	沙田	村屋	清末	1989.12	保存尚好	
麟峰文公祠	新田	祠堂	清末	1983.3	已修葺，保護良好	
廖萬石堂	上水	祠堂	清末	1983.3	已修葺，保護良好	
大夫第	新田	祠堂	清末	1987.4	已修葺，保護良好	
鏡蓉書室	沙頭角	書室	清末	1991.4	已修葺，保護良好	

名稱	所在地	類別	時代	法定古蹟日期	保護情況	備注
居石侯公祠	上水	祠堂	清末	1987.4	已修葺，保護良好	
覲廷書室	屏山	書室	清末	1986.11	已修葺，保護良好	
二帝書院	錦田	書室	清末	1993.10	已修葺	
松嶺鄧公祠	粉嶺	祠堂	清末	1990.10	已修葺，保護良好	
文武廟	大埔	廟宇	清末	1984.5	已修葺，保護良好	
天后廟	銅鑼灣	廟宇	清末	1982.3	已修葺，保護良好	
楊侯宮	厦村	廟宇	清末	1988.11	已修葺，保護良好	
舊北區理民府	大埔	西式舊樓	1907	1981.11	已修葺，保護良好	
元洲仔政務司官邸	大埔	西式舊樓	1905	1983.3	已修葺，保護良好	
皇家天文台	尖沙咀	西式舊樓	1884	1984.6	已修葺，保護良	
赤柱舊警署	赤柱	西式舊樓	1859	1984.6	保存良好	現存最古警署
最高法院	中環	西式舊樓	1912	1984.6	保存良好	現為立法局
香港大學本部大樓	上環	西式舊樓	1912	1984.6	保存良好	
舊大埔火車站	大埔	西式舊樓	1913	1984.11	保存良好	現為鐵路博物館
舊三軍司令官邸	中環	西式舊樓	1846	1989.9	保存良好	現為茶具文物館
前法國傳教會大樓	中環	西式舊樓	1917	1989.9	保存良好	現為新聞署使用
灣仔郵政局	灣仔	西式舊樓	1915	1990.5	保存良好	現存最古郵局，現為環保署資源中心
堅巷舊病理學院	上環	西式舊樓	1905	1990.6	待修葺	
上環街市北樓	上環	西式舊樓	1906	1990.6	已修葺，保護良好	現還使用
前九廣鐵路鐘樓	尖沙咀	西式舊樓	1922	1991.4	保存良好	
前九龍英童學校	尖沙咀	西式舊樓	1900	1991.7	保存良好	現為古物古蹟辦事處
聖士提反女子中學主樓	中環	西式舊樓	約 1912	1992.2	保存良好	

名稱	所在地	類別	時代	法定古蹟日期	保護情況	備註
佛頭洲稅關遺址	佛頭洲	遺址	南宋	1983.3	保存良好	
碗窰村陶瓷窰址	大埔	窰址	清？	1983.4	保存較好	已陸續發掘
分流石圓環	大嶼山	古蹟	待考	1983.4	保存較好	
李鄭屋漢墓	深水埗	古墓	東漢	1988.12	已清理發掘，墓室保持完整	開放給遊人參觀
都爹利街石階級及煤氣路燈	中環	舊街道	1889	1979.8	石階現尚使用，煤氣燈保存完整	

資料來源：古物古蹟辦事處（1993）。

香港法定古蹟一覽表（二）

名稱	所在地	檔案編號	興建年份	宣佈古蹟年份	古物諮詢委員會評級	現況
龍躍頭觀龍圍圍牆及更樓	粉嶺	AM78-0197(02)	1744	1993	一級歷史建築	仍存
花園道梅夫人婦女會主樓外部	中環	AM77-0029	1914	1993	二級歷史建築	仍存
龍躍頭麻芴圍門樓	粉嶺	AM84-0341	1736（最早）1795（最遲）	1994	二級歷史建築	仍存
前水警總部	尖沙咀	AM77-0010	1884	1994	一級歷史建築	仍存
舊總督山頂別墅守衛室	山頂	AM93-0524	1900（最早）1902（最遲）	1995	一級歷史建築	仍存
荷李活道中區警署	中環	AM77-0105	1864（最早）1919（最遲）	1995	一級歷史建築	仍存
亞畢諾道前中央裁判司署	中環	AM77-0106	1913（最早）1914（最遲）	1995	一級歷史建築	仍存
奧庇利街域多利監獄	中環	AM88-0409	1840	1995	一級歷史建築	仍存
香港大學大學堂外部	上環	AM77-0062	1861（最早）1867（最遲）	1995	一級歷史建築	仍存

名稱	所在地	檔案編號	興建年份	宣佈古蹟年份	古物諮詢委員會評級	現況
香港大學孔慶熒樓外部	上環	AM77-0065	1912	1995	一級歷史建築	仍存
香港大學鄧志昂樓外部	上環	AM93-0558	1929	1995	已記錄資料	仍存
上亞厘畢道香港禮賓府	中環	AM77-0104	1851（最早）1855（最遲）	1995	一級歷史建築	仍存
花園道聖約翰座堂	中環	AM77-0102(01)	1847（最早）1849（最遲）	1996	一級歷史建築	仍存
橫洲二聖宮	元朗	AM94-0599	1600（最早）1699（最遲）	1996	一級歷史建築	仍存
九龍寨城公園九龍寨城南門遺跡	九龍					
九龍寨城公園前九龍寨城衙門	九龍	AM90-0422	1847	1996	一級歷史建築	仍存
龍躍頭老圍門樓及圍牆	粉嶺	AM84-0342	1200（最早）1299（最遲）	1997	已記錄資料	仍存
坪𡒘長山古寺	粉嶺	AM91-0483	1789	1998	一級歷史建築	仍存
大埔頭村敬羅家塾	大埔	AM92-0492	1368（最早）1644（最遲）	1998	一級歷史建築	仍存
廈村張氏宗祠	元朗	AM05-2267	1701（最早）1800（最遲）	未宣佈為古蹟（評級年份：2010）	三級歷史建築	仍存
上碗窰樊仙宮	大埔	AM97-0886	1736（最早）1795（最遲）	1999	二級歷史建築	仍存
堅尼地道聖約瑟書院北座及西座	中環	AM92-0495	1920（最早）1921（最遲）	2000	二級歷史建築	仍存
橫瀾燈塔	橫欄	AM88-0405	1893	2000	二級歷史建築	仍存
汲水門燈籠洲燈塔	荃灣	AM92-0491	1911（最早）1912（最遲）	2000	三級歷史建築	仍存
屏山鄧氏宗祠	元朗	AM77-0143	1300（最早）1399（最遲）	2001	一級歷史建築	仍存

名稱	所在地	檔案編號	興建年份	宣佈古蹟年份	古物諮詢委員會評級	現況
屏山愈喬二公祠	元朗	AM77-0144	1500（最早）1549（最遲）	2001	二級歷史建築	仍存
屏山聚星樓	元朗	AM77-0079	1368（最早）1398（最遲）	2001	一級歷史建築	仍存
滘西洲洪聖古廟	西貢	AM93-0556	1889	2002	三級歷史建築	仍存
何福堂會所馬禮遜樓	屯門	AM94-0616(01)	1936	2004	已記錄資料	仍存
鶴咀半島鶴咀燈塔	港島	AM92-0488	1875	2005	一級歷史建築	仍存
八鄉元崗村梁氏宗祠	元朗	AM83-0314	1600（最早）1799（最遲）	2006	二級歷史建築	仍存
八鄉上村植桂書室	元朗	AM83-0313	1899（最早）1904（最遲）	2007	三級歷史建築	仍存
厦村鄧氏宗祠	元朗	AM77-0095	1749	2007	一級歷史建築	仍存
窩打老道瑪利諾修院學校	九龍塘	AM92-0508	1937（最早）1939（最遲）	2008	三級歷史建築	仍存
半山區司徒拔道45 號景賢里	中環					仍存
青州燈塔建築群	青州					仍存
薄扶林水塘6 項歷史構築物	港島	AM78-0221		2009		仍存
黃泥涌水塘3 項歷史構築物	港島					仍存
香港仔水塘4 項歷史構築物	港島	AM94-0566		2009		仍存
九龍水塘5 項歷史構築物	九龍					仍存
城門水塘紀念碑	新界	AM94-0567		2009		仍存
蓮麻坑村葉定仕故居	沙頭角	AM97-0878	1908（最早）1915（最遲）	2009	二級歷史建築	仍存
屏山坑頭村仁敦岡書室	元朗	AM01-1645	1660（最早）1699（最遲）	2009	二級歷史建築	仍存

名稱	所在地	檔案編號	興建年份	宣佈古蹟年份	古物諮詢委員會評級	現況
窩打老道東華三院文物館	油麻地	AM88-0403	1907（最早）1911（最遲）	2010	一級歷史建築	仍存
荷李活道文武廟	上環	AM93-0528	1847	2010	一級歷史建築	仍存
錦田廣瑜鄧公祠	元朗	AM78-0227	1701	2010	一級歷史建築	仍存
半山區衛城道甘棠第	港島	AM89-0420	1914	2010	一級歷史建築	仍存
下白泥 55 號碉堡	元朗	AM09-0005/B	1910	2011	一級歷史建築	仍存
聖士提反書院書院大樓	赤柱	AM92-0502(01)	1930	2011	一級歷史建築	仍存
半山區般咸道英皇書院	港島	AM92-0497	1926	2011	一級歷史建築	仍存
中環和平紀念碑	中環	AM79-0240	1923	2013	一級歷史建築	仍存
薄扶林道伯大尼修院	港島	AM77-0028	1873（最早）1875（最遲）	2013	一級歷史建築	仍存
下禾坑發達堂	沙頭角	AM04-1772	1933	2013	一級歷史建築	仍存
屏山達德公所	元朗	AM94-0617	1857（最早）1866（最遲）	2013	一級歷史建築	仍存
大坑蓮花宮	港島	AM80-0275	1863	2014	一級歷史建築	仍存
鴨脷洲洪聖古廟	港島	AM86-0356	1773	2014	一級歷史建築	仍存
九龍城侯王古廟	九龍	AM78-0202	1730	2014	一級歷史建築	仍存
大包米訊號塔	尖沙咀					仍存
掃杆埔馬場先難友紀念碑	灣仔	AM78-0194	1922	2015	一級歷史建築	仍存
西營盤高街舊精神病院立面	港島	AM79-0257	1892	2015	一級歷史建築	仍存

資料來源：古物古蹟辦事處，http://www5.lcsd.gov.hk/gishinter/html/viewer_tc.htm；http://www.amo.gov.hk/b5/monuments.php；整理：符愔暢。

三·香港史前文化歷史的重構

（一）六千年前香港最早的居民及其文化

1958 年夏，廣東的考古工作者在粵北曲江縣馬壩西南面的獅子岩，發現了一個中年男性的頭骨化石，稱為"馬壩人"。經鑑定，馬壩人屬於"古人"的早期類型，時代在舊石器時代中期。[13]這一發現，説明從遙遠的古代起，已有人類在南中國生活繁衍。

距今約六千年左右，香港地區遷來了首批居民。他們帶着細繩紋夾砂陶釜、泥質磨光彩陶盤為特徵的文化前來，以海灣沙堤作棲身之所，過着以漁獵採集為主的生活。現在香港各個港灣沙堤遺址的下文化層都有可能找到這個時期的文化遺存。大嶼山石壁東灣遺址第四層，南丫島深灣遺址 F 層、大灣遺址第三文化層，香港島春坎灣下層和新界屯門湧浪遺址下文化層就是這個時期的典型遺址。他們選擇海灣沙堤作居所，是因為沙堤之自然環境在當時非常適合他們生活。一般來説，海灣沙堤的地理環境三面環山，前面是風平浪靜的袋形港灣，後面是魚產豐富的潟湖，更有發源於附近山麓的小溪流入潟湖，通過沙堤出海。潮漲時魚蝦通過小溪擁入潟湖覓食，潮退時，湖水水乾，必須退回海中，所以只要在小溪出海處攔截，魚蝦垂手可得；沙堤前面的淺灘，貝類豐富，潮退時扒沙撿拾，取之不盡；加上附近山丘植物茂密，有四時不絕的野果山芋，有種類繁多的野生動物，可隨意採集和獵取。食物供應實在非常豐裕。同時，沙堤之前面是大海，後面是潟湖，是天然的金城湯池，只要在沙堤兩端略加防守，也易於防禦來侵之敵（包括猛獸）。這些有利條件足以使新遷來的移民樂於定居下來，生根發展。香港是一塊寶地，自從首批居民開始，就已充分體現出來。

香港首批居民的物質文化生活，由開始便已相當進步。石器工具多已磨製，有斧、錛、鑿、拍、網墜等，但多是木工和漁獵工具，大型的農業石器工具少見，説明原始農業仍在萌芽階段或屬次要。其原因可能是天然食物豐裕，也許是植被茂密，難以開墾耕地之故。最能反映其進步的是陶器。除夾砂陶類的釜、罐、缽、器座（或支座）等炊具外，還有細泥製作的罐、盤、盆、碗、杯等容器和食器。夾砂陶器多以飾細繩紋或以貝殼作工具，以橫、豎、點技法刻劃各種複雜

（13）吳汝康等：〈廣東韶關馬壩發現的早期古人類型人類化石〉，《古脊椎動物與古人類》，1959 年 4 期。

的紋飾。泥質陶器多打磨光滑，多加上赭色彩繪和刻劃各種花紋圖案。鏤孔圈足彩陶盤和白陶盤為最特徵的器物。彩陶盤胎質細膩，造型規整，加淺紅色陶衣後磨光，以鏤孔、刻劃和彩繪構成組合花紋，常表現出海浪和騰起的浪花，非常美觀；白陶盤更以壓印、模印、箆點、刻劃、淺雕等技法作出各種不同的幾何形圖案，尤為精美。既是實用器，又是原始的藝術品。

　　這個時期的墓葬，在南丫島深灣遺址的 F 層發現約二十座，有土葬墓，也有"火葬"墓。在 E1、E2 探方距地表 170 厘米深處發現三座土葬墓，其中 E1 的一座保存較好，尚有顱骨、牙齒和長骨，並有一件石錛、一件石環和兩件繩紋陶罐隨葬。其餘兩座保存較差，僅見零星的顱骨、牙、長骨和一件破陶罐。緊靠土葬墓的另一邊（E2X 探方）出土大量顱骨碎片，卻極少見有牙齒或其他骨骸，這些顱骨大概屬於 12 至 15 個人的，大部分有火化痕跡。再者，有幾塊顎骨碎片（其中一塊是動物骨頭）有 0.3 厘米直徑的穿孔，是人死後才鑽的，同時還找出營養不良的證據。[14] 從上述資料看來，那些只有破碎的顱骨而無肢骨的十餘個個體，不像是正式的火葬，有可能是人牲祭祀坑，是氏族仇殺、"獵頭"或"食人"之風的遺留。

　　在原始社會裡，"越人之俗，好相攻擊"，[15] 氏族之間的仇殺戰爭常有發生。被戰敗的一方，其族人往往成批被俘被殺。在當時，人的勞動剩餘價值甚少，做生產奴隸尚未有資格，加上宗教信仰的關係，以及祭祖祭神的需要，被俘者往往只有被殺被吃的命運。深灣遺址 F 層出土之十多個個體的破碎顱骨堆在一起焚化，又缺乏肢體骨骼，身首異處，地點又在土葬墓的旁邊，說明這些死者很可能是作為人牲祭祀被砍頭而死的。死後被吃掉肉體和敲骨吸髓，只剩下不能吃的頭顱和其他動物骨一起再次拿到祖先墓前焚化祭祀掩埋。這是南中國發現最早的獵首祭祀和食人習俗的史跡。

　　深灣 F 層土葬墓墓主的牙齒，經鑑定其門齒是鏟形，屬蒙古人種。[16] 有些學者認為香港先民"更有可能是大洋洲馬來裔"，但如果是指尼格羅 —— 澳大利亞人種是沒有根據的。

　　令人迷惘的是，這批最早來香港拓展的居民，在香港地區大約生活了一千數百年後，在距今五千年左右期間逐漸衰落了，甚至中斷消失了。疊壓在其上的地

（14）同注（6），頁 105—108、232—245。

（15）《漢書》，卷 1 下，〈高帝紀〉，頁 73。

（16）同注（6），頁 245。

圖 1.3 舂坎灣遺址出土的鏤孔圈足彩陶盤

層是沒有任何文化遺物的間歇層，厚達數十至 150 厘米。它明顯告訴我們，在這段時間裡已無居民在其上生活。究其原因，大約有三：其一是受到海侵的威脅。中全新世至晚全新世海面間歇持續上升，[17] 不得不擇地他遷；其二是氏族仇殺和獵首、食人之風盛行（如上面所述之深灣事例），這不但令人口逐漸減少，而且帶來的後果是對偶婚姻的破壞，被迫近親婚配，其生不繁；三是當時居民的食物多是魚貝類，缺乏澱粉質的碳水化合物，易患上血吸蟲和乙型肝炎疾病。深灣遺址 F 層墓葬墓主人多是營養不良的青年人，可資為證。香港早期居民失蹤後，後繼者的文化面貌完全不同，已屬於另一種考古學文化類型。

（二）南方幾何印紋陶文化與古越族的遷入

大約距今三千五百年左右，相當於中原夏、商之際，香港地區和附近的深圳、珠海等地新來了一批居民。這些新居民是使用幾何印紋陶和刻劃紋陶器為文化特徵的族群——古越族。古越族來到香港地區後，仍然選擇各海灣的沙堤作生活居址，在前人的遺址上建立家園，過着以漁獵為主、原始農業為輔的生活。

幾何印紋陶是南方古越族普遍使用的陶器。這種陶器的特點是在器皿的表面上用印模拍印幾何形圖案花紋。幾何印紋陶分佈的地域廣闊，包括江、浙、贛、閩、台、湘、粵、桂等省區。但各地的發展和興盛的時間並不一致。贛、浙地區的發展可能較早些，粵、桂、閩、台的均較晚。廣東最早出現幾何印紋陶是在石峽遺址下文化層，但石峽文化，不久卻中斷了，對後繼者沒有直接的影響。據目前的考古資料，廣東地區較多出現幾何印紋陶是石峽中層、曲江鯰魚咀、韶關走馬崗、佛山河宕、增城金蘭寺中層、南海灶崗、珠海後沙灣第二期、潮陽左宣恭山諸遺址。其時代可能相當於中原夏、商時期，距今三千至四千年左右。香港出土早期幾何印紋陶的遺址，疊壓在其下的是不含任何文化遺物的間歇層，顯明其淵源不在本地區，有可能是從珠江三角洲北部的古越族向南拓展進入香港地區的。

古越族進入香港地區後，發展較快，使這個地區出現一片炊煙處處萬家漁火的繁榮景象。這段時期的文化遺址發現較多，他們除選擇沙堤作居址外，還擴展至沙堤附近的山崗和台地，其經濟生活除漁獵採集外，可能還有刀耕火種的原始

（17） 廣州地理研究所：《珠江三角洲形成發育演變》，1982 年，頁 158。

農耕。已發現的遺址有長洲鯆魚灣、屯門湧浪上層、龍鼓灘、南丫島深灣 C 層、大嶼山東灣 3A 層、白芒第四層、扒頭鼓、沙螺灣西、赤鱲角之虎地灣等 30 多處。其中新界屯門湧浪遺址，是一處較大的氏族聚落遺址，面積達 1 萬平方米。發現有房屋建築遺跡和墓群。在約兩千平方米的中心區，灰層厚達兩米。灰層中遺留着一排排重重疊壓的殘爐灶、數以萬件的殘爐箅、陶片，和數百件各類石器工具和飾物。這些遺跡和遺物，説明當時居住在湧浪的人口是相當多的，過着長期定居的生活。[18] 某些學者因在香港的考古發掘中從未發現房屋建築遺跡，便認為香港史前的居民是 "以船為家，但經常登陸作短暫居留"。[19] 這種見解是值得商榷的。

　　在湧浪遺址發現經錘打而破損的石器工具甚多，其中尤以木工加工工具之斧、錛、鑿為最，可能是用於開木料製板時損壞的。當時尚未發明金屬鋸，製造木板只能在木材上打入一排石斧或石錛，迫使一塊塊裂開而成。這些斧或錛被錘打入木材上，其柄部經不起多次錘打往往破損，刃部遇着堅硬的樹樌也會崩毀，甚至在中部折斷。從湧浪遺址遺留大量的殘石斧、石錛，可推斷當時香港的居民曾大量使用木板。這些木板除用作製造器皿和家居之用外，相信大部分用作造船。湧浪遺址還發現一種橢圓形灰坑，徑長約一米、深約半米，遺有大量灰爐，不似常見的灰坑，似另有用途。據一位曾有製造木船經驗的民工稱，這可能是用來烤船板用的火坑。船是梭形的，造船的木板必須向內微彎，須經火烤才能達到這一效果。船長期浸泡在水裡，經火烤後才能經久耐腐。這位民工之言是可信的。尤其值得注意的是，在湧浪遺址還出土數件形制一致規格相同的石錨，直徑 23 至 25 厘米、寬徑 20 至 23 厘米、重 12.1 至 12.5 公斤。這些石錨是採用大型的橢圓形的礫石製成。其中央處鑿出一周約寬 2 厘米左右的凹槽，明顯是作繫繩之用。1993 年古物古蹟辦事處在大嶼山沙螺灣岬角遺址附近的海邊也採集到數件，形制規格與湧浪遺址所出完全相同。考古代船錨為石頭製造，稱之為 "矴"、"碇"。矴、碇均從石字旁，表示原料為石頭。用鐵製造的鐵錨出現很晚，約在宋代。時至今日，船艦的停泊、開航還沿用 "下碇"、"啟碇" 等古代稱謂亦可為證。湧浪遺址出土石錨，是香港考古學的一次重大發現。古越族是 "習于水鬥，易于

（18）古物古蹟辦事處湧浪遺址發掘資料。

（19）同注（7），頁 14。

圖 1.4　東灣遺址地理環境

圖 1.5　1988 年中國著名古陶瓷專家李知宴在東灣遺址現場研究出土陶片

圖 1.6 湧浪遺址出土的爐灶遺址

圖 1.7 湧浪遺址出土的大石鉞

用舟"的民族，[20]他們生活在海邊和海島上，船對於他們是非常重要，出海捕魚，對外地的交通聯繫都少不了它。我們雖然沒有發現船的遺骸，但從發現數件石錨和大量的木工加工工具及其損壞情況，可以測知當時香港的古越人已有了較多的船隻用作捕魚和交通運輸的工具。

此外，在鯆魚灣遺址還發現貝刀、骨矛和牛、鹿的骨骼，[21]在湧浪遺址發現骨針，加上各遺址普遍出土紡輪，說明這時的古越族的經濟生活，除漁業外，還進行狩獵，採集野生植物的纖維紡紗織布，製造衣裳，過着簡樸的豐衣足食的原始漁村生活。

這個時期的墓葬，在石壁東灣、屯門湧浪、赤鱲角虎地灣等遺址均有發現。人骨架多已腐朽不全，未發現葬具。隨葬品似有一定的制度，最常見的是隨葬兩件小口鼓腹矮圈足罐和一對水晶或石英質料的玦。有些墓還隨葬石斧或石錛等生產工具。隨葬品均是最佳的，可能是對死者的一種敬意。尤其值得注意的，湧浪遺址出土十多件扁平穿孔石斧和大型石鉞。大型石鉞可能出自兩座墓葬。扁平穿孔石斧和石鉞，泥板岩質，墨綠色，打磨光滑，質軟而薄，不具砍殺功用，可能是象徵權力的儀仗器。學者均認為良渚文化大型墓出土的玉鉞是代表權力的儀仗。湧浪出土的石鉞非常大型，長 29.5、寬 17.3、厚 0.8 厘米，這是比較少見的。

從大型石鉞的出土，可以窺見當時湧浪的氏族已產生軍事領袖，氏族之間的掠奪戰爭已經開始。大嶼山沙螺灣西和扒頭鼓兩處遺址均位於海灣岬角的山頂上，海拔超過 50 米，既無水源也無掩蔽之處以擋風雨，實在不適宜作為聚落居址，可能是氏族部落監視敵人的軍事哨所。前者位於珠江口通往汲水門水道的中點，後者扼着汲水門水道的咽喉，視野廣闊，居高臨下，進可攻退可守。扒頭鼓遺址遺下礫石甚多，明顯是人工搬上山的，應是防守的武器。史稱"越人相攻擊固其常事"，[22]可資印證。恩格斯指出："他們是野蠻人，進行掠奪在他們看來是比進行創造的勞動更容易甚至更榮譽的事情"。[23]香港地區以及廣東地區的氏族戰爭，往往含有仇殺、獵首祭祀的目的，在低生產力的情況下，不但未能通過戰爭壯大氏族的力量去組成本地區的部落或部落聯盟，反而不斷消耗各氏族的人力物力，而致兩敗俱傷，大大窒礙了社會經濟向前發展和向文明社會過渡的進程。

（20）《漢書》，卷 64，〈嚴助傳〉，頁 2775。

（21）Meacham, W., "Po Yue Wan," *JHKAS*, 10:58—60,1984.

（22）《史記》，卷 114，〈東越列傳〉，頁 2980。

（23）恩格斯：〈家庭私有制和國家的起源〉，《馬克思恩格斯選集》，第 4 卷，1972 年，頁 160。

（三）香港先秦時期的社會狀況

中國國土遼闊，各地區的社會發展歷來都是不平衡的。遠離中原政治、文化中心的香港地區，在先秦時期的經濟文化雖然從整體上看發展較為緩慢，但較之以前，仍是有進步的。主要表現在：（1）人們的居址不再限於海灣的沙堤和其附近的山崗、台地上，有逐漸向內陸河流兩岸的山崗坡地遷移的趨勢，這意味刀耕火種的游耕農業有了較大的發展，人們不再單靠漁獵採集為生；（2）製陶工藝有很大的進步，幾何印紋陶已發展到硬陶階段，火候高，造型規整，紋飾豐富精美，且出現施青釉的陶器和原始瓷；（3）在石壁東灣、深灣 C 層、大灣上層、沙螺灣上層、蟹地灣上層、萬角咀和虎地灣等伴出夔紋陶的遺址中，曾出土劍、戈、矛、鏃、斧和魚濣等青銅兵器和工具，還發現了一些鑄銅石範和一件熔銅坩堝，説明了已初步掌握鑄造青銅器技術。上述三點都具有青銅器時代的某些因素和條件。但問題是：（1）刀耕火種的游耕農業，不能久居一地，生產力低下，也難有剩餘；所發現的遺址均很細小，面積不大，發現這段時期的居址建築遺跡和墓葬也不多，是否存在相連成片的村落不無疑問，更遑論城堡的出現和政權的組織了。（2）出土的一些青銅兵器和工具，多出自伴出夔紋陶遺址的上層或表土擾亂層，沒有地層疊壓的證據，是否全是先秦時期的遺物，實在存有疑問。幾何印紋硬陶特別是具有夔紋紋飾的幾何印紋硬陶，多數學者認為都是青銅器時代的產物，但在香港則不盡然，其下限的年代可能延續至秦漢時期。總之，香港田野考古發掘不多，大面積的發掘更少，在資料不足的情況下，是難有共識的。

19 世紀以前的香港無論在地域上、文化上都是廣東的一部分，把它與廣東這個大範圍一併進行觀察研究，對判斷香港先秦社會狀況也許會有很大的幫助。廣東的考古工作者對廣東先秦社會性質問題歷來亦存有爭議。一種持肯定意見，認為廣東的青銅器時代，"上自商末西周，下至春秋戰國，前後經歷七八百年"；"廣東境內出現奴隸制要比中原地區晚了一千多年，大約從春秋中晚期開始直至戰國晚期"。[24] 另一種則持相反的意見認為，[25] 持肯定意見的可質疑之處甚多，還有可商榷之餘地。

（24）蔣祖緣、方志欽：《簡明廣東史》，1987 年，頁 41—49；徐恆彬：〈廣東青銅器時代概論〉，《廣東出土先秦文物》，1984 年，頁 45—63；莫稚：〈廣東青銅器述略〉，載暨南大學歷史系中國古代史教研室（編）：《中國古代史論文集》，第 1 輯，1981 年，頁 338—369。

（25）區家發：〈廣東先秦社會初探 —— 兼論 38 座隨葬青銅器墓葬的年代與墓主人問題〉，《東南文化》，1991 年 1 期，頁 131—142。

　　判斷廣東在先秦是否進入青銅時代或奴隸社會，不能只看出土某些青銅器，關鍵在於當時的社會生產力的發展水平和社會財富的分配方式，是否足以產生青銅文明和奴隸制度。從已發現的數百處新石器時代晚期遺址所見，大都面積不大，文化層淺薄，遺物也不豐富，相連成片的居址建築遺跡尚未發現。粵東、珠江三角洲和沿海地區的遺址仍然多坐落在江海岸邊，鮮見大型的農業生產工具，原始農業不發達，漁獵採集經濟的比重還很大，社會經濟仍然相當原始。再從所謂青銅時代的夔紋陶、米字陶遺址觀察，遺址分佈較密而面積細小，文化層淺薄，至今尚未發現相連成片的長期定居的村落，更沒有發現與青銅文明相適應的遺跡，如冶煉金屬場地、城堡建築等等。這時的先民可能已從河海岸邊以漁獵採集為主的經濟逐漸擴展到台地和平緩的坡地上過着農牧生活，但只能是"刀耕火種"的游耕農業，社會生產力仍然相當低下。在中國學術界一般把青銅時代代表着社會發展的一個階段。從野蠻時代發展到文明時代，"大抵以城市、文字、金屬器和禮儀性建築等要素的出現，作為文明的具體標誌。儘管在世界各地之間，由於歷史、地理、經濟和文化種種原因，進入文明時代的標誌並不整齊劃一，但文明誕生，就是國家和階級社會的出現，象徵着社會進化史上的一個突破性的質變"。[26] 廣東的史前文化是看不到這種質變的，既沒有政權的組織，也沒有發現文字、城堡和禮儀性建築物，雖出土一些青銅器，但時代存疑。看來，與青銅文明時代還有一段距離，還未最後脫離原始社會範疇。香港地區與廣東是一個整體，其社會性質亦應作如是觀。

四 · 香港史前文化與大陸及鄰近地區的比較

（一）香港首批居民與湘北湯家崗早期文化有着密切關係

　　從六千年前新石器時代中期的考古發現，已可以看到香港與環珠江口地區同屬於一種以夾砂細繩紋陶釜、泥質磨光鏤孔圈足彩陶盤和白陶盤為特徵的文化。這種文化分佈範圍很廣，主要在珠江三角洲和沿海一帶，已發現的遺址約有

（26）安志敏：〈論文明的起源〉，《考古》，1987 年 5 期。

二三十處。其中珠海市後沙灣遺址[27]第一期文化層和深圳市大黃沙遺址[28]第二、四層的出土遺物較豐富和典型，在考古學文化分類上，暫以它們為代表，稱之為"後沙灣大黃沙類型文化"。這類型文化與湖南洞庭湖西岸之安鄉湯家崗、澧縣丁家崗早期文化（統稱為"湯家崗文化"）甚為相似，具有許多共性。[29]例如在陶器方面：（1）陶系均以紅陶或橙黃陶為主，分夾砂和泥質兩類，泥質陶多加紅或白陶衣，打磨光滑；（2）製法均用泥片貼築法或用泥條盤築法手製；（3）器形也基本相同，均只見圜底器和圈足器，不見三足器，常見之器類為釜、罐、碗、缽、盤、盆、豆、甕、器蓋和器座、支座等；（4）裝飾手法均常用刻劃、戳印、壓印、模印、鏤孔、彩繪等按陶器的色澤、器形而施以不同的紋飾圖案，所施之紋飾也大同小異。兩地所出之白陶盤，製作均極精細，花紋繁褥，組合紋飾講究通體效果，如出一轍。在石器方面，均只見中小型的手工工具，未見大型的農業工具，器類簡單，不外是斧、錛、鑿之類，數量也不多。沿用打製的砍砸器、石片和礫石的大量使用也是相同的。石器工具的落後，也顯示他們同處於水網地區，仍以漁獵採集經濟為主，原始農業不發達的情況相一致。

湯家崗文化有自己的地域傳統，與洞庭湖地區早期的彭頭山文化、皂市下層文化，在譜系上都一脈相承，[30]源頭清楚。而珠江三角洲的後沙灣大黃沙類型文化是突然出現的，在本地區找不到淵源，其年代也比湯家崗文化晚了許多，它是受到湯家崗早期文化的影響而產生至為明顯。而且更有可能是湯家崗早期文化的氏族向南遷徙拓殖的結果。在原始社會裡，人幾乎是唯一的文化載體，文化的影響與傳播，往往與氏族的遷徙有關。洞庭湖地區與南海之濱相距遙遙千里，但也是原始氏族活動範圍之內。氏族遷徙流動到遙遠的地方，當然不可能一次到達，是要經過漫長的歲月輾轉而至的。1986年在長沙市郊發掘的大塘村遺址，是屬於湯家崗早期文化的遺存，年代距今約七千年，說明了湯家崗早期文化的南端已到湖南中部的長沙地區。1985年廣東省博物館在粵北曲江石峽遺址東部發掘，在"下層的早期層位"亦發現了後沙灣類型文化的遺存。長沙和曲江恰好是處在洞庭湖地區與南海之濱的中點，正是兩地的中途站。這樣，我們就不難推測出湯家崗

（27）李子民：〈淇澳島後沙灣遺址發掘〉，《珠海考古發現與研究》，1991年，頁3—21。

（28）〈廣東大黃沙沙丘遺址發掘簡報〉，《文物》，1990年11期，頁1—11。

（29）主要根據下列文獻：1.註（27）、（28）；2.〈湖南安鄉湯家崗新石器時代遺址〉，《考古》，1982年4期；3.〈澧縣東田丁家崗新石器時代遺址〉，《湖南考古輯刊》，第1集；4.〈澧縣三元宮遺址〉，《考古學報》，1979年4期；5.〈湖南皂市下層新石器遺存〉，《考古》，1986年1期；6.〈安鄉劃城崗新石器時代遺址〉，《考古學報》，1983年4期。

（30）孟華平：〈論大溪文化〉，《考古學報》，1992年4期。

早期文化向南傳播路線。首先向湘中的長沙地區進發，在長沙地區發展了一段時期後再溯湘江而上越過南嶺進入廣東北部的曲江，其後再沿北江順流南下進入珠江三角洲並擴展至沿海一帶。[31] 香港首批居民，可能就是湯家崗早期文化移民的後裔。

　　湯家崗文化是從石門皂市下層文化發展而來，皂市下層文化的 C14 年代是距今 6,920±200 年，湯家崗文化的年代上限，大概不會相差太遠。而珠海市後沙灣遺址第一期文化遺存的熱析光測年是距今 4,828±483 年，深圳市大黃沙遺址的 C14 測定年代為 5,600±200 年。可知湯家崗早期文化傳播至南海之濱歷時千年左右。

（二）夔紋陶類型文化的族群

　　隨着時間的推移和社會的發展，約相當於中原春秋戰國之時，中國南方使用幾何印紋陶的越人，逐漸形成各自不同的族群。即史稱之"百越"。《漢書‧地理志》顏師古引臣瓚言："自交趾至會稽七八千里，百越雜處，各有種姓。"句吳、于越、東越、閩越、西甌、駱越等就是見於史籍的百越族群。百越民族的歷史關係比較密切，但彼此互不統屬，各自有不同的發展歷史。今廣東省亦是百越民族地區之一，但到目前為止，仍未弄清先秦時期的確切地名和在其地居住的古越人的確切族稱。"南越"之名稱是趙佗入主嶺南自立為南越武王後才出現的。相信當時應有地名和族名，不過不為我們所知而已。根據考古資料，當時居住在今廣東（湛江地區除外）、湘南、贛南和桂東北等地的古越人是普遍使用一種以拍印夔紋的幾何印紋陶器為文化特徵的族群，現既不知其原名，只能暫稱之為"夔紋陶類型文化"族群。香港與深圳地區伴出夔紋陶的遺址不下數十處，當屬這一族群的一分子。所出之陶罐、陶甕，體形巨大，造型規整美觀，拍印之夔紋富變化，有重潄、圓頭、雙頭、潄形直身等種，多以陽紋為主，陰紋為輔，印模雕刻精緻，構圖嚴整，予人以浮雕感，足以作為夔紋紋飾的代表。但夔紋陶的淵源似不在香港，因為它一出現便已很成熟精美，從未發現其重疊錯亂印痕淺的雛型，明顯是從外地傳入。夔紋紋飾是幾何印紋中的一種，與夔紋同時的還有雷紋、勾

（31）區家發：〈淺談長江中下游諸原始文化對廣東地區的傳播與消亡〉，《嶺南古越族文化論文集》，1993 年，頁 24—33。

圖 1.8　蟹地灣遺址出土的夔紋硬陶大甕

連雷雲紋、菱格紋、渦紋以及雲雷紋、重圈紋、方格紋等與中原青銅器紋飾相似的紋飾。兩廣地區在春秋中期以前尚無土著的青銅文化，這些具有中原青銅器紋飾的幾何印紋陶似不會在嶺南首先產生。嶺北越人接受中原青銅文化早在殷末，夔紋陶的發源地可能是在這些地區。根據湖南考古資料，湘江中上游的衡陽、郴州、零陵和邵陽等地，是古代越族的居住地區，這裡幾何印紋陶早在西周早中期已很發達。零陵菱角塘、何古山遺址中出土印紋陶佔 90% 以上。與菱角塘遺址文化面貌相似的衡陽周詩頭遺址，其下層的印紋陶多回紋、勾連雷雲紋、折曲紋、渦紋以及雲雷紋和方格紋的組合紋飾；遺址上層陶器的紋飾有變形夔紋和雙線 F 紋。[32] 廣東出土的幾何印紋陶紋飾基本上與湘南地區所見的略同，而年代則較晚，更增加由湘南傳入之說的可能性。春秋戰國之際，楚國的政治勢力推進至湖南的中南部，逼使一部分不願意接受楚國統治和其文化的嶺北越人逐步向南退縮。吳起南平百越，將楚國邊界推展至九嶷山一帶的古蒼梧，更促使嶺北越人大規模南遷嶺南，分佈到北江、西江、桂江一帶。嶺北越人的南遷，不僅帶來仿銅器的夔紋、雷雲紋等幾何印紋陶拍印技術，也帶來了富有特色的青銅文化，如三足外撇的越式鼎、篾刀、弧形刃直鞏斧等，而且將吸收到的鄰近地區的文化因素也帶到嶺南，如靴形鉞、扇形鉞等青銅器，從而揭開了頗富地方特色的夔紋陶類型文化。曲江、香港等地的夔紋陶遺址裡常伴出小件青銅器，不少研究者認為其年代較晚，在這裡可以獲得合理的解釋。嶺北越人南遷之後，由於住地分散，各不統屬，與原住嶺南的土著越人也會產生某些矛盾和衝突，直至戰國末年，其社會發展仍停留在軍事民主制階段，未能建立方國，也可以從中看出一些端倪。

（三）與東南亞的交往

　　南中國南面與越南、馬來西亞、印度尼西亞、菲律賓等國隔海相望，相信與她們的聯繫從人類的童年時代就已開始了。東南亞巽他地區，每次冰期海退時都會出現"巽他大陸"，把馬來半島、蘇門答臘、爪哇、婆羅洲連接起來，為南中國與南洋群島的交往架起一道陸橋。[33] 東南亞諸國的考古資料和民族志資料證明，她

（32）文物編輯委員會（編）：《文物考古工作十年》，1990 年，頁 208；〈衡陽周詩頭遺址發掘簡報〉，《湖南考古輯刊》，1986 年 3 期。

（33）《泰晤士世界歷史地圖集》，1985 年，頁 37。

們的古文化多與中國有淵源關係。最密切的莫如印支半島，她與滇、桂接壤，自古就是親戚，人民交往頻仍，已無庸贅言。就以巽他群島來說，從舊石器時代起其文化與華南地區就有很大的一致性，同屬於礫石／石片石器傳統。[34] 至新石器時代，兩地文化的相似性和共性就更多。如使用有段石錛、幾何印紋陶、銅鼓、獵首、紋身、拔牙等風俗習俗，杆欄式建築和原始宗教之多神崇拜等等。[35] 不少中外學者認為這是從中國東南地區的百越民族傳過去的，兩地人民也可能有血緣關係。華南地區的人民與東南亞地區人民的交往通道甚多。廣州歷來是重要口岸之一。香港位於珠江出海口，是廣州的外港，對外交往的橋樑，想必少不了香港地區的民眾參與。在沙撈越尼亞地區的石器時代墓葬，經鑑定墓主的門齒為鏟形，這是蒙古人種的特徵。這與南丫島深灣遺址下層土葬墓墓主的鏟形門齒一致。尼亞的新石器時代墓葬，"墓坑非常淺，屍體通常放在一個挖空的木頭中，亦或放在木板、蓆子或網上，並用赤鐵礦粉末染色。隨葬品有磨光石器，裝飾着三種顏色的精美陶器，還有大量的類玉器、方解石和黏土、小珠、動物牙齒、貝殼、種子和堅果等"。這種葬制和隨葬品與香港、珠江三角洲新石器時代中期的葬制和隨葬品甚為類似。墓坑淺和撒赤礦粉末於死者周圍，正是增城金蘭寺、潮安陳橋村貝丘遺址的墓葬中常見現象。鄭德坤引述威廉·G·索爾海姆（Solheim, Wiliam G.）的研究，山都望的"史前陶器"與香港發現的公元前 5 至 2 世紀的遺物有相似性。[36] 那麼香港史前陶器的製造技術有遠傳至沙撈越的可能。香港之東灣、大灣、萬角咀、蟹地灣諸遺址出土的青銅器，如劍、斧等與越南東山文化亦有不少相似之處。而東灣文化的青銅器是源自雲南青銅文化，因而香港的青銅劍可能是通過越南輾轉傳入。

總之，香港雖是彈丸之地，史前時期不見經傳，但可以認為，先秦時期華南地區的人民與東南亞地區人民的交往，香港的居民應是有參與的。

（34）Dunn, E.L.,〈東南亞巽他地區史前時代海洋的變化及海洋資源的開發〉，*Modern Quaternary Research in Southeast Asia*, in Baststra, G.J. and Casparie, W.A.（eds.）, Vol. 2；周大鳴：〈東南亞地區舊石器文化與中國舊石器文化的關係〉，《東南文化》，1988 年 1 期，頁 1—6。

（35）林蔚文：〈百越民族與東南亞民族文化探微〉，《百越民族研究》，1990 年，頁 31—49。

（36）鄭德坤（著），振亞（譯）：〈從沙撈越考古發現談中國與東南亞地區的古代文化交往〉，《東南文化》，第 2 輯，1987 年，頁 149—159。

五・秦漢以後的考古

（一）歷史沿革

公元前 214 年，秦始皇在嶺南設置桂林、象、南海三郡。今廣東大部分屬南海郡，下轄番禺、四會、龍川、博羅四縣。郡治在番禺。香港地區和珠江三角洲一帶隸屬番禺縣。自秦設置郡縣以來二千多年，香港的隸屬多次變更，其歷史沿革詳見右表。

（二）李鄭屋漢墓與東官鹽官

1955 年 8 月，九龍李鄭屋發現了一座較為大型的東漢磚室墓。墓的結構呈"十"字形，分墓道、前室、後室和兩個側室，前室為穹窿頂，餘為券頂。墓門部分已被破壞，殘長 6.5 米，前室穹窿頂高 2.6 米。隨葬品相當豐富，陶器 50 件，有罐、釜、鼎、尊、匜、豆、盒、壺、器蓋和屋、倉、井、灶等模型明器。銅器八件，其中有鏡、洗和鈴等。此外，還發現有銘文墓磚，銘文是"番禺大治曆"、"大吉番禺"等吉祥語。墓磚銘文出現"番禺"兩字，證明香港在漢朝時屬於番禺縣轄地。

與香港毗連之深圳市南頭鎮和新安鎮，出土不少漢墓，其中西漢墓 4 座，東漢墓 33 座。西漢墓為長方形或凸字形豎穴土坑墓，東漢墓有土坑墓和磚室墓，磚室墓亦分長方形券頂和凸字形穹窿頂兩種。西漢墓的出土遺物有陶罐、陶器蓋、陶三足盒、陶杯、銀鐲、銀戒指、銅鏡、銅錢、料珠等。東漢墓的隨葬器物均較豐富，共出土陶器銅器數百件之多，基本上與李鄭屋東漢墓所出相同。深圳市新安鎮編號新鐵 M58 還發現三塊"熹平四年"（175）紀年墓磚，說明這批磚室墓是東漢墓是無庸置疑的。[37]

廣東地區發現漢墓最多的是廣州市。像香港李鄭屋和深圳市發現如此之多且頗具規模的漢墓，除廣州、佛山、樂昌、徐聞、廣寧等當時的郡治、縣治和軍事駐地外，實不多見。香港和深圳位於南海之濱，沒有肥沃的平原，原始農業不發

（37）〈深圳近發現古墓群，掘出珍品三百多件〉（深圳市博物館資料），載香港《文匯報》，1981 年 10 月 5 日。

香港地區歷史行政所屬表

時代	沿革
史前時代	屬古越族先民之地。
秦朝	秦始皇三十三年（前 214）在嶺南設置桂林、象、南海三郡，屬南海郡番禺縣轄地。
南越國	南越王國轄地。
漢朝	武帝元鼎元年（前 116）平定南越割據政權後，恢復秦朝郡縣制，仍屬南海郡番禺縣轄地。武帝時在番禺設置"鹽官"，史稱"東官"。香港是鹽業基地之一，受鹽官直接管治。
三國・吳	吳黃武年間（222—229）分南海郡，於增城立東官郡，屬東官郡轄地。甘露二年（265）於深圳南頭設"司鹽校尉"，管理沿海鹽場，香港鹽場受其管轄。
西晉	屬南海郡番禺縣轄地。並續吳制，於深圳南頭設司鹽都尉，香港屬之。
東晉	咸和六年（331）分南海郡為東官郡，新設寶安縣，把原屬番禺縣的今香港、深圳、珠海、中山、東莞等地劃歸寶安縣。
南朝	屬寶安縣轄地。
隋朝	屬東官郡寶安縣轄地。開皇十年（590）廢東官郡，寶安縣歸南海郡管轄。
唐朝	屬廣州都督府寶安縣轄地，至德二年（757）改寶安縣為東莞縣轄地。於屯門設軍鎮，香港成為軍事要塞，配備一支艦隊，以保護來往商舶。
五代・南漢	屬興王府東莞縣轄地。又設"媚川都"採珠，其地在大步海，即今之大埔吐露港一帶。
宋朝	屬廣州都督府東莞縣轄地，在九龍官塘設置"官富"鹽場，由鹽官直接管理。
元朝	屬廣州路總管府東莞縣轄地。
明朝	屬廣州府東莞縣轄地。萬曆元年（1573）分東莞立新安縣，轄地包括今香港及深圳市。
清朝	屬廣州府新安縣轄地。康熙五年（1666）因遷界廢新安縣併入東莞縣。康熙八年復置。
英佔時期	道光二十二年（1842）鴉片戰爭後，清朝政府被逼簽訂《南京條約》割讓香港島予英國，1856 年英法再發動第二次鴉片戰爭，於 1860 年再迫清政府簽訂《北京條約》，割讓南九龍予英國。1898 年英國又逼清政府租借北九龍和新界。即從 1842 年起，英國先後在香港、九龍和新界建立殖民統治。1941 年 12 月 8 日，日軍動太平洋戰爭，至 12 月 25 日香港淪陷，成為直屬東京大本營的"佔領地"。1945 年 8 月 15 日，日本宣佈無條件投降，英國重新接管香港，繼續其殖民統治。
中華人民共和國	1984 年 12 月中英簽署《聯合聲明》，英國於 1997 年 7 月 1 日交回香港給中國。香港成為中華人民共和國轄下的特別行政區。

達，實屬化外之地，按理一般平民百姓是難以擁有如此規模的墓葬。一生的勞動價值也難購買一件銅器，更無能力構築規模龐大的磚室墓了。我們認為應與漢代在這裡設置鹽官統營鹽業有直接的關係。有不少研究者推測李鄭屋漢墓的墓主是鹽官或其家屬的墓塚不無道理。

　　漢武帝為了充實國家的財政，將鹽鐵收為官營。提升桑弘羊為治粟都尉，領大農，盡代孔僅管理全國鹽鐵，[38]於南海郡的番禺縣，蒼梧郡的高要縣等 36 處設置鹽官，統管全國的鹽業的生產與銷售。番禺縣和高要縣鹽官為嶺南僅見的兩處鹽官，一個在東，一個在西，位於東面的番禺鹽官，史稱為 "東官"，治所在今之深圳市南頭鎮。香港與南頭毗連，枕山面海，港灣眾多而優良，扼珠江口江海交通之要衝，是南海郡的門戶，既富鹽產，更是漁鹽貿易的重要集散地。漢朝政府在此設置鹽官管理鹽業的生產與貿易是十分適當的選擇。

　　漢朝鹽官，是設於產鹽區管理鹽政的機構，也是鹽政管理的官員，職位僅次於州牧或郡太守，均頒銀印青綬，屬中央統管（東漢時屬有關郡縣管轄），其地位之顯赫可見。漢時的番禺縣範圍很大，今之香港、澳門、深圳市、珠海市、中山市、東莞市、番禺市均屬番禺縣轄地，也是產鹽的發達地區。今之廣東、廣西、湖南、貴州等省區的食鹽都有賴於番禺和高要兩處鹽政管理機構供應，產銷都非常龐大。從鹽官的品秩和銷售地域看來，番禺鹽官無疑是一個龐大的管理機構和食鹽產銷機構。這個機構，除配備一批管理生產、貿易、稅收、交通運輸的官員外，更有人數眾多的鹽工，也帶動為其服務的工商各業。當時香港和深圳的人口密度和經濟繁榮的情況可以想見。

　　在古代，專利政策必要靠嚴刑峻法來維持；人口龐雜，工商業繁榮更有必要配備軍隊以維持治安。當時的鹽工有刑徒，也有僱工，有土著越人，也有南下的漢人，品流複雜，一般由國家供給生產工具，以軍隊監督勞動，可以說還保留着奴隸制的生產方式。田野考古資料表明，香港在漢代是有屯兵駐守的。1933 年英人芬戴禮神父在南丫島大灣遺址的調查發掘，發現了不少銅兵器，如劍、戈、矛、鏃等，其中還發現了三枚鐵鋌銅鏃；[39] 1992 年香港中文大學中國文化研究所在大嶼山白芒遺址進行發掘，除發現漢代的鐵斧、鐵舀等生產工具外，亦發現了

（38）《漢書》，卷 24，〈食貨志〉，頁 1174。

（39）Finn, Daniel J. , "Archaeological Find on Lamma Island," *JHKAS*, 1958, pp.122－125.

數枚鐵鋌銅鏃。[40] 鐵鋌銅鏃的發現有特殊意義。它是西漢時期的重要兵器，在邊疆地區如朝鮮、新疆等地多有出土，在內地則較少發現，可見這種兵器多配備於遠征和邊防的軍隊。這批青銅兵器和鐵鋌銅鏃不大可能是被監督勞動進行鹽業生產的刑徒和僱工所有，也不會是臣民之物，應是屯兵之遺留。白芒遺址的出土遺物既有漢文化的生產工具和兵器，也有大量屬於土著越人文化的陶器，如夔紋和加戳印的幾何印紋陶。這些遺物的出土，還可以說明兩個問題。一是鐵斧、鐵臿在當時是非常難得的農業生產工具，一般農民不易擁有，應是駐軍之物，也是漢代的屯田的制度在香港邊區得到落實的明證。二是漢越兩族的融洽共處。番禺鹽官管轄的各個鹽場的員工和駐軍，不分種族、不分地域，共同工作，充分體現土著越人與南下漢人的融合過程。

（三）從殼灰窰的廣泛分佈看製鹽業的興盛

香港古代的製鹽業，自漢朝在番禺設置鹽官統營食鹽之產銷，直至清朝的兩千多年間，都是社會經濟的重要部門。

唐宋時期，香港地區的製鹽業尤為興旺。這可從考古發現大量的與製鹽業有關的殼灰窰遺址和其遺物得到證明。這種殼灰窰，是利用蠔殼，珊瑚和其他貝殼為原料燒灰的窰爐。據考古調查發掘資料，在大嶼山、南丫島和港九各大小海灣的沙堤上、台地上或山坡上都遍佈燒製殼灰的窰遺址。殘存的殼灰窰和其遺存實在難以數計。有些暴露於地表上，更多的已被現代農耕平整土地時所破壞而被掩埋於地層中。殼灰窰結構簡單，分窰門、火膛和窰室三部分。砌窰時，先在地上挖出一個直徑約兩米左右的圓形淺坑，除窰門部位外，四周用磚石或黏土砌出約高 50 厘米略向內斂的窰壁便成。裝窰時，先在窰室底部墊上一層柴枝和黏土製的通火陶棒，然後才放上一層原料。其後如是一層柴枝和通火陶棒，一層蠔殼，層層疊放，使之逐漸成為圓錐頂為止。燒窰時，在火膛生火，窰內各層的柴枝被燃着後，火膛仍繼續燒火，直至原料成灰為止。殼灰的用途，除用作建築材料和農業之外，在香港產鹽區，主要是用來塗抹加固竹篾織成的牢盤，使之不漏水，用以盛放鹹鹵。古代製鹽，"在鹽田掘地為坑，坑口橫架竹木，鋪上蓬席，再推上鹹

（40）據香港中文大學中國文化研究所中國考古藝術研究中心大嶼山北部調查發掘資料。

圖 1.9 白芒遺址出土的鐵鋌銅鏃

圖 1.10 赤鱲角殼灰窰出土情況

沙。海潮漲時，'鹹鹵'淋在坑內，潮退時提出鹹鹵，用細篾編成、牡蠣灰泥固的牢盤中煎煉即成鹽"。[41] 從香港遺留難以數計的殼灰窰和其遺物，可見當時需用殼灰數量之大，牢盤的數量當更為驚人，從而也可推知當時的製鹽業是十分繁榮和興盛的。這一點，史籍的記載也頗詳，可作印證。據北宋王存等撰的《元豐九域志》："東莞縣有靜康、大寧、東莞三鹽場和海南、黃田、歸德三鹽柵。"又據康熙《新安縣志》："宋時，新安縣有東莞、歸德、黃田、官富四鹽場"。這麼多的鹽場，可見各個海灣都有鹽田。其產量之大，據《宋史‧食貨》載："廣州東莞，靖康等 13 場，歲鬻二萬四仟餘石，以給本路及西路之昭桂州，江南之安南軍。"鹽利更為驚人，《宋史‧食貨》記載"廣州鹽倉每年課利 30 萬貫以上，潮州 10 萬貫以上，惠州 5 萬貫以上，南恩州 3 萬貫以上"。課利收入的四成足供廣東各州縣的開支。宋寧宗慶元三年（1197），東莞縣大奚山鹽民大暴動，一度波及廣州城。[42] 大奚山即今之香港大嶼山，鹽民暴動竟能波及廣州城，香港之鹽民人多勢眾於此可見。

（四）香港是歷代重要的水路交通樞紐

自漢以來，廣州不但是中國的主要進出口口岸，也是世界上著名的港市。香港的屯門則是廣州的外港，重要的水路交通樞紐。屯門港位於珠江口的東岸，兩山夾峙，港灣優良，緊扼着江海交通的咽喉，形勢險要。海外使節商旅的船艦，進入珠江口前，必須經過屯門和在屯門等候傳召才能進入廣州。番舶返航時也往往需要在此避風或等候季風揚帆才離開中國。因之每年在此停泊的外國船艦不知凡幾。隋唐以後，廣東沿海交通也漸趨活躍，載重千石以商業運輸為目的的貨船，早已航行於粵東及粵西海面，[43] 屯門正是中途站或中轉站。加上香港和附近地區又是個官營的大鹽場，產量巨大，與鹽業有關的貿易、工商各業都需要大量的交通運輸去配合。如此種種，都使這個廣州的外港成為重要的水路交通樞紐。

漢朝時，香港已有屯兵駐守，以維持邊境的安全和監督鹽工的勞動生產。三

（41）《天工開物》，〈作鹹〉，頁 255—257。

（42）《宋會要輯稿》，卷 194，〈方域〉。

（43）《舊唐書》，卷 19 上，〈懿宗紀〉，頁 652。

國吳和東晉在此設置司鹽校尉和司鹽都尉，就帶有軍管性質。到了隋唐以後，由
於對外貿易的發展和沿海交通漸趨活躍，少量的駐軍已趕不上形勢發展的要求，
因此，唐朝在屯門設鎮以保護往返廣州的商船和維持境內治安。屯門鎮並不是一
般的以農貿市集為主的鄉村墟鎮，而是兵鎮，或稱軍鎮。《新唐書‧兵志》記載當
時廣州的軍事機構："有經略軍，屯門鎮兵。""兵之戍邊，大曰軍，小曰守捉，
曰城，曰鎮。"屯門鎮兵除配備陸軍外，並擁有一支艦隊。唐玄宗天寶二年（748）
冬，"海賊"吳令光在閩浙起事，南海郡太守劉巨麟調屯門鎮兵參與鎮壓。這支艦
隊曾開抵揚子江口，並擊潰吳令光部。[44] 五代南漢時，在屯門設軍寨，駐有重兵守
衛，對番舶貨物抽取關稅。宋朝在屯門設"巡檢司"，防止海盜入侵和拱衛廣州地
區，還在佛堂門設稅關。《新安縣志‧山水略》載有佛堂門宋度宗咸淳二年（1266）
石刻碑文"碇齒灣古之稅關，今廢，基址尤存"。上述史跡，說明香港在古代不僅
是鹽業生產基地，而其屯門更是中國南大門廣州的外港、江海交通的樞紐、海防
軍事要塞。在中國歷史上應有一定的位置。

　　與其有關的遺跡遺物每有發現：如大嶼山妹灣仔遺址，出土大量宋明陶瓷
片，既有廣州西村窰和潮州筆架山窰等廣東窰場的陶瓷器，也有江西景德鎮窰和
福建德化窰場的產品；竹篙灣遺址也發現大量的陶瓷片堆積，出土明代景德鎮青
花瓷片和廣東各窰口的陶瓷片，並出土一些越南馬大班褐釉刻劃紋陶罐和馬來西
亞"葆馬來"陶器；[45] 糧船灣淡水湖沙咀遺址發現了明代沉船，遺物有數十顆波斯
琉璃珠和大量馬來西亞陶瓷。[46] 妹灣仔遺址和竹篙灣遺址昔日原是海灣，出土的陶
瓷片堆積當是中外商舶在此下碇時拋下海中的廢物，經過長時間日積月累而成。
該兩海灣面積很小，容納停泊的船隻不多，停泊的時間也不會長久，而竟能堆積
如此大量的陶瓷片，那麼像屯門這樣的大港灣，中外商舶必經之地，每年停泊之
船艦，其數量之多不難想見。這些出土遺物，為香港是古代重要交通樞紐提供了
一些物證。

（44）《簡明廣東史》，頁 109。

（45）古物古蹟辦事處和香港考古學會調查發掘資料；Lam, Peter Y.K., "Ceramic Finds of the Ming Period from Penny's Bay,"
　　　JHKAS,13:79—90,1992。

（46）Frost , R.J., "Sha Tsui, High Island, " JHKAS, 5:23—27, 1974; Hong, C.H. and Ng, B., "Sha Tsui, High Island, " *JHKAS*,
　　　5:28—33, 1974.

圖 1.11　東晉墓隨葬物出土情況

六・結語

（1）香港位於珠江出海口，依山面海，魚鹽豐富，水上交通便利，地理環境非常優越，自古以來都是一處非常吸引人的地方。每一個歷史時期都不斷有內地的人士前來開發這塊富饒美麗的土地，成為移民拓殖者的天堂。可以認為，香港的繁榮富庶是千百年來的外來拓殖者逐步建立的。6,000 年前最早到達本地區定居的居民，其文化與湘北湯家崗文化非常相似，關係非常密切，可能就是從湘北輾轉南遷而來。到了新石器時代晚期，居住在五嶺南北的古越人大量遷入，成為本地區的主人。秦始皇戍邊開發嶺南和漢武帝在番禺設置鹽官後，大批中土人士（包括官員、屯兵和謫徙民）帶着較先進的文化技術到來嶺南，與越人雜處。他們的一部分也來到香港地區，從事行政、邊防和食鹽的產銷，使香港地區逐漸繁榮興盛起來。六朝時期北方戰亂頻繁，"人相食，死者太半"。中原人士為逃避戰禍，紛紛攜家出走。他們從黃河流域流入長江流域，一部分則進而流入珠江流域。大嶼山白芒遺址發現東晉土坑墓，出土青釉陶罐、陶碗六件和綠松石珠、鐵鉸剪、銀戒指、五銖壓勝錢。南丫島沙埔遺址也發現南朝墓一座。從該兩墓的墓形與隨葬品看，均是中原葬制，提供了北人曾流入香港的物證。隋唐以後，香港地位日益重要，不僅是江海交通的樞紐，更是邊防要塞，加上製鹽業鼎盛，帶動工商百業繁榮，更吸引各地的鹽工和商人來香港尋求機會。特別是有宋一代，北方少數民族長期南侵，給中原以至江南地區造成嚴重的破壞，人民大量流亡。廣南兩路相對安定的社會環境和大量尚未開墾的可耕地吸引渴望安居樂業的各地士民，使人口南移的規模超過漢、晉和南朝。今香港之圍頭人、客家人據稱多是在宋元時從江西、福建等地遷來。新界鄧、廖、文、侯、彭五大族的族譜可以為證。清康熙初年的遷界，造成土地荒蕪，人口大減，康熙八年（1669）清政府獎勵移民進入展界地區，除部分原居民遷回外，也遷進不少廣東境內和江西、福建等地的客籍人士。綜觀上述數千年來，香港人口不斷流動，居民來自五湖四海，難免因姓氏、地域、語言、宗教信仰和風俗習慣的不同而產生某些矛盾和碰撞，但基本上還能和睦相處，各司其業。這種優良的歷史傳統，正是今天香港取得偉大成就的重要因素之一，也是香港可愛之處！

（2）幾十年來，香港的考古成果很大，但存在的問題不少，很多問題尚有待解決。舉舉大者如史前的歷史模糊不清，舊石器時代、新石器時代早期和新石器時代晚期早段的文化遺址遺物尚未發現，整個新石器時代的發展序列還有許多缺環。香港是否經歷青銅器時代和與它相適應的奴隸社會，由於沒有獲得足夠的地下資料實證，仍然意見紛紜，莫衷一是。秦漢以後，香港是歷代的食鹽生產基地、海防軍事要塞和重要的江海交通樞紐，遺留下來的歷史文物無疑是相當豐富的，可是至今我們所發現的僅是滄海中的一粟，既未發現歷時 2,000 年的鹽場和其居址建築，也未發現明清以前軍事設施的遺蹟，就是連唐宋時期的墓葬也無一發現。這説明香港的考古工作，任重道遠，實有加速發展的必要。[47]

（47）近年香港考古不斷有新發現，如 2014 年 4 月在港鐵沙中線土瓜灣站施工的地方發現有古物、古蹟，其中有六個古井和數千件遺物。初步估計此處是屬於宋元時期的遺址，可能曾是住有 1,000 人以上的聚落。

第二章

19 世紀中葉以前的香港

霍啟昌

現在稱"香港"的，多指香港地區，即是包括了英國於 1842 年割佔的香港島、1860 年割佔的南九龍半島和昂船洲、以及 1898 年租借的新界及鄰近島嶼的全部土地。驟看起來，香港的歷史似乎很短，更由於英國首相巴麥尊在 1841 年 4 月 21 日曾對香港島作出以下評估："只是一荒涼海島，連一間房屋亦不容易看見到。"因此不少人有個錯覺，都認為在英國人管治之前的香港，只是一處渺無人煙的荒島，並無甚麼古蹟文物，自然更談不上有社會的存在。本章的主旨在於首先簡略說明，香港地區各處不僅在石器時代以來即有文化的存在，而且一直是中國人繁衍生息的地方。然後本章將會較為詳細分析和引述可信性較高的史料及保存的古蹟文物，來證明從明至清被英人奪取前的這段時間，香港地區各處已有相當完備的軍事防衛系統和行政機構，同時，當地的社會經濟和文教事業也有較大發展，與中國內地鄉村比較，並無多大遜色。

一 · 明代以前的香港地區

（一）概況

根據中國歷史文獻的記載，現今的香港地區，早於公元前 214 年秦始皇平定南越後，設南海郡時已納入中國版圖。之後經歷漢、晉、隋、唐、五代、宋以至於明，香港地區所屬的縣治，歷代都有所更改：漢時隸屬番禺縣，晉時隸寶安縣，唐代屬東莞縣，明萬曆年間（1573—1619）則改名新安縣。到了清代，除了在康熙年間（1662—1722）曾一度被併入東莞縣外，香港地區仍屬新安縣管轄。[1]香港地區內的地名，在中國歷史文獻中最先出現的要算"屯門"了。屯門一名早在《新唐書》中已有記載。在唐代，由於它的地理位置優越，是廣州在海上對外交通的要衝，故此有屯門鎮的設立，並駐兵作為保護往來商舶之用，更有郵驛人員負責傳遞消息，可見屯門在當時已是重要的防守及駐軍地區。到了宋代則改在大奚山（即大嶼山）設駐摧鋒軍。同時宋政府亦在香港地區內設官管治，所以兩宋間有官富司之設。及至元時則改設屯門巡檢司。相信宋之官富司和元之屯門巡檢司對香港區內一些地方都曾負起民政的職責。但在明之前，香港地區內哪些地方是屬於哪個官員的管轄地域，則難以考證。

根據本地文獻記載，中國內陸人士陸續遷移到本地區定居是始於宋代的。北宋時大概由於中原戰亂的影響，而香港地區盛產莞香、珍珠及海鹽，所以吸引了一些中原人民前來。其中有文獻記載，最早遷入的可能是元朗錦田鄧氏的始祖鄧符協。他大概在北宋熙寧年間（1063—1077）定居在屯門河谷以北的富庶地區錦田，其後鄧氏家族繁衍，逐漸分支到屏山、厦村及龍躍頭等地。隨着鄧氏的遷入，一些現今新界的大族相繼前來定居。如新田文族、上水廖族、河上鄉侯族及粉嶺彭族。他們為香港地區的發展奠定了基礎，而且對以後當地的建設，貢獻甚大。

（二）軍防

廣東是在 1394 年開始才設有海防部隊。在這一年中，明太祖下詔設立廣東海道負責守護廣東海岸以防倭寇侵犯。[2]當時香港地區屬東莞縣界內。而又是在 1394 這一年，明政府在東莞距離香港地區很近的地方特別設立了一個防禦千戶所。[3]更且在同一年，又於東莞縣城東南四百里處設置了大鵬守禦千戶所。[4]明代初年，香

（1）　蕭國健認為在漢代香港地區屬南海郡博羅縣，而不是番禺縣管轄範圍，而直至到東漢及三國時期仍然沒有改變。見蕭國健：《香港前代社會》，頁 13。

（2）　顧炎武：《天下郡國利病書》，卷 101，頁 11 上。

（3）　胡宗憲、鄭若曾：《籌海圖編》，卷 3，頁 8—16；《大明一統志》，頁 4867—4868。

（4）　史澄：《廣州府志》，卷 73，頁 1 上。

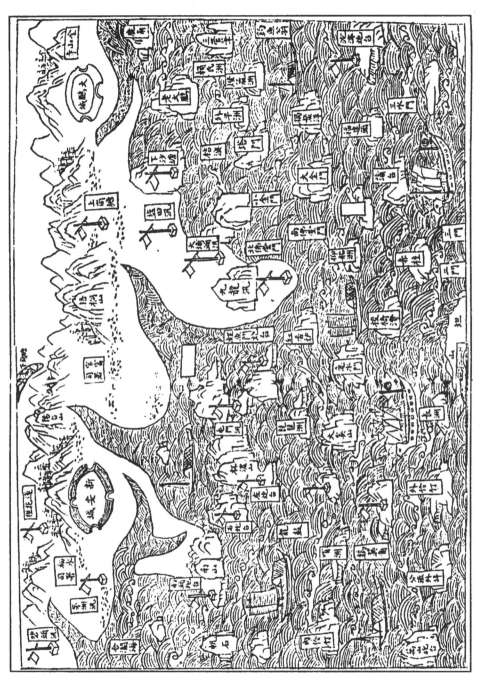

圖 2.1　16 世紀《新安縣志》地圖（部分）

圖 2.2　屯門青山禪院

港地區的防禦，主要依靠東莞千戶所，但在一定程度上也有賴於大鵬千戶所的兵力，因為一小部分香港地區是在這戶所防禦區域之內。隨後，廣東沿海防倭的巡防網絡系統便組織起來，而香港地區內一些戰略要點就相繼成為這個廣東沿海守禦系統中前哨基地之一。

根據明代有關海防的文獻，在 1540 年廣東沿海重要地區的巡防系統劃分為三路以防禦倭寇襲擊。[5] 香港地區屬於中路的範圍。如顧炎武所説：“海口有三路，設巡海備倭官軍以守之……中路自東莞南頭城，出佛堂門、十字門（在澳門港口外）、冷水角諸海澳。”[6] 中路防禦的構成是恐防倭寇在其從福建到廣東航程中，若果無法在柘林登岸，則必定會轉駛向東莞海疆。因而必然經過一些戰略港口，如屯門、大嶼山（大澳、東涌）、雞棲、佛堂門、冷水角、老萬山、虎頭門等，特別是南頭，極可能被寇船用作為停泊與潛匿的理想地點。

所有上述戰略港灣和島嶼周圍水域合起來就是防禦系統的中路。在這些港口周圍都有官兵巡邏或留駐。明文獻並未有説明這些官兵為誰，但有提及防衛系統包括陸軍和水師。香港地區的防衛陸軍應主要來自東莞千戶所，而亦有可能很少部分抽調自大鵬千戶所。但按照明代軍制，除衛、所外還在沿海岸戰略要點設置巡檢司。[7] 位於香港區內的巡檢司是官富巡檢司。[8] 但現存的資料顯示，這個官富巡檢司是到 16 世紀 70 年代才在香港地區設立的。[9] 所以在 1550 至 1570 年這段時間，主管香港地區沿岸防務的陸軍官員是東莞和大鵬兩處千戶所的指揮和千戶、百戶等。每當倭寇或其他海盜侵掠香港地區時，他們便馬上帶領部隊前往各戰略要地抵禦，而在侵掠者撤退後，這些官兵便返回平時的守衛處所。不過，到設立官富巡檢司以後，負責守衛香港地區的明官員就常駐在那裡了。

除陸上巡邏外，在明時還有戰船在香港地區水域內執行任務。但明初的水師並無獨立的編制，而是置於衛、所等軍官指揮之下。因此主管香港地區的水師的官佐，也應是東莞、大鵬兩千戶所的軍官。

大概在 1565 年廣東全省水師正式組成六寨。[10] 廣州寨主管廣州一府巡海任

（5）　周廣：《廣東考古輯要》，卷 30，頁 1 上。

（6）　顧炎武：前引書，卷 97，頁 9 下。

（7）　《明會要》，卷 13，頁 76。

（8）　胡宗憲、鄭若曾：前引書，卷 3，頁 5；茅元儀：《武備志》，卷 213，頁 6 上一下。

（9）　王崇熙：《新安縣志》，頁 61。

（10）　周廣：前引書，卷 30，頁 9 上一下。

務，總部駐於東莞縣的南頭。[11] 更有一名參將任命為南頭寨的指揮。到 1586 年
曾由一員軍階較高的總兵代替參將統率水師，但只施行了四年便恢復由參將指
揮。[12] 南頭寨最初的兵員為 1,486 名，但由於倭寇為患日益猖獗，南頭寨的水師
兵力相應地於 1591 年增加到 2,008 名。[13] 而寨所擁有的戰船亦由 53 艘增添至 121
艘。[14] 除此之外，戰船停泊的巡防前哨基地也相繼由佛堂門、糧船灣、洛格、大
澳、浪淘灣和浪白六汛，擴大到包括屯門、急水門、東涌、西涌、鵝公頭等多
處。[15] 其中可考訂在香港地區海域以內的至少有七處之多。

　　明代在香港地區設立的防禦措施，原是保衛廣東沿岸重要地區的防倭巡防網
絡系統的一部分。但倭寇問題未完全解決，葡萄牙人的東來又引發了新的問題。
西洋人 (葡萄牙人，在明文獻又稱 "佛朗機") 在澳門的出現和留駐，引起許多明
朝官員的關注。他們關心怎樣設立防止葡人從澳門侵擾入內地的措施。[16] 關注的結
果是明朝的廣東地方官員為了容許西洋人在澳門進行貿易，建立了一套細緻的防
禦機制，對在澳門及附近區域 (包括香港地區的一部分) 出現的外國人進行監察和
管理。[17] 所以在倭寇被平定以後，在這地區的海防都仍然不放鬆戒備。上文所述位
於香港地區水域內的屯門、佛堂門，大嶼山的大澳和東涌以及其他海灣，在這防
禦系統中地位相當重要。它們都位於通往南頭半島的航路上，而南頭半島是防備
葡萄牙、荷蘭船隻沿珠江上駛進入廣州的主要屏障。因此上述各處海澳周圍水域
需有防衛船隻頻繁巡邏，這就是明廣東官員要在屯門、佛堂門、大澳和東涌等處
設立巡防前哨點的原因。這些為一般人熟識的明朝巡防要點都是設立在現今新界
及離島。但根據一些可信性高的明清史料，在明萬曆年間 (1573—1619) 九龍一地
也是一個重要汛站，而且肯定已設有防禦措施。[18]

---

(11) 周廣：前引書，卷 30，頁 9 上一下。

(12) 王崇熙：前引書，頁 55；靳文謨：《新安縣志》，卷 8，頁 12 上—13 上。

(13) 同上註。

(14) 同上註。

(15) 同上註。

(16) Fok, Kai Cheong, "The Macao Formula: A Study of Chinese Management of Westerners from the Mid-Sixteenth Century to the Opium War Period," pp.140—154.

(17) 同上註。

(18) 霍啟昌：《香港與近代中國》，頁 23。

（三）經濟和文教

根據本地文獻記載，到了明代，現今新界的最大氏族如錦田鄧族、新田文族、屯門陶族、上水廖族、河上鄉侯族、粉嶺彭族、九龍東頭村吳族及西貢林族，早已開村立業。在明代新遷入香港地區者最少有溫氏、朱氏、袁氏、黎氏及徐氏。而鄧、彭、林、廖、陶、吳、文等姓因為自宋元入遷後，其族人已經日漸繁衍，到了明代時已開始分遷到粉嶺龍躍頭、元朗廈村、錦田吉慶圍及荃灣石圍角等處。故此，在明郭棐的《粵大記》廣東沿海圖中的香港地區部分，已載有與現今相同的地名數十處之多，顯示出在這些地方已有村莊建立。較為人熟識的有在香港島的香港、赤柱、筲箕灣、黃泥涌；在大嶼山的石壁、大澳、東西涌、梅窩村；其他離島的龍鼓洲、長洲、博寮（即今南丫島）、赤鱲州（今之赤鱲角）、仰船洲（即今昂船洲）、急水門、蒲苔、南佛堂（今東龍洲）；新界的屯門、葵涌、瀝源村、大步頭（即今大埔頭）、蠔涌村、將軍澳；及九龍半島的尖沙咀、九龍山等。可見當時香港地區已有不少人居住。

在明代的本區居民的經濟作業，主要是種植莞香，採珍珠及煮鹽；但一些居住在新界，離島和香港島之谷地者，亦有務農為生；而居住於沿岸的村民亦有以捕魚為業的。相比來說，採珠業在明時較前代已走下坡，但香港區域仍然以產鹽和香樹著稱。鹽產皆由大鵬灣經梧桐山運至廣州。至於香樹，則以瀝源堡及沙螺灣兩地的為最佳，這裡所種的香木，多是由九龍尖沙頭草排村的香埗頭，載運至廣州，然後再轉運至江浙之蘇松等地方出售。

至於明代香港地區的文教事業，雖然說不上是文風鼎盛，但亦絕不能說它是蒼涼的邊陲之地。據記載，宋鄧符協在錦田創立的力瀛書院（一所學舍）在明時仍存在。又現今仍存在的宗祠中不少是在明代建成的。例如位於新田蕃田村的文氏太祖祠（又名惇裕堂），據新田文氏族譜的記載是明英宗正統九年（1444）興建的。而位於河上鄉的侯氏宗祠、屏山的鄧氏宗祠和愈喬二公祠、粉嶺的松嶺鄧公祠、錦田的清樂鄧公祠和大埔泰亨村內的文氏宗祠，雖然現在或是已經頹敗不堪，或是已經多次重修，但都是在明代建成的。這類宗祠，往往是明代居住於香港地區的氏族用以作為教育村中子弟的場所。因此明代在本區亦有考獲功名的人士，如錦田的鄧延貞和鄧良仁、龍躍頭的鄧湛名以及上水的廖獻延等。

在明代於本區出現較為宏偉的建築物，現可以考定的，包括鄧氏在錦田興建的吉慶永隆圍（現仍保持完整圍牆）、屯門青山的青雲宮（即前杯渡寺；今之青山禪院）、元朗厦村的靈渡寺、佛堂門的天后古廟（俗稱"大廟"），及錦田觀音山的凌雲寺等。這些都足以反映當時的社會狀況，居民的風俗習慣，以至宗教信仰也是與閩粵沿海一帶並無多大差異，而其中亦不乏富庶人家，其文教水平亦無多大遜色。

二·清代的香港地區

（一）軍事設施

　　在明代設立的沿海"防倭"和其後"防葡"的軍事措施，到了清代政府不單繼續推行，而且更加以強化起來。這是與清朝所制定與西方人貿易的政策有密切關係。清政府的對外海上貿易政策其實是源於明朝的，是從倭寇沿海為患的經驗中學到的。明朝當局一早就體會到，"倭寇問題"絕不只是一種外患這麼簡單。倭寇所引起的動亂是由中國一些不良分子從內部促成的。這些不良分子充當倭人的內應，是倭寇劫略有時得手的真正原因。故此要成功防禦外來劫略者就要同時管制潛在的協作者和內奸。[19] 從多年來同外國人交往的經驗中，明代的廣東官員們經已認識到假如把葡萄牙人及其他西方人限制在一個確實安全的地區（澳門），而政府在該處又擁有充分的防禦和監視機制來審查那些充當雙方交往媒介的當地居民，和控制外國商人的活動，那麼就可以平安無事地與外人進行貿易。[20] 清代合法的海上對外貿易在乾隆二十二年（1757）開始已全部集中在廣州。清政府選擇廣州成為對外通商的港口，主要原因是自從明中葉以來，廣東官員在澳門（包括香港）附近地區，早已建立了一套嚴密的監管防衛機制。這個防禦系統是預防洋人與內奸勾結做成威脅的措施，而這些原有的措施很容易被清政府加強用作保衛廣州的安全。[21]

　　自乾隆二十二年，在廣州設立的所謂"廣州貿易"制度的運作，很明顯反映出清政府的一個周密的防禦機制來監管和控制前來經商的西方船隻和商人。香港地

（19）同上注，頁17。

（20）同上注，頁19。

（21）同注（16），pp.10—11。

圖 2.3 建於 1817 年的大嶼山東涌炮台

區自清以來設立的軍事措施，在整個廣東海防機制上比較在明朝時更為重要，這
是由於愈來愈多西方船隻開到香港地區海域，而且在 19 世紀初期，英國人漸顯露
對香港地區內一些島嶼有覬覦之心，圖謀奪取過來，像葡萄牙人在澳門一樣，將
其變成一個受英人控制的英國在華做貿易的基地。而在鴉片戰爭之前，香港島與
九龍半島的海域已屢次被英軍侵擾，在此期間一些有見識的官員曾多次增強對防
禦英人入侵的軍事措施。下面是這個歷史演變過程。

　　如前所述，在明末時新界及離島一些戰略性地點已設有汛站。除了在遷海期
間，清政府在這些香港區內的原有防禦基地都一直加派兵力防守。例如在康熙七
年（1668），新安縣沿海增設墩台 21 座以鞏固海防，其中有五座是坐落香港地區：
即佛堂門墩台、屯門墩台、大埔頭墩台、麻雀嶺墩台及九龍墩台。這些墩台都有
千總或把總帶兵防守。[22] 到了雍正年間（1723—1735），清政府更在佛堂門及大嶼
山增建炮台各一座，以鞏固這地區的海防。[23] 在嘉慶時（1796—1820），在大嶼山
又設有大嶼山（水）汛和東涌口汛，以增強大嶼山炮台的防守力量。[24] 嘉慶二十二
年（1817），清政府更於東涌口增建汛房，並且加築圍牆建成東涌所（寨）城，又
於東涌石獅山腳加建炮台兩座，大大地強化了此處的防禦力量。[25]

　　香港地區內的海防戰略要點在清代廣東海防機制上比較在明朝時更為重要，
原因是由於中外的海外貿易重心，到清中葉時已轉到鴉片方面，而參與鴉片貿易
的西方商人船隻多喜歡停泊在香港區海域從事各種活動。但整區的防禦中心由 18
世紀下半期開始已漸次移到香港島及九龍半島，這大概由於西商的鴉片躉船已大
量寄泊在現今尖沙咀的海面。加以英軍曾數次侵擾九龍半島上的官涌，所以從 19
世紀開始到鴉片戰爭爆發期間，清政府對香港島和九龍半島兩處顯得十分關注，
先後在此建立新的軍事防線，設汛兵以為監察及防禦。及至鴉片戰爭爆發後，清
政府雖然被迫將香港島割讓給英國，但為了防止英人進一步入侵，曾銳意加強九
龍半島的軍事措施，結果是決定在九龍城興建寨城，設立另一條防線。

　　根據中外文獻的記載，大概在嘉慶時期開始，清政府已在香港島設有紅香爐
和赤柱兩汛，駐兵防守。[26] 而自此之後島上的官兵有增無減。至於九龍半島，在復

（22）靳文謨：《新安縣志》，卷 8，頁 4 下—5 下。

（23）顧炳章：《勘建九龍城炮台全案文牘》，頁 17—25。

（24）阮元：《廣東通志》，卷 130，〈建置〉6、〈廨署〉2。

（25）同上註。

（26）霍啟昌：前引書，頁 26—27。

界後清政府即在當地建立九龍墊台，有士兵 30 名防守。[27] 康熙二十一年 (1682)，新安縣裁減兵員，並將縣內 21 座墊台削減為八座。但九龍墊台並不在裁汰之列，只改名為 "九隆汛"，駐兵十名。[28] 可見對這個地方之重視。其後工部尚書杜臻被康熙帝派到廣東和福建巡視復界，認為九龍形勢很重要，還迅速增加了九龍區的駐軍。[29] 嘉慶十六年 (1811)，清政府更將原在佛堂門的大砲移至九龍寨海旁，並建成炮台。[30] 道光初年，除了九龍炮台設有千總及兵員防守外，更有九龍海口汛由十名兵丁駐守。[31] 到了道光二十六年 (1846)，該炮台的駐軍已由 38 名增至 47 名，另有協防外委一名帶兵 20 名，分守九龍海口汛。又在鴉片戰爭之前及期間，英人曾多次侵擾九龍，顯示有覬覦之心。清政府為了加強在九龍的防衛，首先在道光二十年 (1840) 在尖沙咀興建兩座炮台：一名 "懲膺"，一名 "臨衝"，共配有鐵砲 56 座，分派大鵬左右兩營防守。[32] 到了道光二十三年 (1843)，又改調大鵬營副將一員、九龍巡檢一員駐紮九龍以加強該地的監察和防禦力量。[33]

從上述清政府所採取的一系列軍事措施來看，在鴉片戰爭前後當英人經常入侵香港島及九龍半島海面之際，不能說清政府沒有採取措施來保衛香港地區的海域。在尖沙咀建立的兩座炮台，用意就是用來阻止英人入侵九龍。根據英方的資料，這兩座炮台對英人在尖沙咀及九龍其他地方海面的活動和佔據香港島有諸多不便，所以當中英雙方停火進行談判期間，義律即向琦善提出要求清政府將尖沙咀的兩座炮台摧毀：

> 照得先日與貴大臣爵閣部堂，議將香港一島讓給英國主治，其對面之尖沙咀地，聽照貴大臣爵閣部堂來意，不請兼給，當經面說明。尖沙咀不應留存炮台軍士，致嚇該處洋面及香港海邊地方。惟據尖沙咀炮台數台，現聚軍士多人……請望就將該台砲械軍士，統行撤回九龍，可期相安全妥矣。不然則各該處既有軍台，其對面之香港山處處，即須堅立炮台，俾開放砲彈，起火箭砲，以為自護，並須多留英國水陸軍士，保守地方。誠恐其中難免偶因不相順處，致壞兩國承平和好之意。不如先將各該台汛軍械將士，均即撤回

（27）靳文謨：前引書，頁 5 下。

（28）同上注，頁 9 上一下。

（29）杜臻：《粵閩巡視記略》，卷 2，頁 39 上一下。

（30）顧炳章：前引書，頁 17、25。

（31）阮元：前引書，卷 175，〈經政略〉、〈兵制〉3，"水師提標左營及大鵬營" 條。

（32）顧炳章：前引書，頁 19。

（33）同上注，頁 4。

九龍，則英軍炮台，除須在門口等處，備武提防，堵禦外國相敵者及海盜寇船外，自可無庸多建，兵亦不用多留矣。此果兩相重信，友交保和常遠之美法也。本公使大臣因念如此議擬辦理，可期相安永久，倘因未能如此，必致以安易危，欲保和好，終適礙難，勢所必有。故特此專請貴大臣爵閣部堂，熟思之，且知此際該處光景，固非善妥，一日難保無事。其尖沙咀等處炮台，應以軍械將士退回九龍之情至緊要。貴大臣爵閣部堂，就便查照施行登覆，為此照會。[34]

義律（Elliot, Charles）要求琦善馬上從尖沙咀的"懲膺"和"臨衝"兩座炮台撤防的意圖，是不難窺見的：主要是由於這兩座炮台，對英人佔據香港島和進一步入侵九龍半島造成不便。雖然義律在上列的公文中聲聲以和為貴，但其實暗中出言恐嚇，若果琦善不答應將這兩座炮台摧毀，就要再次開戰。琦善是個軟弱無能的人，為了委曲求全，只好答允：

本月十一日接據來文，內開請將尖沙咀砲械軍士撤回，則英軍炮台，除須在門口等處，備武提防，堵禦外國相敵者及海寇船外，自可無庸多建，兵亦不庸多留等語。查貴國求請承平，已均議定，具有公文，原可無庸添兵防守，所有尖沙咀砲位兵丁，現已檄行撤回。惟砲位須由海船載運，貴公使大臣即飭知貴國軍士人等，此係依允所請，撤回存貯砲位，無得起疑，致滋別故。[35]

當義律接到琦善這個公文後，即馬上去信呈告英國外交部大臣巴麥尊（Henry Temple Palmerston）有關尖沙咀炮台事宜，可見重視。[36] 而從這個時期至 1844 年底，英國外交部和殖民地部首長的往來公文，每當論及中英關係情況時，都不時提及有關尖沙咀炮台。例如，在 1843 年 1 月 4 日，英國外交部大臣鴨巴甸（Aberdeen, Lord）即就尖沙咀炮台一事質詢已代替義律職任的璞鼎查（Henry Pottinger），問及何以在中英條約草稿上未有列入清政府對撤防尖沙咀的承諾。[37] 而當時的英國殖民地大臣史丹利（Stanley, Lord, 1799—1869）亦於同年 7 月 27 日，就同一文件向鴨巴甸查問有關撤防的詳細情況，並要求知道鴨巴甸對璞鼎查有何

（34）佐佐木正哉：《鴉片戰爭の研究》，頁 76。

（35）同上注，頁 78。

（36）《英國外交部檔案編號 17》，卷 42，頁 222。

（37）同上注，卷 64，頁 35。

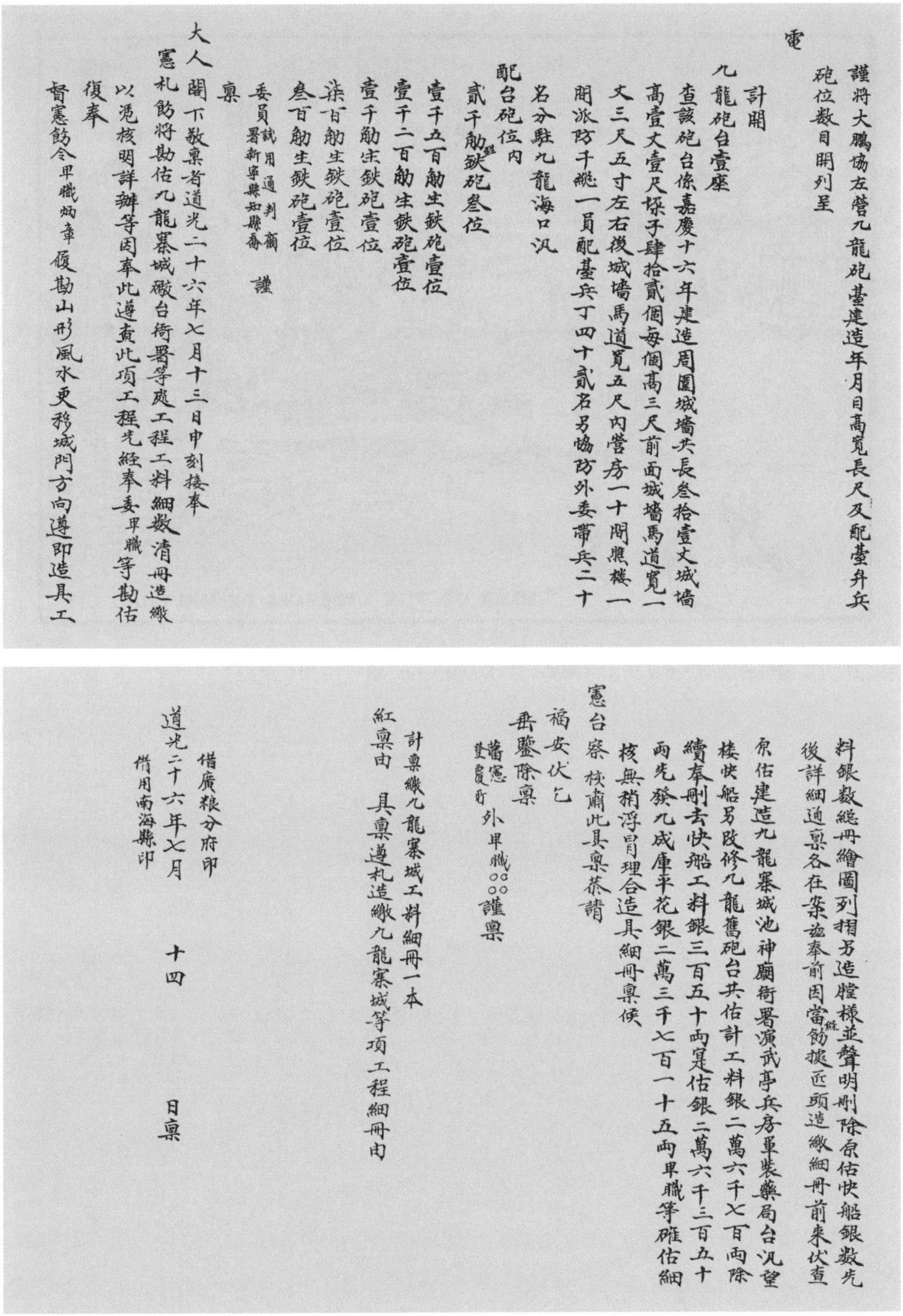

謹將大鵬協左營九龍砲臺建造年月日高寬長尺及配臺弁兵

砲位數目明列呈

電

計開

九龍砲臺壹座

查該砲臺係嘉慶十六年建造周圍城墻共長叁拾壹丈城墻
高壹丈壹尺祿子肆拾貳個每個高三尺前面城墻一道寬一
丈三尺五寸左右後城墻馬道寬五尺內營房一十間應樓一
間派防千總一員配臺兵丁四十貳名另嚮防外委帶兵二十
名分駐九龍海口汛

配臺砲位內

貳千觔勷鐵砲叁位

壹千五百觔生鐵砲壹位

壹千二百觔生鐵砲壹位

壹千觔生鐵砲壹位

柒百觔生鐵砲壹位

叁百觔生鐵砲壹位

委員試用通判簡彝壽
稟　　　　　　謹

大人閣下敬稟省道光二十六年七月十三日申刻接奉
憲札飭將勘佑九龍寨城礮臺衙署等處工程工料細數清冊造繳
以憑核明詳辦等因奉此遵責此項工程先經奉委甲職等勘佑
督憲飭令甲職炳章復勘山形風水更移城門方向遵即造具工

料銀數總冊繪圖列摺另造膛樣並聲明刪除原佑快船銀數先
後詳細通稟各在案並奉前因當飭挑匠頭造繳細冊前來伏查
原佑建造九龍寨城池神廟衙署演武亭兵房單裝藥局台汛望
樓快船另改修九龍舊砲台共佑計工料銀二萬六千七百兩除
續奉剛去快船工料銀三百五十兩定佑工料銀二萬六千三百五十
兩先發九成庫平花銀二萬三千七百一十五兩甲職等碓佑細
核無稍浮冒理合造具細冊稟候
憲台察核蕭此具稟恭請
吾鑒除稟
福安伏乞
外甲職○○謹稟

計票繳九龍寨城工料細冊一本
紅稟由　具稟道札造繳九龍寨城等項工程細冊由

道光二十六年七月　　　　　　　十四

借廣糧分府印
借用南海縣印　　　　　　　　　日稟

圖 2.4　道光二十六年（1846）勘測九龍炮台設施稟文

圖 2.5　九龍寨城的防衞大炮〔斯坦尼南迪（C. J. staniland）繪，19 世紀後期〕。

指示。[38]最後，為了使倫敦各大臣安心，璞鼎查在回函中保證尖沙咀兩座炮台已不能對英人在香港及九龍的活動構成任何威脅，因為它已被“夷為平地”。[39]

綜觀上述的史實，足以證明清政府在尖沙咀興建的兩座炮台，對英人佔據香港島，對英國商船和兵船進出入香港港口和九龍半島洋面曾經構成一定的威脅，是備受英當局關注的。可惜清政府軟弱無能的督臣輕易將之摧毀，因而令英人在該處的活動更加肆無忌憚。不過清廷亦察覺到琦善處理與英方談判有關香港、九龍的事宜可能將個中實況隱瞞，於是下旨調查真相。經過調查後得知由於琦善畏葸無能，以致英人在九龍一帶愈形猖獗。[40]於是清廷下令督臣前往九龍作實地勘查，認為九龍山因逼近香港，而英夷居心叵測，必須加意防備。香港偶有動靜，九龍山聲息相通，所以“亟應建立城寨，以便防守”。[41]

九龍寨城是足以令敵人生畏的一座軍事建築物，它是在道光二十六年十月初七日興工，而於次年四月十八日完竣。[42]整個石城周圍 180 丈，高連垛牆一丈八尺，內東西南三面城牆，厚一丈四尺，並於敵台配砲 32 位，北面城牆厚七尺，但由於依山所以無須裝備火砲。後山則建有粗石圍牆一道，長 170 丈，高八尺，厚三尺。在寨城內尚建有其他軍事建築物，包括軍裝局一間、火藥局一間和兵房十四間。[43]除此之外，更將原有的九龍炮台南面砲牆加高培厚，內有之官廳兵房一律修葺，並添 3,000 斤砲兩座，以為九龍寨城的犄角。[44]所以九龍寨城的興建，確實可以藉此防止英人進一步入侵九龍半島，而對於廣東的海防“大有裨益”。[45]

以上所述有關九龍半島的軍事措施，足以顯示出清政府在鴉片戰爭前後，已留意到九龍防務的重要性。

（38）同上註，卷 75，頁 109。

（39）同上註，卷 66，頁 249。

（40）文慶等（編）：《籌辦夷務始末》（道光朝），卷 23，頁 7 上。

（41）同上註，卷 76，頁 3 上一下。

（42）顧炳章：前引書，頁 73。

（43）同上註，頁 67。

（44）同上註，頁 6。

（45）《籌辦夷務始末》（道光朝），卷 70，頁 3 上一下。

（二）19 世紀中葉以前的經濟實況

順治十八年（1661），清政府開始實施內遷沿海居民的政策，目的是制禦台灣鄭成功的反清勢力，到了康熙初年更加嚴厲執行堅壁清野的"遷界"政策，以斷絕閩粵沿海官民與鄭氏的交通聯繫。在此期間，香港地區大部分原有居民，因為他們的村莊都位於被遷地界之內，故此被逼遷徙至內陸，令本區沿海一帶變為荒棄之地，被海盜乘機佔為巢穴。較著名和聲勢龐大的海盜領袖包括鄭建及其子孫、李奇、郭婆帶、鄔石二及張保仔等。這些海盜在本區海域長期為患，直到嘉慶年間（1796—1820），才為清政府或招降或舉兵擊破，令境內居民能夠逐漸恢復平靜的生活。這是遷界對香港影響之一。

復界後初期，雖然已有一些原有居民漸次遷回，但由於海寇為患甚熾，加以原有耕地荒廢太久，難以再墾種。更加本區並無交通運輸工具與其他地方通濟，以至倒圮的房屋，因為物資供應缺乏，難以找到瓦木可供修建，故此實際上遷回的人口不多。後來從康熙二十三年（1684）開始，經過清政府設置軍田、獎勵開墾、招攬其他地區農民前來墾殖，本區人口才陸續增長。除了在遷界前已在本區居住的"本地"、"福佬"及"蜑民"漸次遷回之外，亦有不少在珠江、東江、北江、韓江流域和閩贛二省的客家人逐批遷入，因此構成了香港地區居民的四個基本方言群，直至到英人佔領前並無改變。而這四個方言群的居民，雖然在語音、生活習慣、生產方式或有所不同，但大致上都能平安共處，而經過長期聚居，在 19 世紀中葉時期，他們的生活及文化特徵已有走向一致的傾向。[46]

遷界前在香港地區曾經興盛一時的經濟作業如採珠、煮鹽和種香樹，在這時期因為停頓已久而無法復業。復界之後直至被英人佔領之前，香港地區的主要經濟作業已變為捕魚及其他海產、耕種及打石。根據在 1841 年 5 月 15 日出版的《轅門報》記載，當時香港島上的居民分為三大類，即漁民、農民及打石工人。[47]按比例漁民是眾數。這是由於在 18 世紀末期開始，西方商船陸續前來中國，多喜歡停泊在香港海域內的一些漁村港口，進行食水及其他物品的補給，促成這些漁港變為當地居民聚居及購物的地方，也是往來漁民的糧食日用品補給站。兼且派駐的清官兵人數一直有增無減，使經濟活動更加頻繁，因此人口遞增，經濟繁榮起

（46） 丁新豹：〈香港早期之華人社會 1841—1870〉，頁 11。

（47）《中國叢報》，1841 年 5 月，卷 10，第 5 期，頁 287—289。

圖 2.6　新界元朗吉慶園宗祠中供奉的龍頭

來。最佳的例子是在離島的長洲、大嶼山的大澳和香港島的赤柱及石排灣。尤其是赤柱,根據當年參與侵佔港島的一位英國官員的描述:"赤柱村是全島最大及最重要的村落⋯⋯ 人口約有 800⋯⋯ 共有房屋及商舖 180 間⋯⋯ 居民多從事農耕、商業及腌曬鹹魚,約有農田 60 畝⋯⋯ 常有 350 艘大小船艇在此碇泊,但其中只有約三十艘是赤柱村民所擁有,船隻多用作捕魚,魚穫多腌製成鹹魚,販運到廣州或附近地方去。"[48]可見赤柱是當地居民聚居及購物的地方,也是其他地方往來漁民的糧食日用品補給站。而長洲亦在 18 世紀末期至 19 世紀中葉這段時間發展得相當快,也是不少農民、小商戶和漁民聚居及購物的地方,現仍存在的長洲廟宇就最少有一間北帝廟、一間洪聖廟和兩間天后宮是在這段時間建成的,反映出該地已有不少人口居住和經濟旺盛的情況。[49]

　　基於同樣的原因,九龍城附近一帶在 19 世紀後,亦逐漸人口增加,興旺起來。到了道光年間(1821—1850),已經舖民雲集,漸成市鎮。現仍存於九龍城侯王廟內的石刻〈重修侯王古廟碑記〉,是在道光二年(1822)所刻的,此碑文列有捐贈者的芳名,其中就有最少一百間是位於九龍城及九龍其他地方的店舖名字。[50]有關這時期九龍已有不少店舖和民房這一史實,亦可以在清政府的公文見到的。在興建九龍寨城之前,道光皇帝曾下旨諭令兩廣總督委員前往當地實地勘查。勘查委員在道光二十六年(1846)五月所寫的一份奏告,就指出"在九龍白鶴山五里以內沿海一帶,店舖民房數百餘戶"。[51]

(三)行政及軍事設施

　　由清初至 19 世紀中葉,香港地區都隸屬新安縣治的範圍內,亦即是説香港地區是在新安縣丞的管治權力範圍內。不過從康熙年間至道光二十三年(1843),一些新界及離島的村落應該是較直接地被官富司巡檢所管轄,之後則是屬九龍司巡檢所管治。雖然香港地區距離新安縣政府相當遠,可以説得上是一邊陲之地,但

（48）Johnson, A. R., "Note on the Island of Hong Kong", *London Geographical Journal*, XIV, Reprinted in the Hong Kong Almanac and Directory, 1840.

（49）香港古蹟委員會內部文件編號 AAB/10/85,《香港歷史建築物名冊》。

（50）科大衛、陸鴻基、吳倫霓霞合編:《香港碑銘彙編》,第 1 冊,頁 76。

（51）顧炳章:前引書,頁 9。

從現存的一些文獻和碑文顯示，直至到 19 世紀中葉，新安縣治仍然能夠直達香港地區各處，不能說是經已廢弛。例如在新界元朗舊墟大王古廟和東涌侯王廟在乾隆四十二年（1777）所立的石碑顯示出，在這兩處地方的田主和佃農為了租稅問題曾引起爭執，後來要經縣官親自前往調解，方能夠停息這些紛爭。[52] 又例如在嘉慶七年（1802），離島的吉澳村民曾經到兩廣總督處告狀，最後總督派署理新安縣丞親自到吉澳天后宮立石曉諭。[53] 道光十五年（1835），在離島的坪洲蜑民，因為政府對他們諸多需索，所以到縣丞署請求停止此等擾民的活動，而獲得批准。[54] 根據現今新界錦田鄧族仍存的一些文件，在道光二十一至二十三年（1821—1843）之間，錦田鄧族田主因為他們在香港島的佃農未能繳納租稅，曾經到新安縣丞告狀要求申冤，起因是由於英人霸佔香港島的群大路一帶，破壞當地農田以致佃農無法收割而致欠稅。[55] 最後雖然新安縣丞未能替鄧族田主解決難題，但亦有多番批示，這主要證明了，直到英人佔領香港島後，香港地區的居民與新安知縣仍然保持一定的聯繫。

但由於香港地區距離縣城確實太遠，而巡檢的人手又不足，雖有官兵駐守，官府常有鞭長莫及之感，所以實際上，漁村和鄉村的日常事務，是要依靠當地的耆老、族長、地保、總理代表等人處理的，而治安方面亦是往往由村民、漁民自行組織團練及公安所等社團來維持。例如在咸豐年間（1851—1861）長洲和沙頭角的村民，早已聯合起來，首先建立團練公局和組織社團，訂立規約，以靖地方的安寧，[56] 而在港島的赤柱居民，在英人登陸之前，亦早已創建善安公所，處理地方事務。[57] 上述香港地區居民用來處理地方事務的鄉里制度，顯然是由於傳統的保甲制在香港地區已難產生實際作用。不過保甲制曾經在乾隆年間在香港島施行則是無庸置疑。[58] 所以在 19 世紀中葉以前，香港地區的管治情況大體上與大陸其他鄰近地區是相同的。

（52）科大衛等：前引書，第 1 冊，頁 41、45。

（53）同上注，頁 59。

（54）同上注，頁 84。

（55）丁新豹：前引文，頁 13。

（56）科大衛：前引文，頁 142、256—257。

（57）同上注，頁 102。現存善安公所碑記提及該公所是在道光二十七年（1847）重修的，通常任何一間建築物是至少數十年方重修一次的。

（58）丁新豹：前引文，頁 30。

（四）文教及建築

　　至於清代香港地區的文教事業，隨着人口的陸續增長，到了清中葉時，較之明代時有顯著的進展。各大氏族秉承先人的遺風，都爭相設立書室、家塾專為教書講學的場所。而一般居民亦都普遍假祠堂來教育其族中子弟，對於幫助族人獲取功名和進入仕途，亦相當重視。文風較盛的要算錦田、屏山、上水、新田、沙頭角等地方。這方面的情況可以從這些地方建立的書舍和該地子弟考獲功名的人數得知。

　　建立於 1860 年之前而現仍存在的書舍就有若虛書室（屏山）即維新堂、聖軒公家塾（屏山）、鏡蓉書室（沙頭角）、覲廷書室（屏山）、友善書室（厦村）、善述書室（粉嶺）、周王二公書院（錦田）、泝流園（錦田）、二帝書院（錦田）、應鳳廖公家塾（上水）即明德堂、應龍廖公家塾（上水）即顯承堂等。現仍可以見到的在同一時期建成用作教學用的宗祠，為數亦不少，包括鄧氏宗祠（厦村）、居石侯公祠（上水）、萬石堂（上水）、萃野文公祠（新田）、麟峰文公祠（新田）、明遠堂（新田）、鎮銳鄧公祠（錦田）、彭氏宗祠（粉嶺）、龍泉菴鄧公祠（錦田）、來成堂（錦田）、長春園（錦田）、梁氏宗祠（元朗八鄉）、郭氏宗祠（八鄉）、李氏宗祠（八鄉）等。[59]

　　上列這些用作教育學子和專為準備他們參加科舉考試而設立的場所，都是位於新界，由一些望族建立的，如錦田、屏山及厦村的鄧族；上水的廖族和居於元朗新田及大埔泰亨村的文族。若果將這些學舍祠堂的數字和清代當地的人口作比例，則新界地區的居民對於教育他們子弟方面，不能說不十分重視。至於香港島及九龍半島，雖然在 19 世紀中葉時經濟已有相當發展，但人口多是漁民店戶，多聚居於漁港或市鎮，農業比新界大為遜色。香港島的主要農耕地集中在黃泥涌、掃桿埔及薄扶林等處，而且都是由佃農操作，並沒有望族居住，自然沒有具規模的學舍設立。雖然如此，根據英方的資料，在英人佔領前港島已起碼有五所私塾，所以亦不能說是完全沒有教育的設施。[60] 在道光二十七年（1847）之前，九龍半島並無紀錄建有學舍，但在這一年，九龍的官紳於九龍城寨內興建一所龍津義

（59）香港古蹟委員會內部文件編號 AAB/10/85。

（60）根據香港政府教育小組在 1847 年的一份調查報告，當時香港島有 8 間私塾，見 "Report of the Education Committee, 1847", in Lobschied, W., *A Few Notes on the Extent of Chinese Education and the Government Schools of Hong Kong,* 1859, p.20。

圖 2.7　19世紀香港地區有很多石灰窰，這個位於西貢北潭涌上窰村外，至今保存尚好。

學。這是由於香港被英人佔領以後，九龍的"人情重貨寶而薄詩書"，[61]因此九龍城寨勘建委員認為有必要"捐建民間義學"，[62]以振九龍城的學風士氣，"士氣既伸，而外夷亦得觀感於絃誦之聲，明以柔其獷尒之氣"。[63]這是興辦龍津義學的主要目的。

從上述資料可以得知在 19 世紀中葉之前，香港地區內的教育設備以新界為最多，而在新界又以名氏大族的文風為最盛，所以很自然地，歷代考取到功名的香港地區人物，絕大多數是來自鄧族，而剩下的少數則分別來自廖族、文族、侯族及其他。根據近年一位學者的研究，由清初至嘉慶二十四年（1819），在香港地區考獲科甲的只有錦田的鄧文蔚一人。中鄉式的則共有 11 人，其中八位是鄧氏族人，一位是金錢村姓侯，而餘下的一人則是上水姓廖的。[64]中恩貢義貢的合共 13 人，其中七位是來自鄧族，廖、文兩族各有兩人。[65]至於在嘉慶二十四年以後本區中科舉的人士，仍然大部分來自鄧族，但上水的廖氏中舉的人數則比以前有顯著增加。[66]

綜合來說，新界的望族不單建立為數不少的學舍，更且歷代都有子弟考獲功名，雖然不能説得上是文風鼎盛，但亦斷不能説他們是荒涼邊陲無識之士。

況且香港地區在 19 世紀中葉已出現了不少頗為宏偉的其他建築物，都是相當有價值的文物。廟宇在中國傳統社會是維護當地禮儀的重要場所，在英人佔領之前，香港地區各處早已建立不少廟宇，其中以天后廟最為普遍而為數亦最多。不單止現今的新界離島各處仍可見到清代建立的天后廟（長洲、佛堂門、大埔、粉嶺、屏山、西貢、赤鱲角、大嶼山的分流等），[67]而且在港島和九龍亦肯定有不少天后廟是在 1850 年前興建的。[68]但最重要的一點是北堂天后廟（即佛堂門天后廟或稱大廟）的興建歷史，可以算是廣東沿岸現存天后廟中歷史最悠久的一間。[69]而一般仍存在的其他廟宇都保留了不少前代有名文人題寫的匾額對聯，亦不愧為

（61）科大衛等：前引書，第 1 冊，頁 101。

（62）顧炳章：前引書，頁 65。

（63）科大衛等：前引書，第 1 冊，頁 101。

（64）Lun Ng, Alice Ngai-ha, "Village Education in the New Territories Region under the Ch'ing", in Faure, David, Hayes, James(eds.), *From Village to City: Studies in the Traditional Roots of Hong Kong Society,* p.108.

（65）同上註。

（66）同上註。

（67）香港古蹟委員會內部文件編號 AAB/10/85。

（68）同上註。

（69）廣東現仍存在最早的天后廟是天妃宮，是建於 1368 年，即明洪武元年（1375）。

有價值的文物。[70] 除此之外，更有其他清中葉之前的古蹟建築，例如沙田曾氏的山廈圍（又名曾氏大屋）、屏山的覲廷書室、河上鄉的侯氏宗祠及元朗新田的大夫第等，無論在建築、裝修和雕刻的技術上，都稱得上十分精緻和具有特色，是難得的前代中國文化遺產。

三・結語

以上許多事實歸納起來，可以知道香港地區由清初至 19 世紀中葉的基本實況。在軍防上，清朝一直有正規軍在戰略要點經常駐守。在行政上，清朝的縣治仍然能夠直達本區，並沒有完全廢弛，而且有可信資料表明，當年曾實行保甲制，但日常的地方事務則大部分有賴當地居民自行組織社團處理。本區的原居民隸屬於四個基本中國方言群。他們不單長時期聚居在許多大小村落，從事捕撈、耕種、打石等經濟作業，而且將一些漁村、農村發展成為市鎮和市場，替本區經濟開發作出不可磨滅的貢獻。在文教事業方面，在英人強佔、強租本區領土之前，原居民中的望族，早已創立書舍、書室教育族中子弟，並且協助他們參加科舉考試，而歷代所獲取的成績亦可算是差強人意。同時這些大氏族亦創建、留下不少其他古蹟文物，如廟宇、祠堂、圍屋、圍村等，顯示出香港地區的居民，與閩粵沿海一帶的比較，他們的文化水平並不遜色，而且他們的風俗習慣以至宗教信仰也沒有甚麼不同之處。

（70）例如在位於新界元朗廈村附近的靈渡寺，仍存有清代才子宋湘所題的 "小蓬瀛" 匾額及陳澧的對聯等。

第三章

歷史的轉折：
殖民體系的建立和演進

丁新豹

一・鴉片戰爭與香港的割佔

（一）割佔香港的原因

1841 年是香港歷史發展上的分水嶺。當年英國通過戰爭，佔領了香港，一年後，中英雙方簽訂《南京條約》，香港乃正式被割佔。

英國人很早便有意在中國沿海取得一個島嶼，作為立足點，以便儲存貨物，及在不受中國政府的監管下從事貿易。18、19 世紀來華經商的外國商人在廣州進行貿易，感到掣肘甚多，諸多不便，[1] 因而對葡人獲准長居澳門羨慕不已。[2]

1793 年，英使馬戛爾尼（Lord Macartney, George, 1737—1806）訪華，曾提出求取舟山地方小海島一處以作停歇及收存貨物之用，為乾隆皇帝（弘曆，1711—

（1）　有關洋人在廣州生活情況，可參閱 Hunter, William C., *The Fan Kwae at Canton Before Treaty Days, 1825—1844*, 1938; *Bits of Old China*；梁嘉彬：《廣東十三行考》，1937 年，等。又在華英國僑民曾在 1834 年上書英皇請願，申訴在華貿易所受掣肘。請願書中譯本見廣東省文史研究館（譯）：《鴉片戰爭史料選譯》，1983 年，頁 22—40。

（2）　見粵督百齡為英據澳門事奏參前督吳熊光一摺，收入許地山（編）：《達衷集》，1969 年，頁 216。

1799；1736—1796 在位）所拒，不得要領，[3] 乃企圖逼澳葡政府把澳門拱手讓予英國。1808 年，英人覬覦澳門，欲以武力從葡人手中奪取澳門，但為中國政府干預，無功而退。[4]

　　1820 年，兩廣總督阮元（1764—1849）奉命禁煙，英商載運鴉片的船隻再不准停泊黃埔，便改泊面對珠江口的伶仃島（或稱內伶仃，以別於長洲之南的外伶仃島），鴉片轉至躉船上，再由快蟹轉送到廣州的中國鴉片煙商手中；但伶仃島南方全無遮蔽，當夏天吹西南季候風時，只得轉往香山的金星門去，[5] 所以尋找一個“脫離中國政府監管的貿易中心”是英國商人所夢寐以求的。[6] 1830 年，47 名英商曾聯名上書英國議會，要求佔領中國沿海島嶼一處。[7] 英國商民對於奪取海島作為居停地方的要求愈來愈逼切，所以在英外相巴麥尊（Lord Palmerston, 1784—1865）草擬的條約中包括了此項要求。至於要奪取的是哪一個島嶼，當時的看法比較分歧，因此在巴麥尊給懿律（Admiral Elliot, George, 1784—1863）和義律（Captain Elliot, Charles, 1801—1875）的訓令中，並未標明島嶼的名稱。簡言之，當時有兩派看法，一些主張佔領香港，另一些則偏向於舟山群島。[8]

　　英國人對香港並不陌生，早在 1780 年，喬治·希托船長（Hayter, George）據葡人及中國地圖繪成的珠江河道圖上，已標有香港（Hong Kong）的名字。[9] 1806 至 1819 年間，英國東印度公司（English East India Company）的測量員霍斯伯格（Horsburgh, James）勘探珠江口地形，所繪製地圖上也有“紅江”（Hong Kong）名

（3）　Cranmer-Byng, J.L., *Lord Macartney's Embassy to Peking in 1793*; 1961. Hsu, Chung-yueh, *The Rise of Modern China*, 1975 pp. 206—214.

（4）　1808 年，英海軍司令嘟路喱（Drury, William）帶兵船 13 隻，兵士一千餘人，企圖佔據澳門，兩廣總督吳熊光（1750—1833）下令停止廣州貿易，嚴禁供應食糧予洋商，後乃退去。詳見《達衷集》，參閱注（2），頁 15—229。對於此次事件，亦請參閱 Coates, Austin, *Prelude to Hong Kong*, 1966, pp. 94—100。

（5）　Morse, H. B., *The Chronicles of the East India Company Trading to China 1635—1834*, Vol.IV, 1926, p.260（hereafter cited as Chronicles）.

（6）　Wright, Arnold, *Twenty Century Impressions of Hong Kong, Shanghai and Other Treaty Ports of China*, 1908 p.56（hereafter cited as Impressions）.

（7）　Greenberg, Michael, *British Trade and the Opening of China, 1800—42*, 1951, p.178.

（8）　事實上，除舟山和香港外，英人曾覬覦過的地方——指在英人的文獻中曾提及過的，還包括：廈門、台灣、金門等地。有關資料散見於英國商人的書信。見嚴中平〈英國鴉片販子策劃鴉片戰爭的幕後活動〉，《近代史資料》，1958 年 4 期（1958 年 8 月）（以下簡稱〈幕後活動〉），頁 1—88。

（9）　該地圖之全名為 "A Chart of the China Sea from the Island of Sancian to Pedro Branca with the Course of the River Tigris from Canton to Macao from a Portuguese Draught Communicated by Captain Haytar and Compared with the Chinese Chart of the Macao Pilots"。希托船長是東印度公司 "約克" 號（York）的船長，在 1741 至 1786 年間在中國沿海活動。詳見 Talbot, Henry D., "A British Maritime Chart of 1780 Showing Hong Kong," *Journal of the Hong Kong Branch of the Royal Asiatic Society*（hereafter cited as JHKBRAS）, 10（1970）, pp.128—133。

字，[10] 霍氏向英國外交部匯報時，稱許香港島南岸的大潭灣是四季皆宜的良港。[11]

　　1816 年，英使阿美士德（Lord Amherst, William Pitt, 1773—1857）使節團訪華時，便曾寄碇於香港仔附近，並在寄回英國的家書上寫有香港（Hong Kong）的名字。1833 年，阿美士德訪華使節團的副使史丹頓（Sir Staunton, George Thomas, 1781—1859）更向下議院推介香港島的優點。[12]

　　自歐洲東來的商船繞道馬來半島北航，經過長途旅程後，多會先在香港仔瀑布灣補充食水，再沿南路（長洲、大嶼山分流）或北路（急水門、青山龍鼓灣）直航伶仃島，然後北上虎門及黃埔，[13] 故此對香港南面海岸的形勢瞭如指掌。1829 年，英國東印度公司派船在虎門外進行了一次周詳的探測工作，地區包括 "從港島西北角向東至鯉魚門一帶"，找尋可供碇泊的良港。翌年，東印度公司把全季度的船隻從黃埔轉移到九龍去。[14]

　　英國朝野對香港的印象日益加深，1834 年奉英廷命來華磋商拓展貿易的律勞卑（Lord Napier, William John, 1786—1834）便在致函英國首相格雷伯爵（Earl Grey, 1764—1845）時提議："用一點武力……佔據珠江口以東的香港"；[15] 與廣州英商關係密切的倫敦東印度與中國協會（London East India China Association）也認為應該佔領大潭灣及附近島嶼，作為商埠。[16] 而曾在廣州居留多年、怡和洋行創辦人之一的威廉·渣甸（Jardine, William, 1784—1843）亦曾向巴麥尊獻計佔領香港。[17]

　　事實上，自 1837 至 1838 年前後，英船已大量集中於香港海面。1838 年，一位法國畫家波塞爾（Borget, Auguste, 1808—1877）途經香港，把船隻下碇的港灣，稱為 Beit de Hong Kong，他畫筆下的海港，帆檣如林，從一個側面證實了英國船

（10）此地圖繪製比較精確，可惜香港島只劃到西半部，圖中不少地名的中文名稱與今天迥異，如香港稱 "紅江"；南丫稱 "藍麻"。留意 Hong Kong 一名，似指全島而言。見 Sayer, Groffrey R., *Hong Kong: 1841—1862, Birth, Adolescence and Coming of Age,* 1980（hereafter cited as H.K. 1841—1862），pp.23—24。

（11）同上注。

（12）見 Impressions，頁 56。阿美士德使節團的副使史丹頓約定與代表團在香港瀑布附近會合再北上，這是香港一名首次記錄在東印度公司的檔案上。該使節團的麥克勞爾醫生、艾昆爾醫生、副使埃利斯韋爵士及馬克斯韋爾船長都對船隻寄碇的香港瀑布灣一帶有詳盡的描述。詳見 Leod, J.M.M, *Narrative of a Voyage in His Majesty's Late Ship Alceste,* 1817; Sir Ellis, Henry, *Journal of Proceedings of the Late Embassy to China,* 1817; Abel, Clark, *Narrative of a Journey in the Interior of China,* 1818。文中提到的瀑布即今華富邨以西的瀑布灣。英人對香港有所認識乃自瀑布始，至於阿美士德使節團之目的，詳見 Hsu, C. Y., "The Secret Mission of the Lord Amherst on the China Coast, 1832," *Harvard Journal of Asiatic Studies,* 17（1954），pp.231—252。

（13）Silva, Armando Da, "Fan Lau and Its Fort: An Historical Perspective," *JHKBRAS 8*（1968），p.83。

（14）Chronicles, Vol.3, p.213.

（15）H.K. 1841—1862, p.213.

（16）Great Britain Foreign Office, "General Correspondence: China 1815—1905," Series 17（hereafter as F.O.17），Letter from Larpent, Smith and Crawford to Palmerston, 2nd November, 1839, F.O.17/36。現引自〈幕後活動〉，見注（8），頁 55。

（17）William Jardine to Palmerston, 26th October, 1839, F.O.17/35，見同上注引文，頁 44。

隻已寄碇香港。[18]

　　巴麥尊在 1840 年 2 月 20 日致海軍部的密件，實際上就是指令懿律和義律如何在文件中強調開放港口讓英人自由居住、經商是首要的。[19] 英國在遠東利益最大，也最具影響力的組織——倫敦東印度與中國協會的積極分子拉本德（Sir Larpent, George, 1786—1855）給巴麥尊的建議書也把開放商港列於首位。[20] 英國發兵侵華的主要動機之一，是拓展中國市場，要達到這個目的，當然必須強逼中國開闢更多商埠，以打破廣州十三行行商壟斷貿易的局面，所以開放港口實際上比爭取 "居停" 更為重要。義律終於選擇了香港，但巴麥尊形容該處為 "空無一屋的荒島"。[21]

　　義律自 1834 年抵華，便一直在廣州工作，對中英商業貿易狀況瞭如指掌。[22] 1839 年 3 月 21 日林則徐（1785—1850）下令包圍商館，斷絕食水及蔬菜供應，中國職工撤離。義律在 24 日從澳門到廣州，與林氏商議，亦曾被困商館區，深感英人寓居廣州，生命財產缺乏保障。1839 年 7 月，尖沙咀村民林維喜被英國水手殺害事件發生後，林則徐責成英方交出兇手，先禁絕英人柴米食物，撤其買辦、工人，繼而向澳葡當局施加壓力，把英人驅逐出澳門。義律於是率同英國商民，浮海至香港暫避，前後寄住船上達十個月之久，既缺乏淡水，又不易從岸上獲得糧食供應。[23] 所以義律深切明白取得一個立足點是當務之急，而這個近在咫尺的 "居停" 當然是香港了。

　　義律的老上司律勞卑和羅便臣（Sir Robinson, George）都曾建議佔領香港，[24] 對義律有一定的影響。可知義律矢志佔領香港，既有思想上的淵源，復有實際上

（18）波塞爾的畫作及其日記：Borget, Auguste, *Sketches of China and the Chinese*, 1842, p.2。查法國畫家波塞爾在 1838 年 8 月 23 日乘 "西奇" 號（Pcyche）抵港。在港期間，他繪畫的風景畫，後來均刻成版畫，留傳至今，是香港開埠前極珍貴的歷史圖錄。波塞爾每天所寫的日記，是研究香港在 1838 年時實際情況不可多得的第一手參考資料。根據書中所載及其繪畫顯示，可以觀察得下列三點：
　　（1）香港島上有莊稼、有房屋、有塋墓；
　　（2）波爾塞往往是香港島及海港並稱（bay and island of Hong Kong），足見外國人所指稱之香港島乃指全島而言，而所指海港即今天的維多利亞港；
　　（3）波塞爾的日記沒有提到英人在岸上建居留地，圖畫中也看不到有此跡象，故此有謂英人在 1837 年已在香港島上建立居留地之說，不無疑問。

（19）Elliot to Palmerston, 3rd April, 1839, F.O.17/31，見注（8），頁 17。

（20）Larpent, Smith, Crawford to Palmerston，同上注，頁 44—52。

（21）Morse, H.B., *The International Relations of the Chinese Empire 1834—1860*, 1910, Vol. I（hereafter as IRCE），Appendix G, p.642.

（22）Endacott, G.B., *A Biographical Sketch-Book of Early Hong Kong*, 1962（hereafter as Sketchbook），pp.4—5.

（23）Adam Elmslie to William Elmslie F.O.17/35，同注（8），頁 67。

（24）律勞卑主張取香港，見 H.K. 1841—1862, Napier to Grey, 21 August 1834 in Great Britain, Parliament, *Parliamentary Papers: China*, Vol. 30（hereafter as BPP），1971, p.265。

的逼切需要。他被罷免後，曾在 1841 年 6 月致函印度總督奧克蘭爵士（Auckland, Lord, 1784—1849）解釋佔領香港的原因：

> 即使中國的君主在其武力脅逼下答允開放港口，那御璽並不能保障英人的性命和財產，⋯⋯我們的商人不能得到妥善有效的保護，使我急切地尋求一個在我們國旗保護下的安全商業據點。香港在我們掌握中，駐有足夠的海軍，我認為實在毋須於東岸建立永久根據地。[25]

義律於信中詳細分析在華東建立根據地毫無益處，最後更強調若與中國簽訂條約，只要包括以下兩個條款便已足夠：

（1）割讓香港，使商人及船隻能居停寄碇；及

（2）取得最惠國待遇。

義律在華多年，累積了豐富的經驗，身為第一線的負責人，其立場看法自然會與身處萬里之外的巴麥尊相異，取捨自亦不同。

義律被撤職後，砵甸乍（Pottinger, Henry, 1789—1856）繼任英國全權公使。1841 年夏天，墨爾本（Lord Melbourne, 1779—1848）領導的輝格黨（Whig）政府垮台，為皮爾（Sir Peel, R., 1788—1850）所領導的托利黨（Tory）取代，鴨巴甸（Earl of Aberdeen, 1784—1860）接替巴麥尊任外相，他飭令前線的砵甸乍不要永久保留在戰爭中所取得的中國領土 —— 包括舟山和香港。[26] 然而，這道訓令傳到前方時，英軍已佔領寧波和定海。砵甸乍在事後承認：

> 我在這個美妙的地方（指香港）所度過的每一刻，都使我深深體會到我們擁有這樣一個居留地作商業用途，使我們的商民在英國保護及管治下生活，是恰當及必需要的。[27]

英國與香港相距萬里之遙，英廷的訓令一般需時四個月才能傳達到遠東來，[28] 所以英政府賦予全權公使高度的自決權力，可以斟酌情況，便宜行事，[29] 而

（25）見 IRCE, Appendix G, pp. 648—654。有關義律對佔領香港的看法可參考 Hoe, Susanna and Roebuck, Derek, *The Taking of Hong Kong, Charles Clara Elliot in China Waters* (Surrey：Curzon Press, 1999)。此書收錄了義律與妻子寄回英倫的家書，可反映到義律的第一身看法。

（26）Aberdeen to Pottinger, 4th November, 1841, 信件中明言："至於戰略需要而佔領之中國土地，女皇的政府無意永遠佔領。"鴨巴甸與巴麥尊一樣，都着眼於在華東開闢商埠。此信見 IRCE, Appendix M, pp.666—663。

（27）轉引自 *Sketch-Book*, p.16。

（28）香港與英倫相距萬里，書信往來須由船隻傳達，需時一般約四個月。例如義律在 1839 年 5 月 29 日發出的有關交出鴉片，英商被困商館事情及 5 月 23 日廣州英商致外交部要求懲罰中國的書函在 9 月 21 日收到。而義律在 1840 年 9 月 29 日發出的戰報，巴麥尊在 1841 年 1 月杪收到。見 IRCE, pp.260, 636。

（29）巴麥尊在 1840 年 2 月 20 日致懿律和義律第一道訓令的第一號附件中指出："鑑於海軍司令是在空間時間兩都遙遠的地方按訓令採取措施從事行動的，所以必須要給他高度自決權；但是變通訓令以適應新情況時，他應仔細牢記訓令的精神。"見注（8），頁72。

先後任全權公使的義律和砵甸乍均運用這種權力，違背英廷訓令，奪取香港。

（二）香港割佔經過：中英談判與《穿鼻條約》

　　懿律率領的東方遠征軍在 1840 年 6 月抵達廣東海面後，封鎖廣州入口的所有河道港口。7 月，定海陷落，英軍隨即圍困寧波及長江口。8 月，英軍至天津大沽口，向清宰相投遞英外相函件，信中猛烈抨擊當時處理禁煙事務的林則徐。清廷早因英軍北上而大為震驚，反對林氏的在朝主和派遂乘機向道光帝（旻寧，1782—1850；1820—1850 在位）大進讒言。9 月，道光派直隸總督、大學士琦善（約 1790—1854）為欽差大臣，作清廷之代表，與英方進行談判。10 月，革除林則徐、鄧廷楨（1776—1846）之職位，以代表英人申冤抑。11 月，中英雙方達成協議，回廣東再行談判，懿律旋因病先行返國。12 月，義律成為英方全權公使，琦善接任兩廣總督，琦善和義律遂開始通過照會往來，進行談判。這場談判，從 1840 年 12 月 7 日義律照會琦善，要求按照英國提出的條件議和訂約起，至 1841 年 2 月 25 日英軍進攻虎門止，前後共經歷了兩個多月時間；大致上可以 1 月 7 日英軍攻佔大角、沙角炮台為界限，分成兩個階段：前一階段的爭議焦點是"賠款"、"開放口岸"和"割讓土地"，後一階段主要是就有關割讓香港問題進行磋商。[30]

　　懿律曾於 1840 年 8 月 9 日在天津向清宰相致送函件，提出 14 點要求，主要內容包括：賠款、割地、開港、文移平行及廢除行商制度。[31]

　　12 月 7 日，義律急不及待，照會琦善，逼他作出答覆。四天後，琦善照覆義律，答應賠款五百萬兩，其餘各項，亦表示會"善為調停"，"擬代為懇恩"，只有請給地方一款，卻以"實因格於事理……且從未與他國，獨能與貴國乎？"為理由，婉言拒絕。[32] 在這個時候，英人尚未明確提出所欲取得島嶼之名稱，但琦善已心中有數，義律一抵粵，琦善即派遣親信張殿元、白含章和從山東濰坊帶來

（30）有一種看法認為琦善與義律在廣州談判，可分為三個階段，其中第三個階段，是指蓮花山會議及蛇頭灣會議。見胡思庸、鄭永福：〈川鼻草約考略〉，載寧靖（編）：《鴉片戰爭史論文專集續編》，1984 年，頁 222。但我認為第三階段其實是第二階段的延續，所以以沙角一役為分水嶺，分為兩期。

（31）〈英國管理通外事務大臣巴麥尊致大清國宰相書〉，見佐佐木正哉（編）：《鴉片戰爭の研究》，1964 年，頁 6。

（32）琦善致義律照會，道光二十年（1840）十一月十八日。同上注，頁 31。

圖 3.1 1841 年 1 月 7 日，英艦 "復仇女神" 號與中國水師在虎門激戰。

的通曉夷語的鮑鵬(?—1841)三人往澳門與之聯繫，[33] 查悉義律有意奪取廈門或香港，乃向剛自閩解官返穗的前兩廣總督鄧廷楨查詢有關兩地情況，鄧廷楨所提供的資料是：

> 廈門全閩門戶，夷居廈門可以窺內地……即香港亦在粵洋中路之中，外環尖沙咀、裙帶路二嶼，夷船常借以避風浪，垂涎久矣，今一朝給予，彼必建築炮台，始猶自衛，繼且入而窺廣東，貨船鱗泊黃埔，輜重在焉，其黑白夷之居夷館者以千百計，皆香港應之也，與之良非所便。[34]

琦善鑑於割讓土地乃天朝前所未有之事，且道光帝較早時已有上諭明令不許給予土地，[35] 加上知悉英人心目中所要的地方位居險要，故態度頗為強硬，情願給予貿易碼頭，也不肯給予寓居之所，[36] 雙方談判，遂陷入僵局。琦善不敢輕為承諾，一味拖延，"竊恐發與迅速，轉似我情急切"。[37] 在這階段，道光帝對於琦善的"竭盡愚誠、曲折駕馭"，頗為欣賞。[38] 就連英外相巴麥尊也認為在這階段的談判中，琦善是居於上風的。[39]

1841年1月7日，英兵攻陷大角及沙角炮台。虎門被佔，省城的屏障頓失，廣州岌岌可危，琦善馬上方寸大亂，自此對義律的照會，即到即覆，完全陷於被動。強兵壓境，若斷然拒絕義律所請，他必發兵攻粵，後果不堪設想，若應允其所求，則難免遭道光帝懲處，進退兩難，琦善在奏摺中坦言："辦理實形棘手，不勝惶懼焦慮。"[40]

形勢逆轉，義律實行咄咄進逼，威脅以沙角為寄居之地，明知琦善不會應允，乃提出以尖沙咀及香港更換沙角之議。琦善只有婉轉解釋。[41] 於是，義律正式提出要求給予在香港寄居。琦善答應代奏懇給香港予英人寓居泊船，但英方急

（33）文慶等（編）：《籌辦夷務始末》（道光朝）〔以下稱《夷務始末》（道光朝）〕，1930年，卷18，頁1。

（34）見梁廷枏：《夷氛聞記》，1936年，頁33。

（35）道光帝早在中英雙方還在北方進行談判時，已作出不准給地指示。見《夷務始末》（道光朝），卷13，頁2—3。查早於馬戛爾尼訪華時，曾提出求於舟山地方小海島一處停歇及收存貨物，為乾隆帝斷然拒絕（見魏源：《海國圖志》，卷77，頁16—18）。可知道光遵循先祖遺訓，拒絕給予寓居地。

（36）見注（33），卷18，頁25—26。

（37）同上注，卷19，頁14。

（38）道光帝在琦善的奏摺上批示："婉轉開示，卿實費盡苦心。"〔同注（33），卷20，頁7〕；又説："該大臣冒重罪之名，委曲從權，朕已鑑此苦衷。"（見同上引書，卷21，頁13）

（39）見巴麥尊致義律的私人信函，1841年4月發。收入IRCE, Appendix G, p.642，信中說"我發現你和琦善的通信往來中，琦善着着佔先，而你卻處處被動"。

（40）同注（33），卷20，頁9。查自沙角被佔後，琦善深恐英人長佔沙角，乃去信義律，竟以"沙角為我官兵陣亡之地，皆忠義靈魂所聚，貴國之人若在該處寄寓，亦甚不祥"為理由，力勸義律放棄沙角，其惶懼可見一斑〔見琦善致義律照會，道光二十年（1840）十二月十九日，見注（31），頁61〕。

（41）見琦善致義律照會，道光二十一年（1841）十二月二十三日。同上注，頁7。

不及待，憑琦善照會的"現在諸事既經說定"一段文字，[42] 單方面在 1 月 20 日宣佈《穿鼻條約》生效，[43] 復於 1 月 26 日，憑藉上述條約中的第一條："香港本島及港口割讓予英皇"，佔領香港，實行以既成事實，逼中國政府承認。[44]

1841 年 2 月 1 日，義律在香港出橄安民，聲稱香港等處全島地方已由琦善讓給英國主掌，並有文據在案。[45] 其實直至英國佔領香港為止，中英雙方並未簽訂任何條約，充其量只能說雙方已接近達成協議：雙方在道光二十一年十二月二十三、二十四、二十五及二十六日的照會中對於自沙角退兵、繳還定海、代奏請給香港及釋放幾個遭中方拘留的人士等事情達成協議，但並未正式簽字作實，[46] 更沒有蓋上關防。這從英外相巴麥尊在 5 月 14 日致義律的訓令中可得到證明。訓令中說：

> 你雖然佔領了香港，但主權之轉移，需由正式條約訂明，該條約需由讓出主權之國家正式承認，方為有效，因此，琦善答允把香港割讓予英國，即使這協議已以條約方式列明，除非該條約得中國皇帝承認，否則毫無價值，也沒有效力。[47]

由此可知，《穿鼻條約》只是一紙沒有法律效力的空文。

（42）查中英雙方在 1841 年 1 月中旬經過一番文書往來後，達成一些協議，計包括英方交還沙角、大角、定海、中方代奏請給香港（但英方則單方面解釋為給予香港）、廣州在道光二十一年正月初旬開艙及釋放被拘禁之英、法人各一。故在道光二十一年十二月二十六日琦善致義律照會中有"照得接據貴公使大臣來文，均己閱悉。現在諸事既經說定……"句（此照會編號 F.O.682/858，見注（31），頁 73）。而義律在兩日後覆琦善的照會中乃說："照得接據貴大臣爵閣部堂 26 日來文，均已聞悉。現在諸事既經說定，本公使大臣全賴貴大臣爵閣部堂誠信，知必如議……現在善定，彼此好好，友交可期常遠。"（見 F.O.682/878，同上引書，頁 74）而英人遂以此為佔領香港之憑證，故伯麥在道光二十一年正月初六致大鵬營協鎮賴恩爵的照會中乃有"照得本國公使大臣義，與欽差大臣爵閣部堂琦，說定諸事，議將香港等處全島地方，讓給英國主掌，已有文據在案"的說法（見 F.O.682/868，同上引書，頁 75）。

（43）查義律在 1841 年 1 月 20 日（即道光二十一年十二月二十八日）單方面宣佈《穿鼻條約》，所列各條，除香港割讓外，其餘各條均為迭次公文開載議辦各款，只是初步協定（見 IRCE, p.271）。

（44）根據中英雙方談判過程及現存文獻紀錄分析，義律佔領香港所憑藉的《穿鼻條約》是全無法律根據的。義律的策略是先佔領，後談判，故英人在 1 月 26 日佔領香港，翌日乃有蓮花山會議。巴麥尊在 1841 年 2 月 3 日致懿律及義律的訓令中有一段文字極堪重視："至於有關要保留的島嶼：英女皇的政府認為中國無能力把英國軍隊從一個已選定的島上驅走，其實，應該是由你通知中國欽差大使英國政府欲保留何島，而不是任由中國欽差大臣告訴你中國皇帝欲割讓何島！"（IRCE, Appendix F, p.640）當然，此訓令傳達至遠東時，早已是英人佔領香港之後，但義律的策略，顯然與巴麥尊心目中的不謀而合。

（45）英人在香港出示，見〈廣東軍務摺檔〉，載中國史學會（編）《鴉片戰爭》，1954 年，以下簡稱《鴉爭》，第 5 冊，頁 241。

（46）查所謂《穿鼻條約》宣佈前四天，義律致琦善的照會仍說："再本公使大臣以迭次公文開載辦各款，彙寫盟約一紙，以俾兩國和好永久，則望於貴大臣爵閣部堂便之時，幸得面譚，以期訂明可也。"〔見 F.O.682/875，見注（31），頁 71〕。再參考義律謂《穿鼻條約》為"初步協定"（Preliminary Arrangements），則雙方未簽字作實，實無可懷疑。姚薇元、來新夏都主張中英雙方確曾簽訂條約，見《鴉片戰爭史實考》，1984 年修訂本，頁 81；及《林則徐年譜》，1981 年，頁 301。姚薇元所據論點謂琦善在供詞中有"佯允所請，以救眉急"，但這不能證實雙方確曾簽訂條約，故其說不能成立。來新夏則引用姚氏說法，未加考證真偽。

（47）英文原文是："I have to observe to you that no part of the territory belonging to one Sovereign can be ceded and made over to another Sovereign, except by a formal treaty, ratified by the Sovereign by whom the cession is made and that no Subject has the power to alienate any portion of the territory of his Sovereign. Consequently, the agreement made by Keshen that Hong Kong should be ceded to the British Crown, even if that Agreement had been recorded in the formal shape of a Treaty, would have been of no value or force until it had been ratified by the Emperor of China."（IRCE, Appendix H, p.647）

　　事實上，在英國佔領香港後，雙方才開始面對面的會談。就在香港被英人正式佔領翌日，琦善與義律在番禺蓮花山舉行第一次會議，商談之內容，多屬"貿易諸務"，但因"多有窒礙"，並未達成協議。[48] 根據琦善親信鮑鵬的説法，雙方還爭辯了香港問題。[49]

　　2月11日，雙方在蛇頭灣再度見面會談，此次商談焦點是關於香港割讓問題，牽涉到所謂："英方堅求全島，中方只允給全島之一處。"[50] 未幾，琦善被革去大學士銜，押回北京，但英人佔領香港，已成不改事實。

　　總括而言，義律因為急切要找一個英國商人可以泊舟定居地方，而憑藉一紙空文、毫無法律效力的所謂《穿鼻條約》強行佔領香港。巴麥尊聲稱不承認《穿鼻條約》，但英國並沒有因而撤離香港。義律的策略是先造成既定事實，然後再找尋法理上的根據。主和的琦善沒有在談判桌上輸給義律，但沙角一役後，義律扭轉了劣勢，在大砲的脅逼下，琦善除了答允代奏給地之外，實在是一籌莫展。義律更先發制人，奪取了香港。香港島這個原來屬於中國廣東新安縣管治的地方，終被英國人割佔。香港也從這個時候跨進了另一個歷史階段。

（三）華人治權之爭

　　在《南京條約》簽訂後，中英雙方政府曾就香港的主權及治權問題，通過往來照會，展開過多輪針鋒相對的談判。這場論爭，關係到華人的治權問題，對於此後百多年華人社會的發展影響至鉅。1842年8月29日中英雙方簽訂的《南京條約》第三條上説：

> 一因英國商船遠路涉洋，往往有損壞須修補者，自應給予沿海一處，以便修船及貯存所用物料，今大皇帝准將香港一島給予英國君主暨嗣後世襲主位者，常遠主掌，任便立法治理。[51]

　　條文的中英文版本詞意頗有出入，英文本上用 cede（割讓）、to be possessed in

（48）同注（33），卷22，頁13。琦善奏："義律乘坐火輪船前來求見……惟據呈出所議章程草底，並據議及嗣後夾帶鴉片，以及漏税走私，均將貨船沒官，而其中間有行之窒礙者，奴才當加指駁，該夷即求為酌改，茲已另行更定……。"

（49）〈犀燭留觀紀事〉，載《鴉爭》，第3冊，頁253。

（50）同注（33），卷23，頁13—17。

（51）見《國際條約大全》，1925年，卷4，頁1。

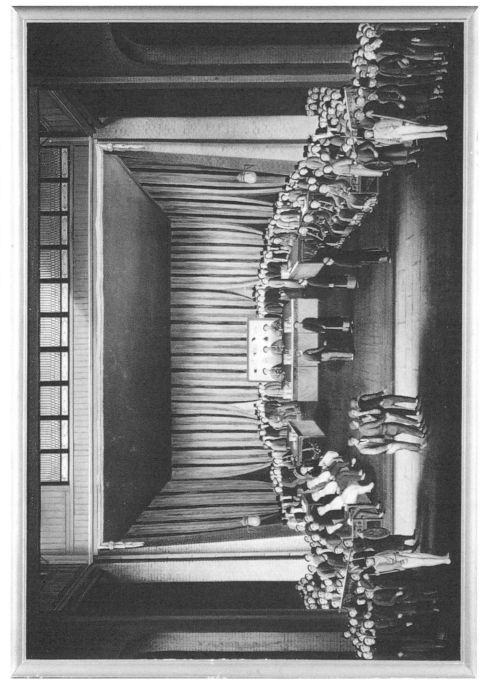

圖 3.2　1870 年，英船 "海皇星" 號水手在廣州犯事，審訊假英國商館進行。

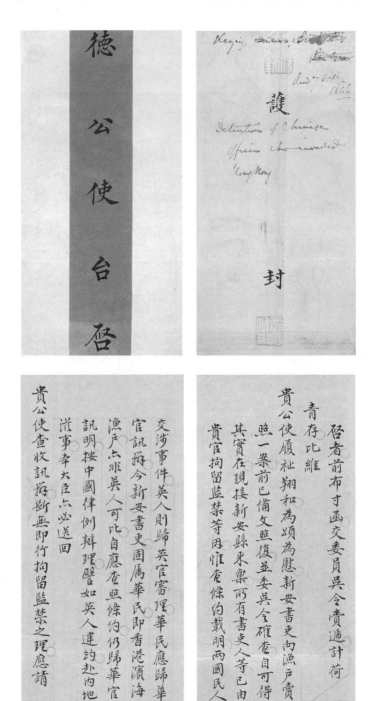

圖3.3　1846年，耆英致德庇時（戴維斯）的信。其中耆英提出香港華人仍由中國管治。

貴公使即飭所屬英官將新安書吏人等解交九龍

官署由委員吳令就近查傳漁戶質明酌辦

俟本案完結再由本大臣照會

貴公使查照方昭允協專函布達即頌

升安不一

perpetuity（永遠擁有）及 to be governed by such laws and regulations as Her Majesty the Queen of Great Britain etc. shall see fit to direct（由英女皇視為適當的法律和規例所統治）等完全肯定的字眼。根據英文本，英人無疑擁有香港的主權、治權。但反觀中文本卻只說"給予"、"常遠主掌"、"任便立法治理"。澳門何嘗不是"給予"葡人作修船貯物之用？何嘗不是由葡人"任便立法治理"（葡人）？由於中英文本詞意不盡相同，遂導致雙方各持己見，為香港的主權、治權，展開一次又一次的論爭。

　　港督砵甸乍在 1842 年 9 月 5 日致滿清官員的照會中提議把香港的華人劃分為原居民和暫住者兩類，前者應視為英國治屬，由英國管治；後者則為中國黎民，由中國政府管治。砵甸乍擔心中國政府假如像一向統治澳門華人般治理香港的華人，香港的主權將會受到威脅；但英人治理英人是廣州商館時代的成規，[52] 故在情在理，英人很難拒絕中國政府保留管治在港華人的權利。但鴉片戰爭期間曾有一些漁民為英軍提供糧食補給，因而被中方視為"漢奸"，假如讓中國政府管治島上華人，這批"漢奸"必然會遭中方嚴懲。為了保護他們，因而提出把香港華人一分為二的折衷方法。

　　然而，中國政府在這個問題上的立場很堅定，態度很強硬，中方代表在照會裡力言香港只是讓給英國作寓居之地，故英人並無統治當地華人之權力。在中國人的認識裡，"普天之下，莫非王土；率土之濱，莫非王臣"，天朝百姓成為英國子民，乃匪夷所思的事。琦善受到嚴懲，是因為英人在香港發出告示，謂當地華人"應恭順樂服英國派來之官"，為同僚舉報所致。既然英人東來乃為經商謀利，實不應堅持擁有治理華人之權，故香港華人 —— 無論是長居或暫居者，應一律由中國政府治理。[53]

　　與此同時，砵甸乍又提出另一個折衷方法 —— 華人犯重罪者 —— 如謀殺、誤殺、強姦、打劫等應解至新安縣懲治；而犯盜竊、聚賭、醉酒等輕微罪行者則由英官審治。在砵甸乍來說，這已經是一種讓步，保留審理輕微罪案權力總比完全放棄治權為佳，而且日後可以再謀補救，但中方仍不同意，認為把案件分類倒不如乾脆效法澳門設同知縣丞治理華人，只要在九龍城或尖沙咀設一官員，便可

（52）查在乾隆十九年（1754）法國人時雷氏，欽奉諭旨，令其帶回本國，自行處置。道光元年（1821），英國兵船水手打死黃埔黃姓村民案，經阮元奏請，令英國自行懲辦。耆英、伊里布及牛鑑在道光二十二年（1842）七月二十七日照會砵甸乍，告之此後英國商民，如有與內地民人交涉案件，英商歸英國治理。見注（31），頁 218。

（53）Pottinger to Aberdeen, 16th October, 1842, #54: C.O.129/3.

圖 3.4 兩廣總督欽使耆英曾兩度訪港，此圖是他在 1845 年訪港時與港督戴維斯會面的情形。

就近治理華人。砵甸乍曾舉星馬華人為例，說明華人在英國治理下生活愉快，中方卻針鋒相對的提醒英使，華僑遠渡重洋，已脫離祖國統治，香港與大陸一水之隔，實非星馬可比。更舉義律在 1841 年 2 月 1 日的文告曾明言"所有禮儀所關、鄉約律例，率准仍舊"為例證，責英方食言。[54]

1843 年 10 月 8 日，中英雙方簽訂《虎門條約》（本名《善後事宜清冊附黏和約》），但條約中並無提及香港華人的治理問題，反映雙方在這個問題上意見仍未能達成一致。終砵甸乍任內，有關香港治權之僵局，始終未能打破。

1844 年 5 月，戴維斯（Sir Davis, John Francis, 1795—1890；港督任期：1844—1848），繼任為香港總督及駐華商務總監。戴維斯在遠東居住多年，是一位著名的中國通，對香港、澳門及廣州的情況非常熟悉，林維喜事件發生後，林則徐向澳葡政府施壓，逼令英人離開，對戴維斯來說，是極不愉快的回憶；葡人未能向昔日盟邦施以援手，原因是葡人也是"寄居"性質，澳門的主權仍操於中國政府手中。前車可鑑，所以戴維斯認為港英政府必須擁有治理島上華人的權力，否則只會步澳葡之後塵。在治權問題尚未完全解決前，戴維斯已於 5 月 30 日發出公告，收購黃泥涌及掃桿埔之禾田，限期各農夫帶同憑據赴量地官衙門查照，以領取價銀。[55]

1844 年 7 月，戴維斯在致英外相鴨巴甸的信札中列舉必須擁有治理島上華人權力的理由。

（1）香港給予華人適當保護，已有約兩萬華人被吸引到香港謀生，若一旦放棄治權，此等華人便會離港他去。

（2）華人若發現他們不受港府管治，將不會再尊敬英國人。被統治者如對其統治者無敬畏之心，則極難治理。

（3）中方一些參與談判的人士認為香港華人不願受英人管治，與事實不符。

（4）《南京條約》清楚訂明香港永遠由英皇及其子孫擁有，任便立法治理，而《虎門條約》第 15 條規定香港華人所欠債項，由英國法院追討，已實際承認了英國法律至高無上。[56]

有關主權問題，戴維斯相信以中國政府的一貫行事作風，必須在開始時態度

（54）Ibid., another enclosure.

（55）1844 年 5 月 30 日以戴維斯名義發出的告示，香港歷史博物館藏。

（56）Davis to Aberdeen, 5th July, 1844, C.O.129/6.

強硬一點，才可一勞永逸，他認為需要藉着一些事例以顯示英人治理島上華人之決心及樹立威信。

　　1844 年 11 月 20 日，赤柱及石排灣英國官員發現一名叫鄭同（據 Cheng Tung 音譯）的新安縣書吏在上述地點以販賣牌照為名，向漁民勒索金錢。戴維斯認為此舉侵犯了香港的領土主權，乃下令將其拘留，並扣押其船隻。11 月 24 日，兩廣總督及欽差大臣耆英（1790—1858）致函戴維斯，答允展開調查，但強調新安書吏以至香港濱海漁戶皆屬華人，應由華官訊明，按中國律例辦理。[57] 12 月 6 日，戴維斯的覆函指出中方所為實侵犯了香港的主權，影響了雙方的友好關係，並強調只有英女皇轄下的官員憑藉英國法律才有權行使香港的主權。[58] 12 月 12 日，威廉・堅吾（Caine, William, 1798—1871）收到大鵬副協馬將軍的照會，答應徹查此案，並引述耆英一段話，說明新安書吏是擅闖香港的，香港地方屬英國所有，任何人不得到該處徵收稅餉。[59] 就憑着這幾句話，戴維斯認為中方已承認英國擁有香港主權。[60]

　　同日戴維斯發出公告，宣佈有關繳納田賦規定："汝等務必遵照納呈田賦，並不得納與華官。"[61]

　　中方是否真的同意給予港府治理華人的權力呢？戴維斯憑藉的只是大鵬副協引述耆英的話，而非耆英的親筆書函；耆英指該新安官員擅自闖入港境，原以為把責任推到該書吏身上便可以息事寧人，他不願為此小事與英方交惡；上任以來，戴維斯與耆英私交不錯，[62] 他相信透過朋友之誼，可以搞好中英關係，不料卻一時不察陷入戴維斯所佈下的圈套裡——既然中國政府承認中國官員不應到香港販賣牌照予香港漁民，也便證明了該地是英國領土，主權屬於英國，治權亦屬於英國。

　　戴維斯趁耆英一時不察，單方面稱已取得管治島上華人的權力，還有一定客觀原因。鴉片戰爭後，天地會在兩廣、湖南有蓬勃的發展，山堂遍佈鄉村城鎮，

（57）Great Britain, "Miscllanea, 1759—1935", Series 233（hereafter cited as F.O.233）。耆英致戴維斯私函，11/1844: F.O.233/186。

（58）Davis to Stanley, 13th December, 1844, #72: C.O.129/7（enclosure 4）.

（59）Ibid.,（enclosure 5）.

（60）Ibid.

（61）香港政府告示，45/1844: F.O.233/185。

（62）戴維斯的中文修養不錯，不時與耆英書信往來，又常互贈畫像及禮物，詳參見英國外交部檔案。F.O.233/185。（香港博物館亦藏有耆英致戴維斯的部分信札原件）戴維斯對耆英評價甚高，認為他是所接觸過的中國人中品格最高尚的一位。1845 年 11 月，耆英訪港，他的威儀和友善在英人心目中留下了深刻印象。詳見 Sir Davis, John F., *China, During the War and Since the Peace*, Pt II, 1852, pp.122, 124。

番禺、南海、佛山等廣州附近地區,不斷發生天地會眾騷亂事件。[63] 身為兩廣總督的耆英為此傷透腦筋,在全力"剿匪"之際,自然不願意再與英人啟戰釁而招致腹背受敵,故此耆英亟欲與戴維斯保持友好關係,還與英方協定,把逃港之天地會眾遣回內地受審,合力鎮壓天地會眾。由於尚未掌握充分證據,未能證實戴維斯與耆英之間曾否達致某種協議,以香港治權交換英方積極協助剿匪,[64] 但戴維斯覷中耆英弱點,利用他全力剿滅天地會不欲挑起事端的心態,用巧取方法,奪取在港華人的治權,卻是不爭的事實。

　　自香港割讓予英國後,中國每次發生動亂,總有萬千華人離鄉別井到此避難,乃基於這裡是英國人統治,不受中國管治,因此可以逃避國內的動亂,也可以自由發展商業活動。假如當年香港的主權、治權保留在中國政府手裡,香港的歷史當會改寫,而香港的發展可能大異於今天,英人取得治理華人的權力,對香港歷史的發展,影響極為深遠。

二·香港政治制度的奠立與沿革

(一)港督、行政局、立法局

1. 港督

　　1843 年 6 月 26 日,《南京條約》的換文儀式在香港舉行,儀式結束後,駐華商務總監砵甸乍隨即宣誓為香港總督。香港正式成為英國的直轄殖民地(Crown Colony),揭開了一百五十多年殖民統治的序幕。

---

(63) 有關早期廣東地區三合會活動,參見駱寶善:〈太平天國時期的廣東天地會起義述略〉(上、下),《中山大學學報(哲學社會科學版)》,1981 年 4 期,頁 63—72;1982 年 1 期,頁 54—62。Wakeman, Frederic, JR., "The Secret Societies of Kwangtung, 1800—1856," in Chesneaux, J. (ed.), *Popular Movements and Secret Societies in China, 1840—1950*,1972, pp.29—47。

(64) 這是一個極具探討性的問題。從種種跡象看來,似有存在的可能性,比方在時間上,港英政府在 1844 年 12 月 12 日接到中方來函,馬上宣佈爭論多時的治權問題,已徹底解決,而在 1845 年 1 月便馬上通過取締三合會法例,時間上吻合。在中英雙方的往來函件中,也隱約透露出立例禁三合會似與治權之落實有某種關係,如戴維斯在 1844 年 12 月 22 日致耆英的信中提到:"當我在準備為寫這封函時,剛接到閣下關於新安書吏的信。"然後便說"不支持顛覆友邦的組織,是西方文明國家的習慣,基於此原則,我已通過一條嚴厲的法例禁止香港三合會眾,因為這個組織顛覆貴國政府,又擾亂治安"。(22nd December,1844, #6: C.O.129/11)在 1845 年 1 月 11 日戴維斯向外相鴨巴甸匯報的信中指出,耆英捕殺了在赤柱肆虐的海盜,投桃報李,中方要追緝何人,港方便馬上遣送回國。信中有一段是值得留意的,戴維斯說:"英方為維持治安必須擁有管治香港華人之權力,這自然是中國的統治者不高興的,因此,欽差大臣認為對他個人來說,這是一個很敏感而危險的問題,故此以私函相答。"(Davis to Aberdeen, 11th January, 1845, #44: C.O.129/11)可是,筆者始終未能確定這是一個交換,只能說有這樣的可能性。

圖 3.5 香港是自由港，故甫開港，即設船政廳。圖中所見乃香港首間船政廳政廳所在。該小山丘名為"畢打山"，即以首任船政廳長官畢打命名。

英國佔領香港為其屬地的第一份法律文件是《香港憲章》（*Hong Kong Charter*），它是 1843 年 4 月 5 日由英國國璽大臣以《英皇制誥》（*Letters Patent*）名義發佈的。《香港憲章》發佈的翌日，英國殖民地大臣史丹利致函砵甸乍，命令他按《香港憲章》和該函的指示組織香港政府，又授予港督制定香港法律的權力。《香港憲章》和《致砵甸乍訓令》（*Instructions to Sir Henry Pottinger*）是英國把香港列入其殖民統治範圍最早的官方文件，是 1917 年《英皇制誥》和《皇室訓令》（*Royal Instructions*）的藍本。[65]

《香港憲章》及後來在 1917 年 2 月發佈的《英皇制誥》的主要內容包括：確定宗主國 —— 英國對其屬土 —— 香港的統治權；制定香港的政治制度及總督的權力，規定設立議政（行政）及定例（立法）兩局，前者就政策發展等事宜向港督提供意見，後者主要負責制定法律及提供撥款。

《致砵甸乍訓令》及日後的《皇室訓令》基本內容包括：議政、定例兩局議員的任命、兩局的權力、立法的程序、選舉事宜、英國對本港立法的控制等。

除了上述文件，港督也得遵循理藩院（殖民地部）發出的"殖民地規例"，而規例內容非常廣泛。事實上，1843 年港督砵甸乍所制定的政制，乃是英國海外殖民地一般採用的統治模式。

香港政府，實質上是由其首長 —— 港督、作為總督決策諮詢機構的議政局、行使立法權的定例局、執行法令和從事管治的行政體系及引用法例從事審判的司法機構所組成。

《英皇制誥》賦予總督具有指導香港政務的最高權力，"殖民地規例"中明確指出：

> 總督是（殖民地裡）唯一最高權力者，他須向英皇負責，也是英皇的代表……，根據《英皇制誥》，所有軍事及民職人員必須向他效忠服從。[66]

戰後任期最長的港督葛量洪（Grantham, Alexander, 1899—1978；港督任期：1947—1957）曾說過："在一個殖民地裡，總督的權威僅次於上帝。"[67] 葛量洪的親身體會，正說明了港督權力之大、地位之高。

開埠之初，港督身兼駐華商務總監之職，既受理藩院（Colonial Office）監督，

（65）Endacott, G.B., *Government and People in Hong Kong 1841—1962*, 1964（hereafter as GPHK），pp. 22—23。《致砵甸乍訓令》是以英廷給紐西蘭總督的訓令為藍本。從 1841 年到 1865 年是香港總督的行政指引。

（66）Colonial Regulations 1928, No.5.

（67）Grantham, Alexander, *Via Parts, from Hong Kong to Hong Kong*, 1965, p.107.

也須聽命於外交部（Foreign Office），自第五任港督羅便臣（Sir Robinson, Hercules,
1824—1897；港督任期：1859—1865）開始，港督無須再兼任商務總監，只向理
藩院負責。理藩院是英國制定殖民地政策和統治英國轄下龐大殖民地的組織。原
則上，總督只是理藩院所釐訂的政策的執行者，然而，由於理藩院大臣是政治
家，對幅員廣大的眾多殖民地之情況，所知有限，有關殖民地的管治運作，一概
由理藩院的官員主掌，但這些官員也僅憑藉地方總督的匯報，獲知某地之一麟半
爪；殖民地之總督對該地情況所知遠比本土官員為多，他們有親身的生活體驗，
自然遠比本土官員只憑地方官員的匯報了解一地的情況為深入。[68]

　　香港的情況是獨特的。它是英國第一個在海外，而基本上由華人組成的地區
建立殖民統治，[69] 在管治上完全沒有先例可援，理藩院的官員既然不能提供治理華
人的政策，只有任由港督自行決定，為了避免出錯，地方大員往往蕭規曹隨。威
廉・德輔（Sir Des Voeux, William, 1834—1909；港督任期：1887—1891）便坦言：

　　　　總督只須在預備好的文件上簽簽名，便可以平平穩穩地度過他的任期，
　　　　對於不願有所作為的人來說，這簡直是個天堂。[70]

　　有決心要幹一番事業的總督往往可以便宜行事，雖說他必須向理藩院大臣匯
報及請示，但根據邁樂文（Miners, Norman）教授研究所得，他們自有對策，[71] 或陽
奉陰違 —— 察覺理藩院之訓令有問題又不能不執行，於是向倫敦方面訛稱已執行
理藩院之指令；或先斬後奏 —— 這主要是與財政有關事務，總督按照實際需要先
實行某種措施，然後才向倫敦方面匯報要求追認；或我行我素 —— 港督下令頒行
某種措施，但卻不向倫敦方面匯報。事實上，港督不匯報，理藩院也無從得知。
香港總督遇到英廷強逼施行一些他不同意的政策時還有一度板斧，就是用行政局
或立法局作擋箭牌，甚至以佔香港人口絕大多數的華人反對為藉口。事實上，香
港與倫敦相去萬里，書信往來需時頗久，理藩院對總督的控制是有限的，除了涉
及立法、財政、或與英國基本國策相違背的事情 —— 比方賭博合法化問題、妹仔

（68）參考 Cell, John W., *British Colonial Administration in the Mid-nineteenth Century: the Policy-making Process*, 1970, pp.3—44;
　　　Fieldhouse, D.K., *The Colonial Empires: A Comparative Study from the Eighteenth Century*, 1966, p.246。

（69）英人在佔領香港前已佔領了新加坡、馬六甲及檳榔嶼，該三地均有不少華僑聚居，但它們都不是直轄的殖民地，而是隸屬於
　　　印度政府，由英國東印度公司間接管治。1867 年 4 月 1 日，由上述三地組成的海峽殖民地（Strait Settlements）方正式脫離印
　　　度政府的統治移交英國理藩院，成為直轄殖民地（Crown Colony）。

（70）Sir Des Voeux, William, *My Colonial Service*, Vol. II, 1903, p.244.

（71）邁樂文教授研究所得，歷任香港總督有許多應付理藩院的秘訣，詳見 Miners, Norman, *Hong Kong Under Imperial Rule*, 1987
　　　（hereafter cited as HKIR），pp.48—50。

問題、與廣東國民政府的關係等。[72] 理藩院一般都樂於被蒙在鼓裡。

　　原則上，港督在制定政策時，必須徵詢及參考行政局的意見，而法例之制定又須通過立法局，然而，從開埠至戰前 100 年間，行政局的議員都是官守佔絕對多數，而在 1896 年以前，行政局更沒有非官守議席，即使到了大戰前夕，也只得 3 個非官守議席，而官守議席有六席之多，何況港督還有否定行政局決定的權力，可知行政局完全在港督的控制之中。至於立法局，在 1850 年以前，並無非官守議席，而從 1850 年開始，非官守議席數目雖漸有增加，與官守議席的比例也有所上升，然而直至 1941 年，官守議席仍然比非官守為多，也就是説，港府要通過某條法例或推行某些措施，多數可如願以償。[73] 理藩院固然不能完全控制港督的行政，行政、立法兩局亦幾乎在港督掌控之中，總督權力之大，可見一斑。

　　不過，港督雖然在施政上擁有絕對權力，但假如推行的措施得不到民眾支持，還是有可能要被逼改變初衷的，壓力最初來自旅港經商的英國商人。開埠初年，不少英商從廣州或澳門遷到香港來，這些商人跋扈驕橫，以香港開拓者自居，不把港督放在眼裡，[74] 早年的港督如砵甸乍、戴維斯、寶靈（Sir Bowring, John, 1792—1872；港督任期：1854—1859）、軒尼詩（Sir Hennessy, John Pope, ?—1890；港督任期：1877—1882）等都與本地英商關係惡劣。戴維斯的人頭税措施便因西商的強烈反對而須修訂；寶靈的中區填海計劃因未能獲得英商支持而胎死腹中；軒尼詩任內，更因同情及支持華人而受到西商的圍攻；[75] 英商不時聯名上書理藩院，彈劾港督，[76] 英商在英倫本土都有一班有影響力的朋友，對英國施政有一定的影響力。另一方面，香港居民中華人佔了絕大多數，華人雖然政治影響力遠不如英人，但由於人數眾多，華人領袖的聯名上稟也對政府構成一定壓力，如麥當奴（Sir MacDonnell, Richard Graves, 1814—1879；港督任期：1866—1872）的賭博合法化政策，便因受到華人領袖的強烈反對，最終被逼取消；在廢除妹仔問

（72）有關賭博問題，見拙文〈香港早期之華人社會 1841—1870〉，香港：香港大學哲學博士論文，1988 年，未刊稿（以下簡稱〈社會〉），頁 529—531。妹仔問題，邁樂文教授有深入研究，見注（71），頁 153—190。港督司徒拔（Sir Stubbs, Reginald, 1876—1947；港督任期：1919—1925）因同情孫中山的廣東國民政府，違背了英國外交基本國策（英國承認北洋政府）而遭理藩院譴責。同注（71），頁 51—53。

（73）立法局裡雖然官守議席比非官守為多，但也出現過官守與非官守議員合力反對港督某項施政的例子。比方港督寶靈意圖通過一項法例，逼令中環海濱的大業主接受港府在中區海濱旁進行填海的計劃，在呈交立法局審議時，竟為官守與非官守議員一起否決。中區填海計劃，乃胎死腹中。

（74）見上引拙文，頁 271—273。

（75）Endacott, G.B., *A History of Hong Kong*, 1964（hereafter as AHHK），pp.181—182.

（76）例如戴維斯便因受到西商上書英廷彈劾，加上與同僚關係不佳，而向英廷呈辭。見注（73），頁 287。西商聯名上書英廷要求進行政制改革的如 1894 年，詳見 *GPHK*, pp.120—121。

題上,亦因一些華裔紳商的反對而爭論不休。一些涉及華人利益的政策,港督必須尊重華人領袖的意見,遇到社會不安時,政府才可以取得華人領袖的支持,出面安撫群眾。省港大罷工後,金文泰(Sir Clementi, Cecil, 1875—1947;港督任期:1925—1930)提議委任周壽臣(1862—1959)為首位華人行政局議員,建議受到理藩院質疑,[77]但金文泰仍堅持原議,因為他深切體會到爭取華人領袖的支持,乃是香港安定繁榮的基本保證。

2. 行政局

行政局是按照《英皇制誥》及《皇室訓令》的規定及指示成立的,是香港政府的決策諮詢機構。除了極緊急、微不足道、或高度機密的事項外,總督在所有政事上都必須諮詢行政局的意見,行政局通常每週舉行會議一次,必要時可召開臨時會議,會議由港督主持,討論議題由總督提交,總督有最後的決定權。[78]

砵甸乍時代初成立的行政局成員只有三名:駐華商務副總監、輔政司及總巡理府。一年後,戴維斯上任,擬增加律政司為行政局議員,被理藩院以"為了方便港督控制行政、立法兩局,兩局成員數目不宜多"為理由加以否決。[79]行政局的議員數目仍為三席:即副總督、輔政司及總巡理府。1872年麥當奴任內,在原有基礎上增加一個議席,成為四個,其中三名是當然官守議員。1875年堅尼地(Sir Kennedy, Arthur, 1810—1883;港督任期:1872—1877)任內增加一個議席,寶雲(Sir Bowen, George, 1821—1899;港督任期:1883—1885)任內,再增一席成為六席,包括:英軍司令、輔政司、律政司、總登記官兼撫華道、工務司及庫務司。總登記官兼撫華道首次成為行政局議員。行政局的官守議席數目,直至太平洋戰爭爆發前再沒有改變。

1896年,在英商的壓力下,理藩院及港府終應允設立兩個行政局非官守議席,這是非官員參與政府最高決策的嚆矢。政府此一決定,乃是對1894年懷特黑德(Whitehead, T.H.)為首的一群立法局非官守議員聯名上書英倫要求改革政制的讓步。懷特黑德、遮打(Sir Chater, Catchick Paul, 1846—1926)、何啟(1859—

---

(77)同注(71),頁138—139。

(78)此段有關行政局之組織、職權、運作及發展主要參考 *GPHK* 和 *HKIR*。

(79)斯坦利致戴維斯信函,1845年2月3日,C.O.129/6。

1914）等，[80]要求讓英籍人士在政治上有較多參與，具體來説，是容許英籍人士自由選舉立法局代表、立法局中非官守議席的數目應較官守為多，及容許立法局中的官守議員可按自己的意願投贊成或反對票。理藩院的回覆中以若容許英籍人士自治，華人的利益將會遭受忽視為理由予以拒絕，並向羅便臣建議設立兩個行政局非官守議席，其中一個是華人，以確保華人的利益得到保障。然而，在這一點上，港督羅便臣（Sir Robinson, William, 1836—1912；港督任期：1891—1898）以 "華人既不能也不會是一個獨立的議員，[81] 而英籍華裔何啟卻未能取得華人的信任，華人不懂得議會運作" 為理由斷然拒然，最終選出來的首兩名行政局非官守議員是英籍亞美尼亞裔殷商遮打及怡和洋行的歐文（Owen, J. F.）。綜觀從 1896 年首設行政局非官守議席始至大戰爆發止，被委為行政局非官守議員的人士包括洋行大班、銀行家、律師等，但包括羅旭龢（1880—1949）及周壽臣在內的 29 人中，[82] 有20 名是殷商，其中包括怡和、天祥、仁記等著名洋行的大班，而其中怡和洋行的代表竟先後有九名之多，英商勢力之大，可見一斑。

羅便臣拒絕了英廷委任華人為行政局議員的建議，32 年後，才有首名華人當上行政局議員。

1925 年省港大罷工爆發，香港經歷了 15 個月動蕩不安的時期，在這段艱辛的歲月裡，港府得到華人中上階層——特別是殷商的支持。為了舒緩華人的反英情緒，激勵士氣，爭取華人的效忠，金文泰特委任祖籍香港黃竹坑新圍、時任立法局首席華人非官守議員的周壽臣為首位行政局華人議員。金文泰此一提議曾遭理藩院的官員以華人能否嚴守保密守則、影響到行政局討論敏感問題為理由加以質疑，[83] 但金文泰堅持自己的判斷正確。周壽臣在任十年後，到 1936 年退休，其空缺由羅旭龢頂替。行政局的九個議席自 1926 年至二戰爆發，一直沒有增減。

（80）　遮打生平見 Dr. Bard, Solomon, *Traders of Hong Kong Some Foreign Merchant Houses, 1841—1899*, 1993（hereafter cited as Early Traders），pp.95—96。何啟則可參考 Choa, G.H., *The Life and Times of Sir Ho Kai*, 1987; Chiu, Ling—yeong, "The Life and Thought of Sir Ho Kai". Ph.D. thesis, Sydney: University of Sydney, 1968；Holdsworth, Mary and Munn, Christopher (eds.), *Dictionary of Hong Kong Biography*. Hong Kong: Hong Kong University Press, 2012, pp. 78—80。

（81）　《威廉‧羅便臣致約瑟張伯倫密函》1895 年 8 月 16 日，英國殖民地部檔案，CO129/268。

（82）　有關羅旭龢、周壽臣生平，可參看 Cheng, T.C., "Chinese Unofficial Members of the Legislative Council in Hong Kong up to 1941," *JHKBRAS*, 9（1969）（hereafter cited as "Cheng,T.C."），pp.7—30；*Dictionary of Hong Kong Biography*, pp. 96—98, 230—232。

（83）　同註（77）。

3. 立法局

　　立法局也是根據《英皇制誥》及《皇室訓令》的規定而設立，主要職能是制定法律，作為主席的總督有否決權，立法局議員可就政府的政策事務，提出質詢。

　　1843 年港督砵甸乍在組織行政局的同時，也組成了立法局，成員由副港督、輔政司及總巡理府組成，[84] 與行政局完全一樣。開埠伊始，兩局都是官守議員，港督大權在握。根據英國的傳統，為方便統治，所有殖民地在開始時權力都集中在總督一人手裡，紐西蘭如是、錫蘭也如此。歷史學家安德葛（G.B. Endacott）指出：由於香港開埠時原居民人數並不多，沒有一班本地豪紳要求分享權力，情況跟印度、錫蘭等地截然不同，故此，港府可以獨攬大權。砵甸乍的繼任人戴維斯把立法局議席增至五個，他指出由於官員以外的英人都是鴉片煙販，他只能委任官守議員。在英廷的指令下，他把議席減回三個，成員是英軍司令、首席按察司及律政司。

　　隨着原來居住於廣州或澳門的英商遷到香港來，情況逐漸改變。英商對戴維斯的施政非常不滿。1845 年，他們聯名上書理藩院大臣，彈劾戴維斯，並要求設立一個居民自決的市政府，但不得要領。四年後，香港的英國僑民再去信催促，港督般含（Sir Bonham, Samuel George, 1803—1863；港督任期：1848—1854）同意立法局設立非官守議席，終於委任了大衛·渣甸（Jardine, David, 1819—1853）及艾格（Edger, J. F.），成為立法局首兩名非官守議員。般含與香港英商的關係良好，立法局的首個非官守議席在他任內委出，絕非偶然。

　　繼任的寶靈是一個富於改革熱忱的人。甫履新，便擬定了改革立法局的大計。他的計劃包括增加八個官守議席、五個非官守議席，後者由擁有土地的英籍人士選出，以便可以反映民意，寶靈又建議把立法局會議公開，但理藩院對於立法局進行大改革並不支持，他們一方面反對由僑港英人壟斷香港事務，恐怕會導致華人的利益受到忽略，對長居香港的華人不公平，另一方面，卻以華人尚"未懂得尊重社會安定所仰賴的大原則……"為理由，拒絕讓華人晉身立法局，經過多番爭議，英廷只同意增加兩個官守議席及一個非官守議席，官守議席是庫務司及總巡理府，非官守議席是萊爾（Lyall, G.）。但一年後，因兩名官員休假，寶靈又多設一個官守議席，變成六對三的局面。英廷同意立法局會議准許旁聽，為開放立法局邁出一大步。

（84）此段有關立法局之組織、功能、運作及發展，參見 *GPHK* 和 *HKIR*。

　　寶靈時代，英廷反對讓華人參與立法局，但自 19 世紀 50 年代以後，華人人口增長極速，華商逐漸崛起，到了軒尼詩當港督時，華人已成為香港最大的業主，他們從西人手中購入了大量房屋，總值達 1,710,000 元。政府的收入中 90% 來自華人，而在全港每季納差餉 1,000 元的人中，有 17 名是華人，而只有一名是英人。軒尼詩是愛爾蘭人，較能理解華人被歧視的處境，對華人的發展，熱心支持，與此同時，他積極找尋機會，委任華人入立法局。[85] 1880 年 1 月，仁記洋行大班吉普（Gibb, H. B.）休假，軒尼詩委任伍廷芳暫代。伍廷芳（1842—1922），字文爵，號秩庸，是香港第一位執業華人律師，又是基督教徒。[86] 他學貫中西，受到華人社會的愛戴和擁護，伍廷芳就職之日，華人領袖群集港督府道賀。但英廷仍然以 “假如中英交惡，立法局的華裔議員將處境尷尬” 為理由拒絕給予華人一個永久議席，英廷又認為如要委任華人為立法局議員，應揀一個商人，而伍氏並非商人，故非理想人選。伍廷芳當了不足三年立法局議員，便辭去議席，投身北洋幕府。

　　軒尼詩在 1882 年去職，其繼任人寶雲在 1883 年履任，他支持在立法局設立至少一個華人議席，以代表佔全港人口大多數的華人發言。但人選難求，因為他必須是英籍，受過良好教育、具有社會地位及經濟能力，當時香港兼具這些條件的華人鳳毛麟角。

　　寶雲決定趁機會改革立法局，理藩院表示支持。1884 年立法局增加兩個官守議席：總登記官兼撫華道及總測量官，非官守議席增加一個，共五名。並指定其中一個議席由華人充任，非官守議席的其中一席由香港總商會提名，一席由太平局紳提名。從而可代表 “社會中有智慧、高教育水平及擁有財富的人” 的看法。[87]

　　幾經考慮，寶雲終於挑選了黃勝（1826—1902）出任立法局新設的華人議席。[88] 黃勝早年肄業於馬禮遜紀念學校，在美國唸過兩年書，回港後，在英華書院主持印刷所，他既是基督徒，又諳英文，與西人關係密切。同時，他也是東華醫院的創院總理之一，在當時的華人社會，無出其右。1883 年黃勝歸化英籍，寶雲

（85）除參考 *GPHK*，pp. 89-96 外，可參見 *AHHK*, pp. 170—197。

（86）伍廷芳之資料，可參看注（81），及 Smith, Carl, *Chinese Christians, Elites, Middlemen and the Church in Hong Kong*, 1985 (hereafter cited as CC), pp. 131-132; Pomeranantz, Zhang, Linda, *Wu Tingfang(1842-1922): Reform and Modernization in Modern Chinese History*, 1992; *Dictionary of Hong Kong Biography*, pp. 337—338。

（87）*GPHK*, p.99。

（88）黃勝之生平可參見上引 CC, p.147；陳學霖：〈黃勝 ── 香港華人提倡洋務事業之先驅〉,《崇基學報》第 3 卷 2 期（1964 年 5 月），頁 227—231；*Dictionary of Hong Kong Biography*, p. 454。

以他"既能以英國人眼光觀察中國事物，亦能以中國人眼光觀察英國事物"，符合種種條件，乃委任他為立法局議員。[89]

經過寶雲的改革後，立法局氣象一新，出現了永久的華人議席，代表華人利益發言，而在香港極具影響力的香港總商會及太平紳士均有權提名人選出席立法局，開間接選舉之先河。

立法局裡的五名非官守議員對政府的措施——特別是財政及工務異常關注，經常與港府意見相左。為了爭取在政治上有更大的發言權，1894 年他們與一群繳納差餉的人士聯名上書英廷施壓，要求增加立法局非官守議席，在數量上超過官守議席，立法局的議席由英人自行選出。發起人中包括從 1890 年起取代黃勝出任立法局華人議員、在英國受過高深教育及非常西化的何啟。

面對立法局非官守議員以辭職要脅，港督羅便臣立場堅定，理藩院也不同意立法局非官守議員的看法，後者在覆函中逐點批駁，指出香港漸趨繁榮，華人居功不少，任何政制轉變，可能會不利於華人，而且香港與中國接壤，中國必定不願意看到香港出現一個西人自治的政府，因此政府堅持必須維持現行制度不變。但為了向請願者稍作讓步，港府首次設立兩個行政局非官守議席，而立法局亦增加兩個議席，其中一個是官守，另外一個是非官守——新增加的華人議席，由在英國唸大學、基督徒、銀行買辦韋玉（1849—1922）充任。[90] 至此，立法局共有七名官守議員、六名非官守議員。這情況一直維持到 1929 年才有所改變。

1916 年，以波洛克（Sir Pollock, Henry）為首的英人曾上書英廷，要求增加行政、立法兩局的非官守議席，為政府所拒。1925 年，香港爆發規模前所未見的大罷工，罷工平息後，港府在金文泰領導下進行了一系列的改革。周壽臣被委任為首位華人行政局議員，而立法局方面亦增設四個議席，分別是官守兩個、非官守兩個，比例維持不變，官守議席除去港督共有九個。他們是：陸軍提督、布政司、法政司、庫務司、華民政務司、工務司、警察總監、醫務衛生總監及船政道；而非官守議席共有八個，其中兩個議席由香港總商會及太平紳士提名，餘下的六個均由港督委任，有三個議席為華人專設，另外為葡人留一個議席。非官守議員任期由六年減為四年。

從 1929 至 1941 年香港淪陷，立法局的體制維持不變。

（89）*AHHK*, p. 205.

（90）韋玉生平，詳見 "Cheng, T. C." , pp. 16—19；*Dictionary of Hong Kong Biography*, pp. 455—456。

圖 3.6　1897 年的香港立法局成員。穿白色軍服軍官後面的是華裔的伍廷。

　　像行政局一樣，立法局的非官守議員非富即貴，從 1850 年首設非官守議席至 1941 年香港淪陷為止，香港共產生了 98 名立法局非官守議員（不包括官員以非官守身份出席立法局者），其中不是英資洋行的大班，便是銀行家、律師、醫生、會計師及建築師。必須指出，香港是一個商業城市，在戰前香港，工業尚處於萌芽階段，香港的財富，主要是藉着轉口貿易積累而來，因此，洋行——特別是英資洋行緊握貿易之牛耳。[91]怡和洋行、寶順洋行、仁記洋行、端納洋行、天祥洋行等財雄勢大，歷史悠久的英資商行幾乎壟斷了立法局的大部分非官守議席，其中怡和洋行更長期在立法局佔有一個席位。從 1850 年到 1900 年間所委任的 43 名立法局非官守議員中，有 29 名來自大商行，佔所有議員的 67%。英國人多，加上他們熟識議會的運作，英文既是法定語文，英人可以從容不逼的以母語進行辯論，因而他們在立法局裡影響力極大。像懷特黑德、波洛克及霍利約克（Holyoak, P. H.）都是港府深感頭痛的人物。

　　在 19 世紀晚期，香港出現了幾名很出色的亞裔商人，如英籍亞美尼亞裔的遮打、猶太裔的沙宣（Sasoon, F. D.）[92]及庇理羅士（Belilios, E. R., 1837—1905）。[93]他們都相當能幹，在香港建基立業，並被委為立法局議員。葡籍人士則自 1929 年起擁有一個議席。

　　自 1880 年委任伍廷芳為首位華人立法局議員起至 1941 年，被委為立法局議員的華人包括：黃勝、何啟、韋玉、劉鑄伯（1866—1922）、何福、陳啟明、周少岐、周壽臣、伍漢墀（1877—1923）、羅旭龢、曹善允（1868—?）、周竣年（1893—?）、羅文錦（1893—1959）、李樹芬（1887—1966）、李子方、譚馬士共 17 人，[94]他們都有一個共同特色：受過英式教育的薰陶。除了黃勝、何啟、羅文錦、曹善允、李樹芬及譚馬士是專業人士外，其餘的都是腰纏萬貫的富商，正符合了港府器重商人的大原則。

　　華人議員除了早期的何啟及後期的羅文錦外，其餘的大都發言不多，唯英籍議員馬首是瞻。據知韋玉當了 21 年議員，極少發言，當他晉升為立法局首席議員後，在辯論財政預算時，每讓歐裔同僚代他發言。何福對於華裔議員多在會議

（91）　有關 19 世紀外國商行在香港的商業活動，可參考 *Early Traders* 一書。

（92）　沙宣家族歷史見 *Early Traders*, pp. 94—95；*Dictionary of Hong Kong Biography*, pp. 383—385。

（93）　庇理羅士生平詳見 *Early Traders*, pp. 92-93；*Dictionary of Hong Kong Biography*, pp. 24—25。

（94）　詳見注（82）；*Dictionary of Hong Kong Biography*, pp. 454, 455—456, 246—247, 187—188, 71, 82, 96—98, 230—232, 438—39, 82, 278—279, 263—264, 262—263。

上噤若寒蟬的解釋是：華人議員習慣在會議前先行靜靜及有技巧地接觸同僚，私下解決問題，故此沒有在會議上提問。然而，當會議辯論與華人利益有關的事項時，華人議員也仗義執言。比方 1919 年立法局審議保留長洲山頂作為西人居住區的法案時，何福和劉鑄伯便慷慨陳詞，極力反對。[95] 邁樂文認為華人的意見每每透過團防局向華民政務司反映，故此無需由華人議員在立法局上提出討論。[96] 這雖然可能是原因，但華人不習慣在會議上以英語發言，及華人較保守的性格，可能是更主要的因素。立法局中最敢言的華人，包括前期的何啟及後期的羅文錦都是在英國唸法律的，慣於以英語辯難，而且生活方式都非常西化，他們的出身、教育背景顯然與劉鑄伯、周少岐等較傳統的華商截然不同。

在戰前的華裔議員中，以羅文錦最敢言。[97] 他在 1935 年被委任為議員後，便成為港府政務的主要批評者。據知從 1936 至 1939 年，他提問的次數比其他議員加起來還要多。然而，立法局裡的華人議席只有三個，相對於英人，力量顯然有所不及，比方前面提過的法案，立法局裡除了兩名華人，其他的官守及非官守議員都投支持票，華人勢孤力弱，徒呼奈何，華人議員在立法局發言不多，與此亦不無關係。

（二）司法制度

1841 年 1 月 25 日，英軍登陸港島。2 月初，港英臨時政府發表重要文告，強調香港之華人，受到英國官吏之保護，一切禮教與典儀風俗習慣及私有合法權益，概准如舊，而官廳執政治民，悉依中國法律及風俗習慣辦理，但廢除拷訊。英國人及他國人氏則按英國現行法規管治。[98]

在香港政府尚未正式成立前，義律已委任威廉‧堅吾（Caine, William）為總巡理府，負責維持治安。[99] 1843 年 6 月，原設於廣州以審訊在中國犯罪的英國人的刑事和海事法庭遷到香港來，香港法院正式成立。

（95）見注（71），頁 61。

（96）同上註。

（97）羅文錦是混血兒，是戰前所有立法局華裔議員中最敢言的一位，見同上註，頁 63。

（98）見《鴉爭》，第 4 冊，頁 241—242。

（99）見 Norton-Kyshe, William James, *The History of the Laws and Courts of Hong Kong,* Vol. I 1898（hereafter cited as Norton-Kyshe）p. 6。

1844 年刑事法院開始審訊時，採用了英國行之多年的"陪審團制度"。接着又任命了首席按察司（Chief Justice）和律政司（Attorney General）。首席按察司即最高法院首席法官，由英女皇任命，律政司是港督的法律顧問，也是議政局及定例局的當然議員。[100]

1844 年 10 月，高等法院成立。根據《香港高等法院條例》，英國法律除一些被認為不適用於香港或由本港立法機關予以刪改，其餘皆適用於香港，英國的普通法，衡平法及其判例均在香港具有法律效力。

香港的司法審判採用了三級三審制度。[101] 地方施政機關，有初級法庭、高級法庭、上訴議庭三級。初級法庭，即各區裁判司署，承審官為裁判司，負責所有適用簡易程序治罪之刑事案件，包括若干簡易民事案件，及一切違章犯禁之糾紛。至於民事訴訟事件其關連數目不超過 1,000 元的，屬於簡易民事管轄權範圍，以簡易民事法庭為初級審判庭，附設於高等法院。

凡屬簡易民事訴訟，當事人可以自行或選任律師代表起訴或辯護，如屬於民事訴訟管轄本權之事件，當事人可以自行或延聘律師轉任大律師（狀師）代理起訴或辯護。如刑事案提起公訴，必須由律政司或政府律師或警官主控，一切公訴案件必須經過預審，然後送高等法院刑事庭審判。

高等法庭，附設於高等法院，有民事、刑事庭之分。民事方面有民事管轄庭、民事簡易庭、遺產庭、破產庭、海事庭、離婚庭之別。凡民事訴訟屬於債務、遺產、破產、背約、追討損失、妨害名譽等案而訴訟關連數目超過 1,000 元的，歸民事訴訟管轄本權範圍，由高等法庭管轄。凡刑事訴訟由律政司提出公訴，而經初級法庭預審移交的，歸刑事庭管轄。

上訴合議庭，附設於高等法院，由按察司兩人或三人組織而成，審理地方上一切民刑事上訴事件。

所謂三審程序，不論為民事或刑事訴訟，如不服第一審判決的，除可依法請求覆審或向高院或按察司提請吊審或吊放外，還可以向合議庭請求上訴。又如有不服高院刑事庭第一審判決的，可提請上訴。據 1933 年第八號條例規定，不論屬於法律或事實問題，均由按察司兩或三人組織合議庭進行研訊，是為第二審。如不服第二審的判決，可以提請上訴於英廷，由英廷樞密院司法委員會（Judicial

---

（100）參考張學仁：《香港法概論》，1992 年（以下簡稱《港法》），關於早期司法一段。
（101）此段有關三級三審制度參考馬沅：《香港法例彙編》，第 1 卷，1936 年，頁 136。

Committee of the Privy Council）組織上訴庭進行研訊，是為第三審，也就是訴訟程序的終審。

立法局自 1843 年便制定香港法律。香港成文法乃積累而成，總稱《香港法律》，包括了由立法局通過法例（ordinances）及作為法例的附屬立法的規例（regulations）；此外，還包括適用於本港的樞密院命令、英國議會法例、憲制性文件、公約和條約。法院把比較重要的判決匯總成冊，稱為《香港法律匯總》和《地方法院法律匯總》。

早期港英政府法律有三大特點。其一是歧視華人，有些法例的名稱就帶有明顯的種族歧視，例如 1856 年第 12 號《管理華人墓地和防止汙害法例》，把華人墓地與隨地便溺等汙害相提並論。又如專門適用於華人的 1858 年第八號法例第 23 條規定，貧苦華人不准行乞，違者“可罰銀不過五大元，或可將犯此之人鞭笞，隨該官意，但多不過三十六鞭，少不過五鞭，又可將該人解回原籍”。再如，1888 年第 13 號《管理華人法例》明文規定，撫華道有權隨時傳訊任何華人房主和房客，有權任免華人更練首領；華人除婚喪大事以外，逢年過節也不准在市區吹奏樂器或列隊行走；華人未經撫華道批准，不得公演任何中國戲劇或張貼海報；華人夜晚上街必須提燈，無通行證的華人晚間不准出門；華人未經總督許可，不得舉行或參加任何公共集會，如此等等。1888 年第 16 號《保留歐人區法例》，劃港島山頂區為“歐人區”，不准在這些地方建造中式房屋，現有的中式房屋也嚴格限制居住人數，表現出排擠華人、實行種族隔離政策的意圖。[102]

其二是為了適應商業發展的需要，港英政府格外重視經濟立法的工作，早在 19 世紀下半葉已制定一系列調整經濟關係的成文法，例如：破產法、專利法、銀行組織法、合夥經營法、公司法、商標法、信託法、土地拍賣法、財產繼承法等，它們在港英法律體系中佔有顯著地位。這些法例的訂立，對香港經濟的發展，有正面的推動作用。

其三是英律與華律並用。香港開埠之初，中英雙方尚就居港華人之治權爭論不休，鑑於此問題懸而未決，而且在華英人享有治外法權，港英政府乃宣佈以“華律”管治華人。1844 年第十條第 25 項及同年第 15 條法例中作出更具體的規定。在港英政府眼中，這種司法方式，既可符合作為英國殖民地的香港理應施行英律的大原則，又可按照地方情況及實際需要，對華人罪犯施以具警嚇性的懲罰。然

（102）余繩武、劉存寬：《19 世紀的香港》，北京：中國社會科學出版社，2007 年，頁 150。

而無論是居港的華人、英人，以至英廷，均對這些制度不以為然，尤以華人動輒得咎，刑罰嚴苛，富有華人，每裹足不來，視香港為畏途。[103]

香港高等法院在審理香港案件時也往往採取雙重標準，對英國人百般包庇，重罪輕判，而對中國人則相反，一貫實行嚴刑峻法。香港一地判處死刑的人數等於全英格蘭死刑人數的一半。當時死刑均採取公開處決的方式，以期對華人收殺一儆百之效。直到 1895 年以後，處決犯人才改在獄中執行。鞭打華人在香港更是司空見慣的現象。加上華人對香港法律完全陌生，訴訟費高昂，據研究，從 1848 年起至 1853 年間，高院並無審理華人民事訴訟的紀錄，華人轉而向文武廟尋求其值理擔當仲裁，排難解紛。[104]

（三）公務員體制

香港的政制沿襲英國直轄殖民地的傳統模式，設總督作為殖民地的首長。總督之下，置諮詢性質的行政局，制定法律的立法局，以首席按察司為首的司法機構，而政府的日常運作，卻有賴輔政司（布政司）所領導的公務員行列。

香港的公務員制度是仿效英國的文官制度建立的。香港內部的行政機構的產生和公務人員的職權，是根據《英皇制誥》、《皇室訓令》確定的。在 1917 年重新公佈施行的《英皇制誥》規定公務員的任命和升遷由總督決定；同年公佈的《殖民地規例》，對於公務員的升職、紀律等作了進一步的規定。[105]

隨着英國在香港建立殖民統治，港英政府亦告組成，新政府由以下主要官員組成：總督、副港督、輔政司（布政司）、副輔政司、庫務司、華人事務司、法律顧問、醫務監督、總巡理府、助理巡理府、翻譯官、船政官、田土官、助理測量官、建築物監督等，當時一切草創，組織仍然相當原始。[106]

1844 年 5 月 7 日，戴維斯抵港履港督職，替代任滿回英的砵甸乍。他從英

（103）佐佐木正哉（編）：《鴉片戰爭の研究・資料篇》，東京：近代中國研究委員會，1964 年，頁 313—314；James William Norton-Kyshe, *The History of the Laws and Courts of Hong Kong from the Earliest Period to 1898*. Hong Kong: Vetch and Lee, 1971, 1st published, 1898, p. 133。

（104）見〈社會〉，頁 242—243。Munn,Christopher, *Anglo-China: Chinese people and British rule in Hong Kong, 1841—1880*. Hong Kong: Hong Kong University Press, 2009 中臚列了大量案例，Part Two: Crime and Justice。

（105）聶振光：《香港公務員制度》，1991 年，頁 9。

（106）見 Eital, E. J. *Europe in China, the History of Hong Kong from the Beginning to the Year 1882*, 1985, p. 189。所列官員名稱皆意譯，在香港公務員名錄未刊行前，政府職位中的中文稱謂極難確定。

國帶來了一班英國的公務員，包括土木工程師、法庭登記官、核數師等，一個月後，香港的首任首席按察司休姆（Hulme, J. W., ?—1861）抵港履新；三個月後，首位律政司斯特林（Stirling, P. I.）亦到港上任。戴維斯還設立了一個新的部門——總登記官署，為華人進行登記，以阻遏三合會的發展，後來，總登記官成為港府與華人之間溝通的主要橋樑。[107]

　　隨着人口的增加、商務的發展、疆界的拓展——特別是 1898 年英國租借了社會結構及形態與港九截然不同的新界，香港政府機關組織架構必須不時調整以適應新需要——這包括增加新部門、新職位及改組原來機關組織，據香港公務員名冊的紀錄，在 1904 年香港有下列主要部門：估價官署、律政司署、查數官署、園莊事務署、輔政司署、國家律師署、提牢（監獄署）、船政廳、海關監督署、監督學院（教育司署）、田土廳、巡理府、醫務署、潔淨醫師署、天文台、總緝捕署、驛務司署、工務司署、總登記官署、釐印局、按察司署、庫務司署、水務司署等多個部門，[108]負責處理行政、司法、財政、土地、醫務、衛生、教育、稅務、供水、工程等各方面的事項。其中設立於 1862 年的監督學院（或可譯作視學官）是港府首個專責香港教育的職位，1909 年改稱教育司。海關監督署成立於 1887 年，港英政府為了解決“封鎖香港”事件，與中國政府達成協議，協助管制鴉片的出入口，打擊走私，於是成立海關監督署專責監察出入口事宜。1909 年，香港開始向酒類抽入口稅，以彌補因限制鴉片入口所造成稅收的減少，海關的職權更重。[109]

　　踏入 20 世紀以後，人口日多，政務日益繁重，港府亦因應新需要設立了一些新部門，這包括 1922 年成立的消防署（在此之前，消防是由警察司署兼管的）、1906 年配合九廣鐵路興建而設立的九廣車路局、為管治新界而設立的新界理民府。1913 年，總登記官署改稱安撫華民政務司署。1938 年，港府設立差餉物業估價署以管理新徵收的入息稅。有鑑於 1925 年省港大罷工而於 1938 年設立的勞工署，藉以改善港府、僱主與勞工間之關係，在 1937 至 1938 年，港府改組負責財政的部門，開設財政司、政府物料供處署及總會計署，以取代原有之庫務司署，

（107）詳見 *GPHK*, p. 164。總登記官（Registrar General）的重要性與時俱增，1858 年增加了“撫華道”（Protector of Chinese）名號。隨着香港華人愈來愈多，愈來愈富有，總登記官的職權也日重，1884 年，他成為立法局當然官守議員；1913 年易名為安撫華民政務司（Secretary for Chinese Affairs）。

（108）The Hong Kong Civil Service List for the Year 1904（here-after cited as CSL）。有關香港公務員架構之演變可參考：Hamiton, E. C. *Government Departments in Hong Kong 1841-1969*, 1969, pp. 3—7, 14—16。

（109）見 *GPHK*, p.164—165，安德葛對於從 1841 至 1941 年間港府的發展有詳細描述。

圖 3.7　英國首任駐華商務總監律勞卑紀念碑。現放置於香港墳場內。

改組重編後，分工更細，更能適應日益繁重的財政事務。[110] 1940 年，港府特別成立人民入境事務處，以處理因廣州淪陷逃難而來的大量難民，這些都是 20 世紀以後成立的新部門。

公務員的人數也隨着新部門增加而與時俱增。1901 年，政府各級公務員合共只有 715 人，1914 年增至 4,447 人，到了 1939 年更增至 10,004 人，25 年間共增加了 125%。[111] 公務員數目的驟增與本港人口在 20 世紀暴增、政府部門所需處理事務日益繁重有不可分割的關係。

戰前，香港公務員行列裡英人所佔數目相當多，[112] 1914 年，外籍公務員有515 名，佔總公務員人數的 11.6%；在 1930 年，外籍公務員人數增為 956 名，其後略有減少，至 1939 年降至 889 名，佔公務員隊伍裡的 9%。政府部門的首長固然清一色由英人擔任，即有些中下級的職位，也有不少外籍僱員，如警隊的督察、衛生局的幫辦、工務局的管工及在部門裡當文書的都有不少英籍人士。

必須指出，在戰前的公務員體制裡，種族歧視是很普遍的現象。同一職位，英人的薪津比華人高，1914 年，一名歐籍警察一年的薪酬是 1,000 鎊，而印籍或華人督察每年只得 150 港元，比歐籍同僚少七倍。外籍公務員特多的原因，根據邁樂文教授的分析，原因包括：部門首長往往覺得歐籍僱員較為忠實可靠、比華人僱員清廉、辦事效率較高；外籍僱員對英國政府忠心耿耿。本地招聘的香港公務員大都不是英籍公民，遇到危急關頭，可靠程度成疑。也因為這個緣故，負責維持治安的警察隊伍裡，英籍和印籍警察比華籍為多。在 1913 年，歐籍和印籍警察合共 647 名，華籍警察有 576 名。1922 年海員大罷工時，政府對華警的表現不滿，曾辭退或把部分華警降職處分。在省港大罷工後，政府把警隊的外籍人員比例增加，並從山東威海衛招募華人到港當警察。[113]

由於外籍人士的薪津比華人高，隨着公務員體制的膨脹，政府財政負擔日重。1930 年，一個研究香港公務員薪酬的報告書發表，定例局議員反對增加公務員薪酬的建議，政府委出一個小組研究節流之方，小組建議多聘用華人取代英人所據職位，港督威廉‧貝璐（Sir Peel, William, 1875—1947；港督任期：1930—

（110）同上注。

（111）轉引自 *HKIR*, p. 79。

（112）此段參考邁樂文教授的 *HKIR*, pp. 80—82。

（113）關於香港警察編制之發展可參閱吳志華：〈香港警察制度的建立和早期發展〉，香港：香港中文大學哲學博士論文，1995 年，未刊稿。

1935）採納了這個意見，開始聘用華人 —— 特別香港大學畢業生擔任較重要職位，但由於所有部門充斥着外籍僱員，部分部門首長拒絕讓華人取代英人職位，直至 1941 年，公務員本地化仍然進展緩慢。

（四）半官方諮詢機構：潔淨局、團防局

香港政府的行政架構除了上述的機制外，還包括若干專責處理某一類事項的半官方諮詢機構，戰前，這類機構中最具代表性的計有專責市政衛生的潔淨局（1935 年後改名市政局）及協助警察維持地方治安的團防局。

1. 潔淨局

自開埠始，香港的環境衛生一直不理想，令政府非常困擾。19 世紀 70 年代以後太平山區人口密集，居住環境異常擠逼，衛生情況惡劣，政府力謀改善。[114]1883 年，英國皇家工程師柴維克（Chadwick, Osbert）向港府提交了一份關於香港衛生情況的報告書，嚴厲批評香港的公共衛生，並力促改善。在英國理藩院的壓力下，港府成立了一個潔淨局，負責監察街道清潔、授權檢查不合衛生法例的民房、草訂新的《公共衛生條例》，成員由三個政府部門首長組成。職權由 1883 年第 7 條《治安及清潔修正法例》明確界定。1886 年，政府委任四名非官守議員入局，以增加潔淨局的代表性及公信力，成員中包括華裔的何啟。港府同時增加了兩名官守議員，潔淨局的成員乃包括五名官守（部門首長）及四名非官守議員。新成立的潔淨局的首要任務，是修正寶雲時代已擬好的公共衛生條例的草稿，以便提交立法局通過，《公共衛生條例》中有不少內容與華人有關的，最令華人惴惴不安的是當局有權進行民房檢查，條例對唐樓的建築規格有多項規定，華人恐懼唐樓的面積將更為減縮，房租將更昂貴。何啟代表華人力表反對，條例在呈立法局討論時，非官守議員全體反對，但由於官守議員數目佔優，法例終於通過。1887 年《公共衛生條例》規定由土地總測量官、總登記官、警察總監、醫務衛生總監及六名市民代表組成潔淨局，市民代表中兩席是華人 —— 他們是何啟及黃勝。[115]

（114）劉潤和：《香港市議會史，1883—1999：從潔淨局到市政局及區域市政局》，香港：康樂文化事務署，2002 年，頁 51—65。

（115）此段主要參考 *GPHK* 中有關潔淨局一段，pp. 148—162。

1894 年香港發生嚴重瘟疫。[116] 潔淨局擬出多項條例實行強逼性民房檢查、隔離染疫者，還成立一個特別房屋小組專責處理疫區重建事宜。

1908 年，港府委任的一個調查小組發現衛生督察與建築商朋比為奸，潔淨局貪污受賄情況嚴重，乃改組潔淨局。1908 年立法局通過《公共衛生及建築條例》，規定潔淨局由四名官守議員（部門首長）及六名市民（非官守議員）組成，官守議員中，衛生局總辦取代了警察總監，主席由一名政務官出任，取代了原來的醫務衛生總監，他同時也是新成立的潔淨局的行政部門 —— 潔淨署（市政總署前身）的總辦。潔淨署的財政經費、人事調動均需向潔淨局請示。在新的制度下，潔淨局主席不再是一名專業的醫務專家，他無需對醫務衛生有所認識，但必須通曉中文，以方便與華裔非官守議員溝通。此制度可避免衛生專家推行嚴厲的公共衛生措施，干擾華人的日常生活，阻撓華人藉興建不合衛生條件房屋謀利。[117]

1935 年，潔淨局改名市政局，基本架構不變，仍由政府官員擔任市政局主席一職，但設立一個副主席職位，由醫務衛生總監兼任，以提供專業指導，監督有關公共衛生法令和規例的執行。官守議員還包括：工務司、華民政務司及警察總監。八名非官守議員中有六名由港督委任，其中三名必須是華人，另外兩名是民選議員。

潔淨局（市政）有兩大特點：非官守議席比官守多，與行政、立法兩局的組織迥異；而非官守議員中，華人佔相當議席，這是因為環境衛生與華人生活息息相關。而華人社會的領袖如何啟、黃勝、曹善允、羅文錦、李樹芬等皆由潔淨局晉身立法局，所以潔淨局也是培植華人翹楚分子的溫床。

2. 團防局

團防局是 1866 年由華人動議，政府允准的一種由街坊組成的自衛隊組織。它首先是由中上五環的坊眾向政府申辦的。[118] 香港開埠以後，治安一直很差，警察往往有鞭長莫及之嘆，中上環 —— 華人聚居中心地的商人、店主、居民有鑑於警察力量不足倚，便自行招聘更練以維持地區治安。1866 年 2 月 1 日，五環坊眾向政府提出成立團防局，以補警察之不足，港府考慮後終允准所請。1866 年 8 月通

（116）關於瘟疫，可參考本章〈四、香港政府、西人與華人社會之關係〉。

（117）*HKIR,* p. 149.

（118）此節主要參考〈社會〉，頁 482—484。Lethbridge, H. J. , *Hong Kong: Stability and Change*, 1978 (hereafter cited as Lethbridge H. J.), pp. 104—129。

過 1866 年第七號法例，成立團防局。團防局成立後，把原來各區的更練組織聯合為一個整體組織，並且從原來由各區華人自行管理變為由專責華人事務的總登記官（後來的華民政務司）監管，經費仍由華人支付。19 世紀 80 年代，更練的職責更包括：為進行人口統計的官員作嚮導、替保良局追尋出走的女童、截查被拐帶到香港當娼的少女、為華人的福利團體進行偵查工作、維持華人居住區的治安。

1891 年，身兼輔政司及總登記官兩職的史超域‧駱克（Lockhart, James Stewart, 1858—1937）有鑑於華人愈來愈富有，影響力日大，察覺到有必要建立一個由華人組成的諮詢機構，以反映華人民意，及向港府提供意見。他建議由包括當時華人領袖：何啟、韋玉、何福在內的 12 名華人組成一個具有很大影響力的委員會，監督更練的運作，取代往昔非正式的委員，藉以加強警方與總登記官的合作，使團防局能發揮更大的力量，而團防局局紳每月開會一次，商討華人有關事項，可協助總登記官處理華人事務。駱克的計劃得到立法局議員韋玉的支持。

得到官方支持的的團防局，權力遠勝從前，團防局局紳都是華人社會中廣受尊重及有影響力的人物，他們的意見，往往受到總登記官的重視，他們成為政府與華人社會之間的溝通橋樑。

團防局的成員（局紳）都是根據總登記官（1913 年後易名為安撫華民政務司）的推薦，由港督會同行政局委任的。人選皆一時俊彥。

1917 年，團防局成員由 12 人增至 14 人，新增的局紳，是由剛從東華醫院及保良局的值理退下來的人中挑選，1920 年更新設顧問一職。1919 年，警方調派一名歐籍警官協助團防管理及訓練更練隊裡的偵緝人員，更練隊力量大增，與正規警察合力維持治安，成效卓著。

隨着市區的拓展，由團防更練巡視的地區亦不斷擴大，1910 年，由於華人的居住區向半山擴展，更練的巡視範圍擴展至半山。1925 年，油麻地及旺角均設立了團防更練。1930 年，深水埗亦設立更練。更練的人數只是略有增加，1891 年是 48 名，至 1941 年是 120 名，50 年間只增加了 72 名。

團防局亦成為向上爬的華人晉身之階。戰前，幾乎所有的華人立法局議員都曾當團防局紳。有學者更指出：當時有心從政的華人，必須先當團防局紳，然後是潔淨局（1935 年以後是市政局），最後被委入立法局。[119] 戰前，香港政府曾成立了多個諮詢性質的委員會，但論作用及影響力之大，無法與團防局相提並論，難

（119）可參考 Cheng, T. C., pp.7—30。

怪團防局又有"華人行政局"之稱。

三 · 英國管治香港的方針與政策

（一）間接管治：保甲制的設立與推行

　　1841 年 1 月 25 日，英軍登陸香港島，翌日，舉行升旗儀式，象徵英國佔領香港，也標誌着英國對香港一百五十多年殖民統治的開始。2 月 1 日，義律及伯麥以大英駐華全權欽使兼商務總監及軍師統帥水師總兵名義發出安民告示，其文如下：

　　　　……照得本公使大臣奉命為英國善定事宜，現經與欽差大臣爵閣部堂琦議定諸事，將香港等處全島地方，讓給英國寄居主掌，已有文據在案，是爾香港等處居民，現係歸屬大英國主之子民，故自應恭順樂服國主派來之官，其官亦必保護爾等安堵，不致一人（受）害。至爾居民，向來所有田畝、房舍、產業、家私、概必如舊，斷不輕動。凡有禮儀所關，鄉約律例，率准如舊，亦無絲毫更改之議。且未奉國主另降諭旨之先，擬應大清律例規矩之治，居民除不拷訊研鞫外，其餘稍無所改。凡有長老治理鄉里者，仍聽如舊。惟須稟明英官治理可也。倘有英民及外國人等，（致）害居民，准爾即赴附近官前稟明，定即為爾查辦。自所有各省商船、來往貿易，均准任意買賣，所有稅餉船鈔掛號等規費，輸納大英國帑。……責成鄉里長老，轉轄小民，使其從順。毋違，特示。[120]

　　這篇英國佔領香港後發出的首道文告，清楚申明了英國政府統治島上華人的方針政策："責成鄉里長老，轉轄小民"、"鄉約律例，率准如舊"，從此歷任總督——特別是頭 22 年的總督，奉此為管治香港華人的金科玉律、施政精神，不敢有所偏離。

　　英人一向留意到華南地方鄉里耆老權力很大，[121] 取得香港後，便順水推舟，認可了他們的權力和地位，利用他們的影響力，管治百姓。在開埠的頭兩年，香

（120）詳見《鴉爭》，第 4 冊，頁 241—242。

（121）轉引自 Hayes, James, *The Rural Communities of Hong Kong : Studies and Themes*, 1983, p. 71。

港前途未卜，英人任由耆老在村中把持一切。而開埠前已存在的地保，亦與耆老一起，處理村中事務。[122] 1843 年 6 月，香港政府成立，翌年，港督戴維斯進一步落實義律釐定的"責成鄉里長老，轉轄小民"的方針，制定 1844 年第 13 號條例，規定：

> 香港總督在立法局諮詢下通過：嗣後香港總督可在全港之市鎮、鄉村及小村落委任華人保安人員（高級及低級保長及保甲）。[123]

這制度是：十戶設一甲長，一百戶設一保長；保、甲長人選由各鄉自行挑選及保薦，職權與警察相同；保長由警察巡理府管轄，並由巡理府立例管治。港府認為由於歐籍警察對於華人風俗習慣不認識，又不諳粵語，無法與華人溝通，因此維護法紀、緝捕匪徒非常困難，更易激發起華人的民族情緒，不利統治，而開埠初期治安極壞，故此想到利用中國民間傳統的保甲制度，在處理盜竊、騷亂、搶劫、走私、非法集會等案件上協助警察一臂之力。[124]

港島上的赤柱、黃泥涌、薄扶林等村落遠在英人登陸前已形成，一向由傳統的耆老、地保實行自治，[125] 因此，保甲制較易推行。事實證明，保甲制在赤柱推行得很成功；然而，在中、下環等主要由新移民組成的新區，移民互不相識，流動性強，社會結構與農村迥異，保甲制的施行便困難重重。[126]

在保甲制施行了十年後的 1853 年，港府又頒佈了《華僑地保例》。新條例標明，按 1844 年第 13 號條例選出地保之各區納稅人，如上稟港督同意新例規定，該區即可奉行新制。新制度規定該區納稅人自行選出不少於十人，不多於 24 人，名字呈港督省覽，經批准後，該等人將自批准之日起至翌年止，成為該地的評審員。評審員自行投票選出一個人當地保。地保的職責是排難解紛，假如問題未獲解決，地保應詢問原告及被告肯否接受地保及評審員之裁決，可在太平紳士監督下簽署協議書，地保可在評審員的協助下裁決案件，或呈交法庭由法官審理，地保及評審團之最後決定應以書面通知巡理府，這是以地保會同坊眾中有聲譽者聯同判決民事輇轄糾紛的方法。[127]

（122）詳見〈社會〉，頁 219—221。

（123）Davis to Stanley, 8th June 1844, #14: C. O. 129/6.

（124）Davis to Stanley, 1st June 1844, #10: C. O. 129/6. 此節有關保甲制在香港施行，詳見〈社會〉，頁 219—225、375—386 及 Ting , Joseph S.P.，"Native Chinese Peace Officers in British Hong Kong, 1841—1861," in Sinn, E .（edited），*Between East and West- Aspects of Social and Political Development in Hong Kong*, 1990, pp. 147—150。

（125）同注（123）。

（126）1/1845：F. O. 233/185.

（127）詳見〈社會〉，頁 375—376。

何以港府在 1853 年擴大地保之職權呢？原來華人人口中有四分之一從事商業活動，他們一向沿襲古老方法去解決商業糾紛。19 世紀 50 年代華南天地會之亂導致大量華人遷港避難，不少腰纏萬貫的商人遇到糾紛要由法庭解決，但華人對於香港英國法律不明瞭，動輒要靠通譯，加上律師費高昂，而且延時日久，做成種種不便，港府擴大地保之職權後，華人有訴訟事宜，便可以向本村地保求助，按本土風俗處理，由地保裁決。新移民的質素日高，加強了港府給予華人更多自決權的信心。反過來說，新例也可吸引更多廣州及珠江三角洲的富商巨賈到香港來。[128]

然而，正當地保權力獲得擴大之際，中英兩國卻因 "亞羅號" 事件爆發戰爭，香港陷入開埠以來僅見的混亂和動蕩。港府旋即頒佈 1857 年第六號《華人登記及調查戶口條例》，宣佈全面採用中國傳統保甲制，藉連坐及互相監視來防止動亂：規定十戶為一甲，甲長由十戶居民自行選出，由港督委任，任期一年，每戶居民須向甲長申報可疑人物，甲長則向總登記官撫華道申報；甲長可執行警察之職務，行使警察權力，可在執行令狀時協助進行搜查、盤問及拘捕犯人。同一條例規定地保在市鎮、鄉村及各區享有與甲長同等的權力和職務，地保有薪金，與差費一起在市鎮、鄉村及各區徵收，地保與甲長是並存的。[129] 必須指出：在中國傳統農村裡，地保只可舉報罪案，並無裁決權，但在香港，地保卻享有裁決民事訴訟的權力。[130]

1857 年第六號條例只施行了一年，便為 1858 年第八號條例所取代，港督寶靈在致史丹利的信函中指出：

> 我們對法例的推行缺乏信心，12 個月以來的經驗也使我們發現法例中不少條文 —— 特別是有關登記流動人口的規定，實不易施行。[131]

寶靈在總結了警察總監及監獄總辦的匯報後，便聯同對 1857 年第 6 號條例作出修訂，廢除了甲長的職位。港府何以突然廢除甲長，原因不明，但當時的按察司安斯蒂（Anstey, Chisholm T., 1816—1873）卻在立法局會議上指 "甲"（tithing）從來沒有成立過，政府沒有發過登記門牌，法例沒有作過試驗，也沒有失敗過。[132]

（128）見〈本港議創新例〉，載《遐邇貫珍》，1853 年 11 月，第 4 號。

（129）同注（127），頁 379、383。

（130）同上注，頁 384。

（131）Bowring to Stanley, 21st April, 1858, #52: C. O. 129/67.

（132）Bowring to Stanley, 18th May, 1858, #68: C. O. 129/68.

甲長制未能推行的一個可能原因是：1857 年時反英情緒空前高漲，華人對新例採不合作態度，組織保甲以防止動亂只是港府一廂情願的如意算盤。

港府倉卒廢除甲長制的另一原因，是由於香港英人的強烈反對，西人社會對於港府容許華人自治大不以為然。[133] 港府擴大地保職權後，西人社會怨聲載道，極為不滿。中英雙方啟釁後，香港局勢混亂，1857 年更發生了震驚西人社會的毒麵包案，西人對華人的猜疑日益加深，反對華人自理訴訟的呼聲愈發響亮，在西人的強大輿論壓力下，加上華人採取不合作態度，保甲制無法施行，港府唯有宣佈廢止。

港府廢除甲長制，最終原因是因為英國理藩院對港府英華二元制統治方式不滿。理藩院大臣拉布謝爾（Labouchere, H., 1789—1869）致加拿芬（Earl of Carnarvon, 1831—1890）的書函中申明：

> 本部門（按：指理藩院）的一貫主張是：殖民地裡各階層人物及當地人均以同一制度管治，但在香港，行政制度是特殊的，華人（佔人口中的大部分）是由另一種方式管治……這是很危險的。[134]

拉布謝爾在 1851 年一封致寶靈的信中亦提過：

> 在殖民地裡，採取同一制度統治不同種族是應該盡量遵守的原則，這對於維持殖民統治，不強行培植一個優越的民族或階層是非常重要的。[135]

來自英廷的壓力，逼使寶靈放棄甲長制，而地保制也在 1861 年 6 月廢止了。這是港督羅便臣履任後所推行的一系列改革之一。

總的來說，地保作為地方頭人這種制度，從 1844 到 1858 年的推行顯然是一個失敗的嘗試。十戶為甲、十甲為保是一種很嚴密的組織，要切實執行，殊非易事。《新安縣志》已說明政府雖三令五申，保甲制仍未能順利推行，而在一個由新移民組成的社會裡，人口流動性強，居民互不相識，要推選保長、甲長、困難更大。鑑於 19 世紀 50 年代晚期香港所發生的騷亂，港府終於決定摒棄由華人治理華人的間接統治，改由總登記官——撫華道直接管理。地保制的取消，是港府順應客觀環境改變所作的決定，也標誌着一個時期的終結，預示着港府對華人的統治進入一個新的階段。

（133）西人對此問題的看法，詳見 Norton-Kyshe, Vo1. I, p. 339。

（134）Labouchere to Bowring, 21st April, 1858, #52: C. O. 129/67.

（135）轉引自 AHHK, p. 122。

（二）加強管治與政制改革

　　開埠之初，香港政府鑑於來港華人大多為無業遊民、逃犯、小本商人和石匠，[136] 況且對於治理華人缺乏經驗，乃實行權宜之計，施行以華治華的保甲制，實行間接統治，絕少干涉華人的事務。自 19 世紀 50 年代中葉開始，大批華人自珠江三角洲遷港避難，華人的成分有所改變，[137] 港府乃認定加強管治華人的需要。另一方面，開埠以來華人社會與香港政府之間潛伏的矛盾，在第二次鴉片戰爭中突然爆發，[138] 使港英政府官員措手不及；在檢討了矛盾的成因，認識到關鍵在於港府與華人社會之間缺乏溝通，乃力圖通過改革，加強與華人社會的對話，務求增進華人對港府政策措施的認識和了解。應該指出：九龍半島的割佔、香港領土的拓展、華人人口的增加，也是促使港府重新釐定管治華人政策的因素。第二次鴉片戰爭期間，香港一些既得利益的華商的效忠表現，亦增強了港府推行改革，把華人納入直接管治的信心和決心。[139]

　　寶靈任內已察覺到本港此一問題，但因第二次鴉片戰爭爆發，無暇兼顧。改革是在羅便臣任內進行的。在他的改革中涉及華人管治的主要包括：整肅政風、推行官學生制度、出版《香港轅門報》（《憲報》中文版）及廢止地保制。他的改革影響深遠，[140] 史家安德葛更認為這是香港歷史上一個新時代的肇始。

　　羅便臣剛上任，便在英廷授意下，成立公務員瀆職調查會，對於寶靈時代任總登記官兼撫華道一職，與華人秘密會黨有千絲萬縷關係的高和爾（Caldwell, Daniel Richard, ？—1879）進行研訊，終判決高氏與海盜黃墨洲朋比為奸，解除職務。未幾，多名開埠頭 20 年叱咤港府官場的元老級高官先後退休或遭罷免，[141] 這些官員，特別是高和爾及威廉‧堅吾，都與三教九流的華人關係微妙，他們的引退，實際是為港府與華人社會建立新關係而鋪路。

　　在擺脫了舊勢力的羈絆後，羅便臣開始推行一系列的改革。

　　開埠初年的港府官員不是正途文官出身，未受過正規的培訓，大部分官員不

（136）見〈社會〉，頁 140—161。

（137）同上注，頁 326—335。查李陞家族正是逃避紅兵之亂而由家鄉新會七堡移居本港的。該家族在港購入大量地皮，在 19 世紀末是香港的首富。詳見 Dictionary of Hong Kong Biography, pp.264—265。

（138）同上注，頁 398—428。

（139）此問題詳見〈社會〉，頁 422—428。

（140）同上注，頁 500—512。

（141）同上注，頁 503；高和爾及黃墨洲案詳情見上引書，頁 500—512。

諳中文，無法與華人溝通，造成港府對華人的需求一無所知，缺乏對話，自然容易產生誤會和矛盾，而法庭翻譯難求，也製造了不少問題。[142] 羅便臣有鑑於此，乃提出一種"官學生"計劃 —— 從英國各學院挑選 20 歲以下的學生送到東方來，學習三年中文，再接受兩年行政訓練，然後安插到港府的各部門去。[143] 理藩院對此計劃很欣賞，1861 年 3 月在立法局通過實施。早期的官學生未受訓完畢已授予官職，後來港府一些著名的官員以至若干港督都出身於官學生。官員對中文、對華人的生活習慣了解較深，自然有助於他們釐定更適合華人的政策措施，所以建立官學生制度是羅便臣改革的重要一環。

羅便臣任內還出版了《香港轅門報》—— 中文版的《憲報》。《憲報》上往往刊登了重要的公告和律例，一貫是英文編印的，但華人中諳英語的極少，由是，華人對港府的施政一無所知，無所適從，《憲報》出中文版後，華人可藉着閱讀《憲報》了解港府的施政，有助於促進華人與港府之間的溝通。[144] 必須指出，中文版《憲報》的刊印，也配合了新移民質素較高的客觀形勢。

在 19 世紀 60 年代初期的改革中對華人影響最直接的，首推地保制的廢止及改以總登記官負責華人事務，而總登記官職權與稱謂之轉變亦反映了港府管治華人政策與方針之發展。

在港府的官員中，與華人關係最密切的首推總登記官。[145] 此職位首設於 1844 年，是為配合人口登記計劃而創設的。自 1850 年始，港督般咸為了節省開支，總登記官一職由警察總監兼任，但文獻對於這個職位的具體職權、工作情況皆語焉不詳，在該段時期，地保制仍然實行，正足以說明總登記官所發揮的作用有限。

1855 年秒，華人人口驟增，港府鑑於警察總監兼任總登記官工作過於繁重，曾有意重設一獨立的總登記官，1857 年暴亂發生後，港府發覺問題嚴重，恢復設立一獨立的總登記官，並加上"撫華道"銜，藉以加強華人登記，促進與華人的溝通。1861 年，羅便臣廢止地保制，從此，總登記官遂成為港府與華人社會之間的橋樑，其主要職責，在聆聽華人之申訴及要求，向華人闡釋港府之政策，正如輔

（142）關於法庭缺乏翻譯，見 Norton - Kyshe, Vo1. I, p. 10。

（143）有關官學生制度之設立及後來之發展，詳見 Lethbridge, H. J. ， "Hong Kong Cadets, 1862 —1941," in Lethbridge, H. J., pp.31—51; Tsang, Steve, *Governing Hong Kong: Administration Office from the Nineteenth Century to the Handover to China.* Hong Kong: Hong Kong University Press, 2007, pp. 13—21。

（144）有一個說法認為政府發行中文版《憲報》，是針對創刊於 1860 年的《中外新報》。《中外新報》是由 *Daily Press* 編印的，該報一向立場是批評政府政策，港府擔心新出版的《中外新報》與 *Daily Press* 同一立場。見 *AHHK*, p. 113。

（145）有關總登記官職位之改革，詳見 Collins, Charles, *Public Administration in Hong Kong* ，1952, p. 65, 127—128; *GPHK*, p.164。

政司負責歐人事務一般。總登記官既是直接與華人接觸的港府官員，必須懂得中文，對華人風俗習慣有所認識，而官學生制度的建立，正好配合此一需要，1864年，第一批選拔的官學生中的一個便當上總登記官。

羅便臣的繼任人 —— 麥當奴很重視官學生制度的推行，又親自監督《憲報》中文版的編輯工作。為了秉承前任的政策，加強對華人的管治，他任內通過一系列針對華人的法例，計包括：開設特別海盜法庭、禁止船艇攜帶火藥武器、改良華人屋宇及工人的登記、登記港口裡所有華人船艇、出入港口均需接受檢查等。[146]

羅便臣任內一項影響深遠的決定，是設立中央書院（即日後的皇仁書院），由城中的皇家書館合併而成，集中政府的資源，以英語教學，由外籍人士出任校長。中央書院的成立，是香港教育發展上的里程碑，[147] 從 1861 年創校起，中央書院培育出一代一代的識英語的華人青年，到了 19 世紀 70 及 80 年代，其中一些翹楚分子乃嶄露頭角，成為新一代華人社會的領袖。

在麥當奴任內，發生了一件對華人社會影響深遠的大事，就是香港來自不同行業的華人翹楚人物在港府的支持下組成了東華醫院（下面簡稱 "東華"），這是一個超越血緣、地緣、業緣，惠及全港市民的慈善組織。它的值理、董事都是華人社會中傑出的人物，因此在華人社會中極具影響力。除了提供醫療服務及社會福利外，東華更成為華人的仲裁機構，發揮了向港府反映華人民意的作用。東華的董事局逐漸取代了港府總登記官的功能，成為事實上的 "撫華道"。[148]

港府對於東華的政治及社會角色及它對華人社會的強大影響力非常關注，港督堅尼地留意到自從東華成立後，總登記官一職已徒具虛名，力圖把東華的工作局限於醫療方面。1876 年他發出指示，重申華人必須通過總登記官向政府反映意見。[149]

東華的影響力在港督軒尼詩任內（1877—1882）更上一層樓。軒尼詩順應華人在 19 世紀 70 年代財富驟增之客觀事實，支持華人發展，1880 年 1 月，他破天荒

（146）羅便臣之政績，見 *AHHK*, pp. 143—159。

（147）中央書院之創立，詳見 Ng Lun, Ngia-ha, *Interactions of East and West, Development of Public Education in Early Hong Kong*, 1984, p. 42。中央書院歷史詳見 Stokes, Gwenneth and John, *Queen's College: Its History 1862—1987*, Hong Kong: Queen's College Old Boy's Association, 1987。

（148）有關東華醫院在華人社會中的功能及影響力，詳見 Sinn，E.，*Power and Charity, The Early History of the Tung Wah Hospital*, 1989,（hereafter cited as TW）。東華的總理取代了總登記官的功能，成為實際上的 "撫華道"，見 p. 120。

（149）同上注，頁 125。

地委任華人 —— 伍廷芳入立法局，成為第一位華人立法局議員，標誌着華人從政及參與政府釐定決策的嚆矢。他非常重視東華紳董的意見，[150] 認為當時管治華人的方法已不合時宜，故有意改革所有管治華人的機關，他把總登記官大部分職責削去，建議設立一個翻譯部門由一名高級官員主掌，該部門除負責法庭的傳譯工作外，還是港督中文秘書，但計劃被理藩院以輔政司、總登記官署及翻譯署的職權分配不清楚為理由駁回。在軒尼詩任內，總登記官一職大部分時間懸空。[151]

英廷及駐廣州的英國領事均對東華影響力的日益強大深以為憂，但軒尼詩對於其上司 —— 理藩院大臣的指令視而不見，陽奉陰違。[152] 1882 年軒尼詩離港，形勢才有所改變。

為了申明英廷及港府的立場，英國理藩院去函東華董事局，明言香港華人的民意必須直接向港督反映，重申此後東華之工作局限於醫療服務，不得干涉港府之司法，[153] 另一方面，暫替港督之職的馬師（Marsh, E.）恢復了總登記官的職權。他深知要提高總登記官的公信力，必須委任有能力、有豐富行政經驗、懂中文、廣受華人敬重的人物出任此職。他委任了史釗域（Stewart, C. E.）擔任總登記官。在寶雲任內，更把總登記官一職列為行政及立法兩局的當然官守議員，作為華人的代表。1884 年，寶雲加設了助理總登記官一職，且藉着增加薪俸，提升了總登記官的地位；並且正式在立法局設立了一個永久的華人議席。藉着提升總登記官的職位及讓華人出席立法局反映民意，寶雲巧妙地把一度讓東華董事局奪去的管治華人的權力重奪過來。[154] 這亦成為 19 世紀末至二次大戰前港府管治港人的主要方法。

總登記官的職位獲得提升後，它成為直接管治華人的機構，1891 年，在身兼輔政司及總登記官的史超域·駱克（Lockhart, James Stewart, 1858—1937）的建議下，港府把團防局納入政府的諮詢機構，該局的委員會成員皆為華人社會中的領袖人物，故此代表了華人的民意，主席一職，都由總登記官充任。自此，港府在推行一些牽涉到華人的政令前，每先諮詢團防局紳，取得他們的合作，以收事半功倍之效。[155]

（150）同上注，頁 119。

（151）*AHHK*, p. 178.

（152）*GPHK*, p. 95.

（153）見 *TW*, pp. 129—133。

（154）同上注，頁 130—131。

（155）In Lethbridge, H. J., p. 113; *HKIR*, pp. 61—62.

1913 年，總登記官一職易名為華民政務司，職務基本上與前一樣，不僅華人的慈善、社會福利、醫療、教育等工作，就是同鄉會、宗親會、工會等組織，以至生死統計、婚姻註冊、報紙書刊登記也屬華民政務司署的管轄範圍。他身兼議政、定例兩局和潔淨局的當然官守議員。[156] 從 20 世紀初葉至戰前，是東華醫院顧問總理（1896）、保良局常年總理（1893）及團防局總理的當然主席。總登記官亦出席潔淨局（1935 年改為市政局）的會議；此外，他還是一系列與華人民生息息相關的諮詢小組或委員會的必然主席，這些小組包括：核數顧問值理（根據 1937 年第 305 號條例及 1938 年第 950 號通告）、華人永遠墳場值理（1913）、公立醫局值理、華人耍樂場值理（1890）、勞工顧問局等。[157] 通過這些小組，他可以廣徵華人社會對於影響其日常生活的各類措施的意見，以便釐定或修定管治華人的政策和方針，又可以監察東華醫院、保良局、團防局等華人團體的運作，保證它們可以發揮其應有功能，助政府一臂之力。而港府亦通過這一系列的團體，把影響力落實到地方基層。

（三）新界的管治

1898 年，滿清政府根據《展拓香港界址專條》，把九龍界限街以北至深圳河的地區及 235 個島嶼租借給英國，為期 99 年。1899 年 4 月英國人在弭平了新界鄉民的抵抗後，接管了新界。港府鑑於新界原居民一向在這片土地上聚族而居，世代相傳，其生活方式、風俗習慣及社會結構均與市區大不相同，新界地區的地方權力握在耆老手中，鄉民的風俗習慣及傳統根深蒂固，而且新界只是租借而來的，乃決定仿效 1841 年義律接管香港島時所標榜的不干預政策。[158] 港督卜力（Sir Blake, Henry, 1840—1918；港督任期：1898—1903）承諾："你們的商業和土地權益，必獲得保障；風俗和習慣絕不會受到干涉。"維護新界村民的傳統權益和風俗，[159] 盡量利用地方長老管轄村民，只派駐少量英國官員管治。

1900 年，政府制訂新界《田土法庭條例》，規定新界土地，在英國租約期內，

（156）林友蘭：《香港史話》，1985 年（以下簡稱《史話》），頁 136。

（157）可參看 CSL，每本均有詳細列出每年每個小組的成員名單及組合方式。

（158）*GPHK*, p. 133.

（159）*GPHK*, p. 133. 本節論述新界之管治主要參考此書及 1899 至 1905 年之 *Sessional Papers*。

圖 3.8　20 世紀初的中環皇后像廣場

均屬於政府產業，凡佔用此等土地之居民，非經由政府發出官批，或經由田土法庭契據，一概列為霸佔政府公地。自此到 1905 年間，港府對新界土地進行勘探，對原來擁有該土地的業權人發給"集體官批"，列明當時每一地段的用途，並且規定未經政府預先批准，不得更改土地用途。[160] 未幾，港府又訂出《收回官地條例》，授權政府可徵收土地作公用，但會"從公給價"予村民作為補償。殖民地以行政手段，將新界的土地擁有權形態強行從永業權轉變為承租權，並在此過程中確立了政府可以任意收地的法理基礎。[161]

英人接管新界初期，由駐大埔助理警司管理，兼司裁判職務。隨後由土地官進行辦理田土測量及編造土地冊籍事務。1905 年新界冊籍編造完成；1907 年，駐大埔助理警司兼裁判官的辦公署改稱理民府，治理北約地區事務。1910 年，離島之助理土地官改委為副理民府官，設南約副理民府，治理南約地區事務，兼裁判官職務。1920 年南約副理民府改為南約理民府，從此，新界劃分為北約與南約兩個理民府。理民官擁有一系列的行政職權：包括當地方法官，處理刑事及民事事務，徵收官地租金及管制和分配土地，以及與警方、漁農、林業處的官員合作，執行政府要求他們執行的其他任務。對於租借的新界，港府最關注的是維持治安及土地問題，這是管理新界的官員的主要任務和工作。

與此同時，港府又把新界劃分為八個區域；其下再細分為 48 個分區，共包括了 597 條鄉村，人口差不多十萬，每個分區設委員會，成員由村民推選，維持地區治安，八區父老均可自行調解處理區內一般紛爭。卜力甚至親自到各區拜會父老，解釋政府政策。[162] 然而不少學者指出這種間接管治方法並不成功，也沒有廣泛推行。

1922 年，港府修訂《收回官地條例》，增加了有關收地補償的第十條丙款，鄉民深表不滿，翌年，政府更宣佈民田建屋須另行補償，民情更為激憤。1924 年 8 月 24 日，新界各區共 20 條村村民齊集大埔文武廟召開大會，成立了九龍租界維持民產委員會與政府進行交涉，堅決反對港府向新界居民建築於農地的房屋徵

（160）參見黃宏發：〈新界鄉議局從哪裡來？往哪裡去？〉，載新界鄉議局（編）：《新界鄉議局成立六十周年慶典特刊（1926—1986）》，1986 年（以下簡稱《特刊》），頁 133。

（161）殖民地政府以行政手段，將新界的土地擁有權形態強行從永業權轉變為承租權，並在此過程中確立了政府可以任意收地的法理基礎。薛鳳旋、鄺智文：《新界鄉議局史：由租借地到一國兩制》，香港：三聯書店（香港）有限公司、香港浸會大學當代中國研究所，2011 年，頁 46—64。

（162）關於新界理民府之成立及把新界劃分區域，詳見〈新界鄉議局的歷史〉，見《特刊》，頁 41。1900 年的 Sessional Papers 詳載了管治新界一年後的行政報告，極具參考價值。*Papers Laid Before the Legislative Council of Hong Kong 1900*, 1901, pp. 251—292。

圖 3.9 原位於雲咸街與皇后大道交界的香港會所，成立於 1846 年，是上流社會的俱樂部。

收地稅。未幾，易名為農工商業研究總會，該組織包括了來自大埔、上水、沙頭角、沙田、荃灣、坳頭、新田、西貢及屏山九區的代表。1924 至 1925 年間，內地農會紛紛設立，港督金文泰因農工商業研究總會名稱與當時親共產黨的農會、工會接近，建議改為新界鄉議局。自此，以關注地方慈善公益、地方利益興革、地方風化及代民申冤為任務的鄉議局成為新界民間的一個強有力的組識，致力於溝通新界官民、協調新界資源之開發，特別是監察政府的土地政策，維護原居民的利益。[163] 但直至 1959 年，鄉議局才成為港府官方諮詢機構。

　　有鑑於新界原居民的生活環境、風俗習慣皆與市區華人不同，港府通過 1899 年第 10 號條例，包括：公共衛生、屠房、市場、鴉片、牌照及登記的條例，在新界實施。這條例確定了新界須以另一種形式管治。而新界由南北約理民府管治的方式至戰後才有所改變。

（四）華英分區而居政策與種族歧視

　　在 1843 年，也就是英國人在香港建立殖民統治初期，香港的華裔新移民主要聚居於港島北岸的三個地區：上市場（太平山區）、中市場（中環街市對上山坡）及下市場（蘇杭街一帶）。[164] 這裡面，中市場與歐人聚居的地帶毗鄰，港府既在 1843 年初進行城市規劃時把雅賓利渠道以東地域劃為軍部地區，其西的山岡，命名為政府山，留作政府部門專用。[165] 由是，西人的商店和住宅便只能循政府山以西伸延，然而華人聚居的中市場——包括了今日閣麟街、結志街、歌賦街地區，堵住了西人向西擴展的方向。在香港前途尚未完全明朗前，港府任由華人在上述地區居住，這地區是在 1843 年初形成的，港府把該地區劃分為若干地段，以每年四元租金，分租予華人居住。[166]

　　1843 年 6 月，香港政府正式成立，開始關注到城市的規劃和未來發展，發

（163）新界鄉議局之成立與發展詳見〈新界鄉議局的歷史〉，見《特刊》，頁 41。Lee, Ming-kwan, "The Evolution of the Heung Yee Kuk as a Political Institution," in Faure, David; Hayes, James and Alan, Birch（eds.）, *From Village to City－Studies in the Traditional Roots of Hong Kong Society*, 1984, pp. 164—177；薛鳳旋、鄺智文：《新界鄉議局史》，頁 46—64。

（164）有關香港開埠初期華人居住區的形成和分佈，詳見 Smith, Carl T., "The Chinese Settlement of British Hong Kong," *Chung Chi Bulletin*, 48（May, 1970）（hereafter cited as Chinese Settlement）, pp. 26—32。

（165）砵甸乍的秘書伍斯納在 1843 年 7 月 22 日致函通知雅賓利渠道以東及下環基督教墳場以西一帶擁有土地的人，通知他們港府已決定收回該等地段作興建政府部門之用。見 *Canton Press*, 29 July, 1843。

（166）同注（164）。

現華人聚居的中市場，賭館、妓院林立，而且居民每年只繳交四元租金，未免可惜，於是，港府決定把中市場的華人，悉數遷徙到太平山區去。[167] 這是港府實行華人與英人隔離居住的濫觴，港督戴維斯在致史丹利的書函中轉引了砵甸乍的看法：

把華人遷走，盡量防止他們與英人混雜在一起，是符合社會利益的。[168]

港府認為中國式房屋 —— 唐樓衛生條件惡劣，假若中西式房子並列，西人的健康會受到不良影響，這是居住環境衛生方面；另一方面，中西人士生活方式習慣大不相同，言語不通，倘若比鄰而居，容易產生誤會、磨擦，所以把他們分隔開來，可以避免麻煩。這顯然與中國政府劃廣州商館為外國人居住區，與華人分隔開來，異曲同工。矛盾的是，當年西人力圖衝破商館桎梏，要求入廣州城居住，但在香港，港府仍然選擇了把英人與華人商住區隔離的原則。然而，正由於分區而居，阻隔了不同種族之間的交往和溝通，1858 年，寶靈感慨地指出："本土居民與歐人幾乎是完全隔絕的，不同民族之間的交往未有所聞。"這正是分隔居住帶來的惡果。[169]

1860 年，英國通過《北京條約》，取得南九龍半島之地，港督羅便臣在 1861年 2 月致紐卡素公爵（Duke of Newcastle, 1811—1864）的函件中，談到割讓南九龍時認為：

我常常想，怎樣能避免大量華人定居九龍，但華人移居九龍是難免的，最好是他們能聚居一地，使歐美人士不致與他們雜居而感到不便或遭殃。[170]

寶靈對華洋之間缺乏溝通而喟嘆，但繼任的羅便臣卻仍然堅持這種種族隔離制度。

在中市場的華人被遷到太平山區後，中區鴨巴甸街以東盡是西人天下。然而，從 1860 年開始，華南富商遷港日增，從 1872 年到 1876 年短短四年時間，本港人口增加了 17, 159 人，以華人佔多數。與此同時，西人的數目卻有所減少，華人商業日趨蓬勃，外商企業有所減縮，華人大量購進原來由西人擁有的物業，勢力直伸入中環。對於這個現象，開明及同情華人的軒尼詩力排眾議，全力支持。

（167）有關中市場華人被逼遷到太平山區去的詳情，見 Evans, Daffyd Emrys, "China Town: The Beginnings of Tai Ping Shan," *JHKBRAS*, 10（1970），pp. 69—78。

（168）Davis to Stanley, 26 July, 1844, #43: C.O. 129/6.

（169）轉引自：*AHHK*, p. 122。

（170）同上注。

1877 年，港府申明：華人可在皇后大道任何部分、及介乎雲咸街上半部、荷李活道、鴨巴甸街地區興建唐樓。[171]當時的總登記官兼撫華道及英軍司令都反對此一決策，認為華人不講衛生，與他們比鄰而居，會影響到西人的環境衛生。華人收購西人物業的情況在 19 世紀 80 年代初葉有增無減，從 1880 年 1 月到 1881 年 5 月不到一年半光景，華人從西人手中購入港幣 1，710，000 資產值的物業，結果是：原來像個小歐洲般的中環——特別是皇后大道中對上山坡，成為黑頭髮、黃皮膚華人的天地。

1888 年，港督德輔為了防止華人業主勢力過分擴張，草擬了一項《歐人住宅區保留法例》，規定威靈頓街和堅道之間，只准興建西式樓房。[172]德輔解釋這條法例的目的在阻止華人業主在歐人住宅區內興建狹窄且不合衛生的房屋，假如華人遷進保留區內的洋房居住，政府並不阻止，並強調該法例沒有 "種族隔離" 的意思。

踏入 20 世紀後，港府仍然沒有放棄分隔華洋居住區的方針。1902 年，潔淨局的一個小組以防止瘧蚊蔓延及以華人把租金推高為理由，建議把尖沙咀至九龍城之間兩萬英畝土地保留為歐人住宅區。理藩院大臣張伯倫（Chamberlain, Joseph）的指示強調："把某地區保留用作讓講求衛生的人居住，避免染上瘧病，是合理的，但如因租金理由而拒絕讓有體面的華人入住該區，則不可接受。"[173]港府終於在通過該法例時補充，任何人只要得到總督批准，便可入住新區，説穿了還是種族歧視。1904 年立法局以同樣理由和方式通過了《山頂區保留條例》。

1918 年，立法局通過了《山頂居住條例》，規定所有居住在山頂的人士，其申請須得到行政局批准，論者認為這是變相把山頂保留為西人居住區，把華人摒棄於外的做法。[174]唯一一個居住在山頂的華人家庭是混血的何東（Sir Hotung, Robert, 1862—1956）家族，這是 20 世紀上半葉香港最富有的家族。[175]

一年後，立法局又通過了一條把長洲部分地區保留為歐人住宅區的法例，當時立法局裡的華人議員何福和劉鑄伯在會上慷慨陳詞，強烈反對，但出席會議的歐裔官守及非官守議員全部支持，法例終於通過。歐裔議員辯稱這法例是為了保

（171）*AHHK*, p. 175.

（172）同上注，頁 243。

（173）同上注，頁 284。

（174）關於此法例之意涵詳見 John Carroll, *Edge of Empires*, pp. 90—97。

（175）可參見 Cheng, Irene; *Clara Ho Tung*, 1986, pp.29—41。

障開發該地區的傳教士的利益而設，與種族歧視無關。[176]

　　事實上，除了分區而居外，在其他很多方面，也反映出當時社會上種族歧視現象之普遍。比如山頂醫院是為西人服務的，香港會所及賽馬會等高級會所都是西人的天地，華人不得問津。[177] 1901 年，外籍市民聯名要求政府設立一所專為外籍學童而設的學校，藉以避免其子女與亞裔小童混在一起；1908 年又有西人要求電車及公園另設西人專廂，禁止華人混入。[178]

　　民族之間的溝通有賴多接觸、多交往，才能促進了解，混居雜處是文化交流的溫床，分區而居，或許可以起到暫時性減少種族磨擦的作用，但這只是一種短視、權宜、消極的迴避方法，阻礙了種族之間互相認識、了解的可能，而缺乏溝通和了解，矛盾便永遠存在，歧視只會愈益加深，形成對立，不利於社會的穩定發展。1894 年 11 月 25 日港督威廉·羅便臣在立法局會議上發言指出：

　　　　這是不尋常的──也是不良的現象，香港絕大部分華人在接受了 55 年英國統治後，所受英國（文化及生活方式）影響仍然極少。[179]

　　應該指出，戰前港府有意識地把華人與西人隔離的政策，是造成英人與華人涇渭分明的主要因素。

四·香港政府、西人與華人社會之關係

（一）背景

　　開埠之初，香港社會基本上是由靠勞力謀生的華人、英籍港府官員及以英國人為主的外國商人組成。19 世紀 50 年代中葉以後，才出現一批既有財富，復有影響力的買辦和南北行商人，他們成為華人社會裡的領袖人物。[180] 這幾類人或種族不同，或階級地位相異：港府與西商之間、港府與華人之間、英商與華人之間，

（176）*HKIR*, p. 61.

（177）會所會籍是外籍精英階級的象徵。詳見 John Carroll, *Edge of Empires: Chinese Elites and British Colonials in Hong Kong*. Cambridge, Mass. : Harvard University Press, 2005, pp. 98─99。

（178）戰前，洋人地位比華人高一等，詳見 "Lethbridge, H. J. ", pp. 164─188; Dr Chan, W. K. , *The Making of Hong Kong Society-Three Studies of Class Formation in Early Hong Kong*, 1991（hereafter as Hong Kong Society）, pp. 117─122; Welsh, Frank, *A History of Hong Kong*, 1993（hereafter as Frank Welsh）, pp. 378─382。

（179）*AHHK*, p. 243.

（180）買辦與南北行商人之崛起詳見〈社會〉，頁 336─352。

以至華人中的勞工階層與資本家之間，及港府與中國政府之間，關係錯綜複雜，而他們之間的矛盾或和諧，對於香港歷史的發展，有着深遠的影響。

開埠早期，香港的華人有來自潮州、梅縣、惠州一帶，多以採石為生的客家人，佔了人口約三分之一；有來自新安或澳門的，[181] 有來自黃埔的——在鴉片戰爭期間為英軍提供糧食補給而不容於鄉里的"奸民"。[182] 必須指出：在鴉片戰爭後，廣州附近地區，仇英情緒高漲，[183] 在整個 19 世紀 40 年代，鮮有富有人家遷居香港，原因很多，但民間強烈反英是一個主要因素。在上面提到的幾種人中，來自黃埔的"奸民"原來就與英人有勾結，姑不置論，即以客家人來説，由於鴉片戰爭的戰火並沒有波及惠、梅地區，故相對而言，客家人對英人沒有仇恨，[184] 還紛紛到香港尋找工作機會。

開埠初年，香港華人的成分主要包括：苦力、僕役、打石工人、小販，都是原來國內最低下階層的人。那時治安不靖、盜賊如毛，為了遏止罪案，改善治安，港府乃推行一系列專門針對華人的措施：禁夜行、提燈、帶通行證；加強刑罰：笞刑、剪辮、給華人帶來屈辱和不便，也做成華人對政府不滿；實施法律時對華人種種不公，更導致華人與港府之間的矛盾加深。〈香港匿名揭帖〉、〈新安闔邑公啟〉充分反映了華人的種種憤懣。[185]

也由於香港開埠初期華人多來自低下階層，做成西人普遍輕視華人。華人被視為次等民族，飽受歧視。[186]

另一方面，華人與西人無論外表樣貌、語言、膚色、風俗、習慣均大不相同，原來便不易溝通，而當時華人中曉外語的，或西人中識華文的，都少之又少，[187] 一般華人絕少與洋人有所接觸，加上"非我族類，其心必異"的思想作祟，華人多數對西人心存顧忌，怕而避之。

此外必須看到的是：香港華人日常接觸得最多的西人，是警察和海員。這些人經常醉酒鬧事，騷擾華人；華人由於語言不通，況且往往出於怕事，便忍氣吞

（181）開埠初年來港華人的成分，詳見上引書，頁 140—142。

（182）所謂"奸民"，是指以盧亞貴為首的一批在鴉片戰爭前後曾以不同模式協助過英軍的華人。他們在香港開埠後，獲賞賜土地，並獲取售賣鴉片特權，見〈社會〉，頁 142—150；*Chinese Settlement*, pp. 26—32；Munn, Christopher, *Anglo-China*, pp. 75—76, 100—101, 102—103。

（183）關於 19 世紀 40 年代廣州之反英活動，見〈社會〉，頁 261—262。

（184）同上注，頁 263—264。

（185）有關華人對司法之不滿，見上引書，頁 226—244；Munn, Christopher, *Anglo-China* 一書有詳細論述，並羅列了大量例子。

（186）〈社會〉，頁 266。

（187）當時華人中只有少數買辦能操簡單英語，英人中亦僅郭士立（Gutzlaff, Charles）、馬儒翰（Morrison, J. R.）三數人通曉中文。

聲，從而對西人留下不良的印象。[188]

　　然而，華人離鄉別井，主要是逃亡、避難、或尋求較安定的生活環境。他們流動性強，而且一般在積累了若干財富後，便買棹回鄉，對香港並不留戀，故此他們對於政治漠不關心，除了賺錢，甚麼也不理會，對香港更談不上有歸屬感。此外，華人由於長期在封建皇權統治及儒家道德思想薰陶下，養成了逆來順受、刻苦堅忍的民族性，安於現狀。

　　不過，當華人生計受到威脅，覺得忍無可忍時，潛伏的憤懣便會驟然爆發，或罷工罷市抗議，甚至大批集體離港返鄉，以作消極抵抗。自 1841 年到 1941 年一百年間，香港出現過多次大大小小的騷亂、暴動、罷工、罷市事件，都是華人對社會各種各樣不滿的宣洩。

　　從 19 世紀 50 年代開始，由於華南先後爆發紅兵之亂、土客之爭、第二次鴉片戰爭，一批批的華人湧到香港避難，[189]這些人中有不少是腰纏萬貫的商人，他們後來利用香港作為轉口港，發展與內地、南洋及北美的貿易；也有一些是在廣州十三行付諸一炬後隨外國商行遷移到香港來的買辦，令華人社會湧現出第一批領袖。華人富商崛起後，影響力日增，在動亂爆發時，既得利益的富商的立場和取向與一般群眾明顯不同，成為港府積極爭取的對象。開埠初年港府與跋扈飛揚的西商對峙的情況遂演變為港府、西商、華人領袖鼎足而立的局面。[190]

　　港府清楚明瞭到華人的支持和合作，是香港安定繁榮的關鍵。[191]於是利用勳銜、爵位和種種榮譽來籠絡華人領袖，爭取他們的效忠，透過領袖精英，控制廣大的華人群眾。由是，港府支持華人成立東華醫院、保良局、團防局組織。然而，當這些組織上了軌道，影響力日大時，港府又開始懷疑這些團體及華人領袖與中國政府有所勾結，加上一直對於華商的迅速崛起耿耿於懷並處於對立面的西商在旁推波助瀾，於是，港府與西商聯合一致打擊華商。然而，當社會爆發動亂時，港府又需要依靠華人領袖的威望和影響力來穩定局面。

　　必須指出，香港的華商既把命運的賭注押在香港這塊被英國人統治的土地之上，以獲取太平局紳或爵位為榮；同時，又對於清廷的官爵祿位非常熱衷。東華

（188）從馬禮遜紀念學校的學生作業，可反映出此一問題。*Hong Kong Register*, 12:7（1843）（hereafter cited as HKR），pp.362—368。

（189）《社會》，頁 326—335。

（190）同上注，頁 521—535。

（191）理藩院大臣里彭在致港督威廉‧羅便臣的信函中指出：“在英國政府的保護下，香港已成為一個華人一而非英人社會，而華人定居……是香港繁榮的主要因素。”*AHHK*, p. 215。

的值理，在團拜或出席官式酬酢時，皆穿上清廷官服，作為階級象徵，可見當時捐官之風甚盛。然而，這種雙重忠誠，卻招來港府的猜疑和不滿，在中英爭拗或啟釁時，華人領袖們便往往進退維谷，處境尷尬。[192]

戰前，港府對於華人領袖其實又愛又恨，既需要借助他們的影響力以控制廣大華人群眾，又擔心他們效忠中國政府，背叛港英政府出賣香港的利益。在香港土生土長，曾負笈英國、娶西婦、穿西服、結領帶，又是牧師之子的何啟原是港府一手扶植及最信任的華人，但他在立法局連任了四屆後，仍不免受到港府猜疑，並力阻其第五度連任。[193]

英國人統治着一個以武力強奪回來的土地，對於香港原來的主權國 —— 中國是非常忌諱的。港府、西商、華人的關係錯綜複雜，彼此間時而和諧，時而對抗。下面，藉着香港史上幾個重要事件，具體分析華英關係發展之軌跡。

（二）人口登記事件

1844 年因人口登記而激發的罷工罷市事件，是開埠後同類型事件的第一次，開了日後華人藉着罷工罷市向政府表達不滿、爭取權益的先河。探索這個事件的來龍去脈，有助於認識 19 世紀 40 年代香港華人、港府及西商之間的關係。[194]

開埠後，一些原來寓居廣州及澳門的英商紛紛移居香港，這些商人在廣州時代已驕橫跋扈，不受管束，鴉片戰爭的爆發、香港的割讓與這些人有千絲萬縷的關係。他們移居於香港後，更以香港的締造者自居，由於港府未能事事滿足他們的要求，便處處與港府為敵。

當時的港督戴維斯早年曾當過廣州的英國東印度公司委員會主席，在他任內，該公司對華的專利權被取消。他也當過英駐華商務總監之職，由於不滿英商之專橫，不數月掛冠而去。他對自由商人非常憎惡，就任港督甫半年，便發現治理數百名英國人要比管治兩萬名華人艱難得多。戴維斯仗着理藩院大臣史丹利和

（192）詳見〈社會〉，頁 497。

（193）何啟的家庭、宗教、教育、職業背景及從政經驗在 19 世紀香港華人中是僅見的。他歷任潔淨局、團防局、立法局議員，建樹良多，但由於他同情革命黨，與孫中山等人關係密切，港府對他愈來愈猜忌和不滿，最後巧施妙計，阻止他第五度當選立法局非官守議員。見 *HKIR*, pp. 128—129。John Carroll 在其 *Edge of Empires* 一書有一整章討論何啟的身份認同問題。詳見該書頁 108—130。

（194）此節主要取材自〈社會〉，頁 271—287。關於人口登記事件之原始資料，多採自 *HKR*, 29 October—6 November, 1844。

外交部大臣鴨巴甸的支持，矢志管束這班跋扈的英商，矛盾一觸即發。

　　為了遏止三合會的活動，港府決定進行人口登記。人口登記於 1844 年 8 月 21 日在立法局通過，在 10 月 19 日公佈，11 月 1 日生效，規定每人每年必須向總登記官進行登記及繳納規銀，銀碼若干按其每月薪金收入比例多少抽納。本來，這計劃若只施於華人，反彈不致太大，但戴維斯為了表示一視同仁，要求西人也須同樣登記及抽稅。西人勃然大怒，他們反對的最大理由是 "把最尊貴無罪的居民與重犯一樣看待"，他們與華人苦力的唯一分別是他們繳納五元，苦力則是一元。英商視此為奇恥大辱，乃於 10 月 28 日集會商討對策，於 10 月 30 日下午把一封由 107 位商人聯署的書函呈遞港府。同日，全市華人 —— 包括所有店舖、貨艇、建築工人、僕役、苦力也一起罷工罷市，全市停頓。華人更相約定假如法例如期執行，便集體離港以示抗議，戴維斯有鑑於此，乃宣佈暫緩執行新例。

　　必須指出，英商的請願信中，特別強調若干較尊貴的華人的意見，並藉此施壓，港府投鼠忌器恐怕華人離港而去，只得低頭。港府出版的《憲報》，力指西人煽動華人罷工罷市，而主謀是怡和洋行的買辦。港府的報告是由助理裁判司經深入調查所得，恐非無的放矢。

　　在 1844 年的華人社會裡，只有買辦略通文書，買辦與英商關係密切，而作為全港首屈一指的洋行 —— 怡和洋行的買辦，影響力自然不能低估，故能煽動華人以罷工罷市與政府對抗。在這次港府與英商的角力中，英商藉着買辦的影響力煽動小店主及廣大勞動階層與港府對抗，而取得勝利，事件影響深遠；香港史家歐德理指出：

　　"港府在驚訝的華人面前被挫敗，蒙羞、威望大減。"[195] 此次事件，也使華人認識到罷工罷市方法奏效，以後便不時利用這種方法宣洩不滿及爭取權益。

（三）第二次鴉片戰爭

　　1856 年中英爆發第二次鴉片戰爭。從該年冬天亞羅號事件發生至 1858 年廣州陷落，兩廣總督葉名琛被俘為止的半年時間裡，香港局勢動蕩不安。在 1856 年的 11 月、1857 年的 2 月及 1858 年的 3 月，先後出現了大規模的罷工罷市。1857 年

（195）Eitel, E. J. , *Europe in China* , 1983, p. 226.

的 1 月更發生了轟動一時的毒麵包案。至於零星的西人被襲擊、綁架事件,更是非常普遍。中英的交惡觸發了開埠以來潛伏着的華人與英人之間的矛盾。

對於居港的西人來説,最可怕的莫過於發生於 1857 年 1 月的毒麵包案。[196]

1857 年 1 月 15 日的早上,幾百名西人因吃了裕盛麵包店的麵包而中砒霜毒,但由於砒霜分量不大,中毒者都把毒素嘔吐出來,故沒有人因此喪命。但這件事的發生使本來已因中英啟釁而提心吊膽的西人社會大感驚怖,震怒之餘,紛紛要求嚴懲裕盛的東主——張霈霖。

張霈霖在事發當天,陪同父親、妻子、兒子正乘船去澳門,他們一家都吃了麵包,也都中了毒。當阿霖回到香港,已被家鄉懸賞 5,000 元通緝。然而,一切跡象顯示阿霖對於麵包有毒一事,全不知情。更何況事件發生之前,他店舖的生意蒸蒸日上,絕無必要下毒自毀前程。所以,法庭研訊後,亦裁定阿霖無罪。

麵包有毒——偏發生在香港著名的辦館,它製造的麵包供應全港大部分西人——包括港督府的人食用,而且正時值英軍攻打廣州的期間,[197]在此之前一個月,廣州的十三商館被廣州群眾縱火焚燬,燒成焦土,[198]在鄰近香港的地方,已出現揭帖警告在香港當西人傭工的盡速回鄉,否則會焚其房屋、罪其親屬,張霈霖便因遲遲未離港而遭家鄉懸紅緝拿。[199]毒麵包案發生於中西矛盾激化之際,西人深信毒是華人故意下的,目的在毒殺全港西人。

麵包的毒是誰下的,至今仍是懸案,但毒麵包案及 19 世紀 50 年代末葉香港發生的英華衝突卻值得深入分析。

這一連串的事件都因中英啟釁而激發的,"亞羅號"事件的來龍去脈十分複雜,引發第二次鴉片戰爭的原因也很多,[200]這裡不擬深入探討,但當時中英交惡

（196）詳見〈社會〉,頁 411—413;Munn, Christopher, *Anglo-China*, pp. 281—283。

（197）查英軍是在 1856 年 10 月 27 日開始炮轟廣州城,中英雙方軍隊斷續的在珠江河面上展開爭奪戰;另一方面,廣州及鄰近地區的群眾亦對英人發動零星的襲擊。

（198）十三行商館區的大火是在 1856 年 12 月 14 日午後開始的,除英國行中的一幢房屋外,全部建築物在 15 日午後 5 時左右成為焦炭,起火原因,尚難確定,但極有可能是廣州群眾因報復英人燒村而縱火的。

（199）張霈霖在 13 歲時隨親叔往澳門經商,18 歲來港,成為孖喇士甸洋行(Marrow, Stephenson & Co.)之總買辦,後開辦煤炭行、洋貨店及麵包店,是一位在香港相當成功的商人。故雖被家鄉警告,仍拒絕回鄉。張霈霖生平詳見《香山鐵城張氏族譜》之〈積慶譜〉、〈行狀〉,見 Choi, Chi-chueung , "Cheung Ah-lum, A Biographical Note," *JHKBRAS*, 24(1984),pp.282—287。

（200）亞羅號事件是第二次中英鴉片戰爭(或稱英法聯軍之役)的導火線,後來不乏研究專著,其中包括:Holt, Edgar, *The Opium Wars in China* , 1964; Costin, W. C., *Great Britain and China , 1833—1860*, 1937; Huang, Y. Y. , "Viceroy Yeh Ming-ch'en and the Canton Episode 1856—1861," *Harvard Journal of Asiatic Studies*, 6(1941), pp. 37—127;Leavenworth, C. S., *The Arrow War with China*, 1901; Wong, J.Y. , "The Arrow Incident: A Reappraisal," *Modern Asian Studies*, 8:3(1974), pp.373—389; Bonner-Smith, D. and Lumby, E. W. R.(eds.), *The Second China War 1856—1860*, 1954 及蔣孟引:《第二次鴉片戰爭》,1965 年。

而導致香港華人與西人潛伏的矛盾突趨尖銳卻是十分明顯的。

香港的動亂，是由葉名琛親自策動的。他鑑於其一部分兵力已調派往鎮壓紅兵，兵力削弱，難於與英軍抗衡，乃千方百計搞亂香港的秩序，藉以牽制英人。其行動包括：禁絕食用供應、脅迫華人離港回鄉，使香港癱瘓下來；派人潛入香港搞事，製造不安。葉名琛特別授權新安縣士紳陳桂藉統籌對付香港西人之行動，煽動香港華人，打擊西人，甚至懸紅鼓勵華人殺西人，並收買香港華人刺殺香港的外籍高官。[201]

在這種形勢下，香港的西人人心惶惶，對華人提心吊膽，懷疑與不信任的情緒驟然加深；另一方面，中國政府的揭帖，勾起香港華人長期以來的積怨——西人的種族歧視，[202] 以及對港府一些施政措施的不滿，一下子爆發出來。於是，罷工、罷市、成千上萬的人紛紛離港回鄉——其中包括了一些華商和公務員。種種跡象顯示，一些人的罷工、罷市、離港可能是受脅迫的，[203] 然而，假如華人民眾不是對港府及西人積怨極深，也不會那麼容易受到煽動，反應也不會那麼齊心，也不致爆發一次開埠以來僅見，也是香港歷史上其中一次最嚴重的華英衝突。

張霑霖的拒絕回鄉清楚反映出一個事實：在香港已取得利益的華人捨不得放棄辛苦建立的基業，抗拒回鄉正是留戀香港的表現。他們當然不會像一無所有的勞工般可以一夕之間離去，富人與窮人立場不同，利益不同，態度取向亦各異。

港督寶靈在此次事件發生後並沒有順從西人社會嚴懲華人的要求，反而冷靜、謹慎地處理當時險惡的局勢。張霑霖的無罪獲釋對提高華人，特別是剛崛起的華人富商對香港的信心，對於穩定民心，無疑是很有幫助。寶靈建議在中區填海的計劃，受到英商反對，但華商卻積極支持。[204] 他去位離港之日，華商熱情歡送，與英人的以冷淡態度反映他們對寶靈的鄙夷和憎惡形成強烈對比。[205] 經此一役，港府認識到華商是社會上一股不可輕視的新興力量，繼任的港督，開始認真籠絡華人翹楚分子，借助他們的影響力，穩定社會。

（201）〈社會〉，頁414—420。

（202）〈新安闔邑公啟〉，收於 F. O. 682/137—1。

（203）同上註。

（204）Munn, Christopher, *Anglo-China,* p. 263.

（205）〈社會〉，頁426。

（四）1894 年的瘟疫

　　1894 年，香港發生瘟疫。由於上環華人居住環境惡劣，人口密集，[206] 故這種由老鼠傳播的瘟疫傳播極速，短短一個月內便死了 450 人，香港被宣佈為疫埠。瘟疫的爆發，既暴露了太平山區衛生環境之差，在處理病人方面，亦導致政府與東華醫院的矛盾加深；另一方面，東華醫院董事局對於染瘟疫病人的治理方法出現分歧。瘟疫的發生，暴露了社會潛伏的種種矛盾。

　　19 世紀 60 年代晚期，華人社會所組成的東華醫院，是由不同行業的華人翹楚分子聯合起來，並得到港府支持的一個惠及全港華人的慈善組織。它除了提供醫療及社會福利服務外，還是香港華人的仲裁機構，既是香港華人與中國政府的中介，也是香港華人與海外僑胞的橋樑。從成立之日始，東華的角色，便常常遭受西人社會質疑和責難，特別是它為華人排難解紛，其董事成員又與中國政府關係異常密切，然而由於港督軒尼詩對東華全力支持，東華業務發展蒸蒸日上，西人莫奈之何，不過東華對於華人的影響力，卻引起英國理藩院的關注。軒尼詩去職後，接任的幾位港督，在西人社會的推波助瀾下，處處與東華為敵，加強總登記官的權責，又通過增加立法局華人非官守議席及潔淨局華人代表議席，藉以削弱東華的影響力。在 1884 年因中法戰爭而引發的罷工及騷亂事件中，英軍曾一度包圍東華醫院，[207] 而 1885 年的賑災款項問題，亦導致東華與港府的關係日趨惡化。[208] 1894 年發生瘟疫，東華更須面對前所未有的挑戰及危機。港府與華人的關係亦再陷入低潮。

　　1894 年 5 月 10 日，香港發現鼠疫病例，潔淨局開會商議對策，決定進行逐戶搜索疫症病者，染疫之家，予以薰洗消毒，染疫者一律送到一艘停泊於港海的醫院療養船隔離。華人對於這些措施反應異常強烈，他們潛伏着的對西人的害怕與不滿，一發不可收拾。為反對逐戶搜查，華人索性染病亦不報。不僅如此，華人還反對用西醫以西法治療，染疫者的屍體須藏以石灰然後才能埋葬。有的華人欲離港回鄉，政府以香港已宣佈為疫埠為理由，禁止染疫者離港。當時作為華人喉舌的東華醫院，曾上稟反映華人之想法及提出種種折衷解決方法，均不為羅便臣

（206）1882 年發表的柴維克報告書已對華人聚居的太平山區的居住及衛生情況嚴詞指責，力促改善，政府有意大舉拆除及改建華
　　　人住宅區，但因華人強烈反對而擱置。*AHHK*, p. 202；Munn, Christopher, *Anglo-China*, pp. 267—268。

（207）詳見 *TW*, pp. 133—137。本節論述瘟疫對東華影響亦多取材自該書。

（208）*TW*, pp. 141—149.

所接納，[209] 華人與港府間之關係陷入僵局。5 月 23 日，貨艇以拒絕載運染疫者屍體進行罷工，英文報章指稱東華及保良局煽動華人反抗政府。5 月 24 日，一艘炮艇停泊在上環太平山對開海面。十萬人離港他去。

另一方面，自從瘟疫發生後，廣州街頭出現揭帖警告華人不得去香港，市面亦廣泛流傳香港西醫虐殺病人的謠言。港督羅便臣聽到有關匯報後勃然大怒，他馬上致函兩廣總督李翰章，力促他對事件加以澄清。羅便臣對於香港華人在英國"寬厚、殷殷關懷統治了 50 年卻仍然聽信謠言"感到震驚。[210]

李翰章在通告中明言廣州歡迎病患者回省就醫，並促香港當局准許染病者到華人辦的醫院就醫。

一群洋行買辦聯名上稟港督，情願以人身作擔保，要求容許染病者回廣州就醫。羅便臣鑑於華人離港日眾，店舖罷市，經濟蕭條，知道這樣發展下去，對香港打擊很大，遂應允讓染病者離港回鄉就醫，而染疫死者的其屍體亦可運返原籍安葬。羅便臣並把太平山重疫區拆卸重建，事情終告一段落。[211]

瘟疫肆虐原為醫療衛生問題，卻演變成為港府與華人社會的一次角力，它暴露了港府與華人之間缺乏溝通，港府對華人認識不深，不尊重華人的習慣，這次事件由於關係醫療衛生，故自始至終與東華息息相關，把東華拖入空前尷尬的處境中。由於東華站在華人立場發言反對逐屋搜索病人，主張讓病患者回穗就醫，故站到政府的對立面去，使本來已對東華百般猜疑的港府與西人社會更加視東華為敵，處處針對東華；另一方面，東華允許港府從東華醫院帶走染疫病人，又導致華人不滿，人群在東華醫院門前麇集，打破醫院玻璃，主席劉渭川也受到暴民襲擊，[212] 作為華人社會代表機構的東華醫院在華人眼中的威信驟降。東華是香港以中醫進行治療的標誌，因而讓其病人被西醫帶走是對東華以至全體華人的一大侮辱。此外，東華的領導層亦對瘟疫的處理方法產生分歧，受過西式教育的較開明的一派支持政府的應變措施，較為保守的一派則強烈反對。社會上一些受過西方教育的華人則開始質疑東華作為華人社會喉舌的領導地位。瘟疫帶來的衝擊和迴響，異常深遠。[213]

（209）*TW*, pp. 166; 劉潤和：《香港市議會史》，頁 57。

（210）*TW*, pp. 171.

（211）*TW*, pp. 174—175.

（212）*TW*, pp. 166.

（213）*TW*, pp. 169.

（五）辛亥革命與香港

自 19 世紀中葉以後，中國受到列強一次又一次的侵略，民間反外情緒高漲，這種情緒也傳到香港來。1884 年中法戰爭期間，香港華人艇戶拒絕為法國船卸貨，論者認為是香港華人第一次自覺的愛國主義表現。[214] 1905 年，因反對苛禁華工條約，全中國多處地方發起抵制美貨運動，香港華人積極響應。1908 年，香港發生首次排日運動，民眾掀起抵制日貨活動，搗毀售賣日貨商店。抵制外貨成為和平反抗外力壓迫的工具。[215] 這三次事件都是香港華人反抗列強侵華的具體表現。

另一方面，自 19 世紀晚期，維新派與革命黨各利用報章在香港進行思想論戰，大力宣揚民族主義思想及革命思想。[216] 在興中會時期，會員大半為香港人，1906 年同盟會香港支部成立後，不少香港商人加入，其著者如李煜堂、楊西岩、林護、伍于簪等肩負籌餉活動。革命成功後，胡漢民更率領李、林、伍等人返穗組織軍政府。可知不少港商具民族意識。香港民眾把對香港政府、外籍資本家的不滿與日常生活中受到的歧視與民族主義結合起來，凝聚成一股強大的力量，踏入 20 世紀以後，終爆發一連串大規模的罷工事件，而辛亥革命成功的消息傳到香港所引發的騷亂，也是這種情緒所引發的。

1911 年 10 月 10 日武昌的清軍譁變，革命黨控制了武昌，未幾，中國各地紛紛響應。11 月 6 日，香港報章突傳北京已落入革命黨人手中，清帝已逃離北京的消息，市民信以為真，歡欣若狂。街道上，華人紛紛把頭上的辮剪去，許多電車上掛上"漢人萬歲"的布條。[217] 西人對華人突如其來的激烈反應，深表驚異。港督

（214）中法戰爭引起香港群眾的迴響，詳見 Chere, Lewis M., "The Hong Kong Riots of October, 1884：Evidence for Chinese Nationalism," *JHKBRAS*, 20（1980），pp. 54—65；Sinn, Elizabeth, "The Strike and Riot of 1884—A Hong Kong Perspective," *JHKBRAS*, 22（1982），pp. 65—98；Ts'ai, Jung-fang, "The 1884 Hong Kong Insurrection：Anti-Imperialut Popular Protect during the Sino-French War," *Bulletin of Concerned Asian Scholars*, 16：1（January—March 1984），pp. 2—14。

（215）香港華人抵制美貨見 Frank Welsh, pp. 345—346 及 Ts'ai, Jung-Fang, *Hong Kong in Chinese History：Community and Social Unrest in the British Colony 1842—1913*, 1993（hereafter as "Ts'ai"），pp. 182—206。彌敦之提早調職與此有關。抵制日貨運動見 "Ts'ai", pp. 207—237。

（216）1874 年 1 月 5 日，香港首家純粹由華資經營的報紙《循環日報》誕生。由著名政論家王韜創辦，每日刊政論一篇，鼓吹變法自強。1900 年，孫中山授命陳少白在香港創辦《中國日報》，傳播革命思想。自 1900 年至抗日戰爭爆發，不少愛國志士在香港創辦報刊，宣揚維新、革命及民族主義，影響甚大。如《維新日報》、《商報》、《有所謂報》、《世界公益報》等。詳見鍾紫（編）：《香港報業春秋》，1991 年，頁 3—4；吳倫霓霞：〈孫中山早期革命運動與香港〉，載《孫中山研究論叢》，第 3 集，1985 年，頁 67—78；譚永年：《辛亥革命回憶錄（上冊）》，香港：榮僑書店，1958 年；莫世祥：《中山革命在香港（1895—1925）》，香港：三聯書店（香港）有限公司，2011 年，頁 215—243。

（217）《華字日報》（1911 年 11 月 7 及 8 日）；*China Mail*（November 7, 1911）轉引自 Chan Lau, Kit-ching, *China, Britain and Hong Kong 1895—1945*, 1990（hereafter cited as CBHK），pp. 88—89。此段亦參考吳倫霓霞：〈香港對武昌革命的反應及與粵軍政府的關係〉，載香港中文大學歷史系（主編）：《史藪》，1993 年，頁 203—219。

盧嘉（Sir Lugard, Frederick, 1858—1945；港督任期：1907—1912）在向倫敦匯報中
指出：

> 所有的華人突然歡欣若狂，情緒之高漲在這個殖民地的歷史上前所未
> 見，也從未聽聞，爆竹聲此起彼落，伴着從未間歇的歡呼聲，民眾不停地動
> 着旗幟，華人這種舉動非比尋常。[218]

11 月 9 日廣東省宣佈獨立，總督張鳴岐躲入沙面英使館避難，消息傳來，香
港全市旋陷入一片混亂之中：商店被搶掠，警察企圖拘捕滋事者而被人投石，西
人在街上受到襲擊，華人群眾甚至喊出“殺死洋人”、“趕走英人”的口號。[219]

盧嘉在 11 月 19 日召集華人領袖開會商討對策，他解釋了港府的立場：英國
政府只承認滿清政府為中國唯一合法政府；香港的華人在政治取向上可以自由選
擇，但香港社會的繁榮安定不容破壞。他旋即頒佈緊急法例，賦予警察驅散群眾
及入屋搜查進行拘捕的權力。軍方更從印度方面調兵增援，通過嚴厲而有效的手
段，把騷亂平息下來。1912 年 2 月，盧嘉宣佈取消緊急狀態，市面恢復平靜。[220]

市民慶祝辛亥革命成功而激發的騷亂雖告一段落，但華人的反英仇外情緒仍
然高漲，從 1912 至 1913 年，發生了一連串的事件：盧嘉三月離任，曾任職輔政
司的梅軒利（Sir May, Francis Henry, 1860—1922；港督任期：1912—1919）於 7 月
抵港履新，在卜公碼頭登岸時，遭人開槍射擊；[221] 他的坐駕後來更遭人投石；
襲警案暴增。1917 年 4 月，港府通過法例，禁止用外國貨幣，包括在香港市面
流通的中國銀毫及銅元。此舉原來是一項金融措施，但被視為對廣州新政府的侮
辱。11 月，政府勒令電車公司及天星小輪不得再接受中國銅錢，馬上激起杯葛行
動，人們甚至脅逼乘客不得乘坐電車。梅軒利通過《防止杯葛法案》，嚴懲以武力
威嚇乘客者，並勒令杯葛電車之地區之居民須繳付罰款，所繳款項用以津貼因杯
葛行動而生意受損之電車公司，民眾害怕罰款，杯葛行動才告一段落。[222]

另一方面，1913 年初，宋教仁被刺殺，袁世凱免去國民黨籍的皖、贛、粵
省都督的職務，1913 年 7 月，廣東都督陳炯明宣佈廣東獨立，通電討伐袁世凱，
袁命龍濟光派兵聲討，陳無法控制局面，棄官出走，孫中山等革命黨首腦逃亡

（218）*CBHK*, p. 103.

（219）同上注，頁 104。

（220）*HKIR*, p. 4.

（221）關於梅軒利被刺殺事件，詳見 Miners, N. J., "The Attempt to Assassinate the Governor in 1912," *JHKBRAS*, 22（1982），pp. 279—285。

（222）*CBHK*, pp. 111—117.

日本。廣州再陷入一個不穩定時期，不少人移居香港，香港的局勢反而穩定下來。[223]

　　香港華人對辛亥革命反應激烈是值得深思的，這是中華民族革命運動衝擊下所起的新變化。曾在香港服職過多年的梅軒利重臨香港履港督職，慨嘆地指出自他再踏足香港的第一天，已發現香港的華人敵視西人。[224] 反映了華人的民族意識有所增強。1911 年的騷亂在盧嘉冷靜處理下渡過，但這種不滿情緒的持續和累積，加上民族主義的抬頭，終於在 1922 及 1925 年釀成大規模罷工爆發。

（六）海員大罷工及省港大罷工

　　辛亥革命後，國內許多人移居香港避亂。從 1911 至 1921 年這十年間，香港人口增加了 37%，人口劇增造成了嚴重的住屋問題，房屋租金飛漲，米價上揚，薪金增長遠不及通脹，香港社會的不滿情緒滋生起來。[225]

　　1919 年，五四運動爆發，愛國民族主義潮流席捲全國。

　　1913 年二次革命失敗後，孫中山成立了中國革命黨，吸收了不少工人和海員。1917 年孫氏在廣州成立護法政府，廣州附近地區勞工活動漸趨活躍，工會組織發展蓬勃。1920 年孫中山重返廣州，積極支持工會活動。[226] 這種組織工會的風潮，也吹到香港來，1922 年，香港已有約 100 間工會。早在 1920 年，香港機器工人發起罷工，持續了 19 天，得到廣東及內地工會的支持，結果獲增工資 20 至 30%。機器工人的勝利，鼓勵其他工人通過罷工爭取改善待遇。[227]

　　1922 年，香港的中華海員工業聯合總會發動罷工，要求加薪 30 至 40%，並要求日後招募海員必須通過工會而非買辦進行，船公司拒絕要求，海員乃進行罷工。工人從鐵路回廣州，得到廣州政府提供住宿、食用。1 月 31 日，碼頭卸貨工人、苦力、煤工加入罷工行列。工會並派糾察監察禁止食物運入香港。2 月 28

（223）查 1911 年香港華人人口是 444, 666 人；1913 年增為 467, 644 人；1914 年香港人口突破 50 萬人。

（224）梅軒利是第一個官學生出身的港督。1902 年他出任輔政司，服務香港前後達 38 年之久，所以，他在 1912 年重臨香江的觀察，能客觀地反映了華人民族意識有所增強及仇英情緒高漲的情況，這是辛亥革命帶來的衝擊。見 *CBHK*, p. 120。

（225）關於 1919 年米價上揚及 20 年代因人口驟增所帶來的住屋問題，詳見 *HKIR*, pp. 9—11。

（226）關於孫中山支持工會活動、吸納海員和工人為黨員，激發工運蓬勃發展，詳見陳明銶：〈孫中山先生與清末民初廣東工運〉，載陳明銶（主編）：《中國與香港工運縱橫》，1986 年（以下簡稱《縱橫》），關於此次香港機器工人罷工，見頁 3—20。

（227）同上註，頁 10；及同書刊載周蘿茜：〈一九四九年前華機會與港府關係〉，頁 116—118。

日，工會呼籲全港工人罷工並列隊回廣州。麵包師、廚師、文員、司機、苦力紛紛罷工。3 月 4 日，罷工工人回穗途中經過沙田時遭槍擊，造成四人死、八人傷的慘案。香港廠商通過英國駐華大使與工會及廣州政府展開談判，雙方達成協議。船公司答應加薪 30%，港府對發動這次罷工的中華海員工業聯合總會予以解禁，沙田慘案中受害人得到賠償。此次事件延續了兩個月，香港政府受到一次空前的挫敗。(228) 而海員的勝利，刺激了香港工運之蓬勃發展。

1925 年 5 月 30 日上海爆發五卅慘案，香港部分工人於 6 月 19 日響應廣州工會領袖之呼籲舉行罷工。6 月 23 日，廣州舉行遊行示威，52 名示威者在巡行至沙面時被租界當局開槍射殺，消息傳至香港，全市旋即陷入一片混亂局面。至 7 月中旬，幾乎全港所有行業都受到影響，包括政府的低級公務員都參與罷工。(229) 未幾，罷工工人像 1922 年參與海員罷工的工人一樣徒步走回廣州。在廣州，工人受到廣州政府的接濟，在大罷工發展至最巔峰時，估計共有 25 萬人離開了香港，佔當時全港華人人口 30%。

在省港大罷工的影響下，交通、供電、社會治安都大受影響，受打擊最大的是商業貿易。"罷委" 對香港進行經濟封鎖，不准香港英人或華人的船隻駛入廣東任何港口，任何載運有香港貨物或曾停靠過香港的外國船隻亦不准停靠廣東的港口。這種 "禁運" 行動維持了 15 個月，對香港商業做成空前損失，進入香港的船隻減少了 60%，不少商號因此破產倒閉。香港的商行損失了五億港元之鉅。

"罷委" 及廣州政府向香港政府提出了多點復工要求，包括：容許辭退的工人復工、罷工期間工資照發、增加立法局華人議席、廢除所有歧視華人的措施、每天工作八小時、全港租金下降 25%。罷委所提的要求中除部分着眼於改善工人生活外，主要針對華人的政治權利，(230) 矛頭直指港英政府，這正顯示了省港大罷工本質上是一次政治活動。

（228）海員大罷工詳見 HKIR, pp. 12—14；Chan, Ming K. "Labour and Empire：the Chinese Labour Movement in the Canton Delta, 1895—1927"（Ph. D. dissertation, 1975, hereafter cited as L & E），Chapter 10；Glick, Gary W., "The Chinese Seaman's Union and the Hong Kong Seamen's Strike of 1922"（Unpublished M. A. essay, 1969）。

（229）省港大罷工詳見 HKIR, pp. 15—19；L & E, Chapter XI；中國第二歷史檔案館（編）：《五卅運動和省港罷工》，1985 年；《省港大罷工資料》（以下簡稱《罷工資料》），1980 年。John Carroll 在 Edge of Empires 一書中對這兩次罷工有深入探討。見該書，頁 131—158。

（230）"罷委" 所提出的復工條件中下列數項值得留意：香港華人應有集會、結社、言論、出版、罷工、教育、居住及舉行救國運動及巡行之絕對自由權；香港居民，不論中籍西籍，應受同一法律之保障與待遇，務須立時取消對華人之驅逐出境條例，笞刑、私刑等之法律及行為；香港定例局之選舉法應行修改，以增加華工選舉權及被選舉權，這些要求，反映了日漸醒覺的華人工階級對英國殖民統治的不滿。上列條件詳見 "省港罷工委員會致港商會函"，見《工人之路》，第 101 期，1925 年 10 月 3 日。見《罷工資料》，頁 561—562。

　　港督司徒拔（Sir Stubbs, Reginald Edward, 1876—1947；港督任期：1919—1925）毫不猶疑地拒絕了"罷委"的要求，直至他在 10 月離任止，港穗雙方處於膠着狀態，死結始終打不開。直至金文泰蒞任，採取懷柔手段，與廣州當局接觸並進行談判，用了差不多一年時間，進行磋商，廣州當局終同意終止杯葛行動。1926 年10 月 10 日廣州舉行了一次大規模示威遊行後，大罷工才告一段落。

　　必須指出：省港大罷工與海員大罷工有相同之處，亦有相異的地方。海員大罷工固然帶有反英民族主義的色彩，特別是沙田慘案發生以後。但它基本上仍是一次工人爭取權益的運動，工人向政府提出的只是增加工資，並沒有其他政治上的訴求。但省港大罷工中，"罷委"提出的結社、出版自由、華人與西人法律平等、華人有選舉權利、華人有在任何地區自由居住的權利，目的在為全體華人爭取政治權利，帶有濃厚的政治色彩。省港大罷工是香港華工向港英政府的一次攤牌，是積累了多年的忿懣的爆發，正因如此，規模才會如此大，民眾才會這樣齊心。

　　海員大罷工與省港大罷工都獲得廣州政府的支持，廣州成為罷工工人的庇護所，這與孫中山的積極支持工會活動爭取工人的擁護分不開。省港大罷工爆發時，孫氏剛去世，但罷工仍受到廣州政府內左、右派的支持。但自 1925 年 8 月 20日廖仲愷被殺後，國民黨內部鬥爭趨於激烈，蔣介石揮兵佔據廣州，大肆搜查"罷委"總部，並決定與港英政府談判，商討結束罷工和杯葛運動，香港之罷工既因中國方面之煽動而起，亦因中國政局改變而結束。[231]

　　在上海五卅慘案後，中華全國總工會便派遣鄧中夏、楊匏安等人到香港與曾領導海員大罷工的蘇兆徵（1885—1929）一起成立了香港工團聯合會。廣州沙基慘案後，為了加強對罷工行動的領導，成立了省港罷工委員會，擔任委員長的正是蘇兆徵，顧問包括鄧中夏、汪精衛、廖仲愷等人。"罷委"的主要人物：蘇兆徵、林偉民、鄧中夏、楊匏安等都是共產黨員，因此，省港大罷工實際上是中國共產黨策劃的一次運動。[232] 它在本質上是一次反英、反殖的政治性罷工。

　　社會動亂帶來經濟蕭條，因此，商人特別是富商都渴望安定繁榮。省港罷工造成百業蕭條，貿易半停頓。商人以利益攸關自然站在港府的一邊，何況這個運動還是由資本家最害怕的共產黨領導的。當時的香港華人代表 —— 立法局華人

（231）楊意龍：〈香港兩次工潮所引發的震盪—二五至二六大罷工及六七騷動之比較和啟示〉，見《縱橫》，頁 196—202。

（232）可參看蘇兆徵：〈省港大罷工〉，原載《中國職工運動簡史》，收入《罷工資料》，頁 23—53。

議員周壽臣和羅旭龢均積極協助港府維持香港秩序和解決罷工帶來的問題。香港主要的華人社團組織如香港華商總會、東華醫院、香港廿四行商都支持港府，向香港及海外華人解釋港府的立場，得到殷商如馬敘朝、黃德光、李亦梅、盧頊舉等的協助。殷商何東創辦的《工商日報》在反擊"罷委"的宣傳中發揮了一定作用。[233] 作為香港華人社會代言機構的東華醫院的立場是值得注意的，東華醫院自成立以來，一直避免牽涉政治，但在省港大罷工中卻毫不含糊的站在港府一邊。[234] 東華的總理都是殷商巨賈，是罷工禁運行動的直接受害者，他們的利益與政府是一致的，支持政府，理所當然。

省港大罷工結束後，港府為了安撫華人 —— 特別向在罷工工潮期間支持港府的華人領袖致意，特破格委任周壽臣為行政局議員，成為行政局三名非官守議員中的一位，這是首名華人擔任港府決策中樞的重要位置。未幾，立法局的華人議席亦從兩席增至三席，加強華人在立法局的代表性。

另一方面，港府亦通過立例禁止一切政治性罷工和工會組織，禁止本地工會成為中國工會的分支部，同時設立勞工主任一職，專責處理勞資糾紛。[235]

金文泰從省港大罷工的解決過程中明瞭到香港要保持繁榮穩定，必須與廣東政府建立良好關係，為了達到此一目的，他親到廣州官式拜訪廣東政府的李濟深，與廣東政府加強合作殲滅大亞灣的海盜。李濟深倒台後，港府仍與其後的陳銘樞、陳濟棠政府維持合作關係。[236]

五・日佔時代的行政架構及政策

剛經歷了 100 年英國殖民統治的香港在 1941 年的聖誕節落入日本人手中。自 1941 年 12 月 25 日香港淪陷到 1945 年 8 月 30 日日本在香港統治結束的三年零八個月，是香港歷史上一段空前黑暗的歲月。歷史上稱為"日治（佔）"時期。

港英政府投降後，日本人便把英治時期的領導階層、英軍、敵對國家 —— 主

（233）詳見 *CBHK*, pp. 190—193。

（234）有關東華醫院在海員及省港大罷工中的角色，詳見氏著：《善與人同：與香港同步成長的東華醫院（1870-1997）》，香港：三聯書店（香港）有限公司，2010 年，頁 149—161 及注（191）。

（235）見陳明銶、單瑞蓮：〈戰前香港勞工調查〉，收入《縱橫》，頁 111—115。

（236）詳見 *CBHK*, Chapter V, pp. 221—264。

要是英、美、荷等國的國民，拘禁在赤柱，又把戰俘拘禁在亞皆老及深水埗戰俘營。所以日人在香港管治下的主要是百多萬的華人，其次是少數"友國"及中立國的國民。從 1941 年 12 月底到 1942 年 2 月下旬，香港由日本軍人統治，最高長官是酒井隆中將，其下劃分為總務、民政、經濟、司法及海事五部，這就是所謂的"軍政廳"時期。[237]

　　日本並沒有把香港變成像台灣、朝鮮一樣的殖民地，也沒有把它像廣州沙面一樣劃歸汪政權管轄，而是視香港為一個堡壘、補給站、華南的中樞和軍事基地，[238] 換言之，它成為日本再向外侵略的跳板。正因為如此，它直接受日本內閣管轄。港日政府必須把資源集中處理最逼切的事項，故此在香港建立起來的行政架構與一般正常政府管理下的體制不相同。日本人稱攻陷香港為"把華人從英國殖民統治下解放出來"，港日政府非常重視籠絡華人社會中的領袖人物，爭取他們的合作，以期共建"大東亞共榮圈"。

　　1942 年 1 月 10 日，酒井隆以香港軍政廳首長名義假半島酒店宴請 133 名香港社會知名華人，向他們解釋日本人的意圖和政策。兩天後，中華總商會組成一個九人小組（後增至 12 人）名為"香港善後處理委員會"，專責處理更換政府後所出現的糧食、貨幣、治安、交通、醫療等與社會民生直接有關的逼切問題，[239] 由本來在港英統治時任行政、立法兩局議員，首席華人代表的羅旭龢爵士當主席，副主席是行政局首位華人非官守議員、在香港政壇上德高望重的周壽臣爵士；委員名單內還包括原立法局議員：羅文錦、李子方和譚雅士；名單中還有商人、銀行家、醫生等，皆為一時俊彥。[240] "善後會"是一個臨時性組織，軍政廳時期結束後，"善後會"工作就由"兩華會"接掌，"善後會"便告解散。

　　"善後會"是一個中央組織，但有關社會民生工作，還有賴地方落實執行，所以，日人在授意成立"善後會"的同時，還積極籠絡地方上有影響力的人物，爭取他們的支持和合作，務求把地方上的力量組織起來，以方便中央政令的推行。方法是在香港和九龍分設區政聯絡所，同時在港九兩地分設 12 個和六個區役所，由所長主掌，區役所必須向該地區的區政聯絡所負責，而區政聯絡所之上是香港或

（237）關禮雄：《日佔時期的香港》，1993 年（以下簡稱《日佔》），頁 66；齊藤幸治：《軍政下之香港》，1944 年（以下簡稱《軍政》），頁 108—114。張貼在香港各地的安民告示—〈部長聲明〉就是以日本軍民政部長矢崎勘十的名義發佈的（香港博物館藏）。

（238）Endacott, G. B. and Birch, Alan, *Hong Kong Eclipse*, 1978（hereafter cited as *Eclipse*）, p. 124.

（239）同上註，頁 126。

（240）"善後會"委員名單詳見《日佔》，頁 171。

圖 3.10　1941 年 12 月 25 日，日軍佔領香港。

圖 3.11　港島被日軍佔領後被俘的英軍（1942.12）

九龍地區事務所（初期兼管新界各區）。[241] 區政所組織在"香港佔領地總督部"成立以後續有發展。

淪陷前，香港的人口已達到 1, 615, 629 人，其中約六十萬人是在日本侵華後從內地逃港避難的，[242] 日人有鑑於香港人口眾多，管治不易，保證糧食補給更極為困難，故此自始便釐定政策，要盡一切力量把香港人口減至 60 萬人。為了切實執行他們釐定的"歸鄉政策"，軍政廳特別成立了一個"歸鄉委員會"（後改稱"歸鄉指導委員會"），[243] 透過香港各類社團：宗親會、同鄉會、商會、工會等，呼籲並安排僑港人士回歸故鄉。1942 年 7 月，政府更成立了一個"歸鄉事務部"，專責處理華人回鄉事宜。這個政策在日治時期一直貫徹執行，到日本投降前夕，香港人口只剩下約六十萬人。

1942 年 2 月 25 日，磯谷廉介履任首任香港佔領地總督，"軍政廳"宣告取消，成立"香港佔領地總督部"，成為日本戰時內閣的直轄機構。民政府時期遂告開始。

香港佔領地總督部最高行政長官是總督，其下設參謀部（掌管憲兵、警察及防衛隊）、副長官及總務長官。前者負責維持香港的治安及秩序，而後者卻是政府的行政首長，公職主腦和政府最高發言人，負責協調和監督所有政府機關的工作。

總務長官下分為七部：民治部（其下再細分為庶務、商業、文教和衛生四課；下轄區政所）、財政部（下細分為稅務和金融課）、交通部（下分陸軍、海事、土木及陸上交通四課）、經濟部（分產業及軍事費課）及報導部（下分為總務、新聞、宣傳、藝能四班），另外還有管理部及外事部。[244]

港日政府的架構，在組織上要比原來港英政府精簡，部門遠比港府為少，卻統轄了政府所需處理的主要事項。正如前面提過的，日本要把香港發展為其在華南的中樞，故需把人力物力集中於處理最逼切的事項，其行政架構有別於一般政府管理下體制。日本人這個行政架構的精神在吸納華人領袖作為政府與民眾間溝

（241）有關區所之運作，詳見《日佔》，頁 103—108；及注（228），頁 126—127、131—132。

（242）查香港的人口在羅富國（Sir Geoffrey Northcote；港督任期：1937—1941）任內首次突破 100 萬。1938 年廣州淪陷，香港人口激增，日本人在 1942 年 3 月進行人口調查，所得數目為 1, 659, 337 人，但從 1941 年底至 1942 年 3 月間已有不少香港居民被遣回內地。

（243）見注（238），頁 62。有關歸鄉政策，可參考鄺智文：《重光之路：日據香港與太平洋戰爭》，香港：天地圖書有限公司，2015 年，頁 176—183。

（244）分別參考《日佔》，頁 173；*Eclipse*, p. 173。又港日政府所發命令，均以"香督令"名義發出，是研究日佔時期措施之珍貴史料。詳見《香督令特輯》，1942 年（以下簡稱《香督令》）；可參考《重光之路》，頁 91—106。

通的橋樑，以利於"上情下達"及"下情上達"，以達致"以華制華"的目的。軍政廳時期的"善後會"以至民政時期的"兩華會"都是這類組織。

磯谷廉介上任不久，"兩華會"亦告成立。兩華會是"華民代表會"及"華民各界協議會"的簡稱。⁽²⁴⁵⁾日本人放棄了港英政府的行政及立法局的制度，改而成立兩華會作為諮詢機構，再配合以地方區所制，形成一個縱橫交錯的網絡，以確保政令能下達到地方基層，在理論上，下情亦可通過不同渠道轉達到總督去，矯正了過往港府對地方的管治幾乎失控的弊病。

"華民代表會"由一名主席及二名委員組成（後增至三名委員），是香港華人的最高諮詢機構，該會成員每日開例會就華人有關事項向港日政府反映民意及作出提議。"華民代表會"的成員包括羅旭龢（主席）、劉鐵城（銀行家）、李子方（銀行家、原立法局議員），後來加入了陳廉伯（買辦、商人）。這四個人中，羅旭龢及李子方是原港英政府器重的人，而劉、陳兩人與日本人關係密切，是日方信任的人，這個組合，既有公信力，又牢牢地在日本人的控制之下，可見人選安排是經過精心構思的。

"華民各界協議會"的成員是由"華民代表會"挑選出來的，而且受其指導。人數要比代表會多得多，它由一個主席、一名副主席及 19 名會員組成，每兩星期開會一次，主要作用是聽取社會各階層意見及協助推行已釐定的政策。主席周壽臣，德高望重，而副主席和委員：李冠春、葉蘭泉、羅文錦、譚雅士、鄧肇堅、陸靄雲、郭贊、顏成坤等或為原港英政府立法局議員、或為團體領袖首長、大機構主管、殷商巨賈，代表了百貨業、銀行、錢莊、建築、醫療、新聞、製造、運輸及教育各職能，皆為華人社會中有頭有面的人物，⁽²⁴⁶⁾在其所從事的行業裡具有較大的影響力。在戰前港英政府時期，能被委為行政、立法兩局非官守議員的華人，鳳毛麟角；日本人卻把華人俊彥一網打盡，在策略上是高明的，因為從理論上看，所能收集到民意愈廣泛和全面，政府在釐訂政策時便愈能照顧不同行業的需要，更何況得到各界領袖的支持，政令可以推行得更快。

"兩華會"都是諮詢機構，但政策的貫徹和實施，還需地方切實執行。日本人對地方組織非常重視，軍政廳時代已有地區事務所及區政所的雛型，民政府成立

（245）"兩華會"詳細名單見《日佔》，頁 172；及注（238），頁 384—385。兩華會之規程，見《香督令》，頁 7。

（246）有關羅旭龢、周壽臣、李子方、羅文錦、譚雅士之生平資料，可參看 Cheng, T. C., pp. 7—30。而鄧肇堅、葉蘭泉、郭贊、顏成坤等之生平，見吳醒廉：《香港華人名人史略》，1937 年；*Dictionary of Hong Kong Biography*, pp. 230—32, 96—98, 262—263。

後，加緊籌組區政所，作為各區市民和民治部分區官員間的橋樑。

　　戰前香港的管治並無系統性的分區行政管轄，港島、九龍及新界有的只是按地理，劃分為若干地域，地區的警署、消火局、衛生局等即有分處，也仍由中央政府管治。因此，正如關禮雄指出：區政所的設立開創了百載未有的新局。[(247)]

　　分區管治的具體方法是：民治部在香港島、九龍及新界各設一個地區事務所，所長一職，由日人擔任，負責監察區政所的運作；每一地區事務所下設三個辦事處：總務科主管區內商業貿易、文化教育等事宜；經濟科主理區內經濟、通訊、交通事項；衛生科負責區內醫務衛生。地區事務所操實際權力，是一個重要的行政機關。地區事務所之下是區政所（1942 年 7 月改名為區役所）。香港、九龍及新界被劃為 28 區，港島 12 個區、九龍九個、新界七個，各區設正副所長各一人，管治區內事務。所長由地區上知名人士出任，例如中區區政所的區長是名律師冼秉熹（他也是區政聯絡所所長）；九龍塘（鹿島區）的區長關心焉醫生等。每一區所下設一區議會，作為區所的諮詢機構，議員人數由五至十人不等。區所直接向該區的地區事務所負責。區所制度 1942 年 7 月 20 日正式實行，與兩華會一縱一橫，互相配合。港日政府通過“兩華會”搜集民意，又透過區所監察其政策在地方推行的實際情況及其對民生之影響。正如關禮雄說的，區所制把地方行政從中央政府解放出來，化整為零，使中央之於分區運作，如臂之使指，比港府原來的制度更合乎管理原則。[(248)] 事實上，區所制在日治時期的行政管理上發揮了很大的作用，英國在香港統治了 100 年，但並沒有建立起完善的食米的配給、維持治安及監察“歸鄉政策”的執行，而戶口制的建立和一系列對糧食、人口的監察制度都是由區所協助進行登記及調查的，換言之，通過區所的設立，日本人把本港華人置於嚴密監管之下。

　　兩華會及區所制的推行，加強了政府與華人之間的溝通，然而，港日政府推行這個制度的目的是加強對華人的控制，使中央政令能更快速地傳達到地方上，並保證切實執行。

　　按照日本人原來的構思，區所經費由各區自行徵收，自給自足，但經受戰火洗禮後的香港居民生活艱苦，根本無法徵集經費，結果還是總督部支付。兩華會的代表本來已經是被日本人威脅之下出任的，而且，“兩華會”始終是諮詢機構，

（247）見注（237），頁 105。有關地區事務所之管轄區域及規程詳見《香督令》，頁 8—9。

（248）同上注。

並無實際權力，一些港日政府釐定的政策，兩華會完全無力反抗，只有當政府喉舌，説服民眾接受，自 1944 年中葉以後，日軍節節敗退，敗局已呈，兩華會會員更無心戀棧，或虛與委蛇、或託病不出，制度已名存實亡了。

在戰火剛平息的香港，市面一片死寂，流氓和暴徒四出姦淫擄掠，社會陷於一片混亂。1942 年 1 月，港英政府時代的華警及印裔警察被徵召，重新組成一支警隊，由憲兵部直接管轄。後來第二任總督田中之一履任時，更親自統籌警隊工作，並授意成立一個警隊委員會，由周壽臣當主席，以爭取華人的支持。1945 年 4 月成立了一個特護衛隊。[249]

在香港佔領地總督部成立之前，香港由日本軍政廳以軍法統治。磯谷廉介上任後，開始引入民事法，並成立了一個民事法庭，處理各類民事訴訟，英國傳統的以陪審員及律師辯護制度被廢止，由法庭執事按照控辯雙方供詞而判案。1943 年，律師制度恢復。刑事案件則仍然由軍事法庭審決。[250]

港日政府所發出的官方文告中，不時強調中日兩國人民同文同種，故應該緊密合作，共建“大東亞共榮圈”。然而，日本人深知中國人對日軍的暴行深惡痛絕，何況香港的華人人口中約有五分之三是因日本侵華而從國內逃難到香港來的，當然不會對日本人懷有好感。要統治這 160 萬的華人，除了盡量盡快把一部分遣返國內外，便須把華人置於嚴密監管之下。這包括：華人的出入境、境內的遷徙流動、商業活動均須向憲兵總部申報，每個家庭所用的食水、煤氣、電力及電話，均須予以登記，每個業主必須向當局申報其名下物業，維修房屋要向當局申請，所有醫生、律師、中醫、小販及街市攤檔均須登記，所有宗教組織及學校亦須向有關當局呈上其詳細資料，連搬屋或擁有收音機亦須向憲兵部登記，[251] 必須指出：這些繁複的登記工作不少是區所協助下進行的。另一方面，港日政府亦全力洗刷港英政府百年統治遺留下來的殖民統治色彩，這包括把原來具有英國色彩的街道或機構名稱改上日本化的名字，[252] 逼迫學校教授日文及日本歷史、改用日本曆法、日本的慶典或節日列為假期等，大力宣揚大和文化，以取代原來的大不列顛文化。

總的來說，由於日本佔領香港的目的，是要把香港作為日本對外擴張的戰略

（249）詳見注（238），頁 134—135。

（250）同上注，頁 133—134。日佔時期民事審判規則，詳見《香督令》。

（251）同上注，頁 137。

（252）有關街道之易名，詳見注（237），頁 176。

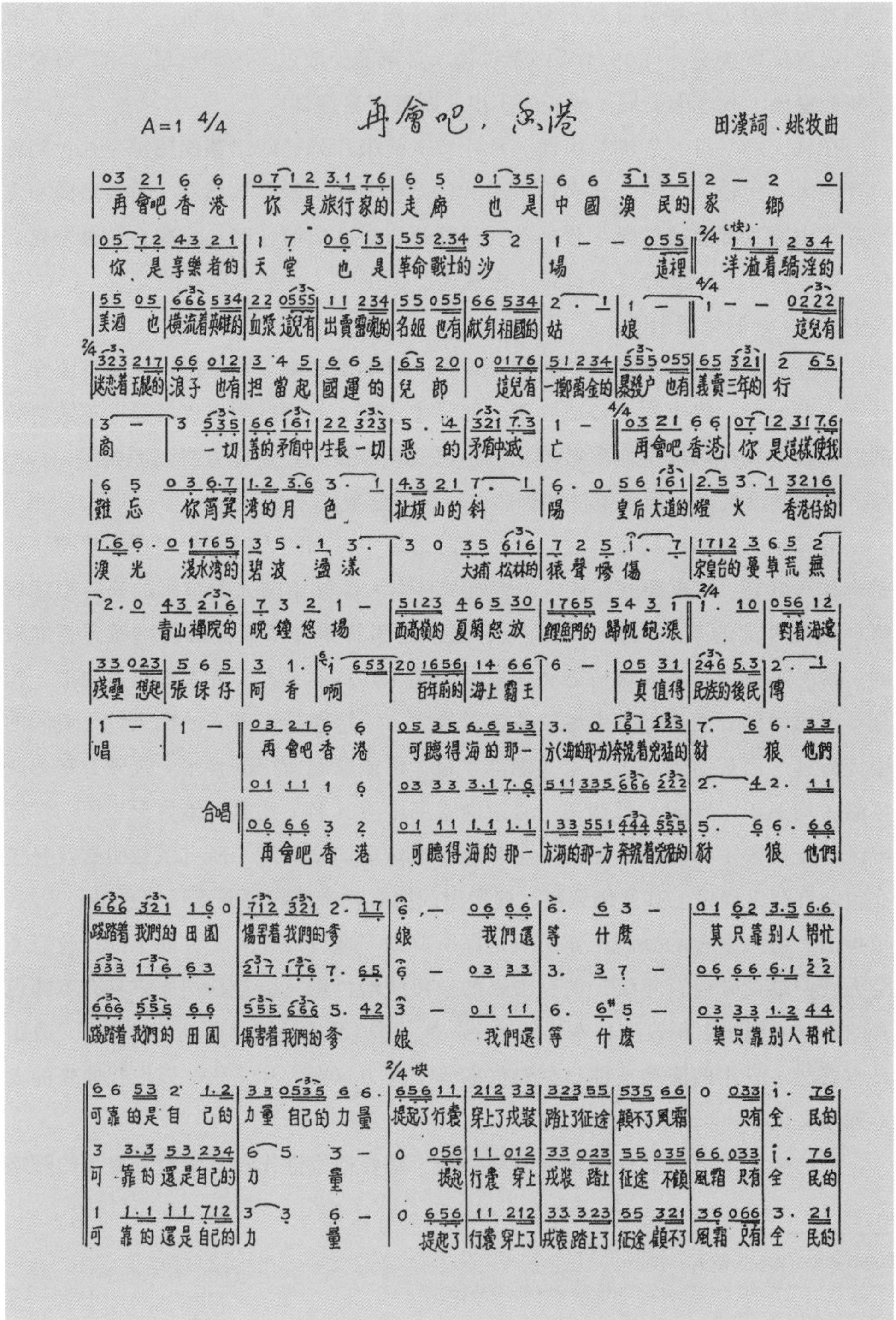

圖 3.12 田漢填詞，姚牧作曲的《再會吧，香港》，抗戰期間在南方廣為流行。

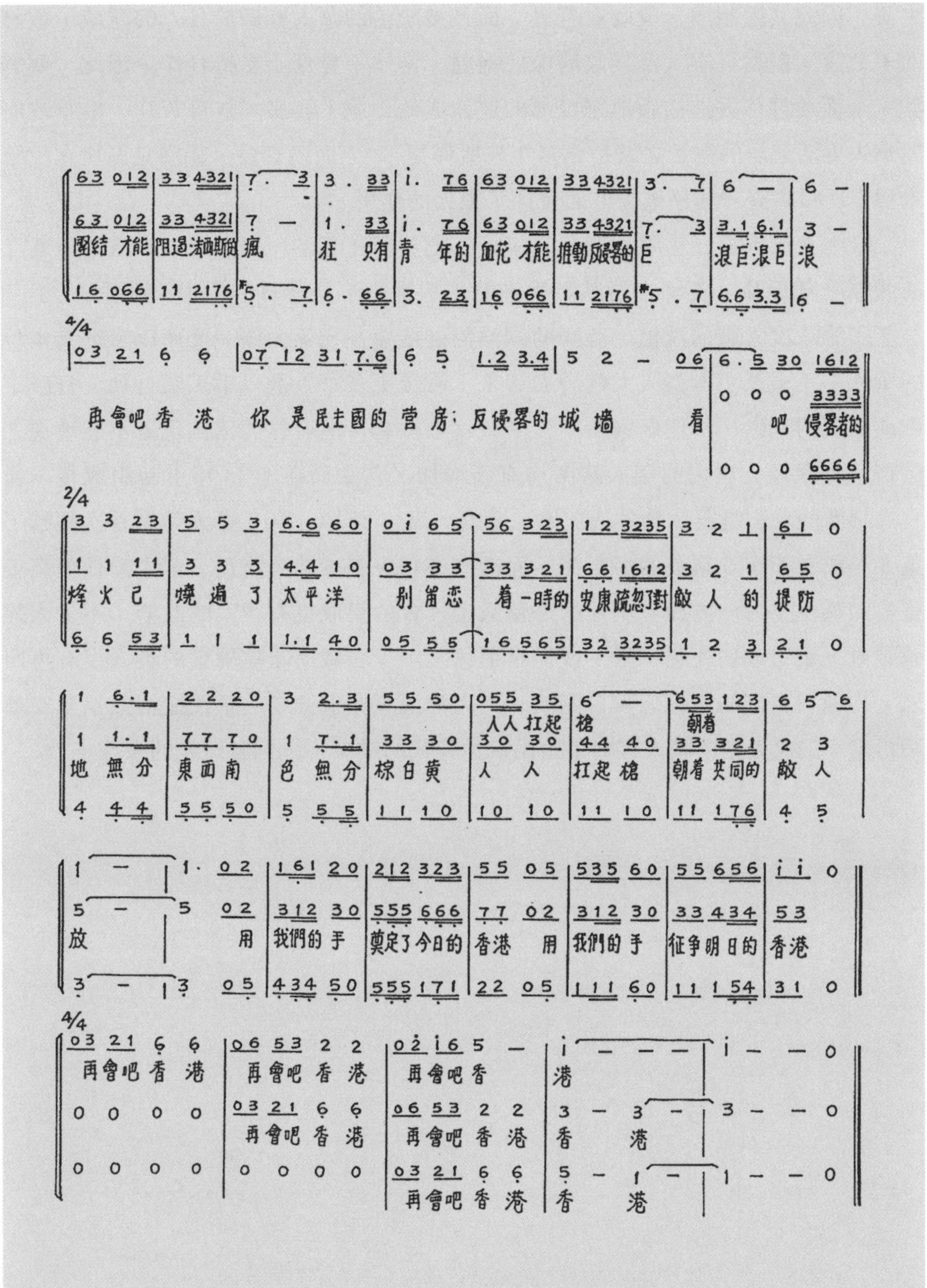
團結 才能阻遏法西斯的瘋狂 只有青年的血花 才能推動反侵略的巨浪巨浪巨浪
再會吧香港 你是民主國的營房；反侵略的城墻 看
吧 侵略者的
烽火已 燒遍了 太平洋 別留恋 着一時的 安康疏忽了對 敵人的 提防
人人扛起 槍 朝着
地無分 東西南 色無分 棕白黄 人人 扛起槍 朝着共同的 敵人
放 用 我們的手 奠定了今日的 香港 用 我們的手 征争明日的 香港
再會吧香港 再會吧香港 再會吧香 港
再會吧香港 再會吧香港 香 港
再會吧香港 香 港

中心，因此其體制與一般政府有異；而且被統治的華人皆懾於日人的淫威，敢怒而不敢言，但對日本人及其政府深惡痛絕，當然不會真心支持合作，因此，要客觀，全面地評估香港佔領地總督部的運作成效，並不容易。無可否認，港日政府對華人生活起居的監管之嚴是百多年來所僅見，[253] 而兩華會，特別是區所在配給米糧、戶口調查、居民遷徙方面發揮了很大的作用。

　　日本人在香港三年零八個月的統治，把英國在香港一個世紀以來統治所建立的體制全部拆掉，英國人再踏足香港時，這裡已不是昔日的"維多利亞城"了。經歷了第二次大戰的洗禮，英國的經濟飽受摧殘，元氣大傷，反而以家庭為本位的華人手工業及小本商人大幅發展起來，戰後更多華人進入手工業行列，打破了戰前歐人的壟斷，一個新興的中產階級逐漸崛起。港府對於這個現象不能漠視。戰後，行政及立法局的華人議席均有新增加，立法局在 1946 年重新組成後，非官守議席的分配是英、華各佔三席，葡裔一席。到 1951 年，華人議席首次超越了英人，成為非官守議員的多數派。而港府亦聘更多本地公務員，華人擔任更高更重要的職位；另一方面，本地的外籍人士社會的組成也有很大的改變，不少人經過戰亂、羈留或病死集中營、或提早退休，不少在戰前叱咤風雲的英人沒有再回來，從倫敦新來的人思想較為開放，大大沖淡了原來濃厚的殖民統治氣氛。安德葛指出：二次大戰的戰火宣佈了殖民統治時代的結束，一個新紀元的來臨。[254]

（253）劉智鵬、周家建：《吞聲忍語：日治時期香港人的集體回憶》，香港：中華書局，2009 年，頁 41—56。

（254）同注（238），頁 320；又見《重光之路》，頁 188—189。

第四章

戰後香港政制發展

鄭赤琰

一・二次大戰後的香港政制

早在 1932 年的《威斯敏斯特法案》（*Westminster Act*）中，已反映了英國人意識到時代的轉變，今非昔比，如要維持宗主國與其殖民地的密切關係，非要把彼此的關係重新界定不可。《法案》的構想，也就是在這種思想指導下所擬出的藍圖。到了第二次世界大戰期間，英國本土受到戰爭的破壞，再加上戰後各地的民族自決，民主獨立的呼聲甚囂塵上，英國面對如此嚴峻的政治局勢，也就非要加速非殖民地化，加快完成英聯邦計劃不可了。在此計劃下，原有的殖民地，如果形勢有必要非獨立不可，便得加快其政制改革，唯求其能獨立生存，並以平等身份，加入英聯邦作為一個"家庭成員"。於是從 1946 年開始，政制改革紛紛在其全球各地的殖民地被排上政治日程。[1]

英國在遠東的殖民地，自不例外。緬甸、[2]馬來亞、[3]新加坡和汶萊，[4]先後進

（1） 詳見 Grimal, Henri, *Decolonization: The British, French, Dutch and Belgian Empires, 1919－1963*, 1965。

（2） 緬甸早在 1932 年就與印度一同被提出要政改，但為二次大戰所中斷。1947 年英緬在政制、政權上談不攏，緬甸內部又十分混亂，英國匆匆結束其殖民統治，緬甸沒有實行政改，被軍人政府取代。詳見 Pluvier, Jan, *Southeast Asia From Colonialism to Inde-pendence*, 1977, pp.389－400。

（3） 馬來亞自 1946 年開始憲制改革，成立馬來亞聯合邦，1957 年獨立建國。其政改過程詳見同上引書，pp.530－548。

（4） 新加坡和汶萊均在 1946 年開始計劃憲制改革，最終獨立。新加坡原屬馬來亞，1965 年自行獨立；汶萊受國內動亂影響，到 1984 年才脫離英國獨立。參閱 Fong, Sip Chee, *The PAP Story: The Pioneering Years*, 1979。

行憲制改革，有的甚至以英國政制為模式，進行建制建國。

在一連串殖民地爭取獨立運動的衝擊下，香港作為一個極具戰略與商業價值的英國遠東殖民統治地區，必然地要受到這種時代性與地區性政治運動所影響。但其演變的過程則與本區其他殖民地的政治動向有相同與不相同的地方。相同之處是其作為英國的一個殖民統治地區，必須跟着英國全球殖民地的統治調整計劃行事；不同之處是其作為一個從中國割據與租借出去的地方，一直被中國認為是在歷史上被逼簽訂"不平等條約"的結果，是英國人通過不合法途徑而取得的。中國宣示要在適當的時候尋求適當的方法收回香港。因此英國在處理香港問題時，不得不把這種態度作為考慮的因素，未能像處理其他殖民地那樣去處理香港的問題，尤其是政制的發展問題。

有關這種既相同又不同的特點，可以從第二次大戰後開首兩位港督楊慕琦（Young, Sir Mark Aitchison ，港督任期：1941－1947）與葛量洪（Grantham, Sir Alexander William George Herder，港督任期：1947－1957）處理香港政制改革的方案中看得很清楚。兩人都礙於英國全球性調整殖民地統治方案的影響，而非在香港進行政改不可。但在進行此項工作時，卻又得顧及香港的特殊政治情況。在1941 年楊慕琦任內開始至 1957 年葛量洪下野為止，楊、葛是企圖把香港的政制發展引領到世界發展主流的格局中去，但卻受到了香港本身一連串特殊的政治條件所影響，始終走不進主流中去，而只能因自己的條件走自己的道路。

先看楊慕琦的政改意向。當他在 1946 年 5 月 1 日結束軍統而恢復民政時，曾在同一天宣告要在香港實行政改，目的是建立一個政制，可讓香港居民有更多的責任去管理自己的事務。[5] 經過三個多月的時間，楊督將其政改構想擬成計劃，這就是香港史上的"楊計劃"。[6] 這個計劃的重點因為是想讓香港人有更多責任參與香港事務，所以改革重點放在成立一個市政局。因為要民主化，所以市政局成員的三分之二開放為民選，其他三分之一為委任。在這計劃中的"民選"，只涉及其中部分的名額，而且規定中國人與洋人各半。而其他三分之一的委任成員也是華洋各半。表面看來，這樣的改革並不複雜，可是因為整個計劃要取得民意認同，一到公開討論，重重困難便出現了。例如市政局的權力界限、議員資格、選民開放到甚麼程度、選區劃分等，都成為"楊計劃"的頭痛問題。除市政局外，"楊計

（5）　參看香港 *South China Morning Post*, 2 May, 1946，楊慕琦的講辭紀錄。

（6）　所謂"楊計劃"指的是楊慕琦在 1946 年 8 月 26 日在香港電台所陳述的政改綱要。有關"計劃"的介紹與討論，可參看 Endacott, G. B., *Government and People in Hong Kong, 1841－1962, A Constitutional History*, 1964, p.195。

劃"也企圖對立法局作有限度的改革：增加非官守議員一名，減少官守議員兩名，總數是七名官守，八名非官守。八名非官守議員中四人由非官方機構推舉，其他四人則由太平紳士中推選一人，商會推選一人，另兩人則由市議會推舉。即使如此，非官守議員也未能佔上風，因為港督作為主席可有投票權。

　　由"楊計劃"可見，整個政改的精神，只是很有限度的開放。選民、候選人、權力都有很嚴密的規範，離開全面開放還很遠。即使如此，"楊計劃"不但得不到當時代表中國人社會的代表完全認同，[7]也得不到洋人社會的讚許，所以當 1947 年 5 月 17 日楊慕琦退休返英時，花了一年時間"研究"的"楊計劃"，仍未有定案。他離任後由葛量洪接替這項政改工作。但是整個計劃愈深入討論，所碰到的困難就愈大。有更多的華人攻擊計劃不夠開放，主張政改重點應放在開放立法局上；連洋人也主張開放立法局，以免與市政局職權重疊。正當大家熱烈討論政改時，1949 年中國政權易手，共產黨當政，接着香港湧入大批中國來客。戰後僅六十多萬的居民，這時猛增到二百多萬人。香港在政治形勢改變的震蕩下，前景更陷於不明朗，一向以"反殖反帝"為旗幟的中國共產黨會否即時解放香港，成為部分人心中極大的疑慮。於是政改形勢急轉直下，至 1952 年 10 月，英國與港府同時宣佈，時機不適合，正式將"楊計劃"取消。

　　儘管"楊計劃"被取消，但並非原有的政改意念完全被打消，葛量洪任內的十年（1947－1957），無論是行政局、立法局、市政局、或是公共服務機關，都作出了逐步的改革。行政局的改變辦法是增加非官守議員與增加華裔人士入局。1946 年行政局恢復運作後，原有成員是七名官守議員，四名非官守議員，至 1948 年官守與非官守議員各為六人。立法局則在 1946 年恢復運作時原有九名官守議員，七名非官守議員，但至 1951 年時增加一名非官守議員，成為九名官守議員，八名非官守議員。如果說兩局的政制改革不明顯，真正說得上顯著的政制發展，那就該是市政局的成立及其帶出來的民主意念了。儘管"楊計劃"被放棄，但市政局仍然在 1952 年實行了選舉部分議員制。至 1953 年，其原有的兩名由選舉產生的議員增為四名，選民人數也有所增加，但人數很有限，只有 18,500 名選民。1956 年非官守議員增加到 16 名，其中二分之一由選民選出，另一半則由委任產生。

　　除上述政制外，另一項政制發展應該就是"非殖民地化"或"本土化"的某些政改，也即"楊計劃"中所說的要讓本地人多點去參與管治他們自己的事務。這

---

(7)　同上註，p.191。

便是香港公務員本地化的開始。在 1946 年恢復民政之前，公務員只保留給歐籍
人士。1946 年才把此原則取消，開始招聘本地華裔人士，並且規定海外人士的招
聘只能在沒法找到適合的本地人士的情況下，才能如此做。在這本地化開始後，
1946 年聘用了第一位政務官級的華人。至 1951 年時，本地的這個級別的政務官及
專業級別的官員，達到 10.75%。這種發展趨勢持續不斷，到 1971 年時，同級別的
2,874 位官員中，有 52% 屬本地人士。[8]

　　由於來自大陸的新居民使香港人口急劇增加，人口結構非常不穩定，使原有
居民的比例相對愈來愈縮小。如果依一般國際慣例的標準，要經過居住七年或十
年才能被當作定居下來的永久居民，才能有本土的政治認同的話，這便給了港英
政府一個很有力的理據去推延行政局、立法局的重大改革了。但在人口急劇增加
的情況下，公共機構的改革卻是無法避免的。除了上述的“本土化”外，政府的行
政機構也已在人數與部門增長方面作出了重大的發展，新增部門不下半打，原有
部門的擴展更不在話下。[9]至 1958 年柏立基（Robert Black）接替葛量洪時，公共行
政機構的發展已基本上做到相當的“本地化”，行政與財政也具有了相當的自治
權，在對外關係事務上，英國也都盡量讓港府執行自治的方針。

　　由此可見，由“楊計劃”的提出與取消，雖然做不到具有實質意義的行政局與
立法局的重大政改，但在市政局與公共服務機構的發展上卻成了“一枝獨秀”。這
樣的發展後果，也就成了整個政府架構中的決策層（行政與立法兩局）出現相對萎
縮現象，而行政層（公共服務機構）則特別發達。這現象導致後來學者提出了“行
政吸納政治”的學說。

二 · 60 至 70 年代的政制變遷

　　隨着第二次世界大戰後的 40 與 50 年代的全球性非殖民地化的發展，遠東區
的非殖化到了 60 與 70 年代，基本上已進入了另一個階段，同時也出現了另一種
形勢。這一時期的新情況是，前一階段所要爭取脫離殖民地宗主國而獨立的國
家，大致上都已取得獨立自主權。印尼與宗主國荷蘭的鬥爭到此時已結束，建立

（8）　參閱 Endacott, G. B., *A History of Hong Kong*, 1964, p.310。

（9）　新增的行政部門有居民安置部、新聞部、交通部、社會福利部、勞工與礦務部及移民局等。

了印度尼西亞這個共和國。馬來亞也在此時期取得了東馬的沙捞越與沙巴加入，同時也邀得新加坡合併成為馬來西亞。英國在東南亞的非殖民地化政策除汶萊以外算是完成了。

可是正當非殖民化而出現新興獨立國之際，另一股以中國與蘇聯為主的"反帝反殖"勢力卻在遠東崛起，在印支半島、印尼、甚至馬來西亞都受到了這種"反帝反殖"的政治衝擊。在中蘇的軍事支持下，北越傾全力要消滅南越的"反共政權"。以美國為首的西方勢力也都因為反共的需要而傾力對南越軍援。於是從 60 年代開始，以中、蘇、北越一邊的"反帝反殖"共產集團與以美國為首的西方反共集團在印支掀起了一場長達十多年的大戰。而這時蘇卡諾領導的印尼政府站在中蘇一邊，對英美作出了他的"反帝反殖"鬥爭，把英國計劃將東馬與新加坡併入馬來西亞的安排當成是英美新殖民地主義的陰謀，並聲言東馬應屬於印尼領土，英馬無權將其合併，由是而展開了他的"對抗"運動，直到他在 1965 年 9 月 30 日，印尼共產黨政變導致反共軍人在蘇哈多領導反擊而倒台，"對抗"才告終止。與此同時，新加坡加入馬來西亞的主張也招來了親中國的政黨極力反對，與蘇卡諾敵愾同仇，視此為英美殖民地主義的新招。

正在這種"反帝反殖"如火如荼地在遠東展開之際，中國內部發生了極左的政治運動，而在國際共產陣營內則發動了反蘇共"修正主義"的鬥爭。在中共黨內掀起了嚴厲的整肅運動，而在國際共產革命，也掀起了"放棄議會鬥爭"，主張全力進行"人民戰爭"的戰略改變。從 1965 年開始更展開了"紅衛兵運動"、"文化大革命"，大搞"打倒當權派"。

1967 年，"反帝反殖"的政治運動波及了香港。自 1949 年以來中國的"香港政策"一向以"統戰"為戰略主導，對於英國在香港的殖民統治採取相當克制的態度。可是這時帶極左思想的人卻批判了這種"統戰"戰略，在北京發動群眾衝擊英國大使館；在香港則發動了港九新界"反帝反殖"運動，於是連續發生了警民衝突的大暴動、工會大罷工，但是這種帶極左思潮的暴力運動持續不久。據 1979 年中國《人民日報》發表批判"四人幫"的"二月逆流"文章揭露，香港的"六七風暴"，實際是"四人幫"藉此推翻周恩來及其"統戰"政策，尚幸及時被周恩來出面成功阻止。[10]

香港經受這次"六七風暴"後，原有在 40 與 50 年代延續而來的政改，也就受

（10）見《人民日報》，1979 年 2 月。

到了一定的衝擊。雖然葛量洪的十年政改未能依照"楊計劃"的方向對行政與立法兩局推行漸進改革,但卻能在政府行政管理的層次上作出改革。

　　1958 年港督柏立基上任後也朝着這改革方向發展,盡量擴展公務部門,使到政府的服務範圍擴大,以求做到雖不算是民主政府,但還能算是好政府。接他之後的港督是戴麟趾(Trench, Sir David Clive Crosbic,港督任期:1964－1971)。他在任期間碰上了聯合國通過條例呼籲全世界終止殖民地統治。英國本土也因為經濟佳境不再,執政的工黨有意要放棄遠東的殖民地。按理,香港的非殖民化應在此期間加速進行才是。不巧就在 1967 年當工黨政府宣佈決定結束蘇彝士運河以東的殖民地統治時,香港碰上了"六七風暴",政局陷入非常混亂的局面,此時不但政改無條件向前再跨一步,就是結束香港殖民統治也都不合時機。更加上印支戰爭此時已進入高潮,美國已派遣 50 萬大軍在越南與越共交戰,並聲言東南亞"已受到共產革命的威脅",西方勢力絕不能放棄遠東的自由國家而不顧,否則"骨牌效應"將會由印支開始。接着泰國、馬來西亞、印尼逐個倒向以中蘇為首的共產集團一邊。[11] 面對這個形勢,香港作為觀察中共動靜的戰略要地,即使英國有意撤走,美國也不會同意。

　　因此,發生"六七風暴"後所見到的政治發展恰好是與英國所宣告的政治撤退背道而馳。在暴動期間,港英政府顯示了維護香港政權與治權的決心,[12] 及時地把某些工會封禁,逮捕了一些搗亂分子,即使是面對來自大陸某些極左勢力的壓力,港府也都不怯退。[13] 另外,由"六七風暴"引致而出現了左右兩派群眾對峙的局面。一派要推翻政府,一派卻出來維護香港的安定。這種有群眾表示支持政府的局面,可以說是進入 60 年代後,第一次使港英政府感到還可維持在香港的統治。[14] 其實在第二次世界大戰期間,英國曾考慮過是否把香港交還中國的問題,不過,當時並沒有實行的歷史條件,此事便拖延下來。[15]

　　但經歷了"六七風暴"後,英國強化了統治信心,所以我們可以看到接着下來香港政制的發展。這就是由戴麟趾作出的種種社會福利與港人權益的建制工作。

（11）有關"骨牌理論"是美國總統艾森豪威爾在 50 年代中期對東南亞所掀起的共產革命所作出的評論與看法。

（12）1967 年 5 月 17 日英國政府發表文告全力支持香港政府的鎮壓示威行動（參閱 *South China Morning Post*, 18 May, 1967）。而戴麟趾也在 1967 年 5 月 18 日發表聲明表示決心維持法治（參閱 *South China Morning Post*, 19 May, 1967）。

（13）1967 年 5 月 15 日中國外交部發表聲明,支援香港工會的"打擊帝國主義"的行動。

（14）在戴麟趾的 1967 年 5 月 18 日聲明中指出:"過去幾天來,本港許多個人和團體,都表示支持政府和希望本港局面恢復和平安定……這種表示使人極感鼓舞,不過,我們必須堅持不餒,繼續表示我們真正的感想,使本港以及世界各處的人都知道本港居民對目前情勢的真正看法。"

（15）在第二次世界大戰結束前,中英曾為香港主權回歸問題舉行談判,英國也曾答應會在戰爭結束後作出安排。

圖 4.1　1967 年，香港左派用大字報抗議港英政府 "鎮壓群眾"。

以前所謂 "夕陽政府" 的心態有所改變。戴麟趾認為 "六七風暴" 反映了工人種種不滿和不平的待遇，因此才容易受到共產革命的感染。為了改善這種社會環境，戴督在其退任的 1971 年作了不少經濟、社會與教育方面的建制工作。這為其繼任人麥理浩 (Maclehose, Sir Crawford Murray，港督任期：1971－1982) 任內的改革打下了更堅實的基礎。

麥理浩上任後，從 1973 年開始，着手推行更大膽的政制改革。首先是在 1973 年將市政局的全部官守議員席位取消，只保留委任與選舉產生的非官守議員，並將原有的各十名議員增加到各 12 名。目的是使其更具民意代表性，也同時增加其財政自主權，發出各業牌照經營權，文化與康樂等服務工作也都在此時委託市政局去管理。其次是在 1981 年成立區議會，而且在其 1982 年退任前，開始策劃成立區域市政局的工作。更具實質意義的是在 1981 年開始把過去嚴格限制的選民資格取消，改為任何年屆 21 歲在香港住滿七年的永久性居民，都可登記為選民，結果將原有的三萬多名選民增加到七十多萬名。1982 年的區議會與 1983 年的市政局選舉便是以此擴大了的選民基礎進行選舉的。這樣的政改可以說是把戰後以來的民主發展作出了重大的推進。

儘管在麥理浩任內的立法局不曾作出重大的改革，但下任港督的重大改革是由他開始策劃的。其中最具關鍵性的改革是把立法局逐漸民主化，也即是逐步用直接由選民推選議員的制度。這個意念在 1946 年的 "楊計劃" 中曾被探討過，但未經定案便被放棄了。現在不單被探討，而且被確定，並計劃逐步擴大選舉議員的人數。

除了改革立法局外，麥理浩也對行政局作出了相當具意義的非殖化改革。那便是不定數額地增加行政局議員，由八至十一名不定，並且由立法局的資深非官守議員中委任一名入行政局當要職。為了減少行政局的白人色彩，這時開始也都把非官守議員本土化，以華裔為多數。

除了在政制改革方面動腦筋外，麥氏也了解到 "民主政府" 既然重要，"良好政府" 更不能忽視。因此，他在任內對公務機構的改革成績也是顯著的。首先是大力推動司級公務員的本土化。在他上任前，本地司級公務員在 1970 年只佔總體的 19%，海外的佔 81%。到他離任前的 1980 年，據統計，本地人的司級官員已近40%。[16]其次是成立了廉政公署，授予其實權去處理政府機構、公共機關以及商業

（16）參閱 Miners, Norman, *The Government and Politics of Hong Kong*, 1991, p.94。

圖 4.2　區域市政局轄下首座有空調的街市：石湖墟綜合大樓。

機構的貪污行為，這個機構成立僅四年，在 1977 年已做出了顯著的成績。在這段期間雖然曾引起一些警務人員公開挑戰該署，但卻被壓制下去，足可見其作用與權力。再其次是大事擴展屬於半官方的公共機構。例如將房屋署調出市政局成為獨立的公共機構。在交通方面的改善工作亦頗具成效。例如在 1974 年成立地鐵公司，以作長期疏導市區的交通運作。類似這種公共機構的設立，對於改善政府機構的服務不足有很大的作用。這些改革措施，逐步改善了港人對政府的印象，使他們對政府政策的認同性增強，從而加強他們對政府政策實施的支持。

此外，誠如過去的港督所明白的，麥氏也相信要在香港進行民主政制改革，卻不能忘記其最終的目的是要結束在這裡的殖民統治，完全做到港人自治，而又非獨立建國。要達到這個目的，就必須要取得北京政府的認同或支持，才能順利進行。麥氏從上任開始，就留意尋找時機，到 1979 年中國實行改革開放政策，他認為時機已到，便主動與北京取得聯繫，以期北京政府接受香港種種改革，當然也包括他的政制改革，這就是麥氏的北京"現代化之旅"。[17]然而麥氏沒有想到，他的行動卻帶出中英"九七談判"。1982 年中國領導人鄧小平親自告訴了英國首相戴卓爾夫人，中國必須在 1997 年新界 99 年租約滿約後，連同香港與九龍三個地方的主權全都收回。中國表示絕不承認那三條不平等條約，英國應與中國談判如何保持香港安定繁榮，在 1997 年將主權、治權交還中國。[18]同時也為了配合英國維持香港的繁榮與安定而不受衝擊，中國答應通過外交談判的方法與英國商談如何根據中國答應的"港人治港"、"一國兩制"與"五十年不變"的原則，協商出一個平穩過渡地將香港主權、治權交還給中國的方案。

由於中國對香港問題的立場出乎英國與麥氏意料的強硬，使人覺得麥氏錯誤地估計了北京的立場。而當中英"九七談判"開始不久，麥氏便在 1982 年退任，由倫敦派出了一名號稱資深的"中國通"尤德（Younde, Sir Edward，港督任期：1982－1986）繼任。麥氏任內政改的成敗優劣，也就只能留待歷史家去作出更客觀的評價了。

（17）麥氏在 1979 年 4 月 6 日從北京回來後，說他此行訪問中國，目的是想突破中港兩個政府長期存在的屏障與無溝通，與廣東及北京建立官方接觸，更重要的是為中國展示香港在中國現代化中可扮演的角色。又，麥氏主張在香港實行重大政改必須與中國取得協議的看法可從他在英上議院發言批評"彭方案"看到。參閱香港文匯出版社（編）：《英國如何撤出殖民地》，1993 年，頁 12。

（18）參閱《鄧小平文選》，第 3 卷，1993 年，頁 12－15。

三・1997 年與政改發展

如果説麥理浩對中國收回香港主權的立場估計錯誤的話，那他卻在民主政改的問題上正確地判斷了北京的立場。同時也求證了英國一向存在的觀點：在香港實行其他英殖民地那樣的英式民主政改必須取得北京認可，否則必然招致反對而行不通。只是過去眼見北京太執着於毛澤東思想的政制模式，認為推行類似"楊計劃"的政改不合時宜，必須等待。到了鄧小平復出，而且力主改革開放，加上他長期受到極左政治運動的壓制，又聲言要從香港學習經貿成功之道，種種跡象導致麥督與其英國的同僚相信這時機為最適合在香港推行"英式"的民主政制。

即使麥理浩下任的尤德在 1982 年上任，他所推行的一套政改仍然是循着麥理浩的思路與藍圖，只是麥理浩的改革未臻完善，由尤德去繼續完成而已。

尤德根據麥理浩的"英式"政制藍圖，在港全面推行民主政制的各個組合。在他任內推出了 1984 年的政改《白皮書》，建議逐步把立法局開放為用民主選舉的辦法推選議員，並配合以政黨參與選舉，最終希望做到全部立法局議員議席由政黨參與角逐。這個《白皮書》立刻招致北京反對。之後中英通過聯絡小組的外交談判渠道，達成在 1991 年開始部分開放民選立法局議員的決定。儘管港英政府訂下 1991 年在 60 名議員中開放 18 名由直接選舉產生，21 名由功能團體選舉產生的決議，但仍然表示不夠滿意，繼續通過外交部跟中國談判開放更多議席，用一人一票的單選區單議席的民主選舉辦法去選舉議員。[19] 但就在中英為此選舉問題爭持不休時，中國完成了 1997 年後將成為香港憲法的《香港特別行政區基本法》，裡面寫明 1997 年後政制改革的日程：2007 年之前只能有 30 名直選立法會議員，其他 30 名由功能團體選出。[20] 中方更聲明任何 1997 年前的政改若超越《基本法》的規定，1997 年後都會被推翻。為了避免這種不愉快的事情發生，中方堅持港英政府必須重視政制接軌。尤德在 1986 年任內心臟病突發在北京去世。留下的工作由另一個"中國通"的學者衛奕信（Wilson, Sir David，港督任期：1987－1992）接任。衛氏根據他對中國的學識，認為凡事不宜與中國硬碰，應通過耐心的協商辦法取得中國的同意才能去做。

衛督接過麥理浩與尤德未完成的政改工作後，根據自己的信念，繼續努力與

（19）中英雙方在 1997 年之前的立法局到底應有多少直選議員的外交爭論後來被英國公開，以圖向港人表明英國立場。但也因此被中國指責，認為英國人藉此"打民意牌"，沒有談判誠意。

（20）參閱《香港特別行政區基本法》，附件二。

圖 4.3　1987 年 4 月 9 日，港督衛奕信履任時檢閱儀仗隊。

圖 4.4　1988 年香港立法局選舉

北京協商政改事務。雖然他也未能成功説服北京同意讓香港有更多的立法局直選議席，但在完善區議會、市政局、區域市政局選舉，與政黨參選的工作上，倒是作出了相當的貢獻。最難能可貴的是在他任內加強了中國對他的信賴。他成功促使政府與政黨加強與中國交流，中港政府部門之間、大學學術團體之間、政黨之間更是如此。[21]

可是這種較為融洽的關係不過維持了三年多，當 1989 年北京天安門事件爆發後，以美國為首的西方國家一哄而起，紛紛聲援中國的民主運動，同時向中國施壓，展開外交杯葛。香港市民也兩次舉行大遊行，人數最多的一次估計有 50 萬人上街聲援北京民運。這是香港罕見的大規模群眾示威，也引起英國重新考慮如何處理香港政局發展的問題。

英國考慮處理香港政局的結論是"徙其將"，把衛奕信調走而換上彭定康（Patten Chris，港督任期：1992－1997）。這實際是英國對華、對港政策的重大轉變。在彭定康以前的港督人選，都是以外交專業或以"中國通"人選為基本條件。彭定康既非外交家，更非中國通，而是英國保守黨的主席，對參選議會有豐富經驗，剛好在國會議席選舉落空，而香港又需要一個長於議會選舉的總策劃走馬上任。由此可見，英國不再講究是否用長於中國外交或是否研究中國的學者，而改用專業政治家前來任職港督。這個決定標誌着英國處理香港問題，基本上要取得中國認可的思維方法，改為鼓勵香港人積極爭取民主自由發展的空間。這種轉變可由彭定康上任後所推出的一系列重大措施得到證實。

彭定康上任後，一改以前三位港督的作風與政策。特別是過去對民主政改的重大機制，像立法會選舉與政黨政治都以低調、漸進的政策處理，但到了彭督手上，卻改用鼓勵政黨發展的辦法。在他上任前，政黨沒有法定的地位，只能以商業註冊的名份成立。政黨沒法定地位參選，也只能以政團或社團方式參選然後再以政團成員參政。彭督上任後，原有政團見他高調提倡議會民主化，大力主張全面問政議會直選，也就因此得到鼓勵而紛紛高調採用政黨名義參選。於是自由黨、民主黨、民建聯等都變成無名而有實的政黨。這種改革對香港社會所產生的影響，相信在以後會逐步浮現。

政黨政治發展有此情況，議會改革同樣也從原有中英協商的基礎突變為中英對抗，難以協調。彭定康的一意孤行，可從其提出的"彭方案"一覽無遺。根據這

（21）參閱他任內的〈施政報告〉。

圖 4.5　1982 年 9 月，鄧小平與英國首相戴卓爾夫人深入討論香港問題。

圖 4.6　1984 年 12 月 19 日，中英關於香港問題的《中英聯合聲明》在北京人民大會堂正式簽署。

個方案，香港在 1995 年的立法局選舉中，雖然直選立法局議員仍保持在 20 名不變，功能組別的 30 名也不變，但功能組別的選民基礎卻被大大擴大。原來是各功能團體選出的代表才有投票權，現都變為團體成員直接參與選舉代表他們團體的議員，[22] 中方視此舉為變相的"直接選舉"，違反了前此中英所達致的協議。[23] 這種單方面的獨斷獨行的做法，明顯破壞了先前中英通過外交談判取得共識才照協議條文辦理的協商程序，引來了北京外交部及港澳辦官員全面反對。從此逆轉了中英談判，形成了不對話，不談判，堅持彭定康必須先撤回其政改方案才有可能繼續對話。但是，彭定康不但不退讓，最後還在立法局討論及通過略作修改的"彭方案"。

由彭定康開始的香港政改，標誌着中英在香港政制發展由先前的協商變成了對抗。這對香港九七後的政制發展，由中英順利交接，將"九七"前的政改版本過渡到"九七"後的意願，給破壞了。這對"九七"後的政局發展產生了深遠的影響。第一，中方將"彭方案"視為違反前此中英達成的共識，即"九七"前政制改革要循序漸進，基本上要在原有制度上不作重大改革。而英方對此看法並不理會，其結果是英方不讓步，中方也不讓"九五選舉"出來的立法局議員"坐直通車"過渡到"九七"之後。中方還為"九七"後的香港特別行政區政府成立"籌備委員會"。由此，香港過渡期政制問題成為中英雙方爭論的焦點。第二，"彭方案"與英方堅持不退讓在香港的政海掀起了波濤，從此難再有風平浪靜的日子。尤其是這個方案對政黨產生的影響，可視為是堅持議會全面直選的一種示範。在"彭方案"進行熱議的期間，香港政黨以堅決支持加以響應，預示着它對香港未來的政治將會產生影響。

考察香港政制改革及發展的具體過程，我們可以看到：第一，英國在處理香港政改問題時，是既有顧慮中國是否同意這一因素，也有其本身保守的因素，更有區域環境的因素，因此令到香港直接民選政制的建立未能早日開步。第二，香港在政制方面並非一成不變，雖然沒有完成政府中決策層次的行政局與立法局的民選改革，但卻在政府中的公務機構、市政局、公共機構、行政諮詢委員會的執行機關中不斷地作出本土化與專業化改革，使其能向"更好的政府"、"更負責任的政府"、"更多專家參與的政府"邁進。如果以這個角度去看政制發展與其民意基礎，相信將更能反映香港政制發展的情況。

（22）原本的規定是功能組別選民只有 40 萬人，但"彭方案"下的功能組別選民卻達 270 萬人。

（23）中國指"彭方案"違反《中英聯合聲明》與中英外長關於政制的承諾和協議。

圖 4.7、4.8　中華人民共和國香港特別行政區區旗（上）和區徽（下）

四・幾種議論的評議

關於香港政制及開放選舉改革的歷史，歷來受研究者關注，下面所介紹的，是兩種主要的看法。

第一種是阻力論。

若談及持有這種論點的人首先應是安德葛（Endacott, G. B.）。他在《香港憲制史 1841－1962》一書中，列舉了阻礙二次大戰後香港民主政制改革的因素，指出很大程度是來自客觀環境。例如，他認為 1946 年 "楊計劃" 之所以胎死腹中，是因為遠東局勢有變。主要是 1949 年大陸政權易手，由中國共產黨當政，影響所及，原本是反對英國繼續持有香港殖民統治權的美國，這時也為了反共的需要，反過來支持英國在港的殖民統治權。因為這樣做一來可以將香港轉化為一個具有重大軍事意義的據點，不但在印支的反共戰爭中可派用場，即使在韓國的反共戰爭中也有此需要；其次，安德葛還指出二次大戰後回流和大陸來客的湧入，直至 1956 年都沒有間斷，使香港人口由 1945 年的 60 萬人突增到 1950 年的二百三十多萬人；加上與大陸的貿易幾乎完全中斷，一時之間香港經濟幾陷於停頓。政治經濟如此不穩定，自然就不宜多作政改的打算。安德葛還指出，國民黨與共產黨之爭不但在大陸展開，當部分國民黨人員從大陸退到香港後，兩派的對峙也在香港出現。而任何民主政改都有可能會助長國共的鬥爭。因此，港英當局也就更有 "理由" 將原本的政改計劃長期押後。

與安德葛相同的，還有在香港政制上有深入研究的諾曼・邁納斯（Miners, Norman）。他對香港欠缺選舉機制與內部自治作出了更詳細的論述，從而進一步闡明阻力論。[24] 他認為香港過去之所以沒有開放民選政改，與早年的政治環境不安定有關。邁納斯觀察到，即使當年出現 80 與 90 年代的 "選舉機制" 的政改，也都一樣地不會成功。他認為不成功的理由有以下幾個。

第一，自戰後以來，香港長期有大陸來客湧入，他們來此的最大心願是想見到香港政治安定。他引述一項民意調查指出：1977 年發現有 87.3% 的新居民重視政治安定更甚於經濟發展。

第二，香港經濟增長長期持續，後來甚至出現高增長，經濟繁榮促成政治安定，港人也就滿足現狀，無求於政改。

（24）詳見 Miners, Norman, *The Government and Politics of Hong Kong*, 1991, p.5。外長關於政制的承諾和協議。

　　第三，香港的行政機器操作效率高，能對港人的種種需求作出有效率的反應，尤其是在建屋、道路、資訊、海港、供水、以及其他公用事業方面滿足港人的需求，因此無求於開放選舉的制度。

　　第四，由於港人絕大多數是中國人，他們受二千多年儒家文化的薰陶，衡量政府的標準不外是"愛民如子"與"仁政"。只要政府在他們心目中符合這個標準，他們便不會想到追求參與選擇統治者與政策規劃這些事情。

　　總之，在邁納斯心目中，80 年代中期所出現的立法局、區議會、市政局與區域市政局等連串的"選舉政改"都不算成功，因為真正投票選舉他們的代議代表的選民，佔合格選民的比例還不到 20%。[25]

　　與安德葛、邁納斯相似的另一位阻力論者是曾銳生 (Tsang Yui-sang)，在他的著作：《民主被擱置：英國，中國與香港憲制改革的試圖，1945－1952》中，曾氏集中研究 1945 至 1952 年間在香港所試圖作出的憲制改革。與其他研究者一樣，曾氏也把這段時間當作是立法局與市政局民主改革的關鍵時刻。他的研究所得到的開放選舉政制改革的阻力，主要來自下列三種因素：香港本身事件、中國因素和遠東政局。當香港與英國政府官員考慮到這些不利於香港政改推行的因素時，原本是早已排上政治日程的開放政制改革，終於在 1945 至 1952 年間被擱置了。[26] 與安德葛和邁納斯略為不同的，是曾氏較強調公眾輿論對政改的取態。雖然一般民眾對此態度如何，他認為難以衡量，但就大量的報紙社論與輿論來看，一般上還是傾向支持政改的。正因為蔡氏關注傳媒的輿論，他得到的結論是主要阻力來自英國本身。而英國之所以擱置憲制改革，不是因為缺乏輿論的支持，而是由種種因素共同促成。

　　在研究者中，也有把港英政府看成是開放選舉改革擱置的主要因素。劉兆佳教授就是其中之一。[27] 劉教授認為，雖然香港是華人為主的地方，但卻未能孕育有群眾威望的本地領袖，去取代香港政府或是像其他殖民地那樣去爭取民主政權。而香港之所以未能在戰後就開始政改，最重要的原因是英國佔領香港"並非為了吞併領土或開發自然資源"，而是藉此"發展及保衛其在遠東地區的經濟利益"。為了達到此目的，英國需要在香港建立一套以西方為準則的政治架構。又因為香

（25）同上注，Chapter 1。

（26）詳見 Tsang, Steve Yui-Sang, *Democracy Shelved: Great Britain, China and Attempts at Constitutional Reform in Hong Kong, 1945－1952*, 1988, p.10。

（27）參閱劉兆佳：〈沒有獨立的非殖民地化及香港政治領袖的匱乏〉，《廣角鏡月刊》，1990 年 9 月，頁 20－38。

圖 4.9 香港立法局大樓（1994）

港缺乏原有長期在此定居的居民，"所以英國自始以來便排除了透過地方領袖來間接管治香港的可能性"。[28] 基於英國本身的政治動機與統治策略，在其面臨香港不斷轉變的政治環境時，英國與港府便會用各種方法去"敵視那些自發性地湧現出來與它競爭的或不友善的政治力量，若這些力量一旦出現，殖民地政府會毫不手軟地並嚴厲地對付之。"劉教授並進一步指出："在 60 年代之前，殖民地政府經常以嚴苛的方式來清除政治威脅。在 1979 年之前，英國非常抗拒香港政制改革的各種建議，因為這會削弱殖民地政府的政治主導地位。"劉教授這個假設引導出來的結論便是香港不但沒有憲制改革，即使有，也只是"零碎的改革"，而且只是"門面功夫，而非變更香港政治體制的重大措施"。[29] 然而，這個假設反映了劉教授僅關注到立法局與行政局的政制改革，以及為這兩局而設的民主選舉與政黨制的有無，至於其他整體政府政制，如行政與司法這兩大部門的有無改革，或其權力如何調配，劉教授則不加理會。因此劉教授引導人所看到的香港政制改革，屬一片空白，既沒有民主，也沒有民主制度操作下的相對自由。既如此缺乏民主自由，為甚麼香港又能長期處於安定與持續繁榮呢？劉教授歸因於華人社會的特性。這個特性由好幾方面所構成，第一，香港的中國人都持過客心態，對香港缺乏歸屬感。第二，香港的中國人具有強烈的"比較性"，"傾向拿自己與其他社會的人比較"。例如，他們常與大陸的中國人比對，從而突出自己的優點。如此，便得到社會自滿，忍受了這個欠缺民主發展的殖民統治政權。第三，"港人傾向認同狹隘的家庭或其他特殊利益。他們參與社會活動的程度很低，也極少認同或積極參加家庭以外的社會群體"。因此他們對政治的興趣便偏低。[30] 總之，劉教授得出的結論是華人的特性配合了港英政府阻礙民主改革，造成了香港自戰後以來到 1979 年從未有過民主政制內部改革，有的只是零碎及不足稱道的小改造。

　　綜上所述，阻力論者作出的立論，其基本假設都是把政改的有無全看立法局與行政局這兩個主要政府機關有無用民主選舉的方式去產生其成員。而事實上，在這方面的政改除非到了 80 年代中期，否則確是欠奉的。因此早期的學者儘管各人所看到的"阻力"來源有不同，但都得到同樣的結論：香港政制民主化改革一片空白。

（28）同上註。

（29）同上註。

（30）同上註。

第二種是吸納論。

與阻力論者持不同意見的，還有另一批學者。這些人所看到的，不是政改一片空白。香港的政制模式與英國其他殖民地不同，採取的是另一種政制模式，它主要的設計不是把行政權與立法權這兩個機關的操作成員公開由人民選出，而是由英國派駐香港的總督用委任的辦法選出。這樣的設計，所持的精神是"協商"，而不是基於"競爭"。一般由殖民地獨立建國所作出的民選行政與立法代表制度，所持的精神則是"競爭"，而非"協商"。這種"協商"有沒有民主價值？本身是否民主？則有不同看法。一般主張用選舉制的學者，會視以"協商"為本的委任制全無民主可言，但也有持不同看法者。而其中，金耀基教授的看法最具代表性。他把香港的政制發展看作很有創造性，而且也很民主。行政局與立法局的成員產生雖由總督委任，但總督在委任議員時，卻也得考慮到其"代表性"問題。在研究兩局成員的種族背景、專業背景與社會背景時，金教授發覺隨着政治環境的變遷，所被委任出來的人逐步都具有一定的代表性。這些代表性的體現，不在其如何選出，而在其如何被分派到其應代表的社會階層的角色。然後通過這些人所分派到的角色在立法與行政的工作中充分發揮大家互相協商的精神。金教授發覺這種制度的操作雖不是"民主形式的政府"，但確也算得上是"符合民主價值"的政府。因為這個政府很關注其統治要取得人民的認同，而非全然視其統治的合法性來自英皇。[31]

除了留意到立法與行政這兩個主要政府機關的民主改革的特性外（由委任人選中去體現其代表性），金教授還強調香港政制改革中的另一個特色，那便是採用"公務機關去吸納政治"的辦法。一般殖民地獨立建國後所有的建制所採用的原則均是"政治與行政二元化"，即政治人員當政時只司決策與立法的工作，而公務人員則只執行政策與法律的工作。前者搞政治，後者則嚴守政治中立的立場，兩者分工嚴格。而香港的情況恰好相反。政制中刻意要公務員去擔當不少重要的政治角色，愈是高級的公務員愈是如此。

但金耀基教授在探討公務機關"吸納政治"時，只說它在香港的貢獻是其協助大大促進政治安定，而沒有說這種"吸納政治"是不是協助體現民主自由，公務機關如何"吸納政治"。在金教授的論點中，只提到"本地化"，[32] 而沒有論述其相對

〔31〕King, Ambrose Yeo-Chi, "Administrative Absorption of Politics in Hong Kong: Emphasis on the Grass Roots Level," in King, Ambrose Y. C. & Lee, Rance P. L.（eds.）, *Social Life and Development in Hong Kong*, 1988, pp.127－146.

〔32〕同上註。

意義的"外國化"問題。其實在香港,"本地化"問題之所以不因"外國人"與"本
國人"的矛盾而激化,主要原因是出於香港在政府人員的知識化方面早就做了大
量工作。因為,甚麼人擔任政府工作不重要,重要的是操控政府工作的人是不是
在專業知識上具備合格的條件。這種知識化在公務人員方面的全面推行,使到香
港公務機關的"裙帶關係"、"種族關係"問題趨向式微。

　　韋伯(Weber, Max)曾在政治現代化與民主化的討論中指出,現代官僚之所以
比傳統封建官僚與獨裁專制的人治官僚來得理性,是因為前者講究知識化、法治
化;而後兩者講究的都是人的政治網絡重於知識與法律。韋伯的觀點可以援引來
解釋香港的官僚體制與其操作人員的情況。

　　雖然吸納論者也同意香港的政制民主改革曾受到某方面的阻撓,但與阻力論
的看法是不同的。吸納論所得到的結論是:第一,立法局、行政局和市政局雖然
在體制上還不曾採用一人一票,由政黨公開競選的辦法,去選出執政者,也即沒
有民主代議制,可是自戰後以來,主要的改進是採用民主諮詢的協商式辦法,而
不是民主競爭的代議式辦法。因此,結論是三局不是全無改進,而是採用不同模
式的改進;第二,三局之外的其他政府機關,尤其是公務機關,與特定對象的民
意社團,都被政府委以重任去"吸納政治",消解政治矛盾。[33] 這方面的設計,吸
納論者認為是戰後以來香港最大政治改進,而且自成一套行之有效的政制。

五 · 簡短的結論

　　本章從概述二次大戰後有關政制改革的過程入手,進而探索香港這四十多年
的政治架構及其改革。提出阻力論者由於把民選政制作為民主政制的唯一體現,
所以,當他們看到香港沒法在立法局與行政局的民選政制進行改革時,便認為香
港民主政制改革受到阻礙而一無建樹。後來,這個看法受到了吸納論的糾正,指
出儘管立法局與行政局無法實行民主選舉,但並不等於兩局的政治工作處於無人
問津的狀況。實際上,政治問題被公共行政機構消化了。吸納論的好處是看到了
公共行政機構的特出功能。

　　可是阻力論與吸納論仍未能從整體政制的有機體去看待香港的政制發展。應

---

(33)同上注。

該看到的是：在立法局與行政局面對民選制受到阻力後，不等於民意便無法伸張，不等於政府與民意產生了絕緣。除了吸納論所看到的公共行政機構的吸納民意功能外，應強調的不單是那逐漸增長的公共諮詢機構，後來擴展和新成立的市政局、區域市政局和區議會，都強化了香港整體民意諮詢的政制發展。這個發展是在立法局與行政局的主導下進行，大家共同配合工作，因此產生了整體的有機體。這個有機體所展示出來的特點，不是民選民主制（electorate democratic system），而是社會民主制（social democratic system），這種社會民主制的內涵，不像民選民主制的地方，是前者強調的是民意諮詢，而後者強調的是民意競爭。前者的工作實效是以全面向民意探詢來做決策為根據；而後者的工作實效是由不同民意的競爭出線者作為決策的根據。兩者都有民意的根據，至於誰的民意代表多一點，則要看民智的開發程度高低，政治文化的價值觀取向如何，而有不同的表現。換言之，民選民主制可能在不同的民智開發條件下，在不同的政治文化價值觀的條件下，可能發揮不同的功能。同樣，社會民主制也有這個情況。

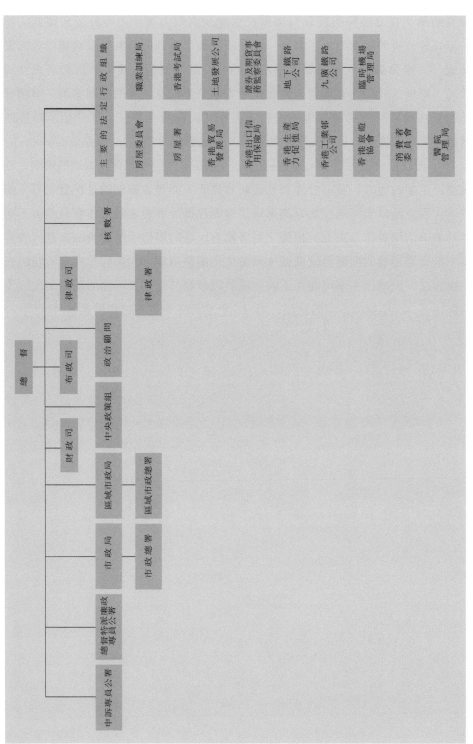

圖 4.10　香港政府組織圖（1996）

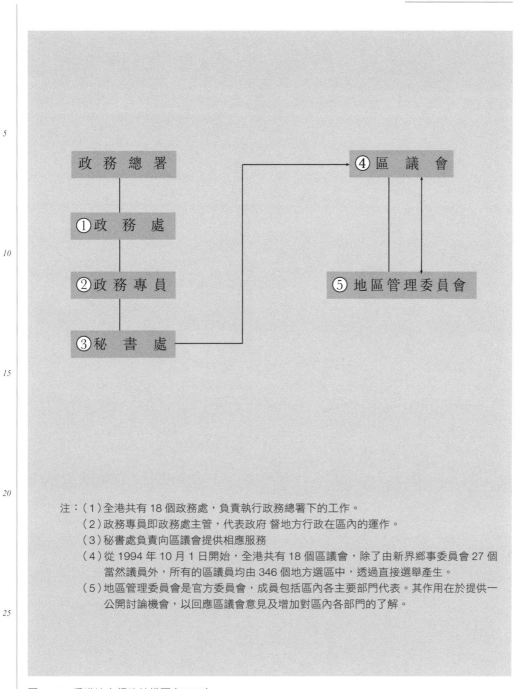

注：（1）全港共有 18 個政務處，負責執行政務總署下的工作。
　　（2）政務專員即政務處主管，代表政府 督地方行政在區內的運作。
　　（3）秘書處負責向區議會提供相應服務
　　（4）從 1994 年 10 月 1 日開始，全港共有 18 個區議會，除了由新界鄉事委員會 27 個
　　　　當然議員外，所有的區議員均由 346 個地方選區中，透過直接選舉產生。
　　（5）地區管理委員會是官方委員會，成員包括區內各主要部門代表。其作用在於提供一
　　　　公開討論機會，以回應區議會意見及增加對區內各部門的了解。

圖 4.11　香港地方行政結構圖（1996）

第五章

社會組織與社會轉變

冼玉儀

這一百多年間，香港社會經歷的變遷，千頭萬緒，錯綜複雜。我們可以從許多角度，選擇不同焦點來看社會的發展，還可以用許多不同的方法來處理這個課題。[1]這裡採用的是透過對一些有代表性的社會組織的研究，反映其社會的組織原則、生活方式、價值觀念和文化取向，並以此作為了解香港社會的入門。另外，資料的取向，於每二三十年間，選擇一個年頭，具體觀察當時存在的組織的狀況，希望能使讀者好像看一連串"快照"一樣，可以感受到香港所經歷的每一個階段，更生動地體驗到香港社會發展的過程。

一・1841 年

1841 年，英國佔領了香港島後，進行了好幾次的人口調查。當時島上居民約兩千人，停泊在各海灣的艇家又約兩千人。港島主要的村落有赤柱、香港仔、黃泥涌、筲箕灣等。[2]其中一些村落在明朝時已經存在，到 1841 年，起碼已有二三百年的歷史。

（1） 近年來有關香港社會史的作品包括 Chan, W.K., *The Making of Hong Kong Society*, 1991；及徐曰彪：〈香港的社會結構〉，見余繩武，劉存寬（主編）：《19 世紀的香港》，1994 年，頁 299－378。前者專論香港社會裡三個階級的形成過程，而後者則注重結構，不大重視演變的過程。

（2） 香港早期人口數目頗有爭論。Eitel, E.J. 認為香港 1841 年 5 月 15 日《憲報》所登的數字出了問題，據該報報導赤柱人口是 2,000 人，Eitel 認為沒可能，因此他提出正確的數字是鄉村人口是 2,550 人，水上人口約為兩千人，而另外約兩千人是英國佔領後才入住港島"市區"的新移民。詳見 Eitel, E.J., *Europe in China*, 1983, p.171。

當時，居民主要以農漁業為生。村民多是佃戶而不是地主大戶，島上土地部分由新安縣的大族所擁有。例如，錦田的鄧氏擁有黃泥涌、香港仔和薄扶林的土地；上水廖氏擁有掃桿埔 50 畝農地；南頭的黃族則擁有港島南部赤柱、深水灣、淺水灣一帶的若干田地。[3] 香港島可以說是新安縣的"邊陲之地"，在經濟、社會和文化各方面都較內地為落後。雖然，島上盛產的花崗石亦吸引了不少人來採鑿出口，不過，大概可以說，到 1841 年為止，島上的經濟主要仍是自給自足的經濟模式。

除了合法的經濟活動外，香港島一帶亦是海盜出沒的地區。因此，這一區流傳着許多關於海盜的傳說，例如"張保仔洞"等，十分有趣。由於這一區地理環境獨特，到了 19 世紀 90 年代，海上的治安仍然受到海盜的威脅。

英軍佔領香港後，向村民宣佈港島已由英國統治。不過，為了安撫民心，英國商務監督兼對華全權大臣義律同時又宣明，准許村民保留他們原有的宗教儀式和習俗，並且答應根據中國的習俗和法律管治他們。這篇宣言後世稱為〈義律宣言〉，在 19 世紀華人常引用它，作為抗拒英國法律蠶蝕華人風俗的護身符。然而，許多習俗，如蓄婢制、一夫多妻制等，後來都因為和英國法律有抵觸而逐步被取締。

英人又同時宣佈香港為"自由港"，免收關稅，歡迎華人來港經商。本來，中國在 19 世紀實行海禁，鴉片戰爭期間，特別嚴禁華人住在"英人所據之邑"、或與英人有來往、或跟隨及伺候英人。中英在 1842 年正式簽署《南京條約》，清廷俯降諭旨，將與英國人有關係的這類犯人恩准免罪。這一來消除了華人來港的重要阻力。此後，大量華人來港，其數字一直佔香港人口 90% 以上。

隨着香港經濟的發展，島上人口便不斷的增加。除了單純人口數字增長以外，那些從東西各地而來的人士，在香港原有的漁農社會以上，多加了一層以貿易為主的商業層面，經濟活動漸趨多元化。人口的增長帶來了城市的擴展。新城市在港島北岸建立，向東西兩面伸展，遠離原來的村落。香港優良的深水海港是整個香港經濟生命的泉源，城市環繞着它來發展是很自然的。因此，市區的發展並不是以原有的農村為核心而擴建出來的。

從人口、經濟活動和城市發展來說，1841 年後的香港可以說是從外面移植到來的社會，而不是從原有的漁農社會衍生出來的。

---

(3) 霍啟昌：〈英國佔領的香港地區〉，《19 世紀的香港》，頁 1—19。

二‧1871 年

　　時至 1871 年，香港社會已出現了非常顯著的變化。單從人口數字看，總數已達 124,200 人（包括 1860 年割佔南九龍的人口）。人口以男移民佔大多數，男女的比例是 1,000：399.5，十分不平衡，是典型的移民社會。

（一）華洋雜處

　　常說香港是一個"華洋雜處"的地方。其實，早期香港社會的一大特色是種族隔離。大致上，華人和其他種族的人士，包括了英國人和其他歐洲人、美國人、印度人及從世界各地而來的人，除了在不可避免的情況下，都盡量互相保持距離。從群體的地理分佈便可見得很清楚。在商業和居住上，域多利皇后街和花園道成為了分界線。域多利皇后街與花園道之間的，包括威靈頓街、雲咸街、雪廠街在內的地區，成為西人住宅區和洋行、銀行的集中地。一部分洋商在半山區環境優美、空氣清新的地區建築花園別墅，令這一區成為清一色的洋人世界。華人多聚居域多利皇后街以西的上環和西環，還有較東的灣仔，比較大規模的生意則集中在上環。這個現象是由於政府把華人與歐美人隔離的政策所造成。其次，經濟因素也很重要。我們也不能忽略文化導致種族分區而聚居的影響。

　　華人和外國人的社交活動範圍劃分得特別清楚。外國人在 1846 年組織的香港俱樂部（Hong Kong Club，原稱新公司）就是很好的例子。它成立的目的，一方面是為離鄉別井來港的英籍公務員、海軍、陸軍官員及商人提供一個聯誼的場合。另一方面是要給往來澳門、廣州和其他商埠的外僑一個休憩的地方。可見它原來就是為指定的一小撮人而設，是個典型的英國紳士會所，主要提供膳食、圖書室和戶內玩意兒，如桌球、撲克牌等。這些消遣和華人的消閒模式迥異，所以很多年來，香港俱樂部都沒有華人會員。不過，這個會歧視的不單是華人。其入會的條件很苛刻，除了要有會員提名外，還需要經過其他會員投票通過才可以入會。因此，社會背景比較差的歐西人士也難望加入。更值得一提的是，這個會是不接受女會員的。

　　西方人還組織了多種不同的體育活動和體育團體，最早的包括香港木球會（Hong Kong Cricket Club，原稱香港打波公司）、艇會（Victoria Regatta Club，原稱香港鬥三板公司）、帆船會、射擊會等。這些會所都不歡迎華人加入，而華人對這些活動亦確實不感興趣。19世紀的華人社會貧富懸殊，主要分兩個階層 —— 富有的和貧窮的。工人階級每天工作十多個小時，終日為餬口奔馳，根本沒功夫再找消耗體力的玩意兒來消閑。事實上也沒閑可消。這時代有錢和有閑的華人更不會像外國人一樣穿着短褲，追着球瞎跑；或者赤了胸膛去游泳。這些“不莊重”的行為，對力求仿效中國士紳階級道貌岸然、莊嚴肅穆形象的上流華人來説，簡直不成體統。香港華人比較普遍的參加體育活動，要等到20世紀才看到，而開華人體育活動的先河之團體，是“南華足球會”。

同樣地，1884年組成的香港賽馬會，也是到了1926年才接受華人會員。不過這些民間的種族歧視是雙向的。大部分華人的社會組織也是沒有外國人的份兒。

“俱樂部”這個概念對19世紀的華人來説，其實是陌生的。香港華人遲至1900年左右才成立比較相近的組織 —— 華商會所（Chinese Club），而活動也跟西人的俱樂部不盡同。華商會所成立的目的是聯絡感情和作為社交之所。該會由殷商何東、西醫關心焉、買辦謝纘泰等發起。會員以個人為單位，入會基金50元，月費五元，絕非一般市民應付得起。

華洋互相隔離，最有意思的例子莫過於妓院分界 —— 妓院嚴格的分為外國人光顧的和華人光顧的，真是河水不犯井水。

（二）經濟發展與社會組織

到了1871年，香港的經濟和社會，都發展得相當有規模了。當年進入香港的船隻共2.8萬噸，比1861年時的1,286噸，增長了很多倍，可見發展的迅速。從商業年鑑中，可看到外商成立的洋行，經營各種出入口生意，貨品以鴉片、絲綢、茶葉、棉紗為最大宗。此外還有造船、修船、造糖、造麻繩等工業和保險、金銀買賣、銀行、貨倉、旅店等服務。專業服務如醫生、律師也在港開業了。

華人經營的行業也更加多元化。幫助外商在華做生意的有買辦。他們協助不懂華語、不了解華人做生意的作風和習慣的外商在中國和香港經營。實際上，買辦在不同語言、不同文化的商人之間，擔任着橋樑的角色。在香港，當買辦是發財和晉升入社會高層的主要途徑之一。除了當買辦以外，華人也有獨立經營生意的。其中，出入口和轉口貿易的行頭最重要；有和外商合作的，也有全部由華人自己包辦的。經營的貨品以米、瓷器、疋頭、絲、茶葉、莆包、硃砂、藥材、木材、檀香等為大宗。另一種重要的商品，當然是鴉片了。

外商輸入鴉片後，由華商向政府投標爭取包稅權。投得者，可將鴉片實行加工（煮熟）、本地銷售和再出口。19世紀時，政府從鴉片抽到的收入約為全年稅收的四分之一，可見鴉片貿易對香港的重要性。

出口行商又以貿易的地區分類，分為南北行、金山莊（與美國、澳洲貿易的）、暹羅莊、日本莊等。

除了出入口，華人的經濟活動還包括多種服務和製造行業。地產買賣和建築業亦隨着城市的擴展蓬勃起來。由於香港的土地全部歸英國皇家擁有，土地只是臨時的和有限度的供應，奇貨可居，從開始土地便成為投資和炒賣的對象。今天香港的巨富全因地產起家，實拜香港政府一貫的土地政策所賜。

19世紀時，華人又開設銀號（錢莊）、當舖（押店）、酒樓（館子）、藥房、鴉片零售店和煙格、市場等供應市民的需要。另外還有供應船上各種用品的"辦房"。大部分華人則受僱於以上的工場和店舖，或當小販、洗衣、理髮、轎夫、運輸工人、傭人等。

除一般的經濟活動以外，香港當時大規模而且較為特別的，是與華人出洋有關的各種行業。特別值得我們注意的是，由於地理、政治、經濟等環境，香港成為自1849年（即美國加利福利亞州發現金礦的一年）至第二次世界大戰，華人出洋最多的口岸。根據船政廳的統計，從1868至1939年，從香港出洋的華人，共超過600萬人次，比從汕頭或廈門出洋的為多。這些從香港出洋的華人，帶動了多種行業的發展，如航運（包括租船）、招工的工頭、賒帳給移民買船票的經紀、辦房、出入口（特別是金山莊）等，都蓬勃起來。另外，出洋後的華人，匯款回鄉亦多取道香港；僑匯令香港商界資金充足，是推動香港經濟發展的一大原動力。而且香港成為世界航運中心，"移民事業"的功勞亦不少。

經濟活動多元化，各種不同的社會組織相應而起。

到了1871年，在外國人方面，最重要的組織是在1861年成立的"香港商會"。名稱雖是香港商會，實際上，初期的會員都是外商，因此俗稱"西商會"，到了1881年始有華商入會，而且一直佔少數。其成立是為了"維護商業利益，搜集商業情報，排除商業發展的障礙，仲裁會員內部糾紛"。[4]它的主要任務之一是

（4）　《19世紀的香港》，頁324。

向香港政府爭取權益。西商會的地位漸漸提高。到了 1884 年，香港憲制改革，西商會有權提名一位議員入立法局。雖然當時立法局的權力有限，不過儘管如此，西商會有權提名議員入局，已足以顯示香港政府對它的重視。此外，西商會還能直接通過英國國會，或間接通過英國各大城市的商會，提供情報與提出建議，影響英國外交部的對華政策，所以在商務和政治方面均是舉足輕重的。

（三）華人社會組織

華人佔香港人口的大部分，社會組織相當多層次。初期的移民將內地原有的社團移植來香港，成為新移民凝聚的核心。這些包括了以商業、宗教和慈善事業為前提的組織，當然亦包括了以三合會為主的秘密會黨。

1. 行會

行會是中國舊社會最基本的組織之一，從富商大賈到苦力都有組織行會。行會可概括地分為行頭行會和同業行會，後者又可分為技工（或手工藝人如木匠）、非技工（如人力車夫）及專業（如中醫）行會。行會的成員有包括勞資雙方組成的，也有純粹由老闆組成的，叫 "東家行"，或純由職工組成的，叫 "西家行"。行會以團結同行、聯絡同業、防止同業惡性競爭和保護同行利益為宗旨。在形式上，同業行會特別注重拜祭本行的祖師，這種儀式亦是團結行內成員的重要手段。

行會有以下的特點：（1）組織範圍不能超越本行業的界限，其成員限於從事同一行的人士；手藝工人尤其嚴禁 "跨業"（兼做兩行）和 "跳業"（改行）。這些都是容易造成行業與行業之間的隔閡與成見，助長狹隘與保守的傾向。（2）在勞資共體的行會裡，資方壟斷了領導權，實行 "家長制"，將工人、學徒置於被保護人的地位，強化了行幫意識，倡導的是上和下睦的思想，模糊了階級關係。（3）同業者多為同鄉，業緣關係與地緣關係緊密結合，使行幫帶有濃厚的地方色彩。行頭行會和同業行會同樣有強烈的排他性。西家行更具有互助社的性質：除了保護整個行業以外，主要的工作還包括救濟失業。會友患病，則施贈醫藥費，會友仙逝，則發給帛金，協助辦理殯葬事宜等。以上的特色一直維持到第二次世界大

圖 5.1 聯聚堂西家仝人敬贈予文武廟之橫額，時為咸豐元年（1851）。

戰前後。[5]

　　行會在香港開埠以後很快就出現，最早的有豬肉行、番衣（洗衣）行、番鞋行等。它們的行規多從內地抄襲而來，而且又仿效內地的行會稱為某某堂、某某公所等。如番鞋行的公會取名綿遠堂，買辦的稱敘利堂，公白（鴉片）的稱聚賢堂，米行稱公義堂，木東家稱協和堂，煤炭西家稱公義堂，搭棚的稱同敬堂等。如上所述，組織方面除了以行業界定以外，還以同鄉、方言劃分。

　　行會組織到了 1871 年，最具規模的算是南北行公所了。本來“南”是指華南，“北”是指華北，南北行就是指華北和華南之間的貿易。後來，貿易的範圍擴大了，以致“北”泛指中國內地，而“南”則指南洋各地；而到了 19 世紀末期，南北行商的貿易範圍甚至伸延到日本、美洲以及澳洲了。南北行經營的貨物以大米、大豆、京果、藥材、絲綢等為主。香港開埠以後迅速成為南北行的重要樞紐；香港逐漸發展為世界性的轉口港，實有賴南北行貿易的蓬勃。到了 19 世紀 60 年代，南北行商執香港商業的牛耳，一些南北行行商更被公認是全埠最有財有勢的華商。

　　南北行商多設行莊在文咸西街一帶，以致這條街亦俗稱“南北行”（按：廣東話“行”字和“巷”字同音，更容易混淆，有趣的是，時至今天，知道南北行這條街的人多，而知道有這行頭的人卻很少）。初期，行商之間設有南北行公約，1868年行商得政府贈地，在文咸西街建築公所，始易名南北行公所。設立公所是為了“立行規，守商德，崇道義，重言諾，樹以階模，重為典則”。[6]

　　南北行公所是一個多鄉籍、多方言的組織。粵籍的會員有招雨田（第一屆主席）、陳雨藩、盧佐臣、馮平山等；閩籍的有吳理卿、胡鼎三等；潮籍的有高滿華、陳春泉等，都是顯赫一時的人物，公所因而勢力範圍愈發擴大。南北行的潮籍商人後來又另外成立了自己的商會，名為聚賢堂，可說是南北行公所會中有會，亦足以證明同鄉關係在行會中的重要性。

　　除辦理行內事務以外，南北行公所還處理公益，如組織更練巡守街內商舖，設置消防車，又於每年孔聖誕時，全街張燈結彩，大肆慶祝。從這些可見到南北行公所並非一個純粹商業組織，而是肩負社會公益和教化的重任。這更足以反映當時香港華商是怎麼樣看自己的。

（5）《19 世紀的香港》，頁 374；任騁搜集整理：《七十二行祖師爺的傳說》，1986 年。

（6）《香港華人社團總覽》，1986 年，頁 19。

對遷移到香港的華人，香港政府大致上採取不干預態度。英國佔據香港，其最終目的是促進對中國的貿易。它在香港主要的政策，是維持社會安定以確保商業正常的運作。所以必須採取高壓手段防止居民，特別是人口佔 90% 以上的華人破壞治安。對華人的法律和刑罰都比其他種族的人更苛刻。其中歧視的措施包括規定華人登記（1844），和規定華人在晚上外出時，要領有"街紙"和攜帶燈籠。後者不但對華人做成諸多不便，而因為這法例只用於華人，對華人來說，更是莫大的侮辱，是香港政府早期對華人歧視最明顯的例證。儘管華人強烈反對，但政府和外籍居民都堅持，必須執行這項法令，才能維持治安。因此街紙和提燈的制度，直到 1897 年，在華人激烈抗議下才被取締。[7]

由於沒有政府的干預，所以華人之間很多事情都由華人自己處理，而這種環境亦鼓勵華人根據傳統的方法成立不同的組織，處理不同的事務和解決不同的問題。

從 1842 至 1870 年間，他們所辦的機構除各種行會外，還有廟宇、義祠、同鄉組織、更練團、街坊會、義學和醫院。

2. 文武廟值理

宗教方面，華人中除了一少部分進教為基督教徒外，大部分依然信奉中國傳統民間信仰，因此供奉各位神靈的廟宇便應運而生，成了華人另一個層面的活動焦點。除了 1841 年前已建成的廟宇外，新建的、規模較大的廟宇有上環荷李活道的文武廟和稍後在灣仔建成的北帝廟。

文武廟在香港歷史上地位特殊。它是在 1847 年，由藉着英人成立殖民統治而發財的盧貴和譚才等發起興建的。1851 年重建時，花了差不多 1,000 鎊，這在當時是非常可觀的數目。其建築的宏偉及裝飾的講究，引起了英文報紙的注意，大做文章。[8]

文武廟不但是拜神的地方，在華人社會中還扮演多種角色。管理它的值理全是有財有勢的人士。在 19 世紀 50 年代他們來自不同的背景：包括建造商、鴉片商、地產商及與華人出洋各項有關的行業等。以後，南北行商亦有很多。

文武廟擔負的任務並不簡單。當時，曾任香港政府中文秘書的華人事務專

（7）　街紙攜燈制度，詳見 Wesley-Smith, Peter, "Anti-Chinese Legislation in Hong Kong," in Chan, Ming K.（ed.）, *Precarious Balance, Hong Kong Between China & Britain, 1842－1992,* 1994, pp.91－105。

（8）　*China Review, I（1872－1873）*, pp. 333－334.

圖 5.2 此匾額為清光緒皇帝經兩廣總督張之洞奏議賜予東華醫院，以表揚該院於 1885 賑濟兩廣水災義舉。

家、德籍教士歐德理便這樣寫它："文武廟的值理已升格為半官方的地方議會，它主要是由南北行商組成。這個值理團秘密地控制華人事務，仲裁商務糾紛，安排接待路過香港的中國官員，為捐官事宜進行談判，更作為居港華人與廣東官方之間的非官方媒介。"[9]文武廟的側面有一間公所，是議論公共事項的場地。公所大門的對聯寫着："公爾忘私入斯門貴無偏祖，所欲與聚到此地切莫糊塗。"正好說明文武廟值理的工作與維持社會公義之間的重要關係。

　　我們看當時香港的社會狀況，可以從文化角度着眼。華人文化與統治者的西方文化不同。華人有其獨特的風俗習慣，是統治香港的英國官員所不了解的，或者是沒功夫去了解的。因此，有些華人生活上的需要就必須由華人自己提供了。義祠的成立正好證明了這個事實。

3. 廣福義祠與東華醫院

　　香港是一個移民社會，流動性高，移民以男性為主，舉家搬來的佔極少數。初期來的華人，離鄉別井，隻身到港，一旦客死異鄉，無人祭祀。這對重厚葬、隆祭、久祀的華人來說，實是慘不忍睹的下場。到了1851年，譚才等便建議建立一所義祠，安放在港身亡的人的神主牌，待日後轉送回鄉，再安在家裡，讓後人供奉。譚才等入稟港府，得在上環撥了地，建成義祠，名為"廣福義祠"。此舉造福華人，功德無量。義祠的功能後來漸漸改變，除了安放神主牌以外，一些病重的人亦因無處容身而被送到義祠去。

　　原因是移民中能夠自購房子的人極少，大都是租客，或暫住專門容納等候出洋人士的客棧。他們一旦患了病，房東或客棧的老闆由於不願意見租客死在房子裡，便將他們送到義祠去。義祠當然不是醫院，沒有任何的醫療設備，但這樣做總算是沒辦法中的辦法。待他們死了，才請人到義祠料理身後事。這種現象在香港的特殊環境中出現，不足為奇，很能反映華人對生死的觀念和處理生死的做法。

　　在華人當中，義祠的存在是眾所周知的，唯獨是政府對它的情況一向不聞不問。到了1869年，一位政府官員偶然發現義祠裡，地窄人稠，空氣污濁，垂死病人與死者雜處其間，完全缺乏基本的醫療和衛生設備，從而感到嘩然。他認為把病人送進去是慘無人道的。這件事很快傳了出去，香港和英國的報章，都大肆披露。事件遂演變成醜聞，引起殖民地部的不滿，便命令港督調查底蘊後作出報

（9）　Eitel, p.282.

圖 5.3　東華醫院於 1872 年落成

告。港督作了一些調查後才了解到，華人對西醫西藥存有莫大的恐懼。因此，政府雖然設有醫院，華人生了病，都裹足不前，寧願被送到義祠，甚至死在街頭，也不願進入政府醫院。可見他們對西醫西藥的偏見是多麼的根深蒂固。

港督逼於無奈，惟有破天荒跟華人領袖商量解決的辦法。商量的結果是建立東華醫院。

東華醫院是 19 世紀香港最大規模的華人組織。它於 1869 年籌辦，1870 年奠基，1872 年落成。醫院開幕時，儀式隆重，盛況空前。一開始主禮人便奉神農行崇升禮。祀典用古制三獻，巡遊儀仗，一如迎神賽會，冠蓋雲集，觀眾如潮。最矚目的是醫院的總理、值理皆穿清朝官服，其中甚至有拖翎者，可見他們都不肯錯過這個炫耀尊榮的機會。最後，由港督揭幕。港督紆尊降貴，“駕幸”一個華人機構，也是破天荒的。這個殊榮奠定了東華醫院在群眾心目中的地位。

建院的目的是為華人提供他們信任的中醫服務。一開始，東華醫院便和華人社會的精英分子結下不解之緣。他們為創辦醫院，籌了四萬七千多元。雖然香港政府撥了 11.5 萬元捐款，但同時聲明以後不會再資助經常費用。因此，日後募捐經費的擔子就由醫院的總理負起，而捐款的來源則是華人，包括了本地的、國內的以及海外的華人。

第一屆的總理是由創建醫院出力最多的 12 位人士擔任；以後，每年選舉一次，大部分總理由行會提名，再由坊眾形式上選舉。有資格提名總理的行會，當然是執本港商界牛耳的行頭的公會，包括南北行公所、敘利堂（買辦）、金山莊行、公白行等。這個選舉方法確保東華醫院每一屆的總理均是財雄勢大，德高望重，備受全港華人尊敬的人士。從開幕盛極一時的場面開始，東華醫院的董事局已經取得了特殊和崇高的地位。

由於香港沒有士紳階級，商人可成為社會最高的階層，這是香港社會和內地社會之間的一大分別。從文人王韜的描述可見到香港華人是怎樣看東華醫院的。

籌辦東華醫院時，王韜在英國。他回港後，發覺“港中象氣迥異。人士多彬郁謹願。文字之社，扶輪風雅，宣講格言，化導愚蒙，率皆汲汲然引為己任”。他看見香港社會的風氣改進了，非常欣慰。但移風易俗的功勞，應歸功於誰呢？後來王韜探訪東華醫院，恍然大悟，認定新氣象，是因東華醫院而起。他感嘆曰：“香港渺然一島耳，僻在炎陬，素非孔道，而一旦為善之效，可睹已如此，是

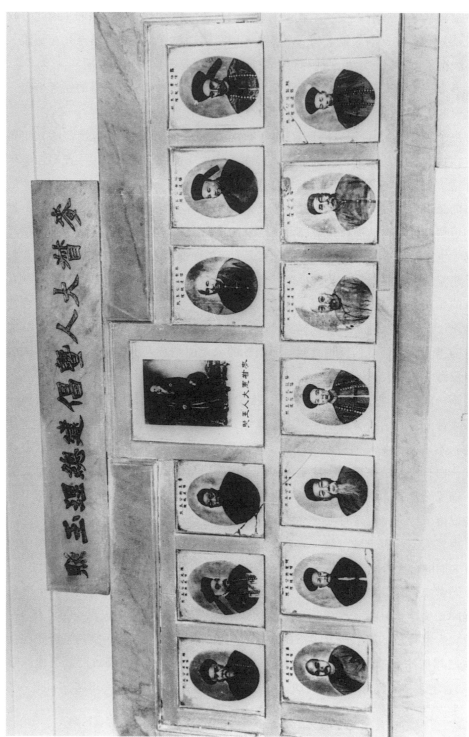

圖 5.4 東華醫院倡建總理（1870—1872）

則在人而已，固不以地限也。"[10]可見他認為東華醫院備有教化作用，使整個香港的華人社會升格。

東華醫院本以贈醫施藥為首任，但漸漸亦承擔了很多其他的社會工作，包括舉辦義學、將流浪外地的難民遣回原籍、拯救被販賣的婦女和被拐誘出洋的人。（有關難婦的事務後來由 1878 年成立的保良局處理。）後來，它接管了義祠，又實行施棺、殯葬；設置義莊、義山，便利本港及海外身亡先僑厝棺柩，候運原籍安葬，使老有所終。醫院總理又為華人排難解紛。由於他們了解華人營商的特色，調解華人間的商務糾紛，比以英國法律作根據的法庭有效得多。同樣地，由於他們擁護中國傳統的禮教，也可以根據這一套禮法調停與一夫多妻制、蓄婢制、學徒制等有關的問題，而當然這些問題也是當時香港的法庭難以處理的。從前很多文武廟值理的功能便漸漸由東華醫院的總理代替了。

更重要的是，東華醫院的總理擔當了華人和殖民政府之間的橋樑。直至東華醫院的成立，政府與華人間存着很大的距離。東華醫院是第一間根據香港法例成立的華人民間組織，得到官方承認，因此享有特殊的地位。醫院又為大眾提供寶貴的服務，替政府解決了很多社會問題，政府因而省了很大的支出。由於醫院總理都是經濟上舉足輕重及華人公認為德高望重的人士，加上形式上又是由坊眾選舉出來，一方面深受市民的愛戴；另一方面，也令市民肅然敬畏。這些因素使政府無法不給他們三分薄面，聽取他們的意見。東華醫院的董事局因而成為華人的發言人，代表華人與政府交涉。另一方面政府亦漸漸懂得怎樣利用東華醫院總理來控制華人，將對頭人變成管制華人社會的伙伴。東華醫院在香港歷史上扮演的特殊複雜的角色，正好反映香港這個特殊地方的複雜性。[11]

4. 保良局

談到東華醫院就不能不提保良局了，雖然保良局是 1878 年才成立的。

1870 年間，幾位旅港東莞商人，鑑於香港一帶，拐帶日熾，歹徒逼良為娼，轉賣外埠，而被拐者以東莞人為多，便提議集眾捐資，組織起來對付拐匪。其實他們計劃的工作跟東華醫院已經實行的工作很相似，於是發起人便和東華醫院聯手組織保良局。

（10）王韜：〈創建東華醫院序〉，《香港東華三院百年史略》，下冊，1970 年，頁 140。

（11）東華醫院在歷史上還有另一作用，就是與中國官員，尤其是廣東省官員聯繫。有關義祠及東華醫院，見 Sinn, Elizabeth, *Power and Charity, The Early History of the Tung Wah Hospital, Hong Kong*, 1989。

圖 5.5　1896 年，保良局大樓舉行開幕禮，官商雲集，盛況空前。

　　成立初期，保良局的工作主要是拯救被拐帶、或被迫為娼的婦女和被虐待的婢女，將她們遣回原籍，或為她們安排擇偶配婚，或待領育。其間則由保良局安置，供給衣食。

　　保良局成立後，一直和東華醫院保持密切的關係。由於到了 1896 年保良局才擁有自己的局址，之前，所有的辦公和會議等事宜，都借東華醫院的地方進行，甚至連拯救回來的婦孺也是安頓在醫院內。在人事方面，東華醫院和保良局的總理重疊的很多。當然在許多慈善業務上也是共同進退，緊密的合作。因而有"東保一家"之稱。

　　從成立到 19 世紀末，保良局由香港及海外國內所拯救之婦女數以萬計，其大恩大德，一如東華醫院，備受世界各地人士推崇。也有仿效香港建立保良局者。不過我們也須指出，一如東華醫院，保良局的賢達，都以維護傳統禮教為依歸，他們保護婦孺是本着崇正黜邪的宗旨，懷着悲天憫人的心情，而非以批判社會的倫理架構，或以為婦女抱不平為出發點的。

　　這一點，我們可以從保良局的倡辦人對蓄婢問題的立場清楚地看出來。蓄婢制度在中國盛行已久。香港開埠前有沒有婢女，無從稽考。不過，開埠後，很多華人帶了婢女來港，婢女人數大增。初期蓄婢未受港府干涉，到了 1870 年間，香港法官 Smale, J. 認為蓄婢和奴隸制度相同，擬檢控買賣婢女的人士，令華人惶恐不安。保良局的倡辦人大力為蓄婢制度辯護，強調中國歷久以來都不禁制蓄婢，而中國於"買人常規，與買各種物類迥然不同"，故蓄婢與奴隸制度不可同日而論。他們要求港府體察中國民情，"變通辦理"，切勿"行擾民之政"。在這個爭論中，保良局倡辦人的傳統宗法思想是顯露無遺的。我們甚至可以推斷，他們創辦保良局其中的目的，就是要把"合法販賣人口"與"非法販賣人口"分辨出來，令蓄婢制度得以保存下去。不過儘管如此，保良局在這狹窄的保護婦孺的原則下所作出的貢獻，依然是功不可抹的。

　　實際上，保良局的歷史很能反映出香港歷史的特徵。正因香港是華人出洋的主要港口，大量婦女被販賣出洋的情況才會出現。反過來看，也正因為香港是一個四通八達的運輸樞紐，旅港的華商透過各種關係，建立了廣闊的、跨地區的、跨國的華人關係網絡，而能利用這些網絡來推行各種慈善的服務。從保良局和東華醫院的成就，我們可以清楚看到香港歷史的特殊地位。

圖 5.6　東華醫院內之福壽樓，後由保良局借用以收留拯救回來之難婦。

圖 5.7　一位揹着孩子的女苦力〔斯坦尼南迪（C. J. staniland）繪，19 世紀中後期〕

三・1901 年

1901 年的香港地區和 30 年前比較，最顯著的分別就是版圖擴大了很多。1898 年英國租借了新界，為香港增多了 365 平方公里的土地，比原來港島、南九龍半島的面積多了十倍以上。

同時，香港的總人口突然增加了：港島和九龍合計的人口由 1871 年的 124,000 人增至 241,694 人，再加上新界的 85,011 人、水上居民的 42,282 人，總人口達到 368,987 人。而且因為新界是比較固定的農村社會，男女的比例較為平衡，比較市區男女比例失調的狀況，正常得多。

港島人口的增加使城市進一步向東西兩方伸展。西營盤、堅尼地城、石塘咀和灣仔等區相繼發展。1894 年前，太平山區是港島人口最稠密的，也是最不衛生的地區。但由於在 1894 年發生了鼠疫之後，政府將部分房屋拆卸，開闢了卜公花園，部分居民也遷移到別區去，使得太平山區的環境有所改善。

1888 年山頂纜車建成，使山頂住宅區得到發展。那裡空氣清新，環境優美，西方人刻意的把它劃為西人專住區。鼠疫發生後，他們就"名正言順"，利用衛生為理由，阻止華人住在山頂了。1904 年政府竟通過《山頂（專用區）條例》，禁止任何人將山頂的房子出租給華人：唯一獲豁免的是傭人、轎夫等。其他華人要住進去的話，須向港督正式申請。直到 1946 年，這項法例被取締的一年，只有富甲一方的何東一位華人住在山頂。這也是種族歧視的另一最好例證。

1901 年香港社會和 30 年前有甚麼不同？

（一）同鄉組織

到了 1901 年，最普遍的華人社會組織之一是同鄉組織。重桑梓之情是華人的特性。在國內各地同鄉會館早就出現。而隨着華人出洋，海外也先後有會館的成立，蔚然成風，遂成為華僑社會的特色。在香港，19 世紀 40 年代早期已有新安會館，是新安同鄉聚集聯誼之所。這所會館還置業以保日後經費。可惜其領導人"馬草王"因犯案被流放，會館似乎也因此而解體了。其他早期的會館還有福州的三山馨社，和由僑美的番禺人成立的繼善堂。

早期的移民組織以行會為主，而大的行幫則間中有以鄉籍分界。同鄉會比較普遍地和有規模地成立是後來的事。

19 世紀 70 年代，同鄉組織活動開始活躍起來，各邑會館相繼出現。1872 年，香山縣的三灶鄉鄉人用"聯義堂"的名義在摩星嶺建了義冢；1875 年高要、高明人也在那裡建了義冢。這種建義冢、組織春秋公祭、安葬同鄉等活動是聯絡同鄉和建立長期性同鄉會的基礎。到了 1901 年已經成立的同鄉會包括番禺的"敦義堂"、三水的"敦善堂"、台山的"新寧會館"、南海的"福仁堂"和東莞的"東義堂"等。而且在 1901 年後新的同鄉會還不斷的設立。

同鄉組織基於地緣，會員包括不同階級的同鄉人士，如舊式行會一樣，淡化了階級間的矛盾。同鄉會的共同宗旨是"敦睦鄉誼"，敬恭桑梓，為同鄉會友提供實際的援助和精神上的支持。實際的服務包括排難解紛、職業介紹和擔保、金錢接濟、發放帛金、舉辦銀會、互通行情等。一些組織完善的同鄉會更贈醫施藥、興辦義學、遣送棺柩骨骸回籍，涉及事務繁瑣，而辦事的規模很大。此外，有一個場合可以聯絡同鄉、講和聽到鄉音、聽取一些鄉間的消息、甚至欣賞到故鄉特有的戲曲等，對一個身在異鄉的遊子是難得的精神安慰。這些行會和同鄉會所提供寶貴的社會服務，填補了移民社會常見的精神空虛，是有助於穩定香港社會的。

但同鄉會的功能並不限於此。

1901 年以後，同鄉組織繼續發展，一部分還採用商會的形式組成。同鄉商會較為資源雄厚。1909 年創立的四邑商工總會就是支持孫中山先生革命和革命後成立的廣東政府的一大支柱。隨着 20 世紀初期國內政治、經濟和社會的發展，香港的同鄉商會開始干預國內的政治和關心故鄉的建設、公益和治安。對於賑濟國內各次災禍，亦不遺餘力。

同鄉組織越蓬勃，越令香港政府顧忌。1910 年前後，香港政府擔心同鄉會繼續發展下去，會變得比三合會更難控制，而且他們的活動又涉及廣東省的政局，事關重大，便於 1911 年制訂社團法案，規定所有社團向政府註冊。那些有非法活動和目的的，與香港社會治安有抵觸，或會在中國引起動亂的社團，一律被禁制。可見當時同鄉組織發展引起多大的迴響。

1917 年，最令政府頭疼的四邑商工總會被解散了。但總的來說，社團法案頒佈後，並未對同鄉組織構成太大的威脅。新的團體不斷建立，而且都很活躍。到了 1937 年後，它們致力於救國救鄉的工作。

香港的同鄉會以服務鄉人為原則，但工作性質，則隨着社會、經濟和政治環境而改變，很具彈性，也正因為這樣，今天的香港還是同鄉會林立的地方。[12]

（二）輔仁文社

在同鄉會蓬勃發展的同時，又出現了一個性質迥然不同的社團。

1892 年成立的輔仁文社，雖稱"文社"，但其實真正的目的是宣傳政治思想改革。它的拉丁文座右銘是 Ducit amor patriae（全心全意愛國家）。該會的創辦人是謝纘泰和楊衢雲，都是很具代表性的香港人物。

楊衢雲在香港出生，唸英文學校，深受西方革命思想的影響；畢業後先教授英文，後任職洋行。謝纘泰在澳洲出生，15 歲回港，讀入有名的中央書院（即後來的皇仁書院），畢業後入政府工作。後來，孫中山先生在香港組織興中會，與楊、謝倆合作。楊衢雲甚至被選為興中會的主席，在中國近代史名人榜上佔一席位。

當時輔仁文社只有十多位會員，在港的影響力並不大，但卻有很深遠的歷史意義。

到了 1901 年，英國統治香港已經 60 年了，在教育和文化方面，雖然不能説有很大成就，不過也起了一定的作用。政府和教會辦的學校，培養了一群懂得英文的人。他們無論是洋行買辦，出入口商人、文員、政府公務員或教師，在這個國際貿易中心和殖民統治地區，能説能寫英文當然會佔一定的優勢。不過，並非所有人視學習英文光為謀生和向上爬的手段。其中透過英文教育來了解外國事情，將接觸到的外國文化、社會和政治思想、科學精神等，作為他們立身處世的基礎的，亦大有人在。

值得一提的是，在香港，不單是部分華人接受西方教育，同時，通過報紙、書籍、日常生活和觀察，耳濡目染，成為華人認識外國文化、政治、經濟、社會各方面知識的門戶。他們認識外界事務比較廣泛，反應比較敏鋭，思想和做事態度也較開放。如王韜、何啟和孫中山。他們用新知識來批評中國各方面的流弊，帶動了改良主義和革命運動。他們對香港和中國的歷史發展的影響是眾所周知

（12）Sinn, Elizabeth, "A History of Regional Associations in Pre-war Hong Kong, " in Sinn, Elizabeth（ed.）, *Between East and West—Aspects of Social and Political Development in Hong Kong,* 1990, pp.159－186.

5

10

15

20

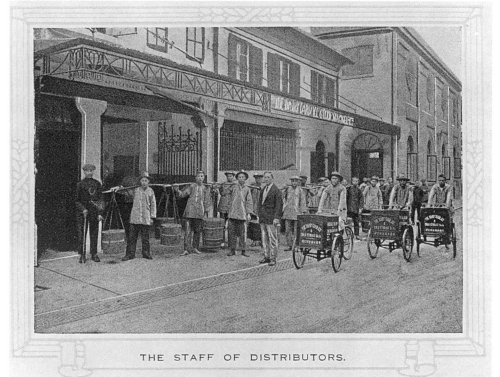

THE STAFF OF DISTRIBUTORS.

25

30

圖 5.8、5.9 　20 世紀初期專門供應西式食品的香港牛奶公司

的。而楊、謝亦是這群人中的表表者。

　　何啟於 1887 年成立了雅麗斯醫院，又在同年和倫敦傳教會創辦中西醫學院，一方面訓練華人成為西醫；另一方面則誘導華人接受西醫西藥。他希望以此打破華人抗拒西方科學的頑固思想。後來他更大力推動香港大學的建立，給華人多開一個觀察世界的窗子，對整個社會的文化取向起了很大的作用。

　　然而，由於這些新的社會意識和價值取向與傳統的不同，導致了香港華人的分化，使香港社會出現了新的矛盾。

　　受了西方教育和文化影響的人，開始懷疑原有的傳統價值。最明顯當然是表現於推翻腐敗的滿清皇朝和封建的君主專政。這種趨向在其他方面也表現了出來。譬如，對以維護傳統價值為己任的團體，如東華醫院，他們就失去信心了。對他們來說，舊一套的禮教和社會觀念是無知和落後的。1894 年，香港發生鼠疫，使這些人得到機會向東華醫院挑戰。

　　港府發現鼠疫後，立即推行一系列的衛生措施。宣佈香港為疫埠，禁止染疫者離港。另外，又強制將染疫者送到政府醫院醫治。染疫之家，予薰洗消毒，以防傳染。染病而死者，其屍體須藏以石灰，然後埋葬。這些措施遭到群眾的反對。很多病者寧願歸鄉治理，但因為香港已宣佈為疫埠，不獲批准離港。華人從來抗拒接受西醫西藥，在大家都感到恐慌、風聲鶴唳的情況下，他們對被強逼送到政府醫院，反抗得更激烈。至於外籍的衛生工作人員上門搜查病人，進行消毒等，最是擾民。而將死者草草埋葬，對重視殯葬儀式的華人來說，更覺是橫蠻無理，難以接受。凡此種種措施，引起群眾的不滿，差點兒引起暴動。東華醫院亦順應民意，要求政府收回成命，但未為政府所接受，反而使醫院和政府之間的關係變得緊張。公共衛生問題演變成文化衝突，更引起群眾和政府之間的對抗。

　　兩方正僵持不下之際，謝纘泰在英文報紙上發表文章。他認為暴亂是由"無知"和"激動"的苦力階層引起，而東華醫院總理竟然支持他們，令人感到遺憾。這封信與他平時抨擊中國其他"舊"東西，如風水、纏足、吸食鴉片和奴婢制度等言論是一貫的。西報又登載了另一位華人的信，指出東華醫院總理並不代表所有華人，因為部分華人認為政府實行的衛生措施是明智和合理的。可見謝纘泰等人，以進步、開明的知識分子身份，對代表舊社會價值觀的東華醫院，進行批判，而且要劃清界限。

　　由於他們對東華醫院以及保良局的批評愈來愈利害，致使他們在一般民眾中的崇高威信受到動搖。不過，這是社會演變中從簡到繁的必然過程，反映了香港在中國社會思想現代化過程中扮演的先鋒角色。

其實到了 1901 年，東華醫院等機構的社會地位和勢力，亦受到其他因素的影響。1880 年，港督委任了第一位華人為立法局議員，開了華人晉身立法局的先河。1891 年，政府又成立了團防局。政府委任入團防局的華人，不用説都是商界及專業界的翹楚。理論上，設立團防局是為了協助華民政務司經營四環更練。實際上，政府向局紳諮詢有關華人社會各方面的問題，幫助政府更有效的管制華人。所以他們的功能很廣泛，影響力亦很大。從某一個角度看，有了立法局華人議員和團防局，反映出政府對華人的態度比以前積極，更願意聽取"民意"，更重視了解"民情"。但從另一個角度看，由於這些工作都是透過少數的所謂華人領袖來做，結果是政府的視野可能比以前更狹窄，甚至可以説，政府和群眾之間，更加多了屏障，距離更遠了。

立法局和團防局都不是民間團體，但值得順帶一提，因為它們影響了民間團體的發展。最顯著的是，以前華人成為東華醫院或保良局總理，是最高榮譽。現在，華人既然有機會晉身立法局和團防局，社會和政治地位更崇高，東華醫院總理的地位相對的下降是難免的了。有些學者甚至推斷，華人領袖加入東華醫院和保良局，藉此表現他們的領導才能，以得到政府的垂青而被委任入立法局或者團防局。根據這種論調，作為東華醫院和保良局總理不再是最終目的，而只是手段而已。

（三）商人組織

在香港營業的外國商人，在 1861 年成立了香港商會。到了 19 世紀 80 年代後期，華人也感到需要組織全港性的華商團體，便一邊着手籌備，一邊向港府申請撥地建會所。他們擬將組織的英文名字仿效西商會，叫 Chinese Chamber of Commerce，還擬沿用西商會的章程和細則為藍圖。可是因為種種阻礙，到了 1896 年才成功組成。中文名字，一如許多海外的華僑商會，取名"中華會館"。

中華會館開幕時，場面隆重壯觀而肅穆。據時人的記載，"紳商諸君，衣冠齊集，恭諧關聖帝君神座前行禮。九龍協陳昆山副戎，命駕渡海而至，同人即延副戎主祭。"既有樂曲迎神送神，又有諸位紳商揖讓團拜，禮樂兼備，極盛一時。

這種場面，在香港實在少見。[13] 令人不禁回想到東華醫院落成開幕的盛況。這種場面，反映了香港商界的奢華排場和商人渴望模仿士紳階級的作風。他們的政治趨向，也是"北望神州"的。邀請中國官員來主禮，祈求得到中國官員的認可，令會館合法化，是值得注意的。所行的儀式，禮是盡了，但亦有人嫌它繁瑣和帶有迷信色彩。何啟本來一直積極參與籌備中華會館的工作，但開幕時竟沒有出席，引起很多猜測。他不到是因為不同意邀請中國官員主禮，還是不滿儀式帶有迷信色彩？倒是耐人尋味的事。

19 世紀的華商，重視行幫，分疆劃界，渙散不群，隔膜甚深。有一如中華會館之公共團體，為全體華商謀福利，本是有建設性的。可惜，中華會館建立後不久，便因事而解體了。

到了 1900 年，又有類似華商會館的組織出現，取名華商公局，英文名字叫 Chinese Commercial Union。雖然華商公局為市民做了一些事，如在 1902 年，強烈反對政府徵收"額外水費"，但實際上它的規模很小，會員只有一百人左右。由於經費拮据，過了幾年，連找主席也有困難，因此影響力有限，並未得到商界廣泛的支持。[14] 和西商會的力量比較，十分懸殊。

（四）新界的農村社會

香港是一個發展不平衡的地方。如果説輔仁文社的創立意味着香港的城市化和現代化，那麼，當時被租借、劃為香港一部分的新界的農村社會，正與它形成了強烈的對比。

1898 年，英國向中國政府租借新安縣的南部。這地區約有 423 條村落。在 19 世紀末期，村民主要以務農為生。除了種糧食，村民也有種菠蘿、甘蔗和製鹽。有些村民則做買賣。新界的幾個墟市，如大埔、粉嶺、元朗、石湖都十分興旺。還有部分村民出洋謀生，遠赴夏威夷、舊金山、新金山等地方。新界的開發較港島為早，鄉民聚族而居，不少有數十代以上的歷史。其中如錦田、屏山、廈村的鄧氏、新田的文氏、上水的廖氏、粉嶺的彭氏和上水附近的侯氏，都久在新界聚

（13）〈中華會館落成記〉，見《説劍堂文集》，一冊，頁 12。
（14）《香港商業年鑑》，1951 年，頁 C1—2。

居。這些大族擁有富庶的地段。如前文所述，其中鄧氏還在大埔、青衣、香港島等處擁有不少田地。正如內地的大族一樣，新界的大族很重視教育，致力於幫助族人獲取功名，進入仕途，藉此光宗耀祖和擴張全族的財勢。在他們的祠堂書室裡都掛滿了科第中式的牌匾來炫耀這些尊榮。

19 世紀末，新界地區的父老和士紳對地方的影響很大；清朝的地方官依賴他們負責戶籍登記、維持治安和追徵稅收等工作。此外，尚有團練，是一種民兵組織，有外來侵擾時用來保衛族鄉。組織和訓練團練都由士紳負責。家族或村中如有盜竊，或田產債務等糾紛，往往由族中父老和士紳調停。所謂父老，是族中輩分高和年紀最長的村民。在較小的村裡，他們地位最受尊重。但在較富裕的村落，如有曾獲功名或官銜的士紳，他們便是區內最有勢力的人物。他們多數是大地主，功名和官銜雖不一定是考試得來，可能是靠捐納而得，但持着功名和官銜，他們便和一般老百姓的地位不同。可以直接和州、縣、府乃至省中的大吏來往。這造成他們在地方上的特殊勢力。換言之，土地、功名和官銜構成他們在地方上勢力和地位的主要條件。

村民除了自己處理本村或本族內部的事務外，對外來的問題，如海盜的侵擾，或與他族的糾紛，由於官府的力量有所不及，亦往往靠自己處理。地方鄉村間有聯盟組織，其中有的是弱小村落間的聯盟，如錦田的八鄉、大埔的七約、沙田的九約等。此外，以墟市、墟期、水道和其他活動為中心的各類鄉約組織，亦為數不少。[15]

1898 年，英國租借新界，對那些習慣自治和長期享有特權地位的村民說來，簡直是晴天霹靂。他們害怕失去既得利益，包括在"稅閥制度"下徵收地稅的權利。他們又擔心英人風俗習慣與中國迥異，實難保存各鄉傳統。因此很多村民力主對英武力反抗，憑着他們多年來村與村、鄉與鄉械鬥和組織鄉勇、鄉約所積累下來的經驗，在大族子弟領導下抵抗英兵。當時的抵抗是遠較 1841 年港九居民厲害。最後，他們還是失敗了，但他們頑強的對抗使英國人意識到新界鄉村的社會結構有悠久的歷史，自治效率又高，既得利益廣泛，即使他們是暫時失敗了，從長遠來說，也不容易統治。管治新界斷不能再用管治港島那一套。因此英人決定在新界保留中國的"傳統和慣例"，尤其是有關土地權益的習俗方面，來安撫他們。港英政府聲明日後新界土地法庭在審理地契案件時，中國法律仍然有效。這

（15）吳倫霓霞：〈歷史的新界〉，見鄭宇碩：《變遷中的新界》，1983 年，頁 1—24。

樣，新政府上台至少對他們的土地業權不會帶來太大的威脅。此外，香港政府設置了理民府來管理新界。這套行政制度遠比市區行使的鬆散。實際上，只是維持一種間接管治，和清朝時的地方行政架構差不多。在理民府的制度下，很多事務都讓村民自己辦理，使原來的地方自治和大族的權力制度得以持續下去。

這些政策實有助於原有的鄉土社會宗族觀念的延續。

新界的農村生活在 1898 年以後，大致上沒有變化。祀神、祭祖都是農村重要的風俗。區內的居民世代以來，集資建廟，供奉各位神靈，以求庇佑。一年裡各種多姿多采的神誕慶祝盛況，為單調的農村生活生色不少。而且，不同鄉、不同村的居民亦通過共同供奉的神明，藉以聚會，作為團結象徵。在合作籌辦一些大型的慶典時，村與村、鄉與鄉之間更須發揮合作精神，重新強調大家歷代以來的和諧和共同利益，加強團結。因此風俗的持續既有宗教的意義，又有社會的意義。[16]

同樣地，祭祖亦是非常重要。慎宗追遠，其目的是緬懷祖先開族之勞，建村立業之苦；每年於祭典期間，分居各地的子孫，齊集成一堂，除向先人致敬外，還能維繫族內的團結。族墳、祠堂都是這方面重要的象徵。而祖、堂的蒸嘗涉及到實際利益，更是維持家族延續的重要因素。

因此，雖然新界在 1898 年租借了給英國，還能保存鄉村社會和宗族組織的特性。甚至當國內的宗族社會崩潰後，在香港的殖民統治下，這制度竟能維持下去。後來，新界居民因為與政府爭取合理的地價補償，於 1924 年組織農工商業研究總會（後改為鄉議局），幾十年來，鄉議局多次為新界原居民出頭，與政府談判和對抗，爭取和保衛村民的利益。這樣鄉議局便成為突出新界居民身份的一股大勢力。而直至 20 世紀 90 年代，香港已經演變成現代化城市，很多方面都走在世界之前列，但新界還是保持着濃厚的鄉村和宗族社會的特色，似乎是一種諷刺，而這也正是香港歷史耐人尋味的地方。

（16）見蕭國健：《香港前代社會》，1990 年。

四·1931 年

1931 年的香港社會呈現了一種全新的局面。

先看人口。人口由 1901 年的 369,000 人增長到 840,500 人。這時期的人口增長主要是由於辛亥革命以後，廣東一帶政治動蕩，治安惡劣，居民大量避難來港。移民中很多是有資產的人，而且是舉家遷來。上文已說過，以往的移民多是單身勞動者，從 20 世紀 10 年代開始則偏向男女老少一塊兒來。因此，移民的模式基本上是改變了。香港人口的結構亦起了變化。第一，1931 年，市區的男女比例是 1,000：727.63，開始較以前平衡。第二，在港孩子的人數和在港出生的嬰兒數目都增加了。1931 年人口統計的官員認為這情況是健康的，還推斷這舉家來港的移民模式是導致西區一些妓院關門的原因！

在這 30 年間，人口增長主要是在九龍，港島人口的增長反而放緩。新界的拓展為香港帶來了寬廣的、可供多方面發展的土地。香港的邊界向北方推後了一大段。以前九龍半島是香港的"邊陲地帶"，1898 年後竟成為了"腹地"。因為地價較港島便宜，吸引了新移民和新工業。根據 1931 年的統計，港島的男居民有 206,223 人，女居民有 77,752 人。九龍半島的男居民有 57,344 人，而女居民竟有 44,910 人，可見新移民多趨向九龍，令九龍的男女比例較港島的舊區平衡。旺角、深水埗、九龍城等區漸漸興旺起來。港島的商業用地佔的比例則愈來愈高，地價也愈來愈貴。直到 20 年代後期灣仔填海工程完成後，多增了莊士敦道至告羅士打道一帶的土地，住宅用地的需求才略為舒緩。

其間，經濟亦不斷的發展。在經濟方面，華人所扮演的角色愈來愈重要。從 20 世紀開始，他們經營的生意範圍不斷擴大，打進了以前由外國人壟斷的行業，如保險、銀行、百貨、運輸、製造工業等。原來的行頭規模亦同時擴大。華資在 20 年代開始發展工業。香港工業除了原有的造船、修船、製糖、食品加工外，還增加了織造和製衣；織造和製衣遂成為香港工業的旗艦。根據政府提供的就業數字，在 1931 年，24% 的人口是從事製造工業的，這是相當大的比例。相對地只有 21% 就業於貿易、保險及金融，13% 作傭工和服務於飲食行業。[17] 有學者指出，當時受僱於製造工業的人數，實際上比政府所提供的數字還要多得多。[18] 可見製造業

（17）《香港人口普查》，1931 年，頁 152。

（18）Leeming, Frank, "The Earlier Industrialization of Hong Kong," *Modern Asian Studies*, Vol.9, No.3, 1975, pp.337－342.

在 30 年代的香港經濟已佔重要的地位。

我們須要破除兩個神話。第一個神話是香港的製造工業是韓戰時才發展出來的。其實，工業在韓戰前 20 年已經開始蓬勃，養活了很多香港居民。誠如華商總會主席黃廣田在 1932 年所述，"查本港工業製造，近年頗有蓬勃興起之機。中國人現有一種強烈趨勢，即欲使中國，不依賴外國機製進口貨而自製造之，以供自用。香港既得地理交通之方便，復得政治保護之安寧。凡欲辦理一新實業，則彼必自然的趨集於本港開辦之"。[19] 另一個神話是香港製造工業是靠上海南來的工業家領導發展的。其實，在二三十年代以廣東人為主的資本家和工人，已經為香港的工業發展打下了很鞏固的基礎。他們積累的經營經驗和技術，通過出入口商與世界各地建立的貿易關係，都是香港製造工業在 50 年代發展中不可或缺的元素。還有，對市場靈活適應的能力也是香港製造工業的一大特色，這在 30 年代已表露無遺。

隨着經濟及社會的發展，新的社會組織自然興起，其中包括以下各類型組織。

（一）華商總會

上文已提及華商公局建立後不到幾年，便走下坡。到了 1913 年又有新的華商團體出現。香港華商總會由劉鑄伯、何福、何甘棠、葉蘭生等創立。其宗旨最初為 "聯合各僑港行會及社團，為華商啟智，推廣貿易。"[20] 及後，宗旨更詳細的申述："設法保護華人商務各項利益。凡關切於華人商務之事皆廣諮博採，且盡力酬商，合例善法以求除弊而興利。凡本港制法律條例，隨時擇其要者翻譯解釋，俾同人得以明白。凡政府訂立則例，籌辦公務，有關及華人者，則將輿情如告獻可替否或以筆札陳明，或以謁見剖訴，俾得為政府之助。凡生意事務，間有爭執，求本會調處者，均可隨時代為設法，持平解釋。"[21] 總言之，華商總會的宗旨，是要全面的為華商服務。

華商總會成立的背景，很值得一提。民國成立以後，北京政府擬接受各地華

（19）《香港華商總會年鑑》，民國二十一年（1932），頁 2—3。

（20）C.O.129/399, p.345.

（21）〈香港華商總會章程〉，見戴東培：《港僑須知》，民國二十二年（1933），頁 396。

僑商會派代表，組成選團，選舉國會議員。這是華僑參與祖國政治的良機。香港
的華商都非常踴躍。可是華商公局到了 1912 年已經衰落，缺乏代表性。劉鑄伯等
便擬另起爐灶。他得到港督梅軒利（May, Henry, 1860—1922；港督任期：1912—
1918）的鼓勵，遂於 1913 年，根據北京政府工商部的規條，建立華商總會。最初
的英文名字是 A Principal Society of Chinese Residents in Hong Kong，十分累贅。但
取這個名字的主要目的，是強調它代表香港的華商，有資格參加國會選舉。新商
會組織完備後，徵求華商公局當事人同意，合併統一辦理，由公局將產業移交總
會，還決定曾在華商公局創立時入會已繳付基金者，不須另繳入會基金與總會。
合併後，華商總會按港府 1911 年頒佈的社團法案，正式註冊，且沿用華商公局
的英文名字 Chinese Commercial Union。名義上，華商總會是從華商公局改組出來
的，但事實上，兩者之間的關係很複雜。[22] 1935 年，總會申請註冊為有限公司，
同時把英文名字改為 Chinese Chamber of Commerce。到了 1950 年，再改為 The
Chinese General Chamber of Commerce；1952 年，中文名字又相應改作香港中華總
商會。中英文名字遂沿用至今天。

華商總會的一個“總”字，強調了它在香港商界的代表性和領導性。而事實
上，它很快便成為香港華商的軸心團體。它的成就，應歸功於它組織上的結構。
它的會員由各行頭商會和各邑商會及行店組成。行頭商會和各邑商會可舉兩位代
表為值理。幹事值理再從值理中選出來。可見行頭商會和各邑商會成為會員後，
可直接控制總會的運作，影響很大。因此，還沒有組織商會的同鄉商人和行頭商
人，都在這幾年間爭相建會，爭取具有成為華商總會值理的資格。就同鄉商會而
言，從第一個四邑商工總會在 1909 年成立起到 1930 年，竟增加到 34 個。連只有
幾十人在港的雲南商人也成立商會，就清楚說明那種建會不甘後人的情形。

華商總會非常活躍。除了為華商謀福利外，還代表了全港市民與政府對話，
在這方面取代了東華醫院作為華人代表的角色。1925 年省港大罷工時，總會為復
工談判，奔走省港兩地，不遺餘力，盡量表現它在香港商界的領導本色。又多次
為國內災禍捐款、散賑，出錢出力。1937 年，七七事變爆發後，對於救國救災義
舉，更是努力不懈。

（22）C.O.129 / 399, pp. 340－352；《香港華商總會章程附施行細則》，民國二十三年（1934），頁 7；Sinn, E., "Regional
　　　Associat-ions, " pp.167－169；魯言：〈香港華人社團的發展史 —— 三易其名的中華總商會〉，見《香港掌故》，第 5 冊，頁
　　　35－57；〈香港華人社團的發展史 —— 三易其名的香港中華總商會〉、〈香港華商總會章程〉，見戴東培：《港僑須知》。各項
　　　資料對此會的沿革，報導頗有出入。其中有商榷的必要。

　　它還為香港商界和市民辦了許多別出心裁的事。1919 年，總會和《中外日報》合作，創辦《華商總會報》，報導經濟行情。1932 年又出版《華商年鑑》。1932 年之前，它本來是每年印行的《徵信錄》。《徵信錄》是向會員報告一歲之財政、出納、商務概況以及會議紀錄、辦事經過等的年刊。《年鑑》則增加了各國匯兌市價、貨物出入統計、中外貿易和介紹同人的職業地址等資料，目的是將更豐富的資料給廣大的讀者作參考研究。1934 年，總會還出版《華商月刊》，除提供商業情報外，還提倡新文藝，實難能可貴。

　　華商總會最重要的貢獻之一是在 1929 年設立圖書館。當時香港的公眾中文圖書館只得學海書樓一間，藏的主要是古籍，以保存和發揚國粹為務。華商總會認為古今書籍並重，因此，它開辦的圖書館藏書包括哲理科學、教育科學、社會科學、自然科學、文學、藝術、語言學、歷史、地理等，力求完備。歷年閱讀人數由 1929 年的 37,953 人增至 1931 年的 53,854 人。可見當時港人對圖書館的需求甚殷，亦說明華商總會開設的圖書館是港人期待已久的設施。[23] 同時，從這件事也可以清楚見到港人對教育水平的提高和對知識追求的殷切。

　　學海書樓又是甚麼回事呢？學海書樓創於 1923 年。自晚清辛亥革命建立民國後，一班遺老移居香港，認為當時社會風氣日趨敗壞，道德淪亡，“崇夷鄙夏之風，蔚為時尚，戚然憂之”，因此組織愛護國粹人士，倡議保存發揚中華傳統文化，聚眾講學，轉移風氣，挽救世道人心。學海書樓代表了香港社會的另一面，和當時的一些比較“新派”的社團，如華商總會、青年會，特別是女青年會，相映成趣，也正反映了香港社會的多元化和高度的包容性。

　　華商總會辦的事愈多，愈表現其造福商界和市民，聲譽就愈昭著，勢力亦愈大，入會的商會和商戶就愈踴躍。不到幾年，會員數目已達到一千五百多人，遠遠超過華商公局的陣容。

　　值得順帶一提的是，隨着工業的發展，中華廠商會亦於 1931 年後三年成立。顧名思義，它是華人廠商為了解決種種問題而組成的社團。當時最逼切的任務包括向國民政府申請減徵香港出產的貨品入口稅，和要求中華電力公司減徵電費。後來又為推銷香港商品而每年舉辦香港工展會，多年來對香港工業發展貢獻良多。

（23）〈香港華商總會圖書館概況〉，《香港華商總會年鑑》，民國二十一年（1932）。

（二）行頭商會

　　1901 至 1931 年的 30 年間，除了華商總會，還有很多行頭商會出現。這是新舊交替的時代：華商總會的會員包括了新式的和舊式的行會。大量新行會出現的主要原因有以下四個。

　　第一，20 世紀的中國社會起了基本的變化，也可以説是承襲了王韜、何啟、鄭觀應等的社會經濟思想而實行之。這時候，內地和香港的商人都流行將愛國和營商混為一談，提出要透過 "商戰" 謀求自強來抗衡帝國主義的經濟侵略，而組織商會、團結華商，便是備戰的方法之一。辛亥革命前後這種思潮尤為澎湃。在國內，清政府亦鼓勵商人建立商會，並於 1903 年頒佈《商會簡明章程》作為指引。香港華商組織商會要比國內為早，但民國成立後，香港的商會則有跟隨國內的商會章程。

　　借斯賓塞社會進化論中 "物競天擇，優者生存" 的意念來鼓勵華人努力於工商業的口號，比比皆是。甚至有公司用它來作招股的口號和推銷商品的宣傳手段，可見這種思想在當時是普遍受到接受的。對新思想的人來説，舊的行會，安陋守陳，固步自封，已經不合時宜。他們認識到在新世紀經營生意，要注意多方面的因素，如政府的土地和税收政策，還有政治局面、生產、交通、金融等，因此不能沒有充分的資訊，特別是科學地收集和分析的統計資料。華商總會的年鑑及月刊包括這類資料，正反映了這種求知的趨向。新式的商會，比較強調發展和改良業務，重視開拓市場，較富進取精神。他們的新態度和新方法，符合辛亥革命後的時代氣氛。因此，一些本來已經有行會的行頭，另外又組織了新商會。

　　第二，新行會的誕生和商業在地理上擴展也有關係。商業從港島伸展到九龍半島，範圍擴大了，從事每一行的人數增加了，新行會自然隨之出現。例如，香港本來已經有漁商的組織。到了 1920 年，鮮魚商人鑑於經營鮮魚業者，遍佈港九各區，無任何一個社團之組織，聯絡同業感情，造成隔膜，為求互助起見，以共策將來商業之發展，遂有鮮魚行總商會的成立。[24]

　　第三，新興的行業面世當然亦會導致新行會的建立。銀行就是一個好例子。在 20 世紀初期，香港已有很多銀行，但都是外國人辦的，而顧客主要也是他們本國的商人。華商所需的財務服務，如貸款、存款、兌換等，大多由舊式的銀號（錢

（24）見〈僑團史略〉，"鮮魚行總商會條"，《百年商業》，1941 年。

莊）提供。1906 年，銀業商人成立了行會，名為 "聯安會"，勢力很大。1912 年，廣東銀行成立，開了香港華資銀行的先河。其他華資銀行接踵而來。由於華資銀行的數目增加，為了團結華資銀行，到了 1919 年，便有香港華人銀行公會的成立。這時候，銀舖並沒有因為新式銀行的成立而衰落。相反地，它們在業務上與銀行互相配合，相輔相成，業務依然蓬勃，而聯安會則繼續發揮很大的影響力，在商界佔有很特殊的地位。可見有新舊的行頭共存，就有新舊商人社團並存不悖的情況出現。

第四，科技發展刺激了新的經濟活動，引致新行業的出現。香港的電器業在 20 世紀冒起，電器銷售商和廠商便於 1920 年成立香港電器商會。

除了上述的原因以外，行內人士因意見不合而另立門戶，分庭抗禮，以致一行有數會的情況，也是尋常的事。我們需要了解到，社團的創立，往往與個人有關。人際關係是時常影響某組織的創建、延續和衰落的主觀因素，實不可忽略。

（三）工人組織

這時期，經濟模式轉型，社會組織相應改變。工人組織亦經歷了相當的演變。

走在工人組織發展前面的是在 1909 年成立的中國研機書塾。它成立的近因是機工團結船塢的同工來對抗資方的無理對待。成立後，該會積極推行教育活動，如開辦會員機研班，工人子弟識字班和出版《研機報》等。當時，香港經濟迅速發展，就業於各船塢和其他與機械工程有關的大小企業的機工大為增加。該會的誕生不但反映了這行業人數的增長，也反映出機工的自覺。

中國研機書塾在 1919 年改稱香港華人機器總工會。在結構上，它是舊式的 "混合" 行會，會員既有老闆，又有職工，會長還多為小型華資廠家，基本上並不強調勞資之間的矛盾，與所謂 "現代" 的工會不同。但儘管它的形式是較為傳統和保守的，它的行為在當時的環境來説，已算是很具革命性了。1920 年華機會發動 20 世紀香港第一次大規模的以經濟為動機的罷工，在香港歷史和中國勞工運動史上都扮演了非常重要的角色。

第一次世界大戰以還，香港物價激升，受薪階級生活備受打擊，連收入比較優厚的機工都難以維持生計。到 1920 年，機工便向主要的僱主，即船塢和政府，要求給所有的機工，無論工資多少，一律加薪 40%。罷工持續了 18 天，參加的有來自 26 個單位，約有六千名機工。終於，機工獲得 30% 的加薪，算勝利了。而且，工會方面的組織完善，領導罷工的過程秩序井然，為香港勞動人民爭取經濟利益的歷史寫下光榮的一頁，給予同期以及後來成立的工會很大的鼓舞。[25]

　　除華機會外，當時影響最大的工會當然是中華海員工業聯合總會。海員工會在 1919 年創立。它也有輝煌的成就。1922 年的海員大罷工，1925 至 1926 年由海員領導的省港大罷工都使香港的經濟癱瘓，令香港政府束手無策，表現出工人的力量和海員工會的高度組織能力。

　　當時有不少的工會出現。1925 年大罷工爆發時，全港共有兩百多個各式各樣的勞工團體。

　　1925 年的省港大罷工，原是因為上海五卅慘案，激起全國人民的憤怒，上海首先罷工、罷課、罷市；繼而長沙、漢口、九江、青島等城市的群眾都採取同樣的愛國行動。在英帝國主義殖民統治下的香港工人階級，具有強烈的反帝鬥爭精神和愛國思想，很快就由海員發起，組織罷工。這次罷工是一個反帝國主義的政治運動，並沒有經濟動機，和 1920 年的機工罷工及 1922 年的海員罷工，迥然不同。1925 年香港的罷工工人，回到廣州，組織了罷工委員會，勢力愈來愈大。後來還對香港實行武裝封鎖，斷其糧食和打擊它的航運事業。罷工和抵制的規模龐大，延續的時間長達 16 個月，嚴重地打擊了香港的商業。洋行商戶破產的不計其數。出入口的貨值銳減。政府的財政收入本來是年年有盈餘的，可是在 1925、1926 這兩年，都出現超支。而受打擊最大的，莫過於英國國家的尊嚴。這事件實是英國帝國主義在華衰落的前奏。

　　罷工和抵制成功的主要原因是香港工人得到廣州政府的支持。當時，雖然孫中山先生已去世，國民黨仍然實行他的聯俄容共、扶助農工政策，又設黃埔軍校，訓練新式軍隊，以便北伐，統一中國。這也是第一次國共合作時期，工人罷工委員會是由共產黨員和國民黨的左派領導的。一年後，廣州局面改變，蔣介石當權，為了既要揮兵北上，又要肅清共產黨和蘇聯顧問的勢力，便一面跟港府談判，一面勸工人復工。沒有廣州的支持，香港工人也無可奈何，終於在 1926 年 10 月 10 日宣佈結束罷工。

　　罷工結束後，港英政府猶如驚弓之鳥，對工人組織和共產黨的活動步步為營。隨着 1927 年春夏間國內政治劇變，國共分裂，左派勢力被消除，香港政府

（25）見周蘿茜：〈一九四九前華機會與港府關係〉，見陳明銶（主編）：《中國與香港工運縱橫》，1986 年，頁 116—126。

亦乘機採取行動，鎮壓境內認為有顛覆意圖的工會。當年，政府頒佈非法罷工條例，嚴禁威脅政府或牽連行業內部糾紛以外之罷工行為。連運用工會經費來支持香港以外的政治目的、本地工會成為中國任何工會的分支部，均視為違法。同時，政府又將海員工會封禁和解散。及至 1927 年 12 月中共領導的廣州公社失敗後，廣東當局大規模徹底鏟除激進的工運，令香港的工運更孤立無助了。[26]

還有其他客觀環境不利於工人運動。罷工後，很多工會已筋疲力盡，陷入困境。30 年代，世界經濟不景氣，工廠商店被迫停業的不計其數。國內移民又不斷來港，使勞工市場長期供過於求，勞動者根本上沒有條件和資方討價還價。這些都是工人運動每況愈下的原因。

更由於當時工人的階級意識，整體來說，還是很薄弱。可以說香港的勞動群眾的階級意識，遠遠及不上民族意識和反帝國主義情緒。這種情況是香港工人階級的特色，到了今天，依然可見。當時香港工人的組織，數目很多，但這個並不表示工人階級力量的強大。相反地，只表示出工人組織的支離破碎。工會到了 30 年代，界限分得很細，除了每一行有工會，又常常就宗親、同鄉、同方言、同姓等關係再劃分。因此，每一個會的會員人數和力量都有限。海員工會的會員包括了整個船務行業裡不同工作性質的工人，實屬例外。當省港大罷工爆發前夕，香港有 25 萬名工人、兩百多個工會，竟無一個統一的工人總工會。罷工爆發時，才有一個臨時性中央機關全港工團聯合會出現；這個組織在 1927 年 4 月，被港府宣佈為非法組織。換言之，香港華籍資本家有組織相當完善的華商總會的領導和代表，工人卻沒有相等的領導和代表他們階級的組織。

在作風上，30 年代的工會，與從前的行會還是很相近，傳統鄉族色彩很濃厚，功能方面近乎互助社而不強調為會員爭取經濟利益。無論對政府或老闆，威脅都不大。不過在港府沒有提供任何社會福利的情況下，這些互助社式的工會對會員提供了寶貴的服務。

值得一提的是，新的行業出現也帶來了新的工會，特別是專業工會，如華人審計師工會、華人西醫組成的中華醫學會等。雖然我們可以說這些是新類型的工會，但在功能方面，這些專業工會，如工人工會一樣，和傳統的行會分別不大。

（26）陳明銶：〈當前香港工會發展及其歷史淵源〉，《中國與香港工運縱橫》，頁 203—217、207。

（四）文娛康樂組織

1892 年，輔仁文社的成立是香港社會受到西方文化影響的標誌；到了 20 世紀，這種文化影響更趨普遍。從體育的發展我們可以清楚的看見這個趨向。

1904 年，香港成立了華人足球會，四年後改名為南華足球會，揭開了香港華人體育史。

上文已說過，多年來，外國人在香港搞的足球、網球、木球、排球、壘球、田徑、游泳，都與華人無緣。不過，20 世紀以還，華人的經濟和思想都起了變化。一方面，他們的思想比較開明，深感 "病夫" 之辱，知非強民強種，不足以競存於世，對運動的看法開始有所改變。本來香港學校大多設有體育科，但家長都不鼓勵子弟過於沉迷，因為 "勤有功、戲無益" 的想法還是根深蒂固的。等到這一班在校時醉心運動的學生畢業後，進身社會，任職公務員、洋行文員、技師或是其他的專業，他們有了經濟條件和空閑，思想又不像上一代保守，一旦擺脫了父母的掣肘，便成為了第一代推廣體育的華人。

南華會就是由這樣的一群離校學子所辦的，可見中產階級的擴張和體育活動的發展有着密切的關係。

南華會創辦後八年，又有中華遊樂會的建立。該會的發起人，兩位立法局華人代表何啟和韋寶珊，都是英國留學生。他們鑑於當時中區香港木球會已經成立多年，但只限英國人入會，於是聯名向港府申請撥地，建設一個草地足球場，供華人遊樂之用。中華遊樂會創會以提倡體育遊樂，強健身心為宗旨。當年入會費為 50 元，月費三元，如華商會所同樣是費用相當昂貴的。無怪開始時會員只得約有百人。所設的球類還有木球和網球，都不像足球大眾化。與平民化的南華會，各為不同的社會階級服務。而且，會員全屬男性，會所樓上麻將牌桌和桌球，只限男性享用。第二次大戰後才容許女會員加入，如香港會無異。中華遊樂會的創辦人代表了新派的上流社會。他們視為模範的不再是中國的士大夫而是着重體育活動，推崇所謂體育精神的西方紳士。

華人在 20 世紀初期提倡體育是有一定的歷史意義的。1941 年，華人體育界巨人李惠堂這樣說："前者嚴禁子弟 '踢足球' 之家庭，今且極盡獎勵誘掖之能事。一般達官貴人，販夫走卒，以及於深閨婦女，亦群起而趨之若鶩，且多能辨別藝術之優劣，深明欣賞之道，期間社會心理家庭風氣之巨大變遷，實吾僑體育日趨普及日益進展之最大樞紐，洵年來演變中最顯著之好現象也。"[27] 他指的是當時社會對足球改變態度的情況。但這一段話，也可以更廣泛的引申到其他體育項目如籃球、田徑、游泳等，因為學校和社團都大力推廣體育，而家長對體育的抗拒心理亦慢慢削弱。反而，家長了解到體育對身心重要，不再堅持子弟光做書蟲。從前崇尚的手無殺雞之力的孱弱書生典範，反而被嘲為頹廢。從這種新的價值觀念，我們可以看到香港社會正朝着新方向發展。

20 世紀初期推廣體育的社團，南華會和中華遊樂會除外，還有香港中華基督教青年會。不過青年會的功能非常廣泛，並不限於提供運動的設備。青年會可以說，代表了西方文化影響的另一面相。青年會運動源自美國。1901 年，美國協會來香港籌備立會。其時經濟缺乏，幸得港商李紀堂兄弟慷慨，各捐資 500 元開辦，且答應以後繼續在經濟上支持，遂即成立香港華人青年會。不久，會務發展，會友增加，地方不敷應用，數次遷移會址，仍有供不應求之勢，可見它受歡迎的程度。它提供的設施，除研經講道、日夜學校外，還有商科職業學校、露天球場、冰室、供會員休憩的大客廳、公開閱讀的圖書館，體育部設有健身室、籃球場以及室內游泳池等。其他活動還有童子軍、救傷隊和白話劇團。在體育遊戲康樂方面，青年會的設備在當時來說，是相當完備的。對香港的華人來說，實在是很新鮮的。

多年來，青年會的智育部除開設日校以外，還有開辦工商夜校，分多種課程，如銀行科、中文商務科、英文商務科、簿記、珠算、打字、翻譯等，都是香港這個商業社會十分需要的實用知識，供在職的人士進修，受惠的人很多。

基督教新舊教會在香港開埠以來，在教育、宗教、社會福利各方面都有很大貢獻。不過中華青年會的成立是有其獨特的意義。雖然創辦時，構思來自美國，但很快便受本地人士接受和得到他們的支持。特別是增建九龍支會時，沒有向外國募捐，純就本地籌集，已經完全可以應付開支。由於它提供多方面的活動，香港很多青年受惠，無形中接觸了基督教德智體群的精神，可能比教會辦的學校"正規"教育的影響還要深遠。這些強調啟發心智，提倡心身健康的活動，跟中國傳統重腦力輕體動的價值觀念有很大的差距。[28] 青年會在香港社會現代化的過程中，是一股原動力，可惜一直以來都沒有受到學者的注意。

（27）李惠堂：〈香港華僑體育發展史〉，載黎晉偉（編）：《香港百年史》，1941 年，頁 126。

（28）《香港中華青年會六十周年紀念特刊》，1961 年。

更值得注意的是,美國文化對香港社會的影響。香港作為一個英國殖民統治地區,受英國的影響,順理成章,不足為奇。但美國影響的廣泛,鮮為人道。香港社會史裡這一股文化勢力,也是值得學者更深入探究的。

青年會反映出另一個特徵,就是香港的社團從 20 世紀開始國際化。就是説,一些外國的社團來香港成立支會,吸引華人會員,向華人宣傳它們的社會理想。這些社團擴闊了香港華人的視野,讓他們認識到除了他們從華人社會承襲下來的生活方式、價值觀念外,還別有天地的。由於香港是一個對外開放的地區,無論是經濟、文化方面,跟外界的接觸面廣,反應快,容易吸收外來的事物和思想。因此香港居民生活方式多了選擇,社會發展更多元化。這些國際社團和國際理想,更慢慢打破華人堅守畛域、分疆劃界的傳統思想。這並不是說一向普及的重視血緣、地緣的觀念,在香港社會,都被取締了。反而,需要指出的是,不同的思想,無論是實質上還是表面上互相矛盾的思想,都能夠同時在香港存在,百花齊放。

下面還有別的例子,證明這個國際性趨向愈來愈明顯。

與中華青年會有相同歷史意義的,甚至可以説比青年會更有歷史意義的組織,是在 1920 年成立的香港基督教女青年會。它建會的宗旨是"本基督之精神促進婦女德智體群四育之發展,俾有高尚健全之人格。團契之精神。服務社會造福人群"。自基督教女青年會成立後,聯絡各階層婦女,實施培養和鍛煉,透過種種活動,傳播立人立己、自助助人的道理,對歷代受舊禮教束縛,思想行動皆失自由的中國女性來説,是一種巨大的改變。1918 年,四位熱心的女基督徒:馬應彪太太、胡素貞女士、馬永燦太太和李鼎新太太和始創幹事黎理悦女士(Miss Elliott, Nell E.)開始在聖保羅女校內,設祈禱班、研經班、演講班、聯誼會,要從廚房裡吸引一般婦女走到社會去。

兩年後,該會正式成立,會務不斷擴張。最初開設女子宿舍和辦少女事業;繼而為女傭開辦識字班、舉辦保育嬰兒事業、指導母親育兒方法和檢驗嬰兒體格。[29] 在各階層、各方面增加婦女的知識和自信,擴闊香港婦女的活動領域,是女青年會重要的任務和成就。

女青年會在這時期最有意義的活動就是提倡廢除蓄婢制度。19 世紀華人社會領袖對蓄婢制度的態度,前文已述。到了 20 世紀初期,蓄婢制度再次引起中外人

---

(29)《香港基督教女青年會三十周年》,1950 年。

圖 5.10 青年會紅旗徵求隊長廣告（1910）

士的注意。英國和香港一些人出於人道主義和其他理由，提出廢除蓄婢制度。從
1921 年開始，這問題在社會上產生了很大的迴響。

　　當時社會就蓄婢問題分成兩派 —— 反對蓄婢的人士在 1922 年組成反對蓄婢
會，而主張保存這個制度的人士則組織防範虐婢會對抗。在反對蓄婢會行列中，
基督教會和青年會的聲音很大。他們開展了廣泛的宣傳工作，先後派員在各工
會、香港大學、學校、教堂等演講，推動運動的開展。最值得注意的是，女青年
會會員也是該會的活躍分子。當時女青年會會員參與反對蓄婢，並不是為了提倡
女權，因為這個概念還未流行。他們的出發點是基於基督教的人道主義，解放被
奴役的人。但從歷史的角度看，女青年會參與廢婢運動，的確是香港婦女參與社
會活動、為其他婦女服務的好機會。在香港從傳統社會走向現代化社會的漫長的
路上，女青年會是一個里程碑。[(30)]

　　除男女青年會外，另一個在這時期在香港出現的社團 —— 扶輪社，也是來自
美國。扶輪社於 1905 年在美國創辦。最先傳入中國的地方是上海。1930 年在香港
建立第一間扶輪社。

　　扶輪社的徽號是一個齒輪，它的意義是喚起全世界各地不同種族、不同宗教
的工商業和自由職業人士團結一致，本着服務社會的理想，謀求個人以及社會生
活的安寧幸福。它鼓勵及策進以社會服務之理想為立業的基礎，特別倡導各種職
業倫理標準之提高和各行各業的尊貴性。扶輪社的目的是每個會員本着他職業的
尊嚴，為社會服務，進而藉世界職業界人士，本着服務社會之精誠團結，促進國
際之間的諒解與和平。

　　由此可見扶輪社的宗旨，像青年會一樣，有別於傳統華人社團的宗旨。它的
跨業性和國際性和強調為不同鄉族、種族、行業、宗教的人士服務，的確是嶄新
的理想。

　　扶輪社創辦時，會員人數有限，是意料中事。會員包括了華人和外國人。第
一屆的副社長是曹善允，義務秘書是黃炳耀，他們都是受西方教育的華人。該社
初期的執事以外商為主幹，不過，華人扮演的角色則愈來愈重要。及後出任社長
的華人有羅文錦、李樹芬、胡惠德、曹善允、譚雅士、蔣賢法、馮秉芬、郭贊、
淩志揚等，均屬受西方教育的上流社會人士。

　　扶輪社初期組織的基礎無疑是狹窄的，但隨着專業人士人數的增長和思想的

─────────

（30）《香港蓄婢問題》，1923 年；《反對蓄婢會年報》三年合刊，1932 至 1936 年。

改變，扶輪社戰後，發揮了更大的力量，越趨普及，分社廣設港九，為其他相類似的社團，如獅子會、青年商會等的建立，奠下了基礎。

五・1951 年

1931 至 1951 年間香港在政治上經歷了很多滄桑。先是 1941 年，日本侵略香港，英軍苦戰 18 天後，終於向日本投降，結束了剛好 100 年的英國殖民統治。香港淪陷三年零八個月，直到 1945 年 8 月英國才重新佔領。但社會上比較大的變遷，主要是在 1949 年大陸解放後才發生。

30 至 40 年代，香港的人口出現了幾次大波動。1937 年日本侵華，上海和廣州先後被佔領，大量難民湧到香港，令香港人口一年間由大概 80 萬人銳增至 180 萬人。淪陷時期，因為物資短缺，很多人都跑到澳門或返回內地的鄉下，而統治香港的日軍政府亦千方百計勸導或強迫居民離去。到二次大戰結束的時候，人口已經跌到五六十萬。不過，人潮不久又湧回來，到 1946 年的年底，人口已回升到 160 萬人。其中，有原來的香港居民，也有是抗戰時從大陸逃難，和平後路過香港回內地的，但由於國內經濟和政治都出現了危機，部分難民就滯留在港。到了 1949 年中期，人口已增至 186 萬人。

中華人民共和國在 1949 年成立，又導致香港人口波動。政權易手，部分僑港的人士為了建立社會主義祖國而回國，同時又有人為了逃避共產政權而來港，真是 "有人辭官歸故里，有人漏夜趕科場"。總的說來，1949 年後，香港人口是增長了，而且是急劇地增長。到了 1950 年初，據官方估計，已增至 230 萬人。此外，非法來港的，更是不計其數，人潮的洶湧，可想而知。

港府有見及此，便將邊界封鎖。港府發出身份證給香港居民，以辨別香港居民與非居民。港府從未需要這樣做過，所以封鎖邊界的措施，是史無前例的。從這一點，我們可見已時移勢易了。從這時開始，香港居民如回內地，返港時須出示回港證，才能入境。華人此後不能再自由出入香港了。同時，中國方面亦將邊界封鎖。香港和中國之間的邊界，在《南京條約》簽署後約一百年，終於成為事實。這種新局面使人口流動產生了很大的變化。過去，每逢內地發生天災人禍，都導致大量難民來港，不過待情形改善後，難民很快又回流內地。即使是來港工作的人，都不準備長居香港。許多社團的名字都帶有 "旅港" 或 "僑港" 兩字，將他們那種過客心態表露無遺。1950 年後，邊界封鎖了，香港的人口結構改變了；更重要的是，市民對香港的看法亦改變了。封鎖了中港邊界，使兩地分隔為兩個世界。此後，中國內地和香港的政治、社會、經濟各朝着不同的方向發展。這情況對香港社會發展的影響，尤其深遠。

戰後，英國重新統治香港，面對着困難重重。港府要在頹垣敗瓦中，恢復各種基本物資如食物、水電、交通工具等的供應，提供居民的日常需要和讓工商業重新正常運作，每件事都是急不容緩的。此外，港英政府還有其他更逼切的任務。日本侵港時，香港的華人不但曾目睹日軍頃刻間把英軍擊敗；淪陷時，他們更目睹英國軍民被困在集中營內，飽受日人的奚落和侮辱。原來是日不落國的英國人，在華人心目中的地位，何止一落千丈。因此港英政府深感到英國在香港的威信大受打擊，急須重振英國昔日的聲威。

港府明白到，要重振聲威，有必要籠絡人心，贏取香港華人的擁戴。1946 年，立法局重開後，馬上撤銷歷年來令華人至為反感的山頂專區條例，是爭取人心重要的一步。此外，港督楊慕琦提議改革憲法，擴大華人參政的機會，認為這會令居港華人對香港產生歸屬感，隨而努力建設香港社會和支持港英政府。他的政改方案提出後，曾用了幾年時間向各界諮詢。不過這份本來可以為香港帶來民主代議政制的方案，經過多次修改後，竟變得面目全非。最後實施的改革，微不足道。但是儘管如此，從這次建議政改的過程中，我們可以看出，楊慕琦以及英國政府二次世界大戰後對香港的新態度，和戰前比較是改變了很多。

1945 年年底開始，工商業都陸續恢復，當時香港的商人面對着物資短缺、航運短缺等困難，但都各出奇謀，千方百計恢復生產。香港從來受大陸的形勢左右。1945 至 1947 年間，大陸經濟不穩，政治動亂。1947 年，國共內戰爆發，除了難民外，還有大量的資金流入香港。這些熱錢，部分用作正常的工商業投資，部分則廣泛用於投機炒賣活動。在香港這數年間，黃金、地產、股票炒賣情況直逼上海，成為華南的冒險家樂園。

到了 1950 年，韓戰爆發，新中國政府實施嚴格經濟和船務控制，貿易額大幅度下降，原準備從香港運往大陸的貨品，都積壓下來。押匯業務，亦每況愈下。由於海外華僑不明瞭國內新的匯款規例，僑匯亦因而減至 1949 年時的兩至三成。這些情況都對香港的經濟發展極為不利。

正當香港受到大陸解放的衝擊，經濟元氣大傷之際，美國和聯合國又對中國實施禁運，美國凍結了中國的美元資產，令香港一直與中國經濟息息相關的各行各業，蒙受嚴重的損失。

　　1951 年，香港的貿易總量銳減了 100 萬噸。1951 年，亦是香港經濟面臨十字街頭的一年。現在眾所周知，韓戰把香港從一個主要服務大陸的轉口港變成世界工業中心之一。然而，這個過程絕非是一帆風順的。實際上，那幾年間，香港的經濟前景曾極不明朗。商人面對着風雲幻變，陌生的政治和經濟環境，均感到前路茫茫。他們經過多番挫折才摸索出一條生路來 —— 就是用大規模的手作工業生產，力求打開國際市場。香港的所謂"經濟奇蹟"，是用許多血汗換取回來的。今天年青的一代，對上幾代人闖天下的辛酸事跡，鮮有所聞，亦是香港學校忽略教授香港歷史之過。

（一）工會

　　到了 1951 年，向政府註冊的工會有 280 個，其中有 206 個是純粹由職工組成的。1945 年後，香港的工會受國共兩黨的影響，是意料中事。當時勞工處長認為香港的工會只是國民黨或共產黨的工具，但勞工處並未刻意阻礙兩黨向工會的政治滲入。勞工處採取的是所謂"半干預政策"態度，即是對擬組織獨立工會的工人提供意見及協助，但並不主動去接觸工人或組織工人。處長還認為工會缺乏人才，工人中很少具備組織工會所需的知識、教育和能力，而那些具備以上條件的工人，則已通通被黨派籠絡了。[31]

　　1947 年後，工會趨向合併，逐步出現了兩個核心。一個是親北京的香港工會聯合會；一個是親台北的港九工團聯合總會。正如 20 年代，左派工會當中，多是企業、產業式工會，主要吸納船塢、紡織、公共事業、印刷、木藝等工人。親台的多是技藝式工會，吸納的以建築、飲食行業的工人為多。工會受政治鬥爭影響，令它們在功能和組織上出現重複。例如，左派工聯屬下有電車職工會，右派工團屬下則有電車自由工會。其他例子不勝枚舉。大致上，右派的工會規模較小，人數較少，較傾向傳統的行會化技藝式的工會模式。除了政治因素引致工會的分歧和重複外，工會，特別是右派工會，更就技術、工作性質、工具、工作地

（31）Tsang, Steve, *Democracy Shelved*, 1988, p.87.

點等進一步再劃分，導致勞工界嚴重的內部分歧和分化。[32]

這種分左右兩派的趨向反映了中國政治對香港的影響。這個現象不但在工會出現，在其他團體中也同樣存在。

香港工會受內地政治影響早在 20 年代已很顯著，是香港工運的特色。到了 1949 年，工會更着重政治鬥爭和意識形態，而工人的生活和經濟利益比較被忽略。有些工人鑑於原來的工會過於政治化而脫離，另立門戶，不過他們的勢力十分薄弱。在 50 年代初期，在經濟蕭條、工人供過於求的環境下，不但是工人的生活困難，就算是獨立的工會都往往入不敷出，捉襟見肘。[33]在香港工會新興的所謂"第三勢力"要到 60 年代才崛起，主要是由公務員和教師組成，而不是藍領階級的組織。

香港政府對工會的態度是值得注意的。當某些工會的政治活動過於激烈時，政府便會將頭頭逮解出境，或將他們起訴和監禁。但政府卻不主動的動員工人組織工會，藉以直接地影響工會的方向。從行政的角度來看，這是節省人力物力的做法。但這樣做是有代價的。代價就是政府與工人之間，沒有溝通。從工人的角度看，勞工處是與資本家勾結，串通欺壓工人。政府沒採取主動協助工人組織起來爭取合理權益，工人的積怨加深，結果引發起 60 年代的工潮和暴動。這可以説是政府多年來不干預政策種下的惡果。

（二）福利機構

二次世界大戰後，香港面臨種種社會問題。大批難民造成了衛生、教育、居住、治安等問題，都必須迅速解決。原有的民間組織，如東華醫院、保良局、以及部分同鄉團體，淪陷時期福利工作一直沒有間斷。戰後，其他組織陸續恢復服務，各自解決困難。香港政府依然實施一貫的不干預政策，香港種種社會福利需要，一如以往，還是仰賴民間組織提供。1948 年，港府在華民政務司轄下設立了福利組，主要是為了協調各志願福利團體的工作。福利組的工作範圍狹窄，力量有限，很多志願團體根本上就是個別的運作，沒有因設立了福利組而獲得任何幫

（32）陳明銶：〈當前香港工會發展及其歷史淵源〉，載《中國與香港工運縱橫》，頁 208—210。

（33）*Hong Kong Annual Report, 1951*, p.28.

助。要等到 1958 年，政府才正式成立福利處。

　　比福利組工作更廣泛和更實際的是 1947 年成立的香港社會服務聯會。它的宗旨是統籌全港各民間志願團體以及倡議新的福利計劃。聯會本身是一個民間組織，構思來自英國。

　　50 年代，在香港社會辦福利活躍的是一些國際志願團體。大量的難民從中國湧來，引起了國際間的關注，令香港獲得很多的支援。有些西方國家還藉着救濟從大陸逃難來港的人，變相的攢取抗共的政治本錢。當時，一些在戰前已經在香港活動的團體，如紅十字會、救世軍等，從總部分配到更多的物資；一些原來在內地工作的團體在解放後，被迫撤退到香港，改為為香港服務。另一方面亦有新的團體在這時候成立，如美國天主教社會福利會（1949）、普世教會難民移民處（1951）等。一時間，香港的社會福利界十分熱鬧。有人稱 50 年代為香港接受國際援助的"黃金時期"，一點兒沒誇張。相信很多中年以上的市民都接受過不同團體派贈的米、奶粉、餅乾等救濟品。但隨着香港經濟在 60 年代起飛，許多國際團體認為香港不再值得救援而陸續撤走了。

　　戰後，發展比較蓬勃的，或者應該説是最受政府支持的民間組織是街坊福利會。街坊會從香港開埠後已有，以地區劃分。筲箕灣、上環和西環很早就有街坊組織，初期是由財雄勢大的華商出任值理。後來東華醫院、保良局等機構成立，那些社會領袖便轉移目標，趨向社會地位較高的社團，而街坊組織的地位則相對地下降。戰前，政府並沒有給街坊組織任何的認可。

　　50 年代，港府極力推崇街坊福利會，希望一如過去，要利用民間團體的力量，解決種種的社會問題。表面上，這樣做法是發揚所謂華人傳統的互助精神。事實上，它有着政治動機。上文提到，香港的社團很受中國政治的影響，不但工會分成左、中、右三派，其他的社團如同鄉會、商會等都如是。為了避開這些政治聯繫，建立一種以香港為本位的社團，政府便大力鼓勵和協助建立街坊福利會。初期，街坊福利會運動相當成功，光是 1949 年就有 12 個福利會成立。到了 1960 年，香港共有 60 個街坊福利會，可見政府對推廣街坊會是多麼積極。街坊福利會辦理義學、診療所和賑濟水災和火災的災民。他們還為政府宣傳各種政策，如勸導市民保持公共衛生、撲滅罪行等，是維持社會安定的重要手段。

（三）商會

在 1951 年，香港商人組織大致上和戰前的沒有基本的改變。西商會依然是外商的天下。雖然戰後較多的華資公司和華商參加西商會，但一百多年來，還沒有一個華人當過該會的主席、副主席、秘書，甚至是副秘書！華商組織的核心，仍然是華商總會。在 50 年代，華商總會每兩年舉行一次選舉，均競爭激烈，被形容為“週期性的風暴”，而參選的均是叱咤風雲的人物。可見華商總會在香港商場上以及整個社會，仍然是舉足輕重的。另一個主要的華商組織：中華廠商會，亦隨着香港的工業發展，會員不斷增加，會務不斷擴充，影響之大是直逼華商總會的。

在原有的商人團體繼續發展的同時，新的團體亦相繼出現。其中較有代表性的是青年商會。青年商會的意念來自美國。亞洲第一個青年商會成立於 1947 年，而香港的青年商會則成立於 1950 年，隸屬國際青年商會。香港的青年商會十分強調它的國際性。這特徵，可從它的組織結構看出來。一開始，它的會員來自不同的種族、國籍。它的董事就包括了華人、葡萄牙人和印度人，與畛域觀念很重的西商會、華商總會和中華廠商會等相比，開放得多。而且，會員較年輕、教育水平較高、思想較開明，反映了香港新一代商人和專業人士的特色。我們可以看到，他們要在原有的商會外，另闢新天地的需求。

青年商會的宗旨可分成兩方面。在經濟方面，它要促進全世界會員之間的商業來往。它又進行各種經濟調查研究，向會員提供資料，特別是技術性的資料，來解決這方面的問題。它與政府的工商處建立了密切的聯絡關係，藉以促進會員的業務和香港的商業發展。商務以外，它更懷着崇高的社會理想。它要為青年人提供發展領導才能，培養社會責任感及增進情誼的機會。希望能創出建設性的改進，為全球社會發展作出貢獻。這方面它與扶輪社有點相似。青年商會參加了香港社會服務聯會，為香港貧困無助的人服務。在 50 年代，它主要是為貧童服務，為貧童作出了多方面的貢獻。

50 年代在香港成立的國際性社團，除了青年商會，還有構思也是來自美國的獅子會（1955）。同時，早在 1930 年在港成立的扶輪社亦繼續發展，增添了不少分會。

香港部分的社團趨向國際性，是顯而易見的。那麼，在這時期，組織原則可以說是最狹窄的同鄉會又怎麼樣呢？

面臨着新的環境，同鄉會經歷了巨大的變化。1950 年兩地邊界封鎖了，把香港市民與故鄉分隔開來，這是前所未有的局面。同時，解放後不久，內地的同鄉會、會館等很快便消聲匿跡了。這些變化對香港的同鄉會的打擊很大。過去，同鄉會一邊為客居異鄉的人士服務，一邊充當與故鄉保持聯絡的橋樑角色。通過同鄉會，遊子可以參與故鄉的建設，關注故鄉的政治局面、治安、經濟發展等。在有需要時，同鄉會發起為賑災、興建祠堂、修地方志等活動募捐。解放後，這類活動都停頓下來了。而時間長了，對故鄉的感情免不了開始淡化。新一代的香港人，尤其是在香港出生的，多數已沒有上一輩那份思鄉的情懷。新會潮蓮同鄉會在 50 年代索性把洪聖爺迎來香港，方便居港邑人供奉，正反映了港人與故鄉直接聯繫在這段時期的減少。

自此，香港的同鄉會多着眼本地的社會活動。與故鄉聯繫的功能，隨着政治和社會的變化而萎縮。

六・1971 年

1951 至 1971 年間，香港又出現了巨變。在這時期，最令人矚目的事件是 1967 年的社會動亂。這一年可說是香港歷史的分水嶺，對社會組織的發展，有很大的影響。

1971 年，香港的人口已達到 400 萬人。除了 1951 年以後的自然增長以外，新人口數字還包括了合法和非法的移民。尤其最厲害的一次難民潮，是 1962 年的大逃亡；短短半年間，香港竟多了 30 萬人。

二次大戰後人口的驟增，給政府帶來了很大的困擾。在地少人多，寸金尺土的香港，住房從來是最頭痛的事。戰後，當大量難民湧來，情況愈趨嚴重。居民被迫入住租金昂貴、地方狹窄、環境擠迫的樓房裡。幾家人同租住一層樓是常見的事，甚至可以說是比較幸運的了，因為處境更可憐的人比比皆是。那時香港很多山頭都建滿了木屋，幾十萬人就居住在那裡，飽受風吹雨打。此外，街上還睡了不少露宿者。戰後香港居住條件的確是非常惡劣的。

香港政府抱着不干預政策，認為住房是私人的問題，居民必須自行解決，樓房的供求自有市場調節。況且，早期港府覺得人口流動司空見慣，而人潮只是暫時現象，一旦大陸的政局安定下來，人們就會自然回流，所以不為他們作長遠的打算。港府認為假如為難民設想，提供良好的居住條件和其他社會環境，反會招致更多的人從中國湧來，後果就不堪設想了。因此，港府最後還是以不變應萬變，袖手旁觀，讓難民自生自滅。

到了 1953 年，香港已有 25 萬人，即約總人口的八分之一住在木屋區。這一年的聖誕節，石硤尾木屋區大火，釀成了 5.8 萬人無家可歸。這次嚴重的大災難使港府無法再袖手旁觀，被逼改變政策，實行徙置計劃。雖然這個計劃是在逼於無奈的情況下實行的，結果卻發展成世界上最大規模的公共房屋計劃。除了安置災民以外，港府還成立了房屋協會，為貧苦的居民提供"廉租屋"。這批龐大的建築工程當然影響了香港的市容和市區發展，但它的社會意義更大。

日後，初期的徙置區和廉租屋都備受各界批評，不過，無論香港的公共房屋政策有多少缺點，對流離失所的難民來說，的確是雪中送炭。公共房屋至少給人們一個家。"安居樂業"的理想總算實現了一半。本來逃難來港的人只想暫停，但一住便是二三十年，暫時的變成了永久的。"戰後一切便是如此。凡事都是短暫的，沒有人能夠預測難民不但沒有返回家鄉，他們家鄉的親友卻不斷湧來。臨時性的措施成為永久，沒有想過在香港建立家園的也得在這兒生根。"[34] 這段話，正好描寫了那時候的情景。1950 年中港邊界封鎖，產生了第一代定居香港，視香港為家的"香港人"。在香港出生的人數，於 1971 年第一次超過 50%。在 1971 年以前的 20 年中，在香港出生的、受教育的人遠比以前多。對整個香港社會發展來說，這些數字是重要的。

到了 60 年代中期，香港已出現了一批生於斯、長於斯的，沒有濃厚"故鄉"觀念的一代。當然"北望神州"的還大有人在，但和以前大部分居民都懷着過客心態的情況比較，實在相差很遠。

由於市區的人口已接近飽和，全港人口在這時期重新分佈。市區向九龍及新界還未發展的地區伸延，新界的荃灣和葵涌發展成新市鎮。相反地，港島的人口下降；最擠逼的中上環舊區，人口減少。到了 1971 年，減少至 1961 年的一半。

（一）商人組織

50 年代以後，香港的工業不斷發展。經濟持續上升，但還有很多問題出現。

（34）周永新：《目睹香港四十年》，1990 年，頁 26。

這時期，正值世界各國實施保護政策，香港商人努力為香港的工業產品找尋出口市場，工作十分艱巨。原有的商人組織，如華商總會、西商會、中華廠商會等都一如過去，不遺餘力推銷香港產品，另一方面，新的組織成立，如香港出口商會和香港棉紡業同業工會等，都以開拓市場、提高產品質素、確保香港工業的聲譽為目的。

　　然而，這些商人社團還未能完全應付這個空前的局面。50 年代，世界的經濟局面起了很大的變化。許多商業的問題已由國與國、政府與政府之間通過外交途徑談判，而絕不是商人能獨自處理的了。例如關貿協定、出口貨品配額等問題，就需要政府的協助、參與和領導才能有效地處理。

　　正當世界的經濟發展要求高層次的組織來處理商務之際，香港就連一個代表全香港工業的團體也沒有，這是十分不合時宜的。港府有見及此，便於 1957 年向中華廠商會提議修改章程，要求它一改過去的立場，容納全港不同國籍的廠商入會。可是中華廠商會沒有答應。港府惟有改變政策，着手籌辦一個全新的團體，名為香港工業總會，於 1960 年正式成立。它是法定機構，主要工作是將基層組織鞏固起來以協助發展香港工業，在國際間提高香港貨品的形象和地位。它的會員來自各行各業，以及大小規模的企業。但更重要的是，會員屬於不同國籍。由於香港工業總會得到港府財政上和其他方面的支持，規模較大，建樹良多。1971 年時，它的服務包括一個產品標準中心，及一個測驗紡織、塑膠與電器製品的實驗室。此外，還設立了兩項工業產品設計獎鼓勵本港的工業設計，目的是教香港的廠商不再依賴抄襲外國的工業設計，給廠商很大的啟示。工業的另一個主要層面是包裝，但以前沒有得到香港廠商重視。香港工業總會則設有包裝局和包裝中心促進這一方面的發展。可見香港工業總會領導香港工業邁進現代化的道路，勞苦功高。

　　隨着香港工業總會的成立，我們可以看出港府已漸漸介入香港的社會和經濟活動。其實，這個趨向從公共房屋計劃已經看得出來。1957 年，政府又籌辦旅遊協會以擴張香港的旅遊業。比起辦香港工業總會時，這個趨勢就更明顯了。況且，隨着經濟、社會的發展，很多事情已非純民間團體所能處理，尤其是組織觀念狹窄、作風保守的團體，就更難適應。在很多層面，需要全港各行各業合作，還非由政府提供人力物力和行政上的支持不可。香港工業總會的成立與發展正反映了這一點。

　　這種半官方的商業團體愈來愈多，其中勢力最大的莫過於貿易發展局。

60 年代，雖然有了香港工業總會的成立，仍然有很多問題困擾着香港工商界。當時原有的商人團體和半官方團體都大力向世界推銷本港貨品，但他們時而合作，時而毫無協調，各施各法，浪費不少人力物力，又缺乏明確的方向。鑑於當前混亂情況，港府便再次放下其不干預政策，籌辦了貿易發展局。經過研究和長時間的籌備，該局終於在 1966 年面世。一如香港工業總會，貿易發展局是法定團體，成立的目的是促進、協助及發展香港的海外貿易，特別是推廣本港的出口貿易。該局的主席由港督委任，委員包括各重要工商業機構代表，兩名政府高級人員及四位提名委員。貿易發展局的經費概由政府從稅收撥充。1971 年，該局在海外的辦事處有 11 個，分佈在倫敦、法蘭克福、布魯塞爾、紐約、芝加哥、洛杉磯等 11 個城市。貿易發展局協助本港廠商及出口商參加為數不少的一般性以及專門性的，如玩具、時裝、珠寶等貿易展覽會，又安排本港的貿易團出訪世界各地。

該局的工作規模龐大，活動範圍廣泛，組織複雜，民間社團實難望其項背。

一百多年來，香港經濟發展主要仰賴商人自行組織和推動。政府對華商尤其任其自生自滅，而華商亦長期以"自治"成功而引以為榮。但政府不干預的局面現在打破了。另外，從前華商與外商各立門戶，華洋分處，華人的經濟發展依靠華人社團如華商總會、中華廠商會、各邑商會、各行商會等互相扶持。當然這些社團在 50 年代以後繼續存在，而且非常活躍，對香港經濟發展仍有一定的價值；不過新的、容納面更廣的組織出現，削弱了這些舊社團的功能和影響力。華人只為華人服務的觀念，無論是經濟或是社會方面，開始漸漸淡化了。

（二）工人組織

香港貿易發展局、工業總會等顯示了香港工商業繁榮進步的一面。政府在這方面作了很大的投資，效果昭著。50 年代末期至 70 年代初，香港經濟起飛，國民生產總值大增。可是這時期創造出的財富，並沒有公平的分配。真正受益的只是小部分人。經濟發展給大部分人帶來的只是通脹，其實很多人生活質素下降了。在這樣的情形下，貧富懸殊變得更顯著。繁榮的背後存在着不少辛酸，亦潛伏了不少隱憂。

學者指出，在五六十年代，香港工人的就業條件十分苛刻。大部分工人每星期工作七天，每天平均 11 小時以上。這時候，香港工業迅速發展，基本上沒有人失業；甚至有勞工短缺的情形。不過，工資卻追不上通脹，一般市民的生活十分吃力。勞工法例是有的，但作用有限。連對於最基本的問題，例如解僱、欠薪等，都沒有一套妥善的解決方法。遇到勞資糾紛，往往是工人吃虧。

　　引起市民不滿的還有其他問題。例如住房雖然到了 60 年代中期，已經有很多人享受到政府興建的公共房屋，但居住木屋的人仍然數以萬計。而且，居住私人樓房的人，亦不怎麼好過。從 1962 至 1966 年，全港竟有五分之一的租客曾被逼遷。可見租客受房東魚肉，實際上沒所謂租客的權益。住房問題還是困擾着市民的。

　　除了貧富不均以外，接受教育，一種被視為幫助改善生活和提高社會地位的工具的機會亦不平等。1966 年前的幾年，港府已經增加教育津貼，但花在教育的經費還是很少；就是 1966 年，教育經費也只佔政府總支出的 4.5%。教育還是奢侈品。一般家長要送子弟上學是很困難的。

　　這些社會矛盾，隨時會爆發出來，只是等待導火線而已。果然，1966 年，天星輪船加價引起了騷亂。翌年，因勞資糾紛引發的騷亂更震撼了全港，甚至搖動了港英政府的管治，可視作香港開埠以來最激烈的政治鬥爭。學者對這兩次騷亂作了研究分析，雖眾說紛紜，但一般都認為前者是由於社會經濟因素造成，而後者則是內地"文化大革命"的餘波所引起。兩次騷亂的起因是否可以分辨得那麼清楚卻很難說。由於事情複雜，要下定論實不容易。但我們仍可以推斷，1967 年的騷亂雖然與當時內地"文革"有一定的關係，兩次騷亂都有一定的群眾參與，說明社會廣泛地存在着一定問題和矛盾。

　　1967 年的騷亂變成香港歷史上的轉捩點。最初，市民對有關的勞資糾紛，大都模棱兩可。甚至有些人認為港英政府多年來作威作福，給一點顏色它看，也是大快人心的事。然而，當騷亂蔓延，破壞的行為變本加厲，嚴重地擾亂香港市民的安全和生計的時候，市民的立場開始有所改變。同時，"文革"對內地經濟、文化的破壞更使香港人痛心疾首。雖然香港大部分華人對港府是冷漠的，但面臨着這種社會危機，使他們感到香港人需要自保，必須支持港府平息騷亂。從這時候起，"香港人似乎開始珍惜這地方。最低限度，香港是他們的避難所，讓他們免去"文化大革命"帶來的浩劫。"(35)

　　兩次騷亂，震撼了港府，就像當頭棒喝，使它恍然大悟。政府現在才發現，

（35）周永新：《目睹香港四十年》，頁 40。

一直以來，它和民間草根階層之間存在着那麼深的鴻溝。市民不信任政府，對政府做的一切，都抱着懷疑的態度。他們不認為政府照顧他們的利益，對香港缺乏歸屬感。為了彌補市民與政府之間的隔膜，和重新鞏固英國在香港的統治，港英政府放棄了一貫的政策，推行了一連串的新措施。

　　1967年後，政府馬上在市區設立了十個地區民政署，在新界設立新界民政署。這個部門的工作是探討市民對政府政策的反應，和負責向市民解釋政府的政策，目的是為了贏得市民對各種政策的支持。為了要了解市民的心聲，民政署經常和各類民間社團，如東華三院、保良局、同鄉會、宗親會、街坊會、宗教團體、青年組織等聯絡。這樣，政府可以了解民間疾苦和不安情緒；也可以處理市民的申訴，答覆詢問，提供資料以及調解各種糾紛。可以説，這是香港開埠以來，香港政府破天荒的第一次認真的重視民意，重視自己在群眾心目中的形象。無論政府的誠意有多少，有了民政署的服務，市民還是受益的。從行政的角度看，民政署對騷亂時暴露出來的政府與市民之間的鴻溝，在一定程度上是有所彌補的。

　　至於上文曾討論的華人民間社團，政府的新政策，對它們又有甚麼影響呢？民間團體，從來是受政府忽略的，特別是同鄉會和宗親會。現在，政府和它們的關係開始密切起來。他們舉行的活動，如敬老會、旅行等，民政署給他們很多方便，甚至津貼這些活動，使他們辦起事來，事半功倍。政府也透過這些社團來宣傳它的政策。這種民間社團和政府合作的局面，是前所未有的。

　　民政署對社區的基本原則是"社區建立"。社區建立就是通過一些活動和建設，鼓勵一個地區的居民對其切身問題和需要加深認識，並通過合作，促進該地區的福利事業。社區建立政策，最終目的是加強市民對香港的歸屬感，甚至可以説是建立一種地區性的"鄉土主義"。根據社區建立的原則，政府新措施的核心除了民政署外，還有社區中心及服務處。中心設有日間託兒所、圖書館、各組年齡的友誼會社、公用會堂、以及各種職業訓練班。這些中心後來又推廣到人口日漸增長的新區，為它們服務。社區中心的重點工作是為年輕人提供健康及有意義的活動，如協調暑假活動計劃，及指導社區組織與青年團體，其用意就是要香港年輕人過着健康的人生，藉此減少罪案。而在政治方面，就是要削弱年輕人的反叛性和對港英政府的敵意。這些都是安定社會有力的長線投資。

　　此外，政府在教育、醫療、居住各方面都實施了新政策來贏取市民的支持，確保社會的安定。

政府資助及鼓勵青少年課外活動影響了香港新一代的消閒模式。除了電影、麻將外，游泳、遠足、野餐、露營等都成了人們新的消閒方式。這些玩意兒以前是少數人的活動和愛好，現在都變得普及了。這當然和經濟環境普遍改善有密切的關係，但政府建設游泳池、社區中心、開闢公園等亦是重要的因素。市民生活比以前豐富的另一個指標是，1961 年時，電視機是一種奢侈品，到了 1971 年，全港七成的家庭已經擁有電視機了。香港社會的生活質素，實在是起了基本的變化。

戰後初期，福利重點放在最基本服務，而且主要是透過協助和津貼志願團體來實行。政府的福利制度可以説是間接的。直接的援助只限於救濟火災、水災或其他災禍的災民。60 年代後期的新政策，是較全面和直接地提供援助，令更多貧困和傷殘人士受惠。這可以視為將社會資源更公平分配的做法。

政府的新福利政策影響了民間社團的角色。在新的社會環境下，這些機構的功能和地位均不能維持不變。過去，同鄉會和宗親會一個主要的服務是贈醫施藥、組織帛金會等，隨着市民的生活水平提高和政府的福利擴張，這些民間社團過去提供的福利不再是必需的了。同時，民間組織接受了民政署或福利處的協助，和政府的聯絡密切了，當然是有某種好處，可是，卻失去了過往的獨立性，不能再獨來獨往了。

至於工人組織，1967 年後也出現了轉機。學者認為香港工會長時期陷入意識形態和政治鬥爭，無暇關注工人事務，工人階級的生活得不到改善，權益又沒有保障。1967 年的騷亂使工人和關注工人的社會工作者有所醒悟，奮然組織以爭取社會公義為口號的壓力團體。其中最具代表性的是香港基督教工業委員會，簡稱“工委會”。該會成立於 1967 年，是香港基督教協進會屬下的組織。目的是擴大勞工教育，提高工人意識，表達工人心聲。另一方面，工委會還透過《工人周報》以工人階級顧問的身份介入勞資糾紛。它這方面的工作頗成功。1970 年它協助海底隧道工人罷工事件取得勝利便是早期成功的例子之一。[36]

這也可以説是工人組織走上“第三路線”的一個面相。

（36）李雲、張翠容：〈香港基督教工業委員會〉，《中國與香港工運縱橫》，頁 177－182。

七·小結

　　從 1841 至 1971 年的 130 年間，香港風雲萬變，社會經歷了不少滄桑。具體的變化，如人口、城市發展、經濟模式等；也有比較無形的變化，如社會組織、社會價值觀念、文化的取向、以及民間和政府的關係等。這些變化都是巨大的。

　　從 1841 年起，一些華人和外國人帶着不同的社會觀念和不同的社會組織原則來到這個新發展的地區，各依自己的方法建立社團，為成員服務，形成一個獨特的社會模式。

　　社會組織的發展過程是很複雜的。不過，我們還是可以嘗試尋找出一些規律來。這樣做能幫助我們了解香港社會整體的發展。

　　首先，從社團的發展，可以看到的是政府的不干預政策演變成干預政策。最初，香港政府盡量不干預社會發展，只求保持社會治安良好，以達到利用香港作為推進英國與中國的貿易的前哨站，確保英商和英國政府利益的目的。對於民間社團，通常任由它們自生自滅。隨着時代的變遷，政府對民間社團活動的參與愈來愈多，民間社團得到了人力、物力或精神上的支持，部分社團因而增強實力，卻同時失去獨立性。

　　第二點是，社團趨向國際化。所謂國際化，一方面是指部分香港社團的成員從早期只容許同國籍的人參加，變成由不同國籍的人組成。"華洋分處"慢慢變成"華洋共處"。另一方面是指，香港社團受外國社團的影響，或是摹仿這些社團的組織形式，如商會，俱樂部等；或是成立國際團體的支會，如扶輪社等。香港接觸外國的機會多，受外界的影響多了，畛域之見漸漸削弱是自然的事。這些團體證明了香港的國際性，更反映了香港是一個較開放、容納性較大的社會。

　　還有一點是很有意思的。從香港開埠以來，基督教會無論是新教還是舊教，活動範圍都很廣泛。一方面它直接的宣揚教義，導人入教；另一方面透過形形色色的社會服務，間接的宣揚教義。奇怪的是，正式奉信基督教的香港居民人數不多，但教會的"非宗教"的影響卻非常深遠，很多人無意中受了它的社會理想的感染。這種理想以不同形態，滲入香港人的意識，成為其重要的組成部分。

　　華人原有的社團，亦隨着時代而變遷，但它們的發展並不是單線的。它們既保留着華人組織的特性，如重視血緣、地緣、同姓關係等，又提供不同的服務來適應時代的轉變。新界的宗族社會，在 20 世紀末期，還能差不多完整地保存，也可以說是一個奇蹟。這種狀況亦反映了香港是一個華人社會的事實。表面上，這

5

10

15

20

25

30

防止傳播肺癆

口水切勿亂吐

平安小姐話：「請用手巾仔」

常傾垃圾 及勿放其中

愛好垃圾桶 老鼠莫低到

只有廢物垃圾 倒入垃圾車中

A NEW personality appeared on the Hong Kong
scene in 1958 and, although merely a two-
dimensional cartoon figure, rapidly gained popular
affection—including frequent mention in the
colony's press. She is Miss Ping On (or, in
English, Miss 'Good Health') and she is possibly

圖 5.11 "平安小姐" 宣傳海報

些團體和上面所提及的國際性和"現代性"是互相矛盾的,但在香港,卻並行不悖,就是因為香港是一個具有包容性的社會。這更證明了社團的性質是不能很簡單的用"傳統的"和"現代的"概念來界定。

　　還有一點很重要,無論是社會、經濟或是政治,香港歷史發展都和中國內地有着密切的關係。這一點,在社會組織的發展過程中,亦清清楚楚地說明了。

第六章

香港的城市發展和建築

龍炳頤

一‧前言

　　一座城市的風貌，無論新穎或古舊，無論繁華或荒涼，皆能反映出該城市的歷史文化、人文藝術、政治經濟、社會科技及生態環保，香港亦然。自 1842 年開埠以來，香港便以商業貿易為主導發展城鎮設施，由於在自然環境上沒有豐富的天然資源，故此土地便順理成章地成為唯一可供貿易的籌碼，一切政治、經濟、文化皆繫連在土地上。現時香港人口密度與私人房屋價格已被列於全球前列，時至 2014 年，香港已發展土地僅佔總土地面積的百分之二十四，[1] 其中住宅用地僅佔總土地面積的百分之七。[2] 坐擁第一世界經濟體的香港，其居住擁擠程度卻比第三世界的城市更為不堪。而在現行的政策及法例下，政府也只能依靠有限的權力去開墾荒地，以致地權爭議日益嚴重。而政府亦在無形中變相地接納了高地價政策，與之相隨的房地產經營也自然而然地成為最直接的致富渠道。簡言之，香港受歷史因素與自然環境的影響，其城市與建築均真實地反映了以土地貿易為根源的發展模式。

（1）　根據香港地政總署測繪處的 2015 年 2 月香港地理資料（Hong Kong Geographic Data）顯示，香港陸地總面積為 1,105.62 平方公里，其中香港島佔 78.60 平方公里，九龍佔 46.94 平方公里，新界佔 978.00 平方公里；香港海面總面積為 1,648.41 平方公里。香港水陸總面積為 2,755.03 平方公里。

（2）　請參閱團結香港基金：《倡議推行"補貼置業"及加快土地供應：團結香港基金發表首份研究報告》，（2015, November 9）。

香港的城市類別可分為市區 (urban area) 和鄉郊 (country-side) 兩大類。市區指的是港島 (Hong Kong Island) 和九龍半島 (Kowloon Peninsula)，鄉郊指的是新界 (The New Territories)。由於歷史原因，新界土地從開埠至回歸前十年（即 1987 年）的一百多年間，除開闢了新市鎮外，港府從未正式地做過全面性的發展規劃，以至今天成為政府與民眾之間最大的爭議點，也成為政治的熱議題。本章集中討論城市規劃中土地發展及建築特色兩大範疇，以此為契機去探索香港的城市面貌，及其如何反映香港社會、經濟、政治與民生狀態。

二 · 歷史文化背景

在探索香港的城市發展和建築之前，必須了解香港的社會、歷史文化內涵。廣義地說，城市規劃牽涉一切環境上的物質元素（例如住宅、社區、學校、古蹟、政府機構、文娛場所、商業中心、山川海港等）的籌劃，涉及的範圍包括土地的使用、交通及運輸的網絡、環境衛生、綠化、就業、起居、文化等方面，以締造一個更理想的居住環境，從而促進社會的繁榮。因此，城市規劃實際上是一個政府對當地人民起居生活及地方發展的政策、規劃和管理手法的總綱，也就是城市發展的一個總綱；這個總綱並非固定不變，而是一種生生不息、不斷調節的過程；而建築則是其實體表現及歷史見證，具體反映了當地社會文化的轉變，並且是當地人民的意識形態、生活素質、喜好和品味、社會的政治及經濟勢力、甚至是社會的道德觀等的表徵。

目前負責香港城市規劃有兩個主要機構，分別是城市規劃委員會 (Town Planning Board) 和規劃及土地發展委員會 (Committee on Planning and Land Development)。前者是根據《城市規劃條例》委任出非政府官員 24 人和官方六人組成之法定組織，負責制訂及審核各類規劃圖則及批核各區土地用途申請。後者則由 20 世紀 70 年代開設的土地政策發展委員會 (Land Development Planning Committee) 改組而成，由各相關政府部門之主要官員所組成，由發展局 (Development Bureau) 局長擔任主席，決定長遠發展策略、大型土地用途及土地發展政策。

城市規劃委員會的歷史不算很長，雖於 1939 年就已成立規劃小組，卻在第二次世界大戰後才真正開始運作。本港的地區性規劃則始於 20 世紀 80 年代，而涵蓋新界鄉郊區的全港性規劃還是 1991 年的《城市規劃（修訂）條例》頒佈後才得以實施。故此，香港的城市發展可說是缺乏有系統的規劃，導致今天所產生的後遺症。

　　本來，英國在海外建立殖民地的主要動機就是維護及發展其商貿利益，殖民地的建築自然先以服務工商業發展為本。簡‧莫里斯（Morris, J.）的文章指出英國可說是世界上最擅長於開拓工商業城市的國家，堪稱"都市帝國"（Urban Empire）。她以殖民地政府作為權力及利益的中心，卻能從無到有地把一個個城市建立起來，如新加坡、悉尼、孟買、加爾各答以及香港等。[3] 這些殖民地的繁榮發展使人難以想像其原來的荒涼面貌。英國殖民地部大臣（後曾任首相）巴麥尊（Palmerston, Lord）於 1853 年便形容香港島是一個"屋瓦難尋、荒涼不毛的島嶼"，今天的香港卻已是一個繁華的都會。不過這些殖民地如果發展理想也純粹是"歷史上的意外"，即如加爾各答只是"倫敦和曼徹斯特的私生子"而已，[4] 只有新德里才是英國政府刻意規劃、選址而建立的，但已有點夕陽殘照的味道了。[5] 英國之所以選擇香港作為殖民統治地區，無非是為了抗衡葡萄牙和荷蘭等當時遠東貿易上的兩大讎敵，從而拓展她在中國以至東亞的貿易。葡萄牙人早在 16 世紀中葉已被准予在澳門居停及營商，與中國的貿易歷史比英國早了兩個世紀，兼又佔盡地利，無怪乎英國人一直猜忌葡人在中國所佔的地位及商業利益。[6] 19 世紀 30 年代，英國經香港與廣州進行的貿易活動逐漸頻繁，而走私入廣州的鴉片更是數量龐大，其盈利達合法商業利潤總和的雙倍，英國人愈發感到需要有一個據點以保護其合法及非法的商業利益，在其武力威脅下終在 1842 年成功地取得香港島作為殖民統治地區。據 1793 年英國使華團秘書斯當東（Staunton, G.）所著《英使謁見乾隆紀實》的記載，就毫不掩飾地道出大英帝國為要開拓貿易市場才不惜遠涉重洋，

（3）　Morris, J.. "In Quest of the Imperial Style", in Morris, J., & Fermor-Hesketh, R.. *Architecture of the British Empire*. London: Weidenfeld and Nicolson, 1986, pp.17—19.

（4）　Amery, C. "Public Buildings", in Morris, J., & Fermor-Hesketh, R.. *Architecture of the British Empire*. London: Weidenfeld and Nicolson. pp.136; and also Tindall, G.. "Existential Cities". idem, 1986, p. 74.

（5）　正如 Amery 所說，英國在印度建立殖民地的最大目的只是為了方便其商貿網絡的運作，故並沒有長遠建設的打算。在加爾各答最豪華的總督府也不過是重複英國的鄉村式大宅的設計，談不上符合整體的城市設計。直到 1911 年立德里為新的首都，情況才有轉變，由英國著名建築師陸秦氏（Lutyens, E.）等人先作出全盤計劃，建築設計也考慮加入印度本土特色，故城市建設的各方面都比較完善，共費了 19 年始完成全部工程，可惜對大英帝國而言已是太遲，印度不久便脫離其統治而成功獨立了。詳細情況請參閱看註（3），頁 132—133。

（6）　英國人初到中國必須依靠葡萄牙人在中國已建立的貿易及社交關係，但一方面又怕他們從中取利，一直希望爭取到和葡人一樣的貿易地位。見斯當東（Staunton, G.）著，葉篤義譯：《英使謁見乾隆紀實》，香港：三聯書店（香港）有限公司，1994 年，頁 1—5。

出使中國及要求建立殖民地。[7]正如天鐸 (Tindall, G.) 所説："帝國主義最必要的事務從來都是以貿易而非教育為主導,雖然英國在其帝國霸權最高峰時仍能維持一個可支撐的和使人相信的相反的假象。"[8]但到底教育不過是貿易利益的偽裝而已。

香港之得以開發便純粹是上述歷史與政治因素使然。正如天鐸指出許多大城市之出現都並非因為其地理條件特別優勝,只不過基於歷史背景而偶然形成;殖民勢力之選擇佔據某地,每每並非出於當地條件優厚而有開發意願,只是不想別的國家擁有之,他們需要這個立腳點以霸佔及擴大其勢力範圍而已。[9]葡國人早已立足於澳門,英國為了佔取廣州鄰近地區與之競爭,被逼退而求其次選擇與澳門一水之隔,同樣扼守珠江口的香港。當時的香港島牛山濯濯,對英國人而言本是無甚可取的,這就是當時英國人的態度。

香港島給割讓後,英國為了保障其在中國的商業利益及加強軍事威脅,即在港島設軍營及讓英商建民房、貨倉和碼頭,其他的便都任由其衍生,並沒有刻意地為城市發展而制訂政策。殖民政府及英商等的建築也不過把整套英國在工業革命後開拓的工商業城市的發展經驗硬套到香港來而已。有學者如德利基亞 (Tregear, T. R.) 和貝利 (Berry, L.) 曾批評香港早期的城市發展為零散和沒有規劃的;雖然卑利斯道 (Bristow, R.) 則稍有異議,指當時已有道路的開拓及土地的測量,然而這些工程都只因應即時的需求而來,實在缺乏長遠性。[10]其實,城市規劃應包括意識形態、目的及手段三大元素。香港的情況是開埠至今一直運用各種方法發展城市,以滿足社會及經濟發展的需求,僅僅只是局部地方性規劃,根本沒有靈魂,更是缺乏整體發展目標和意識形態,只有功利目的而沒有社會理想及文化取向,故此嚴格地説,香港即使有城市規劃也是片面的。香港不過是殖民政府用"借來的時間"和"借來的地方"發展起來的,因此注定無法與法國的巴黎、美國的華盛頓、中國的上海和北京等一些在有國家觀念、有文化觀念的基礎上,配合地理環境(深水海港或河流)而發展的城市作比較。

事實上,19 世紀末至 20 世紀初期的英國本土建築文化亦及不上鄰近歐洲國家,後者的一些建築師對建築抱有崇高的理想,認為城市規劃和建築有建設社

(7) 同上注斯當東著作,頁 1。

(8) 見注 (4) Tindall 的文章,頁 84。

(9) 同上注。

(10) Bristow, M. R. *Land-use Planning in Hong Kong: History, Policies and Procedures*. Hong Kong: Oxford University Press, 1984, p.27.

會、改善生活及發展文化的功能。[11]但英國的工業城市如伯明翰、利物浦、曼徹斯特等及首都倫敦的面貌最初都只是因應工業革命形成，其城市範圍隨着工業發展而逐漸膨脹，鐵路線不斷向外延長，沿着鐵路又逐漸開發成工業區，更隨之衍生出旅舍、貨倉、銀行、商店、餐館、百貨公司、市場和民居，吞噬了原來的郊野但又建設得雜亂無章，完全沒有整體的周詳的部署。英國的城市發展要到 19 世紀末才有顯著變化，由荷畏特（Howard, E.）於 1898 年的《明天：真正革新的和平之路》（*Tomorrow: A Peaceful Path of Real Reform*）一書中提出了 "花園城市"（Garden City）的構想，認為城市可用聚落形式建立及發展，以人為的設計和干預達到社區內各方面的平衡發展和自給自足，相信藉此可改善人的工作及居住環境，全面改造社會及建設文明。其構想後來逐步得到實現。[12]這種慢慢發展成熟的城市模式，令英國的城市設計於 20 世紀初為之改觀，香港亦於 20 年代引入這個概念，作為九龍塘花園城市開發計劃的根據，才使本港的城市發展奠下了明顯的根基。

就建築而言，當時英國因工業革命造就了中產階級的興起，亦帶來工人被剝削的問題，藝術家及建築師對這種種現象都感到不滿，渴望在精神上尋求出路，因而崇尚中世紀的純樸道德精神，以致建築設計一度追求哥德風格、古典主義。不過，這種理想也只是體現於工業城市的新興建築物上，如火車站、旅店和商廈等，理想與經濟現實的矛盾表露無遺。這些建築風格更因殖民統治而無端搬到香港來，實已脫離了原來的涵義。

總的來說，正如簡 · 莫里斯所稱：大英帝國的建築放諸帝國歷史中並非最具想像力或最突出者，但卻是在規模上和應用上最為廣大的，在 20 世紀末不但影響了地球上四分之一的人口，更分佈於差不多地球上四分之一的陸地上，它每每因應不同地點的不同情況如氣候、材料等而作調節，又滲雜歐洲各種建築文化的因素，顯得很綜合及多元化，難以明確界定它自身的性格，所以在建築的教科書上從來沒有列出 "大英帝國風格" 的，它常常因時空不同而變化，從沒有扮演一個有

（11）法國著名建築師甘尼爾（Garnier, T.）於 19 世紀末至 20 世紀初致力於 "工業城市"（Industrial City）的研究，秉承社會主義理想，透過各種需要的適切規劃而訂出各種規則，從而建立一個以重工業為主導的自治區。他的計劃雖然沒有完全落實，但其理論對歐洲以外的國家大有影響。其他如都市學家祖士利（Jaussely, L.）亦對國際間很有影響，相比之下，英國的花園城市運動（Garden City Movement）雖然能在 20 世紀落實，但其規模卻小得多，其設計的複雜程度與建造文明的理想也遜色得多。

（12）19 世紀末英國的思想文化有很大的變化，許多人包括建築師對社會文化有特別抱負。如莫里斯（Morris, W.）提出的 "無處"（nowhere），期一個人人平等，教育工作都是自由的社會；後來他又修正他的理論，以花園城市作為工藝創作及公社般的地方，不久便有卡特庇利（Cadbury, G.）建立、黑頓（Heaton, R.）等人設計的粗具雛型的花園城市於伯明翰等地出現了。1898 年，荷畏特提出的花園城市則意圖將都市居民分散到鄉村，主張商業機構承擔住宅建造的財務，公社擁有土地所有權；為了防止膨脹，以綠色地帶環繞城市邊緣，形成聚落的形式，再以鐵路與其他市中心相連；市區內除住宅外，有休憩處、商店、學校、辦事處、公社、貨倉、交通設備、食肆和市場等各種設施，務求達到社會各方面的平衡發展及自給自足；他相信藉此可以改善工人的工作和居住環境，達到改造和建設社會的理想。

機的角色（organic role），其消失也不是因為抵抗外來的力量，或道德上的自我否定，而只是因為缺乏使命感。[13]

　　香港早期的建築緊隨殖民宗主的概念，很多早期建築是由英軍的工程師和測量師按着模式手冊（pattern book）而設計建造，按着歐洲（尤其英國）傳統古典建築的模式，僅就技術、材料及氣候條件的限制而作適當修改，形成了無性格的、無文化內涵的、折衷的、大雜燴的所謂"殖民地風格"。這樣的殖民式建築徒具裝飾性的外表，而且往往先決於實用性及經濟條件，用的更是廉價材料。即如1855年落成的香港總督府也不例外，彷彿是一座鄉村宅第而非雅緻莊嚴的行政長官府邸；略為抄襲得像樣的反倒是前三軍司令官邸，屬於喬治亞式（Georgian Style）的設計，取材於格林威治（Greenwich）的皇后大宅（Queen's House）。可見，英國人從來便沒有想到改造或建設香港的社會文化，一切都從經濟利益及實用目的出發，以致早期香港的建築設計是生硬的移植，土地使用情況紊亂，城市裡的環境衛生、房屋、交通等方面都談不上規劃，只是由其肆意衍生，必要時才作應急的處理。

　　香港的殖民式建築也可說是英國中產階級興起及發展歷程的符號。他們有感於在本國發展有限制而跑到遠東來冒險，他們習慣了高尚奢華的歐洲人社交生活方式，但亦知在異地要安守本分，一切從簡。他們的宗旨是保證其社會地位受到尊重，財務上又能得到回報以維持其一貫的生活方式。因此，香港的英國式殖民建築便令他們擁有歸屬感；同時他們又必須接受地方條件的限制，作出一定的妥協。另一大影響便是他們熱衷於各種運動及娛樂，以保持社交活躍及身體健康，因此在香港開埠初期便興建了許多會所、運動場和賽馬場等活動場所，為他們提供社交、運動、娛樂及文化的服務，符合他們作"上等人"的心態。[14]而這些建築物亦反映出維多利亞女皇時代的特徵。

　　至於本港早期華人的居所及其活動範圍，因為缺乏總體的規劃，以及受公共設施落後、人口密度過高等因素影響，區內顯得混亂喧鬧，衛生環境尤差，城市設施簡陋，以至於滿足不了基本的生活起居。香港在19世紀末發生疫症，催生了一系列的衛生條例及建築物管制條例，後者經過不同年代的修訂，至今仍影響着本港建築的高度和外型。

（13）同注（3），頁11—13。

（14）有關英國中產階級在殖民地的生活和心態，請參閱 Charles, A. "A Home Away from Home", in Morris, J., & Fermor-Hesketh, R., *Architecture of the British Empire*. London: Weidenfeld and Nicolson. 1986, p.32。

香港對舶來的建築文化影響亦缺乏思辨和消化的能力，以至於大部分的建築物設計都沒有自己的個性，而只是體現了服從於經濟原則及實用目的，同時受建築物管制條例的影響和盲目宣揚大集團的財力而已。舉例說：由早期的殖民式建築到今天的滙豐銀行大廈，先後在原地重建的四座總行大廈都被公認為劃時代的傑作，無論從結構、材料、外觀、技術及功能方面都有獨到之處，但這些建築物卻從未能融入本地文化或帶動本地建築理論的發展。香港本來是一個殖民統治地區，殖民主義的特點之一是當權者會竭盡心思宣示其權勢、地位和財力，以及務求付出最少而得益最大，照顧文化角度是次之又次的事。香港的當權者從來都集中在政商兩界，他們的價值取向匯聚成各種政策的主流，在建築上也反映出來。事實上許多為人稱許、設計新穎的建築物都是大財團邀聘外國建築師設計的"新殖民主義"（Neo-Colonialism）的舶來產品，很難要求他們能繼承或發揚本土的文化精神。本來新界的一些農村建築及城市的早期華人教堂還能表現本土文化精神，但因為得不到及時的適當的保護和發揚，已因城市化而逐漸消亡，現時倖存的一些遺蹟因而顯得格外珍貴。

從歷史的層面看，殖民時代的港府除了在本港城市發展上值得詬病外，在新界的土地使用上亦因最初的懷柔政策而種下種種惡果，包括胡亂棄置廢料及設置貨櫃車場、自然環境受污染、綠帶萎縮、水災、交通擠塞等問題。根據 1898 年的《展拓香港界址專條》（*The Convention Between Great Britain and China Respecting an Extension of Hong Kong Territory* 或稱 *The Second Convention of Peking*），英國"租借"新界的理由只是鞏固在港九所建立的殖民統治的防衛所需，同時，英國若基於行政及防衛需要欲在新界作任何建設，亦可用合理價錢向原居民換地。[15] 因此，英國雖接管新界，但原居民仍擁有土地自主權，港府亦不能任意作出規劃，反之，在開設軍營、水塘、道路、郊野公園及新市鎮等設施時更要和當地原居民協商換地條件，為了安撫民心，當時港府用了懷柔策略應對新界村民，把實質管理權交給新界鄉議局，保證村民得到一定的決策權。這特殊背景帶來各方面的衝突，例如新界鄉村居民雖保有地權，但公共服務如自來水、電力、消防等卻受到忽視；在宏觀上，港府的放任政策更使新界因沒有完整的開發計劃，土地使用沒有適當的規劃和管制而弊端叢生。港府在後過渡期遲至 1991 年才立例把新界鄉郊土地納入規劃範圍，其中錯誤的土地用途限於既定事實亦無法立即改變；所作的

（15）Wallen, D. "How Britain Drew the Line". *South China Morning Post*. (1994, October 8). p.21.

土地規劃亦每每引來原居民的反對，如在 1994 年中烏蛟騰村民便曾聯名抗議港府把該地劃為"鄉郊活動區"，限制土地用途而剝奪了他們的私人土地運用權，這種衝突隨時都會產生。政府為了更有效率地管治，2007 年成立發展局，負責有關規劃、土地用途、屋宇、市區重建、公共工程，以及與發展有關的文物保育等事宜。總之，新界的土地使用問題在目前和將來都是香港的一大隱憂。

三 · 香港的城市發展

香港的人類活動最早可追溯至新石器時代，割讓給英國人之前，原屬廣東省新安縣，遠在唐宋時期一度是經濟及軍事上的重要地點。[16] 受地理條件所影響，新界區西北部平原的市鎮開發歷史比港九要早，在明代已發展有繁華的墟鎮網絡，反而位於香港和九龍的一些小村落，直到開埠以後才逐漸城市化起來。

另一方面，由於中國傳統建築不易保存，且清初（1661）又有遷界事件，[17] 彼時沿海的田地、農舍及漁村都荒蕪了，直至康熙八年（1669）才開始逐步復界，本地人及外地人包括客家人等回流及遷入後才再漸次興旺起來。故香港現存的古建築，大部分是復界以後才重新建造的。

（一）早期的發展（1842 年以前）

根據學者研究，北宋末年，中原人士為避戰亂而南遷，據記載最早遷到香港的是來自江西的鄧氏。[18] 鄧族在新界西北平原錦田先建村立業，是為香港最早的圍

（16）請參閱本書第一章〈香港考古成果及其啟示〉。

（17）清初，明將鄭成功仍據守台灣，謀商復明，清廷窮於應付，遂採納鄭成功降將的建議，於順治十八年（1661）實施遷界。沿海 50 里劃地為界，強令居民內遷及禁絕出海，以孤立台灣軍民。1666 年，香港所屬的新安縣併入東莞，不再成為一個行政區。遷界令直至康熙二十二年（1683）始完全撤除，但已造成一場大劫。復界初期，遷回故土的原住民很少，許多土地都荒廢了，房舍亦失修損毀，經過相當日子才恢復元氣。

（18）據宋學鵬 "Legends and Stories of the New Territories: Kam Tin", in *Journal of Hong Kong Branch of the Royal Asiatic Society*, Vol.13. 1973, pp.111—130 一文稱，有說最早落籍新界錦田的鄧氏祖先是鄧禹，原籍是河南新野；後又有人認為應是鄧禹的第 47 代子孫鄧漢黻，他原籍江西吉水縣白沙村，於北宋開寶六年（973）才遷到今日錦田附近的桂角山；但錦田鄧族在明成化八年（1472）編修族譜時又稱可能鄧符（即鄧符協）才是最早落籍錦田的先人，是他把祖先骸骨由江西移葬於此已而。

村。[19] 其後人又分遷立業於屏山、廈村、龍躍頭、大埔頭及今天東莞市和中山市等地，成為新界的大族。南宋末年又有另外兩大族遷來香港，即定居上水河上鄉的侯氏及粉嶺的彭氏；元代中葉又有廖氏遷入上水；加上元末明初遷到新田和大埔泰坑的文氏，即成為開發新界的五大氏族，而全部都定居於新界肥沃的平原區。

新界村民所建的圍村都是闔族而居的。他們在村的周圍建高牆將同族各戶圍住，牆外挖護河，牆上建更樓、裝鐵閘等以求自保。據康熙年間《新安縣志》所載，本港圍村共 19 條，到嘉慶二十四年（1819）已增至 29 條，除圍村外，尚有元朗、屯門村、錦田村、大步頭、大步墟等村落。[20] 這些村落一般都在村口有棵大榕樹及土地廟，村內房舍排列整齊，屬於珠江三角洲地區的南方合院式民居。村的東南部立祠堂，是族人的議事廳、執法場及拜神祭祖之處，遇喜慶節日便在祠堂設宴慶祝，族裡添了男丁亦會在祠中註冊。新田的麟峰文公祠建於 17 世紀，於 18 世紀初完成重修工程；18 世紀中，侯氏亦在河上鄉建居石侯公祠；清乾隆十六年（1751），廖氏於上水建萬石堂；同年，鄧氏在廈村的宗祠亦完成重修。

書室方面，除最早錦田鄧氏的力瀛書院外，有史可查的書室不下四十多間，大多分佈於錦田、屏山、廈村等鄧族居地及新田文氏居地，包括周王二公書院、二帝書院、若虛書室、覲廷書室、聖軒公家塾等。除屏山的若虛書室可能建於明代之外，大都建於清嘉慶之後（19 世紀初）。從多個書室的建立可見當時的新界居民非常重視教育。

新界的村鎮雖曾受清初遷界令的影響，但在 1669 年復界後，新界的經濟活動重新活躍，很快已有繁榮的墟市出現。墟市的形成源於農村本身未能完全自給自足，因而需要一個聚合處交換買賣所需的貨品，包括各種糧油雜貨、禽畜以至棺材等貨物。據許舒（Hayes, J. W.）研究，墟市還是一個文化中心，每每於其中舉行節慶、習俗儀式、表演，兼具經濟及文化的功能。

最早開墟的是元朗墟和大埔墟。前者原稱大橋墩市，據大王古廟的石刻（1837年）所記載，此處早於明代已開墟，清康熙八年始由鄧族中進士的先祖鄧文蔚所領導遷到元朗舊墟處，即南邊圍與西邊圍之間。據說這裡地權屬錦田鄧氏所有，後雖賣予他人但仍任墟主；後者在 1672 年開墟，舊墟址位於今天汀角路口，面向大埔，在觀音河東北岸。此外，19 世紀初又增石湖墟（前身是天岡墟，復界後始

（19） Lo, H. L.. *Hong Kong and Its External Communications Before 1842: The History of Hong Kong Prior to British Arrival*. Hong Kong: Institute of Chinese Culture, 1963, pp.134—136.

（20） 高添強：《香港今昔》，香港：三聯書店（香港）有限公司，1994 年，頁 182—185。

成立，舊稱咱婆巷，石湖墟則在 1925 年立墟）及長洲墟。這些便是香港早年最重要的墟市，後來逐漸增加一些非官認的墟市及規模較小的市集。[21]

墟市選址必須是交通方便的地區，所在地有廣大而富庶的農業地帶，能夠提供大量的農產品。通常在墟內的一條至數條大街上，有不下百間的各行各業的店舖相連，前舖後居，均為一至二層的青磚房舍，本地及外來人便在這些商店做買賣。墟市一般都是三天一會，例如甲墟在初一、四、七，乙墟則在初二、六、十，各有週期，但各墟墟期不相疊，買賣雙方都可按日子"趁"不同的墟，增加買賣的機會。每墟都設廟作為祭祠及審判犯人的地方，有時也在此舉行節日慶祝儀式；又在廟中放置"公秤"，墟期中便由當年投得承辦權的村民取出應用，"公秤"的使用保證了買賣雙方，因而人人信任，而承辦者則酌量收取手續費。有些遠道而來的村民，白天做完買賣索性在墟中留宿一夜，故墟中亦有飯店、客店、錢莊等各種服務業。

據元朗墟大王古廟的石刻記載："廛肆縱橫，街衢通達，商賈居奇；……而往來行旅，莫不挾其所求而來，愜所求去，豈非儼然一大都會矣！"[22]可見當年墟市的繁榮。當時的店舖由早上 6 時營業至晚上 11 時，街道上整天都是人來人往，水洩不通。

當時元朗（舊）墟為新界最繁盛者，因水陸交通之利，連深圳人亦來光顧及交易。墟中共有 3 條街道，即利益街、長盛街及酒街，出入口分東門與南門，逢農曆三、六、九數的日子為墟期。墟內有上百間店舖，貨物都陳列於石墩上，包括食品、山貨、農具、藥材、五金等，以油糖酒米的交易為最大宗；又有"喃嘸"、補鞋及屠豬等行業，更有當舖"晉源押"，可賭可飲的俱樂部，以及大王古廟和二帝廟。

由於舊墟地方不敷需擴充及其貿易為鄧氏所壟斷，後來另有六鄉人士成立了合益公司，在 1915 年於五合街（即合益街、合發街、合成街、合和街與合和後街之總稱）另立新墟，即今泰祥街附近。他們並不從中牟利，只是酌收店租和秤佣。新墟的房舍高兩至三層，也是舖住兩用，賣的有缸瓦、棉被、山貨、香燭、糧油雜貨等，尤以絲苗米最受稱頌，甚至外銷至沙頭角及南洋等地。當時運載穀物的船隻均停泊於東堤及西堤兩岸起卸，故今有東堤街和西堤街之稱。今元朗已

（21）本章墟市資料引自香港電台製作、何文匯博士主持的"百載鑪峰"之"新界墟市"及"元朗新舊墟"等電視特輯，1984 年。

（22）吳倫霓霞：〈歷史的新界〉，載於鄭宇碩（編）：《變遷中的新界》，香港：大學出版印務，頁 1—24。

成為新市鎮，只有雞鴨墟尚在舊曆初三、六、九、十三、十六、十九、二十三、二十六、二十九等日開墟，每次開墟由凌晨 4 時至晚上 7 時，並且已不用秤，但仍保留酌收手續費的形式。

至於大埔（舊）墟，本為鄧氏立村之地，先建有天后宮古廟，後又立鄧孝子祠。1672 年，清政府批准鄧氏在祠旁立墟。墟中有直街及環頭街等兩條街道，後再有擴充，頗為繁榮。村人到墟中買賣必經文屋村，使文屋村的經濟亦得到發展，但一場訴訟後，官府只准文氏建屋辦舖卻不得立墟以顧存鄧氏辦墟的利益。文屋村後遭火劫，由大埔七成鄉民協助重建，並於 1893 年於太和市立新墟，不過規模很小，只有一條街，即今日富善街。上水石湖墟只有單層的屋宇，售賣穀米、蕃薯、芋頭及豬仔等。今天該處因為新市鎮發展計劃已成為現代化的都市。長洲墟原在長洲北社街，在北帝廟的古香爐上可找到有關記載，當年墟內有食品、雜貨、海味、山貨等買賣。

據記載，在嘉慶年間，遠自沙田瀝源村和烏溪沙，都有渡船開往大步頭，即現在的大埔，讓人們前往參加市集。[23] 而各墟的本村村民亦會因買賣需要而來往於各墟之間。某些農產品更有較遠的外銷，如大埔墟、石湖墟等便有農產品運經深圳再轉往南頭，而元朗墟亦偶有把農產品直銷南頭。可見自 17 世紀以來，新界的墟市已非常興旺，已逐步形成一個北連深圳、南頭等地的龐大經濟貿易網絡，這時英國人還沒有開始在港的殖民統治。

雖然港島和九龍半島山多平地少，除了石礦外又沒有甚麼資源，與當時繁華的新界相比可謂荒蕪，所幸維多利亞港的水域卻水深而無浪，可以停泊大洋船甚至軍艦，非常利於船運業或轉口貿易的發展。18 世紀和 19 世紀間，外國商船經過漫長的旅程到達華南，有些便停泊於南丫島、鴨脷洲與石排灣（今華富邨旁）之間的水域，在附近瀑布汲取淡水及竭息過後才再駛上珠江口岸黃埔。

與此同時，香港島和九龍半島只有零星地分佈的小農村和小漁村。港島方面可考的村落有赤柱、大潭篤、石排灣、阿公岩、黃泥涌、薄鳧林和香港村；九龍則有九龍寨、衙前村、長沙灣、尖沙頭、芒角村、土瓜灣和深水莆。[24]

（23）同註 (22)，頁 13。
（24）同註 (20)。

（二）港九市區的開發（1842—1898）

　　1842 年英國在香港島建立殖民統治之時，英國人只考慮在遠東的軍事及商業利益，沒有意圖開發這個簡樸荒涼的小島，只是按照一貫的殖民地政策進行各種部署。首先是設軍營，地點在今日的金鐘、中環以及西營盤一帶，包括添馬艦總部、美利兵房及域多利兵房，還有在半山及沿岸設炮台。由於添馬艦總部與半山的美利兵房之間只留下一條羊腸小道連接中環和下環（即灣仔），但當時英國人只顧及軍事部署而根本沒有細想如何發展香港。英國人早在 1841 年佔領港島後即成立田土廳（Land Office），並立即測量及劃分土地，在同年 6 月 14 日便舉行了第一次“官地”拍賣以取得財政來源，建議的拍賣地段共有 200 幅，先推出的有 50 幅，範圍在港島北岸的上環至今日灣仔道一帶，[25] 都是分賣予歐洲人作住宅及商業用途（如建辦公樓、貨倉、碼頭等），所謂拍賣其實只是出租，但以價高者得的方式進行。最初歐洲人的聚居範圍在港島北岸，西至鴨巴甸街，東至花園道，南及荷里活道，另外又在灣仔春園街一帶聚居；而華人則在鴨巴甸街以西的地方，搭建簡陋的木屋居住，但在 1841 年一次颶風下，所建木屋悉數摧毀，後來華人聚居在文咸街一帶，可說是華人在中區的最早居處。[26]

　　當時由英國調派或自願來港的商人都是年輕而富野心的中產階級，為了迎合他們的信仰、娛樂及社交需要，在政府的開埠建設中便有教堂（聖約翰教堂，1849）、會所（香港會會所，1846 年）、馬場（跑馬地首場賽事，1846 年）及各種英式運動場。此外，尚有美利樓（兵房，1846 年間）、軍隊司令官邸（1846 年，今茶具文物館）、軍醫院等軍方物業；政府辦事處、檔案處、警署、裁判處、法院、監獄等政府設施；以及道路（如連接中西區的荷李活道及在 1842 年於港島北面沿海岸線而立的頌揚英女皇功業的皇后大道）、醫院、學校、市場、郵政局、羅馬天主教墳場（1842）、基督教墳場（1842）等照顧英國移民的民生建設。至於華人的住宅、廟宇、市場及各項公共設施等則由其放任衍生，只要不抵觸英國人利益，港英政府也不會干預。

　　英國靠軍事力量取得香港並建立殖民統治，為保障其在遠東的貿易活動能順利運作，故駐港英軍有很大的權力及特殊的社會地位，是直接對英國政府負責

（25）請參看香港電台製作、何文匯博士主持的“百載鑪峰”之“香港島發展”電視特輯。

（26）同上注。

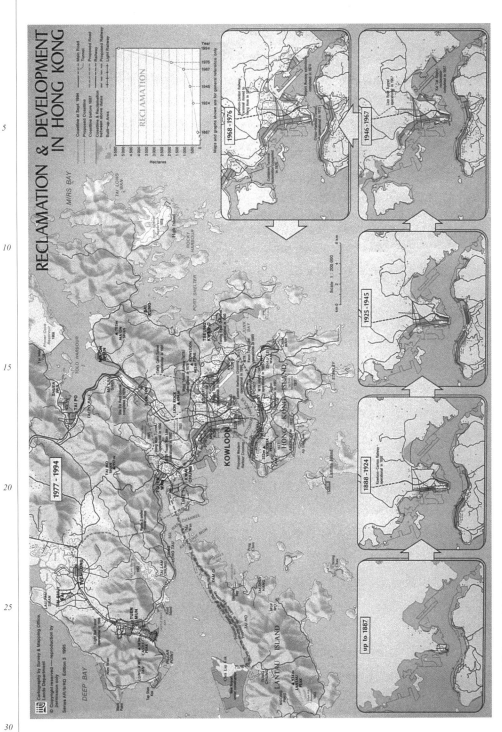

圖 6.1　香港發展及填海圖（1842—1994）

的；為了方便管理，英國另派員出任港督領導一個行政政府，故香港政府與駐港英軍從來都不是一個從屬關係；事實上，在開埠早期，港府與駐港英軍相較在權力及財力上都頗為次等。由於不受英國政府的重視，香港首三任總督都沒有自己的官邸，首任的砵甸乍住的是政府檔案室。第二任的戴維斯租住副商務總監莊士頓（Johnston）的住宅，因受旁邊兵房操練的聲音滋擾，又改租大法官堅吾（Caine）的房子。第三任的文咸（Bonham, S. G.）亦要向一位英商羅信（Rawson）租住房子，原址在今日灣仔春園街。直到第四任的寶靈（Bowring, J.）在任期內才有正式的總督府（1855），比起軍隊司令官邸足足遲了九年，可見當時行政首長的地位更在軍人和商人之下，後二者對香港的發展政策有更大的影響力。

　　1842 年，土地委員會（Land Committee）和工務局（Public Works Department）先後成立。前者在 1843 年又重組。這些部門專責處理本港開埠的租務、土地的建設工程和配合設施。同年，測量師哥頓（Gordon）曾提出一個大規模的建設計劃，包括劃定住宅區、行政局、商業區，立定市中心及建人工運河，皇后大道延長至圍繞港島，作填海工程及沿岸建海濱路徑等。[27] 當時香港政府和英商們均無意參與這樣的大工程。前者無（財）力，後者無心，香港第一個全面的城市發展藍圖遂夭折了。不過，道路工程仍舊隨着英國人的商業活動和社交活動需要而逐步開拓，除了前述皇后大道和荷李活道等外，到 1845 年，中區至香港仔、赤柱、柴灣等當年的郊區小路已築建完成。1848 年間，政府因財政危機而作緊縮政策，一切工程都暫緩進行。1851 年，般含道及堅道完成延長工程外，政府已考慮較大型的建設，包括中區的填海計劃，但未有實質結果。1860 年又有道路沿海岸向西可通到西營盤，東可達銅鑼灣，港島城市範圍逐漸向東西方向伸延。到翌年，羅便臣道亦開發至太平山上了，更方便了集居於山頂的富有英國人。從以上發展可見本港的道路網在 19 世紀中葉已漸具雛型，當時道路的鋪築主要取決於英國人的貿易和起居需要，以及受天然的地理環境限制。港島的城市發展初始形態是隨意形成的，先是軍方佔據戰略上有利的地段，餘者以中環為中心因歐洲人，尤其是英國人的商業活動而蓬勃起來，行政機關亦集中於此，華人的住宅區便退讓至沿岸，僅能在非常有限的平地上順勢向東及西發展，而歐洲人因為不適應酷熱潮濕的氣候，選擇在山頂聚居以其涼快乾爽及享受較佳的景觀，又因為他們的郊遊雅興促成了一些通往郊區及海灘的道路興建。

（27）同注 (10)，pp.25—26。

圖 6.2　19 世紀 60 年代中環海旁

　　直到 1853 年，港島約有 491 間歐式及 2,416 間中式的房舍，後者包括 458 間
在 1851 年大火後重建的。[28] 1851 年的大火，除了帶來基本的復原工作外，並促使
政府初次考慮在沿岸用填海方法開拓更多土地以建設房舍及道路。[29] 當時香港的平
地實在很少，港島北面沿岸不少地區又都是沼澤樹林，可供興建商住樓宇的土地
不多，商業發展亦受限制。港府慮及經濟因素，又喜於新填地進行拍賣可以得到
額外收入，遂產生填海增地的念頭。但事實上，建議中的填海工程往往會遭當時
得勢的英商所反對而被拖延甚至否決，因為工程一旦實施，他們的碼頭設施及貨
物起卸的生意都會受到影響。1853 年間的太平天國戰爭引來大批難民，人口激增
連帶土地的需求亦大增。寶靈於 1854 年出任港督後，翌年重提大規模沿岸填海計
劃，卻依然因為得不到商人的支持而擱置下來。一直到 1858 年才真正完成在跑馬
地岸邊的填海工程。[30]

　　1860 年，南九龍半島亦被割讓予英國，最初英軍打算把南九龍半島列為軍
區，但港督羅便臣卻希望能爭取一些土地作行政及民事建設，以緩和港島土地不
足的壓力，並且看準九龍半島西南區可發展為新的商業港，遂與英軍爭持，經多
番交涉，才由英國方面下決定要英軍讓出一些地區作行政及民生用途，但市內許
多重要位置已被軍方先霸佔了。[31] 英國在港九地區的軍事用地除了因為位於市中心
重要地段而地產價值非常可觀外，戰略上亦具實際功能。英軍在此駐紮並非象徵
式的，而是配合海軍船艦及維多利亞海港兩岸的炮台形成真正的武裝實力。英軍
在 19 世紀末正式在中環設海軍區，有船塢可停泊及維修軍艦，與對岸尖沙咀的軍
部相對，從而形成維多利亞港交通瓶頸上的監視站，佈防之嚴密與開埠初期只擁
有香港島管治權時是無可比擬的。

　　割讓前的九龍半島約有村莊十條，人口只有五千多人，多是客家農民。英國
軍人早在割讓前已佔據並駐守於南九龍半島，稍後更正式劃定軍區及設置炮台。
炮台設於尖沙咀沿岸，即今官涌及九龍灣畔等地。軍事用地方面，按 1887 年的地
圖紀錄，位於今日彌敦道以西的油麻地至九龍公園一帶、今日紅磡黃埔花園一帶
及尖沙咀東南岸；另外，今日京士柏公園至九龍木球會一帶範圍當年也是軍人與

（28）同注 (10)，pp.28。

（29）同上注。

（30）同上注。

（31）同注 (10)，pp.29。

警察的練靶場。[32] 九龍半島最早的發展便是這些軍事地區的建立，令原來的村莊面貌大為改變，而各種公共設施、樓房及道路的開拓等都是其後的發展。

港府在 19 世紀 60 年代的城市發展注意力轉移到九龍，港島區由於土地資源所限及填海發展受沿岸地主、英商等反對，並沒有甚麼大工程，只有零星的小型填海計劃完成。如 1868 年的填海計劃，得土地面積約 8.5 英畝，即今日文咸西街與威利麻街之間。又如中區鐘樓、大會堂、香港上海滙豐銀行大廈等都在 19 世紀 60 年代先後落成，反映港島的城市化又跨步不少。當時九龍區的開發則集中在油麻地至旺角一帶、尖沙咀及紅磡沿岸等，都受沿岸泊船及交通之利而帶動發展。紅磡灣的填海工程在 19 世紀 60 年代初草批，至 1867 年施工，增加了九龍半島的發展潛力，漸漸追上港島的步伐。

港九之間有海港阻隔，來往交通只能依靠渡輪。公共的渡海交通服務在 1867 年開始，當時除了私人碼頭及船隻外，尚有九艘蒸氣船橫渡維多利亞港。1880 年開始有定期小輪服務，初期只有四艘小輪，直到 1898 年，天星小輪公司正式成立後，港九交通才比較方便，城市發展也比較容易互相配合。

由於受大陸難民潮及自然人口增長欠缺控制的影響，港九的居住用地供應一直非常緊張，特別是華人住宅區因公共設施不足而令情況甚為惡劣，填海計劃一直波折重重，直至一連串颱風襲港，不得不重修堤岸才得以填海。港督堅尼地於 1874 年提出填海工程。此計劃下，銅鑼灣於 1883 年完成了 1,400 英呎的防波堤；1884 年又增加 23 英畝土地（1889 至 1904 年又在該區填得 27 英畝地）。這些大型填海計劃一直改變香港的海岸線，得到的新填地使本港的城市得以擴展。1876 年港島全長 1.82 英哩的堅尼地道完成，顯示英國人的住宅已不局限於中區山頂範圍而有所伸展，而當時山頂的洋人住宅區亦擴大不少。1877 年間，港島華人住宅區更為膨脹，但仍被排斥於洋人活動範圍以外，因受歧視而只能續向港島東及西區延展，後來銅鑼灣所填得的土地才減低了華人的居住密度。

華人住宅區由於受政府不願花費作公共建設、人口太多及樓宇（舊式唐樓）面積少（每戶約五十平方米）等因素影響，衛生情況一向非常差。這些唐樓沒有足夠的通風，為了盡量利用地皮，致使每幢樓互相緊貼，前後排屋中間密度極高；樓高兩層，沒有地下污水渠，街道用碎石鋪成，只留下狹窄的通道，日久成為溝

（32）請參閱 Empson, H., *Mapping Hong Kong: A Historical Atlas*. Hong Kong: Govt. Printer, 1992。有關九龍炮台、尖沙咀炮台和官涌炮台，請參閱蕭國健：《關城與炮台：明清兩代廣東海防》，香港：香港歷史博物館，1997 年，頁 108—111。

槽，積滿污水，加上以柴草為煮炊燃料而產生濃煙，空氣質素甚差；每戶住有 5 至十個家庭，甚至違法地把豬隻畜養在單位內，簡直是傳染病菌的溫床。香港政府本來一直對此置之不理，但最後為了避免影響附近軍營，英國政府曾特別派人來港作調查，結論是華洋絕對不能為鄰，但並無定出改善華人住宅問題的措施。1881 年，英國殖民地部又派衛生工程師翟維克（Chadwick, O.）來港作深入調查，研究華人住宅衛生問題對英國人的影響。

　　在此之前的 1877 至 1881 年間，香港的地產正值一片投機熱潮，不少華商亦有參與。當時的華人也不乏富商和名門望族，有替洋人辦事的，也有來港經商的海外華僑。[33] 在 1881 年地產物業投機風氣最盛時，政府沒有加以抑止，反而為增加收入而積極開山取地用以拍賣，又收回出租的空地再拍賣。[34] 但很多洋人都預先探得可靠消息，知道英國當局將派員來港研究取締華人屋宇，紛紛趁高價時拋售物業，這些物業全部由不知就裡的華人投得，包括皇后大道中、雲咸街、荷李活道一帶等本來難以到手的“洋人區”。稍後，翟維克來港，華人才醒覺其中奧妙，紛紛拋售地產物業，令樓價地價急瀉，不少華商因此招致破產。傳說首任立法局華人非官守議員伍廷芳亦因此而黯然離港，到北方任李鴻章的法律顧問去。這時的城市發展自然亦因地產大滑坡的影響而停滯。

　　翟維克在 1882 年提交了報告，指華人住宅區情況，足以在未來引發疫症，必須採取果斷措施。此報告引來政府的一連串措施。先在 1883 年成立了衛生局（Sanitary Board），又有《衛生修正條例》加強管制衛生情況。1885 年又成立另一個土地委員會評估人口問題的解決方法，最終提出了 19 世紀 80 年代末的填海計劃。1886 年完成的堅尼地城填海工程，提供了較多土地予華籍居民（1891 年該區又再有新填土地，前後合共 30 英畝），使其向西再擴展，不再局限在上環與西營盤一帶。1887 年又通過新的《公共衛生條例》，並成立潔淨局，有權進入民居檢查衛生情況及送走傳染病患者。此外，1887 年以來又有一連串建築物條例的修訂以及限制再興建舊式唐樓。1888 年又提出《收回官地條例》，把原有舊式唐樓收回及拆卸，開闢街道，建下水道等。這一連串的措施顯示政府解決問題的非常有限的決心，只限於管制及取締性質，未有就問題尋根溯源去改善或建造華人民居及公共設施，亦未有商討如何控制人口及改善民生，可說是治標不治本，故此收效亦

（33）請參閱龍炳頤：《香港古今建築》，香港：三聯書店（香港）有限公司，1992 年，頁 47—48。

（34）香港自開埠至今都實行土地租用制度（leasehold system），雖由政府舉行土地拍賣，但其實只出租而不賣斷，故租用者只有有限的土地業權，有別於英國本土的土地永久業權制（freehold system）。

甚微。

　　港府更於 1888 年立例禁止華人住宿於堅道一帶，除得到特別許可外，華人不得在該區度宿，明顯帶有種族歧視成分。此後還再把山頂（1904）及長洲（1919）亦列為法定的洋人專區。即便是 1888 年開通的登山纜車也可以說是為山頂區的外籍居民而設，對改善一般華人生活環境無甚貢獻。

　　由於政府一直沒有誠意改善華人住宅區的居住及衛生問題，翟維克所作的疫症預言終於應驗了。1894 年 5 月 10 日本港發現第一宗淋巴腺鼠疫症。在 6 月 7 日一天內就有 107 人因此症病歿的紀錄。當時華人多請中醫治理，患者都留在家中養病，香港政府為採取徹底隔離政策，索性把染病者最多的上環太平山區封閉，民居全部拆去，後來改闢為今日的卜公花園；此外，又派人查疫，把患者強行送往西醫院，但仍有些患病者故意匿藏，死後才由家人棄屍街上。當時許多人都離港避災，人口驟減八萬多。大瘟疫持續了十多年才受到控制，其間每年都有一千多人染此疫而死。也因為這場空前絕後的災疫才促使政府訂立更嚴格的衛生及建築物條例，包括限制新建築物的間隔空間、樓宇高度與道路寬度的比例、陽台等僭建物，由此而發展到後來的獨立的建築物條例及城市規劃條例，這些源於當年大災疫的條例，迭經修訂，沿用至今。

　　19 世紀 90 年代為了增闢土地以應付商業區擴充需要及增加一些住宅用地，曾在 1890 至 1904 年間進行了大型的港島填海計劃。在中區的海軍船塢至西營盤全長兩英哩的海岸填土，由此而增闢了干諾道及附近的土地，包括今日遮打花園、皇后像廣場一帶。此外，九龍方面的油麻地、大角咀、紅磡一帶也有填海工程，但由居於沿海的洋商負責，政府只作監管；配合這些新增地段的工業建設、道路等工程，亦受政府的公共工程部門管制。這種在今天已很普遍的政府與私人發展商合作的方式可說是由來已久。透過這些填海工程使港九市區發展突破了地理環境的障礙，又使商業區得以擴展，促進了本港早期的經濟，不過土地的供應量相比於需求量仍很有限。

（三）"租借"新界以後至第二次世界大戰（1898—1941）

　　港九漸次開發，但地少人多，發展受到很大限制，而且許多用品、食品靠外來補給，本土沒有甚麼天然資源，加上英國一直伺機擴張殖民統治範圍及打開中國貿易市場，終在 1898 年以 "租借" 名義再取得新界的管治權，有了新界這大片後勤腹地，使香港行政區的面積驟增十倍，並且更接近廣州。從此便形成今天的香港版圖，在這整個區域範圍內，香港有自己的海港、碼頭、工商用地、民居用地、充足的勞動力，以及新界提供的食品及用品資源，又有鐵路貫通九龍至廣州，使香港的城市有向北擴展的可能，並且加強與大陸的聯繫，由是具備了城市發展的充分條件，得以逐步發展成今日繁華的面貌。因此，1898 年對香港是有重要意義的一年。

在 1898 年英國人接管前，展拓界內（包括新界、界限街以北之新九龍及離島）一直維持鄉村面貌，以前面提過的幾個新界大族最為富泰，但論村落數目，客家村落卻佔了大半。這部分客家村落分佈零散，除了九龍區外，有集中在沙田、大埔、西貢、大嶼山、青衣島等地。據當時紀錄，展拓界內的鄉村共有 423 條，客籍的佔 255 條。[35] 英國人接管了新界等地後即鋪設往大埔的公路，又着手整理稅收制度及重新登記土地。界內居民原來持有清廷所發的地契，屬永久擁有，只須按時繳納地租，直到香港政府在 1900 至 1903 年間把所有地段在集體官契內重新登記，確認了超過 354,000 幅地段，當時登記的居民，即所謂 "原居民" 被承認為土地所有者，其餘的均屬向政府租用，一律當作由 1898 年 7 月 1 日批出，年期為 99 年減三天，即所有展拓界地區的地契均在 1997 年 6 月 27 日到期。

在這期間，城市發展的重心仍在港九沿岸，特別是港島區。港島在 1884 至 1905 年完成了太平山街的貧民區清拆及重建計劃，使其面貌有新的發展；1904 年的大型中區填海工程的完成又增加了大片土地，兩年後便在該區建立了中區郵政總局等政府物業，以及太子大廈及香港會所等建築，顯示中區仍是殖民統治的行政及商業中心；1904 年完成的中區重建計劃更使畢打街至上環街市一帶的地價大漲，發展蓬勃，山頂道及司徒拔道亦於此時相繼修建；20 世紀 00 年代出現的摩托車標誌着本港道路發展的漸次完善；還有 1904 年開始由堅尼地城至筲箕灣的電車服務，反映了今天港島東西向的帶狀的城市發展形態已形成。九龍半島方面，主要的地段已用作軍營，城市樓房的密度不如港島，以沿海岸的開發較好，如油麻地便因造船業發達而形成一個小市鎮。爾後藉着始於 1905 年九廣鐵路的築建使自廣州經新界以至九龍有直接快捷的交通聯繫起來，為香港的城市發展奠定良好基礎。九龍半島的發展潛力帶動了大型的填海工程，彌敦道亦在 1905 年開始鋪設，

5

10

15

20

25

30

（35）同注 (22)，頁 7。

成為打通九龍半島南北向的交通主線。至於展拓界內則以西面的深水埗在私人推動的發展計劃下，率先走向城市化。

接壤界限街的深水埗農村，許多土地原屬錦田鄧氏所有，再分別或賣或租予數個姓氏的村民；另又有些村民是因為當年英軍在尖沙咀闢軍營而被逼流落到這裡的。該區的經濟中心在深水埗西岸的深水埗村，自西角山腳至周氏的上圍之間，環繞而建有市場、碼頭、店舖及關帝廟。西角山的西南為蠔床及操作漁業的海岸，西角山以北是稱作西角沙的沙灘，即長沙灣的南端，而西角咀的南方是深水地帶，是可泊船及上落貨物的碼頭所在處，深水埗一名或由此而來。[36]

港府在深水埗重新登記土地後，即在 1906 年舉行公開賣地，使土地重新分配，引來一連串新的發展，此後最先建造的房屋是 1909 年在南昌街附近，而填海發展工程於 1910 年展開。在 1911 年鴨寮村大火後，政府制定了深水埗改善計劃，與私人機構合作，進行較大規模的填海工程及建造新樓房以取代原來的寮屋，1912 至 1914 年的填海工程便是其中例子。[37]原來的農村再不復見，此地從此與九龍的市區相連，成為西九龍發展重要的一環。

隨着深水埗的開發，1912 年已修建公路接連大角咀至深水埗；1916 年又再加以延長連接旺角的彌敦道。自此深水埗便直接與九龍半島市區相連。同年，九廣鐵路亦全線投入服務，總站設在尖沙咀，使九龍有飛速的發展。政府進一步開發九龍西部作碼頭予大船停泊；另一方面，因港島已太擠逼，商人樂於改用九龍的碼頭停泊並建立貨倉，使這裡瞬即成為一個貿易中心。九龍半島從此除道路、碼頭及貨倉（如廣東道的九龍倉）外，更設有酒店、旅館、食肆、銀行、商店等方便外國前來的商人，而貨物在碼頭起卸後很快便可送到火車站北運內陸，中國的貨品亦很方便地運到本港繼而外銷。至此，九龍的發展進入了新的里程。與此同時，新界除了鐵路外，必須修築道路使之與九龍市區更緊密連接，政府遂在 1916 年開闢環迴公路到青山。此項工程於 1920 年間完成，新界遂成為九龍市區發展的重要後盾。而深水埗在 1918 年完成了往荔枝角的道路工程後，又在 1919 年進行更大型的填海工程，新得土地有 65 英畝以上，即由東京街遠至荔枝角蝴蝶谷的溪流一帶，城市發展可謂如火如荼。1920 年間，九龍城市範圍繼續擴展，許多地方都進行清拆重建，例如大角咀以東至芒角咀（即今旺角）一帶亦被填土及開發，原來的

（36）請參閱 Smith, C. T.. "Sham Shui Po: from Proprietary Village to Industrial-urban Complex", in *A Sense of History: Studies in the Social and Urban History of Hong Kong*. Hong Kong: Hong Kong Educational Publishing Co. 1984, pp.73—87。

（37）同上註，pp.88—95。

鄉村顏貌不復存在。但與此同時，這些發展計劃也帶來了土地買賣的投機風氣及原來居民與政府在換地及賠償方面的紛爭。據統計，在 1909 至 1921 年間的建造項目合計有 407 所房屋、一間廟宇及兩個貨倉。[38]

再看港島方面在第一次世界大戰前後的變化，便只有東區西灣河的太古船塢的建立（20 世紀 10 年代），帶動了東區的經濟發展，逐漸有些廠房、貨倉及華人住宅出現；同時使大船的維修移到這裡，減輕中區海岸泊船的壓力。而中區卜公碼頭也在 1900 年落成了。其次，道路網的拓展，包括開築了往深水灣（1915）、淺水灣（1917）、赤柱至筲箕灣（1918）及往石澳（1923）等地的道路。這些道路工程使香港這些風景點能發展成為旅遊勝地，本港的商業活動亦因此而不只局限在市區範圍。雖然在 1898 至 1920 年間，本港的城市發展有長足的進展，但華洋之間的分歧仍然顯著，前面已提過有法定的歐洲人專區，華人不得稍越半步，這些條例直到 1946 年間才廢除。值得注意的是這時的樓宇都受 1903 年《公共衛生及建築條例》所管制，範圍涉及室內的居住面積及屋宇的深度。又如在 1903 年以後興建的建築必須提供相當於它覆蓋面積三分之一的室外空間，建築物高度和街道的寬度成比例；而 1903 年之前的建築也受高度限制，最高限制為 76 呎，這些條例務使得到陽光透入及通風的效果。

踏入 1920 年代，本港有許多重大的公共服務發展，如在交通及通訊方面，中巴在 1921 年開業（1939 年取得港島巴士專營權）；1924 年，油麻地小輪開業，加上原來的天星小輪服務（1898），使港九間的交通更為便利，往離島的渡輪服務亦逐漸開航。1925 年，本港即有電話服務，象徵着都市化的進展；本港的航空事業亦從第一次世界大戰後開始。自此，港、九、新界各處都有看得見和看不見的聯繫，以維多利亞港為中心而形成一個龐大的都市網絡，並有海、陸、空交通與外地接觸。

當年機場的興建其實源於一個市郊華人住宅區的建造計劃，由華商何啟及區德組成的啟德土地公司於 1919 年提出在九龍灣填海 230 英畝，並在該填土上建造 47 座高尚的以華人為對象的住宅，此計劃顯示當時本港富裕的華人為數不少。可惜受到 20 年代中地產市道滑落的打擊，結果由港府插手才完成填海工程，但 1928 年該地已改發展成啟德機場，展開了香港的航空交通歷史。啟德機場最初只作軍事用途，直到 1936 年才有民航服務。

（38）同注 (36)，pp.91—92。

　　除此以外，1922 年的城市規劃方案及同年批出的九龍塘花園城市的開發計劃意義更是重大。由於九龍半島發展迅速，地產買賣相當活躍，政府遂成立了一個特別小組專門研究整個半島的城市發展。這是本港首次將城市規劃的原則應用於城市發展的研究上，即自 1843 年由哥頓提出，但計劃胎死腹中後，另一個大型的規劃計劃，將整個九龍半島作了詳細的地圖紀錄，以及許多的調查、研究，定出各種發展需要及制定各種發展藍圖，指引整個九龍半島的發展方向。此方案定出的翌年，立即刺激九龍的地價上漲達四倍，受此影響的各種建造計劃直到 30 年代初經濟衰退時才放緩發展。[39]

　　九龍塘的花園城市的構想則是本港首次受外國規劃思想的影響，源於英國建築師荷畏特 1898 年提出的花園城概念，[40] 香港是在 20 年代引入這種發展模式，其構想是要在九龍塘建立一幢幢獨立或半獨立、附帶小花園的兩層高平房，為一般入息的市民在近郊開闢一個理想的住宅環境，其中有學校、遊戲場，並且配備鄰近火車站。1922 年正式批出的九龍塘花園城市計劃，預算在 80 英畝土地上建造 250 所平房。隨着此計劃的推出及地產市場興旺，發展商亦提出在馬頭圍、啟德、九龍仔、旺角及油麻地等地推行類似計劃；其中馬頭圍的發展計劃更是帶有中國農村色彩的模式，但政府以不符合已有的城市規劃為理由否決了這個帶本地特色的提案。[41] 其後受地產價格走下坡的影響，所有這些計劃都受阻延。九龍塘的發展計劃最後也由政府作財務支援才於 1930 年間完成。

　　九龍塘花園城市計劃最終雖得以完成，但與英國的花園城市大相逕庭。在九龍塘出現的只是一些與地產市場掛鈎的高尚住宅，居民集中來自中上階層，不符合平衡發展的概念，與荷畏特提出的包括工人住宅和公社等的聚落模式已相去甚遠，而且區內社區設施不夠多元化，並不符合花園城市自給自足的概念。這種種變質一方面是政府雖最後通過並協助完成這項計劃，但未有考慮花園城市原來的社會意義，亦未有為低入息人士提出優惠方案；同時，在當時的城市規劃下，政府的意向是在九龍半島以至近郊範圍發展方格城規佈局及建造唐樓式的商住並用建築物，這點促使政府否決了發展商原來較有創意的構想，而偏向一貫沿用的規

（39）同注 (10)，pp.41—43。

（40）花園城市是個特定大小的住宅及工商業兼容的小鎮，內部設施都充分考慮工作起居及社交生活之需，以綠帶環繞整個小鎮，以免盲目膨脹，土地都是公有的，由公社管理及綜合規劃，務求達到區內各方面的平衡發展及自給自足。請同時參閱注（12）。

（41）同注 (10)，pp.44。

劃方式，發展成為純粹的住宅區。[42] 九龍塘新興的兩層高獨立平房，每戶附有花園，區內又有空曠的公共空間、英國鄉村式的綠色視野、學校、會所以及方便的陸路及鐵路交通，可算是環境優美、空氣清新的住宅區，整體環境都滲透着英國鄉村風味，甚至連區內街道亦取英國的街道名字，如多實街（Dorset Crescent）、根德道（Kent Road）、森麻實道（Somerset Road）、沙福道（Suffolk Road）、劍橋道（Cambridge Road）、牛津道（Oxford Road）。但這個本港史無前例的建設昂貴非常，一般市民大眾根本不可能負擔得起，以致這個近郊的新住宅區，充其量只是"花園洋房區"，而不是甚麼"花園城市"。這種花園洋房亦見於嘉道理山（1932）、九龍塘與九龍城之間地區（1932）以及又一村等，這些住宅區至今仍屬高尚住宅區。

　　港島發展方面，1921 至 1931 年完成了東區海岸填海工程，把在摩利臣山挖出的泥土堆填在軍器廠街與東角（East Point）之間，填得 90 英畝土地，即今日怡東酒店一帶，並且重修了軒尼詩道，使之成為當時港島的主要大道之一。其次，1924 至 1931 年又在銅鑼灣至東區太古船塢之間（即今日太古城）作大型的填海工程。1930 年，灣仔區亦在填海而得的土地上興建了 630 所唐樓，城市發展非常迅速。倒是中區沿岸雖曾多次研究過發展計劃，但一再被否決，除了 1921 年有皇后碼頭落成外，直至二次世界大戰前也沒甚麼大改變。此外，南區的香港仔和鴨脷洲在 1920 年也因填海而增加了一些土地。

　　由於 30 年代初世界經濟呈不景氣，再加上日本侵華的間接影響，本港經濟受到打擊，同時人口大增，到 30 年代中期才恢復元氣，因此 30 年代初的城市發展亦拖慢了步伐，此期間的發展計有英皇道的修葺工程、赤柱和石澳的擴展計劃（1932）、堅尼地城的小規模填海工程（1934）等，都是在已有基礎上略作建設，還有荃灣小型改建計劃，把原來的鄉村改建成帶有休憩空間的城市環境，此計劃到 1936 及 1937 年間陸續完成，可見當時市區範圍已發展到九龍西北的荃灣了。1931 年，港粵間開始有長途電話服務；1933 年，九巴加入公共汽車服務；1937 年，又增添汽車渡輪服務；還有前面提過的民航服務在 1936 年開始；在反映出本港市內交通發達，國際連繫加強，整個社會已然相當繁榮。

　　前面提過 1903 年的《公共衛生及建築條例》，到了 1932 年發展成新的獨立的建築物條例，其中一項明顯的修改是雖然建築高度仍由街道寬度定出比例，但限制住宅樓宇的一般高度最高為五層，而其他建築物最高只有三層，從而限制了建

（42）Bristow, M. R. *Hong Kong's New Towns: A Selective Review*. Hong Kong: Oxford University Press. 1989, p.9.

築密度，以改善通風和採光的條件。在這些條例下建造的唐樓今日尚可在灣仔軒尼詩道一帶及深水埗區等地找到。不過，這些純屬限制性質的建築物條例並未能真正解決市民的住房問題，因為人口實在太多，而住房數目卻太少了，低下層市民都把本來較寬敞的居住空間再用木板分間成多個小房間共住，致使擠迫情況依然。其實政府在這年亦成立了一個新的房屋問題小組（Housing Commission），研究本港住房及人口密度問題，而奧文（Owen, W. H.）在該小組的工作報告備忘錄（1938）中，清楚指出本港有必要在清理貧民窟的同時尋求新地點發展住宅區。[43]不過，還沒等及進一步研究，隨着 30 年代末日本大舉侵華以至第二次世界大戰的爆發，又有大量的中國內地難民湧到本港，不只擠滿了各幢樓宇，就連山坡、街道及天台都搭蓋了密密麻麻的寮房，香港市民此時的住房條件堪稱惡劣。1939年，港府成立了一個有 12 位成員的城市規劃小組，並制定了《城市規劃條例》，確定了新的市區佈局和舊區的重新規劃，爾後即因日本軍攻佔香港而全部停頓下來，要到戰後才能真正起作用。

（四）第二次世界大戰及其後（1941—1985）

在 1941 至 1945 年本港淪陷期間，港督府被徵用作日寇政府總部，1936 年落成的滙豐銀行總行則成為日軍總部，元朗的潘屋則是新界區的日軍總部，聖約翰教堂更成為酒吧。在日佔期間，本港發展全面受挫，各處房屋損毀不堪，人口亦由 163 萬人驟減至 60 萬人；到 1945 年 8 月 30 日香港重光由英國人繼續管治，各種建設已是肢離破碎，更有大批難民回流，一時間有 16 萬以上人口流離失所，重建社會的工程已急如燃眉。1946 年，港府特別成立了一個專責小組，研究房屋重建問題，不過此時正值物料短缺，重建工程頗多窒礙。另一方面，英國戰後在工黨領導下，於 1945 年通過法案，成立殖民地發展及福利事務基金（Colonial Development and Welfare Funds）以協助各殖民地的戰後復興工作，這逼使港府為配合英國的政策而要訂出十年長的房屋政策。例如，透過英國方面的資助基金，以及私人發展商的策動，港府於 1948 年展開了新界聯和墟的發展計劃，這個由私人

（43）同上注，p.38。

機構與政府合作推出的發展計劃規模雖然甚小，卻是本港新市鎮的先驅。[44]

　　1947 年，香港政府又從倫敦請來柏德‧亞拔高比爵士（Abercrombie, P.）作為城市發展顧問。他在較早前即為英國政府策劃了一連串的新市鎮開拓計劃，但港府主要希望他集中研究市區及海港的未來發展方針，定出規劃原則。後來他提出的發展方案（包括發展新市鎮及成立專門的規劃機制）卻因人口突然激增及經濟衰退影響而延擱下來。[45] 香港所以又一次出現人口激增是基於 1949 年中國內地政權易手，引致大量人口蜂湧到本港。據統計，1950 年全港人口已達 210 萬人，一時間令住房、就業、交通、衛生、治安等方面都壓力大增，政府有捉襟見肘之感。1950 年又值韓戰爆發，本港轉口業受打擊而形成一片不景氣，使政府在市區建設上更為受制。雖然如此，1951 年，城市規劃小組終於舉行了自成立以來的首次會議；香港房屋協會（Hong Kong Housing Society）亦在倫敦市長空襲救災基金的資助下，由當時的社會福利議會（Social Welfare Council）連同香港主教何明華會督（Hall, Bishop Owen）、關祖堯爵士等人帶領下，於 1948 年成立，為中等入息階層提供房屋，[46] 並於 1952 年由英國的殖民地發展福利事務基金撥出款項，在港府的優惠地價支持下，在上李屋推出廉租屋邨；1954 年，市政局轄下的屋宇建設委員會（Housing Authority）亦成立了，專責接收落成的公共房屋、選擇身居擠迫環境但收入高於規定水平的住客入住及管理屋邨等事宜；政府內部亦於 50 年代初重新研究在郊區開拓衛星城市的可能，不過因為一直受市內貧民窟問題困擾，新市鎮的計劃要稍後才能積極盤算。無論如何，本港的城市發展在二次世界大戰後很快便恢復過來，在城市規劃和房屋政策上都取得進展。50 年代初經濟的不景氣也總算沒有延續多久，因為本港有一批來自大陸的實業家於此時積極發展製造業，令本港經濟結構成功轉型。這些乘時而興的小型工業正需要大量廉價勞力，因而使就業問題得以紓緩。當時的長沙灣、觀塘、荃灣等區都遍佈工廠大廈，內有紗廠、搪瓷製品廠、油漆廠等工業。香港的工業發展基礎亦由此而奠下，從此，工廠區的規劃成為本港城市規劃中重要的一環。

（44）同上注，pp.43—45。

（45）亞拔高比於 1948 年呈交報告，建議本港興建海底隧道、填海、更改鐵路線位置、遷拆軍營、劃出工業與住宅用地及在新界鄉郊發展新市鎮，並特別提議設立一個規劃機構，負責擬定及執行市區發展的詳細規劃。參閱屋宇地政署：《香港城市規劃》，1986 年。

（46）香港房屋協會的核心機構於 1948 年成立時，重建房屋工作亦全力展開。1947 年，倫敦市長的空襲救災基金（London's Air Raid Distress fund）向香港社會福利會捐贈 1.4 萬英鎊，該會同意以該筆款項成立一個委員會，以及拓展房屋計劃，為工人和其家屬提供住屋。其後，該會所成立之有關小組委員會成為香港房屋協會的前身。當時向港督葛量洪領導的政府亦支持該慈善團體，協助解決戰後逼切的住屋問題。見香港房屋協會出版之 45 週年特刊，頁 2。

由於二次大戰後人口增長太快，政府的應對式政策一直未能跟上社會需要，本港出現許多人口密集的寮屋區，治安及衛生情況極為惡劣，供電及排水方面亂七八糟，而且更常有祝融之患。如在北九龍的石硤尾區原本是農業區，戰後卻成為木屋及山寨式工場的集中地，在 45 英畝地區內住有六萬人口，終於在 1953 年聖誕節前夕發生嚴重大火，火勢數小時內橫掃區內四條村落 (石硤尾村、白田村、窩仔村及大埔道村)，頓使 6.5 萬人痛失家園。為了安置這些災民，政府以兩個月的時間在災場附近以水泥及磚塊興建一批應急的兩層高房舍。[47] 1954 年成立了徙置事務處 (Resettlement Department)，並收回災區的約 8.5 英畝土地，另以混凝土建了八幢公共房屋，稍後又再建了 21 幢公屋安置災民，這便是香港公屋歷史上的第一型公屋 (又稱 H 型或工型，1954 至 1964 年)。由於在匆促間落成，在這些六至七層高的徙置屋宇內，每個單位均無廚房，而且廁所及盥洗室都是全層居民共用的。這次大規模的徙置使政府真正全面介入香港的公共住房事務，未幾即提出了廉租屋計劃 (The Government Low Cost Housing Programme)，並由已經獨立的屋宇建設委員會負責處理公屋申請。1964 年又推出臨時房屋計劃，以安置未能即時符合資格申請公共屋邨和沒有能力租住私人樓宇的市民。到了 1965 年，公共屋邨住戶人口已達 100 萬人，公屋在 60 年代末發展最快。

根據政府內部的研究，人們群集居住於寮屋區除了因為入息低而不能負擔一般房租外，就業機會是另一個吸引點。政府若只徙置市民到公屋而不能有效清除寮屋，必須連同就業問題一併處理；加上在 1953 年，一批本港廠家因工業發展用地不足，向政府要求提供一個新的工業區。以上兩大動力使政府把開闢新市鎮的構想重排上議程。結果在 1954 年選擇了發展觀塘，成為本港第一個新市鎮。[48]

新市鎮或新城的概念其實與花園城市一脈相承，亦沿用"自給自足"及"均衡發展"這兩大原則，規模更為龐大，在遠離市區的一個未開發的地區透過完善規劃，定下土地的各種用途、交通道路網，以及不同的居住密度，從而發展出一個新的相對獨立自足的市鎮，以快捷的交通與原來的母體城市相連，減輕母體城市的人口密度及各種發展的壓力。每個新市鎮以其特定的自然環境、歷史因素、經濟結構和地理位置等為其規劃形式與發展方向的基礎。理想中的新市鎮應該是一

---

(47) 這些房舍後來以當時工務局長名字稱之，即鮑寧平房 (Bowring Bungalows)。

(48) 本來在 1954 年城市規劃條例下已研究在新界區的發展計劃，並得出結論是應優先發展荃灣及葵涌的。不過，由於觀塘鄰近牛頭角寮屋區，可以吸引該區居民因就業機會及住宅的提供而移入，從而有效地清拆寮屋，加上地理環境上又方便移山填海以發展新的工業地段，使觀塘成為本港第一個新市鎮。詳見注 (42)，pp.52—54。

個以綠帶圍繞的完整的結構，裡面包括適合規劃的住宅區、工業區、商業中心、政府和團體辦公樓，社區設施有學校、公園、文化中心及城市基本設備如市內交通，自來水、電話通訊和電力供應及污水處理設施。這樣既可以維持生產的原動力，又可以提供一個基本和良好的生活環境。這種新市鎮產生的背景因素是因為 19 世紀歐洲各國工業發展迅速，到了 20 世紀必須開闢更多土地應付需要，而科技（如資訊、能源）及交通工具的新發展促使規劃師及建築設計師深信建立衛星城市的可能性。這構想在第二次世界大戰後漸漸得以實現，特別是亞拔高比所提出的英國新市鎮計劃，[49] 更成為香港的借鏡。

香港的新市鎮設計除了受英國的影響外，亦受到法國的科布西埃（Le Corbusier）於 20 世紀 30 年代的論點影響。科氏於 1933 年所著的《光輝的市鎮》（*La Ville Radieuse*）一書提倡垂直城市（Vertical City）的新城市模式，主張現代城市要容納大量人口，應向高空發展，建築一幢幢聳立的大廈以增加空間，每幢大廈在高處有走廊相連，形成一條高空的連環行人徑，突破城市人的活動空間，並可在建築物天台闢出綠帶及戶外休憩處，如同空中花園，以及車輛與行人的分流，行人可在不同高度環市步行，享受各種細緻而具體的規劃。他的構想可說是突破了現代城市的觀念，影響可謂毋遠弗屆。[50]

本港的新市鎮以公路幹線和鐵路等運輸系統為骨架，其核心集中了工商業區、政府及社區設施，周圍則是密密麻麻的高密度住宅區，利用較低廉的成本提供更多的居住空間，所騰出的有限空間開始作為公共休憩和環境綠化之用，這是香港新市鎮與別國新城發展的一個顯著不同之處，公共屋邨的人口密度高達約二千五百人／公頃，更是在其他國家新城中所無的。可見早期的新市鎮建設和規劃並不十分成熟，觀塘的高密度和雜亂的規劃更是一次失敗的經驗；而荃灣的市中心設計雖然有交通流線、商業中心、社區會堂、綠化公園等設施，但也無法和後來的沙田、屯門等新市鎮相比。

香港首個新市塘敲定鎮觀在開發後，分三期進行填海，加上 1935 年以來在該區堆填垃圾得來的土地，經政府平整及作基建工程後賣予私人發展商興建廠房大廈，後來又以拍賣形式推銷土地。這些平地旁的山坡則闢出平台以興建住宅及其他建築物。計劃中的住宅建築為五至六層高，鄰近工廠以方便市民就業，從而吸

（49）亞拔高比在 1944 年向英國政府提出新市鎮發展計劃，不久呈交了八個新市鎮試驗計劃（The Great London Plan, 1945），由此而催生了英國的《新城法》（*The New Town* Act, 1946）。

（50）科布西埃的垂直城市論點的影響亦見於印度的 Chandrigah、Punjab，以及戰後英國的一些發展計劃。

引市民入住該區而捨棄寮屋區。在此進展過程中卻發現房屋供應趕不上需求，[51]工業地段的拍賣要緩步以待住宅地段的發展趕上來。但在已售的約 60 英畝的土地中，除了廠廈外，所有學校、診所、郵局、市場、警署、消防局、商店等民生設施都欠缺。[52] 政府只有急忙覓地來安排各種補救措施。

當時除了六個徙置屋邨外，香港房屋協會亦協助提供租金便宜的住宅。1960 年底通過了興建觀塘和樂邨計劃，這是本港真正第一個較全面、規模龐大的綜合規劃的公共屋邨計劃，包括在七層高的大廈內提供公共住宅和商店；除了較早時的小型的北角邨試驗計劃外，又有商業中心，其設計仿效英國新市鎮的模式，在住宅區鄰近提供一個設有行人廊的購物商場，內有各式商店及停車場等服務。這種公共屋邨及商業中心的綜合規劃遂成為本港日後新市鎮發展的基本模式。1963 年的第二期發展更是高層住宅大廈。隨着各種建設的落成，暫時解決了就業及基本設施的問題。但隨着人口增加，數目又超出屋邨設施及就業空缺所能負擔的程度時，入住的第一代及第二代市民每每仍要到香港和九龍市區工作，增加了交通的負荷。這是當時有關部門規劃經驗粗淺又考慮欠周的惡果。

事實上，觀塘新市鎮未能成功的原因是該區人口大部分來自公共屋邨，而公屋的入住條件之一是入息有上限，故公共屋邨居民大都是勞工階級，但各行業所需的技術人員及管理人員便只能在其他地區尋求。又因生產活動集中以工業為主，所以從事其他行業的人士必須長途跋涉，到別的區去上班，例如金融業及銀行業、還有飲食業、零售業等，不一而足。這些每天往返的人口加上每天來往運載原料及製成品的貨車，頓使觀塘與九龍半島之間的交通負荷突然大增，但政府卻沒有開拓新的道路以配合，引致車輛嚴重擠塞。

另一方面，觀塘的發展到了 60 年代，政府才意識到對工業類型欠缺規劃和廠房設計監管不足所引起的嚴重後遺症，其情況是製衣、食品、漂染、織造、皮革、金屬、塑膠等各類型工業混雜一處，難免互相干擾；當中的一些厭惡性行業分別產生擾人的噪音、難聞的臭氣及飛揚的纖維塵埃等，而工廠大廈外露的污水渠每天在街道上或後巷裡排放帶各種穢物、臭味甚至工業廢料的污水，又有煙囪在低空放出濃稠的工業廢氣等，凡此種種都造成嚴重的環境污染，而這些污染

（51）本來政府期望發展商及廠家能建設住房吸引人口流入，以利招聘工人，但這只是一廂情願的想法。到了 1956 年中，政府不得不負上建造住房的責任，但因為人手不足，進度未如理想。政府亦嘗試拍賣住宅地段，但卻門庭冷淡；明顯地，出租土地只能規限日後土地用途，卻不能作為吸引發展商的賣點。詳見注 (42)，p.57。

（52）該區一批商人在 1959 年曾向政府投訴，指該區的通訊設備不足，並且有治安、衛生及火警等方面問題，而住宅不足及商業設施不足亦使該區人口太少，很難招聘工人。詳見注 (42)，p.57—58。

嚴重的廠廈卻是建在住宅區旁邊，市民的健康及起居生活都大受影響。其廠廈林立、污染嚴重及以低下階層為主的人口結構等特點，都排斥了高檔的商業活動，使社區發展方向更為偏狹。

政府的規劃不足使觀塘無法自給自足及發展欠均衡，種種情況都足以使論者難以認同觀塘是一個成功的新市鎮。這個計劃的最大成就，是透過公共屋邨疏散了市區過盛的人口及提供了工業地段，解決了廠商一時之急。

港府在 1959 年亦通過了在荃灣實行第二個新市鎮計劃，預算可容納一百多萬人口，此計劃只比觀塘稍遲進行，故觀塘的失敗經驗部分亦復見於荃灣。荃灣新市鎮包括了葵涌、荃灣和青衣等區。先在荃灣沿岸及醉酒灣填海（1959 至 1967年），後又在葵涌沿岸及青衣島南岸填海（1968—1977）。在新市鎮內亦興建大型公共屋邨，第一個就是由徙置大廈組成的大窩口邨（1961）。[53] 彼時青衣島仍為漁村，荃灣及葵涌也還很荒涼，各項新市鎮工程使當地 2,536 公頃範圍逐漸轉變。政府為發展荃灣的工業，又招攬製造業投資者，到 1974 年，成衣、塑膠、金工、電子及紡織等成為當地首五項重要工業。70 年代初，葵涌又有貨櫃碼頭、船塢及油庫等的設立。[54] 到 80 年代初，化工、漂染等行業也開始具一定規模。荃灣的其他建設項目，尚有地下鐵路（1975 年第一期）、快速渡輪（至中環）、公路、青衣發電站（提供差不多整個新界及九龍區的電力）和瑪嘉烈醫院（1975）等。故此，荃灣新市鎮的建設比觀塘複雜得多，時間也較長。

但荃灣新市鎮與觀塘一樣，都沒有足夠的詳細規劃，工業用地就在住宅用地隔鄰，工業污染使居民受到莫大的傷害。另一顯著的問題是交通擠塞，政府低估了荃灣到九龍半島的人口流動及貨櫃車來往的交通流量，結果也是在一片非議聲中，才一點一點地推出改善計劃，包括獅子山隧道（1967 至 1972 年第一期及 1978年的第二期）、西九龍走廊（1982）及屯門高速公路（1982）的興建。

不過，相比於觀塘，荃灣新市鎮的建設已稍有改善，包括設有各種康樂設施的醉酒灣公園，及提供各種文娛活動的大會堂。亦因此，許多人誤以為荃灣新市鎮是本港第一個新市鎮。港府在 1965 年亦推出了沙田和屯門的新市鎮計劃，二者

（53）Lim, B., & Nutt, T., "Planning and locational aspects", in Yeung, Y., Wang, J., Yeung, Y., Hong Kong Housing Authority., & Hong Kong Institute of Asia-Pacific Studies (eds). Fifty Years of Public Housing in Hong Kong: A Golden Jubilee Review and Appraisal. Hong Kong: Chinese University Press for the Hong Kong Housing Authority, Hong Kong Institute of Asia-Pacific Studies., 2003, pp.52—55.

（54）自 1972 至 1977 年，荃灣新市鎮臨海地段的 1 至 5 號貨櫃碼頭相繼落成，可同時供 7 艘巨型貨輪停泊及裝卸貨物，後來到 1989 年，裝卸貨櫃每年達 444 萬個，連續三年成為世界首位。1968 至 1977 年，青衣島東南岸及南岸進行填海工程，以建設油庫等設備。

在設計和規劃上的考慮比較周到，規模更為龐大。[55]

　　本港在 50 及 60 年代，除了公共房屋及新市鎮的發展外，私人樓宇亦有很大變化，主要是因為 1955 年制定的新建築物條例。在此之前建築物的地積比率平均不超過三，高度不超過 80 呎（約 25 米）。1955 年後新的地積比率為六，某些情況下可高達 20，以容許興建大型的多層建築物。《建築物（設計）規例》（Building [Planning] Regulations）更放寬建築物的高度和體積，突出屋檐、通路、採光情況、空氣流通情況及防火通道等，鉅細無遺。此條例的制定解除了對建築物 80 呎高度的限制和放寬容積比率，本是為了鼓勵發展商在市內提供更多住宅單位，但與此同時也刺激了地產市道，引起一片投機風氣。改例之後，承建商趁着有利可圖，私人建築的建造數目大增，在 1961 至 1963 年間申請獲批准的圖則比以前增加一倍以上。故此，在 50 年代末至 60 年代間港九各處多了許多二十多層高的商住大廈，取代了低矮的唐樓，市區面貌全面改觀。

　　從 1960 年起，建築物條例又應用於新界，但新界原居民自用的村屋建築有特殊的豁免權，因此許多地方出現了雜亂簡陋的寮屋。同年，市區被劃分為不同的密度區域（density zoning），嚴格控制區內人口密度在一定的比數內。1965 年政府又再修訂建築物條例，收緊了容積比率及基地覆蓋率等的限制，藉此控制建築物的體積及周圍的空地面積。雖然一般樓宇的高度限制解除了，但一些地區卻受1957 年的《香港機場（管制障礙物）條例》的限制，這些區域內的建築物不得超過一定的高度，以免影響飛機的正常飛行，大多數建築物被限制在 60 米高度以內，尤其是伊莉莎白醫院以北一帶更為顯著。除了九龍外，港島東部的北角、鰂魚涌、西灣河和大坑等區亦因此而有一定的高度限制。香港啟德機場在此時也已擴充不少，1958 年因填海而得以延長了跑道，1961 年候機大樓亦落成了。到了 1964年，機場跑道再擴展，伸延出原來的海面，以應付香港航空事業的發展。

　　綜合而言，香港在戰後以至 60 年代間，城市化步伐可說相當急速，令城市面貌瞬息萬變。這期間除了新市鎮的發展及市區出現大量高樓大廈外，香港的海岸線經歷很大變化，除了前面已提過的因新市鎮計劃及機場範圍擴充而來的大型填海工程外，1946 至 1967 年間因應市區發展而完成的主要填海工程還包括有中環、

（55）據規劃署資料，沙田在發展新市鎮前有許多農村（如沙田圍），居民多為客家農民。當地有曾大屋、車公廟、萬佛寺、望夫石等許多甚有歷史價值的文物點，這些地方特色在發展公共屋邨及道路網時得到保留。另又設立火車站、單車徑、沙田濾水廠等不同設施。屯門原來也有漁業及農業的發展，今尚有部分農村存在，而一些文物點也得以保存下來，如孫中山先生住過的紅樓，還有青山禪院等，當年新市鎮計劃使原有的約三十多條農村的範圍內，包括屯門新墟等被樓房和高速公路所取代，例如瀕海的三聖墟小漁村便被清拆了。

灣仔、銅鑼灣、鰂魚涌、長沙灣、紅磡（尖沙咀東岸）、土瓜灣等區。到了 60 年代末，為求取得更多工業用地，九龍灣展開了大型填海工程（1968—1977），與觀塘相連，成為主要工業區之一；旁邊的啟德機場跑道亦在此期間再展開填海工程（1976 年完成），形成了今天所見的模樣；還有灣仔因中環的商業區向東擴展而展開的填海工程（1968—1977），遂形成該區今天的海岸線；還有在油麻地等地的零星填海工程。新市鎮計劃及填海增加土地都是當時港府為了應付急促人口膨脹及工商業區擴充所用的策略。

　　為追上城市各項建設，60 年代的交通網絡亦有新的變化，前面提及有獅子山隧道的開拓；1968 年有荔枝角大橋及葵涌道啟用；香港與九龍間第一條海底隧道於 1972 年間建成，使港九及新界真正南北連成一體。1961 年夏慤道通車，改善了中區至灣仔的東西交通；同年，北九龍的龍翔道亦通車。這些交通網絡發展基本上都是應付市民的需要而來，是臨渴掘井的態度。

　　公共房屋方面，在 60 年代末全盛時期，差不多全港九都有新的公共屋邨興建或落成，到了 70 年代初，公屋住戶人口已有約一百六十萬人，約達總人口之40%；現時公屋住戶已逾 200 萬人，約佔全港人口之 30%，可見當時公屋建造工程的龐大，但是輪候入住公屋的名單卻似乎永無止境。事實上，人口的增長速度已近乎觸目驚心，[56] 而佔頗大比例的市民，都是需要分配公屋的。結果政府推出了新的房屋計劃。1972 年，港督麥理浩（MacLehose, M.）宣佈實施十年房屋計劃（Ten Year Housing Programme），目的是使在貧民窟和木屋區的 180 萬人口在十年內都可入住公共房屋；翌年，香港房屋委員會（Hong Kong Housing Authority）由前徙置事務處、前工務處負責廉租屋邨計劃的部門及前屋宇建設委員會等三個官方機構合併而成，統籌所有公共房屋事務，並負責規劃、興建及管理各類公屋及其附屬設施。此計劃在 1976 年又包括了居者有其屋計劃（Home Ownership Scheme），到1978 年又提出私人機構參與發展計劃（Private Sector Participation Scheme）。除了興建新的屋邨外，從 1972 年起政府又展開重建及改建早期徙置大廈的漫長工作，最初從石硤尾徙置區開始，計劃在 15 年內分期完成全港五百多幢容納約八十萬人口

（56）據香港人口統計，第二次世界大戰後的第一年（1946）人口數目為 155 萬人，到 1951 年約有 201 萬多人，1956 年為 261 萬多人，1961 年已達 317 萬多人，1966 年有 373 萬多人，1971 年已突破 400 萬人以上，而到了 1990 年則增加至 570 萬人，而今（2016），全港人口已超過 700 萬人。

的公屋重建，此計劃後來更一再擴充、延續。⁽⁵⁷⁾

十年房屋計劃及重建公屋計劃都需要大量土地，這正好與新市鎮計劃互為配合。因此，政府決定加快荃灣、沙田和屯門的建設，並將原屬墟鎮的大埔、粉嶺、上水及元朗等地亦發展為新市鎮。⁽⁵⁸⁾1973 年更成立新界拓展署，專門負責新市鎮建設計劃的實施。⁽⁵⁹⁾

歷時十年的公屋計劃結果解決了約 100 萬人口的住房問題，其未能達到 180 萬人口的目標是因為港府最初錯估了建築行業的生產能力，以及 70 年代中期的石油危機後本港出現的經濟衰退情況。⁽⁶⁰⁾結果 70 年代以後的新市鎮把二百多萬人口從市區分散出來，佔總人口的 35%，在 60 年代期間新市鎮的人口還不超過十萬人，故此這計劃的確成功地完成人口的重新分配。1982 年至今，新界已有九個新市鎮（不計觀塘，但加上發展較晚的將軍澳、天水圍、東涌）處於不同的發展階段。這些新市鎮全由公路與市中心連結，主要的幾個新市鎮更有地下鐵路和電氣化火車等集體運輸設施。但是，道路網絡及集體運輸的發展總是落在飛速發展的房屋建設之後，在新界西北地區尤其顯見，屯門公路在 90 年代已是飽和狀態。

新市鎮原來的理論基礎之一是均衡發展，包括在市鎮內應提供各種行業的就業機會，以滿足不同階層的居民的需要，以及在房屋方面，公共房屋與私人屋宇、自置物業與租用物業、高密度與低密度區域等各項都應有均衡的比例；但本港新市鎮的產生因素之一是公共屋邨的發展，以致新市鎮約三分之二的人口都是公屋居民，屬於低收入家庭。雖説在某些新市鎮（如沙田和荃灣）亦成功地建造了中等和中上標準的房屋，但這些市鎮基本上都是社會經濟地位低下的勞工階層家

（57）公屋重建計劃後來又再延續，直到 1991 年才完成；拆卸後重建的大廈有 240 幢，分佈於 12 個地區，容納 84,450 戶，共 526,000 人口。此後，政府又展開一個新的重建計劃，預算分期拆卸 450 座舊公屋，預計在 2001 年完成所有重建屋邨，可容納 160,000 人口；而今（2016）房委會已建成 173 個公共屋邨，容納超過 200,000 人口。

（58）據規劃署資料，大埔當時的人口約有 30,000 人，以漁、農業為主要生產活動，並有墟市設立。新市鎮計劃下，該處進行填海、開路、建屋邨及工業邨等多項工程，又有火車站設立等。與其他新市鎮一樣，城市發展使原來的村落都受淘汰，例如圓洲仔的棚戶。粉嶺在大埔以北八公里，以大圍、南圍及北圍為較大的聚落，又有政府及私人合作發展的聯和墟（沙頭角道一帶的現代化住宅及商業中心）；上水則有不少圍村，人口約有 5,000 人，附近的石湖墟在 50 年代的大火後已逐漸出現現代樓房，取代原來的農村及墟鎮。粉嶺、上水及石湖墟等地總共人口約有 43,000 人，新市鎮計劃下預算增加到 170,000 人，包括居住於公屋、居屋及村屋者。另又發展輕工業、鐵路、公路、單車徑等。元朗為新界最大的平原，有很發達的墟鎮，又有漁村及木材業等，在 160 公頃範圍內約有人口 37,000 人，當時預計成為新市鎮後人口將增至 95,000 人，各種建設項目大致和其他新市鎮相同，較特別者是該區沒有電氣化火車服務，但在 1988 年起有輕便鐵路系統連接屯門區，而鐵路服務系統後來亦逐步完善。

（59）1973 年成立的新界拓展署，負責策劃各個新市鎮的建設以及一切輔助服務。1986 年，與市區拓展署合併，成為現在的拓展署。

（60）方國榮、陳迹：《昨日的家園》，香港：三聯書店（香港）有限公司，1993 年，頁 24。

庭聚居之地。[61] 發展不均衡的結果使新市鎮一直無法吸引高級的商業活動,工商業類型也不全面,故此只能作為市中心經濟活動及住宅的補充,無法達到新市鎮原來自給自足的設計構想。

　　私人發展商有見及此,紛紛參與房屋建設,70 年代在港九市區有多處重建發展成大型住宅區,如北角、鰂魚涌、薄扶林、九龍灣、紅磡及九龍城等;其中不乏由實力雄厚的私人發展商所建造的包括樓宇及各種康樂設施的私人屋邨,這些屋邨主要針對中等入息市民的需要,如 60 年代末興建的美孚新邨,1975 年動工的太古城,都成為私人住宅一種新的發展模式,而這種在同一地方綜合規劃的發展方式,因為能照顧市民起居上的各種需要而大受歡迎,至今仍是方興未艾,進而推至新界新市鎮。

　　在舊區重建的過程中,許多二次大戰前甚有歷史文化價值的舊有建築物,都被新的高樓大廈所取代,彼時本港市民沒有警覺到本土歷史遺產的破壞與消亡,致使今天已是後悔莫及。香港到了 1971 年才有《古物及古蹟條例》(*Antiquities and Monuments Ordinance*),規定文康廣播司可以宣佈把任何具有歷史、考古或古生物價值而又合乎公眾利益的地方、樓宇、地點或建築物,列為古蹟,賦予文物保護以法律權力,但卻一直沒有專門的執行機構。直到 1976 年,政府才在市政事務署內設立古物古蹟辦事處,並成立古物諮詢委員會來提供專家意見。從此,一些獨特的前期建築一經宣佈為受保護古蹟後,便可阻止任何胡亂改動,使之不致因市區重建或開發工程而遭摧毀。例如 1977 年時尖沙咀火車站 (1912 年建) 的主體建築年售票大堂已拆去,但其鐘樓仍然得以屹立海旁,成為香港的歷史標記之一,也是有賴上述法例才得以保存。[62]

　　1976 年的《郊野公園條例》的頒佈阻止了因市區發展的延伸而危及本港的綠野地帶。據此條例,漁農署負責設置及監管香港的郊野公園,必要時可要求地政當局終止或修訂現有的土地用途,但該署卻無批准發展及建築的權力和責任。最初列入的郊野公園只有五個,到 1980 年,全港共增至 21 個,佔全港面積的 40%。在居住環境過分擠逼的香港,效野公園已成為市民賴以鬆弛神經的重要地方,但

---

(61) 同上註,頁 120。

(62) 雖然鐘樓屹立於尖沙咀文化中心廣場,成為了現時遊客必到的旅遊熱點。可是整棟維多利亞式的車站大樓已在 1978 年被夷平,今日遊客之喧嘩景象與昔日九廣鐵路之繁華景致相去甚遠,孤立的鐘樓已無法重構往昔港人北上的記憶,更遑論那一段連接歐陸的輝煌鐵路歷史。

至今由於城市規劃和郊野公園規劃是由不同部門負責，令本港欠缺一中央機制以宏觀地協調城鄉交界的發展。

隨着 70 年代本港社會的經濟起飛以至 80 年代成為世界四大金融中心之一，本港的城市面貌轉變更為急嬗。港九、新界到處都是高樓大廈，包括一些設備優良的商業大廈，尤其集中在中區、灣仔及尖沙咀沿岸，反映這裡金融業務集中的趨勢。工廠大廈亦遍佈全港；港島的工業樓宇集中在柴灣、鰂魚涌、西環和黃竹坑一帶；在九龍及新九龍，則見於長沙灣、荔枝角、大角咀、新蒲崗、牛頭角和觀塘等區域。在沙田、大埔、元朗、屯門等地亦可發現新建的工廠大廈，其設備齊全及外形美觀，甚至可媲美高級商業樓宇。但大部分遍佈各地的工廠大廈其實是混雜在住宅、學校、休憩處、運動場等民生設施之間，對市民的生活及健康構成相當不良的影響。於是，更多私人發展商針對市民欲提高生活質素的需要，推出環境較優美及起居方便的大型住宅區，如置富花園、黃埔花園、杏花邨。80 年代初落成的公共屋邨及居屋屋苑等的設施亦比以前大為改進，提供更多康樂設施。綜觀本港的城市發展在 1973 年之前屬單一中心周邊延伸階段（unicentric peripheral extension），非常集中地以中環、尖沙咀一帶為行政及商業活動中心，環繞此核心而分佈住宅區、工廠區和綠帶；隨着公屋政策及新市鎮的發展，在 1973 年後即形成多核心發展階段（multinucleate development），在港九、新界各處都形成大小不同的聚落，尤以新界最為明顯。[63]

60 年代，香港經濟迅速發展，人口劇增，公共交通的需要亦隨着增加。1964 年，港府邀請倫敦運輸委員會及道路研究實驗室（London Transport Board and the Road Research Laboratory）對本港未來交通發展進行研究，同年成立公共運輸調查小組（Passenger Transport Survey Unit），並於 1967 年發表《香港乘客運輸研究》，提議香港興建地下鐵路運輸系統。香港地下鐵路在 1975 年動工，1979 至 1980 年，觀塘至中環線分三期通車；1982 年又加上荃灣至太子一段；及至 1985 年，港島金鐘至柴灣線亦投入服務。翌年，港島線延長至上環；觀塘經藍田至鰂魚涌一段亦於 1989 年通車。2015 年又西延至堅尼地城，另南港島綫由金鐘至海怡半島段，則預計於 2016 年底啟用。2012 年，沙田至中環綫動工，其中大圍至紅磡段預

（63）同注 (60)，頁 116。

期在 2018 年完成，紅磡至金鐘段則在 2020 年竣工。[64] 這使港九市區的主要地帶都有了載客量龐大而便捷的交通線相連起來。從 1979 年起，港穗直通火車經 30 年的中斷又恢復通車；1983 年，九廣鐵路（英段）亦實行雙軌電氣化，全長 34 公里的車程設有 13 個車站，更可接駁地下鐵路，貫通港九、新界。1988 年，屯門至元朗亦有輕便鐵路系統連接，全長 23 公里，共有六條路線、41 個站，並有巴士輔助服務，務求利用集體運輸接通全港。道路方面的開拓，1982 年有香港仔隧道、啟德機場隧道、青衣—葵涌大橋、鴨脷洲—香港仔大橋等通車和九龍區的南北方向及東西方向的公路等的進一步拓展。不久，往屯門的高速公路亦完成，與九龍的公路連上；又加上往沙田、大埔及上水等區的高速公路。1984 年，東區走廊首段正式通車，後來延長由柴灣至銅鑼灣；另在 1989 年，東區海底隧道亦通車了。以上的交通發展看似情況甚佳，但其實在大多情況下，總是落後於當前需要，直至無可拖延才推出補救辦法，而許多交通問題都是因為規劃不當而促成的，事後補救的功夫卻往往比事前計劃的來得費勁。

在填海以增加土地方面的工作也很蓬勃，在 1978 至 1985 年間，香港各處有許多填海工程以應付發展需要。主要工程有鰂魚涌東區走廊的開發而帶來的大型填海計劃，其中涉及東區海隧、政府建築物及民生設施；另西營盤亦填海以應付計劃中的西區海隧、第七號幹線道路系統及新的西區批發市場；長沙灣、青衣島東北岸、荃灣沿海、馬鞍山、屯門及將軍澳也各有填海發展工程。這些填海工程擴大了本港的版圖，所帶來的新建設也補充了市區原有設施的不足，但由於都是零散分佈，只有補充作用而不具備理想規劃的充分條件。

（64）2014 年 2 月，沙中綫施工至土瓜灣站，挖掘出約二百多個宋元年代遺址，其歷史可追溯至 1300 年前，極具歷史價值，其中出土的六個古井及數千件文物，極有可能是被埋沒的聖山遺址。而當局與港鐵商討後，僅作記錄便將遺址破壞，任由千年歷史慘遭踐踏，實為港人之悲哀。按羅香林《宋王臺與宋季之海上行朝》所載："西元一二七六年，南宋都城臨安被蒙古人攻佔，宋室南遷至廣州沿海，並建立行朝。西元一二七七年二月，元兵更略廣州，諸郡多降，宋帝趙昰等移駐梅蔚，即今新界大嶼山梅窩（羅香林教授判斷梅蔚即今日之梅窩，後來筆者於 90 年代任古物諮詢文員會主席時，在馬灣考古發掘中發現有石碑上刻著"梅蔚"二字，經曾任委員之饒宗頤教授考證，相信彼時之"梅蔚"即今日之馬灣）。同年四月。帝昰進駐官富場，即今九龍一帶，乃於官富場南、玫杯石下、聖山之西、碼頭涌東興建行宮，即後世所稱之二王殿者。並於聖山之上築觀台，即後世之宋王臺。同年炎夏之際，元兵復南下，合追帝昰及衛王趙昺，宋兵拒敵於官富寨側，帝昰等被逼於九月西移淺灣，即今日新界荃灣一帶。是年十月，元兵進襲淺灣，帝昰復遷駐秀山，即今日東莞虎門。總計帝昰及衛王趙昺等駐蹕今日九龍城南宋王臺二王殿一帶，建立行朝為時僅六月。爾後，帝昰病重崩於碙州；西元一二七八年五月，衛王趙昺登基為帝；是年六月，帝昺移駐崖山，即今廣東新會南崖門鎮；翌年三月，元兵攻至崖山，宋軍大敗，丞相陸秀夫懷抱帝昺赴海殉國。古語云：'天子腳下，禦駕行宮'，九龍城在某種意義上可定義為南宋末年的首都，而所挖掘之遺跡與古物，本應成為本港煥發歷史光輝之珍寶，但卻遭之罔顧，哀哉！"

（五）過渡時期的發展（1985 年以後）

隨着 1985 年 5 月的《中英聯合聲明》生效，香港進入過渡時期。在此期間，在 1997 年前期滿的官地租契，政府可批出租期不超過 2047 年 6 月 30 日的新契，而毋須補地價，但須每年交納相當於該土地應課差餉租值的 3% 租金。但每年售地不得超過 50 公頃。

在過渡期裡，本港在舊區清拆和重建及開發方面都展開了許多計劃。先説前者，港府一直致力清拆寮屋，在 1982 年成立了改善寮屋區事務部，對寮屋居民都作了登記，當時約有五十萬住戶；隨後即分期清拆寮屋及安排已登記的住戶入住公共房屋。迄今已清除了許多幅員廣大的寮屋區，但有少量住戶仍未獲妥善安排，因為輪候名單實在太長，每年落成的公屋單位仍趕不上需求。同樣情況亦見於臨時房屋區，所謂"臨時"的簡陋房舍實已存在多年，其住戶亦等待安置上樓。這些僭建的寮屋或設備簡陋的臨屋確是一個發達社會中不應再存在的，同時亦可用清拆後騰出的土地作公共設施的建設，而不單是依賴填海而取得有限的土地。政府又在 1987 年初在中英雙方協議下，宣佈清拆九龍城寨，[65] 事件一度引起各界關注，期間出現過多幕官民相爭的場面，最後政府以強硬態度結束事件，原址現已闢為公園及發展社區設施之用，使這個歷史遺留下來的敏感點頓時消逝。

政府在 70 年代以來亦曾先後探討重建及改善舊有市區面貌的計劃，到了 1987 年底更通過《土地發展公司條例》，並在 1988 年成立了土地發展公司（Land Development Corporation）。這個公司獨立於港府，營運資金來自營運盈餘。土發公司的主要任務是掃除舊市區裡殘留的破舊建築物及矯正已存在的各種規劃上的毛病，以改善社區環境及設施為方針重新改造該區，包括在原地興建多層的商住大廈、重鋪路面、開闢公眾休憩空間、加建民生設施等等，其計劃必須符合港府城市規劃的發展方向，但須按照商業原則經營業務。至今，土發公司的重建計劃包括多項與發展商合作，其中太原街與第三街等兩個重建計劃在 1994 年已完成，另李節街、灣仔道及豉油街等重建計劃也先後完成；又如舊上環街市改建為今日的西港城綜合購物中心，是土發公司在重建舊區時需要負上的保存歷史建築的責任。

（65）英國租借新九龍和新界時，條約規定中國保存九龍城寨內的行政權，並可使用龍津碼頭（後來的啟德機場內），城寨在法理上仍為中國的屬地。香港政府曾試圖接收城寨，清拆寮屋，受到中國的反對。後來城寨地區變成中、英、港三不管地帶，環境衛生、治安秩序都很差。

　　土發公司的重建計劃都必須經城市規劃委員會審批，在批出草圖後便進行收地工作，但實際上會遇到很多困難。在重建區的物業往往屬於多個業主，業權的分散常使收地賠償的洽談陷入膠着情況，特別是某些小業主可能離港或根本未能釐清業權誰屬的時候，當然還有賠償金額是否合理的爭議，業主的接受意願又每每隨地產市道上落而變更。此外，在一些殘舊的住宅內，有時候每個單位裡擠住了五六十人之多，特別是一些所謂"籠屋"的情況最為極端，形成每個受影響者可分得的賠償金額相應降低，本來一向繳納甚低租金的住客根本不能憑這些賠償金自行覓地他遷。他們可以考慮接受安置，但安置的地點又可能因遠離他們原來起居及工作的地方而拒絕接受，對一些年紀較長的住客而言，搬到新地方更有適應困難及喪失了原來社區鄰里的照顧等問題，凡此種種引起很大的爭論。土發公司透過賠償、安置及讓業主分享部分重建成果等手段而進行的收地工作如最終仍無法順利完成，則會交由一個獨立審裁處判決，如受影響者最後仍拒絕接受判決結果，則土發公司可透過政府引用《收回官地條例》達到目的，包括強行抬走住客及封屋。本來城市規劃隨着社會經濟發達而得以調整是好事，尤其是土發公司比一般私人發展商更有能力負擔大型重建工作，其重建計劃除了商業考慮外，亦能顧及增加社區設施及改善環境，有正面的意義，但因涉及上述問題卻很難做到各方討好，在沒有得到政府的全力支持下，土發公司只能在權限內及不虧本情況下自力更生，承擔在小地區上的重建計劃，有負改革香港城市現狀的期望；另一方面，在沒有完善的社會福利及妥善的安置政策相互配合下，受影響的小市民自然埋怨政府無情。此外，在舊區中往往已發展了一些歷史悠久的社區特色及鄰里關係，這些都無可避免地成為重建計劃的犧牲品，即使刻意重建地區特色，也往往只剩空殼而無復舊貌。保留有特色的建築以展示香港的發展歷史其實是相當重要的課題，可惜在以經濟及政治因素掛帥的香港社會中卻未受到應有的重視。

　　在開發方面，1986 至 1993 年本港再完成了多項填海工程，除了青衣島北岸的填海工程外，荃灣沿岸及觀塘沿岸也填海以支持貨運業發展，另外昂船洲北岸、長沙灣、港島東的愛秩序灣及葵涌的第六、七號貨櫃碼頭等多項大型填海工程都在 1990 年底至 1993 年間完成。除了這些針對特定用途而開闢的一片片填海區外，港府另有大膽的構想，在 1987 至 1989 年間，就港口發展及新機場計劃進行了一連串的研究。到 1989 年即宣佈決定把香港國際機場（舊稱啟德機場）搬到大嶼山北部的赤鱲角，定下機場核心計劃（Airport Core Programme），又有由規劃署（Planning Department）推出的港口發展的全新構想，即 1990 年公佈的《都會計劃》（*Metroplan*）。此計劃把港島、九龍、荃灣和葵涌等地區列為都會範圍（Metro Area），在此範圍內重新擬定了全面性的土地使用、交通、環境規劃等綱領，在翌年便制定了《都會計劃》的選定策略（Metroplan Selected Strategy），定下了都會區直至 2011 年的發展目標，這是本港首次有較長遠目標（20 年）的市區發展大綱，而且覆蓋了本港主要的港口市區，涉及範圍極廣的填海工程，並與新機場的發展計劃互相配合，這個跨世紀的發展構想規模之大是本港空前所無的。目下這些項目已經完成，正在發揮其作用。

《都會計劃》使本港的城市發展重心又"重回港口"，新界區雖因應發展新市鎮而帶來了二十多年的各種轉變，但暫時又稍為偃旗息鼓了。[66] 事實上，新界新市鎮的發展也只限於所劃出的特定區域，並非整個新界的全盤規劃，因而導致歷來新界區內土地運用紊亂及新界與市區核心配合不足的林林總總的弊病。新界新市鎮在 70 及 80 年代以來已建立出一定模式，是以公共房屋發展為主導，然而各方面發展不均衡，也不能自給自足，其角色始終是作為主要城市的補充性次區域。香港的經濟結構在 80 年代後以服務業為主導，白領職位日益集中在港口區，許多新市鎮居民必須每天往返上下班，規劃不當引起不必要的長途交通，但交通上只能依賴九廣鐵路、獅子山隧道，公路系統並未加以配合，加上屯門、大埔、西貢等區陸續開發，帶來嚴重的交通擠塞問題。

此外，70 年代末中國內地倡行改革開放政策以後，其廉價的廠房用地及人力資源吸引本港製造業逐漸移入華南地區，遂使 80 年代以來本港許多廠商及其管理階層都要經常往來於香港與深圳之間，而港資生產的貨品亦要運回本港出口，頓使港口與關界之間的南北交通負荷大增，實非港府所曾預計的。再者，隨着 80 年代貨運業的繁榮發展，葵涌貨櫃碼頭至九龍半島一帶的交通亦愈加擠塞，有關當局的改善措施要等到 1998 年西九龍至新機場道路網落成後才能見效。

政府確曾考慮過新界至大陸皇崗口岸之間的交通問題對策，到 80 年代中開拓許多新的公路幹線，大老山隧道在千呼萬喚下於 1990 年通車，但這些進展只反映政府在交通問題上反應總是太慢，只能忙於追趕新的演變情況而作出補救，久缺事前的思慮籌謀，如皇崗口岸經屯門、荃灣、葵涌至西九龍之間的交通。直至《都會計劃》推出，才納入了新機場至西九龍的鐵路系統及第三號幹線（高速公路）的發展計劃，但西北方向往關界的路線仍未敲定，這自然與本港和中國內地之間仍

（66）同註 (42)，p.109。

未能作統一規劃有關。新界西北與珠江三角洲之間的"交流走廊"的進一步發展仍賴中港兩地的協商,港府在 1994 年底與北京方面協定就此題目定期會談,可說是向前跨出了一大步。

　　土地使用不當是新界另一個嚴重問題。在 1991 年之前,城市規劃委員會所批出的分區規劃大綱圖 (Outline Zoning Plans) [67] 只針對市區範圍,佔全港土地不足 5 成,而新界方面,政府素來採取新界人管新界的態度,原居民享有一定特權;一直以來新市鎮以外的大部分土地都不受城市規劃所涵蓋,而劃定的郊野公園則由漁農署管轄。[68] 問題是自中國實行開放政策以後,興起了沽售原料及製成品往內地的各行業,如汽車、汽車零件、建造材料等,這些物料或成品因地利及廉租的關係都儲存在新界各處土地上,另又有各種小型工場及拆車場等。隨着貨運業的發展,部分新界村民把農地出租作安置貨櫃或停泊貨櫃車、貨車等用途,以致 80 年代以後新界出現了因土地使用失控而引起的各種環境污染、交通擠塞、農地荒廢、破壞生態、排水道淤塞以至低窪地帶水浸等問題。直至 1991 年訂立《城市規劃 (修訂) 條例》,城市規劃委員會的規劃範圍自開埠以來首次擴展到整個香港地域,並且在新界各處劃出發展審批地區 (Development Permission Areas),在三年有效期內,除了現存的使用情況外,所有新的發展都要遞交申請,藉此控制新界的上述各種問題不致擴大及惡化,亦趁這段時期在當地作各種調查及研究,再制定分區規劃大綱圖以取代發展審批地區圖,把各種土地用途納入正軌,以及把未指明用途 (unspecified uses) 地區就開發及保存價值予以詳細規劃。這樣一來城市規劃委員會的工作量驟增,在 1991 年便增添人手及分為兩大小組,即都會規劃小組委員會和鄉郊及新市鎮規劃小組委員會,分別負責都會區和新界區的規劃。

　　儘管城市規劃委員會擴大了組織及其規劃範圍,但未曾為對自然保護區制定相關的管理政策,將環境生態問題獨立於其規劃之外,例如郊野公園至今卻仍然獨立地受漁農自然護理署 (Agriculture, Fisheries and Conservation Department) 管轄。實例如,米埔自然保護區雖然在城規會規劃範圍內,但卻一直無得到任何形式的保護,直至宗主國英國在 1976 年加入《濕地公約》(也稱《拉母塞公約》,*Ramsar Convention*) 後,其條款才於 1979 年適用於香港,同年港府才將米埔濕地列為保

---

(67) 分區規劃大綱圖是根據《城市規劃條例》的規定和城市規劃委員會的指導而制訂,圖則內顯示有關地域規劃中的土地使用模式、主要道路系統等,經諮詢公眾後再呈交當局裁決,草圖批出後為有約束力的法定文件。

(68) 直到 90 年代初,城市規劃委員會的規劃範圍只限於港九市區,新界因為屬於"租借",情況比較特殊,其發展政策向來由新界鄉議局自行處理,原居民又享有某些特權,這使界內許多傳統建築及民生風俗都不受殖民統治的影響得以保存,但另方面因為沒有足夠的管制法例,界內土地使用情況逐漸失控也引來許多惡果。參看本章〈二‧歷史文化背景〉。

護對象。另外，與濕地一河之隔便是廣東省深圳，在考慮香港城鄉規劃時，不能忽略深圳河對岸的發展，深圳市的新市中心在福田區建立，該區與新界西北接壤，其發展是影響新界西北的元朗與屯門的未來發展的因素，現時元朗與屯門之間沿青山公路一帶仍有許多土地可供發展，但在考慮開發新界西北區的同時，還有米埔自然保護區及后海灣水質等須確保維持的顧慮，並且必須注意在港、深兩個城市之間保留足夠的綠帶作緩衝區，才能確保城市發展不致盲目膨脹及土地用途不致紊亂失控。政府近年將隔開港深兩地的禁區綠帶分階段開放，意味着這些空隙地段是土地綜合發展的新機遇。早在 90 年代開始的《全港發展策略檢討》（*Territorial Development Strategy Review*）就已評估了香港和廣東各城市在回歸後的聯繫，準確預測廣東城市的快速發展將貼近香港的步伐，並為興建港珠澳大橋奠定基礎。

　　90 年代，新機場核心計劃一度因中英雙方漫長的談判而受阻延，所幸東涌新市鎮的開發，包括機場區大嶼山北部的高速公路的填海工程、汲水門大橋及馬灣至青衣島的青馬大橋等工程在當時已經陸續動工。機場鐵路由大嶼山北部開始，經馬灣進入都會區的青衣、葵涌、西九龍等地，再穿過海港到達中環總站；其工程之龐大令竣工時間嚴重滯後，由原計劃在回歸前完成延至 1998 年夏年才正式啟用。機場鐵路工程的竣工激活了沿線大片土地，為政府發展新市鎮提供了機會，大量人口遂遷入大嶼山，從而緩解了市區的人口壓力。另第三號幹線也以相似路線由機場起連接都會區的西九龍高速公路，連接西九龍走廊過西區海底隧道達港島西營盤為止，形成新的快速運輸段落，大大改善了港九的西區交通。

　　上述機場核心計劃所所帶來的西九龍一帶的運輸系統，則是建立在西九龍的填海區上，以配合西九龍發展計劃進行。該計劃的填海工程面積達 340 公頃，並於 1997 年完成，新填地除了開拓運輸系統外，更是提供公私住宅用地，以及作工商業、政府及社團設施、休憩空間等用途，在西南新海岸線上甚至闢出海濱長廊供人遊玩，這是本港自有填海發展計劃以來很少考慮到的。計劃中，尖沙咀、油麻地及旺角的商業及旅遊中心因此而擴展，而石硤尾、長沙灣、深水埗及荔枝角一帶的環境也得到改善，包括重鋪道路及疏導交通、清拆多個舊區內的危樓及籠屋等多種重建工程。另外，在昂船洲西北的填海地亦同時連接西九龍的填海地，約佔 97 公頃，開設了第八號貨櫃碼頭，把本是一個小島的昂船洲與九龍半島連成一體。

　　香港回歸之前，《都會規劃》方案的發展計劃將九龍灣、舊啟德機場一帶包含在內。而舊機場所騰出的 280 公頃平整土地，今已逐步發展成為住宅、商業、康樂及文娛建設等用地；相鄰的九龍灣本可填海取得 300 公頃土地，但經多番研究和與環保組織周旋後，最終採納了徹底保留海岸線的零填海建議。東南九龍發展計劃還包括舊啟德機場附近的土瓜灣、紅磡、馬頭角及九龍城等舊區的重建，故此也是一個破舊立新的大型發展計劃，可趁此機會增加各種民生設施，改良現存的城市規劃問題，只是同樣地未知是否可貫徹到底。計劃分三期進行，第一期工程於啟德機場搬遷後展開，其餘各期的開發及建設的跟進研究亦相繼完成。港府在 1993 年底已定下新的九龍區密度管制尺度，以期逐步放寬舊啟德機場附近區域的容積比率，使舊啟德機場搬遷前後，該區的商住物業得以按部就班地發展。礙於相鄰住宅用地分佈零散且面積不大，故收購難度甚高，九龍城區的唐樓現時逐漸被單幢建築以插針的方式取代，凸顯了分割式城市計劃大綱圖衍生出的建築物各自為政的慘況。

根據《都會計劃》的指引，青衣島東南岸填海以發展第 9 號貨櫃碼頭及港島西北岸的青洲填海發展計劃等都曾經被當局列入研究；前者照貨櫃碼頭的發展情況已完工，並在 2003 年正式啟用；後者則連同第七號幹線（港島堅尼地城至港島南區沿岸而設的高速公路）的發展計劃隨着鄰近居民強烈反對而胎死腹中。

1996 年，港口兩岸已有許多填海工程按《都會計劃》的選定策略而在進行，其中的紅磡灣填海工程佔地 35 公頃，滿足了九廣鐵路（現時東鐵線）總站擴展範圍的需要，包括車站建築物、商業建築以及住宅建築等，還有該區東北與東南向的環迴道路，連接紅磡道與尖沙咀梳士巴利道。中環的第一期填海工程於 1993 年秋開始，於 1998 年完成，屬於機場核心計劃內容，20 公頃填海土地及六公頃重新發展土地中包括了機場鐵路的香港島總站、重建現有的渡輪碼頭、沿海岸隧道口的道路網發展（可連接東、西區走廊）等工程，還有留出土地予中環商業區擴展之用。第二期及第三期填海工程創造了 45 公頃土地作商業發展用途。第四期填海工程則在 21 世紀初完成，當時已有城市規劃委員質詢政府不斷填維多利亞海港是否明智。

灣仔至中環第一期填海工程在香港會議展覽中心對開海面展開，工程於 1997 年中完成，並作為會展中心擴展之用；第二期的填海工程則列入規劃署的中期（2001—2006）發展策略，其範圍遠及銅鑼灣海面，並包括重整避風塘等多項發展計劃，但由於社會部分人士的反對及《海港保護條例》的限制，導致工程擱置，時至 2016 年的今日，工程還未竣工。另外，港島東愛秩序灣的填海工程也在 1997

年間完成，以發展公共及私人住宅，配合發展的還有政府建築物、社區設施及社團建設等。尚要補充的是將軍澳進一步填海及天水圍預留地（第二期）發展計劃與啟德機場現址的開發計劃一起成為 1997 年後優先發展的項目，地下鐵路將軍澳線和天水圍的輕鐵支線則分別於 2002 和 2003 年投入服務。

1998 年完成的新機場及東涌新市鎮的發展令大嶼山各地區的面貌大大改觀，新機場的鐵路及公路幹線擴大了本港的道路網絡，提升了葵涌貨櫃碼頭的運輸效率。配合港口的發展，維多利亞港的海港範圍西移至藍巴勒海峽西南，荃灣、葵涌等區因佔新機場與海港之間的中樞位置，其地位日益重要，成為新的海港中心。維多利亞港及藍巴勒海峽都因填海發展而使航道變得狹窄，為繁忙的海港交通帶來一定的影響。然而 1997 年《海港保護條例》（*Protection of the Harbour Ordinance*）頒佈後，昔日移山填海的有效造地方式已不復存在，此舉一方面保護了海港範圍及風貌，但與此同時也阻礙了香港的土地開發，及限制了香港的城市發展。

簡言之，如何在城市化進程中應對歷史文化、生態環境以及民眾訴求，已經成為一個複雜的綜合議題。例如，本港土地開發重點已經向新界北部偏移，如何處理清代的歷史建築和聚落與新城鎮的關係？如何保護生態環境，減少城市建設對大自然的影響？如何妥善處理不同利益階層人士的要求？政府及相關部門在處理城市發展的問題時，需要有長遠的目光、適時適度的政策條例以及相應的環保措施。再者，如何在城市化進程中保存本土文化，保留載滿民眾記憶的歷史建築，也是政府在城市化發展中急待解決的問題。須知保存本土文化，保育文物建築，是一個城市持續發展的生命力所在。香港舊區老化問題日益嚴重，政府於 2001 年成立市區重建局（Urban Renewal Authority），此後市建局提出 4R 策略，倡導重建發展（Redevelopment）、更新舊區（Revitalisation）、保育文物（Reservation）和活化社區（Rehabilitation）。[69] 儘管市區重建局的 4R 策略帶有強烈的更新修復意識，但是如何對待 50、60 年代興建的鋼筋混凝土樓宇，這些在當時由於淡水供應不足以致部分承建商採用海水拌和混凝土而建成的"鹹水樓"，因海水鹽分侵蝕鋼筋而危及建築結構，如何在不徹底清拆的前提下去維護這些樓宇的鋼筋結構？如何在不破壞其歷史價值的前提下去保存本港的城市與建築記憶？

（69）在觀塘區重建實踐中，時任項目重建諮詢委員會主席的筆者採取了自下而上的公眾諮詢與民眾參與的城市規劃方式，使得整個重建計劃在民眾聲援下得以順利實施，雖然該區的更新發展是否成功仍言之尚早，但至少居民能為締造自己社區盡一分綿力，無論孰好孰懷，也能得回自己種出的果實。

四・建築

香港的建築主要可分為中國傳統建築、西洋建築兩大類。西洋建築隨着香港社會的脈搏而變動，香港的建築歷史也可說是香港歷史的縮影。我們必須認識本港的建築歷史及對本港古建築予以保護，除了因為美學上的欣賞價值外，更重要的是對本地歷史的尊重和承傳，藉此我們可檢索本港社會古往今來的變化軌跡。

（一）中國傳統建築（1842 年以前）

在 1842 年香港殖民統治歷史開展以前，新界已有大型的圍村和繁榮的墟市，其建築主要屬於珠江三角洲地區的南方合院式民居，由建造房屋的師傅、工人到建屋的材料、房屋的式樣都和廣東其他地區有着緊不可分的聯繫，至今仍可在兩地找到相似的建築。新界地區直至 1898 年才被租借，所以新界地區的中國傳統民居保留得較多。這些傳統民居建築都非常有研究價值，以下略舉一些例子說明。

新界的圍村從建築或歷史角度看都相當重要。圍村的出現源於清代南中國沿海常有土匪及海盜滋擾居民，新界較富裕的氏族遂築牆圍守同姓的族人。例如元朗鄧氏的五大圍，即北圍（水頭村和水尾村）、南圍、泰康圍、吉慶圍和永隆圍等。其中吉慶圍建於 1465 至 1487 年間，現尚保存完好，附近的泰康圍、永隆圍和錦慶圍都已殘破了。這些圍村的形式都是大同小異，均以青磚建造高城牆，牆上有槍眼，外有護城河，城牆四角有炮樓或稱為哨樓，城牆頂部有通道可達炮樓；整個圍村只有一個出入口，並加上鐵門防衛；內裡佈局井井有條。

吉慶圍的圍牆和護城河是在 1662 至 1721 年間加建的，牆基以大麻石（花崗岩）為材料，高約 5.5 米，圍的四角築有砲樓，四邊胸牆上鑿有槍孔，用來發射槍炮。整個圍村面積約 100 米乘 90 米，只有一個向西的小入口，並裝有堅固的鐵門，鐵門外再有一對有連環鐵圈的鐵閘；這鐵閘在英國接管新界時曾被英人奪去並運到蘇格蘭，直至 1924 年，鄧族紳耆向港督司徒拔請求發還才於翌年重行裝回，並由港督舉行啟用禮。吉慶圍的佈局有明顯的中軸線，入口至祖廟的東西向的大街，把住宅分佈分為左右兩半。住宅間又有街道，組成六行排屋，每排有十間房屋，除了前後兩排屋只有一個天井及一所房間外，其餘各排屋均分前、中、後三部，以前室為起居用，後室為寢室，條理分明。這些房屋都用廣東青磚砌成，以厚約 12 吋的兩層空心牆作為承重牆，有隔熱防潮作用。屋頂用一排排的杉木為檁，再鋪以瓦面。每間房屋都有三重門，最外的是廣東式木拉閘，俗稱"搪櫳"，有防盜作用；中間的是木靡，是一個普通人高度的門，俗稱"腳門"；最內者是大木門。這種設計既盡量保持光線度和空氣的流通，又有一定的防衛性和隱私性。圍內設一祖廟，其屋頂有"茶壺耳"，代表居民身負功名。貼近圍牆四周的房屋用作飼養牲畜，而用於先祖的房屋有些加建了閣樓以增加使用空間。

吉慶圍、錦慶圍、永隆圍及泰康圍彼此相距不遠，正門都偏西，有向西北的、西南的。據當地人士稱，此種佈置與風水不無關係。因為吉慶圍的東、北、南面均被群山所環繞，而西面則屬於平原面海區（后海灣），更有寶安縣的南頭山為屏障，使水不致外流，是理想的風水地形。故此，它們的門口並不按照中國傳統的坐北向南。四圍的位置相距不遠，假若其中一圍遇襲，另外的便發炮支援，互相呼應。[70]

這種圍村既保衛了地方的治安，又有團結凝聚的精神作用。從建築角度看，既條理分明又有地方特色。新界除了這些大氏族的圍村外，客家人的圍屋也有一定的規模及防禦性，但並非全村人同住其內，例如荃灣的三棟屋和沙田的曾大屋。

三棟屋正名是陳四必堂，建於 1786 年，亦有明顯中軸，結構工整，主要部分為上、中、下三大廳，此三廳稱"三棟"，三棟屋由此得名；三大廳各有一進，上有棟樑，中有支柱，廳與廳之間為天井所隔；下廳安放車轎雜物，上廳專作祀祖；三廳兩旁排屋分住有四房人口，主要部分兩旁及祖祠背的房屋都是後來加建的。村屋都以泥土、石灰等物混合建成；全村外牆都沒有窗戶以增加防衛性。村前有一空地，俗稱"禾坪"，用以曬穀及休憩；村北有水井，終年不涸。今三棟屋已列為古蹟，改建為三棟屋博物館。

曾大屋亦屬典型的客家建築，建於 1850 至 1870 年間。整個村落屬於圍村式院落，由花崗岩、灰磚和堅固的木材所構成，建築物面積約 46 米乘 137 米，樓高兩層，外加建用磚牆作原料、以五順一丁方法砌成的圍牆，圍牆的四角設有哨樓，在哨樓和圍牆的頂部，不但有排列工整成長方形及葫蘆形的槍孔，在其上又安置了一個鐵製的叉，用以辟邪。其佈局為客家傳統的三堂四橫式，分上、中、下三廳。上廳用以祭祀祖先，中廳是客廳，下廳是迎賓用的。堂的兩旁分別向外

（70）有關錦田和五圍六村的建築，請參閱 Lung, D., & Friedman, A., "Hong Kong's Wai: Defensive architecture of the New Territories", in Hase, P. H., Sinn, E., & Hong Kong Branch of the Royal Asiatic Society. (eds.). *Beyond the metropolis village in Hong Kong*. Hong Kong: Joint Publishing (H.K) Co. Ltd., 1995, pp.66—75。

伸展成居室作用的橫屋。堂前與入口的圍牆間有個大曬場，左右兩旁又有水井，可以自給自足。屋外的圍牆亦設多間房屋，用作穀倉、養牛或養豬等。單從平面看，其房屋數目在 100 間以上；在橫屋的樓面上有很多由木屏風和磚砌牆構成的優美比例的構圖。屋前本應有半月形的水池，屋後亦應有風水樹和靠山，今因為城市變遷已沒有保存下來。就這種平面佈局及建有兩層高的客家圍屋而言，曾大屋是本港唯一的例子。曾大屋和三棟屋都有結構嚴謹、功能分明、設計簡單大方、有一定的防衛力量及民俗特色等的優點。[71]

　　在本港的傳統建築中，新田大夫第也別具特色。這幢建築本為中原的四合院式，大夫第位於大院的一角，其前面空地上本有其他族人的房屋，但今只剩下大院的圍牆和大門。大夫第建於清同治四年（1865），其建築方法、結構、外形和裝飾卻都是中國傳統手法，材料也是傳統的廣東清水青磚、灰瓦和陶瓷。但它的細部裝飾卻帶點西洋味道，如在第宅內門頭上的洛可可式（Rococo）浮雕，以及色彩斑斕、不同圖案的玻璃窗。其內裡佈局亦較為特別。大夫第主樓作"九室式"的平面佈局，即平面上分為九宮格，從正門入內有門廳，內有"檔中"，廳兩旁各有一房是貯糧倉。屋的中央有小院子，院子兩邊各有一條迴廊，廊側便是兩間廂房。後進的中央是正廳，作款客設宴之用，設有祖先靈位，其兩側為正房。正房與廂房之間有樓梯上二樓，上層又有多間廂房，用作書房或睡房。又有與整棟主樓相連的一棟一層高兩進式房子，前後二房夾着一個天井，可供靜讀。主樓的另一旁有通天的長走廊，由屋前的側門伸展到屋後的小坡，連接了廚房、傭人房和柴房。屋後山坡有風水樹。從現存的大夫第的中西合璧的裝飾，可見其主人非常接受外國文化，這樣的裝飾手法在廣州西關區也常見。

　　在本港前清的歷史建築中，墟市也是相當重要的。在 1669 年復界初年，新界的農村設立墟市方便貿易往來，更形成非常繁榮的墟鎮網絡。元朗舊墟即為佼佼者，內有四條街道，沿途的建築物樓高兩層，都以堅實的青磚築成，木承屋瓦頂。每幢建築物寬約五米，彼此之間有封火牆，凸出於店舖外三分之一米，是非常周到的防火設計。墟內設各行各業的店舖，其中的晉源押是一所當舖，本在舊墟的另一街上，20 世紀初始遷入現址，其結構甚具特色。

　　晉源押的建築分押本部、住家和貨倉等三部分，其平面佈局完全不規則，有別於其他前店後舖的建築，估計是因為遷入時已有一定的格局，不便大肆更改。

（71）請參閱注（33），頁 28—32。

其建造方法與其他墟內建築物一樣，而主樓屋頂是傳統的人字板瓦頂，藏於正面山牆之後；正面牆側伸出鐵造的蝙蝠圖案，是典當業的標記並帶辟邪的意義。外牆堅固、無窗，只有上層儲物室有放哨的小窗；其內部又有迷宮一樣的通道，室內有以竹編成的防盜網，配合門口五條木樁形的木閘和密封的穀倉，防盜措施相當嚴密。從正門進入大堂，可見有用以採光的天窗，堂中有作業用高櫃檯，櫃前有鐵栓防襲。又建有閣樓，傳為招待廣州來貿易的行家之用。步入舖後，經過一條窄巷及天井便是住家，而側鄰便是貨倉，另一面是廚房，與本部及住家相隔，使炊煙不會燻到屋內。四周環繞窄巷，即貨倉所在，其外還有圍牆，其中一條巷卻是死胡同。普源押一直經營至二次世界大戰才漸漸式微，戰後仍有人居住，但整個舊墟都不復舊觀了。

　　書室亦是歷史建築中很重要的一類。新界的五大族中，鄧、廖、文、彭等族都很重視功名，鼓勵教育，各設有書院、書室等多間。據羅香林教授研究，香港最早的書院是鄧符協所建的力瀛書院，[72] 比廣東省有規模的書院更早成立。[73]

　　一般而言，書室的建築佈局與祠堂頗為相似，通常都在正廳中間擺放祖先牌位，學生每日上課前先敬拜祖先，成為教育的一環。在一些鄉村，村民用宗祠兼作書室。曾用作書室的萬石堂建於乾隆十六年 (1751)，是上水廖族的宗祠，在1985 年曾重修，是本港保存得最好和最具規範的客家宗祠。廖氏先祖廖剛及其四個兒子都在宋朝任官，各得官祿二千石，合萬石，此宗祠以萬石堂為名以作紀念。因當時科舉考試沒有客家籍，廖族便入籍本地，並以此祠作書室，鼓勵族人考取功名。堂內部的屋脊、柱礎、板門、樑枋及構架等的出處均可遠溯至北宋年代，很有歷史價值。

　　萬石堂為三進式的庭院建築。第一進院前兩側有石墩，掛有功名旗幟；正門外為照壁，有褐色的大門銅鋪首。第二進是過廳，是祭祀時擺香案之用，採"七架樑"結構，堂的前後各有兩對金柱和檐柱。第三進的台基最高，分作三段，安放祖先靈位，中為正殿，供奉開基祖先，左為配享祠，右是配賢祠，各供奉建設、修葺祠堂的祖先及有功名的祖先。萬石堂兼具祭祀及教育的功能，亦代表客籍的廖氏本地化的決心。

　　屏山鄧氏的覲廷書室亦甚具代表性，屬南方合院式建築。它坐東向西，與附

（72）力瀛書院建於 10 世紀，已不復存。

（73）同註（19），pp.133—134。

近建築物的方向相仿，相信是受風水所影響。有說此書室建於 1760 年，另一說是
1820 至 1850 年間。書室有左右對稱的中軸，其平面為九室式佈局，採兩進式，前
低後高，前進是門廳，後進是正廳，安放祖先靈位。中央天井的左右有廂房，為
讀書的地方。鄧族又在書室旁加建另一清暑軒，由一道圓形的月門與書室相連。
整個書室屋頂是硬山式設計，有雕刻精細的木架結構，樓下的木樓梯扶手亦細緻
玲瓏，到處可見富民間意味的裝飾。樓上和樓下拱形門罩更糅合中西建築特色，
可見此書室與大夫第及廣州西關區的建築一樣，受外國文化的影響。

　　另錦田二帝書院也是二進式的，建於 1821 至 1850 年間，是用以供奉文武二
帝及作研習學術的書室。它是典型的南方鄉村建築，以青磚及夯土建成，建有圍
牆，圍牆兩端均有出入口，其入口在側面而非正面，相信與風水有關。書室的正
門建於兩廳堂之間，這與同類的書室佈局不同。它的間隔是開敞式的，無門但有
漏窗通風，漏窗的花式頗為精緻。書院前的一進中有麻石檐柱，承托人字硬山式
屋頂，屋脊並無裝飾，非常樸素。除了修習文書的地方外，其庭院更用作教授武
術，是為一大特色，時人稱之為“白石巷”，入學的學子亦尊為“白石巷弟子”。
除此之外，屏山的述卿書室、厦村的友善書室和錦田的沘流園亦甚有名。

　　這些本港前代建築，是屬於中國南方農村的傳統形式，即天井的南北方向沒
有牆或門與天井分隔，以便通風，一般為單層建築或附帶閣樓；院子不大，呈窄
長形；房子正面一般頗狹窄，深度長且樓層高，深度是房子闊度的三至四倍，闊
度之所以小相信是受清代稅制影響，因以房子闊度釐定稅款多寡，居民為求增加
居住空間又不用多繳稅款，遂只在深度上加長。材料方面，多以青磚作承重牆，
另有土牆和沙磚牆，外加白灰。較具規模的祠堂、書院則用木架樑。一般屋頂為
仰瓦灰梗或用陰陽合瓦的鋪蓋法。

　　更值得注意的是，這些建築的平面、立面和剖面都有一定的規律和比例，可
見民間工匠對營造尺度的準確把握，其中莫不與魯班尺有關。魯班尺的應用反映
建築師傅對完美理想的追求及中國民間的哲學觀，包括傳統意識中的吉、凶觀念
及風水等信仰，故此，這些民間建築亦體現了中國人的深層文化。

　　1841 年英國佔領香港島後，大量與中國經商的外國洋行紛紛從澳門遷來，政
府及洋商等的移居帶來許多西洋建築，港島的村落面貌為之改觀，其後九龍半島
亦然。香港開埠初期，政府並沒有全面的規劃政策，一切建設均以洋商、英軍及
政府行政方面等的需要而考慮，華人的住宅都局限在荷李活道和太平山街一帶；
當時華人的社會地位低下，生活艱苦，除廟宇外並無可觀的建築，其逐漸衍生成

圖 6.3　三棟屋建於清乾隆五十一年（1786），為客籍陳氏所建，至今保存完好，並已辦成博物館。

275

型的舊式唐樓，設計上弊病甚多，而基本必需的公共建設亦得不到政府應有的安排。

當年港九市區內的華人住宅今已差不多全部消失，而廟宇方面，有些卻保存完好。現存者規模小的只有二進，但大部分由院落組合而成，例如銅鑼灣天后古廟建於清乾隆年間（1736—1795），為中國南方四合院式建築，第一進為前殿，第二進是正殿，中隔天井，但天井加建了上蓋而成為香亭。香亭的兩側是左右偏殿，中部兩個天井分別供奉青龍及白虎。中國傳統的廟宇多數採用這種平面佈局，是為一大特色。又此廟因建於山坡，以致台基較高以配合坡度。廟宇由傳統的樑柱結構組成，各處細部裝飾都很講究，大門的左右牆頭以及山牆都有壁畫。除了銅鑼灣天后古廟外，港九各處保留下來的中國傳統廟宇建築，尚有上環文武廟（1880）、銅鑼灣蓮花宮（1863）、灣仔洪聖古廟（1860）和北帝廟（1883）等。新界及離島亦有許多大小不同、歷史悠久的傳統廟宇。這些廟宇能保存下來，固然是由於民間需要，但亦可說是英國人對本地華人的傳統表示尊重和懷柔統治手法的結果。

香港地區的中國傳統建築，大多以珠江三角洲一帶的大傳統做法為主，其中包括廣府民居、客家民居、潮汕民居等小傳統做法。如上文所述的上水萬石堂與上環文武廟，便是典型的廣府民居，而沙田曾大屋，則是客家民居。另外，元朗梁氏宗祠，則為潮汕民居。這些大傳統下的小傳統，並非單從建築的表面，如屋脊的裝飾、構架上的繪畫與雕刻等便能識別，而需從建築的內部尺寸、結構做法以及佈局上判斷。

（二）西洋建築及其他（1842 年至 20 世紀 30 年代）

香港開埠後，最先出現的西洋建築其實是臨時性的蓆棚，稍後才建成磚房；最先是商住兩用如貨倉般的建築，後來又有作軍事物業的。[74] 英國人安頓後才漸興建有規模的西洋建築物，除了個別例子外，都緊隨當時英國的模式稍作更改而建成，可以看到各種風格的混合影響的結果，即喬治亞式、維多利亞式（Victorian Style）和愛德華式（Edwardian Style）。香港實際上是全盤接受了其宗主國的各種風

（74）請參看香港電台製作、何文匯博士主持的 "百載鑪峰" 之 "香港早期建築" 電視特輯，1982 年。

格，照搬過來。督憲府、三軍司令官邸、拱北廊和泄蘭街的雍仁會館（1860 年已拆）都是典型的例子。

以督憲府（今稱禮賓府）為例，它始建於 1851 年，1855 年落成，由當時第四任總督寶寧爵士入住。1890 至 1891 年間，大樓旁加蓋了側翼。日佔時（1941 年 12 月至 1945 年 8 月），日本人藤村正一曾將大樓全面改建，並加蓋了一座塔式建築，把大樓與側翼連成一體，才成為現今模樣。最初大樓的設計仿效英國喬治亞時代建築，十分工整和對稱，其深闊陽台有良好的通風作用，南北向的樓面有一列愛奧尼克式柱廊（Ionic Order）。加建的副翼沒有原先大樓那麼對稱，南北正面的中央有希臘式的三角山牆，向南的外面全為柱廊式的陽台，此樓亦是樓高兩層及設有深闊陽台。但後來藤村加了一座塔樓，又把原有建築的希臘柱頭、陽台、木百葉窗等遮蓋，原來的中國式瓦頂改為日式，又以外牆遮蓋原來的柱廊，牆上加上白粉裝飾，變得光滑而盡除原來的歐陸味道。原來的設計本也不過像英國的鄉村渡假屋而已，經過一改再改後更顯得有東洋味道。

前三軍司令官邸又稱旗杆屋，即今日茶具文物館，也是典型的帶殖民色彩的建築。它建於 1844 至 1846 年，屬喬治亞式風格，外形簡樸，融合了功能、地位、氣候和政治形象等因素於一體，它的設計源自英國著名建築師瓊斯（Jones, I.）所設計位於格林威治的皇后大宅（Queen's House at Greenwich），在第二次世界大戰中遭破壞而曾予以重建。今天整座旗杆屋都塗以白色，而屋頂則為黑色，走廊及柱都是多立克式（Doric Order）及愛奧尼克式的設計。但它早期的色調主宰了整座建築物的色彩以至風格，由海水綠，天藍及橙紅色組成，反映了開埠早期歐洲人對香港氣候的觀感：炎熱、海風和陽光，這三種顏色倒構成和諧感。在側面的入口設有石獅子，據說是用來辟邪，可說吸收了中國文化。屋前面有扇形的窗，客廳中有個維多利亞時代式樣的火爐，洋溢着一片歐洲情調。

約 19 世紀 60 年代，始有英籍建築師在香港執業，此後本港的西洋建築以古典復興式（Classical Revival）為主，即歐洲在 17 至 20 世紀初所流行的一種建築形式，它是重新組合各種流派，如哥德式、文藝復興式、巴洛克式（Baroque Style）等各種形式的綜合風格，例如舊上環街市（今西港城）、位於高街的舊精神病院（今西營盤社區綜合大樓）等；[75] 前者以紅磚建成，中央有玻璃屋頂，此種建造技

（75）只保存了正立面，而將原來的建築樓層拆除並改建為多層的社區設施，包括會堂及老人院，這種只保存立面的方式是文物保育所不能接受的，往往被譏諷為 facadism。

術是維多利亞女皇時代工業革命的成果；後者是兩層的磚屋，仿如英國 18 世紀的建築風格，但卻有中國式的瓦頂。其向北的正面工整對稱，有仿似文藝復興早期的樸素設計，以麻石建成的外牆，又具有 19 世紀美國建築師理查遜（Richardson, H. H.）的渾厚風格，非常獨特。

此外，香港大學主樓也屬古典復興式，其中又以文藝復興式為主要表現。它在 1912 年啟用，是依山而築三層高的非常工整的建築物，主樓的後半部在日佔後加建，破壞了大樓的設計。此建築以紅磚、麻石、白粉牆等構成，其基座是粗獷結實的石牆。正立面由七個部分組成，以鐘樓作分界而成左右對稱的局面，即由左至右為塔身、柱廊式陽台、紅磚實牆、中央樓，由中心向右再重複紅磚牆、陽台及塔身而止，非常有韻律感。主樓內部有四個小院子，前面的兩個植有棕櫚花卉，後面的兩個有荷花池、魚池，院子旁為三米多高的迴廊，院與廊之間為一列的承重麻石柱，整體氣氛有如英國的學院建築。

另一些建築物如舊最高法院（今終審法院）則帶有希臘復興式（Greek Revival）愛德華的風格，它於 1912 年落成，是本港第一座由英國較有名氣的建築師韋柏（Webb, A.）所設計的重要公共建築。其廊柱為愛奧尼克式，顯得莊重穩固。正面中央山形牆的屋頂，有手執天秤、蒙上雙眼的女神石雕像，象徵公正平等的法治精神。

帶殖民色彩的建築中亦包括有一些宗教建築，例如 1849 年完成的聖約翰大教堂。它的設計本是哥德式的，為遷就材料及技術而改成簡單的諾曼式（Norman Style），顯得渾厚重拙，沒有哥德式的玲瓏通透。鐘樓因經費不足，至 1853 年才完成，而聖壇部分又在 1873 年擴建時加長。它的平面佈局為十字形，但十字形中央沒有傳統的高樓。最大特色是其屋頂的鋸齒圍牆、修長纖窄的尖頂窗和支撐瓦屋頂的大構架。哥德復興式設計在 18、19 世紀的英國及歐洲其他國家是很流行的建築風格，因為時人鼓吹恢復中世紀的宗教情操及生活方式，以致無論天主教或基督教的教堂都以此風格表示虔誠。香港的另一個例子還有般含道的基督教合一堂（1926）。

猶太人的信仰和天主教或基督教的信仰不同，位於羅便臣道的猶太廟（1902 年奠基）的建築設計也與上述教堂有很大差別。此廟高兩層，一字形平面佈局，左右中軸對稱，外形設計混雜了 6 世紀早期基督教在土耳其及中東一帶的聖殿式樣，及 12、13 世紀西班牙半島所流行的款式。廟宇呈東西向，入口朝東，大門前有一個雙八角式的門廊，左右有八角形的塔，塔頂還有精巧細緻的塔樓，有古希

圖 6.4　前三軍司令官邸，建於 1846 年。

臘的圓柱裝飾。它在結構上所採用的飛扶壁則是歐洲流行的哥德式。整座建築物無論是平面或立面均有幾何比例，二者都採用“黃金比律”（即 1:1.618），而立面的大小則是平面大小的兩倍，還有其他比例可用等邊三角形和圓形去考證分析，故這座建築物充滿了古希臘和文藝復興時期的建築智慧。

在西洋私人住宅方面，既有哥德復興式，又有中世紀的寨堡式建築（Castles）的香港大學宿舍“大學堂”（又名杜格拉斯堡，原為私人住宅，建於 1861 至 1866 年間，1954 年起成為港大宿舍）。其原來建築形式仿效 14 及 15 世紀英國流行的堡壘式住宅，部分走廊配合香港亞熱帶氣候設計，後來的加建部分亦配合原有屋頂的鋸齒狀女兒牆，外型則採用維多利亞女皇時代流行的哥德復興式，故建築四周都見到扁形尖拱窗。最值得注意的是典型維多利亞式的鑄鐵雕花窗花圖案複雜。有些嵌有彩色玻璃、螺旋梯，是本港唯一現存的同類型建築。

直至 20 世紀初，外籍人士所帶來的外國建築風格在佈局和外形設計上主要是追隨英國式，但可以見到 19 世紀歐洲折衷學派的建築風格和某程度上也受澳門的葡式建築影響，就本地技術、材料、氣候及文化等因素而有所調節，凡此種種都充分表現殖民主義色彩。到了 20 世紀，國際的建築重點已由歐洲轉移到美國，歐美的建築都邁進國際主義時代，主要受到 19 世紀中期美國芝加哥建築師沙利文（Sullivan, L.）等的影響，利用鋼架結構建造高層建築，又配合電動升降機、電話、空調等的使用，走向商業化及科技化，大大扭轉了原來的復興主義與折衷學派的潮流。[76] 這種建築風格後人稱之為芝加哥學派（Chicago School），要到 30 年代才引入香港。

由於香港在 1920 年代及 1930 年代中的經濟發展頗為繁榮，城市內有許多新建設，在建築方面出現了相當特殊的中國式的西洋建築，即在鋼筋混凝土結構上加上中式外觀。這情況的出現主要是因為，[77] 中國第一批唸建築的英美留學生如梁思成（梁啟超之子）和他的夫人林徽因、楊廷寶、朱彬、周頌聲、呂彥直、范文照等人也在二三十年代學成返國，他們的腦子帶着西方建築的教育，但如何創造出

（76）芝加哥學派的真正重大貢獻，在於鋼材骨架發展成結構體，柱與樑連結形成骨架，組成由基礎至屋頂整體的承重堅固結構。沙利文對高層建築的設計原則有深刻的論述，認為高層辦公建築應有三個部分，地面層與第二層作為一部分，中間的辦公層和頂層形成另外的兩個部分，作為反映功能的建築形式。沙利文這一思想的革命性，在於它的設計思想是由內向外的，建築內部的功能以辦公室空間的相似性反映在結構的處理上，完全不同於當時流行的折衷主義那種不考慮建築實際需要，而先入為主的形式決定的建築態度。

（77）在 20 世紀 20 年代，中國有一個“非基督教”運動（或“反教”運動），對西方傳入的宗教思想全面抗拒。而 30 年代建立的中國人教會，則帶有濃厚的愛國思想，它不只是在禮儀上、神學上有所改變，甚至在行政上、經濟上也要獨立，於是教堂的建築形式也實行中國化，以配合“自養”、“自傳”、“自治”的方針。

有中國特色的現代化建築，則是他們思想上的當務之急，又剛巧遇上國內"本色神學"的推動，帶來融合中西文化的教堂建築設計。[78] 香港尚存的銅鑼灣聖瑪利亞堂、九龍城聖三一堂、香港仔天主教修院及鑽石山的信義會等都是受此風氣影響而產生的。這些教堂建築都以西洋鋼筋混凝土所建，並採用西方普遍使用的紅磚作外牆，但混合了斗拱、雕樑和紅牆綠瓦頂等中國宮殿、廟宇的古典建築元素，並帶有中國式的飛檐、斜頂及裝飾圖案等設計特色。在《中國建築》一書裡，作者徐敬直稱之為"中國文藝復興式"（Chinese Renaissance），可惜隨着日本侵華，和中國社會的政治轉變，這類型的建築就沒有發展下去。雖然這幾座教堂建築歷史不算悠久，但卻標誌着本地文化和宗教融合的一種特色。

（三）現代建築（30 年代至今）

不過，若論本港建築 30 年代最惹人注目及影響的深遠性，還數 1935 年落成的香港滙豐銀行大廈。滙豐銀行最初於 1865 年在獲多利大廈開業，到 1882 年另建新廈，後再因擴展需要而在 1935 年再建總行大廈，這新廈把香港的建築正式帶到前面所述的芝加哥學派去，它樓高 14 層，高達 220 米，摒棄了無謂的雕飾而把功能毫不保留地表現出來，切實恪守着沙利文倡議的"形式緊隨功能"（form follows function）的原則。它的外型簡樸而不流於沉悶，極具體積感。立面處理按照沙利文所說的三段式，由基座、樓身和頂層組成，厚實的窗戶以豎線加以烘托，而頂層最後縮成一個金字塔形的斜頂，設計相當大膽，連當年倫敦的建築界亦大受衝擊。其內部設有當時最先進的輻射板式供暖系統、中央空調系統及快速升降機，是全東南亞第一所用鋼架興建的現代高層建築，更是當時三藩市至東方一帶的最高及最先進的大廈，豎立了"摩登"（Modernism）商業大樓的典型發展模式。

在 30 年代同期的"摩登"建築還有中央市場（1937）及灣仔大街市（1936）。它們遵從摩登建築的設計原則，尤其是包浩斯學派的主張，結合機械製造的構件而建成，各構件都沒有裝飾性的圖案或細部，因此外觀非常簡潔，又以功能劃分

（78）這些唸建築而學成返國者，都非常熱愛中國文化，致力探索"現代的中國建築"。梁思成和夫人組織中國營造學社，專門研究中國傳統建築的營造法，而另一批則為執業建築師。在這種中西結合的建築潮流下，遇上"本色神學"的運動，於是產生了中國式的西洋教堂建築，而香港的教堂也受到這種風氣所影響。

圖 6.5　聖約翰大教堂，1846 至 1873 年間興建。

平面空間，線條利落，與殖民地風格的建築（如上環街市）有很大的分別。中央市場外形簡單，呈長方形，四角則呈流線形，立面的主要元素是由橫向長窗和雨篷所組成的橫線條，窗框的劃分也很有比例。灣仔街市大廈也同樣以橫向長窗和雨篷為主要的造型元素，但雨篷更大，更強調圓角的流線形，加上屋頂上的欄杆設計，造型比中央市場更酷肖船隻。爾後的 20 年間，香港有許多住宅尤其早期政府建的徙置屋邨都採用這種簡潔實用的設計風格，以符合經濟及大量生產為原則。

　　上述"摩登"建築標誌着香港邁向現代化，但更值得探討的是其風格本源於歐美的不同流派，有其歐美的深厚政治、文化和經濟基礎，當地的建築師不光只注重建築的商業實用性，更關心建築與人民生活的關係及其對社會的影響；然而香港的仿效卻只是活剝生吞的，只着重外型、功能及成本計算，並沒有借鑑於原來的建築理想。30 年代末，香港的工商業受世界性不景氣影響逐漸處於半停頓狀態；又有 1937 年的中日戰爭使大量中國移民湧入而形成嚴重的人口問題；旋即又有日軍的侵佔，使一切經濟活動停頓，城市建設亦只能有限度的滿足需求，建築方面只有基本公共設施如警局、消防局、市場等而已。香港淪陷歷時三年又八個月，除了督憲府被改成帶點"東洋味"外，日本人並沒有怎樣影響到香港的建築風格。

　　第二次世界大戰後，本港政府忙於復興社會元氣，差不多所有建築物及公共設施都需要重建和修補。戰後大量移民又不斷遷到本港，連基本建築的住房亦供不應求。由戰後到 50 年代初，香港的建築可說是處於艱難時期，這時有一批曾留學海外的中國建築師在港發展，如范文照、徐敬直、鄭觀宣、朱彬、陸謙受和李楊安，他們都是在 1949 年中共建國時，隨着上海、南京的資本家們遷到本港的。[79] 他們設計了許多商廈、工廠大廈和住宅，可惜並未留下影響深遠的建築理論，以致後人要整理其作品也面臨困難，形成本港建築史上的一段空白；較佳例子有朱彬設計的萬宜大廈，可惜亦已在 1995 年拆卸，其底層的構思已接近現代的購物廊，內部的裝飾帶有裝飾藝術（Art Deco）的味道，其整體設計跟隨 1923 至 1932 年美國的摩登主義風格；此外，陸謙受設計的 1950 年建成的中國銀行大廈也很有特

（79）這一批人還包括有楊寬麟、楊廷寶、劉福永、梁思成和其夫人林徽因，他們是第一代在外國受正統建築教育的中國建築師。他們都是在 20 至 30 年代留學外國的學生，其中留學美國為最多。他們進入當時著名的大學建築系，比如賓夕法尼亞大學（University of Pennsylvania）、麻省理工（M.I.T.）、哈佛大學（Harvard University）、密芝根大學（University of Michigan）、伊利諾大學（University of Illinois）和奧立崗大學（University of Oregon），另外還有英國、法國、德國和日本等國的留學生。他們早期受法國古典主義（Beaux Arts）學派的教育訓練，後期也受歐洲包浩斯學派的影響。這些留學生回國後在上海、南京等地開設建築事務所，選用現代建築材料設計有中國風格的"中國文藝復興式"建築。范文照、朱彬、李楊安、鄭觀宣等建築師曾在香港執業。參閱吳啟聰、朱卓雄：《建聞築蹟：香港第一代華人建築師的故事》，香港：經濟日報出版社，2007 年。

圖 6.6　建於 1935 年的聖瑪利亞堂，是 "中國文藝復興式" 建築的代表作。

色，無論是造型或風格上都與 1935 年的滙豐銀行相似，但外牆裝飾則多用中國傳統圖案，門口的一對石獅子與滙豐銀行的一對銅獅子更相映成趣，各領風騷。

香港大學在 1950 年成立了建築系，標誌着培養本地建築人才之始。當時的系主任哥頓·布朗教授（Brown, G.）引入了英國摩登學派（English Modernism）的建築風格，帶有北歐田園色彩（Scandinavian School）及以實用空間為主；他又提倡用本地材料，頗合香港戰後的實際需要。實例有港九兩所華仁書院，其主要材料便是本地的經濟的天然麻石和混凝土，設計上毫不掩飾其功能性，並考慮到對亞熱帶氣候的適應，對香港後來的建築設計有深遠的影響。戰後的住宅建築方面，除了胡亂搭蓋的路邊棚屋和山坡木屋外，大部分港人住的都是舊式唐樓，也就是 30 年代或以前所建的一些三至四層高的公寓式樓宇。這些唐樓都以承重磚牆和木質地板建在寬 4 至 4.5 米、長 12 至 13.5 米的狹長地盤上，屋內以木屏板作分隔，更有搭建的閣樓，每層高 3 至 3.6 米；只有建築物的前部或後部才稍有通風和照明，每層一般設一個廁所和一個廚房，都是住戶公用的。這些唐樓當時往往住上三四十人，其擠逼及衛生程度可以想像。到太平洋戰爭以後才有所謂新唐樓出現，這些樓宇每幢的建築總面積約為舊式唐樓的四倍以上，但每層的每個單位面積還是跟從前差不多。不過已改用鋼筋混凝土興建，窗框也用鋼鐵取代木條。根據 1955 年生效的建築條例規定，每住客平均應佔 3.2 平方米，每八人便必須至少有一個廁所、一個附帶水槽及供水設施的廚房；但是住客為了應付昂貴的租金，往往把住房又分隔成多個小間隔再分租予他人，使光線、通風及活動面積的情況又惡劣起來。當時的法例還規定不足十層的樓宇不一定要裝電梯，所以許多新唐樓都是八至九層的建築。[80]

1953 年石硤尾大火後，政府開始直接介入平民的房屋事務，以最經濟的方式在災區建徙置樓宇，這便是公共屋邨的雛型，其後的大坑東邨仍是這樣的設計。這些樓宇以最粗糙的材料在最短的時間內建成，每幢高六層，每單位面積為 19 平方米，平均每人只有 2.4 平方米（八歲以下小童減半計算）。其設備極盡簡陋，沒有電力供應，也沒有電梯，浴室、廁所以及自來水喉都是公用的，走廊既是通道，也是煮炊食物和曬晾衣物的地方。樓宇的底層用作商舖，而天台則成為臨時幼稚園。這種第一及二型公屋的治安及衛生情況都令人難以接受。就其建材、造型及重複地大量生產等特點而言，很有點 50 年代英國的新橫蠻主義（Neo-

---

（80）同注（60），頁 28—35。

圖 6.7　建於 1935 年的舊滙豐銀行總行

Brutalism）建築的味道。新橫蠻主義於戰後在英國興起，頗合乎當時物資短缺的
社會情況，多見於工人階級的住宅建築，其設計關注存在的特性，有反美學的表
現，建築外形都簡單粗獷，追求粗糙的質感，因而在混凝土建築的內外牆上都不
加任何粉刷，仿如 19 世紀英國的一些鄉間倉庫；其方形的構件又作橫向的組合，
重複排列所產生的線性形成了一種秩序感。本港早期的公屋只貪圖低成本以及在
短時間內大量生產，雖然有新橫蠻主義的外表，但實質上在居住空間及設備方面
都遠不如英國工人的新橫蠻主義式的住宅。[81]此後，本港續有各類型公屋的興建，
在設備及居住面積方面逐步改善，而且向高空發展，但離不開緊扣成本、重複單
一模式而大量生產的原則，這種現代社會的工業生產形式在建築發展上可追溯到
德國藝工聯盟（Deutsche Werkbund, 1898—1927）。其目的就是希望利用現代工業
的快捷技術、準確及低成本等有利條件，締造最理想、最完美的產品造型，提倡
機械美學（engineering aesthetics），建築上可提供簡潔、舒適的居住及工作環境，
藉以改善人類的生活；在追求大量的、經濟的產品時，並無忽視質素，相反更甚
為重視品味，基本態度便是要求工業與藝術能夠和諧結合。反觀本港大量生產的
公屋，雖然在空間及設備上漸有改善，但只針對社會的實用需要而未有考慮美
觀、舒適、文化及現代生活精神等要素。即使到了 80 年代，公屋的造型設計及整
體屋邨設施確實提高了水準，但仍未稱得上是包含人文精神，在建築思想方面未
見傑出成就。今天第一、二型公屋大部分已拆掉，少量仍保存的亦已改建作工業
用途。

　　戰後較理想的中下階層租住屋邨可見於 1958 年的渣華街北角邨。北角邨的外
表平凡卻簡單而實用，其簡潔明確的表現功能的設計，合乎熱帶氣候的對流通風
的要求，體現了現代建築的基本精神，每個建築單位都有廚房、浴廁、房廳及陽
台等，邨內又有公共汽車站、商店、公園、郵政局、學校等各項設施。北角邨的
另一建築特色，就是每個單位入門處造有混凝土的門檻，除了方便公共走廊的清
洗外，更是保存中國傳統的跨門方式，可說是對本地文化的認同。這個屋邨成為
後來低入息市民的屋邨設計典範。

　　儘管旨在服務基層市民的公型房屋建造並未能夠充分體現人文精神，其設計
也未有所突破，但卻為戰後的香港工業發展奠定了不可磨滅的基礎。其中一個顯

（81）新橫蠻主義的建築風格亦見於本港大埔的聖公會莫壽曾會督中學，此學校的建築設計在 1976 年獲香港建築師學會頒發銀獎
　　　（Silver Medal）。

著的例子就是石硤尾邨美荷樓。美荷樓建於 1954 年，剛好是石硤尾大火的第二年，是現時碩果僅存的第一型公屋。美荷樓雖然比當時的公共屋邨矮了幾倍，但在升降機並未普及化的香港，樓高七層的公務建築已是屈指可數，時至今日，這些公屋建築仍舊見證着香港建築的歷史進程。儘管美荷樓在 2010 年被列為二級歷史建築，但當時尚未受法律規定要原址保留，然而隨着香港的保育意識於近年逐漸增強，美荷樓的改建及活化使得其實用的建築設計得以在 21 世紀重新定義。2008 年的《活化歷史建築夥伴計劃》將美荷樓列 首批改建對象之一，改建後的美荷樓青年旅舍成為了歷史和新一代的交接點。[82] 除原本橫向性甚強的現代建築風格得以保留外，新加裝的升降機及環保元素更為建築物增強效能，並充分體現當代建築師保護環境的職責。

在私人樓宇方面，1955 年修訂的《建築物條例》放寬了高度限制，從而出現了許多 20 層高的商住樓宇，市區面貌因私人發展也產生很大改變，如九龍彌敦道。其中不乏投機取巧的反面例子，如佐敦渡船街文景樓、文蔚樓等，在符合條例限制下把大廈之間應有的容積亦建成居所，形成一長排的樓宇，儼然一座大墳墓。同時，由於缺乏足夠的有資格建築師，政府修改條例，使測量師、工程師都可成為“認可呈圖人士”（Authorised Persons）進行樓宇設計及建造工程，無怪乎當年出現一大批在設計方面較差的大廈建築。

其後到 1961 年啟用的大會堂是香港真正具代表性的現代建築。第一座大會堂建於 1869 年，屬法國古典主義（或稱布查，Beaux-Arts）風格，1933 年因旁邊的滙豐銀行擴充重建而遭拆去部分，剩下的又在 1947 年因中國銀行大廈的興建而拆掉，爾後經過多年的規劃，1962 年才再建成新的大會堂，其翻修工程在 1994 年底完成。它最初由港大建築系系主任哥頓・布朗設計，因預計建築成本太昂貴，後來轉由任職政府的費雅倫（Fitch, A.）及菲臘（Phillips, R. J.）設計。新大廈包括音樂廳、劇院、展覽廳、圖書館、酒樓等設施，佈局分高座、低座、紀念花園和迴廊等，採用典型的英國“摩登主義”風格。各部分以不同的功能加以區分，將圖書館和辦公室集中在高座，而音樂廳、劇院則分散排佈於低座，中間相隔有幾何圖形的花園。高座外形有包浩斯設計風格，露出結構部分，以玻璃為外牆構件。而低座的圓柱廊則有科布西埃的風格，符合他的“底層架空”和“橫向條窗”等設計原

（82）美荷樓青年旅舍於 2016 年榮獲聯合國教科文組織亞太區文化遺產保護獎－榮譽獎（UNESCO Asia-Pacific Heritage Conservation Award - Honorable Mention）。

則，主要顏色採用白色粉牆、黑色窗框和灰色鋪地為主調。大會堂按功能設計，分區明確，結構清晰，至今仍未感過時，而它重建於 60 年代亦象徵着本地文化重新確立，在香港建築史中非常重要。

踏入 70 以至 80 年代，香港的建築特別是商業建築較為豐富多彩，其中 1974 年落成的康樂大廈（1988 年改稱怡和大廈）率先揭開了香港建築的一個新局面。康樂大廈樓高 52 層，為當時全東南亞最高的建築，其地皮的價值也是當時全世界最高的，拍賣成交價平均為每平方呎 4,867 港元。結構上，其頂層有特別的抗風強度設計，而且並非傳統的核心筒設計（central core design），而是採用穿孔混凝土剪力外牆（perforated shear box for the external walls）、服務核心（central service core）和肋條樓面系統（a system of ribbed floors）的結構。設備方面有 24 部載客電梯，其速度達每分鐘 1,400 呎，另每層還有兩個服務電梯與消防電梯等，單是這個升降機系統的造價已是當時全亞洲最高。外形方面是典型的現代建築形式，整體分為頂部、屋身和基部等三部分，條理分明，充分表現出一個世紀前高層建築師祖沙利文所提倡的建築特色。

隨着 70 年代香港經濟起飛，大型的工商業樓宇需求增加，大型承建商以及外資的建築集團亦紛紛出現，直至 80 年代香港成為國際金融貿易中心，商業大廈更成為代表性建築物。許多發展商不惜花巨資請來國際著名建築師作設計，這種情況早在 50、60 年代已有，例如 1959 年意大利建築師 Ponti, G. 設計的尖沙咀瑞興公司大廈；到了 70、80 年代有美國 S.O.M.（Skidmore, Ownings and Merrill）設計的尖沙咀新世界中心、貝聿銘（Pei, I. M.）設計的銅鑼灣新寧大廈和新中國銀行大廈、[83] 端布（Turnbull, W.）設計的大潭美國會所、澳洲施得拿（Seidler, H.）設計的香港會所、英國福斯特（Foster, N.）設計的滙豐銀行總行新廈等。此外，也有外籍建築師在本港執業的例子，如交易廣場就是本港巴馬丹拿建築事務所的瑞士籍建築師李武華（Riva, R.）的作品。這些豪華商廈可說是壟斷資本的大集團的權勢象徵，雖然透過它們可以帶來國際水準的建築設計，但我們亦難以要求每個外國建築師都能發掘及表現本土的文化特質，以致大部分林立於港九的商業建築都成為了包裝美觀的舶來商品而已。另一方面，這情形亦導致本地建築師難以染指大型建設項目的設計，即使有好的構想也無從表現，誠為可惜。

70 年代以後的商業大廈有一普遍特徵，就是鋼架結構和玻璃幕牆的使用，

（83）貝聿銘設計的新寧大廈建於 80 年代，於 2014 年拆除，只有 30 年壽命。

圖 6.8　50 至 60 年代的廉租屋邨

這又是香港盲目跟隨外國建築潮流的另一例子。其實大面積的玻璃幕牆本身容易對陽光造成反射從而增加室外氣溫，而往往亦不能阻止陽光直射內部，以致必須使用空調系統，消耗更多的能源以便降溫，對陽光猛烈、氣候炎熱的香港絕不適宜；此外，香港的建築密度極高，大幅的玻璃幕牆換來的往往只是毗鄰高樓大廈的反射畫面而已。所幸，從 1995 年起，本港即實施管制建築物能源效益的新條例，逐步改善不適當使用玻璃幕牆所引起的能源損耗。

撇開上述缺點，這些商業建築也不乏精彩之處，在設計與結構上都有其自身的創新。在建築設計層面上，這些建築固然沒能充分表現出本土文化，但受香港特殊地理環境的限制以及金融貿易地位的影響，這些建築折射了建築師們挖掘與發展他們對當代建築的新思維與新概念，以及意識形態上的重塑。如 1985 年竣工的滙豐銀行總行新廈便是對高層建築的反思，同時將商業建築與公共空間融合於一身。而在技術層面上，它可說是高技術建築的典範，與 30 年代它的前身一樣，走在時代的尖端，成為舉世矚目的當代建築。總行新廈並沒有採用一貫的核心筒式設計，反而著力塑造建築內部的公共空間，在大樓的中心部分騰出大量位置來創造通透的內部中庭。這不僅重新定義了高層建築中核心筒的設計規範，更是展現了辦公樓設計多樣性。它的整個結構由八個豎向的組合柱和五組斜面懸吊結構組成，每組懸吊的層數由八個結構層遞減至四個，中間是兩層高的斜面結構本身，既是電梯的分區停靠層，也是火災時的避難所；整座大廈露出的構件和玻璃幕牆的組合，理論上都可拆卸、搬移、再裝嵌，電腦控制的太陽反射裝置，把陽光接收並反射到內部中庭，成為很好的天然照明，凡此都是現代高科技的成功運用；此外，其底層是三層高的大堂，無任何中央支撐，並把南北兩面的街道連接起來，空間設計巧妙。滙豐銀行總行新廈的設計重新探討同一建築裏公共空間和商用空間的共存性。當年福斯特的設計原意或許是極大限度地增加行人的流通性，但他意料不到的是，這一個個的公共空間現已成為了家傭的假日天堂；加上在資本主義社會，兜售奢侈品的商舖和休閒的公共設施成為了矛盾的存在體，在這些消費力受限的勞動人口前，這個開放空間一方面在現行建築物管制條例下給大眾獲取了更多的樓面面積，另一方面卻標誌着貧富的界限是如此的模糊，卻又如此的清晰，彷彿在啟發每個經過的都市人去思考。

1990 年建成的中國銀行大廈亦不遑多讓。大樓高 70 層，採用一種類似橋樑的新結構興建，整個建築依靠底部四角四條 12 層高的巨型鋼柱支撐，內部都有一系列外包混凝土的鋼桿斜撐，室內完全不用立柱，既給外觀帶來獨特面貌，又增加

圖 6.9　60 年代的大會堂

內部使用空間，有效地加強結構承載力及抗風力，並且比傳統方法節省約四成的鋼材，構思非常獨到。據設計師貝聿銘稱，其外形設計取竹樹節節上升之意，帶有中國文化的吉祥涵意，但亦有不少人批評其外形如同鋒利的尖刀，煞氣太重云云，而且從側面看亦有點不完整的感覺，但無論如何，其聳立的外形已達到雄視四周的效果。

綜觀香港自 70 年代以後至今的商業建築，發展商除了考慮最大限度地使用土地外，亦注意到外部空間的功能，如在建築前留出空地建花圃或噴水池等，稍為緩和了緊張的城市空間，這是一種積極的態度，市民也因此得到較好的城市景觀，大廈本身的形象亦得以提高。1982 年落成的置地廣場，突破了建築內部的空間佈局而提出商業建築的另一種模式。置地廣場的內部採用中庭 (atrium) 的概念，把原有的四層商業空間掏空而成一個偌大空間，內庭設置噴水池及盆栽等，配合屋頂的玻璃天窗把自然光線引入室內，形成商業鬧市中的一個 "室內綠洲"。這種嶄新的空間處理手法在當時引起了廣泛的效尤。

除了商業建築外，20 世紀 60 年代起本港住宅建築的空間處理亦有新突破，就是平台 (podium) 的利用。例如 60 年代末興建的美孚新邨，其住宅都建在四至五層高的平台之上，平台底層是車路，以上各層則設有停車場、商場、餐廳等，平台上除了住宅大廈外，更有休憩空間，包括綠化地帶、緩跑徑、兒童活動場等設施，儼如一個公園。這種設計除了增加基地的使用面積外，亦為住宅居民提供了各種民生及康樂設施。建築設計的焦點從單個建築物擴展到整個住宅區的環境規劃，是香港住宅建築設計一個進步的表現。後來的太古城 (1975 年開始興建，1985 年落成第一期) 亦是充分考慮開放空間 (open space) 的佼佼者，規模更為龐大，除了住宅樓宇及平台花園外，更包括綜合性的商業中心 (內設商場、電影院、食肆、溜冰場) 、學校、運動場、菜市場、郵局、銀行及地下鐵路服務。這種着重整體考慮的大型屋邨模式非常受市民歡迎，後來的例子有黃埔花園、置富花園、杏花邨、沙田第一城，分佈於港九、新界各處。

但本港在文化建設方面，較之前述的商業建築及住宅建築發展蓬勃的情況而言簡直不成比例，自 1961 年的大會堂以後，一直要等到 1978 年的香港藝術中心，方可稱為植入純粹文化性質的重點建築。香港藝術中心的建築計劃是由民間發起再爭取到政府資助的，在政府撥出的一幅 100 呎乘 100 呎的狹小土地上，設計師挖盡心思利用空間，使它的設施能包括有劇院、電影院、畫廊、實驗劇場、餐廳、書店、咖啡館、文化團體的辦公室、教室。其正面立面對稱而工整，整個建築物以三角形為設計的母題，在天花藻井及外牆上一再重複出現，帶來活潑的節奏感；其內部由入口大堂直達四樓挖空為天井，在樓梯環繞的天井中央懸垂着一個裸露的淺黃色通風管道，除了實際功能外，視覺上更成為一個空間重心及帶來縱向的延伸感，突破了原來狹窄空間所造成的壓逼感。

　　此後較大型的文化建設，則有 80 年代的香港體育館、科學館、香港文化中心（包括太空館、演藝大樓、香港藝術館）、香港演藝學院等，它們各自擁有獨特的外形及各種先進設備。其中香港體育館（1983）採用了"從上而下"的施工工藝，將屋蓋的大跨度間架結構在近地面裝配，然後在場館的四個角位，分別架設一部臨時鋼架支柱，為頂蓋的臨時支撐，待空間構架完全嵌造完畢後，利用油壓起重機，將頂蓋升至 23 米高，然後擱置在臨時鋼架支柱上。當場館的建築工程完成後，才拆除該四支臨時支柱，這種工藝是繼美國康涅狄格州（Connecticut）的一個體育館之後的全世界第二個實例，又再反映出香港人樂於採用新科技。

　　上述的文化建設中，比較諷刺的是香港文化中心原址是 20 世紀 10 年代九廣鐵路火車總站所在地，這個標誌着香港最初與歐亞國家的交通連繫的歷史古蹟除了鐘樓外都已毀於一旦，卻在原地重建與附近環境毫不相關的密封式的香港文化中心，顯見香港政府對保護本地歷史文化完全缺乏識見，並沒有想到採用像法國羅浮宮般糅合新建設與歷史古蹟的做法，使香港人平白損失了一個甚有紀念價值的歷史建築及錯失了繼承傳統、認識香港與珠三角以至其他內地地區深厚的地緣歷史文化關係的機會。事實上，整組封閉式建築插於半島的尖端，卻完全不考慮客觀環境，浪費了顯彰的位置及優美海景等有利條件，實在是市民極大的損失。

　　而 80 年代建成的香港會議展覽中心，是本港首個為舉辦國際大型會議及展覽而建的場地。在歷經 1997 年的二期和 2009 年的三期擴建工程後，會展中心已然成為維多利亞港的另一聚焦點。會議展覽中心由來自王歐陽香港有限公司的林和起建築師，和芝加哥 Skidmore, Owings & Merrill Inc（SOM）負責建築設計，外部用鋼架支撐起約四萬平方呎的鋁合金翼狀屋頂，在建築內部塑造一個巨型的空間，內設會議廳、展覽廳、演講廳及大禮堂等以滿足大型宴會及展覽需求。為了延續建築的通透性，外用玻璃幕牆圍合，將維港的景色納入建築內部。1997 年 7 月 1 日凌晨，香港會議展覽中心容納了來自超過 40 個國家，總數達 4000 人的國際政要，進行了長達 11 小時的香港政權交接儀式，見證了香港主權的回歸。香港會議展覽中心現今已成為本港的新陸標，標誌着本港拓展公共服務業，發展國際貿易關係的發展趨勢。

圖 6.10　80 年代的交易廣場

　　回顧本港近代的建築歷程，20 世紀 50 及 60 年代間主要應對社會上對住房及辦公室的需求，着重講求實用性而少有顧及建築的意識形態，70 至 90 年代間，本港經濟起飛，才開始有實質意義上的發展。1950 年香港大學開辦建築學系以來，便一直為香港培養本土建築師，為香港建築的發展做出了貢獻。這批受本土教育的建築師在考慮建築物的功能之餘，尚關注其外形和環境的和諧。[84] 但此中有一特殊現象，即本港市區裡的代表性建築物，大部分是由外國建築師領導設計的，這些本地陸標（landmarks）有高水準的設計，堪為本地及鄰近地區建築的範例，並因此提升了香港建築在國際上的地位，但代價是犧牲了本地專業人士在大型建築項目上的參與機會，使他們無緣從事自己家鄉的大型創作，往往只能退到二線或以下的位置。本港的大商業集團在投資大建設時對本地人才的不信任，深遠地影響到香港本地人的建築設計難有理想或信念可言，所謂本地建築風格的發展更無從說起。

　　誠然，本港也不乏優秀之設計實例，如添馬艦政府總部便是一個甚佳的容許社區融入的傑作。政府總部由畢業於香港大學建築學系的本土建築師嚴迅奇設計、金門和協興建築聯營，於 2011 年竣工。其設計秉承了建築師提倡的"門常開"理念，在建築中間設置一個淨高百餘米的有蓋空間，成了一扇敞開的"門"。政府總部的設計精髓並非其通透的表層，而是其將邀請公眾融入建築的意圖雜糅到設計中，在綠油油的中央草坪上不難見到民眾在享受閒情逸致、小孩在嬉戲，於香港而言，這是極為珍貴的、公眾可與綠地零距離接觸的公共場所。平日裡，在這片沿海的休憩用地和中央綠地上，亦不乏有向政府發表意見的公眾團體，就不同議題為普羅大眾發聲。[85]

　　香港在八九十年代經濟發展之急促，刺激了建築工業的迅猛發展，但由於香港地少人多，使得建築僅能夠在狹隘的地域裡面向高空發展。加之地價的高昂，歷史建築的保育在經濟面前顯得蒼白無力，清拆重建的意欲亦凌駕於文物保育；當一座又一座載滿本港歷史的舊建築被清拆之後，民眾開始萌生反對之聲。2006年因保留舊中環天星碼頭所引發的社會輿論，正好體現了民間對"拆、拆、拆"

（84）香港大學在 1950 年成立建築系以來培養了不少建築師，由最初每年數個畢業生發展至 20 世紀 90 年代中期約 82 個，加上香港中文大學在 1991 年起亦開辦建築系，應使建築業人才不缺。但本港的建造事業實在頻繁，加上近年中國內地地產市場的需求，使本地建築師頗有應接不暇之感，更無心置身研究工作，以專業所長領導社會。在規劃人才的培育方面，港大在 1989 年已開辦城市設計碩士課程，另又有城市規劃及環境管理研究中心於 1991 年由原來的城市研究及城市規劃中心（1980 年成立）改組而成，開辦有關之碩士及博士學位課程；以上的課程確保了本港在城市規劃及城市設計等方面的人力資源。

（85）請參閱鄧崇銘：〈我們一起走過的街道：嚴迅奇專訪〉，載於鄧崇銘，韓江雪：《僭建都市：從城鄉規劃到社區更新》，香港：印象文字，2013 年，頁 24—33。

文化的醒覺和對切合實際的文物保育之重視，甚至連中小學的文物保育教材，都鼓勵民眾去探究保育議題；民眾開始有機會接觸到文物保育的理念和文化傳承的重要性，須知浸滿歷史的文物建築才是一個城市蓬勃發展的根源所在。建築的意義並非淺顯地停留在商品化的表層，提高商業社會中民眾對文化遺產的保護意識是一個發達城市去蕪存菁的必然工序。1997 年古物諮詢委員會在香港舉辦了"文物與教育"國際研討會，受此啓發，筆者於 2000 年在香港大學建築學系創辦建築保育碩士課程（Architectural Conservation Programme），以此作為契機搭構起歷史建築與新建築之間的紐帶。經活化的歷史建築得以重新融入社會並重新發揮新的建築功能。這個學術分支的創立開拓和擴展了民間對文化保育的認識、了解和熱誠，令建築的活化工作不再是一紙空文，而舊建築的保育亦不再是天方夜譚。這個巧妙的心理轉變在香港是有目共睹的。然而問題是，文物保育意識雖説是增加了，但保育卻無可避免地要與時間和金錢競賽。為此，特區政府採納了筆者在1999 年"文物與旅遊國際研討會"會議論文的建議，將管理文物的部門由管理文化的民政事務局轉交至土地發展局負責。[86] 此舉表示政府直接地承認文物保育與善用土地資源的關係，法定古蹟始終得靠納稅人支持才得以延年益壽。前文所及由時任發展局局長林鄭月娥女士大力推行的《活化歷史建築夥伴計劃》和市區重建局的設立，把建築保育推至新的頂峰；前者的保存項目包括灣仔藍屋、深水埗雷生春，而後者則以部分加建和復建靈活交替的方式保育了灣仔綠屋（今動漫基地）和灣仔和昌大押等建築。此外，中環街市設計方案的落實至今仍是如火如荼，政府和半官方機構亦群策群力，保育對城市有價值的文物。[87]

　　環顧本地建築，別具創意及涵蓋本土文化精神的成功例子似乎就只有香港藝術中心（何弢設計，1975 年）、望東灣與白沙澳的青年旅舍（嚴迅奇設計，80 年代）。有人指後二者屬後現代風格，其實不過是建築師嚴迅奇關注本土文化、取材於中國傳統民間建築的精髓，再加以現代的手法，可稱之為新鄉土建築（Neo-Vernacular）的範例。上述三個例子均照顧到地方特色和歷史文化背景，如果香港未

（86）Lung, D.P.Y.. "Is Heritage for Sale? Heritage Conservation and Tourism in Hong Kong". Conference Paper on International Conference: Heritage & Tourism, Hong Kong (China)，2013；Lord Wilson Heritage Trust., & Hong Kong (China). International Conference: Heritage & Tourism: Hong Kong, 13-15.12.1999: [programme] (pp.9—12). Hong Kong: Antiquities Advisory Board. (1999, December).

（87）筆者曾於 2000 至 2007 年致力於澳門歷史城區、開平碉樓與村落、馬來西亞馬六甲和檳城的研究與評審，進一步印證了文物建築的價值並非僅限於建築物本身，而是隱含在建築背後那一段能夠真實地反映歷史脈絡、印證本土文脈根源的故事。如廣東開平碉樓與村落，其核心價值在於開平先民漂洋過海，在異國他鄉艱苦創業、致富歸鄉後興建碉樓、保衛族人的故事，同時也是彼時內憂外患國情下，華人受逼的歷史縮影；此外，文物建築的保育不應止於單一建築物，建築與其所處的環境，如街區、社區、城鎮乃至城市，是不可分割的互為共存體，此亦為香港歷史建築的保育方針開拓了新的思考方向。

來的建築都能如此，由本地人領導，配合香港的歷史脈搏，體現本地獨特的社會
文化，旨在建立本身的精神文明，則必可打破過分模仿及實用主義的悶局。

五·結語

　　意大利作家卡爾維諾（Calvino, I.）在《看不到的城市》一書中這樣描述城市的
記憶：“當來自記憶的浪潮湧入，城市就像海綿一樣將它吸收，然後脹大。故此對
城市的描述，必須包含過往的一切，要了解過往的一切，則必須從城市的每一個
角落去尋找。在城市的每個角落，都銘記着城市歷史的刻痕、缺口和邊緣。”同
時，卡爾維諾更指出建築就是城市的符號，他説“就如寺廟門上可見的諸神塑像，
帶有特殊的象徵，信徒們可藉此辨認神祇並禱告。即便一座建築物沒有任何招
牌，仍能依靠它的形式，以及它在城市格局中所佔據的位置，來展示其功能。故
此，建築的價值在於其功能所衍生出來的符號。當觀賞建築物時，人們只不過是
記錄了城市用來界定自身及其各部分的符號。”[88]

　　城市的記憶與符號，是互為共存、彼此相連的整體。城市的符號印記着城市
的記憶，城市的記憶幻化成城市的符號。在城市中的每一座建築物，或大或小、
或新或舊，都記載着民眾的點點滴滴，無論是平凡的勞作，還是神聖的信仰；無
論是淳樸的求知，還是繁華的商貿，都真實地凝聚在城市的記憶裏，烙印在城市
的符號上。原始部落先民對自然的崇敬，演變成神廟與祭壇，成為城市裏祈福與
禱告的符號；現代都市裏民眾對繁榮的追求，演變成商廈與銀行，成為城市裏金
錢與欲求的符號。城市裏的建築，將人們日復一日的平凡生活，鏈接成密不可分
的脈絡，倘若符號消失時，城市的記憶也便隨着消失。

　　回顧香港百多年來的歷史發展，其城市與建築一直以實用、高效、密集為取
向，其以商業為基礎的發展模式至今仍然沒有過多的變化，由於地皮貴重的原
因，建築物往往 50 年就重建一次，故此，市區內有很多建築物由開埠至今，已是
原址的第四代重建，中環滙豐總行便是最佳的例子。從殖民時期起，香港的城市
發展定位便缺乏思辨和理想，在經過 19、20 世紀戰時戰後的急促發展以及過渡時
期的掙扎後，最終在過渡後期開始重新定位，香港民眾的歸屬感及責任感也逐步

（88）伊塔羅．卡爾維諾著，王志弘譯：《看不見的城市》，台北：時報文化出版企業有限公司，1993 年，頁 22—24。

圖 6.11　90 年代的青馬大橋（通往新機場）

提高，致力於建設屬於自己家園的想法亦逐步成為未來城市發展的有利條件。在建築上，香港有古老淳樸的中國傳統建築，有風格各異的西洋近代建築，有個性鮮明的現代建築，同時也不乏建築先驅們傾力巨鑄的中國式文藝復興建築，更不乏本土建築師研精致思的新鄉土建築。無論是過往的缺乏思辨，還是今日的群策群力；無論是金光閃爍的西洋現代，還是厲精更始的鄉土創新，香港的城市與建築均真實地反映了其歷史、人文、社會的本質。縱古觀今，以商貿為主導的社會模式賦予了香港特殊的文化符號——靈活、自由與多元，而這種符號也恰恰反映在其城市與建築上，匯聚成香港民眾的記憶。

　　本章第一稿 1997 年版由香港大學研究基金資助，得時任香港大學建築學系助理教授王維仁先生（現任建築學系系主任及教授）和建築師黃錦星先生（現任環境局局長）給予寶貴意見，由林苑鶯小姐協助編寫；第二稿 2016 年版由香港大學羅旭龢夫人（建築環境）基金資助，得香港大學城市規劃及設計系榮譽教授梁焯輝先生（前規劃署署長）提供寶貴意見，並由高栢勤先生（建築系碩士畢業生）協助收集資料及編寫，吳鼎航先生（建築系博士研究生）協助文字修訂及編輯。

第七章

現代貿易體系的成長歷程

莫凱

一·引論

　　香港地處中國南天海隅，在亞太地區位置適中，而且是個世界有名的天然良港，這些條件都有利於成為一個國際貿易中心。但是，優良的港口和適當的位置，都只是客觀的必要條件，還須要和有利的歷史條件相配合，才能成功地得到發揮。事實上，在唐宋年間，廣州已經成為一個中國對南洋的貿易中心，香港還是默默無名。甚至到了 17、18 世紀，當中國和西方國家在澳門進行貿易的時候，香港一帶地區的經濟仍然以農業為主，附近的海面也不過是漁民和海盜出沒之所。當時所指的香港，只不過是今日港島南面的一個港灣，人們從那裡將附近地區盛產的莞香轉運到中國各地，這可與國際貿易無關。

　　香港地區由港島、九龍（界限街以南）和新界（界限街以北、深圳河以南）三部分組成。前兩者地方偏狹，山多而可耕地少；新界則平地較多，自宋元年間已有南來移民遷入，開闢土地發展成農村。清代時，整個地區歸新安縣管轄。19 世紀中期，香港地區人口稀疏，除了漁農業以外，只有港口可作轉運之用。在中國的管制貿易政策下，外（英）國人為了要打開貿易之門，便以武力奪取港島作為根據地。自由港和自由貿易的旗幟招徠了大批從事中國貿易的商人，轉口貿易因而蓬勃。其後地界又一再擴充，大量人口相繼流入，促使各業成長，規模經濟、範圍經濟和聚結經濟都得到充分的發揮，匯成一股動力，使經濟得到全面發展。

時至今日，香港還一般地被稱為是個轉口港。實際上，它今日的成就，已非轉口港一詞所能形容。由於一些歷史的原因，香港的轉口貿易在第二次世界大戰後曾經一度式微。但它能及時地善用在轉口貿易時代所累積下來的設施、資金、人才、經驗和商業關係，轉而建立它本身的出口工業，繼續貿易，並且向金融和其他服務事業方面發展。到了轉口貿易重新蓬勃的時候，它已經成為一個具有發達的製造業、金融業和服務業的都市，貿易的內容和服務範圍，也遠非昔日可比。今天的香港是一個面積達 1,000 平方公里、人口數百萬的大都會，本土內部的商貿活動自然也非常活躍，但這些活動大都是由出口帶動的經濟發展所衍生的。香港因貿易而生，由於先天條件所限，要生存、要發展便不能不繼續倚靠貿易。本章主旨在介紹香港如何憑著"自由港"的特殊地位，發展成為一個國際貿易中心的進程。

二·轉口貿易的發展

（一）鴉片戰爭前的香港

早在唐宋年間，中國便已經和阿剌伯、波斯、印度、南洋各地進行市舶貿易。當時廣州有市舶司之設，管理對外貿易，今香港地區的屯門為廣州外港之一，來往船隻多以之為停泊所在。明初實行海禁，寸板不許下海，但仍設市舶司於廣州，便利東南亞各國的使團定期來華朝貢互市，而位於珠江口的屯門則為一個外國船隻停泊，等候被召喚進入廣州的地方。由此可見，當時中國所實行的是一種由政府壟斷的朝貢貿易。但是，私商貿易，特別是中國東南沿海地區和南洋一帶的華人社會之間的私商貿易，卻是禁之不絕。

在西方國家中以葡萄牙人東來最早。明正德八年（1513），葡萄牙人便已抵達屯門，且曾一度進入廣州貿易，其後又退回屯門，並準備建立根據地。明朝政府先後經正德十六年（1521）屯門之役和嘉靖元年（1522）西草灣之役，將葡萄牙人驅逐出境，並因此而一度禁止與諸國貿易。結果，私商的非法貿易更為蓬勃，而葡萄牙人卻繼續在中國東南沿海一帶活動，其中有部分更與日本浪人和中國私梟勾結，四出劫掠，成為當時的倭寇。

基於財政上的需要，明朝於嘉靖九年（1530）恢復廣州的貢舶貿易，又因為海防關係，於嘉靖十四年（1535）將舶市遷到澳門與諸國互市。其後，葡萄牙人亦重來貿易，並且賄賂廣東官員，於嘉靖三十六年（1557）竊據澳門。除了私商以外，當時這一帶地區的倭寇和海盜都非常猖獗，明朝亦於大嶼山、屯門、九龍等地設置炮台、汛站，駐軍以作防衛。

　　清初亦行海禁，並於康熙元年至二十二年（1662—1683）實施遷界，以堅壁清野辦法對抗鄭成功的反清活動，將私商、蜑民等一概視為化外，嚴加取締。遷界對香港（特別是農村人口較多的新界）造成極大的損害。另外一種不良後果是，私梟和盜賊更因而肆意橫行。

　　直到台灣平定以後，清政府在康熙二十四年（1685）始解海禁，闢廣州、漳州、寧波及雲台山四港與外商貿易。但到了乾隆二十二年（1757），又改行一口通商，將所有對外貿易集中於廣州。當時所行的貿易制度稱為公行制，由政府所特許的十三行所壟斷。外國人雖然可以設商館於廣州，但行動卻受到極大限制，交易必須經過公行，而且不能久留。由於當時西方早期的殖民勢力已逐步來到東方，在南洋一帶活動，所以這時來華貿易的主要是西方商人，而清政府的限制，又使他們只能集中在由葡萄牙人經營的澳門活動。

　　清政府的管制貿易政策，使中國沿海的私商活動非常活躍，而澳門亦成為其中心之一，也引來海盜的劫掠。嘉慶年間（1796—1820），珠江口一帶的海盜以張保仔一股最為龐大。張保仔以港島為根據，嘯聚達四萬人，有船數百艘，橫行於海上，使清政府要在大嶼山、屯門、東涌等多處設立汛站，而外商、私商及十三行等船隻來往均須武裝護航。單從海盜的規模，便可見當時貿易之盛。直到嘉慶十五年（1810）張保仔降清，此事才告一段落，但其他小股海盜依然猖獗。

　　清政府開海禁後，英國人亦來華貿易，東印度公司且在廣州設有商館。工業革命以後，英國國力大增，對中國的貿易要求亦日甚。由於廣州的貿易為十三行所壟斷，而澳門亦為葡萄牙人所獨佔，為了要自由販賣鴉片，英國人屢次向清政府要求開放貿易，並割讓沿海島嶼，皆不得要領，便準備以武力奪取根據地。其實，當時的鴉片走私船隻早已活躍於港島海面，清政府亦在港島和九龍一帶增兵設防監視，最後由禁煙衝突而引發戰爭。

圖 7.1 廣州十三行（1850）

圖 7.2 英國走私鴉片的船隻

（二）草創期：由《南京條約》到《北京條約》（1842—1860）

　　根據一般估計，鴉片戰爭前的港島，人口不及一萬人，主要以漁農為業，從上文所述，可見它當時只不過是私商和盜賊逃逋之地。在國際貿易上，雖然許多其他鄰近地方早已見於史冊，但香港還是默默無名，它之踏上歷史舞台，是以鴉片戰爭開始。

　　鴉片輸入中國，初為藥用，始於何時，則無從稽考。18 世紀初，每年由葡萄牙人和荷蘭人輸入亦不過 200 箱（每箱約為一點一擔），其後國人吸食者日多，進口日增。18 世紀末，英國的東印度公司取得鴉片的製造和販賣特權，便在印度大量種植，輸到中國，其後特權雖告取銷，私商販賣更盛。鴉片戰爭前，每年輸入中國的鴉片竟高達四萬箱，使中國前此的對外貿易出超變為入超，白銀大量流失。由於鴉片對英國為利之大，對中國為害之深，最後便因林則徐銷煙為導火線而演成鴉片戰爭。中國戰敗後，清政府遂根據《南京條約》於 1842 年將香港島割讓給英國。事實上，在開戰早期英國人便已佔據港島，並於 1841 年中宣佈香港為"自由港"。

　　從《南京條約》到《北京條約》的一段日子，可以說是香港作為一個轉口港的草創時代。英國人既得香港，便在港島北岸拍賣土地，興建民房和貨倉，外商亦相繼遷入，除了經營進出口的洋行以外，還有船務公司和銀行，而一些工廠如糖廠、酒廠、水泥廠、冰廠、麵粉廠等亦相繼建成。

　　根據 1845 年的估計，香港島只有二萬三千餘人，其中歐籍及印籍者不及千人。華籍人口主要以務農和捕魚為業，其中亦有流動人口約一萬人，他們主要是鄰近地區的居民和艇戶，因為香港在建設上需要大量人力而來港謀生。但無論如何，由於香港的內部市場非常狹小，還有待固定人口的增加，工商業才可得到平穩的發展。

　　在對外貿易方面，初期的發展就並不見得一帆風順，還是以鴉片走私為主要內容。當時海盜依然猖獗，居港的華籍商人不多，而廣州依然是華南從事華洋貨品買賣的重心，加以五口通商以後，外商船隻也可以直接北上通商。因此，香港充其量不過是個轉運站而已。

　　到了 19 世紀中期，由於美國和澳洲先後發現金礦，吸引了大批華南沿岸的中國人到海外淘金，同時也有不少遠赴南洋、加拿大和南美等地當苦工。他們數以萬計，群聚於香港等待出發，大大地促進了香港的商業、旅館業和航運業。及至太平軍興，國內的戰亂又造成了人口和財富南移，以香港為避難所，結果使香港人口倍增，城市日漸擴大，百業亦隨而興旺。特別值得一提的是，由於華僑數目不斷增加，在海外造成了一定的中國產品市場，香港商人憑着信息和航運上的方便，最能滿足這種需求，一些所謂金山莊和南洋莊便應運而生。此外，隨着中國沿海航運的發展，經營南北貨品的"南北行"亦告興起。由是，香港便逐漸成為一個轉口港，從事貨品和人口的轉運。

（三）成長期：由《北京條約》到《展拓香港界址專條》（1860 — 1898）

經過第二次鴉片戰爭，中英兩國在 1860 年簽定了《北京條約》，清政府將九龍半島南端（包括昂船洲）割讓給英國，整個維多利亞港便被納入英國管治範圍以內。從此，香港政府便積極加強港口的建設和管理，使香港的發展進入了一個新時代。由於航運和貿易上的需要，私營的輪船建造和維修船塢、碼頭、貨倉等亦先後出現。這些基礎設施的完成，使香港的航運事業迅速發展，英、美、法、日等國家的輪船公司也開始提供定期航班服務。在這時期內，無論是出入港船隻的數目和載運量，都有大幅度的增長。

香港面積擴大也使人口進一步增加，1860 年香港已經有九萬多人，1865 年便達到十二萬多人，其後的增長非常迅速，1886 年計有十八萬多人，到了 1898 年竟高達 25 萬人以上。這一方面顯示了中國的向外移民潮繼續不斷，大大地增加了香港的流動人口，另一方面更重要的是，香港本身的經濟發展吸引了大量人口來港謀生，而國內戰亂頻繁，政局不安，也促使了許多人到此定居。在這時期內，香港亦因為各種公用事業如電報、電話、電力、電車、自來水等先後投入服務，逐漸成為一個略有規模的城市。

人口聚居促使了香港商業的成長，一些規模較小的工業如火柴廠、肥皂廠、羽毛廠、紡織廠等亦相繼出現。但是，香港當時的經濟發展以轉口貿易為主，除了航運以外，其他有關行業如銀行、代理、保險等亦日益興旺。轉口貿易的內容也不斷擴大。在出口方面，除了早期的絲、茶，和供給海外華僑的各種中國產品以外，還有大豆、皮革、羊毛、植物油、大麻、煙草等，而在進口方面，除了棉花和鴉片以外，還有煤油、食油、火柴、食米、染料、金屬等。在這時期內，大量鴉片依然源源不絕地經香港流入中國，但到了 19 世紀末，由於種種國際壓力，

圖 7.3　早年香港船隻的貨物裝卸，多用人扛或抬。

鴉片貿易也逐漸停止。

香港轉口貿易的迅速發展，使它在中國對外貿易中的地位不斷提升。這是由於香港是個"自由港"，有優良的港口和輔助設施，有多方面的國際聯繫，和比較穩定的政治環境。根據中國海關資料，中港貿易在 1880 年已經佔中國的總進、出口分別為 37% 和 21%，到了 1890 年更分別上升為 55% 和 37%。須要指出，這些數字還沒有將走私計算在內。

特別值得提出的是，香港在這時期內更成為了中國的沿岸貿易中心。當時中國已經開闢了多個通商口岸，鴉片貿易亦已合法，外國船隻運來的鴉片和洋貨經過海關完稅後再分銷到各地，這是外商將貨品經香港轉口到中國的正常途徑。但是，隨着又出現了蓬勃的所謂"帆船貿易"，有些香港商人利用帆船將鴉片和洋貨北運，避過口岸，在沿海各地銷售。這種與正規貿易並行的走私活動亦稱"平行貿易"，"水客"、"水貨"等名稱亦因此而起。走私活動使清政府蒙受關稅收入上的損失，但中國海岸線漫長，禁不勝禁。因此，清政府曾一再提出交涉，並對香港實行封鎖，對帆船貿易有一定的打擊。但是，香港是個"自由港"，而事實上這類"帆船貿易"又以華人為主，涉及中港兩地商人，當時的香港政府即使有意，亦難加以管理。

從這點我們便可以看到一個自由貿易轉口港和一個普通貿易港的不同之處。雖然它們同樣地為腹地服務，同樣是貨物的集散地和轉運中心，但由於轉口港是個腹地"境外"的"自由港"，盡能發揮所長，這是它能特別吸引貿易之處。換句話說，如果貿易和其他經濟活動根本上是自由的話，轉口港的重要性便會大為削減，變為與條件相同的貿易港無甚差別。香港的轉口貿易能夠迅速成長，除了它的地理位置和港口設施以外，一個最重要的因素是由於它的特殊地位，使它在周圍的管制貿易環境中，發揮了自由貿易的作用。

（四）成熟期：由《展拓香港界址專條》到淪陷前（1898—1941）

根據 1898 年簽訂的《展拓香港界址專條》，清政府將新界租借給英國，使香港平添了大幅土地，形成了今日的規模，人口亦增至 30 萬人。從此，香港的經濟更為蓬勃，1910 年九廣鐵路通車，使它在華南的交通和運輸上的地位更為重要，轉口貿易也進入了成熟時代，直到淪陷時期才告一段落。

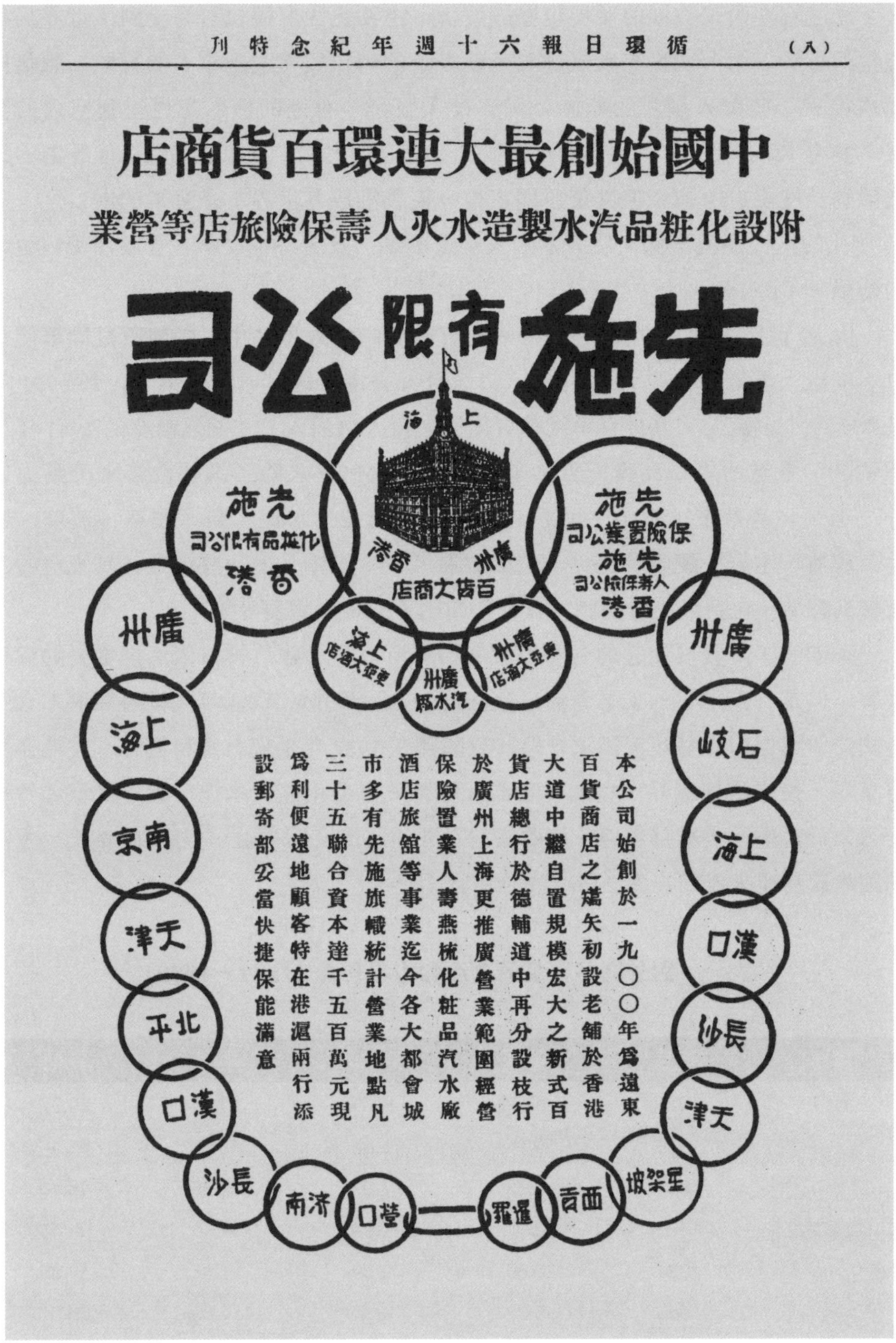

圖 7.4 先施公司刊登於《循環日報六十週年紀念特刊》（1932）上的商業廣告

在這時期內，香港的發展也歷經波折，主要是因為轉口貿易受到了世界局勢變化的影響。第一次世界大戰爆發，使香港的轉口貿易受到重大的打擊，戰後航運恢復，一些華人創辦的輪船公司亦投入服務，香港的造船業也得到空前的發展。20 年代的轉口貿易更趨蓬勃。雖然 1925 至 1926 年的省港大罷工使香港的經濟活動一度陷於停頓，但其後迅即恢復，使香港成為世界上最繁忙的港口之一。30 年代的世界經濟蕭條又使香港陷入嚴重不景，及至日本侵華，香港便受到更大的衝擊。

由 19 世紀末到 20 世紀初，中國一直處於內憂外患之中。內地戰亂頻繁使人口不斷流入香港，根據 1921 年的人口統計，香港已經有六十多萬人，到 1931 年又增至八十多萬人，其後日本侵華更促使大量人口湧入，在淪陷前夕的 1941 年，據估計，香港的人口高達一百六十多萬人。人口移入除了為香港帶來勞動力以外，也為香港帶來了資金，使香港的工業如紡織、水泥、糖、煙草、玻璃、肥皂、藤器、木器、繩索等得到一定的發展。日本侵華又使一些內地較具規模的工廠搬到香港，包括織染、樹膠、食品、印刷、五金、電器等等。

香港的工業發展使它的貿易形態開始有所改變。雖然轉口依然是主要的貿易內容，但是香港本身的工業產品也逐漸地進入世界市場。30 年代世界經濟不景，各國紛紛用保護貿易政策以求自保，英聯邦在 1932 年通過特惠稅協定，香港亦幸可享用，使它的棉織品、食品、藤器、膠鞋、電器用品、水泥、肥皂以至爆竹等等得以低稅輸往英聯邦各地。這雖然對香港的經濟有所裨益，但終 30 年代，香港的對外貿易還未能回復到 20 年代的最高水平。

表一：對外商品貿易的來源和市場份額（1921–1939）

(%)

貿易	年度	英國	英聯邦	中國	其他
進口	1921	10.24	10.79	19.12	59.77
	1931	9.94	8.88	27.84	53.34
	1939	6.62	7.03	37.95	48.40
出口	1921	0.91	9.99	64.65	24.45
	1931	0.89	9.09	51.67	38.35
	1939	5.23	13.93	14.83	66.01

資料來源：G.B.Endacott, *A History of Hong Kong*, p. 291。

　　由於貿易統計數字不全，我們只有從零星的資料窺看當時的情況。表一顯示
1921 至 1939 年香港商品貿易的來源和去向。其中可以看到特惠稅使香港對英國和
英聯邦的輸出有顯著的增長。來自中國的進口雖然續有增加，但對中國的輸出卻
因戰事而大幅減少。1921 年香港輸往中國的貨品總值達四億三千多萬元，1931 年
因經濟不景而下降至二億四千多萬元，中日戰爭爆發後的 1939 年竟跌至只有約
九千萬元。

　　總括來説，由開埠到 20 世紀的二三十年代，香港已經發展成為一個世界知名
的轉口港。我們可以從表二所列出的進港船隻及其噸位看到其中的進程。香港政
府初期沒有中國帆船進出的紀錄，但其後亦一併計算在內。從船隻數目看來，似
乎無甚增長，但和噸位比較，便可想到船隻愈來愈大，帆船日漸為輪船所代替。
從噸位的變化，我們又可以看到香港的迅速成熟，以及第一次世界大戰和日本侵
華對香港轉口貿易的沉重打擊。

表二：進港船隻及噸位（1844－1939）

年度	數目	職位
1844	538	189,257
1861	1,286	652,187
1871	28,635	3,158,519
1881	27,051	4,475,820
1891	26,953	6,768,918
1913	21,867	22,939,134
1918	19,997	13,982,966
1927	29,052	36,867,745
1939	15,021	28,840,566

資料來源：Anonym, *The Hong Kong Guide 1893*, p.45; G.B. Endacott, *A History of Hong Kong*, pp.74, 274－275, 290。

注：1861 年及以前數字不包括中國帆船。

（五）30 年代的對外貿易

由 30 年代開始，香港才有較具系統的貿易數字。當時的貿易統計並沒有將出口分為本地產品出口和轉口，也沒有將進口分為本地自用或轉口，因此便只有總進出口的數字。不過，從香港的經濟情況和貿易數字看來，我們可以推想約有近半的進口屬留港自用，供本地生活及生產用途，其餘則為轉口，而在出口中則大部分為轉口。

從表三可見，30 年代的世界經濟蕭條對香港的打擊很大，隨之而來的中日戰爭又使進口和出口都低沉不起，一直到 1940 年才能回復到 1931 年的水平。由於香港地面積偏狹，缺乏天資源，而人口又不斷膨脹，大部分民生日用所需、工商各業的原材料、以至機械設備等，都需要從外地輸入，因而造成龐大的貿易逆差，要靠航運等服務業的收入去彌補。

表三：對外商品貿易額（1931－1940）

(百萬元)

年度	進口	出口	貿易總額	貿易差額
1931	738	542	1,063	−196
1932	624	472	1,096	−152
1933	501	403	904	−98
1934	416	325	741	−91
1935	365	271	636	−94
1936	452	351	803	−101
1937	617	467	1,084	−150
1938	618	512	1,130	−106
1939	594	533	1,127	−61
1940	753	622	1,375	−131

資料來源：*Hong Kong Statistics 1947—1967*, Hong Kong: Census and Statistics Department。

表四列出當時貿易的主要商品內容，其中的中藥、食品、金屬、油脂、紡織品、紙及製品等都同列前茅，而且出口價值不菲。以當時香港的工業類別和發展看來，相信這些出口貨品主要還是來自進口，這一點，我們可以從這些貨品的進

口都遠超出口中可以見到。換句話說，這些貨品都是轉口貿易的主要內容。成衣是其中的例外，在各年度中出口都超過進口，而且差距愈來愈大，這說明了當時香港本地的成衣工業已經成長，並發展為一個重要的外向型工業。同類型的還有電器用品工業，出口以電池、電燈泡、電手筒等為主。

表四：對外商品貿易內容（1931－1940）

（百萬元）

商品	1931		1936		1940	
	進口	出口	進口	出口	進口	出口
食品	241.4	211.2	123.4	91.9	211.8	158.9
金屬	44.6	34.6	41.0	37.0	36.7	26.8
油脂	54.3	43.4	40.0	33.1	100.2	74.1
紡織品	131.7	75.8	67.7	40.1	142.1	98.2
紙及製品	16.2	11.4	13.4	7.9	19.6	11.8
成衣	6.3	13.7	4.1	12.6	3.7	41.4
其他	214.3	135.4	142.5	114.5	213.2	186.3
合計	737.7	542.0	452.4	350.9	752.7	621.8

資料來源：同表三。

　　表五顯示香港的主要貿易對象除了中國以外，還有一些西方和亞洲國家。中國始終都是香港最重要的貿易伙伴。從全中國（包括華北、華中和華南）進口的貨品一直都相當穩定，並沒有因戰事而稍減，反而由 1931 年佔總進口額的 27% 上升至 1940 年之 34%，但在同期內出口卻由 54% 下降至 25%。戰事對各地區的影響也不同，華南淪陷較遲，因而在後期所受到的打擊亦較大。同時我們也可以看到，以轉口而言，華北倚重香港出口多於進口，而華中和特別是華南則倚重香港進口多於出口。這是因為香港是全中國貨品的轉口港，但更重要的是，它是首要的南中國進口門戶。

圖 7.5　30 年代初香港報刊上的商品廣告

表五：對外商品貿易的來源和市場（1931－1940）

（百萬元）

國家／地區	1931		1936		1940	
	進口	出口	進口	出口	進口	出口
英國	78.3	5.3	29.0	13.3	46.4	39.1
印度	17.6	8.5	5.8	4.8	20.5	7.9
英屬馬來亞	15.2	34.3	7.4	25.8	17.3	61.6
華北	102.6	66.1	70.2	29.0	238.4	79.5
華中	12.6	48.7	7.2	20.3	10.4	11.8
華南	85.2	180.2	74.6	100.5	7.8	63.8
法屬印支	50.7	33.9	25.8	17.4	66.4	27.3
德國	37.6	1.6	23.6	3.3	—	—
日本	68.3	27.5	58.0	18.0	25.4	13.9
廣州灣	9.9	18.8	6.0	10.6	37.3	42.7
荷屬東印度群島	80.0	14.2	38.3	9.7	61.7	15.7
澳門	10.4	25.7	6.5	13.0	24.7	50.7
泰國	47.1	22.6	29.8	14.5	58.3	24.8
美國	57.2	20.2	32.2	28.4	77.1	76.1
其他	65.0	34.5	38.0	42.3	61.0	106.9
總計	737.7	542.1	452.4	350.9	752.7	621.8

資料來源：同表四。

注：由於資料來源不同，本表與表一中香港對中國的貿易數字在後期有頗大差異，相信是表一並未將香港對中國部分地區的貿易數字包括在內，特別是東北的"滿洲國"。

　　香港對英、美、日、德、印度等國的貿易都出現逆差，從這些國家的進口除了供應本港需要以外，還大量地轉口到中國。在出口方面，自從英聯邦特惠稅協定通過以後，香港對英國的輸出增加了不少，又因為定居美國的華人較多，對中國貨品的需求大，到美國的轉口遂繼續上升，但對日本的出口卻因戰事而不斷減縮。

　　至於東南亞各地（包括澳門和法租借地廣州灣），由於有大量華人聚居，香港一向以來都以它們為中國貨品的重要轉口市場，而它們亦輸出香港和中國所需的物產如木材、樹膠、香料和金屬等，其中的泰國和法屬印支，更是中國南方進口食米的主要來源。因此，無論是直接貿易或者是轉口貿易，香港和它們的關係都非常密切。

三・戰後的經濟和貿易

香港由 1941 年 12 月淪陷到 1945 年 8 月光復的一段時間，經濟受到極其嚴重的打擊，貿易陷於完全停頓，人口由淪陷前的 160 萬人下降至抗戰勝利前的 60 萬人，可見戰禍之深。隨後，香港逐漸進入經濟高速成長期，雖然經過歷番波折，但卻能在數十年間，發展成為一個現代化的國際商業中心。

（一）貿易和經濟發展

戰後香港經濟復原迅速，由於中國重建的需要，香港的轉口業非常蓬勃，使貿易總額很快便超越了戰前的最高水平，工業生產也漸次恢復。特別值得一提的是，來自中國內地的移民不斷湧入造成了人口的高速增長，1951 年香港的人口已經有 200 萬人，1971 年又增至 400 萬人，到了 1991 年，雖然外向移民潮已經出現了一段時間，人口依然接近 600 萬人。經濟發展吸引了更多人口，但人口的增長也改變了原來的資源比例，對經濟結構必然會帶來衝擊。問題是：香港的經濟還會不會一如既往，以轉口貿易為主。

回顧香港的經濟發展，的確有其獨特之處。一般國家的發展過程是由農業社會開始，經過工業化而進入現代社會，而且通常來說，城市是工業化和帶動經濟發展的重心。香港原來那種村落式的本土農業，只屬於自給自足性質，又由於僻處一方，並非經濟活動中心所在，本無城市可言，其後的城市化也因貿易的需要才開始。香港不是一個國家，它是中國領土的一部分，由於歷史的原因，它才成為英國統治下的自由港，並因此而繁榮。但在經濟上，香港和中國卻有不可分割的關係，它是中國 "境外" 的自由貿易立足點，但須要有中國作為腹地，才可以發揮它的功能。因此，香港的出現、存在、以至日後的發展，都和中國息息相關。

以香港本身的條件來說，面積偏狹，天然資源缺乏，自給自足的漁農業便只能養活小量人口。要進行城市化和經濟發展，香港便必須倚賴貿易，向外輸出商

圖 7.6　70 年代以前，香港街道上的小攤販仍到處可見。

品和服務去換取本身缺乏的各種必需品。從世界各國的經濟發展經驗我們可以看到，小國對貿易的倚賴都比大國為重。因此，香港的經濟發展由始至終便和貿易結下了不解之緣。開埠把香港投入到世界貿易的網絡，使它成為一個轉口貿易港，帶來了一次重大的結構變化，並且養活較多人口。貿易源自分工，而國際上的分工則決定於各國各地的需求和資源情況。作為一個轉口貿易港，表示香港並沒有生產商品的優勢，它只是個中間商人，為別人生產的商品提供買賣服務，從中賺取利潤養活自己。

　　參與國際貿易有兩點非常重要。第一，貿易和分工的另一面是專門化，各國各地必須按着本身的比較優勢走向專精，體積愈小，專精的需要也愈大，才能符合規模經濟的要求。專門化有利於集中資源作最有效的運用，同時，在學習過程、累積經驗和建立聯繫中，更可以造成進一步的優勢。第二，貿易和分工也要求一定的靈活性，對世界市場的供求情況作出反應。要及時地發揮本身的優勢所在，放棄劣勢環節，就意味着經濟結構必須具有高度的適應性，隨着客觀條件的變化而作出調整。經濟體積愈小，要作出的調整也愈大。一般來說，市場經濟最能迅速發揮調配資源的功能，不放過任何從貿易中獲益的機會。香港是個"自由港"，繼承了19世紀後期英國的自由主義經濟政策，就按着比較優勢原理在20世紀初便已發展成為世界知名的轉口港。

　　但是，比較優勢也並不是一成不變的，因為一方面它是由許多內外因素所構成，而另一方面它是個相對而非絕對的概念。隨着一國一地的經濟發展，人口增長，知識、技術、經驗、資本不斷累積，它在生產各種商品和服務上的比較優勢便會有所改變。外在貿易環境的變化，更會促使它在世界的貿易網絡中，扮演不同的角色。不斷變化的比較優勢使戰後的香港須要一再重新找尋定位，幸好它具有極大的靈活性，使它的經濟和貿易結構能作出適當的調整，並發展成為一個國際商業中心。

　　香港是一個自由港，開放性大而本身的經濟體積小，特別容易受到外來因素所影響，其中以來自中國的衝擊最大。我們可以說，戰後中國的局勢發展，使作為轉口港的香港出現了兩次重大的經濟結構變化。第一次是工業化，第二次是多元化，但無論怎樣，都沒有改變香港對貿易的依賴。工業化使香港由原來出口別人生產的商品轉而為出口自己生產的商品，而多元化則使香港除了買賣自己和別人所生產的商品以外，更進行大規模的服務業貿易。歸根結底，這是香港的經濟本質使然，它必須透過各種貿易途徑，輸出商品和服務，才能換取足夠的資源去養活數百萬人口，和維持經濟的正常運作。人口愈多，經濟發展水平愈高，貿易的需要也愈大。因此，貿易可以說是香港的經濟基礎，歷史上是如此，其後的發展也是如此。

（二）工業化：由 50 年代到 70 年代

上文曾經提及，香港在二三十年代已經建立了一些工業，並且憑着特惠稅之利，將產品遠銷英國及其他英聯邦國家。這只不過是香港本地工業產品出口的起步，還遠遠比不上當時的轉口事業。這種情況在戰後初期並沒有改變。香港在二次大戰之後，隨着世界貿易的正常化，各工業也陸續恢復生產和出口，但當時中國正在進行重建，對各種物資需求甚殷，使香港的轉口事業發展得非常蓬勃，遠超戰前水平。根據一般估計，在 40 年代末期，香港的總出口中有約八成屬於轉口，絕大部分和中國有關。

1950 年韓戰爆發，聯合國隨即對中國內地實施禁運，使香港的轉口貿易蒙受極其嚴重的打擊，經濟亦一度陷於不景，為了要打開困局，香港便不得不走上工業化之途。由於戰後中國政局的急劇變化，使大量人口湧入香港，1951 年香港人口便已達 200 萬人以上。這些人口除了為香港帶來大量的廉價勞動力以外，還帶來了不少技術人才和資金。有些原來在內地的企業，特別是紡織業，更將全廠的機器和設備運到香港，重新開業。這些因素大大地增強了香港工業的生產和出口能力。

在市場方面，香港除了享受到英聯邦的特惠稅以外，從其他西方國家在戰後的貿易自由化中的得益也很大。根據 1948 年簽訂的《關稅及貿易總協定》，主要的西方國家一再削減關稅，特別是工業製品的關稅，為香港的工業帶來了難得的機遇，面向世界市場，順利發展。

香港和中國的關係由 50 年代起也出現了很大的變化。一方面是由於禁運，另一方面是由於中國採行計劃經濟，並積極地轉向和社會主義國家發展貿易關係，使香港對中國的出口（包括本地產品出口和轉口）都一直處於極低水平，這種情況到中國開放後才改變過來。但在同時期內，中國對香港的出口還續有增長，表示它仍然以香港為出口的轉口港，並且對香港所需的糧食、一些日用品和原材料，維持供應不絕。

　　上述各種供求因素的轉變，使香港在世界貿易網絡中的比較優勢根本上出現了改觀。轉口貿易雖然式微，但本身產品的出口卻蓬勃發展。香港是一個自由港，可以用最廉宜的價錢從世界各地購入它所需要的各種物品，維持低廉的工資和成本，又由於它本身的市場有限，要發展工業便必須面向世界。香港的經濟體積小也是一種優勢，面對着世界市場龐大的吸購力，它利用低廉的生產成本、轉口貿易時代所留下的各種設施和商業關係，迅速地建成一系列的勞動力密集工業，將產品源源推出。

　　因此，香港的工業化是取向於貿易，以出口為主導的。其實，在 50 年代初期當香港進行工業化的時候，有些發展中國家也有一定的工業基礎，但它們卻用保護政策朝內向發展，錯失了進入世界市場的機會，結果反而讓香港迎頭趕上。60年代初期，香港已經奠定了工業基礎，到後期更在芸芸眾多的發展中國家和地區之中，在許多工業製品的出口中居於首位。由於資源所限，香港的出口以工業製品為主，而它的工業製品中又有約七成供直接出口之用。這時候，香港本地產品的貿易已經遠超轉口貿易，換句話說，香港主要的貿易內容已經由別人的產品轉為本身的產品。

表六：本地生產總值的產業份額（1950－1980）

(%)

產業	1950—1960	1960—1970	1970—1980
農業	3.4	2.6	1.3
礦業	—	0.2	0.1
製造業	15.5	30.9	27.4
建築業	5.5	9.8	6.4
電力、煤氣、食水	1.6	2.2	1.5
運輸、通訊	12.2	11.3	7.3
貿易、金融	25.6	37.6	42.5
其他	36.1	5.5	13.6

資料來源：*World Tables 1983*（Washington, D.C.: The World Bank）。

表七：本地生產總值的產業份額（1970－1980）

(%)

產業	1970	1975	1980
漁農業	2.0	1.4	1.0
礦業及採石業	0.2	0.1	—
製造業	30.9	26.9	25.1
電力、煤氣及食水	2.0	1.8	1.3
建造業	4.2	5.7	7.1
批發、零售、出入口、酒樓及酒店業	19.6	20.7	19.2
運輸、倉庫及通訊	7.6	7.2	7.2
金融、保險、地產及商業服務	14.9	17.0	25.9
社區、社會及個人服務	18.0	18.7	12.9
其他	0.6	0.5	0.3

資料來源：《本地生產總值估計：一九六六年至一九九一年》，香港政府統計處。
注：本地生產總值按要素成本計。

表八：工作人口在各產業的份額（1961－1981）

(%)

產業	1961	1966	1971	1976	1981
漁農業	7.3	5.2	4.0	2.6	2.0
礦業及採石業	0.7	0.3	0.3	0.1	0.1
製造業	39.9	39.4	47.7	45.3	41.2
電力、煤氣及食水	1.6[①]	1.0[①]	0.6	0.5	0.6
建造業	8.4	6.2	5.3	5.6	7.7
批發、零售、出入口、酒樓及酒店業	11.0[②]	16.7[②]	16.0	19.4	19.2
運輸、倉庫及通訊業	7.3[③]	6.8[③]	7.2	7.3	7.5
金融、保險、地產及商業服務			2.6	3.3	4.8
社區、社會及私人服務	22.3[④]	24.0[④]	14.7	15.3	15.6
其他	1.5	0.4	1.6	0.6	1.3

資料來源：香港政府統計處各年度人口普查。
注：① 公用事業，② 商業，③ 通訊，④ 社區服務。

　　工業化也為香港的經濟結構帶來重大的變化，但是香港的環境特殊，變化的過程和一般發展中國家有很大差別。香港是個人口稠密的城市，農業本來就並不重要，初期的經濟活動以圍繞着轉口貿易和與城市生活有關的傳統服務業（如小販、傭工等）為主。因此，工業化帶來的經濟結構變化，主要表現於製造業和服務業的相對消長關係，特別是彼此在生產總值和勞動人口中所佔的份額。

　　由於缺乏較早期的統計資料，表六中的產業分類較為粗略，但在五六十年代的變化卻非常明顯，製造業在本地生產總值中的比重冒升了差不多一倍，貿易和金融的比重也有所增加，而以服務為主的其他行業則大幅下降，但到了 70 年代，製造業出現了後勁不繼，其他服務業卻反趨強勢。表七的產業分類較為細緻，可見到了 70 年代末期，製造業的比重日漸回降，金融、保險、地產及商業服務則節節上升，而漁農業卻趨於微不足道。表八顯示各產業在香港工作人口中所佔的比重。因為 60 年代和以後的某些產業分類不同，難以比較，但我們還可以看到與上述相同的趨向：漁農業日漸式微，製造業到了 70 年代初的峰點便開始回降，而各類商貿等服務事業卻普遍上升。

　　在貿易方面，香港本地工業產品出口以勞動力密集者為主，這正符合了當時香港的比較優勢。值得特別一提的是紡織業。戰後中國的政治局勢使不少上海的紡織廠遷來香港。50 年代初日本經濟重建，大量紡織品出口湧往世界市場，因為引起了歐美國家的限制。許多買家便將訂單轉移到香港，促成了香港紡織業的飛躍發展，成衣業也隨之而蓬勃。雖然後來香港也受到了出口配額的限制，但配額以數量計，有產地來源規定，還容許有序的增長，這反而令得著先機的香港紡織品出口可以再價值上維持增長，並吸收了大量的勞動力。

　　在極盛時代，1960 年紡織品和成衣佔了香港本地生產品出口的 67%，而直到 1975 年還保持在 50% 以上，因而出口配額亦一時成為炒賣對象。在這段時間內，其他輕工業亦紛紛抬頭。1975 年電機佔本地產品出口總值 17.2%，玩具佔 8.1%，金屬製品佔 2.2%，鐘錶佔 2.1%，首飾，旅行用品和手袋亦各佔 2%。最為奇特的是假髮，興起於 60 年代中期，1970 年所佔份額竟高達 8.4%，其後由於受到禁止而消失至幾近無形。

（三）多元化：70 年代以後

到了 70 年代，香港已經成為一個工業城市，在它要進一步發展工業的時候，卻受到種種局限。香港本身經濟體積小，又缺乏天然資源，先天上便沒有條件去建立一個有規模的重工業系統。它的工業以勞動力密集型為主，是在五六十年代憑着具有大量廉價勞動力的優勢所建成的。雖然香港的人口續有大幅增長，但 20 年的工業化把這些勞動力完全吸收，使香港逐漸失去廉價勞動力的優勢。

差不多同時，鄰近的台灣、南韓和新加坡都走上了工業化的路途，而且由 60 年代開始，也先後將工業製品推往世界市場。它們的產品在性質上和香港產品相類似，市場也以西方國家，特別是美國為主，因而成為了香港的競爭對手。台灣和南韓的體積遠超香港，勞動力豐富，工資低廉，再加上政府的刻意栽培，工業發展迅速。到了 70 年代初期，它們的工業產品在世界市場上和香港產品競爭激烈，而且有部分已經超越香港。

還要一提的是香港的服務業，它的內容非常豐富，隨着香港的轉口貿易、工業化、城市化和經濟成長而不斷地發展。在工業化以前，香港本來便是一個以服務業為主的城市，在工業化時代，製造業也曾一度從傳統的服務業中吸去部分勞動力。但是，在以商貿為主的香港，服務業始終還是一個重要的經濟環節，工業需要銀行、保險、運輸、外貿和其他商業服務，而隨着經濟發展，市民和客商的服務需求也不斷增加。更進一步，當香港的經濟地位日漸提高的時候，它的服務業也進而為鄰近地區提供服務，這種情況，以金融業最為明顯。各類現代服務業的擴展也增加了對勞動力的需求。

上述的發展使香港製造業在 70 年代面臨嚴峻的考驗，在投入方面它要面對內部勞工市場的緊張情況，在產出方面它要面對國際市場的尖銳競爭。有鑑於此，香港政府在 1977 年委任了一個工業多元化委員會去研究如何加強對工業的支援，拓展市場，促進產品和技術升級，並且擴充基礎建設，使香港經濟能夠有更全面更多元化的發展。差不多與此同時，中國採行了開放政策，而在 1979 年發表的《工業多元化委員會報告書》中，也提到要加強中港的經濟合作。

我們可以這樣想，如果沒有中國的開放政策，香港經濟的進一步發展還是會按着原來的路線，不斷的深化和升級，但限於本身的條件，多元化的過程會來得較為緩慢。中國的開放，由於它的廣度，為香港帶來了極大的衝擊，使它的經濟出現了另一次急劇的結構性變化。從下面幾點，我們可以看到在短短十數年間的重大轉變。

　　首先是轉口貿易的蓬勃發展。由 70 年代開始，香港的中國內地轉口貿易已有復甦跡象，但還遠遠落後於本地產品的出口。中國開放以後，大量貨品源源經香港轉出和轉入中國，約十年間，香港的轉口貿易又超越了本地產品貿易，並且還不斷躍升，使香港的貿易內容又回復到以他人的產品為主。

　　其次是工業。開放的中國提供大量廉價的土地和勞工，剛好及時地紓緩了香港製造業所面臨的困境。工廠和工序北移，使香港的工業能夠以較低成本去維持在國際市場的競爭力。結果，香港便由一個工業製品的生產地日漸變為一個投資、管理、產品研究、設計、發展、品質控制和營銷中心。由於實際生產程序的不斷撤離，製造業的就業人數也大為減少。

　　第三，一些香港的服務業也因為中港經濟關係日趨密切而得蒙其利，其中包括出入口貿易、運輸、通訊、旅遊和有關的種種商業活動。此外，由於香港有豐富的國際貿易經驗，又有鄰近中國內地之便，對中外客商都可以提供多種商業服務，如經紀、代理、法律、培訓和諮詢等等。

　　最後是金融。除了提供日常在貿易上的融資以外，多元化的金融業已經使香港成為一個亞太區的金融中心。香港具有自由的金融市場，80 年代的發展使它更為成熟。它本身是中國內地最大的外來投資者，許多着眼於中國內地和亞太區的國際金融機構都以香港為立足之地，而中國也開始積極地利用香港的金融市場進行融資。

表九：本地生產總值的產業份額（1980－1990）

（%）

產業	1980	1982	1984	1986	1988	1990
漁農業	0.8	0.7	0.5	0.3	0.3	0.3
礦業及採石業	0.2	0.2	0.1	0.1	0.1	—
製造業	23.8	20.7	24.1	22.3	20.1	17.2
電力、煤氣及食水	1.3	1.8	2.5	3.0	2.5	2.3
建造業	6.7	7.3	5.3	4.8	4.8	5.6
批發、零售、出入口、酒樓及酒店業	20.4	19.1	22.2	21.3	23.8	24.3
運輸、倉庫及通訊	7.5	7.7	7.8	8.1	9.2	9.4
金融、保險、地產及商業服務	22.8	22.6	15.9	17.3	19.2	20.8
社區、社會及個人服務	12.5	15.6	15.9	16.6	14.6	15.0
樓宇業權服務	9.6	10.8	10.8	10.7	10.5	10.8
設算銀行服務	−5.6	−6.5	−5.1	−4.7	−5.1	−5.7

資料來源：*Estimates of Gross Domestic Product 1966 to 1992*, Hong Kong: Census and Statistics Department。
注：本地生產總值按要素成本計。

表十：工作人口在各產業的份額（1981－1991）

（%）

產業	1981	1986	1991
漁農業	2.0	1.8	1.0
礦業及採石業	0.1	—	—
製造業	41.2	35.8	28.2
電力、煤氣及食水	0.6	0.7	0.6
建造業	7.7	6.2	6.9
批發、零售、出入口、酒樓及酒店業	19.2	22.3	22.5
運輸、倉庫及通訊業	7.5	8.0	9.8
金融、保險、地產及商業服務	4.8	6.4	10.6
社區、社會及個人服務	15.6	18.4	19.9
其他	1.3	0.4	0.5

資料來源：香港政府統計處各年度人口普查。

325

表十一：主要工商行業從業人數（1980－1991）

行業	1980	1986	1991
製造	1,030,861	942,734	651,404
批發	52,831	62,222	85,498
零售	141,485	173,943	213,904
出入口	118,145	225,032	434,764
酒樓及餐室	119,772	164,116	197,722
酒店及賓館	19,273	27,212	39,516
運輸	110,784	138,255	178,430
倉庫	4,064	4,072	5,055
通訊	16,010	22,633	26,324
金融	15,582	21,262	37,859
商業服務	26,482	58,272	97,615
保險	7,266	13,235	23,201

資料來源：*Hong Kong Annual Digest of Statistics,* Hong Kong: Census and Statistics Department。

表十二：對外商品貿易額（1946－1991）

（百萬元）

年度	本地產品出口	轉口	總出口	進口	貿易總額
1946	－	－	766	933	1,699
1951	－	－	4,433	4,870	9,303
1956	－	－	3,210	4,566	7,776
1959	2,282	996	3,278	4,949	8,227
1961	2,939	991	3,930	5,970	9,909
1966	5,730	1,833	7,563	10,111	17,674
1971	13,750	3,414	17,164	20,287	37,451
1976	32,629	8,928	41,557	43,520	85,077
1981	80,423	41,739	122,162	139,246	261,408
1986	153,983	122,546	276,529	277,500	554,029
1991	231,045	534,841	765,886	782,042	1,547,928

資料來源：*Hong Kong Satistics 1947–1967; Estimates of Gross Domestic Product 1966 – 1992,* Hong Kong: Census and statistics Department。

我們可以從表九和表十看到上述各點為香港經濟結構所帶來的變化。上文已經提及，由 70 年代開始，製造業無論在本地生產總值或者在工作人口中所佔的比重已經有所縮減，這種情況到了 80 年代更加明顯。金融業雖然在 80 年代中期遇上危機，但到後來也和其他服務業一樣，比重日漸上升。表十一顯示 80 年代以來主要工商行業從業人數的變化。各行業都有不同程度的增長，從增長率而言，以保險、商業服務、出入口和金融為最。製造業是唯一的例外，從業人數竟然下降了三分之一。須要指出，根據工業生產指數，這時期內製造業還繼續有所增長，因此，整個香港經濟是朝着更多元的全面發展。

（四）貿易概況

香港經濟戰後所經歷的兩次結構性變化，和它們對香港對外貿易的影響，已如上述。我們現在可以從具體的貿易數字去進一步考察其中變化的實況。表十二顯示自 1946 年以來的貿易額。由 1959 年開始，香港的貿易統計才將本地產品出口和轉口分開，因此在較早期便只有總進出口的數字。1946 年，香港的對外貿易已經回復並且超過了 30 年代的水平，此後數年間的增幅更為驕人，到 1951 年到達高峰。這主要是由於對中國的轉口貿易迅速恢復，根據一般估計，當時香港的總出口中約有八成是轉口。

隨着韓戰而來的禁運使香港的對外貿易蒙受到重大打擊。進口方面的影響較小，因為無論情況怎樣惡劣，香港總要進口去養活不斷增加的人口，和維持經濟的日常運作。但來自轉口貿易的不利影響，卻使香港的對外貿易總額大幅下降，直到 60 年代初期才能回復 1951 年的水平。

從 1959 年以後的數字可見，香港對外貿易總額得以回復，主要是靠本地產品出口的增長，因為轉口還一直陷於較低水平。工業化使香港的對外貿易高速增長，本地產品出口取代了轉口的重要性。60 年代中期以後，中蘇交惡使中國逐漸恢復從香港的轉口輸出，但由於內地的局勢，轉口輸入卻未見起色。因此，一直到中國內地開放以前，轉口只不過佔香港總出口的兩成，而本地產品出口卻佔了八成，這比例與轉口貿易全盛時的比例恰好相反。換句話說，這時候香港主要是為本身的產品進行貿易。

表十三：貿易比率（1959－1991）

(%)

年度	貿易總額	本地產品出口	轉口
	本地生產總額	總出口	進口
1959	－	69.6	20.1
1961	－	74.8	16.6
1966	129	75.8	18.2
1971	147	80.1	16.9
1976	141	78.5	20.6
1981	158	65.8	30.2
1986	185	55.7	44.4
1991	244	30.2	68.7

資料來源：計算自表十二所列資料來源中的數字。

表十四：對外貿易差額（1946－1991）

（百萬元）

年度	商品貿易差額	服務貿易差額	總貿易差額
1946	－167	－	－
1951	－437	－	－
1956	－1,356	－	－
1961	－2,040	－	－
1966	－2,548	1,526	－1,022
1971	－3,123	3,063	－60
1976	－1,963	6,009	4,046
1981	－17,084	7,840	－9,224
1986	－971	15,020	14,049
1991	－16,156	35,284	19,182

資料來源：同表十二。

中國的開放又把這局面扭轉過來。80 年代香港本地產品出口的增長依然強勁，但轉口的增幅更為驚人，80 年代後期轉口額便已重新超越本地產品出口額，到了90 年代初期，轉口更佔了總出口的七成，使香港的對外貿易又以轉口為主。轉口源自進口，轉口的大幅增加自然意味着進口大幅增加，貿易總額也隨而膨脹，結果小小的香港便進身於世界十大貿易國家和地區之列。

表十三從一些貿易比率去看上述的發展。經濟愈發展，對貿易的倚賴愈甚。這一點我們從貿易總額和本地生產總額的比率不斷上升中可以清楚地看到。90年代初期，香港的貿易總額差不多是本地生產總額的兩倍半，以這比率而言，香港可入世界前列。其他兩項比率也反映到在工業化時代和多元化時代香港本地產品出口和轉口貿易的相對消長情況。

對外貿易除了商品貿易以外還有服務貿易。服務貿易的範圍很廣，包括運輸、旅遊、保險、金融資產買賣及經紀業、銀行服務，以至電影、電視節目製作和發行等等。由於香港對進口商品的依賴，一直以來在商品貿易上都有逆差，要靠服務貿易上的盈餘去彌補，否則便很難維持港元的穩定和自由兌換。香港沒有對外收支平衡的統計，但服務貿易的數字可以上溯至1966年。表十四顯示多年來香港商品貿易的差額，除了服務貿易的盈餘外，相信還要倚靠進口資金去填補。但由80年代中期開始，香港的服務貿易便出現了巨額的盈餘，遠遠超過商品貿易差額，使香港成為資金輸出地區。這是香港經濟進入多元化，服務業迅速發展的另一表現。

四·戰後貿易形態的變化

戰後數十年間香港經濟和貿易的發展，使它在世界貿易網絡中的位置和所扮演的角色也一再轉換。我們可以從對外貿易的方向和內容的變遷，去考察其中的演化過程，以便瞭解今日香港的貿易地位。

（一）商品貿易方向

香港的商品進口一部分供民生日用所需，和工商各業作為投入，稱為留用進口，另一部分則用於轉口。香港的貿易統計有進口和轉口數字。表面上，從進口中減去轉口即為留用進口，但實際上並非如此。轉口貨品都會在香港經過不同程度的處理，因此，轉口值除了進口值以外，還包括處理貨品的成本和利潤，如果

單用進口減去轉口，便會低估留用進口。根據一般印象，經營成本和利潤約為 10
至 15%，視貨品的性質和市場而異，不可一概而論，因此我們很難對進口的留用
部分準確估計。

　　表十五列出戰後香港商品進口的主要來源。戰後初期基本上回復了戰前情
況，中國內地佔了最大比重，而美英兩國的貨品除了供應香港以外，還大量轉到
中國內地。韓戰引起的禁運和以後國際形勢的改變，使美國和中國內地所佔的比
重都大為削減。但中國內地一直都是香港的糧食和一般民生基本所需物品的最主
要來源，故此始終都佔極重要的位置。由 50 至 70 年代，雖然轉口往中國內地的
貿易還未見起色，但因為本身工業化的需要和生活水平不斷提高，香港便愈來愈
依賴西方先進國家的貨品，其中日本曾經一度超越中國內地，成為首要的進口
來源。

　　中國開放以後，香港的轉口貿易全面恢復。一方面，大量中國內地貨品源源
不絕地經香港外轉，使中國內地重新居於香港商品進口來源的首位；另一方面，
中國內地經濟高速發展和人民生活改善，也需要大量貨品經香港轉入。這種急劇
上升的雙向轉口使香港的商品貿易又恢復以轉口為主，並且使它的轉口和總貿易
額以倍數增長。

　　我們可以從表十六和表十七看到香港轉口貿易方向的變化。因為貿易統計資
料所限，只能由 1961 年和 1971 年開始，但我們也可以推論較早期的情況。一直
以來，中國內地都是轉口貨品的首要來源，但在開放以前，作為轉口市場卻不甚
重要，表示在那時代，中國內地以香港為轉口埠，基本上是單向的。同時，除了
中國內地以外，轉口貨品的來源以西方先進國家為主，而市場卻集中於亞太地
區。這說明了在六七十年代，香港的轉口貿易雖然處於低沉狀態，但依然還是個
轉口貿易中心，主要是將來自中國和一些先進國家的貨品轉銷亞太各地。

　　進入 80 年代，中國內地恢復以香港進行雙向轉口貿易，無論作為來源或者是
市場，中國都高踞首位。除此以外，香港的轉口貿易又漸次向西方的美、德、英
三國和亞太地區的日本、台灣、南韓和新加坡集中。這自然是與中國內地的轉口
貨品和市場有關，但須要指出，除了台灣地區以外，這些國家和地區都和中國有
直接貿易，大可以不經間接渠道。香港的轉口貿易不減反增，說明了它的特殊地
位和難以取代之處。

　　表十八顯示香港本地產品出口的主要市場。由 50 年代工業化時期開始，香港
的工業製品已經順利地進入世界市場。這些製品以勞動力密集為主，最適宜在高

工資的西方先進國家內銷售。這些國家的市場較為開放，購買力亦強，結果在 70 年代成為了港產品的主要市場，尤以美國為最，在高峰期佔了四成以上。70 年代以後香港工業逐漸升級，銷路也自然以高所得的市場為主。中國內地開放以後，迅速升為港產品的第二大市場。其中一個原因是中國內地某些地區經濟發展迅速，人民收入不斷提高，使品質水準較高的港產品有一定的銷場。但更重要的是隨着中港經濟關係日趨緊密，一種新的貿易形式亦告出現，在統計上大大地膨脹了中港間的貿易數字。這種貿易稱為"加工貿易"，容後再説。

表十五：商品進口主要來源份額（1947－1991）

(%)

1947		1951		1961		1971		1981		1991	
來源	%	來源	%	來源	%	來源	%	來源	%	來源	%
中國內地及台灣	24.7	中國內地	17.7	中國內地	17.2	日本	24.3	日本	23.2	中國內地	37.7
美國	19.3	英國	12.7	日本	14.5	中國內地	16.4	中國內地	21.3	日本	16.4
英國	10.6	新、馬	8.7	英國	12.7	美國	12.5	美國	10.4	台灣	9.6
新、馬	6.6	日本	8.1	美國	12.2	英國	7.9	台灣	7.8	美國	7.6
澳門	5.3	美國	7.7	泰國	4.3	台灣	4.9	新加坡	7.7	南韓	4.5
泰國	3.9	西德	4.4	西德	3.6	西德	3.6	英國	4.5	新加坡	4.0
澳洲	3.4	印度	3.3	新、馬	3.1	澳洲	3.0	南韓	4.0	德國	2.1
比利時	3.3	泰國	3.2	瑞士	2.6	瑞士	2.7	西德	2.4	英國	2.1

資料來源：*Hong Kong Statistics 1947–1967; Hong Kong Review of Overseas Trade*, Hong Kong: Census and Statistics Department。

表十六：商品轉口主要市場份額（1961－1991）

(%)

1961		1971		1981		1991	
市場	%	市場	%	市場	%	市場	%
新、馬	21.6	日本	18.9	中國內地	19.3	中國內地	28.7
日本	12.4	新加坡	11.6	美國	11.5	美國	20.9
中國內地	9.2	印尼	9.1	印尼	10.2	德國	6.0
澳門	5.7	美國	8.9	新加坡	7.8	日本	5.5
台灣	5.4	台灣	5.9	日本	6.7	台灣	4.6
印尼	5.3	澳門	3.6	台灣	5.8	英國	2.7
泰國	5.2	瑞士	2.9	澳門	3.4	南韓	2.7
柬埔寨	4.1	比利時	2.8	南韓	3.4	新加坡	2.3

資料來源：同表十五。

表十七：商品轉口主要來源份額（1971－1991）

(%)

1971		1981		1991	
來源	%	來源	%	來源	%
中國內地	22.2	中國內地	30.7	中國內地	59.0
美國	18.3	日本	20.1	日本	10.7
日本	12.5	美國	9.7	台灣	7.8
比利時	5.0	台灣	8.1	美國	5.0
英國	4.6	南韓	4.7	南韓	2.8
瑞士	3.4	瑞士	2.3	德國	1.3
西德	2.9	西德	1.7	新加坡	1.2
台灣	2.2	英國	1.4	英國	1.1

資料來源：*Hong Kong Review of Overseas Trade*, Hong Kong: Census and Statistics Department。

表十八：本地產品出口主要市場份額（1961－1991）

(%)

1961 市場	%	1971 市場	%	1981 市場	%	1991 市場	%
美國	23.1	美國	41.5	美國	36.3	美國	27.2
英國	20.1	英國	14.2	英國	9.6	中國內地	23.5
新、馬	10.6	西德	8.2	西德	8.8	德國	8.4
印尼	5.9	日本	3.5	日本	3.7	英國	5.9
日本	3.6	加拿大	3.5	中國內地	3.6	日本	5.0
西德	2.9	澳洲	3.4	澳洲	3.4	新加坡	3.8
泰國	2.9	新加坡	2.4	加拿大	2.9	台灣	2.6
加拿大	2.6	荷蘭	1.8	新加坡	2.2	荷蘭	2.3

資料來源：同表十七。

（二）商品貿易內容

　　隨着工業化和生活水平改善，對糧食和原材料等初級產品的需求會相對地減少，而對工業製品和機械設備等的需求會相對地增加，這是世界經濟發展的一般趨勢。香港對差不多所有各類產品的自給能力都非常薄弱，故此進口內容非常廣泛。表十九中的商品內容按標準國際貿易分類法進行分類，其中"按原料分類的製成品"包括皮革及製品、樹膠製品、木製品、紙及製品、紡織品、非金屬製品、金屬及製品等等；"機械及運輸設備"包括各類機器及設備、辦公室用及自動數據處理機器、通訊及音響器材、電機及電器、車輛及船隻等；而"其他製成品"則包括傢具、旅行用品、成衣、鞋、專業及科學用器材、攝影及光學器材、鐘錶、玩具和體育用品等等。從表中"食品及牲口"和"非食用原料"兩項比重的下降，"機械及運輸設備"和"其他製成品"兩項比重的上升，可見上述的趨勢在香港也表現無遺。但在香港的進口貨品之中，特別在後期，有很大部分是作為轉口之用，即便如此，留用進口中初級產品所佔的比重日益下降，機械、設備和製成品所佔的比重日益上升，殆無疑問。

　　表二十顯示香港轉口貨品內容的變化，所反映的基本上是國際市場的供求情

況，以總趨勢而言，和上述的差不多。80 年代以後，中國內地經香港的轉口貿易突飛猛進，表中的數字很大程度上反映了中國內地以成衣、鞋、玩具、旅行及體育用品、電器、通訊及音響器材等，經香港換取外國的汽車、工業機械、電機、辦公室用及自動數據處理機器、通訊及音響器材、攝影及光學器材、鐘錶、塑料、紡織品等。

表十九：商品進口主要內容份額（1961－1991）

(%)

內容	1961	1971	1981	1991
食品及牲口	23.6	17.2	10.1	5.1
飲料及菸草	2.2	2.2	1.5	2.1
非食用原料	12.1	7.2	4.1	2.4
礦物燃料及潤滑劑	3.6	3.2	7.9	2.1
化學品	8.9	7.5	6.5	7.7
按原料分類的製成品	29.5	32.7	9.0	23.8
機械及運輸設備	10.4	17.1	23.3	29.1
其他製成品	7.9	12.1	16.8	27.0

資料來源：同表十七。

表二十：商品轉口主要內容份額（1961－1991）

(%)

內容	1961	1971	1981	1991
食品及牲口	20.0	9.8	5.1	2.4
飲料及菸草	1.3	1.0	1.1	2.0
非食用原料	13.7	6.1	7.8	2.4
礦物燃料及潤滑劑	0.7	1.3	1.1	0.8
化學品	17.9	16.7	8.6	7.0
按原料分類的製成品	27.4	39.0	29.3	20.1
機械及運輸設備	6.8	11.1	25.0	25.6
其他製成品	9.8	14.1	21.0	39.2

資料來源：同表十七。

表二十一：本地產品出口主要內容份額（1961－1991）

(%)

內容	1961	1971	1981	1991
食品及牲口	3.9	1.7	1.3	1.1
飲料及菸草	0.9	0.4	0.2	1.3
非食用原料	4.5	1.2	1.2	0.8
化學品	1.9	0.9	0.9	3.2
按原料分類的製成品	29.3	14.2	10.7	12.1
機械及運輸設備	3.4	12.2	18.7	25.8
其他製成品	55.1	69.0	66.4	53.4

資料來源：同表十七。

表二十二：本地主要產品出口份額（1980－1990）

(%)

產品	1980	1985	1990
紡織品	6.7	6.0	7.5
工業機械	0.9	2.0	2.6
辦公室用機器	3.0	5.4	7.2
通訊及音響器材	7.4	6.9	7.4
電器及電子產品	6.6	7.7	7.7
金屬製品	3.0	2.3	2.0
傢具及設備	1.7	1.2	0.8
旅行用品及手袋	2.2	1.2	0.5
成衣	34.6	35.6	31.9
鞋	0.9	0.8	0.4
專業及科學儀器、鐘錶	10.6	8.6	10.2
收拾	1.6	2.2	3.0
塑膠製品	1.2	1.7	1.9
紙品及印刷品	0.9	1.1	1.9
玩具	8.8	7.6	2.4
塑料	0.2	0.4	2.0
菸草及香煙	0.2	0.7	1.3

資料來源：同表十七。

　　由於國際貿易促成生產的專門化，故此在商品品種上各地的出口一般都比進口較為集中，對於體積偏小的香港來說，更是如此。香港本地產品出口中絕大部分是工業製品。從表二十一可見，在 60 年代初期香港的本地產品出口便已經集中於兩項 "製成品"，其後的工業升級更使 "機械及運輸設備" 一項的比重不斷上升。這發展過程與比較優勢的改變和國際貿易自由化有直接的關聯。由 60 年代開始，便有愈來愈多具有豐富勞動力的發展中國家實行工業化，並競相將勞動力密集的工業產品推向正在擴充的世界市場。上文已經提及面對這種局勢，香港便不能不走上工業升級和經濟多元化之途。

　　香港工業不斷升級的過程，也可以從本地產品出口中得到反映。50 年代的主要出口為紡織品及成衣，佔 60% 以上，其他則為鞋、玩具、電器用品、塑膠製品等。由 60 年代至 70 年代，雖然紡織品出口因受到進口國家的配額限制而相對減縮，但成衣業卻能將產品多樣化和提高品質而歷久不衰，而一些新產品如電器、電子、機械、科學儀器、鐘錶、首飾、旅行用品等亦相繼抬頭。

　　表二十二顯示 80 年代以來的變化。紡織品和成衣雖然還能保持一定比重，但也已經今非昔比。一些在較早期建立的勞動力密集工業如金屬製品、傢具及設備、旅行用品及手袋、鞋、玩具等，在出口中所佔比重有如江河日下。首飾業可以算是例外，因為它和高級時裝一樣，須要講求設計，又要有精細和專業訓練的勞工，使香港還有一定的比較優勢。在一些較新的工業中，如通訊及音響器材、電器及電子產品、專業及科學儀器、鐘錶等，亦因生產基地陸續北移而踟躕不前。比重增加較為明顯的有工業機械、辦公室用機器、印刷、塑料和煙草。這些工業都須要較高技術和較大資本投入，說明了香港工業發展和製品出口的路向。

　　上文曾經指出，香港的經濟結構變化和對外貿易，都和中國內地的經濟動向有莫大關係。中國內地的開放，除了使香港的轉口貿易全面復甦以外，對香港的工業和本地產品出口的影響也很大。因此，我們有必要進一步去考察中港之間的特殊貿易關係。

（三）中港貿易

　　表二十三綜合戰後以來中港貿易的發展。進口方面，包括留用進口和主要是轉往亞洲各地的進口，五六十年代只能維持平穩的增長，到 70 年代中國內地逐漸

恢復和西方國家貿易以後，才見有較大幅度的上升。中國開放以後，增長速度更為凌厲，這固然是由於世界市場對來自中國內地的貨品有龐大的需求，要經香港轉口，但其中不少來自中國內地的進口，是屬於"加工貿易"一類的進口。

總出口方面，1951年是戰後的一個高點，雖然在統計數字上沒有將本地產品出口和轉口分開，但肯定地其中絕大部分是轉口，隨着韓戰而來的禁運和中國貿易方向的改變，使香港對中國的出口，無論是本地產品出口或者是轉口，都陷於極其低沉狀態，直到中國內地開放才見起色。其後的增長速度，本地產品出口和轉口兩者都同樣驚人。轉口增長迅速比較容易理解，因為中國內地須要經香港進口大量外國貨品，以便進行現代化和改善人民生活。但以香港的工業發展水平而論，特別是和中國內地的工業生產能力相比較，要將產品大量運銷中國內地並不容易。究其原因，由中港貿易統計數字所顯示的本地產品出口和轉口的急劇跳升，有很大程度也是由於"加工貿易"的迅速發展。

表二十三：中港貿易（1947－1990）

（百萬元）

年度	進口	出口		
		總出口	本地產品出口	轉口
1947	382	267	—	—
1951	863	1,604	—	—
1952	830	520	—	—
1955	898	182	—	—
1960	1,186	120	13	107
1965	2,322	72	18	54
1970	2,830	64	30	34
1975	6,805	165	28	137
1980	21,948	6,472	1,605	4,642
1985	58,963	61,212	15,189	46,123
1990	236,134	158,378	47,470	110,908

資料來源：*Hong Kong Statistics 1946-1967; Hong Kong Review of Overseas Trade*, Hong Kong: Census and Statistics Department。

表二十四：中港加工貿易比重（1989 及 1991）

(%)

產品	進口		本地產品出口		轉口	
	1989	1991	1989	1991	1989	1991
紡織品	12.8	20.5	84.8	83.7	71.5	77.1
成衣	84.5	86.6	85.1	89.6	87.3	84.1
塑膠製品	73.4	84.8	83.9	79.6	58.0	58.3
機械及電器	77.8	78.3	56.7	58.6	24.9	26.7
音響及影視器材	85.2	89.7	94.6	92.5	43.1	46.9
鐘錶	94.6	96.4	98.5	98.1	93.5	96.3
玩具及體育用品	94.1	92.1	96.4	96.1	60.1	66.8
金屬及製品	30.2	29.6	64.2	73.5	37.8	48.1
其他	44.7	59.5	59.1	62.6	28.3	31.1
全部	58.1	67.6	76.0	76.5	43.6	48.2

資料來源：*Hong Kong External Trade*, Hong Kong: Census and Statistics Department。

　　"加工貿易" 可以說是中國開放以後中港經濟關係愈趨緊密的新生事物。由 70 年代開始，勞動力密集的生產方式在香港已經失去比較優勢。香港的製造業正在轉型，一些仍需大量勞動力的傳統工業飽受工資上漲壓力。規模較大的企業尚可以遷到東南亞各地，但規模小的企業便要面臨淘汰。中國的開放紓緩了這個困境，它提供了廉價的土地和人力，而且對香港的廠商來說，在交通、文化、語言和管理上都極為方便，結果便吸引了大量工業活動北移。開始時是 "三來一補"（來料加工、來樣加工、來料裝配和補償貿易），主要是內地企業替香港廠商加工，及後進而由香港廠商在國內開辦 "三資企業"（獨資、合資和合作）。有些工廠由香港搬到內地，有些在內地設總廠或分廠，又有些將某些工序轉入內地，不一而足，形成了中港經濟的分工和緊密合作。

　　表二十四顯示香港政府統計處對近年加工貿易在中港貿易所佔比重的估計。進口一項，是指全部來自中國內地的進口貨值中，有中港加工合約部分所佔的比重。以 1991 年為例，全部來自中國的進口中，有 67.6% 是替香港加工後運回的貨品。在個別產品中，有些高達九成以上，紡織品一項最低，是因為香港出口受到產地來源限制，不能大量在外地加工。本地產品出口一項，是指在全部輸往中

國內地的香港本地產品出口貨值中，有中港加工合約部分所佔的比重。1991 年全部產品的比重高達 76.5%，個別產品中以機械及電器較低，表示這類港產品在國內有較大銷場，但其他則大都經加工後運回香港，其中尤以鐘錶、玩具及體育用品為甚。至於轉口一項，是指在全部經香港往中國內地的轉口貨值中，有中港加工合約部分所佔的比重。1991 年全部產品的比重也高達 48.2%，個別產品中亦以機械及電器為最低，表示這類轉口主要用於國內，但鐘錶一項的加工比重竟高達 96.3%，差不多全部經加工後都運返香港。此外，還有一項對加工貿易在外轉中國貨品中的比重估計，這是指在全部經香港外轉的中國內地貨值中（轉回中國內地者除外），有中港加工合約部分所佔的比重。1991 年這比重為 74.1%。

表二十五：主要服務業貿易（1980－1990）

(百萬元)

行業	出口／進口	1980	1985	1990
運輸	出口	12,486	23,117	49,847
	進口	6,924	12,665	25,738
旅遊	出口	6,925	14,804	39,960
	進口	5,379	14,152	34,934
保險	出口	594	889	1,319
	進口	653	1,293	2,202
金融資產買賣及經紀	出口	①	962	2,753
	進口	①	559	1,393
電影、節目的製作和發行	出口	219	460	904
	進口	125	189	285
新聞傳播	出口	173	431	1,102
	進口	71	251	650
銀行服務	出口	500	1,798	3,095
	進口	232	777	1,031

資料來源：《本地生產總值估計：一九六六年至一九九一年》，香港政府統計處。
注：① 未有估計。

　　香港是中國內地最大的外來投資者，投資中約有一半用於工業，主要集中在廣東。根據一般估計，單在珠江三角洲一帶，港商便僱用了工人三百多萬人。這

些大小企業所生產和加工的貨品，絕大部分都經香港外銷，造成中港之間龐大的
加工貿易。由於粵港相連，交通方便，我們不難想像有些貨品加工可能需要往返
數次。無論是上述的那一種形式，結果都令中港的貿易數字重複膨脹，也造成兩
地之間的貨運頻繁。

（四）服務貿易

通常談論國際貿易時的着眼點都在商品貿易，這是不全面的看法。服務業的
位置隨着經濟發展愈來愈重要，服務貿易在國際貿易中的比重也日漸增加。香港
是個國際性的商業和金融中心，也是世界上最繁忙的港口之一，服務業的貿易自
然非常蓬勃。上文已經提到香港在商品貿易上有龐大赤字，要靠服務貿易上的盈
餘去填補，可見服務貿易對香港的重要。

表二十五列出香港主要服務業的進出口情況，其中最令人注目的是運輸業。
它的服務出口收入包括航運和空運中的貨運和客運、管理和代理、船舶出租等收
入，外國公司在香港的燃油、港口及機場費、和其他各種開支，而服務入口支出
則包括向外租用船舶、客運費用、香港公司在外地開支、和外國公司在香港的其
他收入等等。將收入和支出兩相比較，可見運輸業每年為香港帶來極其鉅大的淨
收入，而旅遊方面亦不小。事實上，除了保險以外，香港在所有各主要服務業貿
易上都有可觀的盈餘，正說明了香港不單是轉口貿易中的航運和空運中心，也是
個服務業的貿易中心。

服務業的範圍很廣，而金融是其中極重要的一環。我們可以從表二十六的銀
行貸款額中看到香港商品貿易在 80 年代的蓬勃增長。香港的銀行還為"香港以外
貿易"進行融資，而且發展迅速。在貸款額中"用於香港以外貸款已經超越了用於
本地的借貸。更加值得注意的是，在總貸款額中，外幣數目直線上升遠遠拋離了
港幣數目。這也反影了香港憑著港元與美元掛鈎和自由兌匯，可以向世界提供貿
易與非貿易的種種融資服務，已漸次發展成為一個國際金融中心。

表二十六：銀行貸款額（1980－1990）

（百萬元）

貸款用途	1980	1985	1990
香港進出口及轉口貿易	15,582	28,354	66,736
香港以外貿易	1,312	3,172	8,898
其他用於本港貸款	75,490	192,009	620,189
用於香港以外貸款	27,511	75,287	851,552
總貸款額：	124,535	312,942	1,679,576
港幣	81,582	184,135	542,902
外幣	42,953	128,808	1,136,674

資料來源：*Hong Kong Annual Digest of Statistics*, Hong Kong: Census and Statistics Department。

五・當代的貿易體系

經過了戰後差不多半個世紀的發展，香港已經成為一個多元化的都會。我們現在可以從亞太區以至全球貿易形勢去看香港的位置，它的角色和功能，並且對它的特點和發展經驗作一總結。

（一）在世界商品貿易網絡的地位

香港是西太平洋沿岸的商埠，剛好處於東南亞和東北亞的交匯點，在地理位置上無疑是作為貿易中樞的優選。本區人口眾多，天然資源豐富，也有一定的資本和技術，發展區內貿易本來有很大潛力。但在過去一段時間內，由於種種歷史原因，貿易時斷時續，令區內各國各地沒有好好地建立起彼此的經濟聯繫，往往須要往區外找尋主要的貿易對象。

自從"亞洲四小龍"崛起以後，一些發展中的西亞太國家汲取了它們的經驗，也相繼地開放市場，積極吸引外資，謀求從出口導向中走上工業之路。就在這時候，除了美國和日本以外，"亞洲四小龍"也因為重整工業結構的需要而大舉向外投資，促進了亞太地區的迅速發展，較為明顯的例子如馬來西亞、泰國、印尼和中國內地等，都成績斐然。結果，一個亞太經濟區逐漸形成，區內的經濟聯繫愈加緊密，貿易遠比以前為活躍，並且形成為一股動力，使人深信亞太區是當代世界經濟發展的一個重心。以香港作為自由港的特殊地位、地理位置和累積所得的經驗，在擴展貿易上自然具有先天之利。上文已經論及，香港與中國內地、日本、台灣、南韓和新加坡的貿易關係，在近年也與日俱增。

表二十七從香港和世界各地區的商品貿易平衡去看它在世界貿易網絡中的位置。除了亞洲以外，香港對其他所有地區都有盈餘，尤以北美和西歐為甚。對於所有地區，本地產品出口（包括經中國內地加工後的出口）都遠遠不如轉口。這顯示了香港本身的體積雖小，但由於轉口之故，貿易量卻很大，而且是個亞洲（特別是亞太區）對世界的主要輸出轉口港。

香港的轉口貿易自然以中國內地為主要對象，以 1992 年計，所有總轉口貿易商品中有 58% 來自中國內地，又有 31% 輸往中國內地。但這些數字也說明了還有相當大部分轉口貿易，與中國無關。表二十八顯示香港主要轉口貿易情況，雖然中國內地是其中的主角，但來自英國的轉口有一半以上並非轉到中國內地；有一半以上轉往南韓、新加坡，和有三分之二轉往台灣地區的貨品，並非來自中國內地。更令人奇怪的是，有 5% 來自中國內地的貨品又轉回中國內地，此外，還有 2% 來自台灣地區，和近 6% 來自美國的貨品，最後又轉回原地。

香港的轉口貿易網絡極其繁複，它將中國內地的成衣、鞋、通訊及音響器材、電機及電器、旅行用品、雜項製品等輸往先進國家，又將這些先進國家和地區和台灣、南韓、新加坡等的車輛、工業機械、電機及電器、通訊及音響器材、辦公室用及自動數據處理機器、攝影及光學用品、鐘錶、紡織品、塑料、紙品、石油及石油產品、煙草及香煙、洋酒等等轉往中國內地。其他主要的轉口貿易還有將日本的車輛及機械、電機、電器、香煙、通訊及音響器材、攝影及光學用品、辦公室用及自動數據處理機器等轉往越南、台灣、澳門和新加坡；將台灣的電機及電器、辦公室用及自動數據處理機器轉往美國；將美國的煙草及香煙、電機及電器、辦公室用及自動數據處理機器轉往台灣和新加坡；將南韓的電機及電器、辦公室用及自動數據處理機器轉往美國和台灣地區；將德國的染料轉往台灣地區和南韓；將新加坡的石油及石油產品轉往澳門，電機及電器轉往台灣；將英國的煙草及香煙轉往台灣和日本；將法國的洋酒轉往日本和台灣；又將瑞士的鐘錶轉往日本和台灣。

表二十七：地區商品貿易平衡（1992）

（十億元）

地區	本地產品出口	轉口	總出口	進口	平衡
北美	69.6	159.6	229.2	74.5	154.7
西歐	49.1	120.4	169.5	109.1	60.4
東歐及前蘇聯	0.4	3.5	3.9	1.3	2.6
中南美洲	3.1	20.6	23.7	6.5	17.2
中東	2.0	12.0	14.0	8.1	5.9
亞洲	130.4	346.8	450.2	739.8	−289.6
非洲	2.0	15.3	17.3	4.9	12.4
澳洲及大洋洲	3.6	12.6	16.2	10.9	5.3

資料來源：*Hong Kong External Trade*, Hong Kong: Census and Statistics Department。

表二十八：商品轉口貿易（1992）

（百萬元）

來源市場	來源		市場	
	總值	轉往中國內地	總值	來自中國內地
中國內地	403,782	20,205	212,105	20,205
日本	84,966	55,565	37,465	28,502
台灣	54,442	49,045	26,156	8,728
美國	32,113	18,183	148,501	139,977
南韓	19,390	14,346	13,588	6,588
德國	9,134	6,128	33,103	30,727
新加坡	8,269	6,242	13,866	6,463
英國	7,404	3,321	20,591	19,107

資料來源：同表二十七。

　　上述的轉口貿易只舉其大者，還有數不盡的轉口貨品，來自各地，遍輸全球。須要指出，在這許多來源和市場之間，絕大部分有直接貿易存在，但香港的轉口貿易依然屹立不倒，而且愈加興旺，再加上本身的產品，使它有如一個百貨商場，為亞太區和世界各地服務。

（二）角色和功能

時至今日，香港在世界貿易中的地位已非轉口港一詞所能完全涵蓋，我們可以從下列幾點去説明它的多個角色和多種功能。

首先，香港是個國際商品貿易中心。根據一般理解，轉口港是個貨品的集散地，轉口商人憑着他們的經驗、聯繫、對產地和市場的認識，從產地買進貨品，經過貯存和簡單處理，再轉銷外地。這種作為中介、賺取差價利潤的跨國商業活動，是最典型的轉口貿易。在較早期，香港商人多以這種方式進行轉口貿易，對於傳統和較小宗的貿易來説，到現在這還是個主要的轉口方式。但隨着經濟和貿易的發展，特別是在大宗和新品種的產品，卻有愈來愈多來自貨品產地和市場的商人，到香港尋找代理或者逕相接洽，直接交易。他們也會舉辦貨品展覽，或且留在香港，開設長駐的貿易機構，建立地區性的批發基地，不一而足。雖然商品依然是以香港為集散地，但貿易方式卻與傳統的轉口貿易大不相同。作為一個自由港，香港為本地和中外商人提供了一個最理想的交流、展覽、洽商和交易場所，因而成為一個萬商雲集的國際商業中心。

第二，香港是個貿易服務中心。商品貿易須要有服務業的後勤支援，而許多主要服務的特色是須要就地提供。大量商品出口、轉口和轉運使香港海空運輸、船舶租賃和代理、貨櫃處理、倉庫以至批發業都非常蓬勃，加上大批以香港為目的地或者是跳板的旅客，使香港成為世界上最繁忙的海港和空港之一。貿易客商的往來和活動造成了對通訊、諮詢和種種商業服務的需求，又推動了香港旅遊業和酒店、飲食、零售以至一般商業的興旺，使香港成為一個購物天堂。最後還要提到金融業。它對國際貿易的直接服務是融資和保險，但和其他一些服務業一樣，它也有本身的貿易，例如銀行服務、金融資產買賣的經紀服務等，香港是個金融中心，這類服務貿易自然非常活躍。上文也已提過香港在服務貿易上有龐大的盈餘，足夠彌補商品貿易的赤字有餘，正表明了它在世界服務貿易中的地位。

第三，香港是個重要的工業製品出口地區。戰後的工業化使香港累積了一定的工業生產力，它的成衣、玩具、鐘錶出口在世界市場都佔有極重要的地位，中國內地的開放又為香港提供了廉價的生產基地，使香港的製造業透過加工貿易而維持它在世界市場上競爭力。但是，工業活動不斷北移卻使香港本身製造業出現萎縮，使人對香港的工業前途產生憂慮。由於中港之間的經濟分工，這種趨勢已經無可避免，但香港卻會愈來愈成為工業製品的研究、發展、設計和營銷中心，也不失為一個產品的出口地。此外，香港本身的工業正朝着資本密集和高科技方向不斷升級，並且和中國內地合作將科研成果商品化，它們的發展亦以出口導向為主。

　　最後，香港還是一個促成貿易的策劃中心。貿易源於不同的地區各有比較優勢，但遠道貿易卻往往需要居間的商人去完成，商埠和轉口港等也應運而生。現代的國際貿易更進一步，居間的商人可以更主動地發揮企業功能，通過直接投資，組織生產而造成貿易。這種跨國跨區的經營需要一批企業家從中策劃，他們能掌握技術，了解各地的特點，熟知市場情況，然後作出全盤有關生產程序和產品分銷的安排。結果，商品的生產點便順應着比較優勢的變化而轉移，國際貿易的形態也隨而改變。中港經濟的分工合作，轉口貿易大幅增長，不單是香港商人能夠掌握既有的轉口機會，更重要的是，還引來一大批外國企業家，他們能夠發掘貿易潛能，以直接投資促成生產，創造出新的國際和區際貿易機會。

六·結語

　　本章主要在陳述香港對外貿易和經濟發展的關係，貿易的內容和方向，並反覆談及香港在“中國貿易”中的轉口角色。在總結香港在當代世界貿易網絡的地位時，我們的確要認真思考：世界上為甚麼有“轉口港”存在？這個問題非常重要，因為它牽涉到中國內地開放以後香港的經濟價值。

　　在歷史上，當香港還是一片荒野的時候，廣州已經是個國際貿易城市，五口通商以後，上海更成為盛極一時的國際性商埠。香港以自由港開始，憑着它在中國“境外”的特殊地位，一方面免受到中國內地對貿易的管制，另一方面又不捲入中國內地的政治漩渦，進行自由貿易，結果能夠後來居上，不但成為一個為中國內地服務的轉口港，更發展為一個國際貿易、金融和商業服務中心。

　　從字面看來，所謂自由港只不過是一個不設關稅，可以自由貿易的港口而已，但實際上並不止此。它是個在缺乏自由貿易環境中可以自由貿易的商埠，因而吸引到大批外來商人，按照市場規律進行自由貿易，並且從事各種經濟活動。市場經濟所帶來的活力和從自由貿易所得到的利益，就成為它優勢之源，使它脫穎而出。中國開放以後，市場經濟得到逐步發展，一批“保稅區”，“出口加工區”，“技術開發區”，“開放城市”，和“經濟特區”等也先後出現。在不同程度上，它們都有某些"自由港"的性質，憑着種種政策優惠，可以享有較大的經濟自由，因而都有可觀的成績。但由於它們都在"境內"，而香港卻是個"境外"的行政和經濟實體，能夠全面地進行自由貿易，始終有很大差別。

自從開埠以來，香港便一直是個自由港，它所採用的自由主義經濟政策，也遠非自由港一詞所能涵蓋。香港是個全面開放的自由經濟體系，百多年的經營使它建立了符合市場原則的法制，採納了國際通用的慣例，熟習了自由貿易規則，累積了豐厚的經驗，有廣泛的國際聯繫，養成了富有進取性的企業精神，並且凝聚了一大批來自各國各地的商人和商業機構，積極投入國際市場。這種發展並不限於貿易，而且還形成了一個具有高度競爭性和重視效率的經濟體系，一種獨特的生活方式，使香港成為一個充滿靈活性和生命力的當代商貿中心，這是它不易被取代之處。

第八章

香港金融體系

周亮全

一·緒言

　　一直以來，香港經濟與貨幣及金融之關係尤為密切。開埠後之最初 100 年，本港主要依存於轉口貿易，不耕不織，基本上是一個純粹的商業社會，其對貨幣金融之依賴，不言而喻。20 世紀 50 年代以後，香港迅速工業化，產品什九外銷，原料設備更完全依賴入口，亦同樣需要健全的貨幣制度。而長久以來維持本港的繁榮及經濟高增長的首要因素，筆者認為是源源不絕的外來資金，而貨幣及金融體系的建制和運作，無疑是吸引這些外來資金的關鍵。80 年代以後，隨着全球金融市場的一體化，與及中國經濟的開放與興旺，香港慢慢演變為一個國際金融中心，金融服務更成為重要的出口行業。下文將探討這三個時期內本港貨幣金融的特色、演進、及對經濟發展的貢獻。

二·貨幣制度的興替

（一）銀本位時期

1. 多元化的金屬貨幣

　　英國人佔據香港，主要是作為英商對華貿易的基地，同時鼓勵其他外商來港建立棧房商行。因此開埠之初，即宣佈香港為自由港。各國之船舶，華洋商賈可自由進出。當時，市區及港口之建設都非常迅速，於是吸引了大量華工與及小商人來港就業。當時國際對華貿易的通用貨幣是西班牙銀元和墨西哥銀元。前者稱為“本洋”，後者俗稱“鷹洋”（因幣面有鷹花紋）。這些銀元與及國內流通的銀錠、碎銀及制錢便自然地成為當時流通於香港的貨幣。首屆港督砵甸乍爵士於 1842 年 3 月 29 日頒發公告，認可上述貨幣與及英國鑄造之銀幣和東印度公司所發行之銀洋在市面上自由流通。但這務實的作風很快便受到英廷的掣肘。1844 年 11 月即根據英倫的頒令，規定以英鎊及印度之銀元為法償貨幣。但港英政府對此法令陽奉陰違，並未有執行，原來之通貨仍自由流通。翌年 5 月，更頒佈新例，把本洋、鷹洋、其他南美國家的銀元，與及中國的制錢，並列為法償貨幣。同時規定這些銀元對英鎊的兌率是四先令二便士，而每先令則值制錢 288 枚。

當時市面上流通的，基本上只有銀元及銅幣（制錢），硬性規定這些貨幣對英鎊的兌價是不必要的，而且亦不切實際，因為它們之間的兌價須以所含金屬的市場價格為依歸，而金銀的比價是變動不居的。港府這樣做純粹為了行政上的需要。因為港府的財政、稅收，以至在英國聘用的公務員之薪俸，仍以英鎊為計算單位。這種情況一直維持到 1862 年。期間香港人口由 1844 年的 1.9 萬人增加至 1861 年的 11.9 萬人，其中華人佔九成以上。隨着華人及對華貿易的激增，英鎊及印度貨幣也逐漸在市面上消失，而所有商業帳目，都是以銀元計算。因此在 1860 年港府的 9.4 萬鎊歲入當中，只有 1,600 鎊是直接以英鎊收取。英倫終於接納港府的提議，改用銀元作為香港財政的記帳單位，由 1862 年 7 月開始生效。

港督羅便臣於是倡議要鑄造香港自己的貨幣，包括銀元及銅質輔幣。原因是當時鷹洋的供應很不穩定，常有短缺的現象。另一方面，當時市面上之輔幣只有每銀元可兌 1,200 枚之制錢，於是銀碎（包括分割了的銀元）亦作為交易媒介，非常不便。他並且相信香港的錢幣最終會在中國各通商口岸流通。英倫採納了這項建議，在香港建立造幣廠，並先行由倫敦皇家造幣廠鑄造。首批鑄有英國君主肖像之錢幣遂於 1863 年在港發行。香港造幣廠於 1866 年 5 月開始運作，為本地銀行及商人提供鑄幣服務，包括面額一元、半元、二毛、一毛及五仙之銀幣，又鑄造一文及一仙之青銅幣。銀元重 7.22 錢，銀色 899.306/1000，含銀量稍低於鷹洋。[1] 可惜這間造幣廠的經營，徹底失敗。一方面是設備及組織欠佳，積壓客戶的

（1）　有關各銀元之成色、重量，見中國政協廣東省委員會等（編）：《銀海縱橫》，1992 年，頁 20—23。各種銀元的重量都差不多，即 7 錢 2 分多。筆者還記得祖母輩稱五仙硬幣為“三分六”，很有古風。60 年代在美國的唐人街還普遍稱二角五分的硬幣為“錢八銀”，更是時空大倒流了。

圖 8.1　19 世紀中後期，清朝各地製造的銀元，亦在香港流通。

存銀，另一方面，所鑄的港元亦不受歡迎，[2] 於是產量持續下降，連年虧蝕，終於在 1868 年 4 月關閉，廠內的機器亦轉賣給日本政府。這次鑄幣的嘗試替港府帶來 34 萬元的損失，而 1864 年港府的稅收才不過六十三萬餘元。1872 年以後，面額較小的香港銀幣及一仙銅幣亦重新在英國鑄造。1895 年開始，又在印度鑄造面額一圓的貿易銀元，每枚重 7.215 錢，銀色 901.697/1000，由香港滙豐銀行發行，亦成為香港的法定貨幣。

香港在 1868 年後，不再發行一元硬幣，而前後所鑄造的亦僅有二百萬餘枚。市面上大量流通的反而是鷹洋、英國貿易銀元、本洋，和美國、日本的貿易銀元；前面兩種更一直與香港銀元並列為法償貨幣。但這幾種銀元的重量和成色，都並不一致。自 1862 年開始，香港即正式以銀元為貨幣單位，但卻沒有本身的銀幣和正式的貨幣標準，這種情況一直維持到 1913 年。

造幣廠倒閉以後，市面上的銀幣時常出現供不應求的情況，除了大量引進鷹洋及美日的貿易銀元外，並發行大量的在英國鑄造的輔幣。到 1905 年止，共發行了總值 4,400 萬元的輔幣，遠遠地超過本地的需要。不問可知，這些銀幣大量地流通於廣東及其他通商口岸。銀幣短缺的情況到 1890 年以後便逐漸消失，是年中國開始自鑄各種面額的錢幣，於是在國內流通的香港錢幣，開始回流香港；而 1895 年以後，在印度鑄造的英國貿易銀元亦源源供應。其後大量香港及中國鑄造的輔幣充斥市場，導致要以折讓價兌換銀元。由 1905 年開始，港府每年要由市面上收回大量輔幣，以求維持它們的價值，成為財政上的很大負擔，但仍未能遏止其貶值。港府遂於 1913 年禁止在本港使用外國的銀及鎳幣。於是只有香港的官鑄錢幣和英國的貿易銀元才是本港的法償貨幣。至此香港才有劃一的錢幣體制。這項禁令也未有帶來反對之聲，由於這時銀行發行的紙幣，早已取代笨重的銀元，成為貿易上的主要媒介。

2. 紙幣的發展

在香港流通的紙幣也像硬幣一樣，由繁而簡，由雜而約，由亂而治。最大的特色是，由始至終都是由私營銀行發行。本港首家銀行是 1845 年 4 月開業的，是總行設於印度孟買的東藩滙理銀行，並發行總值 5.6 萬元的鈔票，成為本港第一

（2）　當時的銀號習慣在經手鑑定的銀元上加上印記。港鑄銀元上有英女王肖像，依法不許塗污，亦是這種銀元不受歡迎的原因之一。見林秉輝：《香港貨幣》，1983 年，頁 19。

圖 8.2　1904 年製造的香港錢幣

批紙幣。該行並於 1851 年獲得皇家特許狀，於是 1857 年政府庫房開始接納其鈔票作為繳交稅款之用。此後多家海外銀行來港開業。到 1864 年底，有四家銀行的鈔票獲得庫房接納，發行額總值二百三十七萬餘元。同年，一班本港英商籌組香港上海滙豐銀行，⁽³⁾ 於 1865 年 3 月開業，隨即發行鈔票，並於同年 8 月獲庫房接納。翌年，印度孟買發生金融危機，有關銀行之香港分行受擠提，引發銀行風暴，結果原有之十家銀行中有一半倒閉，包括一家發鈔銀行。倖存的五家，實力也嚴重地打了折扣，例如渣打銀行便大大地收縮了它的鈔票發行量。滙豐銀行由於開業未久，業務又集中於東亞，故未被波及。反之，這風潮更替滙豐製造了擴充業務及網羅人才的黃金機會。到 1866 年底，該行之發鈔額已超過全港流通額之半數。十年之後，更發展為東亞地區的首席銀行。其在香港的市場佔有率，更每年俱增。1884 年歷史悠久的東藩匯理銀行倒閉，數年後有利銀行亦因重組而喪失其發鈔權。至是本港的主要發鈔銀行便只剩下滙豐及渣打銀行。它們的鈔票也愈來愈受區內商人的歡迎，不但通行於香港，更大量地在廣東流通。這些鈔票的發行額由法例明文規限，故在 19 世紀 80 年代中期即出現供不應求的情況。1895 年港府又通過"銀行紙幣發行"法案，進一步收緊對發鈔的控制，於是鈔票短缺的情況更為嚴重，而銀元兌換鈔票，也普遍出現"貼水"的現象。在 20 世紀初期，"貼水率"曾高達 13%，所有外匯的報價都是以港鈔（而非銀元）為準則。市民存銀元入銀行，須按市價折扣，否則只能提取銀元。由於當時銀元是本港的法償貨幣，港鈔則非是，而銀元更是港鈔發行和兌現的依據，上述的情況，無疑是很不尋常的。其主要原因是港鈔在國內流通量的激增。初期是由於國內硬幣供應的不足及使用不便，晚清以後則由於政局的不穩。到 20 世紀初，港幣已成為兩廣及京廣鐵路沿線地區商人樂用之通貨。如 1926 年滙豐發行了 4,300 萬元港幣，而在國內流通的估計達 70%。使港鈔使用歷久不衰的，是嚴謹的發行制度。

這個時期本港發鈔的規例和監管是以英國法例為根據。有關條文，首見於 1866 年的滙豐銀行法例，以後雖數經修訂，但至 1935 年為止，並未有本質性的更改。渣打銀行之鈔票發行辦法，亦與滙豐銀行相似。

有關發鈔條例之要點如下：發行額以銀行的實收資本額為限；任何英屬地方的滙豐銀行主行或分行，均有兌現滙豐銀行所發出之鈔票的義務；股東對已發行的鈔票，負無限責任；所發行之鈔票，至少須有三分之一的硬幣或銀塊作為準

（3） 初期該行之華名為 "香港上海匯理銀行"，為行文方便，本章一律用 "滙豐銀行" 稱之。

備。1899 年又增補了鈔票的儲備，規定銀行須另行存儲等於實收資本總額三分之一之硬幣或證券，此等儲備須受殖民大臣委派之董事監管。1898 年又通過法例，使銀行的發鈔額可以超越其實收資本，但這些超額發行須有等值的銀元或銀塊作為儲備。1924 年以後，進一步放鬆發行額的限制，將授權發行額提高到實有資本額以上，又撤銷超額發行的上限，但所有超額發行仍須有 100% 的銀元或銀塊作為儲備。

3. 貨幣的本地化

1913 年港府立例禁止外地的紙幣和錢幣在市面上流通，於是三家發鈔銀行的紙幣便成為本港商貿上唯一的主要通貨，[4] 而事實上也是本港外貿的本位貨幣。但在法律上港鈔卻不是法償貨幣。這種矛盾的現象乃根於港府及英國當局在發鈔問題上所持之歧見。倫敦方面認為發行鈔票乃政府之責任，一再敦促港府取代私人銀行發鈔。由於現行制度運作順利，港府官員自然不願意承擔這個繁瑣而又責任重大的擔子，於是一再拖延，但又無力去改變英倫的政策。於是在立法上，現行的發鈔制度便成為短期的、過渡性的安排。為了同一理由，港府一些有利於現行制度運作的建議，如增加授權發行額，提高儲備的靈活性，及取消對發鈔的課稅等，便很難得到英國財政部的同意。因此港幣的供應往往不能滿足市場的需求，帶來經濟的損失。其中有關面額一元紙幣的發行便是一個很好的例子。根據法例，銀行不可以發行面額低於五元的鈔票。1872 年，隨着造幣廠的倒閉，港督順應市民的要求，特許滙豐銀行發行面額一元的紙幣。其後英國財政部認為此項立法之程序不當，予以推翻，並下令銀行收回已發行的總值 22.6 萬元的一元鈔票。其後在商人及銀行同業的請求下，英財政部始允許這批紙幣繼續在市面流通，但凍結其發行額。這項法令一直維持了四十多年，到 1917 年才解禁。次年，發行量迅即增至 100 萬元。1929 年政府就銀行法例作一個較全面的修訂，取消銀行牌照的期限，可是三家銀行的發鈔權利，則只延長至 1939 年，可見英廷並未有放棄由港府收回發鈔權的設想。但其後數年間的歷史發展，卻為香港幣制帶來劃時代的轉變。

（4）　有利銀行於 1911 年重獲發鈔權，但發行量微不足道。該行於 1959 年被滙豐收購。

圖 8.3　香港在 20 世紀使用的部分紙幣

（二）英鎊匯兌本位時期

　　港元以銀為價值本位，但歐美的本港主要貿易伙伴的貨幣都是以黃金為本位。1872 年以後，以黃金計算的白銀價格持續下降，於是港元的匯價也節節下跌，由 1872 年的每元兌英鎊四先令四便士跌至 1902 年的一先令七便士，貶值了 2/3。歐戰期間，銀價又急升，港匯於 1919 年升至四先令十便士，漲了兩倍多。其後又急跌。匯率的不穩定對貿易及行政都帶來很大的不便，只是在經濟上香港與中國唇齒相依，加上本港的鈔票有過半數以上是在中國境內流通，港元幣制勢難改變。1934 年美國政府收買白銀，銀價急升導致中國的存銀大量流失，中國政府於是在 1935 年 1 月 4 日頒佈通貨條例，實行法幣政策，規定白銀收歸國有，翌年又以十進制的、不含銀的輔幣，取代原有的銀角子。

1. 英鎊匯兌本位的建立

　　中國脫離銀本位後，港府迅即作出反應，於 1935 年 11 月 9 日由立法局通過貨幣條例，禁止白銀流通，改用紙幣本位；港幣與英鎊連繫，匯兌平價維持於每一港元合英鎊一先令三便士，即每鎊可換 16 港元。發鈔銀行須將其庫存白銀繳交新設的外匯基金（exchange fund），換取負債證明書（certificates of indebtedness）。此後，這些證明書便成為發鈔準備。而滙豐、渣打和有利所發行的鈔票也開始成為法償貨幣。政府又以每盎司一元二角八分之價格收購民間的銀塊；市民擁有銀元或銀質輔幣超過十元者，亦須在一個月內按硬幣面值兌換港幣。同日，立法局又授權庫務司發行一元面額之紙幣、及一角和五分之鎳幣，以代替原有之銀幣。至此，行之近百年的銀本位便告終結，而本港與內地的幣制亦自此分道揚鑣。

　　自 1935 年 12 月 6 日起，銀行發行新鈔時，須以英鎊向外匯基金換取等額之負債證明書，發鈔銀行亦隨時可用這些負債證明書向外匯基金回購英鎊，而買賣之差價定為 1.25%。因此，港元及英鎊之匯價便規限在一個很窄的波幅上，而港元的發行，亦有十足的英鎊儲備。同時，港元的供應便完全由公共的需求所決定。因此這新措施同時解決了港元供應不足與及港幣匯價大幅波動的問題；這對香港的經濟發展，應該有很大的裨益。可惜這方面的影響很快便被戰爭的浪潮所淹蓋了。1937 年 7 月蘆溝橋事變以後，日軍全面侵華，1938 年底更攻佔廣州，傳統的轉口貿易大受打擊。次年 9 月，歐戰爆發，英國對德宣戰，更直接衝擊本港的金融制度。

2. 日治時期的通貨

英國對德宣戰後，隨即實施外匯管制，香港亦於 1939 年 9 月 8 日頒佈《國防金融條例》〔defence（finance）regulations〕，實施外匯管制，禁止鈔票、外幣、黃金出口與及證券的轉移。所有外匯買賣要經由 19 家授權外匯銀行（authorized exchange banks）辦理。但對中國區域之匯兌業務則較為自由。又英國實施外匯管制的同時，宣佈對美元貶值約 14%。港元對英鎊之兌價則維持不變。

1941 年 12 月日本發動太平洋戰爭，並於 8 日晨進軍香港，12 月 25 日香港淪陷。易幟後，即以軍用手票為通貨本位，規定軍票一圓等於港幣二元，次年 7 月 24 日改為一圓兌四元，更於 1943 年 6 月 1 日開始，禁止港幣流通。但戰時百業停頓，物資奇缺，必需品限量限價配給，市內人口也由 160 萬人減至 60 萬人。又香港淪陷時，滙豐銀行庫存大量未發行之新鈔，日軍後來強迫銀行職員簽署這些無準備的鈔票，到澳門及內地搜購物資。英國當局即利用重慶廣播電台通告香港及華南居民，表示不會承認這批逼簽紙幣（duress notes），又公佈這些紙幣的編號。這批迫簽紙幣之總額達 1.2 億元，為戰前港元發行額之一半；其中 95% 是面額 50 元或以上之大鈔。

3. 英鎊本位制的恢復與終結

1945 年 8 月 15 日日本宣佈投降，結束了第二次世界大戰。30 日，英軍進駐香港，並開始為期八個月的軍政統治。9 月 24 日宣佈軍票無效。同時滙豐銀行已運來大批新鈔備用。最初，軍政府亦宣佈不承認面額十元以上的逼簽紙幣。後來為了維持港幣的使用與及公平 —— 這些鈔票已在華南及香港流通多時，又於次年 4 月 2 日宣佈承認所有逼簽貨幣。這種舉棋不定的政策無疑給很多市民帶來不必要的損失。但這項措施對鞏固港幣的信用則大有幫助，因為發鈔當局承擔了法理以外的責任，以此保障持有人的權益。其後港幣在內地廣泛流通，亦為東南亞人士信任，直接間接促進資金流入本港。

港元幣制仍沿用戰前的英鎊匯兌本位，兌率亦維持於每一港元值一先令三便士。當時主要國家都奉行固定匯率制，港元匯率也因而穩定下來。戰後，英國仍執行戰時所訂的外匯管制，因此港府也對英鎊區實施外匯管制，規定授權外匯銀行始可以進行英鎊買賣，但其他外幣則在當局默許下自由買賣。

戰後，中國及英國的政經形勢都起了劃時代的轉變，給香港帶來很大的衝擊。中國經過八年抗日戰爭後，喘息未定，又於 1947 年爆發全面內戰。這時民窮

THE BANK OF EAST ASIA, LIMITED.

BALANCE SHEET AT 31ST DECEMBER, 1943.
東亞銀行資產負債表（一九四三年十二月）

LIABILITIES 負債		ASSETS 資產	
CAPITAL 資本	1,399,650.00	BULLION, CASH IN HAND & AT BANKS:—	
LESS CAPITAL TO SHANGHAI	295,781.25	CASH IN HAND	1,037,424.28.40
	1,103,868.75	CASH AT BANKS	3,091,666.11
RESERVE 儲備金	687,500.00	BULLION & FOREIGN MONEY	56,594.12
RESERVE FOR BAD & DOUBTFUL DEBTS	50,000.00		4,185,684.63
DEPOSITS:— 存款		BALANCE WITH BANKERS ABROAD & BULLION IN TRANSMISSION	
CURRENT DEPOSITS	4,784,474.99	AC:NOTES OUR ACCOUNTS	2,318,455.51
FIXED DEPOSITS	217,071.11	BULLION IN TRANSMISSION	5,000.00
FIXED DEPOSIT IN FOREIGN CURRENCY			2,323,455.51
SAVINGS	1,682,399.81	LOANS AND ADVANCES TO CUSTOMERS:—	
INSTALMENT SAVINGS	833.50	OVERDRAWN CURRENT ACCOUNT	386,421.42
ADVANCES THEIR ACCOUNT	64,763.14	CLEAN LOANS	3,884.42
	6,820,424.59	MORTGAGE LOANS	224,992.50
			615,298.34
BILLS PAYABLE 應付票	25,426.43	BILLS RECEIVABLE:—	
T. T. PAYABLE	14,539.12	BILLS PURCHASED	43,140.05
	39,965.55	BILLS RECEIVABLE IN £ STERLING	2,258.92
		BILLS RECEIVABLE IN FOREIGN CURRENCY	250.88
ACCOUNTS PAYABLE:—			45,649.85
SUNDRY CREDITORS	51,082.89	BRANCHES 分行	1,028,011.38
SAFE DEPOSIT BOX SECURITY	1,615.00		
SUSPENSE	186.50	PAYMENT IN ADVANCE	2,445.50
MARGINS	29,324.50	STAMPS ACCOUNT	455.98
DIVIDEND AND BONDS	17,861.24		2,901.48
INTEREST RESERVED FOR FIXED DEPOSITS	1,018.69	INVESTMENTS	465,635.29
INTEREST RESERVED INSTALMENT SAVINGS	3,406.04		
CASH ORDER	1,452.91	BANK BUILDINGS	525,000.00
TRUST FUND	1,113.98		
PROVIDENT FUND	10,840.18	FURNITURE AND FITTINGS	.25
INSURANCE PREMIUM	25,161.67		
SAVINGS CERTIFICATES	12,250.00	ACCOUNTS RECEIVABLE	93,213.25
NO FAT SMO	4,356.52	SUNDRY DEBTORS	13,708.43
SINO-BRITISH GU	400.00	LI TSE FUNG GREEN ISLAND CEMENT CALL	1,164.12
RENT DEPOSITS	2,340.00		107,085.80
	213,001.27	CUSTOMERS' LIABILITIES ON CREDITS, ETC.	232,735
		(AS PER CONTRA)	
FOREIGN CREDITS, ACCEPTANCES & GUARANTEES:—			
SHIPPING GUARANTEES	79,749.81		
COMMERCIAL CREDITS	78,480.92		
TRAVELLERS LETTER OF CREDITS	25,762.50		
BILLS RECEIVED FOR COLLECTION	17,016.41		
CONSTITUENT BILLS FOR COLLECTION	31,725.59		
	232,735.23		
PROFIT & LOSS ACCOUNT:—			
BALANCE BROUGHT FORWARD FROM 1942	21,684.52		
PROFIT IN HONGKONG 1943	22,459.76		
ADD PROFIT IN SHANGHAI 1943	145.51		
	445,319.79		
1943	868.94		
	445,188.70		
LESS LOSS IN KOWLOON 1943	5,220.61	40,952.09	262,401.85
			9,131,561.76

香 港 東 亞 銀 行 (印章)

圖 8.4 1947 年香港東亞銀行的資產、負債表，銀碼用皆日本軍票計算。

財盡，國庫空虛，政府濫發貨幣，已無可避免。通貨膨脹迅速惡化，終至於物價一日數改，於是港元逐漸代替法幣，成為廣東各地的通貨。迨 1948 年，法幣已形同廢紙，港元獨霸各地市場。[5]是年 8 月，國民政府改發金圓券，但膨脹、貶值比法幣更甚。1949 年 4 月，南京解放前夕，港鈔發行額高達 8.8 億元，其中三分之二是在國內流通。中共統一全國後，港鈔再也不能在國內流通，相信其中大部分已回流返港。意外的是，在其後的幾年內，港鈔的發行額只有輕微的減縮（表一）。這反映出本港經濟活動在這段時期有急速的增長。由 1948 年到 1954 年間，有大量資金由國內及東南亞地區流入香港。1949 年以後，又有數以十萬計的難民由國內湧進，導致就業不足及房屋、公共設施嚴重短缺等問題。但市內未有出現騷動、治安不良、及饑荒等社會問題。自由市場繼續維持而又未出現嚴重的通貨膨脹，尤為難能可貴。顯然，健全的幣制有助於香港的經濟承受這巨大的外來衝擊。

同時，英國經濟實力日漸衰落，雖有嚴格之外匯管制，亦無法維持國際收支平衡。1949 年 9 月 18 日英鎊大幅貶值 30.5%，港元立即追隨。當時本港正受中國政權改變及難民湧入之衝擊，故論者認為這次貶值有利於工業化的發展。1967 年 11 月 18 日英鎊又貶值 14.3%。兩日後港府即宣佈港幣與英鎊之匯率維持不變，於是港元兌價由每美元值 5.714 港元跌至每美元值 6.667 港元。但當時本港並未有國際收支不平衡的問題，而較英國更為重要的貿易伙伴均未有改變其幣值，因此這同步貶值的決定招來各界很大的非議。三日後，當局遂宣佈將港幣升值 10%。這兩度調整的結果使港幣對美元貶值了 5.7%，對英鎊則上升了 9.06%。由於港鈔的儲備都是以英鎊存放，港元的升值為外匯基金及發鈔銀行帶來很大的損失。次年，英港達成協議，由英國保證港幣儲備的美元價值。四年後，英國又面對更大的國際支付危機，在投機浪潮的衝擊下，於 1972 年 6 月 23 日宣佈放棄固定匯率制，英鎊開始自由浮動，香港的英鎊匯兌本位亦從此結束。

（三）管理紙幣本位

英鎊自由浮動後，早已成為弱勢貨幣的美元亦難以抵受拋售的壓力，首先在

（5） 見《銀海縱橫》，頁 33。1948 年底，筆者返東莞太平鎮探親，見食肆以至路旁攤檔，已全部使用港鈔。

1973 年 2 月貶值 10%。3 月，主要工業國採用浮動匯率機制。行之已久的全球性的固定匯率制亦告終結。從此香港便須要根據本身的情況去選擇貨幣體制。

1. 短暫的美元掛鈎期

英國放棄固定匯率後兩個星期，港府於 7 月 6 日宣佈港幣匯率與美元掛漖。平價為每美元兌 5.65 港元，波動的上下限為 2%。同時，放棄了由 1935 年開始沿用的發鈔制度。發鈔銀行不必用外幣向外匯基金換取負債證明書，作為增發新鈔的準備，只須將等值的港元，撥入外匯基金的戶口；後者即運用這些港元購買多種外幣，作為港元的準備。由於當時英鎊和美元都已成為弱勢貨幣，這樣做可以減少外匯風險。其後不久美元即在歐洲和日本遭到拋售，美國於 1973 年 2 月 13 日將黃金官價由每盎司 38 美元提升至 42 美元，代表美元貶值 10% 強。次日，港府宣佈港元的含金量保持不變，於是港元兌美元的平價升至每美元兌 5.085 港元。

石油危機爆發後，美元弱勢更形惡化，1974 年 11 月下旬，美元又在各地遭拋售。港元既與美元掛漖，亦自然遭受很大的壓力。大量供應港元以維持匯價亦可能導致通脹。於是港府在 11 月 24 日宣佈港幣自由浮動。港元兌美元之匯率隨即升至 4.6 元。

2. 浮動匯率時期

港幣與美元脫漖以後，繼續採用上述的發鈔程序。脫離了固定匯率的限制，港府在理論上可以採用貨幣政策，作宏觀的調控。但當局始終未有作這種嘗試。浮動匯率實施後的最初兩三年，運作相當順利：港幣匯率穩步上揚，內部物價穩定；1975 年受世界性經濟衰退的影響，增長呆滯，但其後兩年增長極速，故三年之平均增長亦達兩位數字。此後，由於制度的不足以及人為的錯誤，港府未能有效地遏止貨幣及信用的過度擴張，[6] 導致嚴重的通貨膨脹及國際收支逆差的擴大，影響所及，1977 年 9 月後港元匯率顯著轉弱，持續下瀉（表二）；到 1982 年中，港元匯率指數已下跌了 20%。這自然大大削弱了市民對浮動匯率下的港幣的信心。之後，信心危機爆發，浮動匯率制度便應聲而倒了。

（6）　詳見饒餘慶：《走向未來的香港金融》，1993 年，頁 51—54。

3. 美元匯兌本位制

1982 年 9 月，英國首相戴卓爾夫人（Mrs. Thatcher, Margaret）訪華，向中國領導人探討香港前途問題。中國政府堅決表示，將於 1997 年收回香港的主權和治權。消息傳出後，在香港引起很大的震蕩，股市大跌，港幣在一個月內貶值 12%。其後，中英政府在北京就香港政治前途問題，展開一連串外交接觸，並於 1983 年 7 月開始，在北京舉行多輪正式會談。期間，港元匯率不斷下瀉。會談開始以後，港人的情緒和港幣的匯價便隨談判的氣氛而上上落落。9 月以後，由於會談缺乏進展，港匯跌勢加劇；9 月 23 日，當會議陷入僵局的消息傳出後，港元即遭到恐慌性的拋售，兩日之內，港元對美元之兌價由 8.36 跌至 9.6，對 15 種主要貨幣亦貶值 11.6%。市民更開始搶購生活必需品。各界對港幣的信心已陷於崩潰的邊緣，紛紛搶兌美元，很多外商亦拒絕接受港幣。幸而 9 月 25 日是星期日，使香港官員有個喘息的機會，想辦法去解決這史無前例的貨幣危機，是日港府公佈正積極制定一個方案，在“充分兌換”的基礎上去穩定港元。亂局也因而緩和下來。

港府於 1983 年 10 月 15 日宣佈，港幣與美元再度掛漖，聯繫匯率固定於每美元兌 7.8 港元的水平（較宣佈前一周之平均匯價升水約 6%）。發鈔銀行須以等值之美元向外匯基金換取負債證明書，作為發行港幣之法定準備。同時又撤銷港元存款利息稅。由於發鈔銀行隨時可以向外幣基金按 7.8 的兌價買或賣美元，其他銀行亦可與發鈔銀行作相類的交易，自由市場的美元匯價，便穩定在一個很窄的波幅內。另一方面，港元的發行量便由市場的需要去決定，而香港的利率也受美國利率所左右。故在聯繫匯率之下，港府已犧牲了獨立的貨幣政策。美元本位的運作，基本上與過往施行的英鎊匯兌本位相同，即由一個客觀的、外在的機制 —— 國際收支 —— 去控制貨幣的供應量。不過其間也有一項主要的區別，在英鎊匯兌本位的那個年代，主要的國家都奉行固定匯率制，固定了英鎊匯率也同時穩定了所有主要的匯率；如今浮動匯率當道，美元匯兌本位制已不能保證匯率的穩定。

筆者執筆時聯繫匯率已實施了超過十年，基本上達到了穩定匯價及增強港元信用的大目標。如表二所示，至 1992 年止，匯率指數的高低點是 119 與 100，其波幅較浮動匯率時期要小得多。

三·金融機構和市場的發展

（一）轉口貿易港年代

香港由開埠到 1941 年太平洋戰爭爆發前夕，都是以轉口貿易為經濟的命脈，而當時大部分金融機構也是為貿易的需要而設。由於本港之出入口洋行是貿易的中介人，故每一項貿易都牽涉在不同國家的三個伙伴。金融機構的任務便是替買賣雙方提供信用保證，與及買賣進行期間的融資，這一連串的服務，統稱“押匯業務”，主要由銀行提供。同時，轉口貿易也帶來蓬勃的外匯買賣。其次，隨着市內人口的增加，市內商業及基建的規模也日益龐大；到 19 世紀末期，製造業也逐漸抬頭，這些工商業都需要短期和長期的信貸，於是有多種金融機構、市場、和工具去溝通借貸雙方。此外，當時還有一些較為獨特的勞務。在 1895 年前，銀錠、碎銀、各種銀元、及銅幣（制錢）在貿易上廣泛使用，故金銀找換是一個很重要的行業。而大批華人到海外謀生後，僑匯便日形重要。

1. 銀行業的成長

香港開埠未久，總部設於印度孟買之東藩匯理銀行即來港開業。其後 20 年，隨着本港貿易的擴張，又陸續有多家以英國或印度為基礎的英資銀行，來港開設分行。1865 年由本港外籍商人創立之滙豐銀行開業，成為首家總部設於香港之銀行。當時市面上之英資銀行已有十家之多。次年，英國及印度發生金融危機，本港亦出現經濟不景，引致六家在港經營的銀行倒閉。後來，東藩匯理銀行亦於 1884 年歇業。與此同時，其他外資銀行亦相繼來港開業。開先河的是 1884 年開設分行的法國東方匯理銀行；到 1900 年止，又先後出現了日資、美資及荷資銀行的分行。至於華資銀行的成立，則要等到 20 世紀初期。第一家是由美國歸僑於 1912 年創立的廣東銀行，稍後又有港商創辦了東亞銀行（1919）及國民商業儲蓄銀行（1922）；迨歐戰前夕，一共出現了八家在香港註冊的華商銀行。而在國內或南洋註冊之華商銀行亦紛紛來港開業，特別是日本侵華以後，中國外貿及金融重心逐漸南移，香港地位日形重要，華商銀行來港開業者，亦如雨後春筍。到歐戰前夕，在港開業之中外銀行，已達 30 家。

這個時期的外商銀行，一般以押匯為主要業務，因為這些銀行最初成立之目的，是協助本國商人開展對華貿易。滙豐銀行及華資銀行則較為重視本地投資

圖 8.5 坐落於中環德輔道中十號的東亞銀行慶祝成立十周年（1929）

及存款放款業務。即以滙豐銀行而論，在 1931 年的放款額中，貼現放款仍高達 53%，其次為各種投資，佔 30%，票據則佔 17%。當時所有銀行都集中在中區雪廠街及畢打街一帶，並沒有在其他區域開設分行，它們存放業務的對象也僅限於大商號及富戶，今日所見的以一般市民為對象的零售銀行服務，並不存在。支票制度，亦未為商場所接受。

在眾多銀行中，又以滙豐的地位最為突出。在港內，它的資產及市場佔有率，遠遠凌駕於其他同業之上。此乃由於本港進出口貿易，大部分操於英商洋行之手，期間香港之貿易伙伴，又以中國和英國分居首、次位置，而滙豐在上海及沿海沿江各通商口岸都設有分行（所發行的紙幣在這些地方廣為流通），於是在發展押匯業務上，便深得地利人和，其他銀行難與爭鋒。此外，滙豐又在很大程度上扮演着中央銀行的角色：它是主要的發鈔銀行，在 1931 年佔發行額的 80% 以上；它是香港政府的出納銀行，又是同業的結算銀行，有時又充當最後關頭的貸款銀行。香港政府亦一再向滙豐舉債，而該行主席一向被委任為本港權力中心的行政局的成員，滙豐銀行在政治和經濟上之影響力，可見一斑。而滙豐在中國之勢力尤為令人矚目。1877 年首次對華貸款 500 萬兩，以海關稅為擔保，此後，屢次單獨或組織國際銀團對中央及地方政府融資，又投資於中國之鐵路、礦山、航運等。踏入民國以後，對滙豐之倚仗，更有增無已。如 1922 年省立廣東銀行發行之紙幣發生擠兌，幣值反覆下跌，於是委託沙面之滙豐銀行分行代收省券存款，以示減少流通額之決心，冀能維持國人對紙幣之信心，由此可見滙豐銀行廣州分行之威信已凌駕於省立銀行之上。

30 年代初年，本港受全球性經濟衰退及白銀價格暴漲的雙重打擊，貿易減縮，觸發房地產市場危機。1935 年遂爆發銀行風潮，多家華資銀行倒閉。當時香港還未有銀行法，成立有限公司、或僅領取商業登記，即可經營銀行業務。存戶便毫無保障了。另一方面，由於沒有中央銀行，銀行遇到擠提，即使根基穩固，亦會因套現無門而難以自保。事件發生以後，當局照例就監管問題進行研究，後來危機過去，監管之議也就不了了之。

2. 其他金融機構、市場的發展

（1）銀號

戰前對華人提供各種金融服務者，以銀號為主。其組織、經營手法、與業務

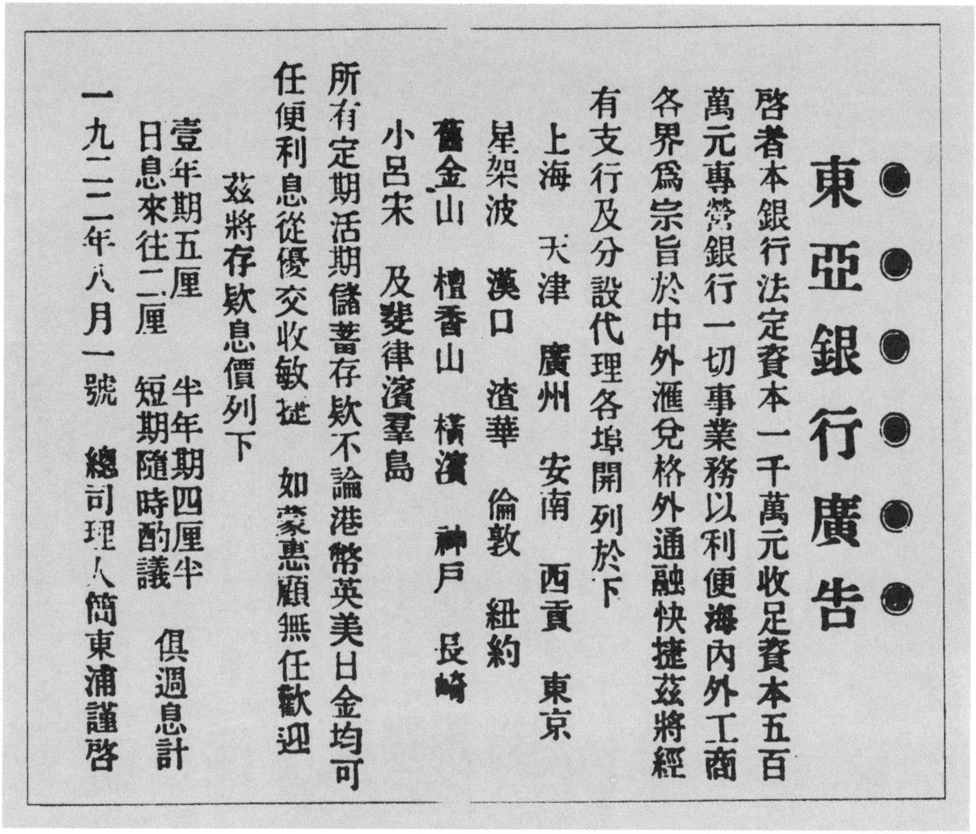

東亞銀行廣告

●●●●

啓者本銀行法定資本一千萬元收足資本五百
萬元專營銀行一切事業務以利便海內外工商
各界為宗旨於中外滙兑格外通融快捷茲將經
有支行及分設代理各埠開列於下

上海　天津　廣州　安南　西貢　東京

星架波　漢口　渣華　倫敦　紐約

舊金山　檀香山　橫濱　神戶　長崎

小呂宋　及斐律濱羣島

所有定期活期儲蓄存欵不論港幣英美日金均可
任便利息從優交收敏捷　如蒙惠顧無任歡迎

茲將存欵息價列下

壹年期五厘　半年期四厘半
日息來往二厘　短期隨時酌議　俱週息計

一九二二年八月一號　總司理人簡東浦謹啓

圖 8.6 東亞銀行關於定期、活期儲蓄的廣告（1922 年 8 月 1 日）。

圖 8.7　50 年代的中環滙豐銀行總行

性質，都取法於上海之錢莊。其中歷史最悠久的，成立於 1880 年。至 1932 年已有規模較大之銀號 37 家，多集中於文咸東街、文咸西街（南北行）及其鄰近之皇后大道中、德輔道西一帶。其組織以獨資經營或合伙（無限公司）為主。業務性質分為三大類：即按揭、金銀找換、及炒賣。其中以按揭銀號之規模最大，其業務也與銀行的最相近，即以經營存款及放款為主，亦提供匯款及發信用狀等服務，在貿易上則充當華商及外資銀行的中介。經營手法卻較為傳統，以交情、信實維繫顧客，生意往來則根據行規及主事人之承諾，無需合約條文與律師公證。另一方面，經營者又多來自南海、順德、四邑、及潮汕，有鄉誼之情，往往能互為援引，以合作代替競爭，因而形成一股雄厚的財經勢力。專營門市找換之銀號，規模較小，但一般按揭銀號亦在金銀業貿易場代客買賣大額的外匯。

（2）金銀業貿易場

這是一個歷史悠久而又相當獨特的金融市場。始創於 1876 年。1932 年建貿易場址於上環孖沙街。以店號為會員，委派經手人入場買賣生金銀（bullion）、各種銀元及各國貨幣。買賣方式相當傳統，但有完善之規章制度作為交易之指引，能有效地減低交易費用及保障買賣雙方之利益。以買賣黃金為例，場內便有專人負責考核黃金的重量及成色。名義上為實金買賣，但買賣雙方可以每日計息之方法延期交收，因此實際上又是無限期的期貨黃金市場，投機者可以在銀號開一個戶口，進行炒賣。在當時來説，這種期貨市場，算是很先進的。至於各國貨幣的買賣，則是即日交收的。歐戰爆發後，當局於 1939 年實施外匯管制，黃金及英鎊區以外的貨幣買賣受到限制，但國幣仍然可以自由買賣，當時國民政府已經西遷，國幣對港幣之比價波動很大，於是國幣之交易非常蓬勃，後來更發展為期貨買賣。

（3）證券市場

香港的股市有很悠久的歷史，1866 年首次頒佈股份公司條例，隨即有股票買賣；在 1889 至 1891 年更出現過一次投機熱潮。而香港股票經紀協會（Association of Stock-Brokers in Hong Kong）亦於 1891 年成立。該會於 1941 年改為香港股份交易所（Hong Kong Stock Exchange）。1921 年另一證券經紀協會成立，並招收華籍會員。但市場的規模很小。1931 年只有上市公司 44 家，年底市值共 6.5 億元。其中以公用事業及零售業為主，只有工業股四種、銀行股三種、地產股三種。而且交投並不活躍，經常有買賣的，不足 20 種股票，亦少有新的公司加入上市的行列。有論者以為期間本港股市之停滯不前,是由於未能與旺盛的上海股市競爭。無論如何,戰前的股市顯然未能為工商界籌集資金。

3. 傳統的金融組織

　　上述的金融機構,雖有悠久的歷史,但並不普及。華人佔本港人口 94% 以上,但只有少數的富有而又與洋人有生意往來的華人,才會成為外國銀行的顧客,光顧華資銀行的也限於殷富。參與股票買賣的數目就更少了。銀號及金銀貿易場是華人的機構,但服務對象亦以富戶及規模較大的商戶為主。一般小商人及升斗市民的存貸需要,便有賴一些傳統的信用機構,最普遍的是當押業。

　　中國早在南北朝時候便開始有以物品為抵押放款的質肆。在雍正時代 (1723—1735),廣州已有幾十家當舖。香港在開埠初期便有典當業。1860 年港府開徵牌照費,為市民詬病;典當行業首先實行罷市,作為抗議,迫使當局減低牌照費,當時該業之影響力,可見一斑。又據 1890 年之統計,市內有米舖三十餘家,疋頭舖五十餘家,當押舖卻有四十餘家,[7] 而該年人口才只 22 萬。押物期限一般為一年,所押物品以衣服為多,其次是首飾。利率大概是年息二至三分,典當的金額愈少,息率也愈高。押店遍設於鬧市與人口密集的地區,典當金額之大小亦無限制,押店認票不認人,典當者不必提供個人資料,故交易非常快捷方便。由於當時流動人口多,收入低,積蓄少,當押業為市民提供了有效的、必需的信貸服務。

　　押店所提供的只是小額的信貸,不能滿足市民較大額的融資需求,如應急的消費開支、嫁娶、或小商人流動資金的需求。另一方面,當時的金融機構亦沒有替小額的儲蓄安排出路。傳統的"銀會"便成為溝通這項供求的重要媒介。銀會的來源已不可考,但廣泛地流行於香港及東南亞,而經過悠久的演進,其組織的模式亦已穩定下來。基本上,這是一種相當方便及高效率的信用合作社,在香港已成為國際金融中心的今日仍然存在,因此值得我們去了解它的運作模式。[8] 負責組織銀會的人稱為"會頭",由他去聯絡一定數目的會員(稱為"會仔"),並規定會期(一般是每月一次)與及每次供款的定額。開會時,會仔以暗標的方式競投收取該期的會銀,俗稱"標會"。會仔之間可以互不相識,只須認識及信任會頭,會頭

---

(7)　見陳鏸勳:《香港雜記》,1894 年,頁 23、25、32。

(8)　銀會之運作,饒有趣味,但論者不多,可參考:Mok, Victor and Wu, Joseph, "Yi Hui and Yin Hui — An Introductory Analysis,"。

是各參與者的信用評估人及保證者，如有會仔逃帳，他有補償的義務。對家無恆產的升斗市民，銀會提供濟急扶危的信用保險，利用銀會他們可以用較低的利率獲得無抵押貸款；由於他們認識會頭，於是他的品格，他的職業或生意便成為信用的保證，因當時並無其他金融機構肯去接受這種保證，若沒有銀會，他們便借貸無門。一般小商人也可以同時參加幾份金額大小不一的銀會，去靈活地調動資金。

4. 日治及復元時期的金融和經濟

日軍於 1941 年底攻佔香港，翌年 2 月初，各華資銀行先後獲准復業，至 2 月 9 日已有 22 家華資銀行復業，但英資銀行、國民政府官辦銀行，及其他對日作戰國家所屬的銀行，則遭到清算。日人設財政部，下轄金融課，管理一切金融事務，對銀行之經營監管甚嚴；來往帳目要每日匯報，一切借貸要經審核，利率以至行員薪酬均由官方規定。當時的銀行亦沒有多少生意可做；出入口貿易已完全停頓，由於物資短缺，市內的工商業亦日趨式微。於是銀行也會提供一些意想不到的服務。東亞銀行成為"社會福利彩票"的總代理，其他銀行亦參與分銷。東亞銀行還代教會的消費合作社配給米糧。

銀號亦獲准復業，但營業範圍亦止於買賣大洋（國幣）及港元。另一方面股市及金銀貿易場在日治期間均停止營業。當時可稱得上一枝獨秀的金融業是當押店。百業俱廢，市民生活於水深火熱中，饔飧不繼，只有典當衣物、手錶、首飾等以維生，而且多數沒有能力取贖。同時，由於來源中斷，這些物品在內地很受買家歡迎，故當押店可以從出售斷當物品獲得厚利。

當押業之一枝獨秀，正好反映了香港經濟的窘境。簡言之，是"食老本"。富者食存款、存糧，中等人家典賣家當，餘者自願地或被當局強迫離港。淪陷前，香港人口為 164 萬人，到 1945 年 8 月日本投降前夕，留港人口降至 60 萬人。與此同時，私人及社會的資產，樓房及資本財，和基本建設持續地受到日人的掠奪，戰火的摧毀，以及暴民或飢民的破壞。到後期，市內的水電供應、交通設施、醫療服務等已處於半癱瘓狀態；四分之一的民房毀於戰火；糧食嚴重短缺，很多人死於飢餓及營養不良，倖存者也普遍地虛弱不堪。

1945 年 8 月 15 日，日本宣佈投降。8 月 30 日，英國艦隊駛進維多利亞港。他們從日本人手上接收過來的，是一座百業蕭條、百廢待興的城市，住着幾十萬個羅掘俱窮，疲憊不堪的飢饉市民；陸上沒有車輛，海上沒有舟楫。如何去解決這幾十萬劫後黎民的生活和就業問題，幫助他們重整破碎的家園，恢復各種公共設施顯然是一件非常艱巨和昂貴的事。當時客觀的形勢可說是相當惡劣。中國經過八年抗戰，固然是民窮財盡，英國亦筋疲力竭，自顧且不暇。歐洲與日本亦成為廢墟，故國際貿易的前途並不樂觀。由於香港是受英國殖民統治，故不可能獲得美國或國際機構的經濟援助。此外，戰爭的結束來得相當突然，有關方面亦未及草擬詳盡的復元大計。使事情更難辦的，是戰時離港逃荒的原居民大批回流，年底時人口已增至百萬；那些新來者也十居其九是身無長物的難民。但接着而來的復元，卻是奇跡地迅速、順利、和成功。軍政府成立之初，即恢復大米的配給，又施行廣泛的物價管制，限價定量配售木柴、肉類、食糖、和香煙等各樣必需品。到 11 月即應各界之要求，恢復大部分商品的自由貿易。到了年底，各類物品已有充裕的供應，雖然價格比戰前高四至五倍。1946 年上半年的外貿數字，已恢復到 1939 年的水平，次年的貿易額更達戰前最高水平的 2.2 倍。1947 年 4 月，中區中國銀行所在的那幅土地公開拍賣，以每方呎 250 元之高價售出，是戰前最高紀錄的五倍。1947 至 1948 年度港府財政出現盈餘，市內的交通、水電供應等亦已正常運作。就這樣，經過不到兩年的時間，香港的經濟便在戰後的廢墟中重建起來，恢復了戰前的繁榮，既沒有倚賴外援，亦無需計劃和管制；而且當時香港的大門還是敞開的，大批移民不斷湧入，但並未有導致苦難和不安。這算得上是一個近乎奇跡的經濟成就。但這項成功的經驗卻被普遍地忽略了。

5. 經濟迅速復元的金融因素

當年充裕的資金供應，是推動本港經濟迅速復甦的最大功臣。由 1946 年開始，資金即源源不絕地由內地及東南亞地區流入香港。而戰時積壓下來的龐大僑匯亦以香港為轉運的總樞。資金輸入之數字雖難以估計，但數目龐大，則有跡可尋。本港銀行的數目，在兩年內激增了四倍，金銀業貿易場內，黃金及國幣的炒賣盛況空前，黑市的外匯買賣亦非常蓬勃。一些作風謹慎的銀行更有資金缺乏出路的煩惱。中國的內戰及惡性通貨膨脹，東南亞地區的政局動蕩及排華風潮，促使資金外流，把這些資金吸引來港，則有賴健全的貨幣制度，完整配套的金融體系，及金融從業員敬業樂業和進取的精神。上文已提到港幣信用的建立。日治時期，本港百業凋零，但有 22 家華資銀行、六十多家銀號和錢莊，繼續慘淡經營。戰火甫熄，主事者立即僕僕征途，往海內外各地聯絡昔日客戶。[9] 9 月 13 日，軍

---

(9)　見冼玉儀：《與香港並肩邁進：東亞銀行 1919—1994》，1994 年，頁 68。

政府宣佈軍票無效。翌日，已有部分華資銀行復業，當時英軍還未受降呢！戰時被清盤的滙豐銀行，職員紛紛從英國、重慶、及澳門趕回，策劃復業，迨 9 月下旬，已開始有限度營業。11 月 12 日，滙豐恢復外匯掛牌。12 月 1 日，金銀業貿易場正式復業。只有股票市場，由於受延期支付令（Moratorium Proclamation No.6）的限制，要到 1947 年 1 月始復業。因此，在白米和油糖恢復自由買賣之前，金融業務已欣欣向榮了。1946 年底，銀行的數目增至 46 家，較年初多了一倍，當時東亞銀行的存款數字，創歷史高峰。1948 年以後，隨着國民黨軍隊在大陸的潰敗，更多的資金及人力資源流入香港，據史班轟（Szczepanik, E.）的估計，1947 至 1950 年間流入香港的資金，加上無形的貿易順差，相當於國民所得的 48%。這龐大的資源透過不同的渠道滋潤了香港的繁榮。大量資金直接注入金銀炒賣、證券、及地產市場，替這些市場帶來空前的興旺；其中又以地產行業之發展最為持久及影響深遠。地狹人稠，加上不斷的入境人潮，維持樓房業的長期蓬勃，提供了大量的就業機會，並促進一連串有關行業的發展：水泥，建材，油漆，傢俬，和金屬製品。影響所及，各級的消費場所也欣欣向榮。同時，游資亦透過銀行及銀號投入各行各業，包括公用事業，傳統的、規模較大的製造業，以至一些創新的工業。市面頭寸鬆動，亦方便小商人和創業者以物業或機器為抵押，取得信貸。市面繁榮又使政府的收入倍增，可以投資於各種基建。

　　一般論者都把勞力、資本、及企業人才的大量流入，並列為促進香港的迅速復元和持續發展的基本因素。但就推動經濟發展而言，這三種因素卻有主從之分，輕重之別。在發展初階，勞工顯然不是決定性因素。在落後國家，大量勞動人口由農村湧向都市，但找不到工作，反而成為負累。只有資本和企業人才始能創造就業機會。其中資本更被普遍公認為關鍵因素。而且，在資本市場還未成熟時，資本和企業又往往連在一起，資本家同時也是商人或工業家。因此，當大量游資流入香港時，伴着或隨之而來的是商貿和技術人才；他們的專長、經驗、以及海內外的市場和人際關係，是促進經濟發展最寶貴的動力。與一般勞工不同，他們有選擇移居地的自由；首先考慮的，當然是個人及資金的安全，香港穩定的幣值、司法制度、低稅率、及資金的出入境自由提供了這方面的條件；其次是投資的便利和盈利，在這方面本港金融機構提供的多元化、高效率及靈活的服務作出很大的貢獻。這時，大量的廉價勞動力便成為一個很有利的條件。由 1948 年開始，許多新的工廠、新的工業，便建立在這些外來的資本、企業、及勞力的基礎上，包括大規模的工廠，如 1947 年成立的南海紗廠；但更多的是小型企業，以織造業為主，但也開拓了新的工業如皮具、塑膠、漆油。這些工業又衍生了電鍍、製模、機器等輔助工業。上海商人又對旅遊業、出版印刷、及電影製作的發展，作出重要貢獻。同時，轉口貿易繼續欣欣向榮。因此 1948 至 1950 年間香港經濟非常興旺。

多元化的經濟基礎，廣泛的企業精神，和繁榮期所積累的財富，使香港有力應付 1951 年中發生的危機。中國於 1950 年底介入韓戰，翌年 5 月，聯合國執行對中國禁運，百年來一直是香港經濟命脈的轉口貿易，被這突然其來的變故打斷，香港經濟也從此踏上一個新的紀元。

（二）工業化時期

1. 製造業的發展與特色

隨着禁運、西方國家在經貿上對中國的圍堵、以及中國在政經上的轉向，香港的轉口貿易在 1951 年以後即一落千丈，迫使香港向工業方面謀求發展。經過不到兩年的調整期以後，由 1953 年開始，香港的出口導向工業即飛速發展。註冊工廠數目由 1950 年的 1,525 家增至 1960 年的 4,784 家，就業人數也添了一倍多。60 年代更是香港工業化的黃金時期，產值和出口都達到雙位數字的增長，外資開始大舉來港設廠，大大提高港產品的質素及技術水平。在這段期間，工業化無疑是促進本港經濟發展的原動力，替迅速膨脹的勞動人口提供充分的就業機會。1971 年製造業的從業員達全部勞動人口的 47%，是舉世罕有的高比例。此後，隨着本港經濟多元化的發展，製造業的比重開始持續下降。

本港工業化的特色，是以僱用百人以下的小型企業為骨幹，在五六十年代，它們提供了近半數的職位。一般是家族式或合伙經營，採用勞力集約生產技術，製造一些低科技的、較為簡單的產品。它們生存的條件在於成本低，反應快捷，能率先生產時尚的潮流產品。故本港企業家的靈活性及拼搏精神，向為論者所樂道。它們的利潤高，風險也大，加上規模細小，不能在資本市場集資，政府亦沒有特別安排去解決小企業的融資問題，這責任便大部分由私營的金融機構去承擔。

2. 銀行業的增長

在金融業方面，70 年代以前並未有革新性的發展，亦沒有新的金融機構出現，但傳統的商業銀行，則有令人矚目的發展，其增長速度，足與製造業比美。銀行業的高增長期也是從 50 年代中期開始。1953 年韓戰結束後，遠東的局勢慢慢地穩定下來，資金開始回流；東南亞的政局則持續不穩，導致資金繼續外流。本港製造業開始欣欣向榮，市民收入增加，都助長了銀行業務的需求，這些都是導致銀行業務急速增長的因素。與此同時，銀行也一改過往低調的經營手法，開始主動地、積極地去爭取存戶。最顯著的表現是在市區的各處廣設分行，甚至利用車輛對偏僻的地區，提供流動銀行服務。由表三可見，這種情況始於 1960 年，在五年間，分行的數目從 1959 年的 13 家激增至 1964 年的 204 家；以人口為比例的銀行密度也在十年間增加了兩倍。此外，又利用廣告、贈品、多元化的服務、以及優厚的回報率去吸引顧客。促使銀行業走向十字街頭的主要原因是：傳統的押匯業務的衰落、同業間競爭的加劇、和一般市民儲蓄能力的提高。結果，1959 年以後，銀行存款額大幅增加。1971 年的存款額，為 1958 年的 12 倍，而其中的儲蓄及定期存款的增幅更達 27 倍（表四），同期市民所得增加了約五倍。因此存款之增長率遠遠超過市民生產的增長。

　　隨着銀行規模的膨脹、香港經濟的轉型、與及家庭收入的穩定提升，銀行業務的範圍和性質也起了很大的變化。在轉口貿易時代，本港銀行以提供短期的貿易融資為主要業務，禁運以後，外貿便以滿足本地的供需為主，數量大不如前。另一方面，存款的大幅增加意味着銀行須要大力發展放款業務。新興的製造業需要大量融資，包括建造廠房，購置機器設備的長期貸款。商業銀行也紛紛改變過去的營運方針，向工業界提供五年以上的貸款。對建造業、地產發展商、及公用事業的放款亦大幅增加。此外，也拓展了兩項新的貸款類別，即對旅遊業的貸款及私人自置居屋的按揭和分期付款購買耐用消費品的融資。後者可視為銀行業務大眾化的另一環。放款業務的競爭程度，亦不下於吸引存款，銀行普遍地利用廣告、改善服務、市場研究、及推銷員去爭取客戶。一般銀行卻不採用減低貸款利率作為競爭手法。由於經濟興旺，信貸一般是求過於供，競爭的目的主要在於提高銀行放貸的質素，以減低風險。1954 至 1972 年期間，銀行貸款的增長率達 21.7%，較同期的存款增長率（19%）為高，亦高於銀行投資的增長率，反映出境內工商業對資金的需求非常旺盛。有關貸款分配的統計數字只能上溯到 1965 年。由表五所見，1972 年貸款的總額，等如 1965 年的三倍半；1971 年以前，各生產部門的貸款比率相當穩定，其中製造業佔五分之一，外貿三分之一弱，建造業與基建合佔五分之一，旅遊業 3 至 4%，包括私人信貸在內的其他貸款則佔四分之一。

由此可見，對出入口貿易的融資仍是最主要的貸款業務。1972 年股市大旺，銀行大量貸款與財務機構、證券經紀、及個別投資者，總貸款額較 1971 年躍增 50%，各部門貸款之比重也起了很大的變化。

3. 銀行風潮與立例監管

在 1964 年以前，香港政府對一般商業銀行之運作，完全沒有監管。1948 年首次頒佈的銀行法，只規定經營者須要領取銀行牌照，並繳納每年五千元之牌費，並無制定成立或經營的守則。由於銀行數目眾多，入行又少限制，結果銀行之競爭非常激烈。規模較小，歷史較短之銀行要爭取存戶，便需要廣設分行，提供各種優惠服務和提高存款的利息。這一切都增加經營成本，因此它們的放款和投資對象偏重於一些回報率高、風險大、流動性低的項目。另一方面，政府對存戶不提供任何保障，亦沒有方案去協助銀行解決周轉不靈的困難，更增加了銀行的不穩定性。1961 年 6 月，廖創興銀行被二萬名存戶擠提。兩日後，滙豐及渣打銀行聯手支持，風潮隨即平息。但這事件也暴露了銀行業潛在的危機，有關人士便呼籲政府立例監管銀行經營。經過漫長的諮詢及立法程序，當局終於在 1964 年 10 月頒佈新的銀行條例，並由 12 月 1 日開始生效。條例對銀行的最低資本額、公積金、流動資產對存款的比率、投資組合、帳目的審核和公佈等都有明文規定。又成立銀行監理處，負責執行。在此之前，各銀行亦於 6 月達成一項劃一存款利率的協議，放棄以提高利率作為爭取存款的手段。但這些措施未能防止即將爆發的銀行風暴。1965 年 1 月底，明德銀號首先出現擠提，並迅即被銀監處接管。2 月 6 日，規模較大之廣東信託銀行又被擠提，並於兩日後蔓延到多家華資銀行。中區的街道亦擠滿了等待進入銀行提款的存戶。2 月 9 日，政府頒佈緊急措施，規定提取現鈔以 100 元為限，並宣佈英鎊為法償貨幣，又規定所有銀行每日匯報其現金狀況。兩發鈔銀行則一再聲明無限量支持各受影響的華資銀行。受這一連串措施之影響，銀行風潮於數日內平息，提款限制亦於 2 月 16 日取消。但這件事已影響市民對華資銀行的信心，當 4 月 9 日規模最大的華資銀行恒生遇到來勢洶洶的擠提時，便只有迅即出售控制性的股權給滙豐銀行以求自保了。這次銀行風潮之主要導因是地產市道因過度擴張而回落。銀行風潮發生後，房地產及建築業所受的衝擊也最大，但整體經濟所受的影響則相當輕微。

4. 金融體系的其他發展

除商業銀行以外，在金融體系其他環節中，以證券市場的發展最為蓬勃。韓戰結束後，香港局勢漸趨穩定。由 1954 年開始，證券交易逐漸活躍。1960 至 1961 年出現戰後首次牛市。1961 年的成交額，為 1959 年的四倍，遇有新股發售時，動輒出現以十倍計之超額認購。而一次真的股市狂潮，則在 1968 年出現。恒生股價指數由 1968 年初的 68 點持續急升至 1972 年底的 843 點，[10]（其後兩個月，再上升一倍多，然後大跌）成交額則由 1967 年的 298 億元劇增至 1972 年的 43,758 億元。牛市後期時，由引車賣漿者到僧尼學生都參與投機股票的行列，不少市民更放棄正業，全職炒賣股票。這種狂熱無可避免地把股價推高到不可收拾的水平。

一般而言，在這段時期內較傳統的金融機構的地位都相對地或絕對地下降。轉口貿易衰落和僑匯的枯竭對銀號的打擊很大，銀行服務的大眾化更取代了很多銀號原來的業務。結果規模較大的銀號紛紛改組為銀行，更加速了銀號業的萎縮。戰前，金銀業貿易場經營黃金、白銀、銀幣、及外幣鈔票的買賣；戰後業務逐漸以黃金為主。1950 年以後中港邊界封鎖，1960 年以後，股票買賣逐漸普及，都使黃金的買賣失色不少。典當業的衰落情況最為顯著。隨着一般人收入的提高及儲蓄存款的推廣，愈來愈少市民須要賴典當以應付不時之需。另一方面，適合抵押的家居用品也比從前少。[11]於是，昔日遍設十字街頭的押店便慢慢地消失了。

新的政經形勢，改變了一些金融機構的命運。可是，劃時代的經濟轉變，近 20 年的高增長，卻未能在金融業的領域內催生了任何顯著的創新。香港迅速工業化，但沒有工業銀行或投資信託去解決它們的融資需要；建築業蓬勃，市民自置居屋意願高漲，卻沒有專業的金融機構提供年期長的貸款。結果商業銀行要利用短期的存款去提供長期的放貸。金融工具方面又缺少債票和短期的政府或商業票據，因而也沒有票據折現市場，大大減少銀行資產的靈活性，提高周轉不靈的風險，卻又欠缺中央銀行或其他安排去保障銀行系統的穩定。又以股票市場為例，雖云交投活躍，交易所亦一度增加到四間之多，但市場內卻未有證券批銷經紀（jobber）或專業買賣人士，1970 年以前，國際投資者很少參與港股的買賣，以承兌外國匯票和發行證券為主要業務的商人銀行（merchant bank）也遲至 1971 年才出現，因此這個時期的股市可以說是很不成熟的。

（10）恒生指數（Hang Seng Index）為恒生銀行所創，包括 33 種成分股，以 1964 年 7 月 31 日為基準日。

（11）如戰前之男裝長衫，寬袍闊袖，一件可適合多種身型，西裝則度身而做，二手市場便狹窄了許多。

5. 商業銀行對工業融資的貢獻

資本短缺被公認為落後國家經濟增長的主要絆腳石。根據羅仕圖（Rostow, W. W.）著名的成長階段論，經濟"起飛"的先決條件之一是投資額要達到國民所得10%以上。這個時期內香港的投資比例，遠遠超過這個標準。例如1961至1971年的平均投資率達22%。維持這個高資本成長率的則是港人的高儲蓄傾向和源源不絕的外來資金。而商業銀行則在這方面起了非常積極的作用。銀行利用各種方法積極爭取存款，使儲蓄及定期存款的增長幅度遠遠超過國民所得的成長率，對提高儲蓄率顯然有正面的影響。很多華資銀行又透過海外聯繫，吸引僑匯及海外華人資金來港。較具爭議性的是銀行在資助工業化方面所扮演的角色。上文提過，對製造業之貸款只佔貸款總額的五分之一，其中又以短期信貸為主。一般小型企業更無法獲得長期性的融資，不過它們還是可以從銀行其他的貸款類別中，間接地獲得融資；例如向進口商或批發商賒入原料，或以分期付款的方式添置設備，由後者向銀行舉債。出口商人亦可以扮演類似的中間人角色，減低融資的交易費用。此外，廠商亦可以用廠房或住宅物業作抵押，向銀行取得私人貸款，去擴充業務。政府曾於1968年就小規模製造業的融資供需作過調查，結論是，短期頭寸的供應不成問題，但長期貸款則較難取得。事實上也很難期望商業銀行供應這類流動性低、風險高的放款。

期內製造業從其他渠道所得到的資本供應非常有限。外國的直接投資不多，至1971年底，外資在製造業的投資總值才只是7.6億元，不足1%。證券市場在1968年以前並不活躍，新股上市不多，其後股市集資量躍增，但以地產投資股為主，對工業融資貢獻不大。在先進國家，人壽保險是一項重要的儲蓄項目及資金來源。在香港，經營者十之九為外資公司，收集所得的資金主要投資於海外的資產，對融資本港工業化的貢獻微不足道。因此，企業家要向市場融資，主要還是靠商業銀行。

四 · 國際金融中心的形成

（一）經濟轉型：第三產業化

由1970年代初期開始，香港出現了戰後的第二次經濟轉型，發展的動力逐漸

由製造業轉移到以金融業為核心的服務性行業。首先，一連串內外因素限制了港
製產品的增長，影響最大的是：台灣及南韓的競爭、西方經濟的放緩、保護主義
的抬頭、以及本港勞工的缺乏和工資上漲。另一方面，全球性的金融革命也在這
個時候由歐美擴展到東亞。香港自由開放的金融體系、安定的社會及政治環境、
健全的司法制度、低稅制、先進與完備的基礎設施，再加上恰當的地理位置，很
自然地成為國際金融機構在東亞區的基地。最後，隨着人口膨脹，個人平均收入
增加，區內旅遊業的蓬勃，對金融服務及一般勞務之需求亦相對地增加。中國內
地實行改革開放的政策以後，香港的製造業工序大規模地北移，轉口貿易復甦，
更多的跨國機構來港開業，作為拓展對華貿易的橋頭堡，香港第三產業的發展，
更是一日千里了。

　　與急速的工業化比較，第三產業化的轉變較為循序漸進，而且對經濟結構的
影響，亦同樣深遠。各生產部門就業的消長最能反映出經濟轉型。由表六可見，
製造業的比重於 1971 年達到頂峰，僱用了接近半數的勞動人口，其後即不斷下
降，而且這種跌勢仍在持續。另一方面，貿易及金融部門的就業比重則由 1961 年
開始持續上升，而金融部門的擴張，尤為迅速。這種改變，亦可從市民所得的來
源上見到。在 1970 年，製造業的比重遠遠超過其他部門；15 年後，商業部門的貢
獻已追上製造業；到 1991 年，製造業已落後到各生產部門的第四位。上述的發展
路向，固然符合經濟成長的規律，但發展的動力，還是以外來因素為主導。轉口
貿易復甦，旅遊業因內地及台灣聯繫之增加及內地來港旅客激增而蓬勃起來，導
致貿易部門大幅增長。金融業的發展，則代表全球金融服務革命的蔓延，把香港
納入國際化金融市場的軌道，很大程度上更由境外的跨國金融機構主導。

（二）銀行的多元化與國際化

　　在 70 年代以前，香港只有商業銀行。由 1970 年開始，隨着本港證券市場的
活躍，有國際背景的商人銀行陸續出現，從事證券包銷、合併與收購等批發性銀
行業務。由於當時港府停止頒發新的銀行執照，這些機構只能以財務公司的名義
經營。影響所及，本港銀行以至個別商人亦紛紛開設財務公司，向公眾收受定期
存款，注資於股票及地產市場，或作私人貸款之用。1973 年全盛時期，財務公
司的總數估計達 2,000 家之多。1976 年政府才開始立例管制這些財務機構，規定

它們須註冊為接受存款公司（deposit-taking company），始能接受存款。1981 年更
成立三級制（three-tier system），即持牌銀行、持牌接受存款公司、和註冊接受存
款公司。[12] 後兩類機構只能接受較大額或期限較長之存款，所受之監管亦較持牌
銀行為寬。三級制成立以後，接受存款公司在銀行體系中的資產比重即持續下
降，而現存的這類機構又大部分附屬於持牌銀行。因此商業銀行仍維持其在銀行
體系中的壓倒性優勢，同時又利用附屬的次級銀行機構，進行業務多元化。另一
方面，持牌銀行本身的結構亦在這個時期內起了很大的變化。首先，由於亞太地
區的經濟日趨蓬勃，再加上中國採取對外開放的經濟政策，國際銀行都爭相來港
開業，在這強大的需求壓力下，再加上新加坡的銳意競爭，港府終於在 1978 年 3
月開始重新發出銀行執照給有一定規模的外資銀行。持牌銀行的數目隨即大幅度
地增加，由原來的 74 家增至 1988 年的 158 家。新添的銀行，都是在香港以外註
冊的，本港註冊的銀行數目，反而減少了。這些海外銀行有雄厚的資產、驕人的
商譽、全球性的經營網絡、和先進的資訊及管理；本地的華資銀行很難和它們競
爭，80 年代中期所發生的銀行危機，更直接動搖市民對華資銀行的信心。結果很
多中小銀行被外資銀行吞併，規模較大的華資銀行，亦讓外資銀行入股以謀自保。

　　銀行及其他接受存款機構數目的躍升，存款工具的多元化，加上經濟的持續
繁榮，導致存款高速增長。70 至 80 年代的複式增長都是 24%，同樣較同期的生產
總值為高（分別為 20% 與 15%）。銀行體系的總資產增值更快，70 年代達 35%。
不過這只在一定程度上反映外資銀行的帳目調動，而在港使用的貸款增長率亦達
30%，證明這些機構大量地從外地引進資金。可是到了 80 年代，境內貸款的增長
率跌至 20%，低於存款的增長率。貸款在用途上之分配（表五）亦有明顯的變遷。
製造業所佔之比例，持續地大幅度下降，由 1970 年的 19% 跌至 1991 年的 6%，而
且跌勢在工序大規模外移之前已出現。更令人費解的是商業部門的融資比例亦明
顯地下降。另一方面，建造及物業發展、財務公司和個別人士的貸款的比例，則
大幅上升。近年來，個別人士之貸款大部分用於購買物業。以 1991 年為例，這類
貸款加上對建造行業的融資，共佔銀行體系總放貸的 36%，再加上財務公司的證
券投資亦有很大部分與地產有關。如此慷慨的融資，助長了物業市道的蓬勃，同
時也使地產市道周期的波幅加大，提高銀行的風險，導致 80 年代中期的銀行風暴。

（12）其中持牌接受存款公司，不少是屬於頗有規模的英式商人銀行或美式投資銀行，為了方便它們發展海外業務，1990 年遂通過
　　　立法，改稱為 "有限制牌照銀行"（restricted Licensed bank），"註冊接受存款公司" 則簡稱為 "接受存款公司"。

（三）金融業的全面發展

在這 20 年間，金融體系的其他環節亦普遍發展迅速，並滋生了新的金融工具和市場。其中又以股市的大上大落，最令人注目，影響亦最深遠；而市場及投資者亦在這風浪的洗禮中迅速成長。經過了五年多的牛市，加上受 1972 年中中美修好的衝擊，股價在 1973 年初被推高至荒謬的水平，指數在四年中暴升了 16 倍半，市盈率超過 100 倍；在其後崩潰性的調整中，指數由 1973 年的高點 1,777 點跌至 1974 年底的 150 點。外國投資者在這一役中狠狠地賺了一筆，本港不成熟的"股民"則上了昂貴的一課。股市要到 1976 年才踏上復甦之途。其後中國的改革開放政策，引致很多外商來港開業，帶來一個新的地產牛市，恆生指數也於 1981 年創歷史新高，隨即因中英爭論香港的主權問題而回落，但股價回落的幅度已較前溫和得多，反映出股市已較前成熟。隨着政治前途的問題獲得解決，幣值回復穩定，及中國新經濟政策的成功，股市於 1985 年又進入上升軌，開始了本港歷史上最長的牛市。伴之而來的是上市公司數目、市價總值、及成交額的穩步上揚；而制度及監管亦日趨成熟。1991 年香港股市被評定為已發展市場。在亞洲，只有日本、香港及新加坡的股市是屬於這個類別。在 23 個已發展市場中，本港的市價總值當時排名第 13。到 1993 年底，更升上至第六位，僅次於美國、日本、英國、法國、及德國。以蕞爾小島的香港來說，可以視為驕人的成就；可是，這"紙上富貴"又反映出本港股市的偏重地產與及本港物業價格的偏高。近年來市值有過半數是基於物業或地產發展上，然後是公用事業和金融，工業股的比重不足 7%。對地產的偏重，又大大地增加了本港股市的動蕩。

60 年代末期，英美先後出現貨幣危機，黃金與貨幣脱漖，金價也反覆上升，沉寂已久的本港金市亦從此復甦。倫敦五大金商亦於 70 年代先後來港開業，於是在原有的金銀貿易場外又添了本地倫敦金市（local London market）。1974 年，港府撤銷黃金進口管制，買賣更形方便。香港位於紐約和倫敦之間，因此在時區上和英美連成一個 24 小時內都可以買賣的國際性市場，期內香港已躋身為世界四大金市之列（包括紐約、倫敦和蘇黎世）。1980 年又開辦期金市場，由設立了不久的商品交易所經營。不過全球性的黃金熱潮也由該年開始冷卻，成交量逐年遞減。黃金市場之光芒漸斂，代之而興的是外匯市場。

70 年代初期，各國放棄金本位制度，匯價自由浮動，外匯買賣再也不是以國際貿易為主導，而是以投機、保值、對沖為主，成交額也愈來愈大。本港於 1972

年底取消一切外匯管制，又於 1974 年底讓港元自由浮動，外匯市場亦日趨活躍；
愈來愈多的國際商人銀行及外匯經紀行來港開業，提高這市場的競爭性及專業水
平。80 年代初，香港的政治問題出現以後，更多港人放眼世界，一般市民也參與
買賣外匯的行列。據估計，1982 年本港外匯市場每個交易日的平均成交量為 20
億美元；根據官方數字，1992 年的成交量升至 609 億美元。使本港外匯市場之規
模，在全球排名第六位。很多市民都擁有外幣存款的戶口，也開始關心國際的經
濟氣候，這種認識也引起他們投資海外的興趣，於是協助港人投資於外國證券和
債券的各式各樣的信託基金便不斷增加，經證監處認可的投資基金數目，由 1980
年的 63 個激增至 1993 年 3 月的 856 個。

　　期貨市場是本港金融體系中最年輕的成員。1977 年香港商品交易所依例成
立，先後推出棉花、黃豆及原糖等三種期貨合約，到 1980 年又推出黃金期貨合
約。交易所初期的經營及管理俱欠理想，於是在 1985 年改組為香港期貨交易所，
兼營金融期貨買賣。1986 年 5 月，恆生指數期貨合約上市，極受歡迎，交易額直
線上升，翌年上半年即躍居世界的第二位；可惜於 1987 年 10 月之股災中受極大
之衝擊，需要由當局大額注資以救亡（見下文）。其後股市繼續旺盛，期指交易亦
逐漸復甦，然後又於 1990 及 1993 年推出利率合約及恆生指數期權合約。

（四）金融風暴與監管建制

　　上文已提到期內金融體系在成長和蛻變中所遇到的一些挫折，幸而本港有足
夠的資源和應變能力去應付這些風潮，並從中吸取教訓，改善建制。1982 年到
1986 年間出現了"香港史無前例的金融危機"：包括前述的港元危機，財政赤字，
及銀行危機；[13] 其中以銀行危機歷時最久。由 1982 年開始，世界經濟衰退與及受
本港前途問題的困擾，使物業價格急跌，再加上港元外流，引致多家華資銀行周
轉不靈。又因此而揭露了經營不當或經營不法等問題。由 1982 到 1986 年共有七
家華資銀行被接管，政府動用以 10 億計的外匯基金去維持這些銀行的信用。至於
數十家接受存款公司的倒閉，當局便難以兼顧了。風潮充分暴露了當時銀行條例
的漏洞，管制措施之不足及執行的不力。於是聘請英倫銀行專家來港檢討銀行監

─────────

（13）同注（6），頁 76、242─244、254─256。

管制度，結果於 1986 年頒佈新銀行條例，使本港的監管準則，提高至國際水平。

銀行風潮過去不久，又爆發了股票與期貨市場的風暴。1987 年 10 月 19 日世界主要股市都受華爾街跌市的影響而暴瀉。恆生指數下挫 11%。最後開市的紐約交易所更暴跌 23%，為歷史上最大的單日跌幅 (事後金融界稱該日為 "黑色星期一")。消息傳到香港，聯合交易所在獲得財政司的默許後，[14] 立刻宣佈股市停市 4 日，期貨交易所亦宣佈期內停止恆指期貨合約的買賣。聯交所當局認為停市可以幫助投資者冷靜，並緩和外圍波動的衝擊。但這個歷史性的決定並未能使香港逃避暴跌的厄運，當 10 月 26 日市場重開時，積壓下來的沽售壓力，把指數推低 1,121 點，下跌三分之一，現貨月的期指合約更下跌 44%。在這次股災中，奉行自由市場著稱的香港竟然成為全球唯一停市的地方！

股災更令稚嫩的香港恆生指數期貨市場崩潰。市場制度的缺陷，運作上的疏忽，加上四日的停市，使投資者及經紀負上他們無力承擔的風險。結果兩萬多張合約未能完成，涉及款項達 18 億元。為了避免本港金融市場的國際形象受到進一步的抹黑，當局唯有大額注資，使期交所免於倒閉。[15]

這次危機充分暴露了兩個交易所組織及管理的不善，以及監管當局的疏忽和失職，並給投資者和市民帶來以億元計的額外損失，更貽笑國際，代價亦可謂大矣。亡羊補牢，港府立即委派一個證券業檢討委員會，全面評估兩個交易所的運作。根據委員會的建議，當局對交易所的組織和管理，股市和期指市場的運作，以至監管架構作了一連串的改革，並由獨立的專業人士負責交易所的行政工作；又於 1989 年 5 月成立一個獨立於公務員系統以外的監管機構，監核證券及期貨市場的操作，保障投資者利益，且繼續改善市場體制。結果，市場建制與監管水平逐漸達到國際認可的水平，使本港股市能夠在 1991 年被評定為已發展市場。

（五）國際金融中心的功能

與 1969 年比較，1992 年的銀行數目增加了兩倍多，分行的數目多了四倍。加添的銀行都是在香港以外註冊的；外資銀行駐港辦事處也從 21 個增加至 159 個。

（14）1986 年 4 月，由香港、遠東、金銀及九龍四個交易所合組的聯合交易所正式開業，成為唯一的認可證券交易所。

（15）有關這次期指風暴的前因後果，參考呂汝漢：《香港金融體系》，1991 年，頁 392—398。

世界五百家最大商業銀行中，有半數來港開業。結果，本港銀行體系的總資產在期內躍增了 289 倍，其中對海外金融機構的債權和負債更分別跳升了 386 和 1,790 倍。以 1990 年為例，用於香港以外的貸款超過用於本港的貸款，而以外幣計算的貸款又兩倍於以港幣計算的。這些數字標誌着香港已成為國際金融中心，成為全球資金的集散地。本地的金融機構替國際資金加工，為海外借貸作中介。例如以銀團貸款、直接投資、安排大陸公司來港上市等形式，把外地的資金引導進內地。同時，隨着中國外匯儲備的大幅增加，內地的銀行體系近年又成為本港銀行的重要債權人。金融機構服務的對象遍及全球，金融勞務成為直接出口的商品，而且有巨額的淨出超。

金融業的擴張，直接地和間接地創造了大量的就業機會，而很多是生產力很高的職位。如表六所見，金融及有關部門在 1991 年僱用了 11% 的勞動人口，卻創造了 23% 的生產總值。作為一個國際金融中心，還可以提供多種重要的界外經濟效益；它使本港的資訊網絡和通訊設備更為發達，再加上金融服務本身對商業的重要性，吸引了很多跨國公司選擇香港作為地區性總部。於是在資金以外，香港又集中了無數的商業及專業人才，各行各業、無遠弗界的商業聯繫，成為全球性的金融、商業、和資訊的十字路口（與東京比較，香港佔語言之利），成為香港繁榮與進步的一項重要保證。

五·結論

戰後的香港，一再締造了令人矚目的經濟奇跡。40 年前，這是一個充塞着難民和貧窮的城市，如今是富甲一方的大都會。50 年代初期開始工業化，在 20 年間便成為輕工業重鎮；又由那個時候開始，香港開始第二次經濟轉型，不到 20 年，已成為一個多元化的、以服務性行業為主導的經濟實體。類似的蛻變，亦出現在金融領域上。19 世紀末期，市面還廣泛地流通着實物貨幣：各種銀元、銀兩、和碎銀，幣值由所含的純銀量決定；如今已使用電子貨幣；1970 年，香港的金融機構還局限於單元的商業銀行，20 年後，她已成為國際金融中心。值得注意的是，香港的金融體系的演變，並不限於反映其他經濟活動；金融體系的本身，便是香港成功的一個關鍵性因素。

導致戰後經濟迅速增長的決定性因素，是源源不絕的外來資金：來自中國內地、東南亞，最後是先進的工業國。伴着這些資金進來的是企業人才、商業知識、技術、和市場聯繫。而早期引進資金的最大功臣，是本港相當獨特的幣制。港幣一直由私營銀行發行，有嚴格的監管制度和十足的儲備，很早便建立了良好的信用，成為第一種大量出口的港產品，從 1890 至 1949 年，境外流通的港鈔，兩三倍於在本港使用的。甚至在日治期間，當發鈔銀行已遭日軍清盤，港幣不能在本港流通，卻仍然能夠在淪陷區使用，引致日軍演出一幕"逼簽紙幣"的活劇。經過數十年的廣泛流通，港幣在海內外華人社群中，建立了很強的公信力。當國內和東南亞出現政治風潮時，香港便很自然地成為游資的避風港了。自然，本港一些廣為人知的建制，如自由放任的市場經濟、低稅率、對產權的尊重、和司法精神等，亦有助於吸引外資。

　　因此，港幣的私營化可以說是非常成功的。另一方面，歷年香港政府在金融事務方面的建制、政策和監管方面的表現，則備受非議。1866 年成立的鑄幣廠，經營未足三年即倒閉，虧損了大額公款，此後港府即很少在金融事務上採取主動。決策方面則欠缺周詳顧慮，如 1967 年追隨英鎊貶值決定，就是出爾反爾；1987 年同意交易所停市四日的決定，更是貽笑大方。而在奉行浮動匯率時期（1974—1983），當局更是章法大亂，以致貨幣量失控，通脹惡化，港元匯價不斷貶值。港府在財經事務上缺乏遠見和積極性亦清楚見諸於對銀行業的監管方面。早於 1935 年香港已出現過銀行風潮，在公眾催促下，港府曾着手研究監管問題，但未有行動，直至 1948 年始首次頒佈銀行法，但止於頒發銀行牌照，收取牌費。亡羊而不補牢，遂出現 1965 年的銀行風暴。1982 至 1986 年間，又爆發了規模更大的銀行危機，論者亦歸咎於監管當局的疏忽和失職，因為 70 年代末期，專家已一再指出當時銀行條例的一些漏洞，當局不思補救，甚至未有切實執行已有的條例。同樣地，1987 年爆發的期指市場風暴，亦是由於監管者漠視運作程序上的嚴重漏洞。對現行機構亦未能有效地監管，引導金融體系上創新，以迎合經濟發展的需要，或追上時代，就更談不上了。70 年代以後的金融革命，便是完全由外來因素去主導和推動。

　　歷史上，外來因素是本港經濟發展的決定性因素，戰後的金融史尤能反映這種情況。戰後初期，中國的內戰驅使大量資金及人才進入香港，使本地經濟迅速復元，並且奠定了工業化的基礎。在五六十年代，東南亞局勢動盪不安，使資金源源流入香港，解決了工業化最迫切的需要；同時，由內地充分供應的廉價必需品與及繁榮的西方經濟都為發展工業提供了有利的條件。但 1973 年以後，工業

的增長受到內外因素的制約，促使香港進入另一次經濟轉型；而與此同時，全球
性的金融革命也來到遠東，由於日本不肯開放國內的金融市場，於是便由新加坡
和香港逐鹿本區金融中心的地位，積極和靈活的政策使新加坡佔了上風，但 1978
年中國採用了改革開放的經濟政策，吸引大量的跨國公司、銀行來港開業，使香
港超越星洲，成為國際金融中心。隨着轉口貿易的復甦，深圳、珠海等經濟特區
的成立和中國經濟的高速增長，香港金融服務的出口和轉口，更為蓬勃。80 年代
後期，亞太區更成為經濟發展的溫床，區內資金及商品的交流日趨頻密，其中台
灣、南韓和日本是主要的資金出口的地區和國家，南中國和東南亞諸國是資金入
口國。這些資金的轉移，很多是透過香港的金融媒介完成。近年來，中國對外收
支亦出現可觀的結餘，又有大量資金投入本港的金融和物業市場，助長了香港的
繁榮。而鄰近地區的繁榮又成為本港旅遊業和勞務出口的重要市場。

　　簡言之，數十年來外圍政經形勢的轉變，大都能巧妙地配合本港發展的需
要。中國，更一直是孕育香港繁榮的大動脈，無論是國內的繁榮、開放，或是自
然災害，都為香港的發展，提供了機會。

表一：港幣發行總量

1935 年 12 月份	$136,217,290
1936 年 12 月份	151,712,167
1937 年 12 月份	230,037,967
1938 年 12 月份	239,491,955
1940 年 9 月份	231,169,850
1945 年 12 月份	301,031,261
1946 年 12 月份	470,990,471
1947 年 12 月份	691,262,086
1948 年 12 月份	803,421,669
1949 年 12 月份	850,415,536
1950 年 12 月份	854,012,058
1951 年 12 月份	840,662,323
1952 年 12 月份	842,382,626
1953 年 12 月份	841,495,167
1954 年 12 月份	770,851,923
1955 年 12 月份	771,732,070
1956 年 12 月份	783,258,328
1957 年 12 月份	812,692,978
1958 年 12 月份	828,555,700
1959 年 12 月份	895,998,925
1960 年 12 月份	984,031,705
1961 年 12 月份	1,026,668,980

資料來源：姚啟勳：《香港金融》，頁 21—23。

注：1935 至 1940 年之數字未包括一元面額貨幣及輔幣。

表二：港元匯率指數

a.1971 年 12 月 18 日 =100

年度 月底	1972	1973	1974	1975	1976	1977	1978	1979	1980	1981	1982	1983	1984
1月	99.5	97.9	105.5	109.0	107.6	115.4	107.7	95.0	93.9	87.6	85.8	79.0	69.3
2月	99.4	100.7	104.2	107.7	108.3	115.0	105.2	95.1	94.1	88.5	86.3	78.7	68.4
3月	99.5	100.9	102.1	104.9	109.4	114.5	103.8	94.2	94.1	88.8	88.7	78.3	67.6
4月	99.5	101.0	101.4	104.6	110.1	114.0	104.6	91.4	95.1	89.2	87.7	76.2	68.6
5月	99.6	100.1	102.4	103.7	111.5	113.1	104.6	92.3	93.3	90.1	89.5	73.9	69.7
6月	94.2	99.9	103.1	103.9	109.8	112.3	101.6	91.0	90.8	89.6	89.7	73.8	70.6
7月	97.2	98.9	104.0	105.1	109.6	112.2	98.6	88.4	91.6	88.3	89.1	73.7	72.0
8月	98.6	99.2	104.4	105.7	109.7	112.8	96.7	88.7	90.6	85.1	88.2	71.3	72.0
9月	98.5	99.3	105.1	106.7	110.0	111.8	95.3	90.0	89.3	81.5	86.9	65.3	74.3
10月	98.8	100.0	105.1	106.7	111.4	108.6	90.7	92.0	89.1	84.2	79.8	67.8	74.4
11月	98.4	103.1	107.4	107.4	113.7	108.6	95.1	93.1	89.5	85.3	80.5	68.2	75.2
12月	98.1	103.7	105.9	107.4	114.4	106.6	93.2	92.9	88.2	85.9	80.1	68.3	75.9

b.1983 年 10 月 24—28 日 =100

年度 月底	1985	1986	1987	1988	1989	1990	1991	1992
1 月	116.8	111.5	109.5	101.9	101.5	109.4	109.1	110.6
2 月	118.9	109.9	108.7	101.8	101.4	109.2	108.3	111.6
3 月	116.3	110.1	107.9	109.6	102.6	110.5	110.5	112.5
4 月	116.9	108.1	106.2	100.5	102.6	111.1	111.8	112.8
5 月	117.1	109.4	105.3	100.7	104.8	110.5	112.5	111.4
6 月	116.8	107.6	106.2	102.7	104.6	110.6	114.3	110.2
7 月	114.6	110.8	106.6	103.0	102.9	109.6	113.8	109.8
8 月	114.7	110.1	105.0	103.4	103.7	108.6	113.1	108.6
9 月	113.3	110.2	105.7	103.3	104.2	107.6	112.4	109.6
10 月	114.4	111.6	104.1	100.9	103.3	105.8	111.9	112.1
11 月	112.9	111.1	102.4	99.6	103.1	106.5	111.1	114.0
12 月	112.7	110.3	100.5	100.6	109.3	108.8	110.1	114.2

c. 兩種基期的指數對比

年度	新指數 （1983 年 10 月 24—28 日 =100）	舊指數 （1971 年 12 月 17 日 =100）
1984	106.6	72.1
1985	115.7	78.2
1986	110.1	74.4
1987	105.8	71.5
1988	101.6	68.7
1989	103.2	69.8
1990	108.9	73.7
1991	111.6	75.4
1992	111.5	75.4

資料來源：饒餘慶：《走向未來的香港金融》，1993 年，頁 36、74、75。

表三:香港銀行及三級金融機構數目

a. 香港銀行數目

年份	持牌銀行	分行數目	分支行總數
1954	94	3	97
1955	91	3	94
1956	86	4	90
1957	83	5	88
1958	81	8	89
1959	82	13	95
1960	86	38	124
1961	85	101	186
1962	92	121	213
1963	87	144	231
1964	88	204	292
1965	86	215	301
1966	76	242	318
1967	75	256	331
1968	75	274	349
1969	73	289	362
1970	73	326	399
1971	73	358	431
1972	74	404	478

b. 三級金融機構數目

年底	持牌銀行	有限制牌照銀行	接受存款公司
1976	74	—	179
1977	74	—	201
1978	88	—	241
1979	105	—	269
1980	113	—	302
1981	121	—	350
1982	128	22	343
1983	134	30	319
1984	140	33	311
1985	143	35	278
1986	148	38	254
1987	154	35	232
1988	158	35	216
1989	165	36	202
1990	166	44	190
1991	160（145）	52（50）	157（100）

資料來源：Jao, Y.C., *Banking and Currency in Hong Kong*, 1974, p.19；饒餘慶：《走向未來的香港金融》，1993 年，頁 182、326。

注：凡有（　）者，為非香港註冊數目。

表四：銀行存款與貸放

a. 持牌銀行

（單位：百萬元）

| 年份 | 存款 | | | | 貸款 | | 投資 |
	活期	定期	儲蓄	總值	總值	用於本港	
1954	828	139	101	1,068	510	—	n.a.
1955	852	152	133	1,137	632	—	96
1956	928	173	166	1,267	769	—	98
1957	955	267	190	1,412	865	—	101
1958	988	351	244	1,583	919	—	121
1959	1,205	482	369	2,056	1,373	—	133
1960	1,393	752	537	2,682	1,720	—	166
1961	1,470	1,234	663	3,367	2,334	—	232
1962	1,664	1,768	879	4,311	2,849	—	191
1963	1,997	2,283	1,145	5,425	3,642	—	187
1964	2,237	2,810	1,521	6,568	4,586	—	271
1965	2,532	3,099	1,620	7,251	5,038	—	527
1966	2,681	3,742	1,982	8,405	5,380	—	537
1967	2,658	3,324	2,180	8,162	5,343	—	590
1968	3,144	4,432	2,791	10,367	6,038	—	636
1969	3,714	5,216	3,367	12,297	7,884	—	669
1970	4,326	6,407	4,222	14,955	9,670	9,271	856
1971	5,317	7,395	6,074	18,785	11,836	11,197	1,081
1972	8,501	7,807	8,306	24,613	17,726	16,629	1,550
1973				26,191	23,263	21,578	1,985
1976				44,030	42,735	29,480	3,325
1980				117,482	145,193	115,760	7,466
1982				190,259	208,700	163,940	—

b. 銀行體系

年份	存款				貸款		投資
1980				131,322	183,952	124,287	12,779
1981				163,626	257,541	143,409	—
1986				562,529	500,596	270,730	—
1991				1,374,606	2,243,773	816,767	—

資料來源：Census and Statistics Department, *Hong Kong, Annual Digest of Statistics*, various issues; Jao, Y.C., *Banking and Currency in Hong Kong*, 1974, pp.23, 202；饒餘慶：《走向未來的香港金融》，1993 年，頁 193。

表五：銀行貸款（在本港使用）的行業分配

（%）

行業類別	持牌銀行							銀行體系			
製造業	19.9	21.8	20.4	19.2	12.8	12.5	10.7	8	7	6	6
運輸及運輸設備	3.2	5.2	7.6	11.7	7.1	8.1	9.3	5	6	6	6
公用事業	—	—	—	1.0	0.2	1.1	0.4	—	—	—	—
建造及物業發展	18.3	17.2	12.6	6.7	7.7	14.8	15.5	10	15	14	14
商業	32.9	31.7	33.7	35.9	35.1	28.8	25.9	22	20	18	18
其他	25.7	24.1	25.7	25.5	37.1	34.7	38.2	55	52	56	56
財務公司	—	—	—	3.9	8.7	5.8	5.3	9	13	13	13
證券經紀	—	—	—	1.5	1.9	1.7	1.5	1	—	—	—
個別人士	—	—	—	14.1	18.0	17.0	19.7	28	25	30	30
購買住宅樓宇	—	—	—	—	—	—	9.4	17	17	22	22
合計	100.0	100.0	100.0	100.0	100.0	100.0	100.0	100.0	100.0	100.0	100.0
貸款總額（億港元）	51	57	79	97	177	295	950	1,243	3,970	6,480	8,990

資料來源：Census and Statistics Department, *Hong Kong Statistics 1947—1967; Annual Digest of Statistics*, various issues；饒餘慶：《走向未來的香港金融》，1993 年，頁 195。

表六：本地生產總值與工作人口在各產業的份額

（％）

產業	生產總值							工作人口			
	1970	1975	1980	1985	1991	1954	1961	1971	1981	1986	1991
漁農業	2.0	1.4	0.8	0.5	0.2	8.4	7.3	3.9	2.0	a	a
礦業及採石業	0.2	0.1	0.2	0.2	0.2	—	0.7	0.3	0.1	a	a
製造業	30.9	26.9	23.8	21.9	15.2	35.8	43.0	47.0	41.2	35.8	28.2
電力、煤氣及食水	2.0	1.8	1.3	2.7	2.2	—	1.1	0.6	0.6	a	a
建造業	4.2	5.7	6.7	5.0	5.6	—	4.9	5.4	7.7	6.2	6.9
批發、零售、出入口、酒樓及酒店業	19.6	20.7	20.4	21.8	25.5	25.1	14.4	16.2	19.2	22.3	22.5
運輸、倉庫及通訊	7.6	7.2	7.5	8.1	9.5	—	7.3	7.4	7.5	8.0	9.8
金融、保險、地產及商業服務	14.9	17.0	22.8	16.3	22.7	—	1.6	2.7	4.8	6.4	10.6
社區、社會及個人服務	18.0	18.7	12.5	17.3	15.5	—	18.3	15.0	15.6	18.4	19.9
其他行業	0.6	0.5	—	—	—	—	1.4	1.5	1.3	2.9	2.1
樓宇業權服務	—	—	9.6	11.0	10.9	—	—	—	—	—	—
設算銀行服務	—	—	-5.6	-4.8	-7.3	—	—	—	—	—	—
合計	100.0	100.0	100.0	100.0	100.0	100.0	100.0	100.0	100.0	100.0	100.0

（a：包括在其他行業內）

資料來源：Census and Statistics Department, *Estimates of Gross Domestic Product 1966—79*（1981），p.35; *Estimates of Gross Domestic Product 1966 to 1993*, p.41; Szczepanik, E., *The Economic Growth of Hong Kong*, 1958, p.161; *Census Report*, various issues; *Estimates of GDP*（1966—87），p.26; *Estimates of Gross Domestic Product 1966 to 1993*, p.41; Szczepanik, E., *The Economic Growth of Hong Kong*, 1958, p.161; *Census Report*, various issues。

第九章

香港工業發展的歷史軌跡[*]

饒美蛟

一 · 緒言

　　從 50 年代開始，香港經濟發展迅速，取得了驕人的成就，一度成為第三世界國家或地區經濟發展的典範之一，國際性組織、或一些期刊、雜誌等，均把香港列為新興工業體（Newly Industrializing Economies, NIEs）之一員。在亞洲，除日本外，香港、新加坡、台灣與南韓是經濟崛起最早及成效最顯著的四個國家（地區），由於這四地均屬較小型的經濟體，且同受 "龍" 的傳統文化（以儒家文化為主體）的影響，因而概括稱為 "亞洲四小龍"。由 60 至 90 年代期間，"亞洲四小龍" 名聞遐邇，經常成為世界（或區域）經濟論壇（或研討會）的熱門題目。[1]

　　香港的工業發展經驗與其他第三世界國家（地區）有顯著的不同，在 "四小龍" 中，香港的地理環境與資源條件與新加坡相似，但在工業化策略與政府所擔當的角色方面，香港與其他 "三小龍" 有較大的差異，在工業化過程中，香港政府的干

---

[*]　本章的主題在探討 50 年代以後香港工業發展的歷史軌跡，下限是回歸年即 1997 年。香港主權回歸迄今已近二十年，它的創新科技產業發展仍然舉步維艱。近年來又有不少學者、評論員或企業界人士在探索香港在現階段如何進行 "再工業化"，此課題涉及頗為複雜的政經和公共政策問題，不是本章的討論範圍，且不論。

（1）　例如，美國 Vanderbilt 大學於 1986 年舉行了一次關於東亞經濟發展的國際性研討會，"四小龍" 是主題之一。其後，美國芝加哥大學出版的一本著名學術期刊《經濟發展與文化改變》出版了一期此次研討會的專輯。見 Tang, Anthony M. and Worley, James S.（eds.），*Economic Development and Cultural Change*, Vol.36, No.3, April 1988, Supplement；香港大學亞洲研究中心亦於 1989 年舉行了一次以 "香港之工業與貿易發展" 為主題的國際研討會。此研討會雖以香港為名，其內容主要是比較研究香港與其他亞洲三小龍之工業化與貿易發展的不同經驗，作為香港工業發展的一個借鑑。研討會成果已輯成一本論文集。見 Chen, Edward K.Y., Nyaw, Mee-kau and Wong, Teresa (eds.), *The Industrial and Trade Development of Hong Kong*, Center for Asian Studies, University of Hong Kong, 1991。

預可説是最少。[2]

本章從歷史的角度探討香港工業發展的軌跡，主要集中在下列幾個重要環
節：不同時期工業部門發展的特徵、工業結構的轉變、成長的因素、政府的作
用、工業化面對的問題及其發展的局限等。香港開埠於 1842 年，[3] 工業化則遲至
1947 年才萌芽。1842 至 1941 年，是一個自由港和貿易轉口港；1941 年至 1945 年
日本佔領香港，轉口經濟活動停頓。1945 年英國重新佔領香港，並進行重建香港
的工作。1947 年，香港的經濟開始部分轉型，除轉口貿易部分復甦外，工業部門
亦同步發韌。1949 年中華人民共和國成立，改變了與西方的經貿關係，轉為與前
蘇聯和東歐國家發展緊密的經貿往來。1950 年 6 月韓戰爆發，1951 年聯合國對中
國實行禁運，1953 年韓戰結束，但禁運持續，香港的轉口貿易因而式微，從而加
速香港戰後工業化的進程。

根據以上的幾個歷史階段的簡述，香港工業發展的歷史軌跡，粗略而言，筆
者把它分為以下幾個階段：(1) 1947 年以前工業發韌階段；(2) 1947 至 1959 年工
業起飛階段；(3) 1960 至 1979 年工業持續成長與多元化探索階段；(4) 1980 至
1997 階段。在此階段，中國內地先於 1979 年採取經濟改革與開放政策，對香港的
工業發展影響深遠，香港的工業開始北移。1997 年，香港主權回歸中國，工業北
移的速度加快，本港的工業呈現了空洞化的現象；(5) 1997 年回歸後階段。

本章以探討首四個階段，以 1997 年作為本文分析的下限，回歸後的香港工業
發展（即第五階段）不屬於本章的討論範圍，本文只在總結一節中作提綱式介紹。
在香港工業發展的過程中，政府扮演何種角色是一個重要的課題；此外，"工業多
元化"政策在 80 年代曾受到產業界、學術界與評論界的熱烈討論。因此，本章特
闢兩個小節作重點討論。

二 · 1947 年以前的經濟結構與工業發展

探討香港第二次世界大戰前的經濟發展及其變化，面對最大的難題是統計資

---

(2) 見 Nyaw, Mee-Kau and Chan, C.I., "Structure and Development Strategies of Manufacturing Industries in Singapore and Hong Kong: A Comparative Study," *Asian Survey*, Vol. XXII, May 1982, pp.449—469; Kuznets, P.W., "An East Asian Model of Economic Development : Japan, Taiwan, and South Korea," *Economic Development and Cultural Change,* Vol.36, No.3, April 1988, Supplement, pp.11—43。

(3) 根據《南京條約》，香港於 1842 年割讓予英國；1860 年《北京條約》，英國永久租借九龍半島；1898 年《展拓香港界址專條》，英國租借新界，以 99 年為限期，1997 年 6 月 30 日租借期滿。

料的欠缺或不全，即使是戰後直到 1973 年這段時期，香港的統計資料還是相當的匱乏，此期間港府統計署編製的統計數據主要限於人口、進出口貿易、運輸、交通、房屋建造、教育、衛生以及旅遊等，而且分類不細。至於對香港國民所得或本地生產總值（GDP）的估算，港府直到 1973 至 1974 年度的財政預算案中才第一次公佈 1966 至 1971 年的本地總產值估計數據。工業統計資料方面，1971 年以前港府統計署編製的香港工業資料限於各行業的就業人數、性別、以及行業企業數，直到 70 年代初港府才出版一份較全面的《1971 年製造企業普查》（英文），但這份普查也沒有刊載工業的產值數據。隨後出版的《1973 年工業生產普查》（英文），才第一次載有各重要行業的產值數據。[4]

自開埠以來，香港一直是一個自由港和重要的商埠。在第二次世界大戰前，香港的主要經濟活動是與中國內地進行轉口貿易。香港從西方及日本輸入石油、橡膠及其他工業產品，然後轉運到內地。另一方面則從內地輸入原料等產品，經過整理、加工或包裝後再輸出到周邊地區如馬來亞（現為馬來西亞）和西方國家。在轉口過程中，香港尚提供金融、船務、保險、倉儲等優良的商業服務。

在第二次大戰前，香港存在一些工業，但並未生根。[5] 一直以來，香港只有一些簡單的家庭手工業或"山寨"工業（cottage industry），主要供應本地市場，滿足市民日常需求，例如一些簡單的食品加工、啤酒、汽水、棉製背心、香煙、肥皂等工業。

早前在香港出現稍具規模的工業則係與港口的服務有關，例如造船工業（主要為小船舶）和船隻修理工業。1843 年，第一艘本地製造的 80 噸輪船啟航。1860 年，本港一家大商行在香港仔建造了一個規模甚大的船塢，1900 年造船業取得進一步的發展。

19 世紀末期，香港的工業還有以下幾個橫向的發展。1879 年及 1882 年，香港企業家分別建立了兩座製糖廠，但產量仍不足以供應本港的需求。製糖廠之所以能建立，主要是香港鄰近的廣東省盛產甘蔗。此外，為了適應船隻的需求，第一家麻纜工廠於 1885 年成立。再者，由於建造業的需要，對水泥有了需求，1899

（4）　70 年代以前，香港經濟統計資料的短缺，與前財政司郭伯偉（Sir Cowperthwaite, John）的經濟觀點有密切關係。郭氏的經濟思想保守，崇尚自由放任主義。他擔任香港財政司一職期間（1961－1971），極力反對港府編製國民總產值等資料，認為對政府的決策沒有作用，惟貿易及人口等數據則除外。夏鼎基（Sir Haddon-Cave, C. Philip）接任財政司後（1971－1981），港府統計署開始較積極編製香港經濟和社會統計資料。見 Rabushka, Alvin, *The Changing Face of Hong Kong; New Departure in Public Policy*, 1973, pp.26－29。

（5）　本節所述第二次大戰前的香港工業狀況，有關資料主要取自下列專書或文章：Szczepanik, Edward, *The Economic Growth of Hong Kong*, 1958, Chapter 11; Benham, F.C., "The Growth of Manufacturing in Hong Kong," *International Affairs*, October 1956, pp.456－463。

年建立了第一家水泥廠，這家廠是由澳門遷移到香港的。

除了上述的工業外，在 19 與 20 世紀的轉折期間，香港的一些商人也嘗試經營其他工業，有的失敗，有的則成功。例如，1899 年香港出現了第一家紡織工廠，慘淡經營數年後即告倒閉。成功的例子則有籐料籐器業和棉織背心業，分別於 1902 年及 1910 年第一次於香港建立。由於香港在上述時期的經濟活動仍以轉口貿易為核心，工業的活動屬於小規模性質，而且不太受注意。

香港在第一次世界大戰爆發前（1914 年前）的工業的發展，主要是基於下列兩大因素：第一人口的增加。早期內地移民到東南亞、北美、西印度等地，很多是經過香港，帶動工商業發展，而直接移民來港的亦不少。人口的增加刺激了工業的發展。第二，本地市場有一定的需求，特別是人口增加後。

第一次世界大戰爆發至日本佔領香港這段時期（1914—1941），有數家輕工業企業在香港建立。第一次大戰的爆發，導致若干歐洲國家工業製造品輸入的中斷，其後，一些輕工業在本港興起，取代進口製造品。1922 年，第一家手控織布機的紡紗廠在香港建立，1927 年則出現了第一家手電筒製造廠。除內銷外有部分香港製造的工業品輸出外地（包括大陸）。1928 年，中國恢復關稅自主權，上海等沿海地區的工業得到發展，來自香港的工業品輸入因而減少，這項因素部分導致香港工業未能進一步的發展。[6]

30 年代，香港面對的外部環境有了重大轉機。大英帝國於 1932 年簽訂了《渥太華協議》（*Ottawa Agreement, 1932*），作為一個英國殖民地，香港的工業產品得以享有大英帝國特惠稅（Imperial Preference）的權利。[7] 由於享有優惠稅，加上市場的擴大，使香港的製造品更具有競爭力，因而刺激了若干香港新工業的建立和製造品的出口。自然，香港企業家的敏銳觸覺、工人的勤奮、大商行的市場經驗以及金融市場的發達，均促進了工業的發展。由於轉口貿易的興旺，若干香港商行（特別是英資商行）早已在香港活躍起來。這時期發展起來的出口工業主要是一些輕工業，包括膠鞋、毛織、手電筒、紡織品、五金用品、搪瓷用品等。

由 30 年代到日本佔領香港之前的一年（1940），香港的註冊工廠有 800 家，僱用 3 萬個工人。[8] 1941 年 12 月間，太平洋戰爭爆發，12 月 25 日香港陷入日軍

（6）　見 Szczepanik（1958），p.134。

（7）　根據 1932 年《渥太華協議》，有 20 個英聯邦國家或英國殖民地同意給予香港製造或加工的產品稅項優惠，其中包括英國、紐西蘭、馬來亞、菲濟、賽浦路斯、毛里求斯等地。見前引 Benham（1956），p.463。

（8）　前引 Szczepanik（1958），p.135。

之手。1945 年 8 月 15 日日本戰敗投降，香港光復。經過了三年零八個月的日本佔領後，英軍再臨香港。在日治時期，香港的工業走下坡，戰後僅存 366 家工廠。⁽⁹⁾

　　戰後，經過短期的重建和復甦後，香港的工業進入快速增長期。一些論者認為，香港的工業發展，可以追溯到 30 年代。⁽¹⁰⁾1914 至 1947 年這段時期，可以説是香港工業發展的發軔期。究其發展的因素，大致可以歸納為以下數點：(1) 香港實行自由港政策，在有效的金融、商業和保險服務配合下，工業較易發展，特別是製造品的出口；(2) 人口的增加刺激了港英殖民政府在香港推行內部需求的增加；(3) 1932 年大英帝國優惠税的施行使香港工業產品出口增加；以及 (4) 有效的英國行政體系，這可以從香港光復後的高行政效率看得出來。

三 · 1947—1959：工業的起飛階段

　　香港戰後的工業發展，與她面對的兩次重大外部政局轉變有密切的關係，而且均與中國有關。一次是中國本土政局的轉變，國共內戰結束，中華人民共和國於 1949 年 10 月 1 日成立，國民黨則退守台灣。另一次是中國介入韓戰。韓戰於 1950 年 6 月 25 日爆發，中國自願軍於同年 10 月 19 日跨過鴨綠江，進行"抗美援朝"，隨即不久，聯合國在美國帶領下對中國實施貿易禁運，禁止所有戰略性物資運往中國。韓戰於 1953 年 7 月 27 日結束，但西方的"對華禁運"仍持續相當長的時間。上述兩次政局的轉變，推動了香港走向工業化之路。

　　日本佔領香港期間，市民或因生活困難，或因逃避戰亂等原因，而回到內地，香港人口逐漸減少，由 1940 年的一百八十多萬人降至二次大戰結束前的六十萬人左右。英軍重臨香港後，之前離開的市民逐漸回流。經濟方面，部分工業恢復生產，一些商人亦逐漸重新建立過去的轉口貿易業務。但是，中國內地的戰後經濟重建工作舉步維艱，這與國民政府行政效率的低落以及國民黨官僚嚴重貪污問題有關。同時，戰後不久國共發生內戰，解放軍在北方和中原地區逐漸佔上風，因戰亂關係，商業、工業及金融等活動無法完全恢復，特別是工商業重鎮的上海地區。

（9）　見李乃元、梁焯芬等：〈香港棉紡工人生活〉，載崇基學院經濟與工商管理系：《工商經濟》，第一卷第一期，1959 年（？），頁 318。

（10）同註（8）。

上海是中國的製造與貿易中心，解放前，其經濟地位遠比香港重要，發展也較後者快。由於上海面對的困境，英國與香港的一些商行轉而與復甦較快的中國華南地區進行貿易。戰後，香港和東南亞華人對內地食品及其他商品的需求甚殷，特別是經過多年的中斷之後。可是，內地的出口量有限，不能應付需求。另一方面，內地對外國的原料與機器的需求也很大，特別是在聯合國救濟總署和美國政府的經濟援助之下，解決了國民政府經費短缺的部分問題。1946 和 1947 年，除了東南亞外，英國和美國是香港的兩大海外市場。因此，這兩年期間，香港的轉口貿易雖不如戰前的蓬勃，但仍有一些恢復。

回頭說上海。戰前的上海已是中國的工業和商業重鎮，尤以她的棉紡織業最為重要，棉紡織業可以說是上海的 "領先工業" (leading industry)，因此，上海擁有為數甚多的紡織企業家和技術工人。日本投降後不久，上海企業家準備在上海重新大展拳腳，紛紛向英國、美國及其他地區訂購大批的紡紗、漂染、織布、針織等紡織機器和設備。由於貨源短缺關係，很多供應商要到 1947 年才能開始交貨。但到了 1947 年，解放軍取勝之勢已開始明朗化，許多上海的企業家紛紛把英美等國運抵上海的紡織器材和設備轉運去香港，並送進貨倉儲存。一家上海紡織廠甚至撥電要求外商賣家把正在海運途中的機器轉在香港卸貨。[11]

當解放軍迫近上海時，很多企業家和技術人員已逃來香港。一些企業家在解放軍進城前已把在上海的機器轉運來香港。上海紡織企業家抵港後隨即幹回本行，還聘請了不少原上海的工人和技術人員。因此，1947 至 1948 年可說是香港戰後紡織業發展的肇始。這時的香港紡織業，除了有上海運來的舊機器外，還有新機器可用，從而奠定了戰後香港工業化的基礎。

企業家在經濟發展中的作用，已有經濟發展文獻論之甚詳。[12] 熊彼德 (Schumpeter, J.) 認為企業家是一個創新者 (innovator)，他從事開發新產品，找尋新原料來源，開拓新市場，採用新生產技術和發展新組織形式，自然也需要承擔風險。香港在工業化之肇始，幸運地擁有一群卓越能幹的紡織企業家，推動香港的工業化。

（11）見 Espy, John 撰寫的一家香港紡織廠的個案 "The Hong Kong Textiles, Ltd.,"，載於 Nehrt, Lee C., et al.（eds.），*Managerial Policy, Strategy and Planning for Southeast Asia*, 1974, pp.273－293。

（12）有關企業家精神（entrepreneurship）與經濟發展關係的文獻可說是汗牛充棟。較早的一篇經典性論文為 Leibenstein, H. 所撰。見 Leibenstein, Harvey, "Entrepreneurship and Development," *American Economic Review, Papers and Proceedings*, Vol. LVIII, No.2, May 1968, pp.72－83。

表一：香港本地總生產值（GDP）之估計（1947－1955）

（百萬元）

年期	史彭年之 GDP 估計 [①]				年期	周開仁之 GDP 估計	
	（1）（當年價格）	（2）（1947－1948 價格）	增長率（%）			（當年價格）	增長率（%）
			（1）	（2）			
1947－1948	1,564	1,564	—	—	1947	1,805	—
1948－1949	1,775	1,707	13.5	9.1	1948	2,050	13.6
1949－1950	2,330	2,100	31.3	23.0	1949	2,700	31.6
1950－1951	2,800	2,300	20.2	9.5	1950	3,230	19.7
1951－1952	2,800	2,200	0	−4.4	1951	3,305	2.3
1952－1953	3,200	2,500	14.3	13.6	1952	3,055	−7.5
1953－1954	3,600	2,800	12.5	12.0	1953	3,205	4.9
1954－1955	4,000	3,250	11.1	16.1	1954	3,440	7.2
					1955	3,780	9.9

平均增長率：[②]

年期	史彭年之 GDP 估計		年期	周開仁之 GDP 估計
	（當年價格）	（1947－1948 價格）		
1947－1948/1949－1950	22.1%	15.9%	1947－1949	22.2%
1949－1950/1951－1952	9.6	2.4	1949－1951	10.6
-	-	-	1951－1953	−0.9
1951－1952/1954－1955	12.6	13.9	1953－1955	8.6

資料來源：Szczepanik, Edward, *The Economic Growth of Hong Kong*, 1958, Table 42, p.177; Chou, K. R.（周開仁），*The Hong Kong Economy: Miracle of Growth*, 1966, Table 25, p.81。

注：① 史彭年之本地總生產值係以要素成本計算之淨本地生產值估計數
　　② 平均增長率以複率（compound rate）計算（筆者之計算）

　　香港的工業化，除了企業家之外，還有其他重要的條件和因素予以配合。紡織業是屬於勞工密集的行業，需要大量的廉價勞工參與生產才能在海外市場具有競爭力。1945 年日本宣佈投降後，逃避戰亂的香港市民逐漸回流香港。同時，解放前後，有一大批國民黨軍人和親國民黨人士也逃難來香港。過去，香港和內地人民來往自由，1951 年香港政府才實行管制內地人士來港的措施，但仍有不少難民流入香港。因此，二次大戰後，香港的人口大增，由 1946 年的 60 萬人口增至 1952 年的 213 萬人（見表三）。源源不斷的勞力供應，使到工資低廉，對紡織業這種勞工密集行業的發展極為有利，也是香港比較優勢（comparative advantage）所在。

　　另一個推動香港工業化的外部政治因素是聯合國對中國採取的貿易禁運。韓戰爆發之初，對剛萌芽的香港工業化（1947—1950）起了窒礙作用。由於貨品價格的急速上升，使到貿易的盈利可觀，加上市場的投機活動，吸引了相當部分的香港內部資金投放在這些領域。同時，由於政治的不穩定，亦有若干資金外流。[13] 1951 年的禁運，使香港剛復甦的一些轉口貿易受到沉重打擊，從此一蹶不振（見表八）。1979 年，中國採取開放政策後，轉口貿易才再出現快速增長。

　　在外部環境的制約下，香港企業家只好集中搞工業。1953 年，香港的工業開始進入快速增長階段，這反映在香港本地總生產值（GDP）的增長上。表一揭示早年本港兩名經濟學者對香港 GDP 的估計。根據史彭年（Szczepanik, E.）的估計，1951 至 1952、1954 至 1955 年度的平均實質增長率（1947 至 1948 年固定價格計）為 13.9%。根據周開仁（Chou, K. R.）的估計，1953 至 1955 年的平均增長率則為 8.6%。至於 1947 至 1949 年的平均增長率較高，是由於 1947 年的基數較低。1951 至 1953 年的低（或負值）增長率，主要是受聯合國貿易禁運的影響。

　　表二揭示香港自 1947 至 1955 年的人均所得估計數據。根據史彭年對香港 GDP 的估計來換算，由 1947 至 1948 至 1953 至 1954 年度，香港的實質人均所得平均增長率為 6.4%。

（13）見前引 Szczepanik（1958），p.136。

表二：香港之人均所得估計（1947－1955）

（港元）

年期	人均所得 （以當年平均價格）①	年期	人均所得 （以 1947－1948 價格）②
1947	$1,031	1947－1948	$869
1948	1,139	1948－1949	948
1949	1,454	1949－1950	1,129
1950	1,428	1950－1951	1,117
1951	1,543	1951－1952	1,063
1952	1,346	1952－1953	1,415
1953	1,399	1953－1954	1,216
1954	1,452	1954－1955	1,338
1955	1,578		

資料來源：同表一；Hong Kong Census and Statistics Department, *Hong Kong Statistics, 1947－1967*, 1969, Table 2.2。

注：① 當年價格計算之人均所得以表一周開仁估計之本地總生產值除以每年年中（mid-year）人口之估計數而得。

② 以 1947 至 1948 年價格計算之人均所得則以表一史彭年估計之淨本地總生產值除以每年年末（year end）人口之估計數而得。

表四顯示 1940 年以及由 1947 至 1960 年的香港總人口、製造業僱用人數以及企業數的數據。從表中可見，戰後香港的人口急速膨脹，平均年增長率約 4.5%，1949 至 1950 年的增長率則更高（達 20.5%），由 186 萬人增至約兩百二十四萬人，一年內增加了 38 萬人。製造業僱用人數的增長率，除了 1951 至 1952 年之外，其他年度均較人口增長率為高，顯示 1947 年後香港製造業的蓬勃發展程度。表中亦揭示，製造業的企業數亦增長快速。

表三及表五揭示 1947 至 1959 年香港製造業的結構及其變化。表內製造業的各行業細分係以〈國際標準工業分類〉（ISIC）兩位數為準，據此考量各行業部門（industry groups）在不同年度間僱用人數與企業數的相對值，同時亦可考量在整個製造業內各行業部門的分佈情況及其增長率的變化。筆者在表三及表五選了六個年度（1947、1949、1951、1953、1956 及 1959）為坐標年（bench mark years）以作分析。

表三：香港製造

工業行業 (ISIC)	1947		1949		1951		1953	
	人數	企業數	人數	企業數	人數	企業數	人數	企
20. 食品	2,095	70	2,695	103	4,721	161	5,210	
21. 飲料	294	6	505	10	733	19	855	
22. 煙草	573	3	1,303	3	1,631	5	1,243	
23. 紡織	9,328	405	15,575	405	29,409	476	1,019	
24. 鞋履	38	2	157	3	225	5	531	
製衣與紡織品	1,191	35	1,176	39	2,101	46	2,622	
25. 木材及軟木製品	332	20	609	37	756	45	1,063	
26. 傢俬與陳設	286	6	361	11	499	16	653	
27. 紙及紙品	71	5	169	7	414	11	384	
28. 印刷出版	2,525	67	4,025	108	5,580	268	5,645	
29. 皮革及皮革製品	125	4	139	6	185	7	174	
30. 橡膠品	3,778	55	4,277	52	5,871	46	5,780	
31. 工業化學品及化學產品	2,193	39	2,671	61	2,876	68	2,871	
32. 石油及煤產品	8	1	8	1	8	1	—	
33. 非金屬礦產	1,026	20	1,782	38	2,065	59	2,071	
34. 基本鋼材	400	15	1,063	24	1,163	23	1,058	
35. 金屬製品	5,440	93	10,787	175	13,451	242	15,472	
36. 非電機類機器	967	54	1,159	73	2,566	103	2,013	
37. 電機機器及電器配件產品	940	22	897	27	1,407	32	1,651	
38. 運輸設備	14,557	10	9,132	22	8,618	21	9,845	
39. 其他製造品	1,189	29	1,515	46	1,659	60	2.018	
其中：塑膠玩具與產品	—	—	42	4	131	9	310	
總計	47,356	956	60,205	1,251	86,136	1,720	92,178	

資料來源：Hong Kong Statistics, 1947－1967, 1969。

注：① 平均年增長率以複率計算。

　　② 1949 至 1951 之每年平均增長率。

＊以勞工署 "登記" 或 "記錄" 的工廠為準〔見表三注（1）〕

（1947－1959）＊

1956		1959		平均年增長率:1947-1951①		平均年增長率:1951-1959②	
數	企業數	人數	企業數	人數	企業數	人數	企業數
8	305	6,833	357	23.1%	23.2%	4.7%	10.5%
	29	928	29	25.6	33.4	3.0	5.4
7	6	1,527	9	29.9	13.6	−0.8	7.6
37	618	43,474	667	33.3	4.1	—	—
2	27	2,012	65	55.9	25.7	31.5	37.8
4	215	33,681	542	15.2	7.1	41.5	36.1
1	121	2,779	179	22.8	22.5	17.7	18.8
	28	2,628	130	14.9	27.8	23.1	29.9
	27	864	50	55.4	21.8	9.6	20.8
4	362	8,181	607	21.9	41.4	4.9	10.8
2	13	295	16	10.2	15.0	6.1	27.5
6	67	8,537	105	11.2	-4.4	4.8	10.9
0	94	3,310	115	7.0	14.9	1.8	6.8
	—	23	4	0	0	14.1	18.9
2	69	2,082	88	19.1	31.1	0.1	5.1
4	29	2,353	69	30.6	11.3	9.2	14.7
43	465	23,809	557	25.4	27.0	7.4	11.0
7	188	4,166	279	27.6	17.5	6.3	13.3
5	47	2,778	83	10.6	10.7	8.9	12.7
2	41	11,603	62	-12.3	20.3	3.8	14.5
6	193	14,071	449	8.7	19.9	30.6	28.6
6	91	9,663	299	76.6?	50.0?	71.2	55.0
18	2,944	177,271	4,541	16.1	15.5	9.4	12.9

表四：香港之總人口、製造業人數與企業數（1940、1947 至 1960）

年期	總人口	增長率（%）	製造業僱用人數	增長率（%）	企業數 [①]	增長率（%）
1940	1,821,893	—	30,000	—	800	—
1947	1,750,000	—	47,356	—	961	—
1948	1,800,000	2,9	56,815	20,0	1,120	16,6
1949	1,857,000	3,2	60,205	6,0	1,251	8,5
1950	2,237,000	20,5	81,718	35,7	1,478	18,2
1951	2,015,300	−9,9	86,136	5,4	1,720	16,4
1952	2,125,000	5,6	85,322	−1,0	1,902	10,6
1953	2,242,000	5,5	92,178	8,0	2,038	7,2
1954	2,364,900	5,5	98,196	6,5	2,201	8,0
1955	2,490,400	5,3	110,574	12,6	2,437	10,7
1956	2,614,600	5,0	128,818	16,5	2,944	20,8
1957	2,736,000	4,6	137,783	7,0	3,080	4,6
1958	2,854,100	4,3	156,556	13,6	3,524	14,4
1959	2,967,400	4,0	177,271	13,2	4,541	28,9
1960	3,075,300	3,6	215,854	21,8	4,784	5,4

每年平均增長率：[②]

年期	總人口	製造業人數	企業數
1940−1947	−4.0%	57.9%	20.1%
1947−1951	3.6	16.1	15.5
1951−1953	5.5	3.5	8.9
1953−1956	5.3	11.8	13.0
1956−1959	4.3	11.2	15.5
1953−1959	4.8	11.5	14.3

資料來源：*Hong Kong Statistics, 1947−1967*, 1969; 1940 年數據來自勞工署長：*Annual Departmental Reports*。

注：　① 以勞工署 "登記工廠"（registered factories）或 "記錄工廠"（recorded factories）為準，前者指僱用有 20 人或以上或
　　　　使用電動機器的工廠，後者指僱用 15 至 19 人的工廠，或僱有女工及童工的工廠。
　　　② 每年平均增長率以複率計算。

表五：香港製造業之結構與變化（分配比例）（1947－1959）

工業行業 (ISIC)	1947		1949		1951		1956		1959	
	人數	企業數	人數	企業數	人數	企業數	人數	企業數	人數	企業數
20. 食品	4.4%	7.3%	4.4%	8.2%	5.5%	9.4%	5.0%	10.4%	3.9%	7.9%
21. 飲料	0.6	0.6	0.8	0.8	0.9	1.1	0.7	1.0	0.5	0.6
22. 煙草	1.2	0.3	2.2	0.2	1.9	0.3	1.0	0.2	0.9	0.2
23. 紡織	19.7	42.4	25.9	32.4	34.1	27.7	30.5	21.0	24.5	14.7
24. 鞋履	0.1	0.2	0.1	0.2	0.1	0.3	0.6	0.9	1.1	1.4
製衣與紡織品	2.5	3.7	2.0	3.1	2.4	2.7	6.5	7.3	19.0	11.9
25. 木材及軟木製品	0.7	2.0	1.0	3.0	0.9	2.6	1.5	4.1	1.6	3.9
26. 傢俬與陳設	0.6	0.6	0.6	0.9	0.6	0.9	0.6	1.0	1.5	2.9
27. 紙及紙品	0.1	0.5	0.3	0.6	0.5	0.6	0.4	0.9	0.5	1.0
28. 印刷出版	5.3	7.0	6.7	8.6	6.5	15.6	5.2	12.3	4.6	13.4
29. 皮革及皮革製品	0.3	0.4	0.2	0.5	0.2	0.4	0.2	0.4	0.2	0.4
30. 橡膠品	8.0	5.8	7.1	4.2	6.8	2.7	6.8	2.3	4.8	2.3
31. 工業化學品及化學產品	4.6	4.0	4.4	4.9	3.3	4.0	2.4	3.2	1.9	2.5
32. 石油及煤產品	－	0.1	－	0.1	－	－	－	－	－	－
33. 非金屬礦產	2.2	2.0	3.0	3.0	2.4	3.4	1.7	2.3	1.2	1.9
34. 基本鋼材	0.8	1.6	1.8	1.9	1.4	1.3	1.1	1.0	1.3	1.5
35. 金屬製品	11.5	9.7	17.9	14.0	15.6	14.0	19.2	15.8	13.4	12.3
36. 非電機類機器	2.0	5.6	1.9	5.8	3.0	6.0	2.3	6.4	2.4	6.1
37. 電機機器及電器配件產品	2.0	2.3	1.5	2.2	1.6	1.9	1.6	1.6	1.6	1.8
38. 運輸設備	30.7	1.0	15.2	1.8	10.0	1.2	8.2	1.4	6.5	1.4
39. 其他製造品	2.5	3.0	2.5	3.7	3.5	2.2	4.4	6.6	7.9	9.9
其中：塑膠玩具與產品	－	－	(0.07)	(3.4)	(0.2)	(0.5)	(1.7)	(3.1)	(5.5)	(6.6)
總計（%）	100.0	100.0	100.0	100.0	100.0	100.0	100.0	100.0	100.0	100.0
總數	47,356	956	60,205	1,257	86,136	1,720	128,818	2,944	177,271	4,541

資料來源：同表四。

　　由表三可知，1947 年香港的製造業僱用了 47,356 名員工，總企業數（establishments）為 956 家，這些數據以勞工署的"登記工廠"（registered factories）或"記錄工廠"（recorded factories）為準，前者指僱用 20 人或以上，或使用電動機器的工廠，後者指僱用 15 至 19 人，或僱用女工及童工的工廠（注：香港政府其後修訂舊《勞工法例》，規定企業不准僱用未足 15 歲的童工，以配合港府推行的九年免費教育政策）。表內如果包括僱用 15 人以下的小工廠，製造業人數及企業數會較多。

　　根據港府統計署的資料，在〈國際標準工業分類〉（ISIC）的明細表目中，1947 年香港已有下列的工業種類產品。

　　(1) 食品工業（ISIC 20）：水果及蔬菜罐頭或加工品、植物油、醬油、美食粉、麵包、餅乾、糖果類、食糖。

　　(2) 飲料（ISIC 21）：汽水。

　　(3) 煙草（ISIC 22）：香煙及雪茄。

　　(4) 紡織（ISIC 23）：紡紗、織布、整染、針織。

　　(5) 鞋履、織衣及紡織品（ISIC 24）：鞋（膠鞋外）、成衣及紡織品。

　　(6) 木材及軟木製品（ISIC 25）：鋸木、木箱。

　　(7) 傢俬及陳設（ISIC 26）：木傢俬、籐料傢俬。

　　(8) 紙及紙品（ISIC 27）：紙類產品。

　　(9) 出版及印刷（ISIC 28）：印刷、報紙。

　　(10) 皮鞋及皮革產品（ISIC 29）：（無明細分類）。

　　(11) 橡膠品（ISIC 30）：膠鞋。

　　(12) 工業化學及化學產品（ISIC 31）：藥、漆、火柴。

　　(13) 石油及煤產品（ISIC 32）：（無明細分類）。

　　(14) 非金屬產品（ISIC 32）：玻璃及玻璃產品。

　　(15) 基本鋼材（ISIC 34）：鑄鋼。

　　(16) 金屬製品（ISIC 35）：鐵罐、瓷器、熱水壺、電鍍、手電筒。

　　(17) 非電機類機器（ISIC 36）：機械修理。

　　(18) 電機機器及電器配件產品（ISIC 37）：電燈膽、電池。

　　(19) 運輸設備（ISIC 38）：造船及修理、汽車修理。

　　(20) 其他製造品（ISIC 39）：鈕扣。

　　由上列之工業產品明細分類，可見 1947 年香港已有不少不同的工業行業在生產運作。以僱用人數計，其中較重要的工業（以 500 人以上的工業為準）有下列各行業：植物油、醬油有 724 人；麵包、餅乾產品有 578 人；香煙及雪茄有 573 人；棉紡有 4,048 人；針織有 4,839 人；成衣有 1,157 人；印刷有 1,952 人；火柴有 985 人；玻璃及玻璃品有 521 人；手電筒有 1,431 人；機器修理有 967 人；電池有 581 人；造船及修理有 14,484 人；鈕扣有 524 人。

1947 至 1959 年，陸續有新的行業在香港建立，港府公佈的工業統計數據，隨着行業的增加，分類方面已更明細，例如下列新行業在不同年份已列入統計表內。

(1) 食品工業（ISIC 20）：粉絲及麵條（1959）。

(2) 紡織工業（ISIC 23）：毛織（1949）、絲織（1949）、漂染（1959）、地毯（1959）、針織（1959）。

(3) 紡織品（ISIC 24）：手套（1959）、刺繡（1959）。

(4) 傢俬及陳設工業（ISIC 26）：鐵窗（1952）。

(5) 基本鋼材工業（ISIC 34）：輾鐵（1949）。

(6) 金屬製品工業（ISIC 35）：鋁製品（1948）、搪瓷（1948）、針（1948）、颶風燈（1952）、手錶帶（1959）。

(7) 運輸設備工業（ISIC 38）：飛機維修（1949）。

(8) 其他製造業（ISIC 39）：塑膠玩具與產品（1949）、人造珠（1955）、相機（1959）等。[14]

以僱用人數計算的相對比例值而言，1947 年香港的最重要的七個工業部門計有：紡織（19.7%）、金屬製品（11.5%）、運輸設備（30.7%）、橡膠品（8.0%）、印刷（5.3%）、食品（4.4%）、工業化學品及化學產品（4.6%）。1949 年，紡織業的相對比例更增加至 25.9%、金屬製品增至 17.9%、運輸設備則降至 15.2%，其他重要的工業比例變化不大。1951 年，紡織業的重要性愈明顯，僱用了整個製造業的 34.1% 員工。

表三與表五揭示，1947 至 1958 年期間，香港的工業結構有下列幾個特點與變化：紡織業維持其 "領先工業" 的地位，製衣業則迅速崛起，1959 年已僱用 19.0% 的製造業人數，而塑膠玩具與產品則由 1947 年的 0.07% 逐年升至 1959 年的 5.5%，成為香港重要的工業行業之一。至於僱用人數相對比例下降的工業行業則有橡膠品、工業化學品及化學產品以及運輸設備等（見表五）。

（14）以上所引之資料及數據見香港政府統計署：*Hong Kong Statistics*, 1947–1967,1969, Section 4。

在增長率方面，1949 至 1959 年平均增長率最高的工業行業計有：製衣及紡織品（41.7%），鞋履（31.5%），塑膠玩具與產品（71.2%），傢俬與陳設（23.1%），木材及軟木製品（17.7%），基本鋼材（9.2%），紙及紙品（9.6%）和電機機器及電器配件產品（8.9%）等（見表三）。

1949 年以後的香港經濟發展主要是由工業化所帶動的。但香港經濟的起飛（take-off）始於何時？"經濟起飛"一詞首先由美國經濟史學者羅斯托（Rostow, W.W.）於 1960 年出版的一本專著中提出。羅氏把一個國家的經濟成長分成下列五個階段（stages）：（1）傳統社會（traditional society）；（2）起飛預備（preconditions for take-off）；（3）起飛（take-off）；（4）走向成熟（drive to maturity）；及（5）高大眾消費年代（age of high mass-consumption）。[15]

按照羅氏的概念，1947 年之前香港已具有預備起飛的條件，因為其時香港已是一個重視經濟進展（economic progress）的社會，承認私人企業對利潤的追求是一件好事。同時，政府與個人均重視儲蓄，亦存在銀行等財務機構以吸收民間資金，而內外商業網絡亦在擴展，新型的製造業亦不斷呈現，遠離了以農為主的傳統社會。

羅氏亦認為，經濟起飛需具備下列三個相關的條件：（1）投資率上升，由佔國民所得（或國民總生產值）的 5% 提升至 10% 或以上；（2）一個或多個高成長率的製造行業部門興起；（3）存在或建立起一個政治、社會或機構的框架，進而開拓現代部門的發展，有拓展外部經濟的潛能，使經濟走向"持續成長"（self-sustained growth）的軌道。[16]

以第一個條件來說，香港的資本形成率（資本佔本地總生產值之比率）在 1952 年已逾 10%，1957 至 1959 年更達 15% 左右（見表六）。其次，在 1956 年，香港已有多個快速成長的製造業部門如食品、紡織、成衣、基本鋼材、塑膠和玩具用品等。同時，香港社會或機構框架在 1950 年代中已粗具規模，可以開拓外部經濟與現代部門的發展，而且 1959 年以後，香港的經濟亦在"持續成長"。由此觀之，香港的經濟起飛應在 1953 年或 1954 年左右。

一個國家（地區）的工業化或經濟成長，與資金投入高低有密切的關係。表六揭示，由 1947 至 1959 年，香港的資本形成增長快速。1947 至 1959 年，以複率

（15）Rostow, W.W., *The Stages of Economic Growth*, 1960.

（16）見上引 Rostow（1960），p.39。

計算的每年平均增長率為 19.1%（1947 至 1949 年：54.2%；1949 至 1959：13.1%；
1953 至 1959 年：22.1%）。同表亦顯示，除了 1951、1953 及 1954 年外，生產設備
佔固定資本形成的比例還不到 50%，大約在 30 至 40% 之間，而建築則佔了資本
形成的大部分。其主要原因是早期香港的工業，絕大部分是勞工密集的行業，較
多用勞力操作，少用自動化機器設備，因而生產設備佔資本形成的相對比例低。
同時，五六十年代的香港工廠，工人每天開工三班是平常事（每班八小時），因而
機器充分被利用，故對機器設備投資相對少。

表六：香港的資本形成

（百萬元）

年期	本地總產值 (GDP)	總資本形成	資本形成率 (%)	固定資本形成之分配 (%)	
				生產設備	建築
1947	1,575	95	6.0	—	—
1948	1,790	149	8.3	—	—
1949	2,355	226	9.6	34	66
1950	2,820	183	6.5	25	75
1951	2,885	160	5.6	48	52
1952	2,670	295	11.1	37	63
1953	2,800	234	8.4	53	47
1954	3,000	318	10.6	57	43
1955	3,300	363	11.0	29	71
1956	3,635	410	11.3	33	67
1957	3,900	567	14.5	40	60
1958	4,135	559	13.5	35	65
1959	4,500	776	17.2	35	65

資料來源：Szczepanik, E., *The National Income of Hong Kong*（未刊稿）；*Hong Kong, Commerce and Industry Department, Statistical　Branch, Problems of Making Capital Formation Estimates in Hong Kong*（未刊稿）（轉引自何鎮源：〈經濟成長因素與香港工業發展〉，載香港中文大學新亞書院經濟系：《社經》，第六期，1964 年 7 月）。

　　資本形成主要來源於儲蓄與外資流入，其餘為外匯淨收入、國際借貸或援助。50 年代，香港的勞工收入低，因此內部或本地的儲蓄率不高，因而香港工業化的資金主要依靠資金的流入。史彭年對香港 1947 至 1948/1948 至 1949、1953 至 1954/1954 至 1955 年度的外資流入與隱形淨收入（net balance of invisible earnings）作了一些估計（見表七）。1948 至 1950 會計年度，外資流入與隱形淨收入的數額高達 12 億港元，比 1947 至 1949 會計年度的七億港元增加了 71.4%，主要原因是大陸政局轉變，由上海等地流入的資金激增，這與表六的 1949 年高資本形成額相一致。史彭年估計，約有三分之一工業投資源於內部的儲蓄，其餘三分之二則來自外資。[17] 50 年代，相當部分的外資來自東南亞的華人。由於外資流入佔投資額的相當大部分，對 50 年代香港的工業化作出了重要貢獻。

表七：香港外資流入之估計（1947－1955）

年期	(1) 國民所得（百萬元）*	(2) 外資流入與隱形淨收入（百萬元）*	(2)/(1)
1947－1948 →	1,600	700	43.8%
1948－1949	—	—	—
1948－1949 →	1,800	1,200	66.7
1949－1950	—	—	—
1949－1950 →	2,300	800	34.9
1950－1951	—	—	—
1950－1951 →	2,800	200	7.1
1951－1952	—	—	—
1951－1952 →	2,800	1,300	46.4
1952－1953	—	—	—
1952－1953 →	3,200	1,400	43.8
1953－1954	—	—	—
1953－1954 →	3,600	1,500	41.7
1954－1955	—	—	—

資料來源：*The Economic Growth of Hong Kong*, Table 46, p.183。
＊外資流入與國民所得之比率均為筆者之計算

（17）Szczepanik（1958），p.143.

　　除了資金外，另一個影響香港 50 年代工業化的供給因素是工資低。表八揭示出，1953 至 1971 年香港製造業工人每日的平均工資額。由於 1947 年後人口大量增加（表四），勞工供應大，工資因而低廉。表八顯示，1953 至 1959 期間，非技術工人、半技術工人及技術工人的每日平均工資增長極少，每年平均增長率（以複率計）約 2.0%。

　　需求因素方面，可以分"內部需求"（本地市場）與"外部需求"（海外市場）兩方面作探討。史彭年認為，香港的本地市場需求對工業發展有一定的重要性。人口的增加引致對房屋的需求，因而建築用材料（如水泥、轆鐵、傢俬等）也有了市場需求（即"引伸需求"）。此外，食品、紡織、成衣等亦因人的吃或穿的需要而刺激對有關工業的需求。[18]

圖 9.1 昔日的工廠大廈，今天已成為辦公室及貨倉集中地

（18）同上，Chapter 8, 9。

表八：香港製造業工人的每日平均工資（1953－1971）

（元）

年期	非技術工人工資	半技術工人工資	技術工人工資	加權平均工資 [①]
1953	4.25	5.75	7.25	4.35
1954	4.50	5.75	7.25	4.38
1955	4.00	5.75	7.25	4.38
1956	4.00	5.75	7.25	4.38
1957	4.50	6.50	9.50	5.00
1958	4.25	6.00	9.50	4.80
1959	4.25	6.00	12.50	4.90
1960	5.00	6.75	14.50	5.71
1961	5.00	6.75	14.50	5.71
1962	5.00	6.75	14.50	5.71
1963	7.15	8.40	14.50	7.43
1964	7.15	11.05	17.30	8.17
1965	8.42	11.05	18.50	9.27
1966	8.20	13.25	17.75	10.33
1967	9.50	13.80	19.50	10.50
1968	10.15	15.10	21.50	11.37
1969	10.30	15.25	21.15	11.48
1970	11.30	16.10	23.65	12.55
1971	11.85	17.65	23.95	13.20

資料來源：Riedel, J., *The Industrialization of Hong Kong*, 1974, Table 31〔計算自 *Commissioner of Labour, Annual Departmental Reports*（各年期）〕。

注：① 加權數如下：非技術 =0.82；半技術 =0.13；技術 =0.05。

表九：香港本地出口、轉口與進口額（當年價格）（1948－1959）

（百萬元）

年期	出口	轉口	進口
1948	200	$1,383	$2,077
1949	300	2,019	2,750
1950	420	3,296	3,788
1951	550	3,883	4,870
1952	680	2,219	3,779
1953	740	1,994	3,872
1954	860	1,551	3,435
1955	1,000	1,534	3,719
1956	1,115	2,095	4,566
1957	1,200	1,816	5,150
1958	1,260	1,729	4,954
1959	2,828	996	4,949

每年平均增長率：[1]

1948－1951	40.1%	41.1%	32.9%
1951－1953	16.0	−28.4	−10.8
1953－1959	25.0	−10.9	4.2
1948－1959	27.2	−2.9	8.2

資料來源：*Hong Kong Statistics, 1947－1967; The Industrialization of Hong Kong*, Table 1。
注：① 每年平均增長率以複率計算。

其實，香港的工業產品主要是外銷，相對來說，海外市場遠比本地市場重要。由於香港統計署沒有蒐集本地工業產值中的出口比率數據，因此只能作一些估計。香港政府在 1969 年的年報中宣稱："估計約百分之九十的工業產值是出口。"Riedel 亦根據港府統計署《1971 年製造業普查》的初步研究報告作估計，他得出的數據是香港製造業產品的出口比率大約在 80 至 86% 之間。[19] 因此，如果我們說香港製造業出口的比例在 85 至 90% 之間，應是合理的估計。

1948 至 1959 年的香港本地出口（domestic exports），轉口以及進口數據見表九。"本地出口"即本港製造產品出口額之意。在上述期間，本地出口的增長極快速，1948 至 1959 年的每年平均增長率為 27.2%（1948—1951：40.1%；1953—1959：25.0%）。由此可以推論，香港的工業發展是由出口帶動的。香港一開始推行工業化之際，便採取"出口導向型工業化策略"（export-oriented industrialization strategy），並取得成功。這與亞洲其他"三小龍"在工業化過程中先採取"進口替代"的策略明顯不相同。

香港外向型的工業化策略之所以成功，本地市場小是其中之一項因素，但並不是最主要的。香港開拓海外市場成功，主要的因素有四：第一，香港開埠以來就是一個自由港，本地的英資及華人貿易行（merchant houses）從事進出口及轉口貿易的經驗豐富，與海外地區的商人建立了長期的、密切的聯繫網絡。因此，本港生產的工業產品亦可通過相同的海外商業渠道推銷出去。同時，這些貿易行在解放之前從事轉口貿易時，已推銷上海等地出產的內地工業產品，例如紡織等商品，現在向東南亞等地推銷相同甚至一致的工業品，可說駕輕就熟，因為買家早已熟悉有關的產品。第二，香港有優良的港口以及其他有效率的配套服務行業配合工業發展，例如發達的金融、保險、倉儲、航運等服務業。第三，香港政府的行政效率高，極少有官僚的干預，使商務活動能順利進行。第四，企業家有拼搏的精神，追求成就慾望強，從而驅使推進本港的工業發展。

香港廠商在開拓海外市場時，並非一帆風順。在 50 年代工業化初期，香港的工業產品以東南亞市場為主。這些地區對紡織品的需求很高，主要原因有二：30年代的世界性經濟大恐慌（或稱大蕭條）（great depression）以及二次世界大戰後，民間有相當的累積需求（"pent-up demand"），此其一。此外，韓戰導致原產品如橡膠等價格飛漲，使到東南亞地區人們的購買力大增。除了棉紡織品外，香港廠

（19） 見 Riedel, James, *The Industrialization of Hong Kong*, 1974, pp.7–8。

商的一些新產品如針織棉內衣、男性恤衫、鞋類、家庭器皿、燈膽、電池等，也很快由本港出口貿易商打進了東南亞的市場。[20]

50 年代中期後，歐美市場所佔的比例已逐漸超逾東南亞，成為香港的新興市場。前述 1932 年《渥太華協議》實施後，香港廠商得以享有大英帝國的關稅優惠，刺激了香港工業產品在宗主國的銷路。1948 年，英國仍有入口限制及外匯管制。隨着經濟的好轉，英國逐漸減少或解除了若干貿易限制，香港棉紡製成品於是大量流入英國。由於數量過大，英國蘭開夏（Lancashire）的紡織商人投訴來自香港低價格產品的競爭。在商人的重大壓力下，英國政府於是對來自香港的進口商實行了一項所謂"自願抑制"（voluntary restraints）的措施，要求香港紡織廠商簽訂一項"自願"協議，把輸往英國的紡織品限制在某一限額上。這種從制度上限制香港紡織品出口的政策，是戰後世界保護主義浪潮的第一波。

除英國市場外，港商在 50 年代也打開了美國市場，成為重要的海外市場之一，而輸出品則主要為成衣。50 年代後期，美國已取代英國成為了香港最大的海外市場。60 年代初期，美國亦對港產的紡織品施行"自願抑制"措施。整個 60 年代，由於香港紡織品對海外市場的急速發展，其他歐洲國家及加拿大、澳洲及日本亦紛紛對香港實行配額限制。出口配額的限制，使新企業難以得到新配額而增加出口，因為配額是與過去的出口額表現而掛鈎。另一方面，出口限制亦迫使香港廠商進行工業多元化措施，推出較高附加值的工業產品。

四 · 1960 — 1979：工業持續成長階段

（一）持續成長與經濟結構的特徵

進入 60 年代以至整個 70 年代，香港的經濟可用"持續成長"來概括。表十揭示，1960 至 1979 年之香港本地總產值與人均 GDP。1960 至 1965 年之數據乃根據前世界銀行經濟專家林重庚博士（Lim, E. R.）的估計。以當年價格計，1960 至 1965 年每年平均經濟增長率為 11.6%，人均 GDP 之增長則為 8.0%，人均所得由 1960 年之 2,115 港元增至 1965 年之 3,114 港元（表十）。

（20）關於香港在 50 年代開拓海外市場以及有關紡織品出口的資料，主要取自 Geiger, T.（ed.），*Tales of Two City-States: The Development Progress of Hong Kong and Singapore,* 1973, pp. 69－75。

表十：香港本地總生產值與人均所得（1960－1979）

年期	本地總生產值（百萬港元）（當年價格）	人均 GDP（港元）（當年價格）
1960	6,490	2,115
1961	6,917	2,172
1962	7,908	2,397
1963	9,275	2,669
1964	10,251	2,865
1965	11,212	3,114
1966	13,718	3,779
1967	14,817	3,980
1968	15,758	4,144
1969	18,520	4,793
1970	22,040	5,567
1971	25,384	6,275
1972	30,638	7,430
1973	39,483	9,309
1974	45,066	10,294
1975	47,086	10,554
1976	60,173	13,319
1977	69,683	15,202
1978	81,623	17,488
1979	107,545	21,816

每年平均增長率：[1]（當年價格）

1960－1965	11.6%	8.0%
1966－1972	14.3	11.9
1972－1979	19.7	16.6
1966－1979	17.2	14.4

每年平均增長率：[1]（以 1980 年固定價格）

1966－1972	7.5%	5.2%
1972－1979	9.0	6.4
1966－1979	8.3	5.8

資料來源：1960 至 1965 之數據乃根據 Lim, E.R. 之估計，見 Riedel（1974），Table 5, p.18。
　　　　　1966 至 1979 之數據取自香港政府統計署：*Estimates of Gross Domestic Product*（各年期）。
注：① 平均增長率以複率計算。

圖 9.2　60 年代盛極一時的香港假髮業（1967）

　　香港政府統計署公佈的本地總生產值數據是由 1966 年開始的。不論是以當年
價格或者以 1980 年固定價格計算的 GDP 增長率均非常可觀。以後者而言，1966
至 1979 年的經濟增長率為 8.3%（1966 至 1972：7.5%；1972 至 1979：8.3%）。人均
所得方面，由當年價格計算，1966 年為 3,779 港元，1979 年則為 21,816 港元，增
長了 5.8 倍。以 1980 年固定價格計算，1966 年為 12,030 港元，1979 年則為 25,138
港元，13 年間增長了兩倍多。上述數據清楚顯示出 1960 至 1979 年期間香港經濟
的蓬勃和動力。

　　按照聯合國的經濟分類法，經濟的整體活動可分為下列三個產業部門：初級
產業、第二級產業及第三級或服務性產業。初級產業主要指天然資源的開發，如
漁農業、能源、礦業和森林。第二級產業主要包括產品的製造如工業、建築業
等。第三級或服務性產業則包括財務業的活動、個人服務及商務、零售批發及貿
易、旅遊業等。

　　香港除優越的海港外，缺少其他天然資源，因此初級產業的產值在 GDP 中所
佔的比例一向以來很低。根據林重庚的估計，在 1960 至 1961 年，香港的初級產
業佔 GDP 的 3.6%。香港政府統計署編製的 GDP 數據是從 1970 年開始的，是年
的初級產業比例，由於製造業的發達而下降至 2.2%，迄至 1979 年續跌至 1.1%（表
十一）。

表十一：香港經濟結構指標（1960－1979）（按經濟活動分類的本地生產總值）

產業部門	佔總數比重（%）			
	1960－1961	1970	1975	1979
初級產業：				
1. 漁農業	3.3	2.0	1.4	1.1
2. 礦業和採石業	0.3	0.2	0.1	…
小計	3.6	2.2	1.5	1.1
第二級產業：				
3. 製造業	24.7	30.9	26.9	26.6
4. 電力、煤氣和食水	2.4	2.0	1.8	1.2
5. 建造業	5.3	4.2	5.7	6.7
小計	32.4	37.1	34.4	34.5
服務性產業：				
6. 批發零售業、出入口業、酒樓酒店業	20.4	19.6	20.7	20.9
7. 運輸、倉庫及通訊業	9.4	7.6	7.2	7.1
8. 金融、保險、地產及商業服務	9.7	14.9	17.0	22.6
9. 社區、社會及個人服務	18.0	18.0	18.7	13.5
小計	46.1	60.1	63.6	64.1
其他：				
10. 項目未能足夠界定	6.5	0.6	0.5	0.3
總計	（100.0）	（100.0）	（100.0）	（100.0）
按要素成本計算的本地生產總值（百萬港元）	5,669	19,119	36,974	89,648

資料來源：1960 至 1961 年之數據見 *Report on the National Income of Hong Kong,* 1969〔轉引自 Riedel（1974）,Table 2, p.16〕。其餘年期數據見 *Estimates of Gross Domestic Product*（各年期）。

表十二：香港工業產值比例與製造業人數

年期	(1)製造業產值佔GDP之比率(%)	(2)製造業人數	(3)勞動力(百萬)	(2)／(3)(%)
1960－1961	24.7	－	－	－
1960	28.7	215,854	－	－
1964	26.2	325,286	－	－
1968	31.2	472,394	－	－
1970	30.9	549,173	－	－
1971	28.1	564,370	－	－
1972	26.9	578,855	－	－
1973	26.5	626,390	－	－
1974	25.8	600,128	－	－
1975	26.9	678,857	1.98	34.3
1976	28.3	773,746	1.95	39.7
1977	27.2	755,108	1.93	39.1
1978	26.9	816,683	2.00	40.8
1979	27.6	870,898	2.15	40.5

每年平均增長率（製造業人數）：[1]

1960－1968	10.3%
1970－1975	4.3
1975－1979	6.4
1970－1979	5.2
1960－1979	7.6

資料來源：欄 (1)：*Estimates of Gross Domestic Product*（各年期）；1960 至 1968 年取自 Riedel（1974），p.16。
　　　　　欄 (2)：香港政府統計署：*Hong Kong Annual Digest of Statistics*（各年期）。
　　　　　欄 (3)：ADB, *Key Indicators of Developing Member Countries of ADB*（各年期）。
注：① 平均增長率以複率計算。

表十三：香港製造業各行業產量之比率分配（1973－1978）

工業行業		1973	1978	每年平均增長率 [①] 1973－1978
資本密集工業：				
351	化學品及化學產品	1.2%	1.8%	27.4%
353/354	石油及煤產品	—	—	—
371	基本金屬品	1.7	1.6	16.9
382	工業機器（非電機類）	0.8	1.4	33.8
384	運輸設備（及鑽油台）	2.1	1.4	9.4
3692	水泥及混凝土	0.1	0.5	54.3
314	煙草	0.5	0.8	25.3
3699	非金屬礦產（不包括水泥及混凝土、瓷等）	—	0.6	—
	小計	6.5	8.1	23.5
勞工密集工業：				
311	食品	2.6	2.8	21.7
313	飲品	0.9	0.9	19.3
331	木材及軟木產品	0.7	0.9	23.8
332	傢俬陳設	0.5	0.8	29.2
341	紙及紙品	1.2	1.3	21.9
342	印刷出版	2.5	2.7	22.0
321	紡織	31.2	19.1	8.2
324	鞋履	0.4	0.5	21.8
320	製衣	22.0	22.6	21.7
323	皮革及皮革製品	0.4	0.5	28.4
355	橡膠品	0.6	0.3	6.9
365	塑膠品	7.5	7.2	18.6
3610/3620	陶瓷玻璃品	0.6	0.3	−28.3
3691	建築用黏土	0.01	0.02	33.5
380	金屬品	5.0	6.5	26.5
383	電機機器、用具、儀器及供應品	11.6	14.1	24.2
385	科學儀器、鐘錶及光學產品	1.4	6.2	60.2

	工業行業	1973	1978	每年平均增長率 [①] 1973－1978
390	其他製造業	4.3	3.6	23.8
3900	玩具（非橡膠、塑膠玩具）	0.2	0.2	17.4
3901	鑽石品	2.6	1.4	5.4
3903	體育運動用品	—	0.1	—
3904	假髮及髮品	0.2	0.05	－13.2
	其他（雨傘等）	1.2	1.9	29.0
	小計	93.5	91.9	19.1
	全部製造業	100	100	—
	總產值（單位：港幣千元）	$26,266,755	$63,728,940	19.4%

資料來源：香港統計署：*Survey of Industrial Production*（1973,1978）。

注：① 平均增長率以複率計算。

表十四：香港製造業各行業僱用人數比率分配（1966、1979）

工業行業	1966	1979	平均增長率 [①] 1966－1979
食品	2.8%	1.9%	4.3%
飲料	0.8	0.4	1.8
煙草	0.4	0.1	－4.0
紡織	26.2	11.6	0.8
鞋履	0.4	0.7	12.2
製衣	18.4	31.8	12.0
木材及軟木製品	1.4	1.0	4.3
傢俬陳設	1.1	1.1	7.0
紙及紙品	0.8	1.3	11.7
印刷出版	4.3	2.9	4.1
皮革及皮革製品	0.2	0.3	12.7
橡膠品	2.5	0.6	－3.6
工業化學品及化學產品	1.1	0.8	4.6
石油及煤產品	—	—	13.9
非金屬礦產	0.7	0.5	5.0

工業行業	1966	1979	平均增長率 [1] 1966－1979
基本鋼材	0.9	0.5	2.3
金屬製品	9.3	9.7	7.7
非電機類機器	1.6	1.6	6.9
電機機器及電器配件產品	6.6	13.5	13.4
運輸設備	4.6	1.6	－0.9
儀器鐘錶及光學製品	1.1	4.5	14.7
塑膠品	7.3	10.1	10.0
假髮	0.5	－	－
其他製造品	7.1	3.5	1.7
總製造業	100	100	－
總製造業人數	346,990	870,898	7.3%

資料來源：香港勞工署：1966 年年報；香港統計署：*Hong Kong Annual Digest of Statistics*（各年期）。

注：① 平均增長率以複率計算。

表十五：香港製造業部門之大小規模結構

大小規模 （僱用人數）		企業間數		企業 間數	僱用 人數	產量	增值
		1961	1967	1978，百分比			
小型	1－9	2,330（41.9）*	4,128（43.7）*	61.6	10.9	6.6	8.4
	10－49	2,380（42.9）	3,702（39.1）	29.1	25.5	20.9	22.3
		4,710（84.8）	7,830（82.8）	90.7	36.4	27.5	30.7
中型	50－199	640（11.5）	1,203（12.7）	7.7	29.5	31.0	29.2
大型	200－499	151（2.7）	310（3.3）	1.2	14.7	18.3	17.1
	500 以上	53（1.0）	111（1.2）	0.5	19.4	23.2	23.0
		204（3.7）	421（4.5）	1.7	34.1	41.5	40.1
總計		5,554（100.0）	9,454（100.0）	100.0	100.0	100.0	100.0
總數／價值 （HK$'000）				33,489	794,391	$63,728,940	$21,938,000

資料來源：1961 及 1967 數據見 *Hong Kong Statistics, 1947－1967*, 1969；1978 數據見 1978 *Survey of Industrial Production*。

＊括號內之數據為百分比

表十六：香港製造業的資本結構（1973、1978）

資本結構	企業間數		僱用人數		產量		增值	
	1973	1978	1973	1978	1973	1978	1973	1978
完全本地資本	94.9%	94.8%	86.4%	87.4%	85.3%	80.7%	85.4%	81.5%
逾 50% 本地資本	1.7	1.4	3.0	2.8	4.0	3.8	3.9	3.8
少於 50% 本地資本	1.1	1.6	2.6	2.9	2.4	4.1	2.7	3.5
完全外資	2.3	2.2	7.9	6.9	8.3	11.4	8.1	11.2
總計（百分比）	100.0	100.0	100.0	100.0	100.0	100.0	100.0	100.0
總數／價值（百萬港元）	4,965	6,551	526,268	611,236	$22,668	$53,544	$9,346	$17,844

資料來源：香港統計署：*1973 Census of Industrial Production*, Vol. I; *1978 Survey of Industrial Production*。

表十七：香港電子業的若干指標（1960－1979）

年期	工廠		就業情況		
	數目	佔製造業總數的百分率	人數	佔製造業勞工總數的百分率	每間工廠的平均工人數目
1960	3	0.1	170	0.1	55
1968	109	0.9	30,600	6.4	280
1972	305	1.5	49,770	8.6	163
1974	414	1.3	50,170	7.4	121
1976	672	1.9	71,000	9.2	106
1977	711	1.9	70,190	9.3	99
1978	842	2.0	74,530	9.1	89
1979	1,075	2.5	90,567	10.4	84

每年平均增長率：[1]

年期	工廠	僱用人數
1968－1979	23.1%	10.4%

資料來源：*Report on the Hong Kong Electronics Industry*, 1982, 1984。

注：① 平均增長率以複率計算。

製造業的產值在 GDP 所佔的比例於 1970 年達到最高峰（30.9%）。根據林重庚的估計，1968 年的製造業產值比例達 31.2%。但上述兩個數據，由於估計方法的不相同，嚴格來說不能直接作比較。在整個 70 年代，製造業產值比例維持在 27 至 28% 之間（見表十二）。80 年代開始則逐漸下降。

表十二亦揭示，從事製造業的人數由 1960 年的 21.6 萬人增至 1979 年的 87.1 萬人，增幅達四倍，每年平均增長率為 7.6%。1975 年，製造業人數佔香港勞動力的 34.3%，1979 年則升至 40.5%。

以下從四個不同層面來探討此時期香港工業結構的特徵與轉變：工業行業的密集度、行業內僱用人數的分配、規模結構以及資本結構。

（二）工業行業的生產因素密集度

傳統測量工業行業的生產因素密集度是採用資本與勞工比率。賴利（Lary, H. B.）於 1968 年提出一個新觀點，認為資本密集應該用每一僱員的增值（value-added per employee）來表示。[21] 賴利的觀點是假定每僱員的增值能夠清楚反映有關工業的資本密度，同時可以使人力及實物資本的投入獲得統一的運用。因此，每一僱員的增值是衡量資本密集度的一個良好混合指數。找出工業行業的生產因素密集度，就可以計算每一僱員增值所有工業的百分率。假定所有工業行業的每一僱員增值為 100，按照賴利的標準，指數在 100 以下者為勞工密集工業。

筆者根據新加坡工業生產資料計算出：資本密集工業行業包括煙草、化學品及化學產品等；勞工密集工業行業包括紡織、製衣、電子產品等（見表十三）。工業行業根據聯合國《國際標準工業分類法》（ISIC）三位數為主。大致上，筆者計算所得的工業行業生產因素密集度與賴利計算其他國家工業的結果十分相近。[22]

香港製造業各行業產量比率分配表列於表十三。

由 1973 至 1978 年，香港的工業產量每年平均增長率為 18.4%（以複率計算）。表十三顯示，就相對資本密集工業而言，香港的勞工密集比重很高，1973 年為 93.5%，而資本密集行業則只佔 6.5%。勞工密集工業以紡織（31.2%）、製衣

（21）見 Lary, H.B., *Imports of Manufactures from Less Developed Countries*, 1968。

（22）見前引 Nyaw and Chan（1982）。

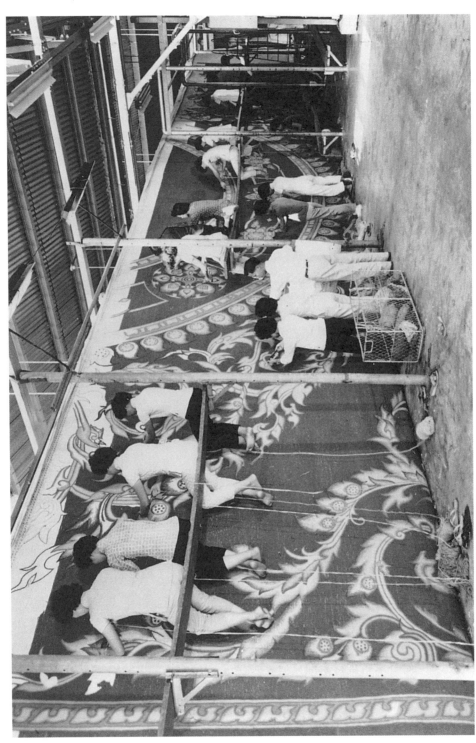

圖 9.3 在香港太平地毯廠工作的女工（1962）

（22%）、塑膠（7.5%）、電子（11.6%）等工業為主。1978 年資本密集工業略有增加，但勞工密集工業仍佔 92%。紡織工業所佔的比例已下降，電子工業則增加。香港的主要工業幾乎全是屬於勞工密集的行業。在這裡，假髮工業可以值得一提。1960 年，其產量約佔 4%，1973 年已降至 0.2%，1978 年已微不足道。

（三）工業行業僱用人數比例結構

香港製造業各行業僱用人數的比例分配列於表十四。香港的製造業人數，1966 年約為 35 萬人，1979 年則增至 87 萬人，其中以製衣、電子產品（電機機器及電器配件產品）、塑膠品的增幅最為可觀。香港的製造業工人主要集中在少數幾個勞工密集的行業工作，以 1979 年為例，下列行業僱用最多工人：製衣（31.8%）、紡織（11.6%）、電子（13.5%）、塑膠（10.1%）及金屬製品（9.7%）。這五個工業行業佔了總製造業人數的 76.7%。

（四）工業的大小規模結構

工業行業的大小規模結構是以每個工業部門所僱用的人數多寡來界定。由於沒有一個統一的準則，筆者採用下列業界人士所普遍採用的標準：僱用 50 人以下者屬於小型企業，50 至 199 人者屬於中型企業，200 人以上者屬於大型企業。表十五列出香港製造業部門的規模結構。

表中清楚顯示，香港的工業以中小型企業的間數最多。1961 年，1 至 9 人的工業企業佔 41.9%，10 至 49 人佔 42.9%，整個小型企業共佔 84.8%。至於中型企業則佔企業數的 11.5%。大型企業方面總共有 204 家，而 500 人以上者僅 53 家（大型企業的比例為 3.7%）。另一個坐標年——1967 年的工業規模結構與 1961 年相比變化不大。

表十五中 1978 年的數據是工業普查的結果。以企業間數而言，仍以小型企業為主（90.7%）。另一方面，香港的大中型工業企業的間數比例雖小，但不論在僱用人數、產量及增值方面，所佔的相對比例卻很高，其中尤以大型企業為甚。

（五）工業的資本結構

香港工業的資本結構列於表十六。以企業間數而言，1973 年完全屬於本地資本的企業數佔 94.9%，完全外資者僅佔 2.3%，其餘為合資。1978 年的情況大致變化很小。值得留意的是，根據 1973 及 1978 年的數據，完全本地資本的工業，僱用了 85% 以上的工人，在整個工業的總產值及增值的貢獻上亦分別超過 85% 及 80%。另一方面，完全外資的工業雖僅佔約 2.2% 的企業數，但卻僱用約 7.5% 的製造業工人，貢獻 8 至 11% 的產值或增值。相對於企業數的比例而言，完全外資工業在上述三方面的貢獻較大，這與外資企業的規模相對較大有關。

香港本地資本在工業發展中扮演主要角色，與新加坡主要依靠外資（特別是跨國企業）的工業結構有顯著不同。新加坡的工業化是由外資所推動的。以 1976 年而言，新加坡的全外資工業佔整體工業的 12.6%，但卻僱用了約 35% 的工人，生產值及增值則分別佔 60% 與 50%，[23] 遠高於香港的比例。香港的本地資本比外資重要，反映了香港企業家精神的旺盛程度，而新加坡則遠為遜色，這是香港的優勝之處。

（六）主要工業部門綜觀

以上各小節係從各個不同的層面，從整體的製造業角度來探索香港工業在 1960 至 1979 年期間的結構特徵和變化，但很少提及個別行業一些獨特的發展和問題。香港的工業發展到了 60 與 70 年代，已經變得較為複雜，而且行業類別亦多。以下就下列幾個重要的行業作概略的綜述，作為香港工業發展史的一個註腳。

1. 紡織業

紡織業自 50 年代開始已是香港的主要工業之一。50 年代中期，紡織業已逐漸向垂直整合（vertical integration）的方式發展。這個垂直整合生產方式包括向棉紗、織布（布料、布疋）、整染（finishing）等延伸發展。

（23）Nyaw, M.K., "The Experiences of Industrial Growth in Hong Kong and Singapore: A Comparative Study," in Chen, Edward, Nyaw, M.K. and Wong, Teresa（eds.），見注（1），p.198。

圖 9.4　紡織業是當年香港工業支柱之一。圖為香港南豐紗廠。（1970）

　　1947 年以前，香港並無棉紗廠。香港工業家了解到垂直整合的利益而投入鉅資在港設立棉紗廠。60 至 70 年代是香港棉紗業的發展迅速期，而紗錠（spindles）的使用率亦是全球最高的。[24] 香港的紡紗業在產量、紗錠數目和僱用工人數目於 1976 年達到高峰期，主要是該年世界各地對牛仔布（一種較粗糙的棉布）需求殷切而導致。織布業的發展與紡紗業大致相同，產量於 1976 年達到高峰。[25]

　　本章第三節已述及，香港的紡織業在 50 年代迅速增長，並成功打入英國市場。英國蘭開夏紡織商人向英政府施壓，港、英雙方卒在 1959 年簽訂了《蘭開夏協定》（*Lancashire Pact*），對輸往英國的紡織品進行配額限制。這對香港紡織業的發展來說是一項重大的打擊。保護主義浪潮其後波及其他工業國家，在《關稅貿易總協定》（GATT）下進行了棉紡多邊貿易談判，簽訂了 1961 年 10 月生效的《國際棉紡貿易短期協定》，1962 年 10 月則由一項為期五年的《國際棉紡貿易長期協定》（*Long Term Cotton Textile Agreement*）所取代，美國則在此協定下實施對香港棉紡織品的配額限制。

　　由於棉紡織品貿易的限制，香港於 1966 年開始生產人造纖維紗。1970 年初，全球對人造纖維衣服的需求殷切，香港的人造纖維紗的生產因而急速發展。

　　70 年代國際保護主義進一步擴大。前述的《國際棉紡貿易長期協定》後延至 1974 年初。經過一連串的多邊談判後，西方國家把棉、羊毛和人造纖維產品納入保護範圍，並於 1974 年簽訂《多種纖維紡織品協議》（*Multi-Fabric Agreement*，簡稱 MFA），取代 1962 年的協定，MFA 於 1974 年 4 月 1 日開始實施。《多種纖維紡織品協定》經過多次延長與修訂〔按：2005 年 1 月，世界貿易組織（WTO，成立於 1995 年，取代 GATT）宣佈取消所有保護主義性質的配額制〕。

　　相對於紡紗與織布業，香港的整染業的發展較為緩慢。整染業的範圍包括紗線和布疋的漂、染、印花和整染。1960 年香港的整染業才開始有較大的發展，惟迄至 70 年代，整染業在紡織業部門而言仍是較小的一個部分。整染業發展緩慢的主要原因是它的投資大，而且專業技術要求亦高，使到部分投資者卻步。

2. 製衣業

　　製衣或成衣業是香港最重要的工業之一。60 年代，以僱用人數而言，紡織

（24）　見 Sung, K. and Jones, P.H.M.（eds.），*Asian Textile Survey*, 1967, p.68。

（25）　香港政府：《一九七九年經濟多元化諮詢委員會報告書》（中文版本），1979 年，頁 33。

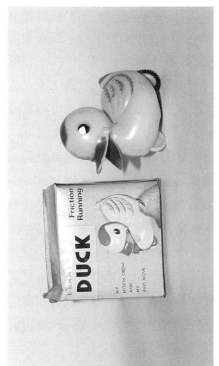

圖 9.7　香港開達廠 60 年代出品的手推玩具，以出口為主。

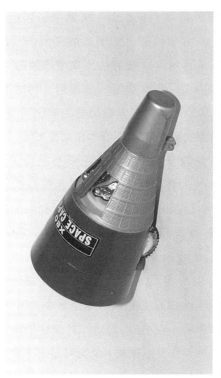

圖 9.8　香港開達廠 60 年代末至 70 年代初出品的手推太空船，亦為出口歐美的玩具。

圖 9.5　蓬勃發展的香港玩具業（圖為 China Plastic Toys Factory,1969）

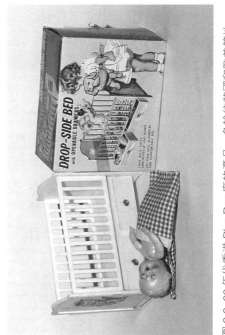

圖 9.6　60 年代香港 Blue Box 廠的產品，多輸往英國和歐美等地。

業高於製衣業（1966 年：紡織業佔製造業的 26.2%，製衣業則為 18.4%）（見表十四）。70 年代初，紡織業的產值仍高於製衣業，但至 70 年代末期，製衣業則反超前。1978 年，後者佔工業總產值的 22.6%，前者則為 19.1%（表十三）。在僱用人數方面，製衣業則一枝獨秀，1979 年佔工業僱用人數的 31.0%（約二十八萬人），是製造業僱用人數最多的一個行業（表十四）。製衣是勞工密集程度極高的一個行業，而紡織業則資本密集度較高。

　　香港的製衣業發展，主要是隨市場的需求與西方國家配額的限制而波動。1950 年代的香港製衣業，一般品質較低，主要輸往西方國家，並以美國為主。由於 60 年代配額的限制，為了盡量利用配額和提高回報率，港商於是提高生產技術和質量，增加產品的附加值。其後，香港製衣業逐漸往高品質、高附加值的道路發展，60 與 70 年代，香港的製衣業在世界上佔有一席重要的位置。

　　60 與 70 年代，由於世界對人造纖維成衣的需求大，香港的纖維成衣出口於是大增。人造纖維主要來源地是日本。除了紡織成衣外，香港的非紡織成衣如皮毛和皮革服裝，在 70 年代初亦有快速的增長，日本、西德（按：1990 年，西德與東德合併成為今日之德國）及美國是其主要的海外市場。

3. 塑膠與玩具業

　　香港的塑膠與玩具業，在 60 與 70 年代也是重要且發展迅速的工業之一。香港的第一家塑膠廠是於 1947 年建立的。50 與 60 年代，塑膠業逐漸發展，產品以塑膠花與塑膠樹為主。60 年代中期後，塑膠玩具的比重愈來愈重要，1965 年僱用的人數已超過塑膠花，前者為 14,927 人，後者則為 16,910 人。[26] 塑膠玩具的生產技術比塑膠花為高，這也可以視為技術水平的一種提高。香港玩具業的發展一日千里，70 年代已成為全球玩具出口最大的地區。

　　除了塑膠花與玩具產品，香港還有其他的塑膠產品如家庭裝飾、家庭用品、膠袋等。香港的塑膠產品除了滿足本地市場的需求外，大部分均為外銷，其中尤以人造花、塑膠玩具與洋娃娃為最。

　　塑膠的原料主要來自日本。日本本國對塑膠原料的需求亦很大，60 年代後期減少對香港的供應，香港轉而向英美等國購買。香港的塑膠玩具業與其他行業有一點不相同的是，塑膠鑄塑機這種資本財主要是本港自己生產，而小型的鑄塑機

（26）香港統計署：*Hong Kong Statistics,* 1947 – 1967, Table 4.4, p.62。

幾乎全是本港產品，增加了香港塑膠行業在國際市場的競爭能力。[27]

4. 電子業

　　香港的電子業在 1959 年已開始發展，是亞洲最早有電子行業的地區（日本不包括在內）。據表十七，1960 年香港只有三家電子工廠，僱用 170 人。初期的電子工廠只是裝配簡單的原子粒收音機。其後電子業的生產已擴大到多種消費產品及電子零部件方面。電子零部件包括半導體、集成電路、電腦配件以及輔助系統等。消費產品除原子粒收音機外，尚有電視機、計算機和音響器材等。

　　迄至 1968 年，香港的電子業已由三家增至 109 家，僱用人數亦增至 30,600 人，兩者分別增加了 36 倍和 180 倍，如此高的倍數，部分是由於 1960 年的基數低所致。由 1960 至 1979 年，電子業工廠數目及僱用人數，平均增長分別為 23.1% 及 10.4%，又是另一個可觀的增長率（見表十七）。

　　電子業之所以能在香港快速發展起來，主要原因是它的資本投資相對低，而且專業技術水平不高，適合香港 60 年代具有的條件。同時，香港地方小，電子業能在多層大廈較小的空間下生產。此外，香港的女工手藝靈巧，適合電子的裝配工作。再者，60 年代開始，香港經濟已受到了紡織品配額的一些衝擊，而電子產品則不受外國保護主義的影響，香港廠家於是發展香港具備比較優勢的電子業，這亦說明香港廠家的應變能力。

五・政府在工業發展所扮演的角色

　　香港政府在工業發展過程中到底扮演一個怎樣的角色？這是探索香港工業發展史的一個重要課題。

　　相當長的時間以來，許多論述香港經濟或工業化的學者或評論員，均視香港為奉行 "自由放任"（laissez faire）的一個地區。"自由放任" 是古典經濟學派亞當斯密（Smith, Adam）的一個核心思想。他認為政府不應干預私人企業以及個人的經濟活動，在自利心的驅使下，公利與私利往往一致，不相矛盾。至於政府的功能，主要在三方面：其一，保護國家以免受到外侵；其二，在國內建立公平的行政體

（27）前引 Riedel（1974），pp.29－30。

系及法律秩序；其三，建立與維持私人企業家無法獲利的公共工程及機構。自由經濟思想認為，在市場機制和調節下，可以達到資源最優配置。

　　香港戰後最著名、影響力最大的一位財政司是郭伯偉。郭氏基本上是"自由放任"思想的追隨者，在他擔任財政司期間（1961—1971），政府對工業發展並沒有進行任何干預，任其按市場經濟調節自由發展。與其他亞洲三小龍不同，郭氏不主張對私營的廠商給予任何經濟優惠或特別待遇。因此在他任期內，本港工業發展是由自由市場決定其走向，政府只是提供必要的法律或機構架構使經濟能有效地運作。

　　夏鼎基繼郭伯偉出任財政司時期（1971—1981）適逢麥理浩總督掌政，經濟思想有了一點轉變，變得較有彈性，其主導思想是"極少干預"而不是"自由放任"或完全不干預。但夏氏仍極力主張以自由市場的力量來促進經濟或工業的成長。1977 年，夏鼎基正式在立法局會議上提出"積極不干預主義"（Positive Non-interventionism）一詞，他說："政府奉行的是積極不干預主義哲學思想，這是說，我們認為任何嘗試挫傷市場力量的運作，對經濟成長率是沒有好處且有害的。特別是在一個開放的經濟體系下，預測市場的力量是極其困難的，更談不上要控制它。但這種哲學思想認為政府有若干項特殊的職責。"

　　在夏氏任期內，港府繼續反對給予私人企業任何優惠。夏氏認為，政府的職責應限於提供良好的基礎設施及後援服務，這些設施對經濟發展極其重要，但私人因無利可圖而不願提供（此為市場失效之一例），因此只能由政府來提供。此外，港府亦在一些經濟領域如勞工立法上扮演了較為積極的角色。夏氏以後的三任港英財政司 —— 彭勵治、翟克誠及麥高樂，他們推行的經濟政策可說蕭規曹隨，與夏鼎基的理念一致。[28]

　　在上述理念支配下，整個 70 年代，香港政府在工業發展所扮演的角色限於提供有效的基本建設，使到工業行業可以順利經營。一項傳統的看法是：政府會提供業界的輔助設施與技術支援服務，條件是私人部門沒有能力或者不能比政府提供更有效的服務。60 與 70 年代，由於環境急劇改變與複雜化，政府設立了幾個法定機構以滿足工業的需要。這些法定機構或半官方組織包括香港工業總會、貿易發展局、出口信用保險局、香港職業訓練局以及工業邨有限公司等。現就各個機構成立的先後分述如下。

（28）饒美蛟：〈正確認識"積極不干預主義"〉，載饒美蛟：《經營與管理：從西方到東方》，1987 年，頁 77—79。

香港工業總會成立於 1960 年，為香港製造行業的一個重要組織。它對投資者與工業界提供工業諮詢、試驗、品質控制等服務，並協助工業的設計、包裝、產品發展以及技術引進。由於個別製造商不能提供所有這些服務，只有求助於工業總會。

香港貿易發展局創立於 1966 年，是一個半官方的機構，它的主要工作是推廣香港的對外貿易。貿易發展局經常組織海外貿易考察團、各種貿易展覽會，向世界展示價廉物美的香港製造品。此外，它跟政府工商署共同推廣香港的工業投資。

同年，香港政府又成立了另一個法定機構——香港出口信用保險局，其目的是給投保的出口商賒貨予海外入口商時，如無法收到貨款可得到賠償。商業銀行及保險公司通常不願承保這種保險，因其風險太大。正如上文引用前財政司夏鼎基的話，政府介入這種活動是由於私人部門不願做。

香港大部分的勞工均由工業界自己訓練。70 年代，香港政府認識到，工業的持續發展有賴於供應足夠的技術工人，於是開始擴充並改良技術與專業職業教育，包括擴充香港大學與香港中文大學的有關學系以及開辦理工學院（現在的香港理工大學），設立新的工業學院、工業中學與職業訓練學校，並在 1973 年成立香港職業訓練局，向政府提供有關人力規劃與訓練方面的諮詢工作（按：職業訓練局於 1982 年脫離政府部門成為法定團體，承擔職業訓練工作，為香港工業界服務）。

所有香港土地均屬政府所有，工業用地的使用權通常由政府通過拍賣的方式出售，有時也用投標方式進行。用公開拍賣方式出售工業用地的主要目的，在於令土地的使用達到最佳效益。在 70 年代，由於工業用地的需求大，使到拍賣土地的價格飛漲。經拍賣售出的高價地區，大部分由輕工業所據，這些工業可以在多層工業大廈內有效地經營。但另一方面，高昂的地價卻窒礙了其他工業的發展。

港府也認識到，用拍賣方式出售工業用地，不利於佔地較大的重工業發展。為了擴大工業基礎及提升工業的技術水平，港府建立了兩個工業邨給較高技術的工業作發展。最大的一個工業邨設在大埔，另一個在元朗。這兩個工業邨都是由一個非牟利的工業邨公司開闢及管理。工業邨公司於 1977 年 3 月立法成立。兩個工業邨開闢了超過 135 公頃的工業土地，土地價格只是公開市場的 1/17。在工業邨申請土地的廠商須符合若干嚴格的條件。例如，廠商申請土地須首先證明其製造程序不能在多層工業大廈進行。同時，擬議中的新工業必須引進高水平的技能、更良好的製造程序以及高水平的投資與產量。工業邨特別歡迎某幾類新工業，例如其產品為現存的本地廠家所採用，或出口產品中含有本地增值。

另一個政府扮演的角色是促進勞資關係。祖・英倫（England, Joe）把香港工

業關係體制描述為勞工待遇相對低微，也極少有組織性的勞工對抗模式。[29] 1979
年，香港的註冊工會超過 300 家，但絕大部分的工人都不參加任何性質的工會。
香港工會組織分為左右派系，也有獨立的工會組織，統一的工運可説並不存在。
除了一些公務人員的獨立工會外，早年，一般的工會很少能替會員向資方爭取較
高的待遇與員工福利。另一方面，香港的勞資集體議價方式並不流行。由於香港
工會不能充分代表勞工的利益，於是有關的責任便轉移到政府勞工處身上。勞工
處的勞資關係科執行有關的僱傭法例，例如僱傭合約、工資支付、分娩保障、有
薪病假等。這些措施在某種程度上改善了過去認為港府不照顧工人利益的形象。
此外，勞資關係科也免費為企業提供有關人事管理與工業關係的諮詢服務，並提
倡勞資協商以改善勞資雙方的訊息溝通。

六 · 工業多元化的爭論與港府的反應

　　戰後香港經濟史上，討論最多且時間最長的，相信是關於 "工業多元化" 的問
題了。在香港，"多元化"（diversification）一辭到底指的是甚麼內容，官員或問政
者的理解並不一致，因此我們只能從一個比較宏觀的角度來作討論。

　　工業多元化的問題正式提到議事日程是在 1960 年代初期。當時以委任身份擔
任立法局議員的本港工業家如唐炳源、鍾士元等均在立法局會議上呼籲港府檢討
土地政策。他們認為工業用地短缺以及高昂的地價窒息了新工業的發展。[30] 當時香
港興旺的紡織業開始受到國際保護主義的打擊，本地工業家咸認為香港應發展新
的工業以對抗保護主義。當時，"新的工業" 大致是 "工業多元化" 的同義辭。明
顯持有這項觀點的是布政司伯吉斯（Burges, C. B.）。他在 1962 年曾説："觀點是你
將一部分的工業保持在現有的成長水平，抑制新的企業在此行業經營。因此，新
的企業則必被迫在其他工業行業經營，而你便有了多元化。"[31] 這項觀點否定了工
業部門內的多元化，產品的多元化，甚至市場的多元化。

　　前港督柏立基爵士（Sir Black, Robert B.，港督任期：1958—1964）亦贊成工業

（29）England, Joe, "Industrial Relations in Hong Kong," in Hopkins, Keith（ed.）, *Hong Kong: The Industrial Colony,* 1971, p.209.

（30）同注（25），頁 3—4。

（31）轉引自 Youngson, A. J., *Hong Kong Economic Growth and Policy*, 1982, p.77。

多元化這個概念。1962 年，他在立法局上強調香港工業家需要發展新的工業，而且認為現有的工業部門內也可進行多元化發展，[32] 其觀點比布政司伯吉斯較全面。

在討論工業多元化的過程中，工業家與問政者除了最關心工業用地問題之外，還要求政府以比較積極的角色介入香港的工業發展，例如建議港府設立工業發展局（或工業委員會）和工業發展銀行等。這些建議均遭到港府拒絕，原因是有關建議會增加政府的公共開支，影響財政政策。此外，它也與政府一向主張對經濟最少干預的理念不相吻合。當時掌管財政大權的保守派財政司郭伯偉亦從不認同政府以干預手段來推行工業多元化是可行的，因此關於工業多元化的議論沉寂了一段時間，一直到 70 年代中，有關問題又再成為公共熱門的話題。

1970 年代中，香港面對的宏觀經濟環境與 60 年代相比已不盡相同。70 年代，香港的兩個主要工業產品（紡織與成衣）除了受到西方保護主義的威脅愈來愈大之外，也遇到南韓與台灣兩地的競爭壓力，特別是"輕型的機械與金屬工業，而香港在這方面則落後於這兩個地區"。工業家要求港府設立工業邨，並協助工業擴大工業品種以在海外市場銷售。其後，工業家的注意力又放在本港小型廠商面對的問題上。小型企業的技術水平不高，工業家認為政府應扶助這些小型工廠在技術上升級，加速先進技術的引進。[33] 簡言之，工業家要求港府學習台、韓政府在財政上給予工業協助，推動香港的工業發展。

1977 年 10 月 5 日，港督麥理浩在立法局會議上發表施政報告時宣稱，多元化這個問題"十分重要"，並建議成立一個類似土地增闢委員會（Land Production Committee）的工業多元化委員會，由財政司擔任主席，另由多位非官守議員擔任委員會成員。他說這個委員會會"對政府應否採取進一步行動，或應否改變現行的各項安排 —— 包括財政上的安排 —— 提出建議，以便進一步及更迅速地促進工業多元化"。麥理浩還特別強調，他是故意選用"促進"這個詞語。

施政報告宣讀後的同一個月份，港督委任了一個由 14 名委員組成的經濟多元化諮詢委員會。這是有史以來港府首次以高姿態的做法，探討政府在經濟各環節（特別是工業方面）中應扮演何種角色。[34]

經濟多元化諮詢委員會經過了兩年的詳細研究，於 1979 年 9 月向港督提出了

（32）　見 Youngson（1982），p.137。

（33）　Youngson（1982），p.77.

（34）　1979 年經濟多元化諮詢委員會的職權範圍提及向政府建議"能否以修改現行政策或採用新政策來促進經濟多元化，特別是對於製造業方面"。同注（25），頁 2。

一份報告書。此報告書涉及整個香港經濟的各個環節，包括工業、服務業、教育與訓練、外貿與外資以及香港的對外商業關係的處理等等，總共提出了 47 條建議，直接與工業發展有關的共有下列四條（報告書建議的第 35 至 38 條）。[35]

（1）"政府應主要依靠香港生產力促進中心，謀求改善工業輔助設施的供應。"

（2）"政府應以香港工業總會的標準與檢驗中心和香港中華廠商聯合會擬設的檢驗與證明中心為基礎，建立經改良和更明顯而獨立的一系列品質證明服務。"

（3）"政府應計劃盡速設立基本標準實驗所，亦應計劃使本港的基本標準，能與其他地區所訂立者媲美，同時訂出一個認可和監察第二級校正實驗所的制度。"

（4）"政府應委出一個永久性的工業發展委員會，負責在各項計劃的工業發展方面，進行策劃、監察和指導的工作。"

報告書的多項建議，其後已為港府所接納，例如增加對生產力促進中心（現生產力促進局）輔助設施的撥款等。港督亦根據第 38 條的建議（即上述第四項）委任出一個永久性的工業發展委員會（Industrial Development Board）。從文字上來看，工業發展委員會將對香港的工業發展進行"干預"，因為建議條文用上了對工業發展"進行策劃、監察和指導"的字眼，但證諸該委員會成立後的工作並未對工業活動進行過干涉，港府仍一直沿用一貫的"積極不干預政策"。"工業發展委員會"於 1980 年中與前工業署的工業諮詢委員會合併成為工業發展局（Industry Development Board），但工作職權並未改變。

多元化報告書發表後，正值中國內地積極推行改革與開放政策，中港兩地經濟關係日益密切，其發展與變化是報告書撰寫時所未能預期到的，報告書的意義亦因此而相應減低。儘管如此，這份報告書仍是香港工業發展史上一份重要的經濟文件。

七 · 1980 — 1997：廠商北移，香港工業逐漸 "空洞化" 後的發展鳥瞰

70 年代後期，香港的勞工工資日高，土地價格亦高昂，勞工密集工業的比較和優勢已逐漸消失，儘管香港勞工的生產效率比東南亞的發展國家為高，惟亦難

（35）同注（25），頁 219。

長期生存。但歷史的驟變促使香港的工業走向一條與過去迥然不同的發展道路，加速了香港工業結構的轉變。

歷史的驟變始於 1978 年 12 月在北京舉行的中共第十一屆三中全會。在三中全會上，鄧小平的對內進行改革、對外實行開放的路線取得勝利。1979 年，中國的開放政策開始全面推行，首先設立了深圳、珠海、汕頭與廈門四個經濟特區，繼而在沿海多個城市進行全方位開放，海南省更是開闢為全國最大的一個經濟特區，其後內陸中西部不少地區亦對外開放。

中國內地的工資低，土地價格亦廉宜，因此內地的開放，促使香港勞工密集工業的工序逐漸向北移，其中尤以臨近香港的珠江三角洲為最。港商在內地的投資形式，起初以"三來一補"（來料加工、來件裝配、來樣製造和補償貿易）為主，其後有合作經營、合資經營及全外資經營（即"三資"）等投資形式。在"三來一補"投資形式方面，香港與珠江三角洲等地形成了"前店後廠"的關係，香港母公司負責設計、市場推銷與財務等業務，而內地則為生產基地。

由於工序的北移，製造業在本地總生產值（GDP）的比率由 1988 年的 23.8% 逐漸下跌，1989 年已減至 19.3%，1989 年後仍持續和快速的下滑。至 1997 年，製造業產值對 GDP 的貢獻已降至 6.1%（見表十八），顯示香港的工業已逐步"空洞化"。在此附帶一提，製造業對香港 GDP 的貢獻，於 1970 年已達到歷史上的最高峰（30.9%）。

表十八：製造業對 GDP 的貢獻比率（1980－1997）

年期	製造業對 GDP 的貢獻比率 [1]（%）
1980	23.8
1981	22.8
1982	20.7
1983	22.8
1984	24.3
1985	22.1
1986	22.6
1987	21.9
1988	20.5

年期	製造業對 GDP 的貢獻比率 [①]（％）
1989	19.3
1990	17.6
1991	15.4
1992	13.7
1993	10.5
1994	8.7
1995	7.9
1996	6.9
1997	6.1

資料來源：香港統計年刊 *Hong Kong Annual Digest of Statistics* (1990－1999)。

註：① "本地生產總值製造業佔額" 與 "本地生產總值" 之比率。

　　香港製造業對 GDP 的重要性，從表十九與二十兩個統計表中可以看出其呈現下降的趨勢。表十九揭示，香港本地生產總值 GDP（以要素成本計算）的每年平均增長率（複率計），1980 至 1986 年為 14.9%，1986 至 1992 年為 16.2%，1992 至 1997 則為 10.5%，顯示在 1980 至 1997 時期，香港的經濟仍維持頗高的增長率。相對而言，製造業的總產值則由 1980 至 1986 年每年平均增值增長率 12.5% 的水平下跌至 1986 至 1992 年的 6.5%，1992 至 1997 年的增長率更變為負值（-4.1%），顯示製造業在香港經濟的重要性快速下滑，取而代之的是金融、商務、貿易及旅遊等服務性行業的增長，後四者成為香港經濟的重要支柱。服務性行業的蓬勃發展，吸納了被辭退的大部分原製造業工人。因此，同期的香港失業率仍維持在約 2.0% 的低水平，用經濟學家對 "充分就業" 的定義來説，香港可説是處在全民就業（低於 4% 的失業率可稱為充分就業）。

表十九：若干製造業 GDP 指標（1980－1997）

年期	製造業產值 （百萬港元）①	本地生產總值製造業 佔額（百萬港元）②	本地生產總值 （百萬港元）③
1980	112,093	30,549	128,413
1981	130,816	36,049	158,086
1982	126,149	36,390	176,200
1983	160,552	44,140	193,979
1984	189,612	58,329	239,789
1985	177,006	56,192	253,873
1986	227,225	66,836	296,008
1987	283,349	80,173	366,795
1988	315,940	90,035	438,255
1989	325,411	96,170	498,935
1990	322,180	98,352	559,446
1991	324,218	97,223	631,514
1992	331,243	99,764	726,918
1993	311,816	92,582	883,447
1994	296,190	87,354	1,006,458
1995	300,162	84,770	1,069,089
1996	282,028	82,769	1,192,656
1997	263,911	80,049	1,319,189
每年平均增長率 (複率)：			
1980－1986	12.5%	13.9%	14.9%
1986－1992	6.5%	6.9%	16.2%
1992－1997	−4.1%	−3.6%	10.5%

資料來源：香港統計年刊 *Hong Kong Annual Digest of Statistics* (1990－1999)。

註：　① 製造業生產總量。

　　　② "製造業產值" 扣除生產要素成本後之增加價值。

　　　③ 以生產面編製並以要素成本計算的本地生產總值。

表二十：若干製造業人力指標（1980－1997）

年期	製造業僱用人數 [①]	勞動力（千人）	製造業僱用人數與勞動力之比率（％）
1980	907.5	2,323.4	39.1
1981	905.9	2,489.5	36.4
1982	847.2	2,498.1	33.9
1983	855.4	2,540.5	33.7
1984	898.9	2,606.2	34.5
1985	847.6	2,626.9	32.3
1986	865.6	2,701.5	32.0
1987	867.9	2,736.0	31.7
1988	837.1	2,762.8	30.3
1989	791.5	2,752.8	28.8
1990	715.6	2,748.1	26.0
1991	629.2	2,804.1	22.4
1992	565.1	2,792.3	20.2
1993	483.6	2,856.4	16.9
1994	423.0	2,929.0	14.4
1995	375.8	3,000.7	12.5
1996	325.1	3,094.0	10.5
1997	288.9	3,216.0	9.0
每年平均增長率（複率）：			
1980－1986	-0.8%	2.5%	－3.2
1986－1992	-6.9%	0.6%	－7.4
1992－1997	-12.1%	3.0%	－14.7%

資料來源：香港統計年刊 *Hong Kong Annual Digest of Statistics* (1990－1999)。

註：① 扣除公務員之就業人數；指有關年度 12 月份的數字。

表二十揭示了 1980 至 1997 年香港製造業雇傭人數與整體勞動力的變化。香港製造業就業人數，由 1980 至 1997 年一直呈現下跌的趨勢，1980 至 1986 年的每年平均增長率為 -0.8%，1986 至 1992 年下跌率變為 -6.9%，1992 至 1997 年的每年平均下跌率則更擴大為 -12.1%。相對而言，香港的整體勞動人口則略有增長，1992 至 1997 的年增長率為 3.0%（1980—1986：2.5%；1986—1992：0.6%）。同樣的現象還反映在製造業雇傭人數與勞動力的比率數值上。由 1980 至 1997 年，相關比率值一直呈現下跌的趨勢，比率值由 1980 年的 39.1% 下跌至 1992 年的 9.0%，跌幅頗為巨大（見表二十）。

八·結語

二次世界大戰後，香港的工業化取得了極其驕人的成績，主要是由多個因素交互促成的。除了香港本身優越的地理位置外，還包括以下幾個要素：健全的法制、以市場為導向的自由經濟體系、高質素的人力、高效率的公務員及行政體系、完善的基礎設備（水、電、通訊、運輸等）、高水平的管理人員和旺盛的企業家精神等。這些成功的因素不但要繼續保留，而且還要加以優化。

積極不干預政策在香港工業的發展史上起了重要的作用。筆者贊同政府應盡量少干預經濟活動這一理念，並曾數次撰文為此理念辯護。但香港面對的宏觀環境快速變化，早在 1991 年，筆者已撰文提出，在保留自由市場少干預的原則下，香港政府對經濟可進行"適度"的干預，例如加強"研究與開發"（R&D）方面的投資，積極引進高技術的創新企業等。至於如何"適度"地進行干預，可按不同的情況詳細加以探討，但有一項基本的重要原則要遵守，即不應挫傷自由企業競爭的精神。筆者主張，適度干預的界限應以干預的"社會利益"大於"社會成本"（包括交易成本）作為評價準則。[36]

按照國際貿易比較優勢的理論，到了 80 年代，香港的勞工密集工業，其比較優勢已明顯逐漸消失。按自由市場規律，香港應進行產業的升級換代，由技術密集或高科技工業逐步取代勞工密集行業，但歷史出現了吊詭，中國內地在香港工

（36）饒美蛟：〈積極不干預主義——必也正名乎？〉，載《華僑日報》，"大學士論壇"專欄，1991 年 2 月 23 日；饒美蛟：〈從積極不干預談到適度干預〉，載《星島日報》，"天下放語"專欄，1992 年 6 月 5 日。

業轉型關鍵的 1979 年推行改革開放政策，這個歷史期的驟變，使得香港工業家快速地將其勞工密集的工業北移，實在沒有太大的誘因讓他們在香港本地進行產業還貸升級和發展高科技工業，因為將工業北移除了獲利更大外，也沒有在香港搞高新技術工業可能帶來的風險。由於沒有太多的新興工業在香港發展，導致香港工業 "空洞化" 的現象更為突出。本章附表的統計數字揭示，回歸后，香港的製造業對 GDP 的貢獻一直在不斷下跌，其貢獻比率已經由 1997 年的 6.1% 下降到 2013 年的 1.4%！（見表二十一）

表二十一：製造業對 GPD 之貢獻比率（2000－2013）

年期	製造業對 GDP 的貢獻比率 [①]（%）
2000	4.8
2001	4.2
2002	3.7
2003	3.2
2004	3.1
2005	2.9
2006	2.7
2007	2.0
2008	1.9
2009	1.8
2010	1.8
2011	1.6
2012	1.5
2013	1.4

資料來源：香港統計年刊 *Hong Kong Annual Digest of Statistics* (2011—2015)。
註：① "本地生產總值製造業佔額" 與 "本地生產總值" 之比率。

第十章

殖民地時代香港的法制與司法

陳弘毅　文基賢[1]　吳海傑

一 · 引言

　　20 世紀 80 年代初，中英兩國就香港前途展開談判。中方提出 "一國兩制" 的構想，建議在 1997 年收回香港後，在香港成立特別行政區，保留原有的社會、經濟和法律等制度和港人原有的自由和生活方式，五十年不變。"一國兩制" 的構想終於在 1984 年的《中英聯合聲明》和 1990 年由中國全國人民代表大會制定的《中華人民共和國香港特別行政區基本法》中得以體現和詳細規劃，並於 1997 年後轉化為現實。就保留香港原有的法律制度而言，當時香港市民是十分贊同和支持的，因為他們對於當時香港的法制和法治的評價不錯，認為值得在 1997 年以後予以保留。

　　從歷史角度來看，殖民地時代香港法制發展的過程是複雜的，進步是緩慢的，在大部分時間，香港法制的實踐與現代法治的理想有較大的距離。法治理想來自英國法律傳統，其要素包括政府依法辦事、政府的權力受到法律的限制、法律之下人人平等、司法程序公正，人民基本權利受到保障等。香港成為英國殖民地後，英國人把英倫法制基本模式移植到香港，但這並不等於說所有英國的法律都適用於香港，也不等於香港的法治水平與英國本土的法治水平看齊。在香港，

（1）　本章〈五·香港法院的歷史〉是由文基賢（Christopher Munn）以英文寫成，由清華大學法學院陳冠宏翻譯成中文初稿，並由吳海傑和陳弘毅最後定稿，作者僅此向陳冠宏先生致謝。

法制主要是維持和鞏固英國殖民統治及其威權主義（而非民主的）政治體制的工具，在很長的時間內，華人在香港法制下得到的待遇遠較英國人在英國本土法制下的待遇為差。在殖民地時代的香港，來自大英帝國的統治階級壟斷了政府行政、立法、司法和律政部門的主要位置，其中部分成員歧視華人。此外，法制長期以英語運作，與華人社會有較大的隔膜。

　　本章旨在對殖民地時代香港的法制作一整體性的素描。由於篇幅所限，我們只能選擇性地介紹香港法律史的其中一些方面。我們將首先分不同時段回顧香港法制的狀況和演變，尤其是在各法律領域中一些較受歷史學者和法學學者關注的重大發展。然後我們將討論香港法院的歷史，以及香港的律師行業和法學教育的歷史。雖然政治制度與法律制度有密切的關係，但由於本書已另有篇章論及香港政制的沿革，故政制（如立法局、行政局等）將不屬於本章的討論範圍。

二·19 世紀香港的法制

　　眾所周知，英國在香港島、九龍半島以及“新界”地區建立殖民統治的法理依據是大英帝國與中國清王朝簽訂的三項“不平等條約”。英方認為這些條約在國際法上對兩國都有約束力，中華人民共和國政府成立後，則不承認這些條約的法律效力，所以《香港特別行政區基本法》在其序言中指出，香港是在鴉片戰爭後被英國“佔領”的，而在 1997 年中國收回香港，乃是“恢復對香港行使主權”。在這裏，我們簡單介紹有關的“不平等條約”以及英方在香港建立殖民統治的相關法律文獻。

　　1840 年，鴉片戰爭爆發。1841 年 1 月，英國軍隊佔領香港島。2 月 1 日，英海軍軍官兼駐華商務總監義律（Charles Elliot）和英軍部隊總司令伯麥（Sir J.G. Bremer）聯名向港島華人居民發表《公告》（*Proclamation*），[2] 聲稱港島已被割讓予英國統治，其居民成為英國子民。《公告》中提到華人居民將按照原有的中國法律及習慣（但不包括酷刑）被管治，直至英皇另有指示為止：“凡有禮儀所關鄉約律例，率准仍舊，亦無絲毫更改之誼。且為奉國主另降諭旨之先，擬應照《大清律

（2）　參見 Wesley-Smith, Peter, *Constitutional and Administrative Law in Hong Kong：Text and Materials*, vol. 1, 1987, p. 34。

例》規矩主治居民，除不得拷訊研鞫外，其餘稍無所改。"[3] 2 月 2 日，義律發表第二份《公告》，其中關於華人按中國法律和習慣管治的規定與第一份《公告》相同。雖然這兩份《公告》沒有正式的法律效力，但後來屢被援引，作為要求港英殖民政府尊重本地華人風俗習慣的法理依據。[4]

1842 年 8 月，清政府與英國簽訂《南京條約》，香港島正式割讓給英國。1843 年 1 月，英國樞密院頒令，原根據 1833 年英國立法在廣州成立的、對在華英籍人士享有刑事及海事管轄權的法院，將移遷至香港。1843 年 4 月 5 日以《英皇制誥》（Letters Patent）形式頒佈的《皇室憲章》（Royal Charter）是英國在香港實施殖民統治的首份憲制文件，它對總督、行政局（當時稱為"議政局"）、立法局（當時稱為"定例局"）、法官等權力機構均有所規定。1843 年 4 月 6 日頒佈的《皇室訓令》（Royal Instructions）則就上述《英皇制誥》所設立的政治體制作出更詳細的規定，這兩份文件便共同構成了殖民地時代香港的成文憲法。1844 年，立法局開始運作並制定首批法律。由港督會同立法局制定的香港法律成為"條例"（Ordinance）。1844 年第 15 號條例（即《最高法院條例》，Supreme Court Ordinance）規定設立香港最高法院，而上述在 1843 年從廣州移遷至香港的刑事及海事法院則被廢除。此外，作為基層法院的巡理府法院早於 1841 年英軍佔領香港後已經成立，由總巡理府（Chief Magistrate）擔任法官。[5]

雖然上述義律《公告》提及殖民當局將按中國法律和傳統習慣管治香港華人，但立法局成立後，便制定法例正式對在香港適用的法律予以規定。1844 年的《最高法院條例》第 3 條規定英倫法律適用於香港，但在涉及華人的刑事案件中，可適用中國法律進行審判。但關於在華人刑事案件適用中國法律的規定很快便失效，[6] 1846 年立法局通過的《最高法院條例》（1846 年第 2 號條例）就香港法律的淵源作出新的安排，規定 1843 年 4 月 5 日的英格蘭法律適用於香港，除非有關法律並不適合香港本地的情況或其居民，或有關法律已被香港立法機關修改。[7] 這個規定背後的考慮是，由於 1843 年香港已成立立法局，所以在此以後香港可根據本地的情況和需要自行立法，1843 年以後英國國會制定的法律不會自動適用於香港，

（3）　參見蘇亦工：《中法西用：中國傳統法律及習慣在香港》，2002 年，頁 70。

（4）　同上注，第 2、3 章。

（5）　劉蜀永（主編）：《簡明香港史》，1998 年，頁 92。關於巡理府（後稱裁判司）的歷史，參見 Ho Pui-yin, *Administrative History of the Hong Kong Government Agencies, 1841-2002*, 2004, pp. 51—55。

（6）　參見 1845 年第 6 號條例及 1846 年第 2 號條例。

（7）　Wesley-Smith, Peter, *The Sources of Hong Kong Law*, 1994, pp. 88—90.

除非另有規定。

　　1846 年《最高法院條例》這項關於英倫法律適用於香港的規定，後來成為 1873 年第 12 號條例（即《最高法院條例》）第 5 條，一直沿用至 1966 年《英倫法律適用條例》（*Application of English Law Ordinance*）通過為止。雖然 1846 年《最高法院條例》對於中國法律和習慣沒有明文的規定，但一般的理解是，在若干領域（如婚姻、繼承等民事法律領域），英倫法律並不適合香港華人，所以可適用中國傳統法律和習慣。[8] 此外，在一些特定的法律領域，立法局制定的有關法例明文規定中國傳統法律和習慣適用的範圍。[9] 舉例來説，根據中國傳統習俗舉行的婚禮以至納妾，在香港法制中是得以承認為有法律效力的，直至 1970 年《婚姻制度改革條例》（*Marriage Reform Ordinance*）制定為止。[10]

　　英國在香港建立的法制原來只適用於香港島，但隨着殖民地的疆域在 1860 年和 1898 年的擴張，這個法制的適用範圍也擴展至九龍和新界地區。第二次鴉片戰爭後，根據 1860 年簽訂的《北京條約》，九龍半島被割讓予英方。1861 年，英國樞密院頒令（Order in Council）宣佈九龍併入香港殖民地，香港原有的法律適用於九龍。到了 1898 年，新界地區也併入香港殖民地，因為中英雙方於當年 6 月 9 日簽訂《展拓香港界址專條》，新界地區租借予英方，為期 99 年；該條約的生效日期為 1898 年 7 月 1 日。同年 10 月 20 日，英國樞密院頒令宣佈新界地區併入香港殖民地，香港原有的法律適用於新界。

　　在殖民地統治建立之初，當局曾經嘗試採用類似中國傳統的保甲制度的方式來管理社會基層，但這種做法沒有持續下去。根據 1844 年的第 13 號條例（《華僑保甲條例》），[11] 港督有權任命若干本地人士為保長等華僑保甲（Chinese Peace Officers），他們可根據中國傳統習慣行使權力。[12] 這些人士在 1853 年第 3 號條例中被稱為地保（tepo），他們有仲裁華人之間民事糾紛的功能。[13] 但是，1858 年第

（8）　同上註，頁 209。

（9）　參見 *Chinese Law and Custom in Hong Kong*, Report of a Committee appointed by the Governor in October, 1948（1953）("Strickland Report")。

（10）　參見 Pegg, Leonard, "Chinese Marriage, Concubinage and Divorce in Contemporary Hong Kong" (1975) 5 *Hong Kong Law Journal* 4；Liu, Athena, "Family Law", in Wacks, Raymond (ed.), *The Law in Hong Kong 1969-1989*, 1989, pp. 253—281。

（11）　之後還有 1846 年第 7 號條例。

（12）　Wesley-Smith, Peter, "Anti-Chinese Legislation in Hong Kong", in Chan, Ming K., *Precarious Balance: Hong Kong Between China and Britain, 1842—1992*, 1994, pp. 91-105 at 94; 蘇亦工，前引書，頁 108; Carroll, John M., *A Concise History of Hong Kong*, 2007, pp. 50—51。

（13）　1857 年第 6 號條例。

8 號條例 (《華僑管理及戶口登記條例》) 通過後, 地保失去了其司法功能,[14] 而地保制度也在 1861 年被廢除。[15]

　　雖然如此, 但香港的華人民間社會在維持治安和調解民事糾紛等方面仍然扮演了重要的角色。例如 1847 年興建的文武廟、以至 1872 年成立的東華醫院, 它們的管理層都有協助華人居民處理其民事糾紛。[16] 1866 年, 華人商界人士在當局的支持下成立更練管理委員會 (District Watch Committee), 建立 "更練" (District Watchmen) 的隊伍, 協助維持治安。這些更練受港英政府的總登記官 (Registrar General, 後來稱為華民政務司) 兼撫華道 (Protector of Chinese Inhabitants) 管轄, 這個官職早於 1844 年設立, 是管理華人事務的最高級官員。[17] 此外, 1878 年成立的保良局的其中一個功能便是保護婦孺, 防止其被綁架和虐待。[18]

　　香港開埠以來的人口多來自內地, 良莠不齊, 香港的治安情況並不理想, 海盜尤其猖獗。殖民地法律和司法制度的其中一個重要功能是打擊和懲治犯罪, 維持社會秩序。如上所述, 港英當局早於 1841 年便任命總巡理府負責審判案件, 1844 年最高法院成立, 於是香港便有兩級法院, 在巡理府法院 (後稱裁判司署或裁判法院) 的案件由巡理府一人審判, 在最高法院的刑事案件由按察司 (即最高法院法官) 一人會同陪審團審判。直至 1873 年, 最高法院只有一位法官, 就是正按察司 (Chief Justice, 或稱首席按察司), 1873 年增設一位副臬司 (puisne judge, 或稱按察司)。[19] 殖民地政府的主要官員之一是律政司 (Attorney General), 他是港督的法律顧問, 也負責刑事案件的檢控和法律的起草。[20] 至於警察方面, 在 1843 年, 香港有 28 名警察。[21] 1844 年立法局開始運作, 便通過了 1844 年第 12 號條

---

(14)　蘇亦工：前引書, 頁 114。

(15)　Ting, Joseph S.P., "Native Chinese Peace Officers in British Hong Kong, 1841-1861", in Sinn, Elizabeth (ed.), *Between East and West: Aspects of Social and Political Development in Hong Kong*, 1990, pp. 147—158 at 155; 並可參見 1888 年第 13 號條例; Wesley-Smith, "Anti-Chinese Legislation", 前引文, 頁 103, 註 25。

(16)　蘇亦工：前引書, 頁 116; Carroll：前引書, 頁 39; Munn, Christopher, "The Rule of Law and Criminal Justice in the Nineteenth Century", in Tsang, Steve (ed.), *Judicial Independence and the Rule of Law in Hong Kong*, 2001, pp. 19—47 at 37。

(17)　Carroll：前引書, 頁 50; 余繩武、劉存寬 (主編)：《19 世紀的香港》, 1994 年, 頁 170、172; Munn：前引文, 頁 36—37。從 1846 年起, 總登記官兼任撫華道：參見 Wesley-Smith, "Anti-Chinese Legislation", 前引文, 頁 96; Ting：前引文, 頁 154。

(18)　Munn：前引文, 頁 37。

(19)　劉蜀永：前引書, 頁 93。

(20)　律政司屬下有 Attorney General's Office (1844—1880); Attorney General's Department (1880—1948); Legal Department 律政署 (1948—1997)：參見 Ho Pui-yin：前引書, 頁 61—64。

(21)　劉蜀永：前引書, 頁 94。

例，即《警隊條例》（*Police Force Ordinance*）。[22] 到了 1849 年，香港有 128 名警察，由英國人、印度人和華人組成。在香港殖民地時代的大部分時間，警隊都由英人領導，法官絕大多數是由英人出任，直至 1997 年香港回歸中國為止，沒有華人擔任過律政司。

　　法制是殖民統治的重要環節，香港華人參與法制的運作，從歷史來看是一個逐步發展的過程。例如立法局在 1856 年通過法例，[23] 允許華人擔任執業律師；1858 年又通過法例，允許華人擔任陪審員（但由於審訊以英語進行，不諳英語的華人便不能擔任陪審員）。[24] 1880 年，首次有華人被委任為立法局議員，他便是伍廷芳，他出生於新加坡，在 1877 年成為首位在英國取得大律師資格的華人。[25] 在香港警隊，1954 年才首次有華人獲任命為須在《政府憲報》公佈其任命的較高級職位。[26]

　　在 19 世紀的香港，特別明文針對華人或對華人有歧視性的法例的例子不少。[27] 例如根據 1844 年第 10 號條例第 25 條，巡理府可對華人罪犯判處在中國慣用的刑罰（在實踐中包括笞刑、帶枷示眾、剪掉辮子等）。[28] 根據 1847 年第 6 號條例第 1 條，如華人在巡理府法院被判有罪，除原有法定懲罰外可被加判一至三鞭的鞭笞。有些法例特別要求華人住戶在政府部門登記。有些法例規定華人在晚上外出必須攜帶通行證及提燈。此外，1884 年（為應付反對法國侵華的罷工和暴動而緊急通過）的《維持治安條例》（*Peace Preservation Ordinance*）、[29] 1888 年的《管理華人條例》（*Regulation of Chinese Ordinance*）和 1899 年的《華人傳訊條例》（*Summoning of Chinese Ordinance*）都是專門限制華人自由和加強對其管制的法例。1895 年的《入境管制條例》（*Immigration Restriction Ordinance*）限制華人從有疫症的地方來港。在 20 世紀上半葉，更有法例限制或禁止華人在太平山頂地區和長洲

（22） 其後，1862 年的 *Police Ordinance* 對警隊的建設有所加強。參見 Endacott, G.B. and Hinton, A., *Fragrant Harbour: A Short History of Hong Kong*, 1962, p. 104。

（23） 1856 年第 13 號條例第 7 條。參見 Wesley-Smith, "Anti-Chinese Legislation"，前引文，頁 104，註 58；Carroll：前引書，頁 51。

（24） Carroll：前引書，頁 51。

（25） 同上註，頁 52；Pomerantz-Zhang, Linda, *Wu Tingfang (1842-1922): Reform and Modernization in Modern Chinese History*, 1992。

（26） Endacott and Hinton：前引書，頁 107。

（27） 參見 Wesley-Smith, "Anti-Chinese Legislation"，前引文；劉蜀永：前引書，頁 91；余繩武、劉存寬：前引書，第 5 章。

（28） Wesley-Smith, "Anti-Chinese Legislation"，前引文，頁 96。

（29） Miners, Norman, "The Use and Abuse of Emergency Powers by the Hong Kong Government", *Hong Kong Law Journal*, vol. 47 (1996), pp. 47—57 at 48—49。

居住，有關法例在 1946 年才廢除。

　　港英當局相當重視立法工作，法律為經濟活動提供規範，也用來處理社會問題。雖然 1843 年後在英國制定的法律不自動適用於香港，但港英政府通過立法局制定不少以英國法為藍本的本地立法，例如在經濟和商業領域的公司法、合夥經營法、破產法、銀行法、土地法、商標法、專利法。[30] 有學者指出，"詳細周密的經濟立法……對這一商埠的發展具有促進作用"，[31] 但關於 1864 年的《破產條例》的實施的實證研究則顯示，從英國移植至香港的破產法的規定，衝擊了原有的、本來有利於經濟活動的順利進行的華人傳統商業慣例和規範，尤其是構成商業交易的互信基礎的債務人倫理，因而不利於商業交易。[32] 至於有關社會問題的立法方面，值得留意的是直至 1890 年，賣淫業可合法經營，根據 1858 年和 1867 年的《傳染病條例》（*Contagious Diseases Ordinance*），總登記官可向妓院批出牌照，並定期對娼妓進行健康檢查。[33] 華人家庭領養"妹仔"的慣例也引起政府關注，1887 年的一部法例防止"妹仔"被賣進妓院，但"妹仔"制度仍持續至 1929 年。[34] 在 19 世紀的一段時間，取得牌照後經營賭館是合法的，[35] 取得專營權後販賣鴉片也是合法的，[36] 至於吸食鴉片，到了二次大戰後才被立法禁止。[37]

　　1898 年，中英兩國簽訂《展拓香港界址專條》（以下稱為《新界專條》），新界被併入香港殖民地的版圖。《新界專條》的條文產生了兩方面的法律問題，對 20 世紀的香港法制有相當影響。第一個問題是九龍城寨的管轄權問題，第二是"新界"原居民原有的土地權益的承認和保護問題。關於第一個問題，《新界專條》規定："所有現在九龍城內駐紮之中國官員，仍可在城內各司其事，惟不得與保衛香港之武備有所妨礙。其餘新租之地，專歸英國管轄。"[38] 1899 年，英方以中方在

（30）余繩武、劉存寬：前引書，頁 178。

（31）同上注，頁 178。

（32）Ng, Michael, "Dirt of Whitewashing: Re-conceptualising Debtors" Obligations in Chinese Business by Transplanting Bankruptcy Law to Early British Hong Kong (1860s-1880s), *Business History,* vol. 57: 8 (2015), pp. 1219-1247; DOI: 10.1080/00076791.2015.1025762.

（33）Carroll：前引書，頁 55-58、109-110；Lethbridge, Henry, "Prostitution in Hong Kong: A Legal and Moral Dilemma" (1978) 8 *Hong Kong Law Journal* 149。

（34）Carroll：前引書，頁 58-61、110-112; Miners, Norman, "The Attempts to Abolish the *Mui Tsai* System in Hong Kong 1917-1941", in Sinn, 前引書，頁 117—131。

（35）余繩武、劉存寬：前引書，頁 178; Munn, Christopher, "The Criminal Trial Under Early Colonial Rule", in Ngo, Tak-Wing (ed.), *Hong Kong's History: State and Society Under Colonial Rule*, 1999, pp. 46—73 at 63。

（36）Carroll：前引書，頁 34—35；余繩武、劉存寬：前引書，頁 178。

（37）Carroll：前引書，頁 35。

（38）劉潤和：《新界簡史》，1999 年，頁 16；Wesley-Smith, *Constitutional and Administrative Law,* vol. 1, 前引書，頁 41—42。

九龍城行使管轄權與英軍防衛香港的需要有所抵觸為由，把清政府官員驅逐出九龍城，並由樞密院頒令宣佈九龍城是香港殖民地的組成部分，香港的法律適用於九龍城。但是，無論是清政府或後來的國民政府和中華人民共和國政府，都不承認英國對九龍城享有管轄權，在 30 年代、1948 年以至 60 年代，港英政府屢次嘗試對九龍城寨進行拆遷，都惹來當地居民和中方的強烈抗議，事情便不了了之。事實上，長期以來港英政府並沒有在九龍城寨全面執行香港法律，[39] 該區處於接近無政府狀態，直至 1984 年《中英聯合聲明》簽署後，中英雙方終於在 1987 年同意港府清拆九龍城和把此地區發展為公園。[40]

　　至於新界原居民的土地權益問題，《新界專條》有以下的規定："在所展界內，不可將居民迫令遷移，產業入官，若因修建衙署、築造炮台等官工需用地段，皆應從公給價。" [41] 新界併入香港殖民地後，新界的所有土地（正如港島和九龍成為殖民地時一樣）變為 "官地"，即由英皇擁有，然後通過批出 "官契"（即政府作為出租人批出的租約），承租人在官契規定的年期內可享有有關土地的權益。根據這個制度，港英政府便向新界原來擁有土地的原居民批出官契，讓他們能繼續保留其原有土地。[42] 但由於官契的條款和香港法律對於有關土地的使用有所限制，而且後來政府因城市建設的需要而行使徵收土地的權力，所以在整個 20 世紀，新界原居民和其後裔與港英當局不時因土地問題而起爭議，[43] 例如到了 70 年代，政府訂立 "丁屋" 政策，《香港特別行政區基本法》也有專門保障新界原居民的 "合法傳統權益" 的規定，[44] 這些政策和法律的背景，便是 1898 年《新界專條》的上述規定。

　　此外，香港法律在新界的適用也有特殊的安排。根據 1910 年的《新界條例》（*New Territories Ordinance*），法院在審理關於新界土地的案件時，有權承認和執行關於土地的中國傳統習慣及習慣法權益。因此，在整個 20 世紀，甚至在 1997 年香港回歸祖國以後，新界的鄉村土地仍然適用清代的土地法，在土地繼承法方面，關於傳男不傳女的傳統法律規範，則繼續適用於新界的鄉村土地，直至

（39）但是在 1959 年的 *Re Wong Hon* 案〔（1959）Hong Kong Law Reports 601〕，香港法院裁定香港政府在法理上對九龍城寨享有全面的管轄權，所以對該案涉及的在該地區發生的殺人行為有管轄權。參見 Wesley-Smith, *Constitutional and Administrative Law in Hong Kong*, vol. 1, 前引書，頁 45—48。

（40）Wesley-Smith，同上註，頁 44；Carroll，前引書，頁 187—188；余繩武、劉蜀永（主編）：《20 世紀的香港》，1995 年，頁 225—240（"中英關於九龍城問題的歷次交涉"）。

（41）劉潤和：前引書，頁 16；Wesley-Smith, *Constitutional and Administrative Law, vol. 1*, 前引書，頁 41—42。

（42）劉潤和：前引書，頁 32—35。

（43）同上註，第 6 章。

（44）參見鄭赤琰、張志楷（編）：《原居民傳統與其權益》，2000 年。

1994 年立法局通過《新界土地（豁免）條例》〔*New Territories Land（Exemption）Ordinance*〕為止。[45]

三・20 世紀上半葉香港的法制

20 世紀上半葉是風起雲湧的大時代，香港周圍的政治環境以至香港本身經歷大變。首先是 1911 年的辛亥革命，然後有軍閥混戰，國民政府的成立和國民黨與共產黨的鬥爭，再有日本侵華、太平洋戰爭和香港的淪陷。二次大戰結束，港英統治恢復，然後是國共內戰，中華人民共和國政府在 1949 年成立。所有這些事件對香港法制都有或多或少的影響。

1911 年清王朝被推翻後，香港一度出現反對殖民統治的動亂，港英政府通過立法以加強對社會的控制，[46] 包括在 1911 年和 1912 年修訂 1886 年的《維持治安條例》、在 1911 年制定《社團條例》（*Societies Ordinance*），在 1912 年制定《防止抵制條例》（*Boycott Prevention Ordinance*）禁止發動抵制某些商品或服務的運動（該立法的背景是 1912 至 1913 年間因電車拒絕接受用中國貨幣支付車票而引發的杯葛乘坐電車的運動和示威抗議），[47] 在 1913 年制定《教育條例》（*Education Ordinance*）要求非官立學校註冊及接受政府管制，在 1914 年制定《煽動性刊物條例》（*Seditious Publications Ordinance*）禁止所謂煽動性刊物的流傳。

20 年代，香港工人運動興起，發動多次大罷工，[48] 港英當局再以立法手段鞏固政府和警方的權力，包括 1920 年的《社團條例》（用以對付三合會等黑社會組織以及任何具有"與香港殖民地的和平及良好秩序有抵觸的非法目的"的社團）、1922 年為了應付當時的海員大罷工而制定的《緊急規例條例》（*Emergency Regulations Ordinance*）、[49] 以及在 1925 至 1926 年全面癱瘓香港經濟的省港大

（45）　Jones, Carol, "The New Territories Inheritance Law: Colonization and the Elites", in Pearson, Veronica and Leung, Benjamin K.P. (eds), *Women in Hong Kong*, 1995, pp. 167-192; Petersen, Carole J., "Equality as a Human Right: The Development of Anti-discrimination Law in Hong Kong", Columbia Journal of Transnational Law, vol. 34 (1996) 335-387; Merry, S.E. and Stern, R.E., "The Female Inheritance Movement in Hong Kong: Theorizing the Local/Global Interface", *Current Anthropology*, vol. 46:3 (2005) 387—409.

（46）　Carroll：前引書，頁 81—83。

（47）　同上注，頁 83—84；Jones, Carol, with Vagg, Jon, *Criminal Justice in Hong Kong*, 2007, pp. 113—114。

（48）　參見 Chan, Ming K., "Labour vs Crown: Aspects of Society-State Interactions in the Hong Kong Labour Movement before World War II", in Sinn，前引書，頁 132—146；周奕：《香港工運史簡編》，2013 年。

（49）　參見 Miners, "The Use and Abuse of Emergency Powers"，前引文，頁 51—53。

罷工後通過的 1927 年的《非法罷工及閉廠條例》（*Illegal Strikes and Lock-outs Ordinance*）[50] 和《印刷人及出版人條例》（*Printers and Publishers Ordinance*）（後者規定出版報刊必須註冊，並管制印刷和出版活動）。

　　20 年代另一方面的法律發展，是港府開始以勞工法調整僱傭關係和監管工業安全，尤其是對勞動市場上的婦孺提供立法保護。[51] 一系列的有關法例相繼制定，例如 1922 年的《工業上僱用兒童條例》（*Industrial Employment of Children Ordinance*）（內容包括禁止僱用十歲以下兒童在工廠工作、禁止僱用 15 歲或 12 歲以下兒童於某些指定危險行業、限制受僱於工業活動的兒童的工時等，該條例被譽為東亞的首部這類立法[52]），以及 1937 年的《工廠及工場條例》（*Factories and Workshops Ordinance*）[53]（內容包括工業安全及規範婦女、青少年和兒童在工業上的僱用）。但是，港英政府沒有順應社會上的要求制定勞工賠償法就工傷事故提供賠償。[54] 在 1927 年，華民政務司之下開設專門負責勞工事務的部門，在 1938 年，畢拉（H.R. Butters）被任命為香港史上首位勞工事務主任（Labour Officer），負責處理勞動條件、工會、勞資糾紛等事務。[55] 他在 1939 年發表的有關香港勞工及其生計狀況的報告長達 168 頁，是香港社會史和法制史的經典文獻。[56] 該報告的建議之一是制定工會法，該建議在戰後終於得以落實。[57]

四·20 世紀下半葉香港的法制

　　1940 年代後期，中國爆發內戰，大量移民湧到香港，中華人民共和國政府在 1949 年成立，港英當局在香港的管治面對嚴峻的挑戰，這構成當時香港的立法和

（50）參見 Jones with Vagg：前引書，頁 116。

（51）關於香港勞工法的發展，參見 England, Joe, *Industrial Relations and Law in Hong Kong*, 2nd ed. 1989, pp. 160—164。

（52）Carroll：前引書，頁 108。

（53）本法的前身是 1932 年第 27 號條例 (*Factories and Workshops Ordinance*)。

（54）到了 50 年代，港府終於制定《勞工賠償條例》（1953 年 *Workmen's Compensation Ordinance*）。參見 England, Joe and Rear, John, *Chinese Labour Under British Rule*, 1975, pp. 194—196。

（55）Carroll：前引書，頁 108-109；Jones with Vagg, 前引書，頁 117；England, 前引書，頁 163。

（56）Report by the Labour Officer Mr H.R. Butters on Labour and Labour Conditions in Hong Kong〈http://www.hkmemory.hk/ collections/prewar_industry/All_Items/prewar_industry_prints/201106/t20110613_47298_cht.html〉(2016 年 5 月 12 日瀏覽)；參見 "Workers' Associations and Labour Legislation", in Faure, David (ed.), *A Documentary History of Hong Kong: Society*, 1997, pp. 191—202。

（57）參見 England, Joe, "Industrial Relations in Hong Kong", in Hopkins, Keith (ed.), *Hong Kong: The Industrial Colony*, 1971, pp. 207—259 at 220。

司法的背景。在立法方面，港英政府採取了多方面的措施，加強它對於正在激增的人口和錯綜複雜的政治情況的調控能力。[58] 立法局在 1948 年 4 月制定的《職工會及勞資糾紛條例》(*Trade Unions and Trade Disputes Ordinance*) 對工會進行規範。1948 年 10 月制定的《公安條例》(*Public Order Ordinance*) 禁止在公共集會中擾亂公安，又授權裁判司署要求可疑人士為其守法提供擔保。1949 年 4 月制定的《入境管制條例》(*Immigrants Control Ordinance*) 對非在港出生人士的進出香港進行規管。1949 年 5 月制定的《社團條例》(*Societies Ordinance*) [59] 規定所有在港的社團必須申請註冊並接受規管。[60] 1949 年 8 月制定的《人事登記條例》(*Registration of Persons Ordinance*) 規定所有在港人士 (12 歲以下小童除外) 必須進行人口登記及申領身份證。在 1949 年，港府又根據原有的《緊急規例條例》制定了長達 137 條的《緊急（主體）規例》〔*Emergency（Principal）Regulations*〕，以備不時之需。

中華人民共和國建國後在香港出現的兩宗著名的訴訟，可以反映當時香港的局勢。首宗案件乃關於兩航事件，[61] 就是在 1949 年 11 月，原隸屬於國民政府的中國航空公司和中央航空運輸公司的員工"起義"，投奔新中國政府，由於該兩公司擁有的 71 架飛機當時存放於香港，所以新中國政府能否取得這批飛機成為一個法律問題。以陳納德 (Claire Chennault，即在二次大戰時創辦飛虎隊以協助中國空軍的美國飛行員) 為股東的民用航空運輸有限公司 (Civil Air Transport) 入稟香港最高法院，聲稱國民政府已經把這些飛機賣給他們。[62] 最高法院在 1950 年作出判決，認為由於英國已於 1950 年 1 月承認中華人民共和國政府，所以這批飛機應歸新中國政府。美國民用航空運輸有限公司把案件上訴至香港最高法院合議庭時敗訴，但最終於 1952 年案件在上訴至英國樞密院司法委員會時勝訴。[63] 在兩航事件發展過程中，美國政府曾向英政府施壓，嘗試阻止這批飛機落入中共手中。

（58）Carroll：前引書，頁 135—136；Jones with Vagg：前引書，頁 239；《香港與中國 —— 歷史文獻資料彙編》，1981 年，頁 1—13。

（59）本法的前身是 1911 年第 47 號條例 (*Societies Ordinance*) 和 1920 年第 8 號條例 (*Societies Ordinance*)。

（60）這部法例由香港警察的政治部負責執行；參見 Fu, H.L. and Cullen, Richard, "Political Policing in Hong Kong", *Hong Kong Law Journal*, vol. 33 (2003), pp. 199 at 205。

（61）《香港與中國 —— 歷史文獻資料彙編》，前引書，頁 14—22；Carroll：前引書，頁 142—143；Tang, James T.H., "World War to Cold War: Hong Kong's Future and Anglo-Chinese Interactions, 1941-55", in Chan (ed.), *Precarious Balance*，前引書，頁 107—129，參見頁 120—121。

（62）*Civil Air Transport Inc. v Central Air Transport Corp.* (1951) 35 Hong Kong Law Reports 215; *Civil Air Transport Inc. v China National Aviation Corporation* (1952) 36 Hong Kong Law Reports 302; 參見 Smith, Alan H., "Trade with Hong Kong", in Li, Victor H. (ed.), *Law and Politics in China's Foreign Trade*, 1977, pp. 189—212 at 210。

（63）Civil Air Transport Inc. v Central Air Transport Corp. [1952] 2 All England Law Reports 733; *American Journal of International Law*, vol. 47:2 (1953), pp. 328—331。

　　當時另一宗有名的訴訟是 1952 年的《大公報》案。[64] 1951 年 11 月，九龍城東頭村發生大火，萬多人無家可歸。1952 年 3 月 1 日，從廣州來港慰問災民的粵穗慰問團被拒入境，在香港引發騷亂，受到鎮壓。3 月 4 日，《人民日報》發表評論文章，對港英當局提出猛烈批評，翌日，香港《大公報》全文轉載了這篇文章，並刊登了"粵穗慰問團"發表的聲明，隨後《大公報》的三位負責人被香港政府控以煽動罪。案件在最高法院審訊，[65] 最後三名被告中兩人被判罪名成立，[66] 須繳付罰款，同時《大公報》被罰停刊六個月。案件上訴至最高法院合議庭時被駁回。[67]

　　在 50 和 60 年代，香港發生了三場大規模的暴動，分別在 1956 年、1966 年和 1967 年，其中 1967 年的暴動持續數月，影響深遠。在 1956 年暴動期間及其後，港英當局根據 1956 年制定的《緊急（拘留令）規例》〔Emergency（Detention Orders）Regulations〕拘留數以千計被認為是不良分子的人，以便把他們遞解出境。[68] 這是一種無須經法院的司法程序便可把市民長時間拘留的制度，後來在 1962 年的《緊急（驅逐出境及拘留）規例》〔Emergency（Deportation and Detention）Regulations〕更全面地加以規定。[69] 1967 年暴動期間，港府動用了《緊急規例條例》下的部分規例，並頒布了九部新的規例，以應付動亂。[70] 在 1967 年底，立法局通過了新的《公安條例》（Public Order Ordinance），賦予警方廣泛的權力以維持治安，並對公眾地方的集會和遊行進行嚴格規管。

　　60 年代兩次暴動之後，港府的管治政策有所調整，1971 年麥理浩出任港督以後，更推行多項新政。新的政策通常會有立法的配合，以下是一些例子，涉及的領域包括勞工政策、廉政和法定語文政策。在勞工政策方面，港府在 60 年代末期確立了一個目標，就是在香港推行勞工立法，使香港在僱傭條件和工業安全等方面的情況，能媲美鄰近於香港、其經濟、社會和文化背景與香港相似的國家或地

（64）參見《香港與中國 —— 歷史文獻資料彙編》，前引書，頁 23—33；Carroll：前引書，頁 137。

（65）在審訊中為被告滔滔雄辯的大律師包括陳丕士及貝納祺兩位香港著名大律師。

（66）該兩人為費彝民及李宗瀛。

（67）*Fei Yi Ming and Lee Tsung Ying v The Crown* (1952) 36 *Hong Kong Law* Reports 133.

（68）Jones with Vagg, 前引書，頁 317。關於香港殖民地時代的緊急狀態法及其使用，參見 Miners, "The Use and Abuse of Emergency Powers"，前引文；Wong, Max W.L., "Social Control and Political Order – Decolonisation and the Use of Emergency Regulations in Hong Kong", *Hong Kong Law Journal*, vol. 41:2 (2011), pp. 133—164。

（69）港府把不良分子遞解出境的權力來自《非本國人驅逐出境條例》（*Deportation of Aliens Ordinance*）（1935 年第 39 號條例，1948 至 1950 年間多次修訂）。關於香港殖民地時代的關於遞解出境 (deportation) 的法規及其使用，參見 Munn, Christopher, " 'Our Best Trump Card' : A Brief History of Deportation in Hong Kong, 1857—1955"（即將出版）。

（70）參見 Albert H.Y. Chen, "Emergency Powers, Constitutionalism and Legal Transplants: The East Asian Experience", in Ramraj, V.V. and Thiruvengadam, A.K. (eds), *Emergency Powers in Asia*, 2010, pp. 56—88 at 66—67。

區。[71] 根據統計，從 1969 年到 1977 年，香港立法局每年涉及勞工的立法平均大約有十五項，而在 1968 年以前的一段時間，平均每年只有七項勞工立法。[72] 香港勞工法中最主要的法例是《僱傭條例》，它制定於 1968 年，其後不斷修訂和改進。[73]

在對治貪污、推行廉政方面，在港督戴麟趾任期的後期，有關立法工作已經開始。1970 年 12 月，立法局通過《防止賄賂條例》(*Prevention of Bribery Ordinance*)，[74] 其中最有名的是其第 10 條，規定官員的生活水平或擁有的財產與其官職的收入不相稱，即構成刑事罪行，除非他能向法庭就其生活水平或財產提供令人滿意的解釋。這部法例在 1973 年和 1974 年作出了修訂，1974 年立法局又通過《港督特派廉政專員公署條例》(Independent Commission Against Corruption Ordinance)，規定由獨立的廉政公署而非警方負責調查貪污案件。[75] 1973 年，正在受到調查的警司葛伯 (Peter Fitzroy Godber) 潛逃往英國，引發有名的"反貪污、捉葛伯"社會運動。[76] 1975 年，葛伯被引渡回港，在地方法院接受審訊，法官為楊鐵樑，葛伯被判有罪，入獄四年，可算是 1970 年代反貪的最廣為人知的案件。[77] 在 1977 年 10 月，數千名警員集會抗議廉政公署的作為，更有示威警員衝擊廉署總部。港府在壓力下，於 11 月 5 日由港督麥理浩宣佈，廉署在"普通情況下"將不追究在 1977 年 1 月 1 日以前所犯罪行。這個"特赦"的安排由立法局在 1978 年 2 月通過修改廉政公署條例予以落實。[78]

在官方語文政策方面，長期以來，港英當局都採用英文為立法、司法和行政的唯一官方語文，雖然在有些情況提供中文翻譯，但中文沒有正式的地位。在 60 年代後期，香港已經開始有爭取中文成為法定語文的"中文運動"。[79] 到了 1974

（71）Turner, H.A., *The Last Colony: But Whose? A Study of the Labour Movement, Labour Market and Labour Relations in Hong Kong*, 1980, p. 105.

（72）同上注，頁 105。

（73）參見 Ng, Sek Hong, "Labour Legislation in Hong Kong: Past, Present and Future", in Jao, Y.C. et al., *Hong Kong and 1997: Strategies for the Future, 1985*, pp. 495—510。

（74）在此以前，香港已經有些針對貪污和賄賂的法例，主要是 1948 年通過的《防止貪污條例》(*Prevention of Corruption Ordinance*) 和 1955 年通過的、針對選舉舞弊的《舞弊及非法行為條例》(*Corrupt and Illegal Practices Ordinance*)。參見 Kuan, Hsin-chi, "Anti-corruption Legislation in Hong Kong: A History", in Lee, Rance P.L. (ed.), *Corruption and Its Control in Hong Kong*, 1981, pp. 15—44。

（75）參見葉健民：《靜默革命：香港廉政百年共業》，2014 年；Downey, Bernard, "Combatting Corruption: The Hong Kong Solution", *Hong Kong Law Journal*, vol. 6 (1976) p. 27。

（76）參見方蘇：〈盲人工潮、反貪污捉葛伯、艇戶事件〉，載關永圻、黃子程（主編）：《我們走過的路 —— "戰後香港的政治運動"講座系列》，2015 年，頁 212—217。

（77）*Godber v The Queen* (1975) *Hong Kong Law Reports* 326.

（78）參見 Wesley-Smith, Peter, "Independent Commission Against Corruption (Amendment) Ordinance", *Hong Kong Law Journal*, vol. 8 (1978) p. 241。

（79）參見關永圻：〈中文運動 1964-1974〉，載關永圻、黃子程，前引書，頁 154—181。

年，立法局終於通過《法定語文條例》（*Official Languages Ordinance*），規定在政府與市民的溝通或通訊上，中英文都是法定語文，享有同等的地位。在司法方面，條例容許裁判司署、小額錢債審裁處和勞資審裁處的法官選擇用英文或粵語進行審訊，但地方法院和最高法院的審訊仍以英語進行。在立法方面，條例規定英文繼續是香港的成文法（條例和附屬立法）的唯一正式語文，即使有些條例有中譯本，但並無法律效力。[80] 如下所述，香港法制中使用中文的情況在 1980 年代後期開始改變。

　　在 60 及 70 年代，香港法制在一些其他環節也有值得留意的發展。在 1967 年和 1976 年，通過香港憲制文件的修訂，最高法院法官和地方法院法官獲得職業保障，即只能通過嚴謹的程序才可被罷免，這是司法獨立的制度安排。[81] 1969 年，香港大學成立法律系，香港本地的法學教育開始發展。1970 年，法律援助署成立，原來附屬於法院系統的法律援助服務改為由這個獨立政府部門提供。1962 年以來，最高法院刑事案件的被告（如果其資產和收入低於一定水平）已可獲得法律援助，1967 年，法援擴展至部分民事案件，到了 1979 年，法援進一步擴展至地方法院的刑事和民事案件。[82] 1965 年英國廢除適用於謀殺犯的死刑以後，港英當局跟隨英國的做法，在 1966 年後便再沒有執行死刑，但在法律上，死刑在 1993 年才由立法局立法廢除。[83] 此外，香港法律改革委員會在 1980 年成立，也是一個值得注意的發展。

　　1984 年，《中英聯合聲明》，標誌着香港進入回歸祖國前的“過渡時期”，香港的政制和法制開始有較重大的改革，包括港英政府根據 1984 年的代議政制綠皮書和白皮書推行的立法局部分議席的選舉。1985 年，中國政府成立負責起草《中華人民共和國香港特別行政區基本法》的起草委員會，《基本法》為 1997 年以後香港特別行政區的政制和法制提供藍圖。經過多年的起草和諮詢工作，中國全國人民代表大會終於在 1990 年 4 月 4 日完成《基本法》的制定，該法在 1997 年 7 月 1 日香港特別行政區成立時開始實施。[84]

　　在過渡時期，港英政府進一步提高中文在法制中的地位，法院體系和律政署

（80）參見陳弘毅：〈香港法定語文的發展〉，載劉靖之（主編）：《翻譯論叢一九八八》，1987 年，頁 37—47。

（81）Wesley-Smith, "The Legal System", in Wacks，前引書，頁 17—48 at 26。

（82）關於法律援助機構的發展，參見 Ho Pui-yin：前引書，頁 58—60。

（83）參見 *Lau Cheong v HKSAR* (2002) 5 Hong Kong Court of Final Appeal Reports 415；Jayawickrama, Nihal, "Public Law", in Wacks：前引書，頁 49—108 at 56-57; Jackson, M.I., "The Criminal Law", in Wacks：前引書，頁 178—208 at 204—205。

（84）參見陳弘毅：《法治、人權與民主憲政的理想》，2012 年，頁 217—223。

也較為重視法律人才的本地化。1987 年，《法定語文條例》作出修訂，規定法例（即立法局制定的條例）將同時以中英文制定及頒布，政府並將就以前已以英文制定的法例頒布中文"真確本"；同時，《釋義及通則條例》作出修訂，規定法例的中英文文本有同等法律效力。但是，1987 年對《法定語文條例》的修訂並未有改變在較高級法院只使用英文進行審訊的情況，到了 1995 年，此條例才有進一步的修訂，授權首席按察司作出安排，容許地方法院和最高法院的法官選擇使用中文進行審訊。[85]

過渡時期內香港法制的其中一個重大發展，是 1991 年《香港人權法案條例》的制定，同時對香港憲制文件《英皇制誥》作出相應修訂，賦予《公民權利和政治權利國際公約》中適用於香港的人權條款（相當於《香港人權法案》的內容）凌駕於香港其他法律的地位。自此，香港法院可在審訊案件時審查適用於該案的法律是否因與這些人權條款有抵觸而違憲和無效。[86] 香港法院在多宗案例中建立了有關審查標準的法理原則。[87] 同時，為了配合《香港人權法案條例》的實施，港英政府對現行法律作出全面的檢討，並對它認為違反《人權法案》的法例進行修改。此外，為了保障《人權法案》中平等權和私隱權，立法局在 1995 年制定了《性別歧視條例》、《殘疾歧視條例》、《個人資料（私隱）條例》等法例，並成立平等機會委員會及私隱專員公署等機構，負責監督這些法例的實施。[88]

五 · 香港法院的歷史 [89]

香港殖民地司法體制的建設進程始於 1841 年 4 月 30 日，在這一天，義律（Charles Elliot）任命了香港第一位總巡理府。隨後，在同年 7 月，又有一名死因

（85）參見張達明：〈香港法律雙語化前景初探〉，載陸文慧（主編）：《法律翻譯》，2002 年，頁 343—360；楊振權：〈雙語司法與法律中譯〉，載陸文慧：前引書，頁 361—374；張善喻：〈迷失雙語中：淺談香港法院如何解決雙語法例的分歧〉（即將發表）。

（86）陳弘毅：《法治、人權與民主憲政的理想》，頁 225—226。

（87）陳弘毅：《一國兩制下香港的法治探索》，2014 年，頁 33—39。

（88）此外，行政事務申訴專員公署（後改稱申訴專員公署）已於 1989 年根據 1988 年立法局通過的《行政事務申訴專員條例》（後改稱《申訴專員條例》）成立，負責調查市民就政府部門和公營機關的行政失當的投訴。

（89）本節的寫作乃基於以下材料：本節作者文基賢（Christopher Munn）所著的 Anglo-China: Chinese People and British Rule in Hong Kong, 1841–1880（2001, 2009）；Norton-Kyshe, J.W., The History of the Laws and Courts of Hong Kong from the Earliest Period to 1898 (1898, 1971)；以及以下原始材料：Colonial Correspondences Files CO 129; Hong Kong Blue Book; Hong Kong Government Gazette; Hong Kong Hansard; Hong Kong Sessional Papers; Hong Kong Law Reports; Ordinances of Hong Kong; China Mail; Hongkong Daily Press; South China Morning Post。

裁判官和海事裁判官得到任命。而在 1844 年，擁有最高司法管轄權的香港最高法院審理了其院史上的第一宗案件。雖然英治時代早期的香港還存在着一些其他法庭，但都未能長久。例如海事法庭曾一度負責審理海盜案件及一些其他海事案件，直到最高法院接管此管轄權為止。

　　香港從成為殖民地時起到 1953 年地方法院設立止的一百多年間，司法體制中只有兩個法院 —— 巡理府法院（後稱裁判司署）和最高法院，前者負責審理較輕刑事犯罪和觸犯行政法規的行為，後者則負責裁判嚴重刑事案件及大部分民事糾紛。

（一）裁判法院（Magistracy）（即巡理府法院，後稱裁判司署）

　　香港裁判法院模仿的是英格蘭城市地區的治安法庭（police court）。在英國，該機構可以追溯到 18 世紀中期。當時，面對日益增長的輕微刑事案件，治安法庭的全職裁判官們採用簡易程序獨自進行審判，不過裁判官的職責不僅止於此，他們還負責主持針對涉嫌更嚴重犯罪者的初級偵訊，以確定是否應將被告移送到最高法院的法官會同陪審團的審判。

　　總的來說，裁判法院存在的主要目的仍是高效率地、快速地 —— 有時甚至過於粗疏地 —— 處理輕微刑事案件和違規行為。

1. 案件數量及類型

　　港英時期的頭 100 年間，最高法院只審理了不到 1.5 萬名犯罪嫌疑人，與之產生鮮明對比的是，這期間在裁判法院受審的被告人則多達 150 萬人以上，其中超過 70% 的被告人被定罪，而這之中又有超過 25% 的人被判入監獄服刑。

　　在二戰前的大部分時間裡、以至戰後犯罪率高漲時期及 20 世紀 70 年代，香港的一般罪案的犯罪率很高，比如盜竊、搶劫、傷人、強姦、謀殺等。同時，香港作為一個港口，其城市身份與地位決定了某些犯罪在這裡也很普遍，這方面的例子包括海盜、綁架以及販賣人口、毒品和軍火等犯罪，而此種情況一直到戰後方才改變。另外，在 60 年代以前的幾乎每一個十年中，香港都曾經歷一些或大或小的公共危機、外部威脅或者犯罪恐慌，[90] 這些事件與危機往往導致政府啟動緊急狀態的法規或採用其他非常措施，而當局的這些應急之舉往往會延續很久，即使危機已經過去。很多人就是被這些非常時期的特別措施送上被告席的。此外，值得留意的是，19 世紀末到 20 世紀初，香港最常見的違法行為莫過於違反《鴉片條例》（Opium Ordinance），該法例設立了香港殖民地的鴉片專賣制度，它在 1941 年以前的漫長歲月為港英政府帶來巨額的稅收。

2. 管轄權與刑罰

不同案件，尤其是刑事案件的管轄權應當如何在裁判法院與最高法院之間合理分配，這是香港早期司法政策面對的主要問題。面對著週期性的犯罪潮，港英政府傾向於擴張裁判法院的權力，因為其審案速度更快、成本更低，所適用的證據規則也更寬鬆，故而定罪率也就更高。事實上香港裁判法院的管轄權隨時間不斷擴張，使它成為香港司法制度中的極重要一環。

根據 1841 年任命總巡理府的授權令，總巡理府第可以判處罪犯最高三個月的監禁刑，這一期限在次年改為六個月。同時，總巡理府還可以對華人罪犯判處不超過 100 鞭的笞刑。經過 19 世紀 40 年代的屢次修改之後，六個月監禁作為裁判法院所能賦予的最高刑罰就此確定下來，歷數十年未有什麼變化。此一情形直到 1890 年才又一變，從此裁判官可以通過簡易程序審判而判處罪犯長達 12 個月的監禁，這種程序的適用範圍實際上涵蓋了大部分罪行，除謀殺、誤殺、強姦、海盜、賄賂、偽證、縱火等最嚴重罪行之外。

1941 年 12 月 11 日，正當日軍進攻香港、法院系統幾近癱瘓之時，港府運用緊急狀態下的權力，將上述判監期限制全面提高至兩年監禁（數罪並罰時可判處三年監禁），此 "臨時措施" 在戰後仍然適用，並根據在 1949 年修訂的《裁判官條例》（Magistrates Ordinance）成為日後長期適用的規定，及至如今。另外，裁判官還有對輕微違法行為判處罰款的權力。

在大約一百五十年的時間裡，裁判官一直有權對某些特定類型的犯罪犯施以笞刑。香港早期的裁判官們就因濫用笞刑而臭名遠播。當時他們還對許多男罪犯施行一種西方人難以理解的、含羞辱意味的特殊刑罰 —— 剪辮子。至於笞刑，起初法例規定，裁判官對華人罪犯適用此種刑罰時不得超過 100 鞭。到了 1849 年，

（90）20 世紀 60 和 70 年代可能是個例外，儘管當時的普通犯罪發生率仍然很高。

這一限制降為 36 鞭，同時其適用範圍縮減為主要是適用於暴力犯罪，尤其是針對婦女的暴力犯罪。但這並不意味著從此笞刑就與其他類型的犯罪絕緣了，例如它也適用於猥褻暴露，而在 19 世紀的香港，工人們慣於在溪流中洗澡，故該罪是甚為平常的。

　　笞刑只適用於男性，通常使用藤條、樺木條或者九尾鞭作為鞭打工具。一些早期立法將之和其他所謂"中國式刑罰"規定為只適用於華人的刑罰。事實上，即便是往後在法律沒有對刑罰的適用作種族區分的時候，也鮮有歐洲人被法院施以笞刑，至少二戰前是這樣。1866 年，香港最高法院一位法官開始對歐洲人罪犯判以笞刑時，這位殖民地的英籍居民立刻向港督集體請願予以反對，並強調在香港維持歐洲人支配地位的必要性，又說以"在華人面前公開鞭笞一個歐洲人將會給整個歐洲人的社群帶來恥辱"。[91] 另一種羞辱性刑罰則被明確規定只適用於華人，不論男女，其施刑方法是迫使受刑者腳帶枷具示眾，持續時間一般長達四至六小時之久。其實，在英國本土這類刑罰早已廢除。到了 19 世紀 90 年代，香港也較少使用此刑罰，但 1903 年的犯罪潮——當時罪犯擠滿監獄——又使其還魂並被用到數以千計的各類罪犯身上。社會人士對此表示不滿，故隨後此刑罰被限制至某幾種特定犯罪，並最終於 1930 年被正式廢除。笞刑作為法院判處的一種刑罰則一直存在到 1990 年，這時 1991 年《香港人權法案條例》的制定已近在咫尺。

（二）裁判官（Magistrates）（即巡理府，後稱裁判司）

　　總的來說，香港早期的裁判官選任程序可謂相當簡單粗糙，受選者也基本沒受過什麼專業訓練。首位裁判官（總巡理府）William Caine（1841 至 1846 年任此職）是一名參加過鴉片戰爭的英國軍官，在戰時和香港社會較混亂時期任總巡理府，也曾負責管理這殖民地初期的警察及監獄系統。Caine 在位時因貪腐和濫刑臭名昭著，並在 19 世紀 40 年代晚期因此受到英國國會一委員會的調查。他曾在 1854 年說道："應當公平但嚴厲地對待中國人，他們不會理解你的寬容，當你對他們仁慈時，他們不會感激你，也不會將之歸因於你的人道，而是認為那只是出於你的恐

（91）*Hong Kong Daily Press*, 4 May 1866.

懼。"[92] 這種觀點其實在香港早期的統治者中並不罕見，Caine 本人便隨後升任輔政司（Colonial Secretary，相當於後來的布政司）和副港督（Lieutenant-Governor）。在港島中半山，一條俯視舊裁判司署、中區警署和域多利監獄的堅道（Caine Road），便是以他來命名的。其繼任者總巡理府 Charles Hillier 在一段時間內沿用了 Caine 的嚴刑峻法，但與前任不同的是，Hillier 專門學習了中文。1856 年，他被任命為第一任英國駐曼谷領事，但在到任後不足數月就因痢疾去世。香港的早期裁判官中還有一位 Charles May，他在 1845 至 1860 年間曾執掌香港警察部門，其後擔任裁判官一職長達 17 年，除此之外，他還充任過其他各種政府職務。

　　經過早期的諸種粗陋做法之後，有些港督希望裁判官能夠既懂得法律知識又通曉中文，然而此種理想只在極少數的幾個人身上實現過，伍廷芳即是其中之一。他生於新加坡，曾負笈倫敦，取得大律師（barrister）資格，是二戰前香港唯一曾任裁判官或法官的華人。縱觀其生平，他起初曾是供職於裁判法院的一名翻譯，在軒尼詩任港督的時代被委任為立法局議員和代理裁判官，但他任裁判官一職僅 12 個月（1880—1881）。當時這一任命飽受爭議，甚至在英國國會裡有議員就"是否有本土裁判官在香港審判歐洲人"提出質詢。伍廷芳在香港的公職生涯隨着軒尼詩的離任而終結，不過他的輝煌人生並沒有就此完結。此後，他在晚清法制改革中發揮重要作用，並在民國時期充當著外交家、政治家、改革家等諸多重要角色。除了伍廷芳之外，另一位比較成功的裁判官是 Francis Arthur Hazeland，他生於香港並在此受教育，父親是一名政府律師，兄弟中有一位著名的建築師。他是精通中文，並取得大律師資格，曾在最高法院擔任過各種不同級別的職務。1901 至 1916 年間，他擔任裁官，並曾任最高法院的代理法官。

　　由於上述理想標準總是難以達到，當局便退而求其次，開始選任和培訓"官學生"（cadet officers，或譯作"見習官員"）（即後來的初級政務官），其中出類拔萃者會得到提拔，成為高官或甚至港督。這些"官學生"必須懂得一至兩種中國方言：為達此項要求，除了正式訓練之外，旁聽裁判法院中的審判往往被當作最佳的學習方式之一。這樣做的目的並非是指望他們將來能夠用中文進行審判，而是希望他們能夠不被一些腐敗奸猾或能力不濟的法庭翻譯員所糊弄。從 19 世紀末期起，一些受過基本法律訓練的官學生被優先派往裁判法院任裁判官，而通常他們只會在那裡工作一至兩年，因為官學生會被安排在不同政府部門間頻繁流動。此

（92）Caine to Bowring, 30 December 1854, CO 129/49, 157.

種安排導致裁判官常有轉換，這在 20 世紀初表現得尤為明顯。同時，裁判法院與行政機關之間的聯繫也因此加強。

這些官學生宦途迥異，其中有精研法律者，趁休假之機到倫敦考取大律師資格，其後被擢升為更高級的司法官員，比如 James Russell 爵士〔裁判官 1870–1882，副臬官（puisne judge，即最高法院按察司）1883—1888，正按察司 1888–1892〕、Joseph Kemp 爵士（裁判官 1900—1904；正按察司 1930—1933）以及 R.E. Lindsell（裁判官 1925—1934；副臬官 1934—1940）。然而有些人大半輩子都任職裁判官。例如 H.E. Wodehouse，他在裁判法院度過了 18 個春秋（1881—1898），他的同僚晉升時他沒有得到提拔。不過值得一提的是，他在 1895 年被委任為行政局議員，而該局在他之後便再未有過司法官員擔任其成員。還有一位曾長期任職於裁判法院的官學生是 Walter Schofield，他在 1920 年代在新界擔任理民官（District Officer），其工作包括裁判事務，30 年代轉而在市區擔任裁判官。Schofield 領導下的裁判法院愈發獨立和進取，他倡議成立少年法庭（juvenile court），此建議在 1933 年得以落實。

1939 年，港府改革了裁判官的選任制度，從此只有專業法律人才才能出任裁判官。這一變化部分是由於政府希望將官學生派往其他部門以應付其工作需要和人口急增帶來的壓力。原有的五名有官學生背景的裁判官 —— 其中只有一位具有法律專業律師資格 —— 在新政策執行兩年內均被大律師（barristers）所替代。新的裁判官中有三位曾在香港當執業大律師，其中最負盛名者莫過於御用大律師 Harold Sheldon KC，他從 1925 年開始便在香港從事大律師業務。他仗義執言且富獨立思維，作為高級裁判官，他對裁判法院的貢獻良多。另一位新任裁判官是 Donald Anderson，其祖父和伯父均是 19 世紀晚期任職於裁判法院的翻譯員。而其本人則在戰時參加了香港義勇軍抵抗日軍侵略，並在香港戰役中不幸陣亡。

1945 年二戰結束後，本地化和職業化的春風隨着香港重光翩然而至。在港的英國軍政府（1945 年 9 月至 1946 年 4 月）設立了臨時法院，其職位大都由本港律師出任：基層法院裡有關祖堯、F.X. D'Almada 和 Abbas el Arculli，他們都是律師（solicitors）；最高級法院則由 Leo D'Almada 領導，他是一位大律師，出身於法律世家，曾任立法局議員。雖然 1946 年最高法院重建後，該法院的法官任命旋即重回戰前的原有模式 —— 即從殖民地部司法系統（Colonial Legal Service）中挑選，但是裁判法院的裁判官仍在一段時間內由本港律師出任，而其中佼佼者當屬羅顯勝。他在戰前已成為大律師，在日治時期曾試圖向當局提供關於中國法和英國法的意見。羅顯勝從 1948 年起在中區裁判司署任裁判官（即裁判司），直至 1959 年第一次退休。之後他再次受聘為裁判官，從 1964 年開始，分別在南九龍裁判司署和銅鑼灣裁判司署服務了兩個任期，直至 1970 年以 80 歲高齡榮休。羅顯勝性情溫和，富有同情心，甚至不時自掏腰包替街頭小販繳付罰款。還有值得一提的是，他的女兒羅凱倫在 1986 年獲委任為香港首位女性法官。[93]

（三）最高法院 (Supreme Court) 系統

最高法院成立於 1844 年，其管轄權覆蓋大部分民事案件和嚴重的刑事案件，但不包括裁判法院以簡易程序審判的案件。[94] 此外，它還在 1844 年到 1865 年間對通商五口（廣州、上海、廈門、福州和寧波）的英籍人士擁有管轄權，甚至一度對在日本的英籍人士有管轄權。不過此後這一特定管轄權被逐步縮小，並隨着英國 1865 年在上海租界設立最高法院（1865–1941）而被徹底取消。香港最高法院在成立初期僅有一臨時辦公場所，到 1848 年才遷至位於皇后大道的原香港交易所（Hong Kong Exchange）大廈。後又於 1912 年遷至在皇后像廣場專門為法院興建的最高法院大樓（後來改為立法局、香港特別行政區立法會，現在是終審法院大樓）。1978 年，由於附近地鐵施工導致坍塌，法官被迫撤離大樓。1984 年，位於金鐘的全新最高法院大樓落成開幕（現為高等法院）。

1. 最高法院與樞密院 (Privy Council)

在 1844 年到 1873 年之間，最高法院只有一位法官，就是正按察司（Chief Justice，或稱首席按察司），負責與陪審團一起審理所有由高院審判的刑事案件和大部分民事案件。最高法院的案件可上訴至英國樞密院司法委員會，該機構由一群德高望重的法官組成，是整個大英帝國各殖民地的終審法院。能夠上訴至樞密院的案件不多，在 1846 年，只有標的額達 500 英鎊（2,400 美元）或以上的民事案件才可上訴，而且整個上訴過程極為冗長和昂貴。樞密院司法委員會雖然有權審理刑事上訴，但事實上這類上訴極少，至少在二戰之前是如此，除非案件涉及重

（93）香港首位女性裁判官則為崔志英，參見崔志英：《剛正不阿：一位香港殖民地時代的華人法官之反思》，2000 年。

（94）在 1862 至 1873 年，有簡易程序法院 (Court of Summary Jurisdiction) 負責審理簡單民事糾紛；在 1846 至 1850 年，有海事法院 (Admiralty Court) 負責審理海事案件。

要的法律問題，或案件的處理有嚴重不公情況。[95] 樞密院在 1853 年審理了第一宗來自香港的民事上訴，事關鴉片托運。[96] 1914 年，首宗來自香港的刑事案件上訴至樞密院，案中一名在英國軍隊服役的阿富汗士兵被控在廣州謀殺其上司，罪行並非發生於香港，此案最初在港審理的只是由於香港最高法院可以行使英國在華的治外法權。[97] 到了 1938 年，樞密院才審理首宗真正意義上的香港刑事上訴，案中一名 22 歲的船員被控在香港水域內謀殺了一艘中國海關巡邏艦上的蘇格蘭籍船長，香港最高法院判他罪名成立。樞密院在此案中處理的是國家豁免權問題，因為上訴人主張香港的法院對外國政府（在本案中是中國政府）的武裝船隻沒有管轄權。最終這一上訴並沒有成功，但是經倫敦方面的授意，港督隨後寬免了該青年的死刑，改判為終身監禁。

2. 死刑與赦免

在與行政局磋商之後，港督可以行使赦免和減刑等英皇特權（Royal Prerogative）。對此，倫敦殖民地部大臣極少干涉。尤其是在港英時代早期，此種仁慈之舉為司法過程中的正義不彰提供了某種補救可能。儘管就大多數年份來說，絞刑在香港堪稱絕跡，例如從 1883 年開始幾乎連續十年時間內香港未判處一例絞刑，但在某些時期，香港的死刑率仍然頗高，而這部分是由於海盜猖獗所致。1865 年和 1866 年香港分別執行了 13 例和 14 例絞刑，這甚至超過了人口 160 倍於香港的英格蘭與威爾士所判絞刑之總和。

香港最後一例絞刑發生在 1966 年 11 月，而一年前，死刑在英國已不能再被適用於謀殺罪。雖然直到 1993 年的法律修改為止，香港法例中仍然有關於法院可對罪犯判處死刑的規定，但是在 1967 年後，每遇法院作出死刑判決，港督便都會將之減刑至監禁。唯一的例外是發生在 1973 年的 Tsoi Kwok-cheong 案，該男性被告因在搶劫時殺人而被判死刑；港督麥理浩聽取了行政局的意見，同時考慮到香港社會中暴力犯罪正在激增，需要殺雞儆猴，終於拒絕為該罪犯減刑，這在香港掀起激烈討論。後來，英女皇在聽取英聯邦事務大臣的意見後，將 Tsoi 改判為終身監禁。

（95）*Mohindar Singh v R.I.* (1932) L.R. 59 I.A. 233, Roberts-Wray, *Commonwealth and Colonial Law*, p. 439 予以引用。

（96）*Thomas Harold Tronson v Dent and others* [1853] 8 Moo 419.

（97）該上訴雖然並未成功，但樞密院在其判詞中就法院應否接受 "向長官的招認" 為證據，訂出了重要法律原則：*Ibrahim v The King* [1914] UKPC 1。

最高法院於 19 世紀末時已增至由兩名法官構成——按察司（Chief Justice, 即後來的正按察司或首席按察司）和副臬司（Puisne Judge），他們分別主持最高法院第一審案件的審訊，但在聽取上訴時，他們兩人則組成合議庭（Full Court）。如合議庭的這兩位法官發生分歧，則按察司擁有最終決定權。實際上這一安排並不合理，因為在合議庭聽取上訴時，兩位法官面對的是他們曾經審判過的案件，無可避免有利益衝突。為了解決這問題，於是有法官從外地派來香港，以臨時法官身份協助審判。1912 年起，位於上海的英國最高法院法官會定期前往香港，與香港最高法院兩位法官共組合議庭審理上訴。1926 年起，香港最高法院按察司成為了英國在上海的最高法院的訪問法官，協助審理上訴案件，港滬之間的司法聯繫進一步強化，並維持到 1941 年。到了 1976 年，最高法院重組，架構上分為處理第一審案件進的高等法院（High Court），以及處理上訴案件的上訴法院（Court of Appeal）。此一司法分工一直持續至今（1997 年回歸後原有的最高法院改稱高等法院，其架構上分為原訟法庭和上訴法庭）。

1898 至 1930 年，香港最高法院還是威海衛英租界的上訴法院，不過該職能從未真正實現過。此外，1964 至 1993 年，香港一直擔負向汶萊最高法院提供訪問法官的重任，而直到 1988 年，香港的正按察司仍身兼汶萊首席法官一職。

3. 地方法院 (District Court)

戰後的人口激增給最高法院帶來巨大挑戰。雖然裁判法院在其管轄權擴張之後為高院分擔部分壓力，但面對日治時期遺留下來的糾紛和洶湧的犯罪潮，這種紓解實屬杯水車薪。縱使 50 年代案件數量已經有所下降，政府仍採納了當時正按察司的建議，效仿英國本土和其他英屬殖民地，在香港設立一個中級法院，是為 1953 年 2 月正式成立的地方法院。起初，地方法院只能判處最高五年的徒刑，或審判標的額不足 5,000 元的民事案件，並僅設在港島與九龍兩地。後來其數量逐漸增加：到 1980 年代末，全港已有四間地方法院、35 名地方法院法官，分別位處灣仔、荃灣、沙田、屯門。同時，其管轄權也已擴展到標的額不超過 12 萬元的民事案件及離婚等家庭案件——這些家庭案件現由隸屬於區域法院（1997 年回歸後地方法院改稱為區域法院）家事法院（Family Court）負責審理。至於在地方法院的出庭資格，並非像在最高法院那樣必須由大律師（barristers）代表當事人出庭，事務律師（solicitors）也可以在地方法院出庭辯護或代理其當事人的事務。

地方法院沒有陪審團的設置，其對除謀殺、強姦等仍由最高法院審理的嚴重

犯罪之外的所有刑事案件均有管轄權，包括搶劫、販毒、傷人、性犯罪等。在
1970 年代的反貪污運動中，地方法院曾發揮重要作用，審理了絕大部分重要的貪
腐案件。

4. 專門法院及審裁處 (tribunals)

二戰後，幾所專門法院和審裁處相繼成立，以分擔日益繁重的司法工作，同
時借此為民眾提供成本更低、效率更高的司法服務。其實法院專門化的進程在戰
前就已開始，比如 1933 年在裁判法院之下成立少年法庭即是其中一例。1945 年，
時值戰後的住屋短缺，港府成立租務審裁處（Tenancy Tribunal），負責審理涉及租
務管制的糾紛；該審查處的職能於 1982 年併入土地審裁處（Lands Tribunal）。土
地審裁處成立於 1976 年，其背景是地鐵的建設工程和新市鎮的發展，其涉及政府
徵收土地及支付賠償的法律糾紛與日俱增，土地審裁處除處理這些糾紛外，也發
展成專門審理土地法律問題的司法機構。1973 年，勞資審裁處（Labour Tribunal）
成立，負責審理與僱傭合約有關的糾紛。1976 年，小額錢債審裁處（Small Claims
Tribunal）成立，在港島和九龍都設有其審裁庭，它在成立之初可以處理不超過
3,000 元的金錢糾紛。勞資審裁處和小額錢債審裁處的共同特點是不允許律師代
理，訴訟費用低廉，採用較簡易的審判程序，以及用廣東話進行審判，其目的無
非是為了降低司法服務的使用門檻。這些發展的背景是 1966 至 1967 年的暴動，
其後港府推出了一系列惠民的改革措施，包括為普羅大眾獲取司法救濟打開了一
扇全新大門。香港在回歸之前設立的最後一個專門法庭是成立於 1987 年的淫褻物
品審裁處（Obscene Articles Tribunal），其職責是對雜誌、書籍、錄影帶和玩具等物
品進行分級，以應付當時色情出版物日益氾濫的情況。[98]

（四）正按察司（Chief Justice，或稱首席按察司）與其他法官 （Judges，按察司）

1844 年到 1997 年，在香港最高法院一百多年的歷史中，總共有 21 位正按察

（98）目前為止，香港司法系統中最新的審裁處是成立於 2015 年的競爭事務審裁處 (Competition Tribunal)。本章的討論並未包括那
　　些不隸屬於香港司法機構但有 "准司法" 功能的審裁處或委員會，例如稅務上訴委員會。

司；⁽⁹⁹⁾除了最後一任正按察司（時稱首席按察司）楊鐵樑爵士（1988 至 1996 年在任）之外，其餘所有人均非華人。頭三任的正按察司來自英格蘭：第一任按察司 John Walter Hulme 之前是倫敦的一名大律師和法律案例報告的編輯。其實他本來不被認為是擔任按察司的最佳人選，但卻最終以排名第八的候選人的身份赴任，可見該職位缺乏吸引力，儘管其年薪高達 3,000 英鎊。第二任按察司 William Henry Adams 是一位大律師，曾當選為英國下議院議員，亦曾短暫擔當過兼職法官。他遠赴香港的最初使命是擔任律政司（Attorney General），但拜 Hulme 糟糕的身體狀況所賜，其一到任就被任命為代理正按察司。第三任正按察司 John Smale 的人生履歷與 Hulme 頗有些相似，在赴港前也是英格蘭的一名大律師和法律案例報告編輯，並從 1860 年開始即在香港擔任律政司。他履新最高法院之後，George Phillippo 爵士隨即成為新的律政司，且後來也成為正按察司。Phillippo 人生經歷相當豐富，曾在多個殖民地任職。他生於牙買加，父親是一名致力於廢奴運動的傳教士在結束了直布羅陀的首席法官任期後，Phillippo 成為香港最高法院的首席法官，而在到直布羅陀之前，他還在英屬蓋亞那（Guiana）和馬六甲海峽殖民地（Straits Settlements）擔任過法官，並在英屬哥倫比亞當過律政司。

　　一般來說，正按察司會比其他法官擁有更多在行政機關的履歷，這一點在 19 世紀末 20 世紀初尤為明顯。William Goodman 爵士（1902 至 1905 年在任）在成為正按察司之前已經在香港擔任了 13 年律政司。與之類似，Joseph Kemp 爵士（1930 至 1934 年任正按察司）當過 15 年律政司，其早年當他還是一名官學生時，他考取大律師資格並擔任過幾年裁判官。香港歷史上任職時間最長的三位正按察司之一⁽¹⁰⁰⁾的 Michael Hogan 爵士（1955 至 1970 年在任）在擔任正按察司之前幾乎全無專業司法經驗，終其半生都在各個殖民地政府擔任涉及法律的行政職務。Hogan 的繼任者 Ivo Rigby 爵士（1970 至 1973 年在任）和 Geoffrey Briggs 爵士（1973 至 1979 年在任）則有豐富的司法經驗。而 1979 年羅弼時（Denys Roberts）爵士被委任為正按察司（1979 至 1988 年在任）更是標誌著正按察司與行政機關之間的聯繫達到前所未有的程度。他曾在 Nyasaland 和直布羅陀任職，還曾在香港擔任過律政司（1966—1973）和布政司（1973—1978），卻基本上沒有任何司法經驗。儘管其到最高法院之前的任職表現廣受好評，但有些法律界人士仍然對他擔任正按察司不以

（99）不包括署理正按察司 (Acting Chief Justice)，比如 Noel Power 爵士 (1996 至 1997 任署理正按察司)。

（100）另外兩位是 Hulme 和 Smale。

為然。Roberts 退休後，香港最高法院終於迎來港英時代最後一位正按察司、也是首位華人正按察司——楊鐵樑先生。縱觀其履歷，可以發現他的職業軌跡在戰後的司法人中具代表性：他在 1956 年從裁判司做起，逐級晉升，其間未離開香港法院系統，終在 1988 年成為正按察司。

　　華人在香港擔任高於裁判司署的法院的法官，可追溯到 20 世紀 60 年代，當時華人法官只佔極少數。香港出生的李福善是第一位華人地方法院法官，他在 1964 年和 1966 年先後被任命為地方法院代理法官和地方法院正式法官。之後的 20 年裡，他又屢創紀錄，在 1971 年成為高等法院第一位華人法官，1984 年成為上訴法院第一位華人法官，最終於 1986 年成為第一位華人署理正按察司。

（五）香港司法機構之整合與強化

　　儘管裁判法院的判決可以被上訴到最高法院，但在 19 世紀和 20 世紀早期，二者其實是兩個截然分立的機構。在港府的行政管理上，最高法院被定位為"司法"或"法律"部門之一，這些部門包括律政司（Attorney General）及其下屬。最高法院經歷司（Registrar）除負責司法行政事務外，還主管公司、商標和專利的註冊、婚婚姻登註冊等事務，並在一段時間內充當著土地事務主任（Land Officer）的角色。裁判法院則是一個獨立於最高法院的體系，它由港督透過輔政司（Colonial Secretary）來管轄，像一個行政機關。但 1939 年的改革之後，裁判官被置於正按察司的行政領導之下，就像在其他英屬殖民地一樣。1949 年，新的司法機構（Judicial Department，簡稱 The Judiciary）成立，所有香港法院（包括裁判法院）終於統一歸於正按察司的行政管轄，自此，正按察司被賦予管理各級法院的更大權力，司法機構（包括裁判法院）獲得了相對更獨立的地位。

　　到了 80 年代中期，香港司法體系之規模已相當之大，包括一名正按察司，九名上訴法院法官，22 名高等法院法官，32 名地方法院法官，60 名裁判司，以及 15 名其他司法人員。每年，超過 100 個法庭和審裁處在遍佈全港的十多幢法院大樓中處理著超過 100 萬件案件。然而，體量如此巨大的司法機關仍然由一位最高法院經歷司（Registrar）及其屬下的少數行政人員負責管理調度。儘管司法人員的數目在 80 年代早期快速增加，但這並未解決日益惡化的效率問題。訴訟活動耗時愈來愈長，而造成這一現象的原因來自多個方面。首先是法律愈加繁瑣細緻。

其次是有些刑事犯罪——尤其是新型白領犯罪——的案情愈發複雜。再者,法律援助的擴展讓愈來愈多的當事人和被告人能夠得到律師的代表。最後,過時的做法——例如要求法官和裁判司詳細筆錄審訊過程——也拖慢了法庭審判的進度。到了 90 年代,個別案件的候審時間已經長到難以接受的地步,舉例而言,80 年代時刑事案件在最高法院的平均候審時間還是兩個月,到 90 年代初就暴增至七至八個月。加上時值港人對 1997 年之後香港司法體制的前途心懷憂慮,因此法院系統的低效率上升為一時的政治議題。經過一番掙扎,改革終在 1994 年到來,司法機構開設政務長(Judiciary Administrator)一職,由政務官出任,負責處理和改進司法機構的行政管理事務,包括將候審案件目錄電子化、運用新型技術記錄法庭審訊活動等。在這之後,審案的效率獲得改善,司法機構也逐漸轉型為服務型的公共機構。

(六)香港終審法院 (Hong Kong Court of Final Appeal)

香港終審法院的問題是 90 年代初期香港另一熱門政治議題。在此之前的 150 年裡,香港的司法終審權一直屬於英國樞密院司法委員會。而根據 1984 年的《中英聯合聲明》以及 1990 年制定的《香港特別行政區基本法》,回歸後的香港將擁有獨立的終審權,原有的普通法、成文法(條例和附屬立法)、司法機構以至陪審團制度在 1997 年後將繼續有效。司法程序和傳統——包括髮套(假髮)、法袍及法官的其他配飾等——亦可一仍其舊;中文和英文都是官方正式語文;原有的法官和裁判官不論其國籍均可以繼續留任,銓選新法官時亦不會排除外籍人士。而事實上,外籍法官在 90 年代仍在香港的較高級法院中佔多數。另外,為了保持香港和普通法世界之間的聯繫,同時也是為了加強外界對於香港特別行政區司法機構的信心,《中英聯合聲明》和《基本法》規定香港特別行政區終審法院可邀請其他普通法地區的法官參加審判。為了保證主權移交前後司法機構的延續性,港英當局計劃在 1997 年之前建立終審法院以取代英國樞密院在香港司法體制中的角色。

然而終審法院始終未能在 1997 年前成立和開始運作,因為就終審法院開庭時其海外法官(即從海外邀請來參加審判的終審法院非常任法官)人數的上限的問題,各方爆發了長時間的激烈政治拉鋸,並在末代港督彭定康任期內達到高峰。本來最中英雙方已在 1991 年達成協議:終審法院由一名首席法官、三名常任法官以及一名選自包括香港法官和海外法官的名單的"非常任法官"組成合議庭審理案件。此方案一出，不少政界和法律界人士對此表示失望，並直指其違反了《中英聯合聲明》和《基本法》，這些人士原本期待著終審法院可容許超過一名海外法官參加案件的審判。

　　由於香港立法局的議員們反對上述中英雙方在 1991 年協定的方案，有關終審法院的立法就此延宕了四年之久。在這期間英方與中方再談判達成一個替代方案，但其實對原方案未有根本的改變，所以當新方案在 1995 年曝光時，香港的大律師們群起而攻之。原本堅定支持港督彭定康的民主派議員更是破天荒地發起了針對他的不信任案，雖然最後未獲通過，但它畢竟在香港長達百年多的殖民地歷史屬於首次。港府提出的《香港終審法院條例》經過激烈辯論後終於在 1995 年 7 月獲得立法局通過，但在 1997 年之前就成立終審法院的原有構想在此時已經變得不切實際。香港特別行政區終審法院終於在 1997 年 7 月 1 日正式成立，其首任首席法官是李國能先生。

（七）陪審團

　　在英格蘭，傳統上被告人在所有涉及可公訴罪行（indictable offences）的案件和其他可能判處超過三個月徒刑的刑事案件中，都有接受陪審團審判的權利。英皇法院（Crown Court）審訊較嚴重的刑事罪行時必須設有陪審團。而在涉及中等級別的刑事罪行的案件中，被告人則可以自己選擇在裁判法院以簡易程序受審還是在高等法院由法官會同陪審團進行審判。事實上，在英格蘭有陪審團參與審判的刑事案件只佔刑事案件的少數。

　　一百多年來，在香港和其他英屬殖民地及前殖民地，陪審團在司法程式中所起的作用日益降低。現在，只有最嚴重的刑事犯罪，如謀殺和強姦，以及一些罕有的犯罪，比如叛國和與海盜進行貿易，才會在高等法院以陪審團審理。港英時代的頭一百年裡，就那些可在不同法院審訊的可公訴罪行，究竟在哪裡審判，端看裁判官的決定，後來改為現在這由控方（律政司署）決定，而被告人自己是無權選擇是否由陪審團審判的。即使是由陪審團審判，但值得留意的是，從 1851 年到 20 世紀 90 年代，由於最高法院的審訊以英語進行，所以陪審團成員必須懂英語，這就意味著陪審團與他們面前的被告人往往屬於不同的階級和生活世界。事實上，儘管歐洲人在香港只佔少數，但是在香港殖民地法制史的大部分時間裡，陪審團名單中歐洲人佔大多數。

最初，香港最高法院的陪審團人數為六人——與其他小殖民地一樣，只有英格蘭陪審團人數的一半。[101] 這反映了合資格者人數有限的現實，這一方面是由於陪審員須懂英文，另一方面，還有財產資格（即擁有一定財產的人才有資格當陪審員）及職業豁免因素。[102] 1849 年，財產資格被放寬，1851 年，該財產作為當陪審員的條件被徹底取消（早於英格蘭 100 年以上）。與此同時，根據新法，除死刑案件外，陪審員六人中的四人（1894 年增加至五人）即可作出多數裁決（同樣早於英格蘭百年以上）。1858 年，陪審團規模擴大到七人，這使得獲致多數裁決更加容易。而與上述進程同步的是裁判法院的管轄權逐漸擴張，故儘管在 19 世紀末至 20 世紀初，香港人口已十倍於 19 世紀中葉時的人口，但在最高法院接受陪審團審判的被告人數目卻從 19 世紀 40 至 50 年代的每年 150 至 200 人，下降至每年不到 100 人，直至 30 年代香港人口突破百萬大關時，最高法院刑事案件被告人的數量才重新回到 19 世紀中期的水平。

早期的陪審員多是歐洲人、美國人、葡萄牙人（來自澳門）和其他西方人，雖然懂英語是當陪審員的必要條件，但一些陪審員其實並不懂英語。陪審員名單每年由立法會核准，1858 年，商人黃勝成為第一位被放進陪審員名單的華人。他是一名德高望重的基督徒商人，後被委任為立法局非官守議員，他曾參與創辦英文報紙和東華醫院。但其成為陪審員之路卻並不順利，因為正按察司（當時也兼任立法局議員）和一些其他議員對此持反對態度，最後僅僅夠票通過。二戰之後，華人漸成為陪審員名單上的多數，1948 年，女性首次在陪審員名單上出現。正如在其他殖民地一樣，香港早期也出現過不少西方人陪審員偏袒西方人被告或歧視非西方人的被告的個案。不過，也有一些陪審員秉公辦案，實現此制度設計的初衷。

《基本法》在起草時特別加上了"原在香港實行的陪審制度的原則予以保留"的條款。到了 1997 年，英語終於不再是擔任陪審員的必要條件，使用中文進行陪審團審判終於變成可能了。

（101）1846 至 1850 年短暫存在的海事法庭是一個例外，它與英格蘭一樣使用 12 人陪審團。

（102）公務員、牧師、醫生等被免除該項義務。

六 · 香港律師與法學教育的歷史

（一）早期律師

香港自 19 世紀中期成為英國殖民地以來一直實行英倫普通法，包括英國式的由律師（solicitors，或稱事務律師）和大律師（barristers，或稱訟務律師）組成的法律行業，但是在本地大學培訓的律師是在 20 世紀 70 年代才出現，而香港律師會和香港大律師公會亦分別於 1907 年和 1949 年才正式成立。

在 19 世紀，來自英國的律師早已在香港執業。然而，跟今天不一樣，一百多年前要從英國穿洋過海來到亞熱帶的小城市工作是一件不能想像的苦差。如 1851年 6 月的《倫敦週報》所述："試問有哪個大律師會離開舒適的執業環境，來到香港這樣的天氣和社會來捱日子？就算來做法官也是苦差。"[103]

直到 1885 年，香港只有 15 位事務律師在執業，到 19 世紀 90 年代中期，只有兩名私人執業的大律師。香港的首位正按察司（Chief Justice）John Hulme，是之前七位候選人拒絕倫敦殖民地部的聘書之後的候補人選；[104] 早期在港執業的律師和法官的質素，經常為英文報章所批評。雖然如此，這批為數極少的英國律師曾在不少具爭議性的案件中為被告辯護，而辯護過程亦為當時報章廣泛報導。例如在 1857 年，的近（Deacons）律師行其中一位創辦人 William Bridges 為涉嫌在麵包下毒謀殺歐洲人的張亞林辯護，他在群情洶湧的情況下在最高法院受審，最終脫罪，這是轟動一時的案件。[105]

縱使到了 20 世紀中期，要聘請律師來香港工作還是甚為艱難，的近律師行於1956 年 4 月的聘請信件裡提到，每工作三年便給予半年有薪假期回英國，這樣可以吸引年輕英國律師到香港的律師樓工作。[106]

> 本職位的年薪不少於 1,500 英鎊……對於適合的人選，我們願意考慮支付更高的薪金。我們將為受聘者提供來香港的頭等艙的船票或飛機票，首個合同的年期為三或四年。在合同期間，僱員將享有回家休假六個月的權利，休假期間我們將支付全薪，以及回家和返港的交通費用。

（103）*Celebrating A Centenary,* Law Society of Hong Kong, 2007, p. 20.

（104）同上註，引 Munn, *Anglo-China: Chinese People and British Rule in Hong Kong 1841—1880*，前引書。

（105）*Celebrating A Centenary,* Law Society of Hong Kong, 2007, p. 26.

（106）Deacons Archives (香港大學圖書館藏), file: DRS 45。

圖 10.1　1936 年 8 月 26 日，《華字日報》報道了羅文錦向定例局提請撤銷華文報刊的檢查。

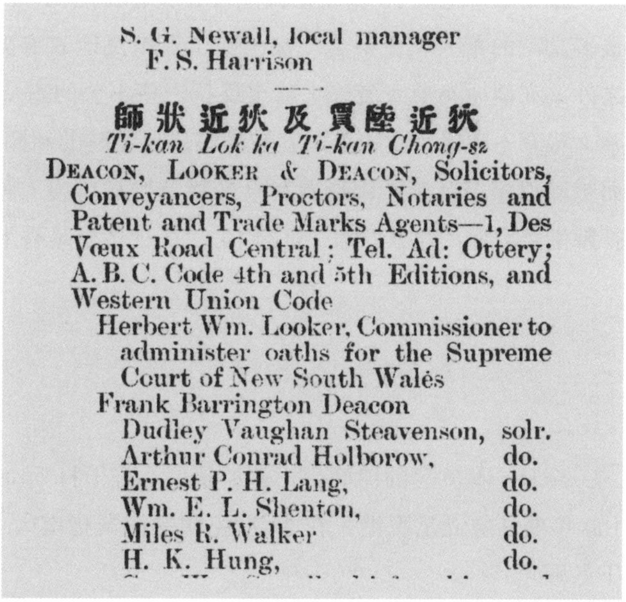

圖 10.2　20 世紀初香港律師行的地址和合夥人

資料來源：The Directory and Chronicle for China, Japan, Korea, Indo-China, Straits Settlements, Malay States, Siam, Netherlands India, Borneo, the Philippines, etc. (*Hong Kong Daily Press*) (下稱 *The Directory and Chronicle*)，1912。

（二）華人律師

　　華人律師出現在 19 世紀後期的香港，他們都在英國受法律教育和培訓，回到香港後，他們除了從事法律業務外，還大多參與公共事務，成為其中香港早期的一批華人精英領袖。

　　伍廷芳：1842 年出生在新加坡，在香港聖保羅書院受中學教育，1874 年到英國留學，就讀於倫敦林肯法律學院，1877 年成為首位在英國取得執業大律師資格的華人，更於 1880 年成為香港立法局首位華人議員。他於 20 世紀初積極參與中國內地的法律改革，與清末法學家沈家本一起為清政府草擬新法，及後更擔任民國時期不同政府的司法部長和外交部長。

　　曹善允：19 世紀末在香港最高法院獲登記的華人律師只有三位，其中一位是在澳門出生的廣東人曹善允，他亦是在英格蘭修讀法律並取得律師資格，在香港執業的同時，亦參與商業經營和社會慈善教育工作。他與當時的知名商家何啟（也是知名大律師）一起籌劃啟德新填海區，亦擔任過立法局議員和興辦多所知名學校，如聖士提反書院。

　　羅文錦：他是 20 世紀初其中一位非常知名的華人律師兼華人社會領袖。他和很多當時的華人社會精英一樣，除了為殖民地政府提供有關華人社會事務的意見之外，亦積極為華人發聲，甚至反抗一些不公的對待。在 20 世紀 20 至 30 年代，華文報章不時因為其報導內容被認為違反當時的新聞規例（newspaper regulations）而被政府檢控，羅文錦透過為華文報章擔任辯護人和其立法局議員的身份，大力抨擊港英政府的報禁政策（見圖 10.1），他後來是香港律師會在戰後的首位會長。

（三）早期的律師行

　　今日一些知名的律師行，例如狄近、孖士打（Johnson, Stokes & Master），在 100 年前已經立足香港，在 20 世紀初的商業指南內，都會找到它們的名字（見以下各圖）。

　　今天香港市民在港九新界各地都可以找到律師行，100 年前所有律師行都只在中環商業區經營，似乎他們的服務對象亦非以普羅大眾為主。下圖是筆者和地理學者鄒之喬博士（T. Edwin Chow）以地理訊息系統整理的 1910 年律師行分佈圖，

贊臣史篤士及孖士打律師

Chun-sun Se-tuk-se-kap Ma-se-ta Chong-sze

JOHNSON, STOKES & MASTER, Solicitors, Proctors, and Notaries Public—Offices: Prince's Buildings, Ice House Street. Agents at Shanghai: Platt, Macleod & Wilson. Agents in London: Stephenson, Harwood & Co., 31, Lombard Street, E. C.

Herbert Johnson Gedge
Charles Alexander Hooper
D. J. Lewis, solicitor

M. A. Baptista	Juman Alli
~~F. M. Xavier~~	~~A. Rauf~~
F. M. Rozario	A. Bandran

Miss K. Euanson
Miss N. Gatward
Miss J. Stokes

圖 10.3 贊臣史篤士及孖士打律師樓
資料來源：*The Directory and Chronicle*, 1919。

奈氏理船會社

Noi sì li shun wui shé

LLOYD'S REGISTER OF SHIPPING—Alexandra Buildings; Teleph. 179; P.O. Box 463; Tel. Ad: Marine

T. S. Morrison, M.I.MAR.E., surveyor
Peter Lee, clerk

羅及羅律師

Lo & Lo, Solicitors, &c.—Alexandra Buildings, Des Vœux Road Central; Telephs. 834, 4210 and 3947; Tel. Ad: Deodand

M. K. Lo, solicitor and notary public
M. W. Lo, do. do.
H. Lo, do.
Lui Wai Chau
Wong Ka Tsun | Miss M. Kacker

圖 10.4 羅文錦律師樓
資料來源：*The Directory and Chronicle*, 1930。

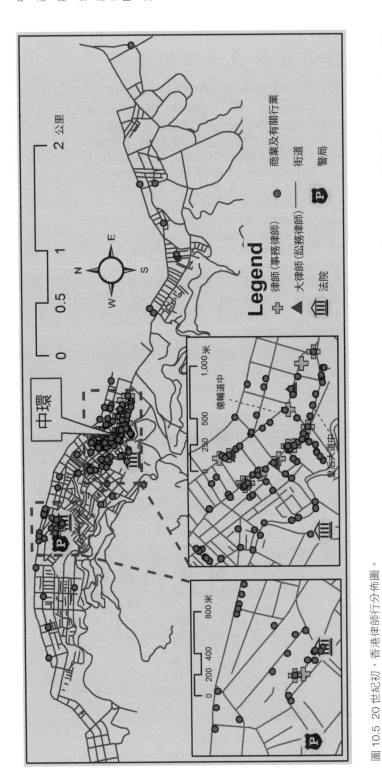

圖10.5 20世紀初，香港律師行分佈圖。

資料來源：修改自 Michael Ng, Edwin T. Chow & David W.S.Wong, "Geographical Dimension of Colonial Justice: Using GIS in Research on Law and History", *Law and History Review* 34.4 (2016)（此歷史地理資訊系統研究由香港政府研究資助局資助，項目編號：HKU 17407214）；*The Directory and Chronicle 1910; 以及 Hongkong Block Book 1914*（香港大學圖書館藏）。

顯示他們都集中在中環商業區，只有一兩家位於西環。

　　雖然如此，也有英國律師在一些政治爭議性的案件中為華人辯護。例如在1919年，九名學生因參與反日遊行被捕，葡萄牙裔律師 Leonardo D'Almada 便是辯方律師（見圖 10.6）。

　　其實 D'Almada 家族是香港律師界非常有名的律師家族。他們的先輩 Francisco Xavier D'Almada e Castro 在 19 世紀末已是香港的執業律師，往後 100 年，D'Almada 家族中有至少有 18 人是香港的執業律師或大律師。他們的事業橫跨差不多所有法律行業，他們當中有裁判官、法官、大律師公會和律師會主席、御用大律師（Queen's Counsel，即資深大律師），還有立法局和行政局議員。

　　直至香港淪陷之前，香港約有不到 100 名執業律師和人數更少的執業大律師。[107] 日軍於 1941 年 12 月佔領香港之後，很多來不及離開香港的律師和法官跟其他人一樣被關進深水埗或赤柱集中營。

　　香港於 1945 年 9 月重光，被釋放的律師們急不及待的重返其律師行，希望盡快重開業務，可惜，他們返回辦事處只能徒見四壁，文件資料和傢具都被洗劫一空，當時孖士打律師行的唯一倖存合夥人屈臣，雖然於 1945 年 9 月馬上宣布重開業務，但因為辦事處被掏空和缺乏業務，便決定暫回澳洲休養。而的近律師行的辦公室更曾被日本人和他們的華人女伴佔用，大部分傢具和日用品被搬走，包括圖書館。以下是戰後的近律師行的合夥人於 1945 年 11 月寄給在身處紐西蘭的合夥人的信件，其中講述檢查辦公室的情形：

　　　　什麼傢俬都沒有了，除了幾張梳化和幾個碗櫃之外……經過費時和艱辛的查詢後 …… 我終於知道哪些日本人曾經佔用我們的辦公室，後來並發現與他們同居的女人的名字 …… 圖書館完全消失了 …… 打字機和口述錄音機也不知所蹤。[108]

　　戰後不久，香港大律師公會於 1949 年正式成立，然而，大律師的人數相比律師（事務律師）遠遠為少，至 70 年代初，全香港的大律師也只有約五十人。[109]

（107）*Celebrating A Centenary,* Law Society of Hong Kong, 2007, p.39。

（108）Deacons Archives（香港大學圖書館藏），file: DRS 45。

（109）*Hong Kong Bar Association: 50th Anniversary,* Sweet & Maxwell, 2000, p.39.

THE JAPANESE BOYCOTT.

TWO MORE ARRESTS.

Before Magistrate Lindsell this afternoon hearing was resumed in the case in which nine Chinese scholars, and a school-master were charged with organizing an Anti-Japanese procession in Queen's Road, on Tuesday.

Since the last appearance two juvenile demonstrators were arrested in Gage Street, and produced before Mr. R. E. Lindsell together with the others. Mr. Leo d'Almada appeared for defendants, and the case proceeded.

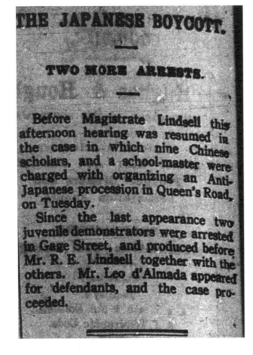

圖 10.6 *China Mail* 報道了有關香港人因組織反日示威而被捕的消息

資料來源：英文報紙 *China Mail*（1919 年 6 月 5 日）。

香港大學定明年開設法律系

該校社會科學系教授透露此消息

（新亞社）香港大學已決定明年秋季始業時開辦一個新學系，此即法律系。港大設立此學系在使本港人士欲學習法律將來獻身于法律界者，不必到各律師樓爲見習生，而可進入港大攻讀法科。

上述消息係港大社會科學系主任教授燕溫司歸透露者，一九六九年四七零年度之港大學年即開辦法科云。

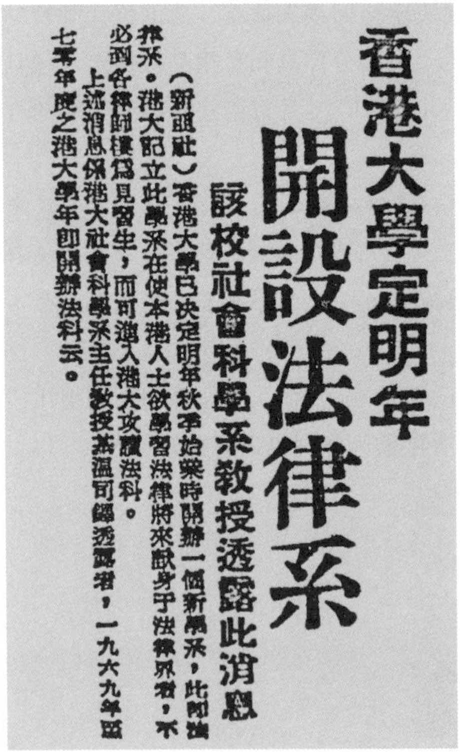

圖 10.7《華僑日報》有關香港大學開設法律系的報道

資料來源：*Res Ipsa Loquitur* (Faculty of Law, University of Hong Kong, 2012)，p.13，引自《華僑日報》，1968 年 12 月 21 日。

（四）香港首個法律學位課程

戰後港英政府的管治方針向和戰前有所不同，隨着世界各地民族主義的興起和大英帝國的海外殖民地相繼走向自治或獨立，港英政府開始改變從前高壓統治和種族歧視的政策，主動爭取華人社會的支持，例如廢除禁止亞裔居民居住在太平山頂的《山頂區（居住）條例》〔*Peak District（Residence）Ordinance*〕，開始聘任華人為初級政務官，以至大量招聘華人進入警隊。50 年代開始，政府在房屋、教育和社會福利政策上亦加大力度，去改善基層市民生活。[110]

戰後和中國內地內戰期間，大量新移民來到香港，為香港提供了充足的勞動力，成就了香港的工業化和高速經濟發展。雖然華人的生活逐漸改善，教育水平也不斷提高，但華人律師在 60 年代的香港仍是極少數群體。1964 年，孖士打律師行還只有一位華人律師，1967 年，希士廷（Hastings）律師行才聘請第一位華人律師。[111]

隨着人口急增和經濟發展，佔大多數的不諳中文的外籍律師似乎不能完全滿足華人社會和工商業對法律服務的需求。1962 年，當時的律師會會長 Peter Vine 倡議由香港大學頒授本地法學學位，讓以後有志於法律行業的學生可以在本地就學。1967 年，一個由首席按察司委任的工作委員會開始籌辦本地法學課程的工作，1969 年大學資助委員會批准香港大學在其社會科學學院中成立法律系，高中畢業生如在大學選修法律，要完成三年法學學位課程（Bachelor of Laws，即 LL.B.），和一年法律專業深造文憑課程（Postgraduate Certificate in Laws，即 P.C.LL.），便可以成為實習律師或大律師。1978 年，港大法律系脫離社會科學學院，正式成為法律學院。

香港城市大學和香港中文大學亦分別於 1987 年和 2004 年加入提供法學課程及培訓本地法律人才的行列。相比起 1972 年香港首批法科畢業生的不足 40 人，現時本港每年培養的法學畢業生有數百人，而執業的律師和大律師已分別超過 9,000 人和 1,200 人，這除了反映法律專業教育本地化的成果之外，亦反映香港在 1970 年代以來的商業、地產業、服務業和金融業的高速發展。

香港的律師在港英時期的一百五十多年間，縱使其訓練的過程和群體的規模

（110）葉健民：前引書，頁 37。

（111）*Celebrating A Centenary*, 67.

在各歷史階段大有不同，但同樣的是他們不單為其當事人提供法律服務，還積極參與很多公共服務、商業和慈善活動，包括擔任市政局、立法局和行政局議員以及各諮詢機構的成員等。在 80 年代，香港步入過渡時期，香港法律界更積極參與《基本法》的起草和諮詢活動和特別行政區成立的預備工作，推動香港法律制度和司法制度的雙語發展，並在維護香港的法治和人權保障方面作出重大貢獻。

七 · 小結

　　在本章中，我們嘗試從多個角度展示香港百多年來殖民地法制的面貌，但由於篇幅和研究時間所限，我們只能選擇性地採用有關史料，有些方面難免以偏概全。無論如何，希望讀者能看到，香港法制的發展是一個漸進的、逐步累積經驗的過程，而且與當時的政治、社會以至外部環境有著千絲萬縷的關係。英國式的、即以英倫普通法傳統為其基礎的法律制度有其優點，移植到香港對港人有一定的好處，尤其是鑑於在近代，曾經在人類法制史中輝煌一時的中華法系，到了 19 世紀已經落後於經過啟蒙時代和工商業革命洗禮的西方法制。但是，另一個不可忽略的事實是，香港開埠以來的法制也是殖民地政府的統治工具，為大英帝國的殖民政策和利益服務。還有的是，長期以來香港的立法、司法和行政由英國人把持，其中有些成員有種族的優越感，對香港華人有歧視的傾向。從大英帝國各地來到香港擔任司法和律政部門要職的人良莠不齊，其中不乏有很高法律專業水平和操守的令人敬仰的律師、法官和其他法律工作者，但也有一些害群之馬，反映着殖民地法制的陰暗面。歷史是一面鏡子，各人各方的功過，在歷史研究下無所遁形。在香港回歸祖國的前夕，香港的法制和法治發展到較高水平，這是殖民地政府、外籍法律人才以至香港華人"法律人"共同努力的成果。回歸以後，殖民地法制已成歷史陳跡，香港的"法律人"（律師、法官、法律學者及其他法律工作者）在維持和發揚香港的法治傳統上，可謂任重道遠。